2022

CHINA LABOUR STATISTICAL YEARBOOK

中国劳动统计年鉴

Compiled by
Department of Population and Employment Statistics
National Bureau of Statistics
Department of Planning and Finance,
Ministry of Human Resources and Social Security

国家统计局人口和就业统计司
人力资源和社会保障部规划财务司 编

中国统计出版社
China Statistics Press

图书在版编目（CIP）数据

中国劳动统计年鉴. 2022 = China Labour Statistical Yearbook 2022 : 汉英对照 / 国家统计局人口和就业统计司，人力资源和社会保障部规划财务司编. -- 北京 : 中国统计出版社, 2022.12
ISBN 978-7-5230-0077-9

Ⅰ. ①中… Ⅱ. ①国… ②人… Ⅲ. ①劳动经济－统计资料－中国－2022－年鉴－汉、英 Ⅳ. ①F249.2-54

中国版本图书馆 CIP 数据核字(2022)第 240236 号

中国劳动统计年鉴 2022

作　　者 / 国家统计局人口和就业统计司，人力资源和社会保障部规划财务司编
责任编辑 / 李　冲
执行编辑 / 张　怡
封面设计 / 李雪燕
出版发行 / 中国统计出版社有限公司
通信地址 / 北京市丰台区西三环南路甲 6 号　邮政编码/100073
发行电话 / 邮购（010）63376909　书店（010）68783171
网　　址 / http://www.zgtjcbs.com/
印　　刷 / 河北鑫兆源印刷有限公司
经　　销 / 新华书店
开　　本 / 880×1230 毫米　1/16
字　　数 / 900 千字
印　　张 / 28.75
版　　别 / 2022 年 12 月第 1 版
版　　次 / 2022 年 12 月第 1 次印刷
定　　价 / 260.00 元

《中国劳动统计年鉴 2022》编委会和编辑部工作人员

CHINA LABOUR STATISTICAL YEARBOOK2022

Editorial Board and Staff

编 辑 说 明

《中国劳动统计年鉴 2022》是一部全面反映中华人民共和国劳动经济情况的资料性年刊。本刊收集了 2021 年全国和各省、自治区、直辖市的有关劳动统计数据。主要指标还编有历年统计数据。

全书共分为 13 个部分：1.综合；2.就业与失业；3.城镇非私营单位就业人员和工资总额；4.国有单位就业人员和工资总额；5.城镇集体单位就业人员和工资总额；6.其他单位就业人员和工资总额；7.职业培训与技能鉴定；8.劳动关系；9.社会保障；10.工会工作；11.香港资料；12.澳门资料；13.台湾资料。书末还附有国外有关资料和主要统计指标解释。

参与本书编辑或提供资料的单位除国家统计局、人力资源和社会保障部外，还有全国总工会、国家医疗保障局。

本书资料的取得形式主要有国家和部门的报表统计、行政记录和抽样调查。有的资料分项相加不等于总计。望读者使用时予以注意。

恳请广大读者对本书提出宝贵意见。

《中国劳动统计年鉴》编辑部

二〇二二年十月

PREFACE

China Labour Statistical Yearbook 2022 is an annual statistics publication, which is comprehensively reported the labour economic situation for 2021 and some main indicators series for historically years at nation and provinces, autonomous regions and municipalities levels and parts of cities.

The book is organized into 13 parts, which are:1.General Survey; 2.Employment and Unemployment; 3.Employment and Total Wages in Urban Non-Private Units; 4.Employment and Total Wages in State-owned Units; 5.Employment and Total Wages in Urban Collective-owned Units; 6.Employment and Total Wages in Other Ownership Units; 7. Vocational Training and Skill Appraisal; 8.Labour Relation; 9.Social Security; 10.Trade Union Works; 11.Main Indicators of Hong Kong; 12.Main Indicators of Macao; 13.Main Indicators of Taiwan. In addition, Main Indicators of Other Countries and Explanatory Notes on Main Statistical Indicators are provided in the end of the book.

Besides National Bureau of Statistical and Ministry of Human Resources and Social Security, All-China Federation of Trade Unions, National Healthcare Security Administration also participate in the compiling work of this book.

Data resources of this book mainly come from state and departments reporting system, administration records and sampling surveys. Some data are not equal to the add-results of all sub-items.

China Labour Statistical Yearbook—Editorial Staff

October 2022

图1　就业人员产业构成
COMPOSITION OF EMPLOYMENT BY INDUSTRY

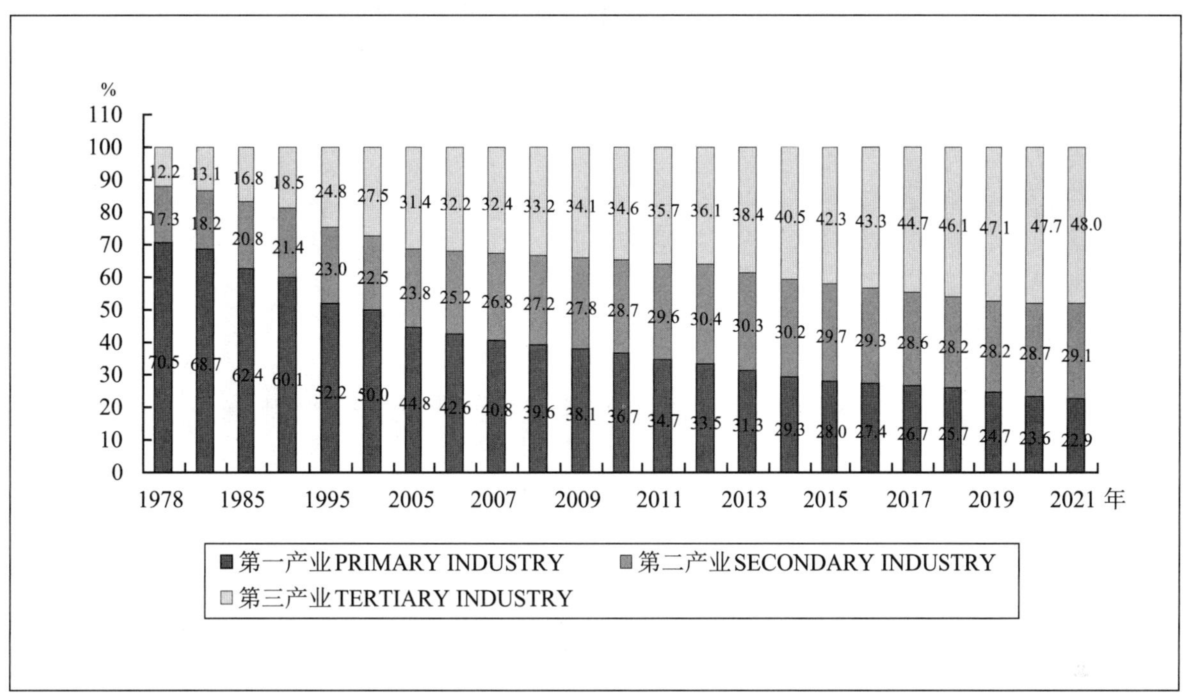

图2　2021年城镇单位就业人员行业构成
COMPOSITION OF EMPLOYMENT IN URBAN UNITS(2021)

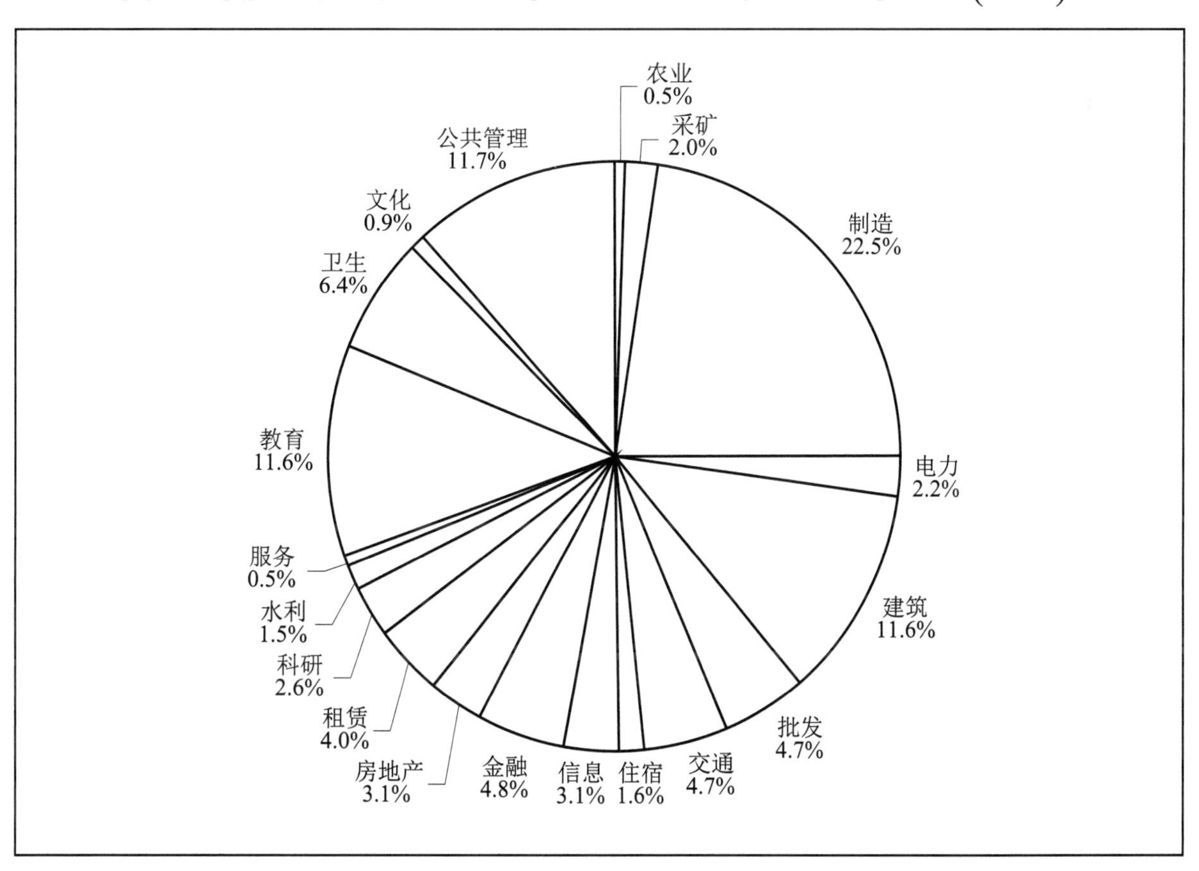

图3　2021年城镇单位女性就业人员占就业人员比重
PROPORTION OF FEMALE EMPLOYMENT IN URBANUNITS BY SECTOR (2021)

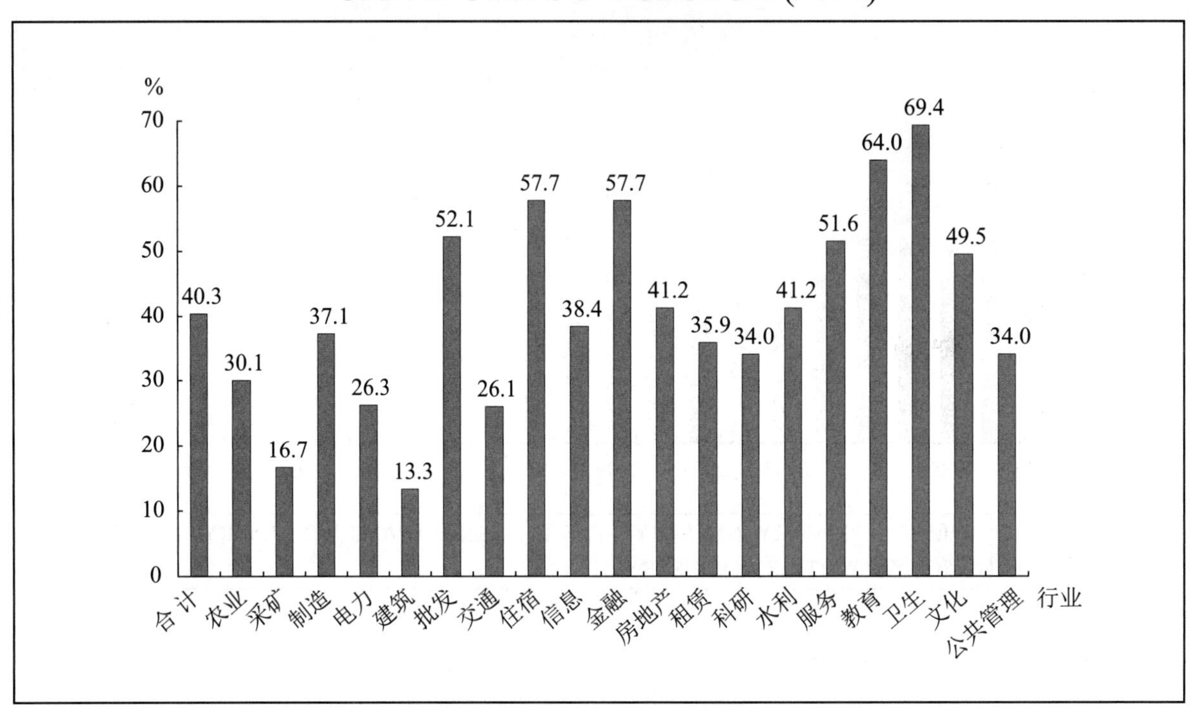

目　　录

CONTENTS

一、综　合
GENERAL SURVEY

1-1　全国劳动统计主要指标 ………… 3
MAIN INDICATORS OF NATIONAL LABOUR STATISTICS

1-2　人口数及构成(年末数) ………… 4
POPULATION AND COMPOSITION (End of Year)

1-3　国内生产总值及构成 ………… 5
GROSS DOMESTIC PRODUCT AND COMPOSITION

1-4　国内生产总值指数、城镇单位就业人员平均工资和城镇居民消费价格指数 ………… 7
INDICES OF GROSS DOMESTIC PRODUCT, AVERAGE WAGE IN URBAN UNITS AND URBAN CONSUMER PRICE INDEX

1-5　全国就业人员年末人数 ………… 8
NUMBER OF EMPLOYMENT AT THE YEAR-END

1-6　分地区就业人员数(2021 年底数) ………… 10
NUMBER OF EMPLOYED PERSONS BY REGION (END OF 2021)

1-7　2021 年全国城镇调查失业率主要数据 ………… 11
MAIN DATA OF THE URBAN SURVEYED UNEMPLOYMENT RATE IN 2021

1-8　各地区分登记注册类型城镇单位就业人员年末人数及构成(2021 年) ………… 12
URBAN EMPLOYMENT AND COMPOSITION AT THE YEAR-END BY REGISTRATION STATUS AND REGION (2021)

1-9　分登记注册类型城镇非私营单位就业人员年末人数及构成 ………… 13
EMPLOYMENT AND COMPOSITION IN URBAN NON-PRIVATE UNITS BY REGISTRATION STATUS (END OF YEAR)

1-10　分行业城镇非私营单位就业人员年末人数 (1995-2002 年) ………… 14
URBAN NON-PRIVATE UNITS EMPLOYMENT BY SECTOR (1995-2002)

1-11　分行业城镇非私营单位就业人员年末人数(2003-2011 年) ………… 16
URBAN NON-PRIVATE UNITS EMPLOYMENT BY SECTOR (2003-2011)

1-12　分行业城镇非私营单位就业人员年末人数(2012-2021 年) ………… 19
URBAN NON-PRIVATE UNITS EMPLOYMENT BY SECTOR (2012-2021)

1-13　各地区分登记注册类型城镇非私营单位女性就业人员年末人数 ………… 22
FEMALE EMPLOYMENT IN URBAN NON-PRIVATE UNITS BY REGISTRATION STATUS AND REGION (END OF YEAR)

1-14　各地区分行业城镇非私营单位女性就业人员年末人数(2021 年) ………… 23
FEMALE EMPLOYMENT IN URBAN NON-PRIVATE UNITS BY SECTOR AND REGION (2021)

1-15　分登记注册类型城镇非私营单位就业人员工资总额及指数 ………… 26
TOTAL WAGES AND INDEX OF EMPLOYED PERSONS IN URBAN NON-PRIVATE UNITS BY REGISTRATION STATUS

1-16　分行业城镇非私营单位就业人员工资总额(1995-2002 年) ………… 27
TOTAL WAGES OF EMPLOYED PERSONS IN URBAN NON-PRIVATE UNITS BY SECTOR (1995-2002)

1-17　分行业城镇非私营单位就业人员工资总额(2003-2011 年) ………… 29
TOTAL WAGES OF EMPLOYED PERSONS IN URBAN NON-PRIVATE UNITS BY SECTOR (2003-2011)

1-18 分行业城镇非私营单位就业人员工资总额(2012-2021 年) …… 32
TOTAL WAGES OF EMPLOYED PERSONS IN URBAN NON-PRIVATE UNITS BY SECTOR (2012-2021)
1-19 分行业城镇非私营单位就业人员平均工资(1995-2002 年) …… 35
AVERAGE WAGE OF EMPLOYED PERSONS IN URBAN NON-PRIVATE UNITS BY SECTOR (1995-2002)
1-20 分行业城镇非私营单位就业人员平均工资(2003-2011 年) …… 37
AVERAGE WAGE OF EMPLOYED PERSONS IN URBAN NON-PRIVATE UNITS BY SECTOR (2003-2011)
1-21 分行业城镇非私营单位就业人员平均工资(2012-2021 年) …… 40
AVERAGE WAGE OF EMPLOYED PERSONS IN URBAN NON-PRIVATE UNITS BY SECTOR (2012-2021)
1-22 分行业城镇非私营单位就业人员平均货币工资指数(1995-2002 年) …… 43
INDICES OF MONEY AVERAGE EARNING OF EMPLOYED PERSONS IN URBAN NON-PRIVATE UNITS BY SECTOR (1995-2002)
1-23 分行业城镇非私营单位就业人员平均货币工资指数(2004-2011 年) …… 45
INDICES OF MONEY AVERAGE EARNING OF EMPLOYED PERSONS IN URBAN NON-PRIVATE UNITS BY SECTOR (2004-2011)
1-24 分行业城镇非私营单位就业人员平均货币工资指数(2013-2021 年) …… 48
INDICES OF MONEY AVERAGE EARNING OF EMPLOYED PERSONS IN URBAN NON-PRIVATE UNITS BY SECTOR (2013-2021)
1-25 分行业城镇非私营单位就业人员平均实际工资指数(1995-2002 年) …… 51
INDICES OF REAL AVERAGE WAGE OF EMPLOYED PERSONS IN URBAN NON-PRIVATE UNITS BY SECTOR (1995-2002)
1-26 分行业城镇非私营单位就业人员平均实际工资指数(2004-2011 年) …… 53
INDICES OF REAL AVERAGE EARNING OF EMPLOYED PERSONS IN URBAN NON-PRIVATE UNITS BY SECTOR (2004-2011)
1-27 分行业城镇非私营单位就业人员平均实际工资指数(2013-2021 年) …… 56
INDICES OF REAL AVERAGE EARNING OF EMPLOYED PERSONS IN URBAN NON-PRIVATE UNITS BY SECTOR (2013-2021)
1-28 全国分地区就业人员受教育程度构成 …… 59
EDUCATIONAL ATTAINMENT OF EMPLOYED PERSONS BY REGION
1-29 全国分地区男性就业人员受教育程度构成 …… 60
EDUCATIONAL ATTAINMENT OF MALE EMPLOYED PERSONS BY REGION
1-30 全国分地区女性就业人员受教育程度构成 …… 61
EDUCATIONAL ATTAINMENT OF FEMALE EMPLOYED PERSONS BY REGION
1-31 全国按年龄、性别分的就业人员受教育程度构成 …… 62
EDUCATIONAL ATTAINMENT OF EMPLOYED PERSONS BY AGE AND SEX
1-32 全国按受教育程度、性别分的就业人员年龄构成 …… 63
AGE COMPOSITION OF EMPLOYED PERSONS BY EDUCATIONAL ATTAINMENT AND SEX
1-33 全国按行业、性别分的就业人员受教育程度构成 …… 64
EDUCATIONAL ATTAINMENT OF EMPLOYED PERSONS BY SECTOR AND SEX
1-34 全国按职业、性别分的就业人员受教育程度构成 …… 67
EDUCATIONAL ATTAINMENT OF EMPLOYED PERSONS BY OCCUPATION AND SEX
1-35 全国按受教育程度、性别分的就业人员职业构成 …… 68
OCCUPATION OF EMPLOYED PERSONS BY EDUCATIONAL ATTAINMENT AND SEX
1-36 全国按年龄、性别分的就业人员就业身份构成 …… 69
EMPLOYMENT STATUS OF EMPLOYED PERSONS BY AGE AND SEX
1-37 全国按就业身份、性别分的就业人员年龄构成 …… 70
AGE COMPOSITION OF EMPLOYED PERSONS BY EMPLOYMENT STATUS AND SEX
1-38 全国按受教育程度、性别分的就业人员就业身份构成 …… 71
EMPLOYMENT STATUS OF EMPLOYED PERSONS BY EDUCATIONAL ATTAINMENT AND SEX
1-39 全国按就业身份、性别分的就业人员受教育程度构成 …… 72
EDUCATIONAL ATTAINMENT OF EMPLOYED PERSONS BY EMPLOYMENT STATUS AND SEX
1-40 城镇按年龄、性别分的就业人员就业身份构成 …… 73
EMPLOYMENT STATUS OF URBAN EMPLOYED PERSONS BY AGE AND SEX

1-41 城镇按就业身份、性别分的就业人员年龄构成 …… 74
AGE COMPOSITION OF URBAN EMPLOYED PERSONS BY EMPLOYMENT STATUS AND SEX
1-42 城镇按受教育程度、性别分的就业人员就业身份构成 …… 75
EMPLOYMENT STATUS OF URBAN EMPLOYED PERSONS BY EDUCATIONAL ATTAINMENT AND SEX
1-43 城镇按就业身份、性别分的就业人员受教育程度构成 …… 76
EDUCATIONAL ATTAINMENT OF URBAN EMPLOYED PERSONS BY EMPLOYMENT STATUS AND SEX
1-44 城镇按年龄、性别分的就业人员行业构成 …… 77
URBAN EMPLOYED PERSONS BY AGE, SEX AND SECTOR
1-45 城镇按行业、性别分的就业人员年龄构成 …… 80
AGE COMPOSITION OF URBAN EMPLOYED PERSONS BY SECTOR AND SEX
1-46 城镇按受教育程度、性别分的就业人员行业构成 …… 83
URBAN EMPLOYED PERSONS BY SEX, EDUCATIONAL ATTAINMENT AND SECTOR
1-47 城镇按行业、性别分的就业人员受教育程度构成 …… 86
EDUCATIONAL ATTAINMENT OF URBAN EMPLOYED PERSONS BY SECTOR AND SEX
1-48 城镇按年龄、性别分的就业人员职业构成 …… 89
OCCUPATION OF URBAN EMPLOYED PERSONS BY AGE AND SEX
1-49 城镇按职业、性别分的就业人员年龄构成 …… 90
AGE COMPOSITION OF URBAN EMPLOYED PERSONS BY OCCUPATION AND SEX
1-50 城镇按受教育程度、性别分的就业人员职业构成 …… 91
OCCUPATION OF URBAN EMPLOYED PERSONS BY EDUCATIONAL ATTAINMENT AND SEX
1-51 城镇按职业、性别分的就业人员受教育程度构成 …… 92
EDUCATIONAL ATTAINMENT OF URBAN EMPLOYED PERSONS BY OCCUPATION AND SEX
1-52 城镇就业人员调查周平均工作时间 …… 93
WEEKLY WORKING HOURS OF URBAN EMPLOYED PERSONS
1-53 城镇男性就业人员调查周平均工作时间 …… 94
WEEKLY WORKING HOURS OF URBAN MALE EMPLOYED PERSONS
1-54 城镇女性就业人员调查周平均工作时间 …… 95
WEEKLY WORKING HOURS OF URBAN FEMALE EMPLOYED PERSONS
1-55 城镇按行业、性别分的就业人员调查周平均工作时间 …… 96
WEEKLY WORKING HOURS IN URBAN AREA BY SECTOR AND SEX
1-56 城镇按年龄、性别分的就业人员工作时间构成 …… 97
WORKING HOURS OF URBAN EMPLOYED PERSONS BY AGE AND SEX
1-57 城镇按受教育程度、性别分的就业人员工作时间构成 …… 98
WORKING HOURS OF URBAN EMPLOYED PERSONS BY EDUCATIONAL ATTAINMENT AND SEX
1-58 城镇按行业、性别分的就业人员工作时间构成 …… 99
WORKING HOURS OF URBAN EMPLOYED PERSONS BY SECTOR AND SEX
1-59 城镇按职业、性别分的就业人员工作时间构成 …… 101
WORKING HOURS OF URBAN EMPLOYED PERSONS BY OCCUPATION AND SEX
1-60 城镇按年龄、性别分的失业人员结束上一份工作原因构成 …… 102
REASON FOR ENDING PREVIOUS JOB OF URBAN UNEMPLOYED PERSONS BY AGE AND SEX
1-61 城镇按结束上一份工作原因、性别分的失业人员年龄构成 …… 104
AGE COMPOSITION OF URBAN UNEMPLOYED PERSONS BY REASON AND SEX
1-62 城镇按受教育程度、性别分的失业人员结束上一份工作原因构成 …… 106
REASON FOR ENDING PREVIOUS JOB OF URBAN UNEMPLOYED PERSONS BY EDUCATIONAL ATTAINMENT AND SEX
1-63 城镇按结束上一份工作原因、性别分的失业人员受教育程度构成 …… 108
EDUCATIONAL ATTAINMENT OF URBAN UNEMPLOYED PERSONS BY REASON AND SEX
1-64 城镇按年龄、性别分的失业人员受教育程度构成 …… 110
EDUCATIONAL ATTAINMENT OF URBAN UNEMPLOYED PERSONS BY AGE AND SEX
1-65 城镇按受教育程度、性别分的失业人员年龄构成 …… 111
AGE COMPOSITION OF URBAN UNEMPLOYED PERSONS BY EDUCATIONAL ATTAINMENT AND SEX

1-66 城镇按年龄、性别分的失业人员寻找工作方式构成 ……112
METHODS OF JOB-SEEKING OF URBAN UNEMPLOYED PERSONS BY AGE AND SEX
1-67 城镇按受教育程度、性别分的失业人员寻找工作方式构成 ……113
METHODS OF JOB-SEEKING OF URBAN UNEMPLOYED PERSONS BY EDUCATIONAL ATTAINMENT AND SEX
1-68 城镇按年龄、性别分的失业人员失业前的行业构成 ……115
SECTOR OF URBAN UNEMPLOYED PERSONS (PRIOR TO UNEMPLOYMENT) BY AGE AND SEX
1-69 城镇按受教育程度、性别分的失业人员失业前的行业构成 ……118
SECTOR OF URBAN UNEMPLOYED PERSONS (PRIOR TO UNEMPLOYMENT) BY EDUCATIONAL ATTAINMENT AND SEX
1-70 城镇按年龄、性别分的失业人员失业前的职业构成 ……121
OCCUPATION OF URBAN UNEMPLOYED PERSONS (PRIOR TO UNEMPLOYMENT) BY AGE AND SEX
1-71 城镇按受教育程度、性别分的失业人员失业前的职业构成 ……122
OCCUPATION OF URBAN UNEMPLOYED PERSONS (PRIOR TO UNEMPLOYMENT) BY EDUCATIONAL ATTAINMENT AND SEX
1-72 城镇按受教育程度、性别分的失业人员失业时间构成 ……123
UNEMPLOYMENT DURATION OF URBAN UNEMPLOYED PERSONS BY EDUCATIONAL ATTAINMENT AND SEX
1-73 城镇按年龄、性别分的失业人员失业时间构成 ……124
UNEMPLOYMENT DURATION OF URBAN UNEMPLOYED PERSONS BY AGE AND SEX
1-74 各地区居民消费价格指数和商品零售价格指数 ……125
CONSUMER PRICE INDICES AND RETAIL PRICE INDICES BY REGION
1-75 商品零售价格分类指数(2021 年) ……126
RETAIL PRICE INDICES BY CATEGORY (2021)
1-76 各地区商品零售价格分类指数(2021 年) ……127
RETAIL PRICE INDICES BY CATEGORY OF COMMODITIES BY REGION (2021)
1-77 居民消费价格分类指数(2021 年) ……130
CONSUMER PRICE INDICES BY CATEGORY (2021)
1-78 各地区居民消费价格分类指数(2021 年) ……132
CONSUMER PRICE INDICES BY CATEGORY AND REGION (2021)
1-79 城镇居民人均收支情况 ……139
PER CAPITA INCOME AND CONSUMPTION EXPENDITURE OF URBAN HOUSEHOLDS
1-80 各地区城镇居民人均可支配收入来源(2021 年) ……140
PER CAPITA DISPOSABLE INCOME OF URBAN HOUSEHOLDS BY SOURCES AND REGION (2021)
1-81 农村居民人均收支情况 ……141
PER CAPITA INCOME AND CONSUMPTION EXPENDITURE OF RURAL HOUSEHOLDS
1-82 农村居民分地区人均可支配收入来源(2021 年) ……142
PER CAPITA DISPOSABLE INCOME OF RURAL HOUSEHOLDS BY SOURCES AND REGION (2021)

二、就业与失业
EMPLOYMENT AND UNEMPLOYMENT

2-1 年末城镇登记失业人数及登记失业率 ……145
URBAN REGISTERED UNEMPLOYMENT AND UNEMPLOYMENT RATE AT THE YEAR-END
2-2 各地区年末城镇登记失业人数及登记失业率 ……146
URBAN REGISTERED UNEMPLOYMENT AND UNEMPLOYMENT RATE AT THE YEAR-END BY REGION
2-3 各地区城镇登记失业人员情况(2021 年) ……148
BASIC CONDITIONS OF URBAN REGISTERED UNEMPLOYMENT BY REGION (2021)
2-4 公共就业服务工作情况(2021 年) ……149
SITUATIONS OF PUBLIC EMPLOYMENT SERVICES (2021)

2-5 各地区公共就业服务工作情况(2021 年) …… 150
SITUATIONS OF PUBLIC EMPLOYMENT SERVICES BY REGION (2021)

三、城镇非私营单位就业人员和工资总额
EMPLOYMENT AND TOTAL WAGES IN URBAN NON-PRIVATE UNITS

3-1 分行业城镇非私营单位就业人员和工资总额(2021 年) …… 153
EMPLOYMENT AND TOTAL WAGES IN URBAN NON-PRIVATE UNITS BY SECTOR (2021)
3-2 各地区分行业城镇非私营单位就业人员和工资总额(2021 年) …… 156
URBAN NON-PRIVATE UNITS EMPLOYMENT AND TOTAL WAGES BY SECTOR AND REGION (2021)
3-3 各地区分行业城镇非私营单位在岗职工人数和平均工资(2021 年) …… 213
ON-POST STAFF AND WORKERS AND AVERAGE WAGE IN URBAN NON-PRIVATE UNITS BY SECTOR AND REGION (2021)
3-4 各地区分行业城镇非私营单位其他就业人员和平均工资(2021 年) …… 218
OTHER EMPLOYMENT AND AVERAGE WAGE IN URBAN NON-PRIVATE UNITS BY SECTOR AND REGION (2021)
3-5 各地区分登记注册类型城镇非私营单位年末人数(2021 年) …… 223
EMPLOYMENT IN URBAN NON-PRIVATE UNITS BY REGISTRATION STATUS AND REGION (2021)
3-6 各地区分登记注册类型城镇非私营单位工资总额(2021 年) …… 225
WAGES IN URBAN NON-PRIVATE UNITS BY REGISTRATION STATUS AND REGION (2021)
3-7 各地区分登记注册类型城镇非私营单位平均工资(2021 年) …… 227
AVERAGE WAGE IN URBAN NON-PRIVATE UNITS BY REGISTRATION STATUS AND REGION (2021)

四、国有单位就业人员和工资总额
EMPLOYMENT AND TOTAL WAGES IN STATE-OWNED UNITS

4-1 分行业国有单位就业人员和工资总额(2021 年) …… 231
EMPLOYMENT AND TOTAL WAGES IN STATE-OWNED UNITS BY SECTOR (2021)
4-2 各地区分行业国有单位就业人员和工资总额(2021 年) …… 235
MPLOYMENT AND TOTAL WAGES IN STATE-OWNED UNITS BY SECTOR AND REGION (2021)
4-3 各地区分行业国有单位在岗职工人数和平均工资(2021 年) …… 245
ON-POST STAFF AND WORKERS AND AVERAGE WAGE IN STATE-OWNED UNITS BY SECTOR AND REGION (2021)
4-4 各地区分行业国有单位其他就业人员和平均工资(2021 年) …… 250
OTHER EMPLOYMENT AND AVERSGE WAGE IN STATE-OWNED UNITS BY SECTOR AND REGION (2021)

五、城镇集体单位就业人员和工资总额
EMPLOYMENT AND TOTAL WAGES IN URBAN COLLECTIVE-OWNED UNITS

5-1 分行业城镇集体单位就业人员和工资总额(2021 年) …… 257
EMPLOYMENT AND TOTAL WAGES IN URBAN COLLECTIVE-OWNED UNITS BY SECTOR (2021)……
5-2 各地区分行业城镇集体单位就业人员和工资总额(2021 年) …… 261
EMPLOYMENT AND TOTAL WAGES IN URBAN COLLECTIVE-OWNED UNITS BY SECTOR AND REGION (2021)
5-3 各地区分行业城镇集体单位在岗职工人数和平均工资(2021 年) …… 271
ON-POST STAFF AND WORKERS AND AVERAGE WAGE IN URBAN COLLECTIVE-OWNED UNITS BY SECTOR AND REGION(2021)
5-4 各地区分行业城镇集体单位其他就业人员和平均工资(2021 年) …… 276
OTHER EMPLOYMENT AND AVERAGE WAGE IN URBAN COLLECTIVE-OWNED UNITS BY SECTOR AND REGION(2021)

六、其他单位就业人员和工资总额
EMPLOYMENT AND TOTAL WAGES IN OTHER OWNERSHIP UNITS

6-1 分行业其他单位就业人员和工资总额(2021 年) …… 283
EMPLOYMENT AND TOTAL WAGES IN OTHER OWNERSHIP UNITS BY SECTOR (2021)
6-2 各地区其他单位分登记注册类型就业人员和工资总额(2021 年) …… 287
EMPLOYMENT AND TOTAL WAGES IN OTHER OWNERSHIP UNITS BY REGISTRATION STATUS AND REGION (2021)
6-3 各地区分行业其他单位就业人员和工资总额(2021 年) …… 291
EMPLOYMENT AND TOTAL WAGES IN OTHER OWNERSHIP UNITS BY SECTOR AND REGION (2021)
6-4 各地区分行业其他单位在岗职工人数和平均工资(2021 年) …… 301
ON-POST STAFF AND WORKERS AND AVERAGE WAGE IN OTHER OWNERSHIP UNITS BY SECTOR AND REGION (2021)
6-5 各地区分行业其他单位其他就业人员和平均工资(2021 年) …… 306
OTHER EMPLOYMENT AND AVERAGE WAGE IN OTHER OWNERSHIP UNITS BY SECTOR AND REGION (2021)

七、职业培训与技能鉴定
VOCATIONAL TRAINING AND SKILL APPRAISAL

7-1 技工院校综合情况 …… 313
GENERAL CONDITION OF VOCATIONAL SCHOOLS
7-2 各地区技工院校综合情况(2021 年) …… 315
GENERAL CONDITION OF VOCATIONAL SCHOOLS BY REGION (2021)
7-3 各地区就业训练中心综合情况(2021 年) …… 320
EMPLOYMENT TRAINNING CENTERS BY REGION (2021)
7-4 各地区民办职业培训机构综合情况(2021 年) …… 323
VOCATIONAL TRAINING AGENCIES BY REGION (2021)
7-5 历年全国职业资格评价情况 …… 326
STATISTICS OF OCCUPATIONAL QUALIFICATION EVALUATION
7-6 各地区职业资格评价情况(2021 年) …… 334
STATISTICS OF OCCUPATIONAL QUALIFICATION EVALUATION BY REGION (2021)

八、劳动关系
LABOUR RELATION

8-1 历年劳动人事争议仲裁情况 …… 338
LABOUR DISPUTES ACCEPTED AND SETTLED
8-2 各地区劳动争议仲裁情况(2021 年) …… 342
LABOUR DISPUTES ACCEPTED AND SETTLED BY REGION (2021)
8-3 劳动保障监察案件结案情况(2021 年) …… 344
CASES SETTLED BY LABOUR AND SOCIAL SECURITY INSPECTION ORGANIZATION (2021)
8-4 劳动保障监察工作情况(2021 年) …… 344
LABOUR AND SOCIAL SECURITY INSPECTION (2021)

九、社会保障
SOCIAL SECURITY

9-1 历年全国社会保险基金收入 …… 346
REVENUE OF SOCIAL INSURANCE FUNDS

9-2 历年全国社会保险基金支出 …… 347
EXPENSES OF SOCIAL INSURANCE FUNDS
9-3 历年全国社会保险基金累计结余 …… 348
BALANCE OF SOCIAL INSURANCE FUNDS
9-4 历年全国基本养老保险参保人数情况 …… 349
PERSONS COVERED BY THE BASIC PENSION INSURANCE AT THE YEAR-END
9-5 历年全国基本养老保险基金情况 …… 350
URBAN BASIC PENSION INSURANCE
9-6 历年全国机关事业单位城镇职工基本养老保险情况 …… 351
URBAN BASIC PENSION INSURANCE (INSTITUTION AGENCIES AND ORGANIZATIONS)
9-7 历年全国企业及其他城镇职工基本养老保险情况 …… 352
URBAN BASIC PENSION INSURANCE (ENTERPRISES AND OTHERS)
9-8 历年各地区基本养老保险参保人数 …… 353
CONTRIBUTORS OF BASIC PENSION INSURANCE BY REGION
9-9 各地区城镇职工基本养老保险情况(2021 年) …… 361
URBAN BASIC PENSION INSURANCE BY REGION (2021)
9-10 各地区城乡居民基本养老保险情况 (2021 年) …… 362
STATISTICS ON BASIC PENSION INSURANCE FOR URBAN AND RURAL RESIDENTS BY REGION (2021)
9-11 历年各地区养老金社会化发放人数 …… 363
NUMBER OF PENSIONERS PAID BY THE SOCIALIZED AGENCIES BY REGION
9-12 历年全国基本医疗保险基本情况 …… 364
PERSONS COVERED BY THE BASIC MEDICAL INSURANCE AT THE YEAR-END
9-13 历年各地区城镇基本医疗保险参保人数 …… 365
BASIC MEDICAL INSURANCE BY REGION
9-14 分地区基本医疗保险基金收支情况 (2021 年) …… 374
RENVENUE AND EXPENSES OF BASIC MEDICAL INSURANCE BY REGION (2021)
9-15 历年全国失业保险基本情况 …… 375
UNEMPLOYMENT INSURANCE
9-16 历年各地区失业保险参保人数 …… 376
UNEMPLOYMENT INSURANCE BY REGION
9-17 各地区失业保险基金基本情况(2021 年) …… 383
UNEMPLOYMENT INSURANCE BY REGION (2021)
9-18 历年全国工伤保险基本情况 …… 384
WORK INJURY INSURANCE
9-19 历年各地区工伤保险基本情况 …… 385
WORK INJURY INSURANCE BY REGION
9-20 各地区工伤保险基本情况(2021 年) …… 392
WORK INJURY INSURANCE BY REGION (2021)
9-21 各地区工伤认定情况(2021 年) …… 394
WORK INJURY CERTIFICATION BY REGION (2021)
9-22 分地区因工死亡人员工伤认定情况(2021 年) …… 396
WORK INJURY CERTIFICATION INVOLVING DEATHS BY REGION (2021)
9-23 各地区劳动能力鉴定情况(2021 年) …… 398
WORK CAPACITY ASSESSMENT BY REGION (2021)

十、工会工作
TRADE UNION WORKS

10-1 各地区基层工会组织数(2021 年) …… 400
NUMBER OF GRASSROOTS TRADE UNION BY REGION (2021)

10-2 各地区工会会员人数(2021 年)…… 402
TRADE UNION MEMBERS IN GRASSROOTS TRADE UNION BY REGION (2021)
10-3 分地区基层单位建立职工代表大会制度情况(2021 年)…… 404
EMPLOYEE CONGRESS SYSTEM IN GRASSROOTS TRADE UNION BY REGION (2021)
10-4 各地区基层以上工会职业培训机构情况(2021 年)…… 405
VOCATIONAL TRAINING ORGANIZATIONS ABOVE GRASSROOTS TRADE UNION BY REGION (2021)
10-5 各地区基层工会开展合理化建议和劳动竞赛活动情况(2021 年)…… 406
CONDITION OF CARRYING OUT RATIONALIZED PROPOSALS AND LABOR EMULATION IN GRASSROOTS TRADE UNION BY REGION (2021)
10-6 各地区基层工会参与调解劳动争议工作情况(2021 年)…… 407
CONDITION OF GRASSROOTS TRADE UNION PATICIPATING IN MEDIATION LABOR DISPUTE BY REGION (2021)
10-7 各地区基层以上工会职业介绍机构情况(2021 年)…… 408
JOB EXCHANGES ABOVE GRASSROOTS TRADE UNION BY REGION (2021)

十一、香港资料
MAIN INDICATORS OF HONG KONG

11-1 劳动人口及失业状况……411
LABOUR FORCE AND UNEMPLOYMENT
11-2 按行业划分的就业人数……411
EMPLOYED PERSONS BY INDUSTRY
11-3 按每月就业收入划分的就业人数…… 412
EMPLOYED PERSONS BY MONTHLY EMPLOYMENT EARNINGS
11-4 按行业划分督导级(不包括经理级与专业雇员)及以下雇员的工资指数…… 413
WAGE INDICES FOR EMPLOYEES UP TO SUPERVISORY LEVEL (MANAGERIAL AND PROFESSIONAL EMPLOYEES ARE NOT INCLUDED) BY INDUSTRY
11-5 消费价格指数(2019 年 10 月-2020 年 9 月=100) …… 414
CONSUMER PRICE INDICES (Oct. 2019 - Sep. 2020=100)

十二、澳门资料
MAIN INDICATORS OF MACAO

12-1 经济活动人口及失业状况…… 417
LABOUR FORCE AND UNEMPLOYMENT
12-2 按行业划分的就业人口…… 417
EMPLOYED POPULATION BY INDUSTRY
12 3 按行业划分的月工作收入中位数…… 418
MEDIAN MONTHLY EMPLOYMENT EARNINGS BY INDUSTRY
12-4 消费物价指数…… 418
CONSUMER PRICE INDEX

十三、台湾资料
MAIN INDICATORS OF TAIWAN

13-1 劳动力和就业状况…… 421
LABOUR FORCE AND EMPLOYMENT
13-2 居民消费价格分类指数…… 422
CONSUMER PRICE INDICES

附录一、国外有关资料
MAIN INDICATORS OF OTHER COUNTRIES

附录 1-1　全部就业人数 …… 425

A1-1　EMPLOYMENT

附录 1-2　按三次产业分就业人员构成 …… 426

A1-2　EMPLOYMENT BY TYPE OF INDUSTRY

附录 1-3　失业人数 …… 427

A1-3　UNEMPLOYMENT

附录 1-4　失业率 …… 428

A1-4　UNEMPLOYMENT RATE

附录 1-5　消费价格指数 …… 429

A1-5　CONSUMER PRICE INDICES

附录二、主要统计指标解释 …… 433

EXPLANATORY NOTES ON MAIN STATISTICAL INDICATORS

一、综　合

GENERAL SURVEY

1－1　全国劳动统计主要指标
MAIN INDICATORS OF NATIONAL LABOUR STATISTICS

指　　标	Item	2020	2021	2021年比上年增长 % Increase Rate (2020=100)
总人口(万人)	**Total Population (10 000 persons)**	**141212**	**141260**	**0.0**
16岁以上人口数(万人)	**Population Above 16(10 000 persons)**	**114382**	**114958**	**0.5**
劳动力(万人)	**Labour Force(10 000 persons)**	**78392**	**78024**	**-0.5**
全国就业人员年末人数(万人)	**Employment (end of year, 10 000 persons)**	**75064**	**74652**	**-0.5**
城镇就业人员	Urban Employment	46271	46773	1.1
乡村就业人员	Rural Employment	28793	27879	-3.2
按登记注册类型分城镇单位就业人员(万人)	**Number of Employed Person in Urban Units by Status of Registration(10 000 presons)**	**17039.1**	**17014.5**	**-0.1**
#国有单位	State-owned Units	5563.0	5633.1	1.3
城镇集体单位	Urban Collective-owned Units	271.2	261.7	-3.5
其他单位	Other Ownership Units	11204.9	11119.8	-0.8
城镇单位就业人员工资总额(亿元)	**Total Wages of the Urban Units Employment (100 million yuan)**	**164126.9**	**180817.5**	**10.2**
#国有单位	State-owned Units	59628.1	64547.9	8.3
城镇集体单位	Urban Collective-owned Units	1841.8	1920.0	4.2
其他单位	Other Ownership Units	102657.0	114349.7	11.4
城镇单位就业人员平均工资(元)	**Average Wage of the Urban Units Employment (yuan)**	**97379**	**106837**	**9.7**
#国有单位	State-owned Units	108132	115583	6.9
城镇集体单位	Urban Collective-owned Units	68590	74491	8.6
其他单位	Other Ownership Units	92721	103182	11.3
在岗职工平均工资(元)	**Average wage of staff and workers**	**100512**	**110221**	**9.7**
#国有单位	State-owned Units	111587	119139	6.8
城镇集体单位	Urban Collective-owned Units	70439	76440	8.5
其他单位	Other Ownership Units	95568	106401	11.3
城镇登记失业人员年末人数(万人)	**Urban Registered Unemployment (10 000 persons)**	**1160**	**1040**	**-10.3**
非劳动力(万人)	**Outside the Labour Force (10 000 persons)**	**35990**	**36934**	**2.6**
城镇调查失业率(%)	**Surveyed Urban Unemployment Rate(%)**	**5.2**	**5.1**	

注：1)自2009年始，“城镇单位就业人员工资总额”和“城镇单位就业人员平均工资”即为2008年及以前的“城镇单位就业人员劳动报酬”和“城镇单位就业人员平均劳动报酬”。往年本年鉴及相关资料中1994—2008年城镇单位就业人员劳动报酬和平均劳动报酬指标与此指标统计口径相同。

2) 2013年部分经济类型单位、部分行业就业人员数、工资总额变动较大，系将原属于乡镇企业的规模以上法人单位纳入劳动工资统计范围所致(以下相关表同)。

3)城镇调查失业率为每年12月份的数据。

Note: a)Since 2009, “Total wages of the urban units employment” and “Average wage of the urban units employment” refer to “Earnings of the urban units employment” and “Average earning of the urban units employment” before 2008. Statistical coverage of “Earnings of the urban units employment” and “Average earning of the urban units employment” in this previous yearbook and relevant books from 1994 to 2008 are the same with the indicators above.

b)In 2013, some units by status of registration, some employment by industry, total wages bill changed greatly, because legal persons above designated size originally belonged to township enterprises were taken into statistics of labour wages. The same applies to the relevant tables following.

c)The data of surveyed urban unemployment rate is the data in December every year.

1-2 人口数及构成(年末数)
POPULATION AND COMPOSITION (END OF YEAR)

单位：万人，% (10 000 persons,%)

年 份 Year	总人口 Total Population	按性别分 Grouped by Sex				按城乡分 Grouped by Residence			
		男 Male		女 Female		城镇 Urban		乡村 Rural	
		人口数 Population	比重 Proportion	人口数 Population	比重 Proportion	人口数 Population	比重 Proportion	人口数 Population	比重 Proportion
1949	54167	28145	51.96	26022	48.04	5765	10.64	48402	89.36
1950	55196	28669	51.94	26527	48.06	6169	11.18	49027	88.82
1951	56300	29231	51.92	27069	48.08	6632	11.78	49668	88.22
1955	61465	31809	51.75	29656	48.25	8285	13.48	53180	86.52
1960	66207	34283	51.78	31924	48.22	13073	19.75	53134	80.25
1965	72538	37128	51.18	35410	48.82	13045	17.98	59493	82.02
1970	82992	42686	51.43	40306	48.57	14424	17.38	68568	82.62
1971	85229	43819	51.41	41410	48.59	14711	17.26	70518	82.74
1972	87177	44813	51.40	42364	48.60	14935	17.13	72242	82.87
1973	89211	45876	51.42	43335	48.58	15345	17.20	73866	82.80
1974	90859	46727	51.43	44132	48.57	15595	17.16	75264	82.84
1975	92420	47564	51.47	44856	48.53	16030	17.34	76390	82.66
1976	93717	48257	51.49	45460	48.51	16341	17.44	77376	82.56
1977	94974	48908	51.50	46066	48.50	16669	17.55	78305	82.45
1978	96259	49567	51.49	46692	48.51	17245	17.92	79014	82.08
1979	97542	50192	51.46	47350	48.54	18495	18.96	79047	81.04
1980	98705	50785	51.45	47920	48.55	19140	19.39	79565	80.61
1981	100072	51519	51.48	48553	48.52	20171	20.16	79901	79.84
1982	101654	52352	51.50	49302	48.50	21480	21.13	80174	78.87
1983	103008	53152	51.60	49856	48.40	22274	21.62	80734	78.38
1984	104357	53848	51.60	50509	48.40	24017	23.01	80340	76.99
1985	105851	54725	51.70	51126	48.30	25094	23.71	80757	76.29
1986	107507	55581	51.70	51926	48.30	26366	24.52	81141	75.48
1987	109300	56290	51.50	53010	48.50	27674	25.32	81626	74.68
1988	111026	57201	51.52	53825	48.48	28661	25.81	82365	74.19
1989	112704	58099	51.55	54605	48.45	29540	26.21	83164	73.79
1990	114333	58904	51.52	55429	48.48	30195	26.41	84138	73.59
1991	115823	59466	51.34	56357	48.66	31203	26.94	84620	73.06
1992	117171	59811	51.05	57360	48.95	32175	27.46	84996	72.54
1993	118517	60472	51.02	58045	48.98	33173	27.99	85344	72.01
1994	119850	61246	51.10	58604	48.90	34169	28.51	85681	71.49
1995	121121	61808	51.03	59313	48.97	35174	29.04	85947	70.96
1996	122389	62200	50.82	60189	49.18	37304	30.48	85085	69.52
1997	123626	63131	51.07	60495	48.93	39449	31.91	84177	68.09
1998	124761	63940	51.25	60821	48.75	41608	33.35	83153	66.65
1999	125786	64692	51.43	61094	48.57	43748	34.78	82038	65.22
2000	126743	65437	51.63	61306	48.37	45906	36.22	80837	63.78
2001	127627	65672	51.46	61955	48.54	48064	37.66	79563	62.34
2002	128453	66115	51.47	62338	48.53	50212	39.09	78241	60.91
2003	129227	66556	51.50	62671	48.50	52376	40.53	76851	59.47
2004	129988	66976	51.52	63012	48.48	54283	41.76	75705	58.24
2005	130756	67375	51.53	63381	48.47	56212	42.99	74544	57.01
2006	131448	67728	51.52	63720	48.48	58288	44.34	73160	55.66
2007	132129	68048	51.50	64081	48.50	60633	45.89	71496	54.11
2008	132802	68357	51.47	64445	48.53	62403	46.99	70399	53.01
2009	133450	68647	51.44	64803	48.56	64512	48.34	68938	51.66
2010	134091	68748	51.27	65343	48.73	66978	49.95	67113	50.05
2011	134916	69161	51.26	65755	48.74	69927	51.83	64989	48.17
2012	135922	69660	51.25	66262	48.75	72175	53.10	63747	46.90
2013	136726	70063	51.24	66663	48.76	74502	54.49	62224	45.51
2014	137646	70522	51.23	67124	48.77	76738	55.75	60908	44.25
2015	138326	70857	51.22	67469	48.78	79302	57.33	59024	42.67
2016	139232	71307	51.21	67925	48.79	81924	58.84	57308	41.16
2017	140011	71650	51.17	68361	48.83	84343	60.24	55668	39.76
2018	140541	71864	51.13	68677	48.87	86433	61.50	54108	38.50
2019	141008	72039	51.09	68969	48.91	88426	62.71	52582	37.29
2020	141212	72357	51.24	68855	48.76	90220	63.89	50992	36.11
2021	141260	72311	51.19	68949	48.81	91425	64.72	49835	35.28

注：1.1981年及以前数据为户籍统计数；1982、1990、2000、2010、2020年数据为当年人口普查数据推算数；其余年份数据为年度人口抽样调查推算数据(下相关表同)。

2.总人口和按性别分人口中包括现役军人，按城乡分人口中现役军人计入城镇人口。

Note: a)Figures 1981 (includive) are from household registrations;for the year 1982,1990,2000,2010 and 2020 are the census year estimate;the rest of the data covered in those tables have been estimated on the basis of the annual nationall sample surveys of population.The same applies to the relevant tables following.

b)Total population and population by sex include the military personnel of the Chinese People's Liberation Army, the military personnel are classified as urban population in the item of population by residence.

1-3 国内生产总值及构成
GROSS DOMESTIC PRODUCT AND COMPOSITION

年 份 Year	国内生产总值 Gross Domestic Product	第一产业 Primary Industry	第二产业 Secondary Industry	第三产业 Tertiary Industry
一、绝对数(亿元) Value (100 million yuan)				
1978	3678.7	1018.5	1755.2	905.1
1980	4587.6	1359.5	2204.7	1023.4
1985	9098.9	2541.7	3886.5	2670.7
1990	18872.9	5017.2	7744.1	6111.6
1991	22005.6	5288.8	9129.6	7587.2
1992	27194.5	5800.3	11725.0	9669.2
1993	35673.2	6887.6	16472.7	12313.0
1994	48637.5	9471.8	22452.5	16713.1
1995	61339.9	12020.5	28676.7	20642.7
1996	71813.6	13878.3	33827.3	24108.0
1997	79715.0	14265.2	37545.0	27904.8
1998	85195.5	14618.7	39017.5	31559.3
1999	90564.4	14549.0	41079.9	34935.5
2000	100280.1	14717.4	45663.7	39899.1
2001	110863.1	15502.5	49659.4	45701.2
2002	121717.4	16190.2	54104.1	51423.1
2003	137422.0	16970.2	62695.8	57756.0
2004	161840.2	20904.3	74285.0	66650.9
2005	187318.9	21806.7	88082.2	77430.0
2006	219438.5	23317.0	104359.2	91762.2
2007	270092.3	27674.1	126630.5	115787.7
2008	319244.6	32464.1	149952.9	136827.5
2009	348517.7	33583.8	160168.8	154765.1
2010	412119.3	38430.8	191626.5	182061.9
2011	487940.2	44781.5	227035.1	216123.6
2012	538580.0	49084.6	244639.1	244856.2
2013	592963.2	53028.1	261951.6	277983.5
2014	643563.1	55626.3	277282.8	310654.0
2015	688858.2	57774.6	281338.9	349744.7
2016	746395.1	60139.2	295427.8	390828.1
2017	832035.9	62099.5	331580.5	438355.9
2018	919281.1	64745.2	364835.2	489700.8
2019	986515.2	70473.6	380670.6	535371.0
2020	1013567.0	78030.9	383562.4	551973.7
2021	1143669.7	83085.5	450904.5	609679.7

1-3 续表 continued

年 份 Year	国内生产总值 Gross Domestic Product	第一产业 Primary Industry	第二产业 Secondary Industry	第三产业 Tertiary Industry
二、构成(%)				
Composition (%)				
1978	100.0	27.7	47.7	24.6
1980	100.0	29.6	48.1	22.3
1985	100.0	27.9	42.7	29.4
1990	100.0	26.6	41.0	32.4
1991	100.0	24.0	41.5	34.5
1992	100.0	21.3	43.1	35.6
1993	100.0	19.3	46.2	34.5
1994	100.0	19.5	46.2	34.4
1995	100.0	19.6	46.8	33.7
1996	100.0	19.3	47.1	33.6
1997	100.0	17.9	47.1	35.0
1998	100.0	17.2	45.8	37.0
1999	100.0	16.1	45.4	38.6
2000	100.0	14.7	45.5	39.8
2001	100.0	14.0	44.8	41.2
2002	100.0	13.3	44.5	42.2
2003	100.0	12.3	45.6	42.0
2004	100.0	12.9	45.9	41.2
2005	100.0	11.6	47.0	41.3
2006	100.0	10.6	47.6	41.8
2007	100.0	10.2	46.9	42.9
2008	100.0	10.2	47.0	42.9
2009	100.0	9.6	46.0	44.4
2010	100.0	9.3	46.5	44.2
2011	100.0	9.2	46.5	44.3
2012	100.0	9.1	45.4	45.5
2013	100.0	8.9	44.2	46.9
2014	100.0	8.6	43.1	48.3
2015	100.0	8.4	40.8	50.8
2016	100.0	8.1	39.6	52.4
2017	100.0	7.5	39.9	52.7
2018	100.0	7.0	39.7	53.3
2019	100.0	7.1	38.6	54.3
2020	100.0	7.7	37.8	54.5
2021	100.0	7.3	39.4	53.3

1-4 国内生产总值指数、城镇单位就业人员平均工资和城镇居民消费价格指数

INDICES OF GROSS DOMESTIC PRODUCT, AVERAGE WAGE IN URBAN UNITS AND URBAN CONSUMER PRICE INDEX

(上年=100) (preceding year=100)

年 份 Year	国内生产总值指数 Indices of Gross Domestic Product	城镇单位就业人员平均工资指数 Index of Average Wage of the Urban Units Employment		城市居民消费价格指数 Urban Consumer Price Index
		货币工资 Money Wage	实际工资 Real Wage	
1979	107.6	108.6	106.7	101.9
1980	107.8	114.1	106.1	107.5
1981	105.1	101.3	98.9	102.5
1982	109.0	103.4	101.5	102.0
1983	110.8	103.5	101.4	102.0
1984	115.2	117.9	114.7	102.7
1985	113.4	117.9	105.3	111.9
1986	108.9	115.8	108.3	107.0
1987	111.7	109.8	101.0	108.8
1988	111.2	119.7	99.2	120.7
1989	104.2	110.8	95.2	116.3
1990	103.9	110.6	109.2	101.3
1991	109.3	109.3	104.0	105.1
1992	114.2	115.9	106.7	108.6
1993	113.9	124.3	107.1	116.1
1994	113.0	134.6	107.7	125.0
1995	111.0	118.9	101.8	116.8
1996	109.9	111.8	102.8	108.8
1997	109.2	107.8	104.5	103.1
1998	107.8	115.5	116.2	99.4
1999	107.7	111.7	113.2	98.7
2000	108.5	112.2	111.3	100.8
2001	108.3	116.1	115.3	100.7
2002	109.1	114.2	115.4	99.0
2003	110.0	112.9	111.9	100.9
2004	110.1	114.0	109.7	103.3
2005	111.4	114.3	112.5	101.6
2006	112.7	114.6	112.9	101.5
2007	114.2	118.5	113.4	104.5
2008	109.7	116.9	110.7	105.6
2009	109.4	111.6	112.6	99.1
2010	110.6	113.3	109.8	103.2
2011	109.6	114.4	108.6	105.3
2012	107.9	111.9	109.0	102.7
2013	107.8	110.1	107.3	102.6
2014	107.4	109.5	107.2	102.1
2015	107.0	110.1	108.5	101.5
2016	106.8	108.9	106.7	102.1
2017	106.9	110.0	108.2	101.7
2018	106.7	110.9	108.6	102.1
2019	106.0	109.8	106.8	102.8
2020	102.2	107.6	105.2	102.3
2021	108.1	109.7	108.6	101.0

1-5 全国就业人员年末人数
NUMBER OF EMPLOYMENT AT THE YEAR-END

单位：万人，% (10 000 persons,%)

年 份 Year	就业人员 Employment		城镇就业人员 Urban Employment	乡村就业人员 Rural Employment	按三次产业分 Group by Industry			构成(以合计为100) Percentage(total=100)		
	合计 Total	占人口比重 Percentage of Total Population			第一产业 Primary Industry	第二产业 Secondary Industry	第三产业 Tertiary Industry	第一产业 Primary Industry	第二产业 Secondary Industry	第三产业 Tertiary Industry
1952	20729	36.1	2486	18243	17317	1531	1881	83.5	7.4	9.1
1953	21364	36.3	2754	18610	17747	1715	1902	83.1	8.0	8.9
1954	21832	36.2	2744	19088	18151	1882	1799	83.1	8.6	8.3
1955	22328	36.3	2802	19526	18592	1913	1823	83.3	8.6	8.1
1956	23018	36.6	2993	20025	18544	2468	2006	80.6	10.7	8.7
1957	23771	36.8	3205	20566	19309	2142	2320	81.2	9.0	9.8
1958	26600	40.3	5300	21300	15490	7076	4034	58.2	26.6	15.2
1959	26173	38.9	5389	20784	16271	5402	4500	62.2	20.6	17.2
1960	25880	39.1	6119	19761	17016	4112	4752	65.7	15.9	18.4
1961	25590	38.9	5336	20254	19747	2856	2987	77.2	11.2	11.6
1962	25910	38.5	4537	21373	21276	2059	2575	82.1	8.0	9.9
1963	26640	38.5	4603	22037	21966	2038	2636	82.5	7.6	9.9
1964	27736	39.3	4828	22908	22801	2183	2752	82.2	7.9	9.9
1965	28670	39.5	5136	23534	23396	2408	2866	81.6	8.4	10.0
1966	29805	40.0	5354	24451	24297	2600	2908	81.5	8.7	9.8
1967	30814	40.3	5446	25368	25165	2661	2988	81.7	8.6	9.7
1968	31915	40.6	5630	26285	26063	2743	3109	81.7	8.6	9.7
1969	33225	41.2	5825	27400	27117	3030	3078	81.6	9.1	9.3
1970	34432	41.5	6312	28120	27811	3518	3103	80.8	10.2	9.0
1971	35620	41.8	6868	28752	28397	3990	3233	79.7	11.2	9.1
1972	35854	41.1	7200	28654	28283	4276	3295	78.9	11.9	9.2
1973	36652	41.1	7388	29264	28857	4492	3303	78.7	12.3	9.0
1974	37369	41.1	7687	29682	29218	4712	3439	78.2	12.6	9.2
1975	38168	41.3	8222	29946	29456	5152	3560	77.2	13.5	9.3
1976	38834	41.4	8692	30142	29443	5611	3780	75.8	14.5	9.7
1977	39377	41.5	9127	30250	29340	5831	4206	74.5	14.8	10.7
1978	40152	41.7	9514	30638	28318	6945	4890	70.5	17.3	12.2
1979	41024	42.1	9999	31025	28634	7214	5177	69.8	17.6	12.6
1980	42361	42.9	10525	31836	29122	7707	5532	68.7	18.2	13.1
1981	43725	43.7	11053	32672	29777	8003	5945	68.1	18.3	13.6
1982	45295	44.6	11428	33867	30859	8346	6090	68.1	18.4	13.5
1983	46436	45.1	11746	34690	31151	8679	6606	67.1	18.7	14.2
1984	48197	46.2	12229	35968	30868	9590	7739	64.0	19.9	16.1
1985	49873	47.1	12808	37065	31130	10384	8359	62.4	20.8	16.8

注：1990年及以后的劳动力、就业人员数据根据劳动力调查、全国人口普查推算；其中2011—2019年数据是根据第七次全国人口普查修订数(下表同)。

Note: From 1990, the total number of labour force and employed persons were estimated according to Labour Force Survey and Population Census. The data from 2011 to 2019 were revised according to the Seventh National Population Census.The same applies to the following tables.

1-5 续表 continued

单位：万人，% (10 000 persons,%)

年份 Year	就业人员 Employment		城镇就业人员 Urban Employment	乡村就业人员 Rural Employment	按三次产业分 Group by Industry			构成(以合计为100) Percentage(total=100)		
	合计 Total	占人口比重 Percentage of Total Population			第一产业 Primary Industry	第二产业 Secondary Industry	第三产业 Tertiary Industry	第一产业 Primary Industry	第二产业 Secondary Industry	第三产业 Tertiary Industry
1986	51282	47.7	13292	37990	31254	11216	8811	60.9	21.9	17.2
1987	52783	48.3	13783	39000	31663	11726	9395	60.0	22.2	17.8
1988	54334	48.9	14267	40067	32249	12152	9933	59.3	22.4	18.3
1989	55329	49.1	14390	40939	33225	11976	10129	60.1	21.6	18.3
1990	64749	56.6	17041	47708	38914	13856	11979	60.1	21.4	18.5
1991	65491	56.5	17465	48026	39098	14015	12378	59.7	21.4	18.9
1992	66152	56.5	17861	48291	38699	14355	13098	58.5	21.7	19.8
1993	66808	56.4	18262	48546	37680	14965	14163	56.4	22.4	21.2
1994	67455	56.3	18653	48802	36628	15312	15515	54.3	22.7	23.0
1995	68065	56.2	19040	49025	35530	15655	16880	52.2	23.0	24.8
1996	68950	56.3	19922	49028	34820	16203	17927	50.5	23.5	26.0
1997	69820	56.5	20781	49039	34840	16547	18432	49.9	23.7	26.4
1998	70637	56.6	21616	49021	35177	16600	18860	49.8	23.5	26.7
1999	71394	56.8	22412	48982	35768	16421	19205	50.1	23.0	26.9
2000	72085	56.9	23151	48934	36043	16219	19823	50.0	22.5	27.5
2001	72797	57.0	24123	48674	36399	16234	20165	50.0	22.3	27.7
2002	73280	57.0	25159	48121	36640	15682	20958	50.0	21.4	28.6
2003	73736	57.1	26230	47506	36204	15927	21605	49.1	21.6	29.3
2004	74264	57.1	27293	46971	34830	16709	22725	46.9	22.5	30.6
2005	74647	57.1	28389	46258	33442	17766	23439	44.8	23.8	31.4
2006	74978	57.0	29630	45348	31941	18894	24143	42.6	25.2	32.2
2007	75321	57.0	30953	44368	30731	20186	24404	40.8	26.8	32.4
2008	75564	56.9	32103	43461	29923	20553	25087	39.6	27.2	33.2
2009	75828	56.8	33322	42506	28890	21080	25857	38.1	27.8	34.1
2010	76105	56.8	34687	41418	27931	21842	26332	36.7	28.7	34.6
2011	76196	56.5	36003	40193	26472	22539	27185	34.7	29.6	35.7
2012	76254	56.1	37287	38967	25535	23226	27493	33.5	30.4	36.1
2013	76301	55.8	38527	37774	23838	23142	29321	31.3	30.3	38.4
2014	76349	55.5	39703	36646	22372	23057	30920	29.3	30.2	40.5
2015	76320	55.2	40916	35404	21418	22644	32258	28.0	29.7	42.3
2016	76245	54.8	42051	34194	20908	22295	33042	27.4	29.3	43.3
2017	76058	54.3	43208	32850	20295	21762	34001	26.7	28.6	44.7
2018	75782	53.9	44292	31490	19515	21356	34911	25.7	28.2	46.1
2019	75447	53.5	45249	30198	18652	21234	35561	24.7	28.2	47.1
2020	75064	53.2	46271	28793	17715	21543	35806	23.6	28.7	47.7
2021	74652	52.8	46773	27879	17072	21712	35868	22.9	29.1	48.0

1-6 分地区就业人员数(2021年底数)
NUMBER OF EMPLOYED PERSONS BY REGION(END OF 2021)

单位：万人 (10 000 persons)

地区	Region	就业人员 Employed Persons	按城乡分 By Urban and Rural Areas		按三次产业分 By Three Industries		
			城镇 Urban	乡村 Rural	第一产业 Primary Industry	第二产业 Secondary Industry	第三产业 Tertiary Industry
全国	**National Total**	**74652**	**46773**	**27879**	**17072**	**21712**	**35868**
北京	Beijing	1158	1013	145	27	193	938
天津	Tianjin	641	534	107	34	219	388
河北	Hebei	3643	2133	1510	777	1169	1697
山西	Shanxi	1715	1014	701	401	437	877
内蒙古	Inner Mongolia	1218	790	428	422	210	586
辽宁	Liaoning	2190	1483	707	600	493	1097
吉林	Jilin	1228	718	510	454	181	593
黑龙江	Heilongjiang	1420	892	528	516	234	670
上海	Shanghai	1365	1195	170	25	445	895
江苏	Jiangsu	4863	3515	1348	630	1957	2276
浙江	Zhejiang	3897	2804	1093	206	1727	1964
安徽	Anhui	3215	1816	1399	779	1026	1410
福建	Fujian	2197	1503	694	301	729	1167
江西	Jiangxi	2242	1317	925	424	773	1045
山东	Shandong	5475	3386	2089	1316	1850	2309
河南	Henan	4840	2627	2213	1172	1446	2222
湖北	Hubei	3286	1919	1367	881	882	1523
湖南	Hunan	3258	1897	1361	801	893	1564
广东	Guangdong	7072	5473	1599	753	2565	3754
广西	Guangxi	2544	1359	1185	842	659	1043
海南	Hainan	544	324	220	169	62	313
重庆	Chongqing	1668	1108	560	366	427	875
四川	Sichuan	4727	2522	2205	1506	1111	2110
贵州	Guizhou	1886	995	891	618	475	793
云南	Yunnan	2774	1309	1465	1187	499	1088
西藏	Tibet	194	76	118	69	30	95
陕西	Shaanxi	2091	1253	838	611	444	1036
甘肃	Gansu	1319	626	693	580	238	501
青海	Qinghai	277	173	104	69	61	147
宁夏	Ningxia	345	225	120	81	82	182
新疆	Xinjiang	1360	774	586	455	195	710

1—7　2021年全国城镇调查失业率主要数据
MAIN DATA OF THE URBAN SURVEYED UNEMPLOYMENT RATE IN 2021

单位：%　　(%)

月 份	Month	全 国 城 镇 Urban	本地户籍 Local Household Registration	外来户籍 Non-local Household Registration	16—24岁 Aged 16-24	25—59岁 Aged 25-59	31个大城市 31 Major Cities
1月	January	5.4	5.6	5.1	12.7	4.9	5.4
2月	February	5.5	5.7	5.2	13.1	5.0	5.5
3月	March	5.3	5.3	5.4	13.6	4.8	5.3
4月	April	5.1	5.1	5.1	13.6	4.6	5.2
5月	May	5.0	5.1	5.0	13.8	4.4	5.2
6月	June	5.0	5.0	5.1	15.4	4.2	5.2
7月	July	5.1	5.1	5.0	16.2	4.2	5.2
8月	August	5.1	5.2	5.0	15.3	4.3	5.3
9月	September	4.9	5.0	4.8	14.6	4.2	5.0
10月	October	4.9	4.9	4.8	14.2	4.2	5.1
11月	November	5.0	5.1	4.8	14.3	4.3	5.1
12月	December	5.1	5.1	4.9	14.3	4.4	5.1

1-8 各地区分登记注册类型城镇单位就业人员年末人数及构成(2021年)
URBAN EMPLOYMENT AND COMPOSITION AT THE YEAR-END BY REGISTRATION STATUS AND REGION (2021)

单位：万人 (10 000 persons)

地区	Region	合计 Total	国有单位 State-owned Units	城镇集体单位 Urban Collective-owned Units	其他单位 Other Ownership Units	构成（以合计为100） Composition(Total=100) 国有单位 State-owned Units	城镇集体单位 Urban Collective-owned Units	其他单位 Other Ownership Units
全国总计	**National**	**17014.5**	**5633.1**	**261.7**	**11119.8**	**33.1**	**1.5**	**65.4**
北京	Beijing	759.5	155.6	9.4	594.5	20.5	1.2	78.3
天津	Tianjin	256.4	66.9	2.0	187.6	26.1	0.8	73.2
河北	Hebei	566.0	255.7	10.4	299.9	45.2	1.8	53.0
山西	Shanxi	442.9	170.3	5.1	267.4	38.5	1.2	60.4
内蒙古	Inner Mongolia	267.7	131.5	1.8	134.3	49.1	0.7	50.2
辽宁	Liaoning	458.0	178.3	7.7	272.1	38.9	1.7	59.4
吉林	Jilin	254.7	119.2	1.0	134.5	46.8	0.4	52.8
黑龙江	Heilongjiang	311.2	158.0	2.0	151.2	50.8	0.7	48.6
上海	Shanghai	683.1	95.2	8.0	579.9	13.9	1.2	84.9
江苏	Jiangsu	1314.0	292.2	31.4	990.4	22.2	2.4	75.4
浙江	Zhejiang	1034.6	230.2	7.2	797.2	22.3	0.7	77.1
安徽	Anhui	563.2	179.3	7.1	376.8	31.8	1.3	66.9
福建	Fujian	579.0	150.5	8.3	420.2	26.0	1.4	72.6
江西	Jiangxi	448.0	172.9	8.3	266.9	38.6	1.8	59.6
山东	Shandong	1108.3	381.4	17.9	708.9	34.4	1.6	64.0
河南	Henan	915.4	353.5	19.1	542.8	38.6	2.1	59.3
湖北	Hubei	643.6	232.7	7.9	402.9	36.2	1.2	62.6
湖南	Hunan	606.0	247.5	13.2	345.3	40.8	2.2	57.0
广东	Guangdong	2110.9	431.5	36.3	1643.0	20.4	1.7	77.8
广西	Guangxi	410.3	187.6	6.0	216.7	45.7	1.5	52.8
海南	Hainan	113.7	43.2	1.0	69.5	38.0	0.9	61.1
重庆	Chongqing	358.1	114.2	4.2	239.7	31.9	1.2	66.9
四川	Sichuan	871.5	306.7	15.1	549.6	35.2	1.7	63.1
贵州	Guizhou	336.7	174.4	2.7	159.6	51.8	0.8	47.4
云南	Yunnan	358.1	192.4	11.2	154.5	53.7	3.1	43.1
西藏	Tibet	44.5	26.8	0.3	17.5	60.1	0.6	39.3
陕西	Shaanxi	476.0	187.4	9.1	279.5	39.4	1.9	58.7
甘肃	Gansu	261.3	138.6	5.2	117.5	53.0	2.0	45.0
青海	Qinghai	67.1	35.9	0.6	30.6	53.5	0.9	45.6
宁夏	Ningxia	70.7	35.6	0.4	34.6	50.4	0.6	49.0
新疆	Xinjiang	324.2	187.8	1.8	134.7	57.9	0.5	41.5

1-9 分登记注册类型城镇非私营单位就业人员年末人数及构成
EMPLOYMENT AND COMPOSITION IN URBAN NON-PRIVATE UNITS BY REGISTRATION STATUS(End of Year)

单位：万人 (10 000 persons)

年 份 Yesr	合 计 Total	国有单位 State-owned Units	城镇集体单位 Urban Collective-owned Units	其他单位 Other Owner-ship Units	构成(以合计为100) Composition(Total=100)		
					国有单位 State-owned Units	城镇集体单位 Urban Collective-owned Units	其他单位 Other Owner-ship Units
1971	6787	5318	1469		78.4	21.6	
1975	8198	6426	1772		78.4	21.6	
1980	10444	8019	2425		76.8	23.2	
1981	10940	8372	2568		76.5	23.5	
1985	12358	8990	3324	44	72.7	26.9	0.4
1990	14059	10346	3549	164	73.6	25.2	1.2
1991	14508	10664	3628	216	73.5	25.0	1.5
1992	14792	10889	3621	282	73.6	24.5	1.9
1993	14849	10920	3393	536	73.5	22.9	3.6
1994	14849	10890	3211	747	73.3	21.6	5.0
1995	15301	11261	3147	894	73.6	20.6	5.8
1996	15221	11244	3016	962	73.9	19.8	6.3
1997	15036	11044	2883	1109	73.5	19.2	7.4
1998	12696	9058	1963	1675	71.3	15.5	13.2
1999	12130	8572	1712	1846	70.7	14.1	15.2
2000	11612	8102	1499	2011	69.8	12.9	17.3
2001	11166	7640	1291	2235	68.4	11.6	20.0
2002	10985	7163	1122	2700	65.2	10.2	24.6
2003	10970	6876	1000	3094	62.7	9.1	28.2
2004	11099	6710	897	3492	60.5	8.1	31.5
2005	11404	6488	810	4106	56.9	7.1	36.0
2006	11713	6430	764	4519	54.9	6.5	38.6
2007	12024	6424	718	4882	53.4	6.0	40.6
2008	12193	6447	662	5084	52.9	5.4	41.7
2009	12573	6420	618	5535	51.1	4.9	44.0
2010	13052	6516	597	5938	49.9	4.6	45.5
2011	14413	6704	603	7106	46.5	4.2	49.3
2012	15236	6839	590	7808	44.9	3.9	51.2
2013	18108	6365	566	11177	35.1	3.1	61.7
2014	18278	6312	537	11429	34.5	2.9	62.5
2015	18062	6208	481	11373	34.4	2.7	63.0
2016	17888	6170	453	11265	34.5	2.5	63.0
2017	17644	6064	406	11174	34.4	2.3	63.3
2018	17258	5740	347	11171	33.3	2.0	64.7
2019	17162	5473	296	11393	31.9	1.7	66.4
2020	17039	5563	271	11205	32.6	1.6	65.8
2021	17015	5633	262	11120	33.1	1.5	65.4

注：1994年及以前为职工数(以下各表同)。
Note: Data before 1994 are staff and workers figures(Same as the following tables).

1—10 分行业城镇非私营单位就业人员年末人数（1995—2002年）
URBAN NON-PRIVATE UNITS EMPLOYMENT BY SECTOR (1995-2002)

单位：万人 (10 000 persons)

登记注册类型 Registration Status 年份 Year	合计 Total	农、林、牧、渔业 Farming, Forestry, Animal Husbandry and Fishery	采掘业 Mining and Quarrying	制造业 Manufacturing	电力、煤气及水的生产和供应业 Production and Supply of Electricity, Gas and Water	建筑业 Construction	地质勘查业、水利管理业 Geological Prospecting and Water Conservancy	交通运输、仓储及邮电通信业 Transport, Storage, Post and Telecommunications
全 国 National								
1995	15300.8	669.4	921.4	5493.1	257.9	1090.1	134.6	848.5
1996	15221.1	631.3	891.8	5344.0	272.8	1069.7	128.9	853.2
1997	15036.2	629.2	856.8	5129.9	283.3	1037.4	129.0	850.5
1998	12695.7	562.5	707.3	3826.1	282.9	878.1	116.2	721.5
1999	12130.2	536.5	655.2	3554.3	285.0	814.8	111.4	704.2
2000	11612.5	516.4	585.2	3300.7	283.8	780.1	110.2	680.4
2001	11165.8	483.2	548.2	3070.1	287.8	774.0	104.9	651.6
2002	10985.2	455.2	542.7	2980.7	289.6	803.2	97.7	639.5
国有单位 State-owned Units								
1995	11260.5	642.6	839.0	3347.9	238.3	627.9	132.5	699.1
1996	11243.6	605.5	813.6	3238.6	251.2	616.1	126.7	705.6
1997	11044.2	605.1	776.8	3028.2	258.0	598.0	125.9	706.1
1998	9058.1	541.1	600.7	1900.7	243.2	462.8	114.0	601.5
1999	8572.1	517.2	529.0	1665.2	240.1	419.0	109.2	585.8
2000	8101.9	496.2	451.3	1432.1	234.1	391.7	108.0	566.5
2001	7639.9	464.5	404.6	1210.0	231.9	357.6	102.8	536.2
2002	7162.9	433.4	350.4	994.9	223.5	320.6	95.6	518.2
城镇集体单位 Urban Collective-owned Units								
1995	3146.7	23.7	78.3	1438.3	9.2	440.3	2.0	139.5
1996	3015.8	21.8	73.8	1364.8	10.8	424.0	2.1	135.7
1997	2882.7	19.9	73.1	1261.3	11.3	404.1	3.0	127.0
1998	1963.2	16.2	49.3	758.4	10.8	321.4	2.1	81.3
1999	1711.8	14.6	42.5	636.8	9.7	291.2	2.0	69.1
2000	1499.3	13.9	35.1	531.7	9.4	272.5	1.9	58.4
2001	1291.0	11.8	30.9	437.1	8.4	255.2	1.6	49.1
2002	1122.0	10.9	30.7	357.1	7.1	231.3	1.4	41.4
其他单位 Other Ownership Units								
1995	893.6	3.2	4.0	706.8	10.3	22.0		9.8
1996	961.7	4.0	4.4	740.5	10.8	29.5		12.0
1997	1109.4	4.2	6.9	840.4	14.1	35.3		17.4
1998	1674.5	5.2	57.3	1167.1	28.9	93.8	0.1	38.7
1999	1846.3	4.8	83.7	1252.2	35.2	104.6	0.2	49.2
2000	2011.3	6.4	98.8	1336.9	40.4	115.9	0.3	55.6
2001	2234.9	6.9	112.7	1423.0	47.5	161.2	0.5	66.2
2002	2700.3	10.9	161.6	1628.7	58.9	251.3	0.7	79.8

1-10　续表　continued

单位：万人　　(10 000 persons)

登记注册类型 Registration Status 年　份 Year	批发和零售贸易、餐饮业 Wholesale and Retail Trade & Catering Services	金融、保险业 Finance and Insurance	房地产业 Real Estate Trade	社　会服务业 Social Services	卫生、体育和社会福利业 Health Care, Sporting and Social Welfare	教育、文化艺术和广播电影电视业 Education, Culture and Arts, Radio, Film and Television	科学研究和综合技术服务业 Scientific Research and Polytech-nical Services	国家机关政党机关和社会团体 Government Agencies, Party Age-ncies and Social Or-ganizations	其　他 Others
全　国 National									
1995	1855.9	276.3	79.6	461.4	444.3	1476.1	181.9	1041.7	68.8
1996	1830.0	291.9	84.3	472.1	457.5	1512.6	182.7	1092.6	105.8
1997	1796.1	308.2	86.9	494.3	471.1	1556.7	185.8	1093.1	127.8
1998	1286.6	313.5	93.7	470.4	477.7	1573.3	177.5	1096.5	111.9
1999	1141.5	328.5	96.6	476.0	482.0	1567.8	173.6	1102.1	100.9
2000	1009.5	326.8	100.4	483.5	488.1	1565.8	174.5	1103.8	103.1
2001	874.2	335.9	107.5	491.4	493.0	1567.9	165.0	1100.9	110.1
2002	774.5	339.8	118.4	521.0	493.2	1565.1	162.7	1074.7	127.0
国有单位 State-owned Units									
1995	1072.2	204.8	62.9	321	383.2	1443	170	1033.1	43.1
1996	1064.7	210.7	64.6	335.4	394.8	1486.2	168.7	1084.3	76.9
1997	1045.7	217.6	65.3	352.6	407.6	1502.7	170.2	1087.2	97.2
1998	706.0	217.5	65.1	331.7	417.0	1519.7	159.5	1091.1	86.4
1999	620.3	226.5	64.0	330.7	422.6	1512.9	157.0	1097.2	75.4
2000	544.0	223.4	63.3	326.7	427.3	1508.4	151.2	1098.9	78.7
2001	460.6	221.7	63.4	322.6	433.4	1507.7	141.9	1097.0	83.9
2002	380.4	216.2	61.3	327.4	437.8	1497.2	139.1	1071.0	96.0
城镇集体单位 Urban Collective-owned Units									
1995	707.3	67.5	6.7	99.3	60.7	32.1	8.7	8.7	24.3
1996	678.5	73.2	7.7	90.3	62.1	25.0	10.4	8.4	27.5
1997	647.6	77.4	7.9	90.4	62.8	52.6	10.5	5.9	27.8
1998	424.5	72.1	7.2	72.4	59.6	51.7	9.7	5.3	21.2
1999	355.0	71.8	7.5	68.9	58.2	52.2	8.3	4.8	19.2
2000	292.5	70.4	6.8	64.2	59.4	53.3	7.9	4.9	17.0
2001	223.2	69.1	6.9	59.1	57.7	55.2	5.3	3.9	16.6
2002	174.7	66.9	8.0	52.9	52.5	58.3	4.8	3.4	20.5
其他单位 Other Ownership Units									
1995	76.3	3.9	9.9	41.2	0.4	0.9	3.1		1.4
1996	86.8	8.0	12.0	46.4	0.5	1.4	3.6		1.5
1997	102.8	13.3	13.7	51.3	0.6	1.5	5.1		2.7
1998	156.1	23.9	21.3	66.3	1.1	1.9	8.3		4.4
1999	166.3	30.2	25.1	76.4	1.2	2.7	8.3		6.3
2000	173.0	33.0	30.3	92.6	1.4	4.1	15.3		7.4
2001	190.4	45.1	37.2	109.7	1.9	5.0	17.8		9.7
2002	219.4	56.8	49.0	140.7	3.0	9.6	18.8		11.0

1-11 分行业城镇非私营单位就业人员年末人数(2003-2011年)
URBAN NON-PRIVATE UNITS EMPLOYMENT BY SECTOR(2003-2011)

单位：万人 (10 000 persons)

登记注册类型 Registration Status 年 份 Year	合 计 Total	农、林、牧、渔业 Agriculture, Forestry, Farming of Animals and Fishery	采矿业 Mining	制造业 Manufacturing	电力、燃气及水的生产和供应业 Production and Distribution of Electricity, Gas and Water	建筑业 Construction	交通运输、仓储和邮政业 Traffic, Transport, Storage and post
全 国 National							
2003	10969.7	484.5	488.3	2980.5	297.6	833.7	636.5
2004	11098.9	466.1	500.7	3050.8	300.6	841.0	631.8
2005	11404.0	446.3	509.2	3210.9	299.9	926.6	613.9
2006	11713.2	435.2	529.7	3351.6	302.5	988.7	612.7
2007	12024.4	426.3	535.0	3465.4	303.4	1050.8	623.1
2008	12192.5	410.1	540.4	3434.3	306.5	1072.6	627.3
2009	12573.0	373.7	553.7	3491.9	307.7	1177.5	634.4
2010	13051.5	375.7	562.0	3637.2	310.5	1267.5	631.1
2011	14413.3	359.5	611.6	4088.3	334.7	1724.8	662.8
国有单位 State-owned Units							
2003	6875.6	457.7	264.3	870.7	224.1	299.3	492.8
2004	6709.9	439.4	268.8	746.3	219.3	281.2	473.4
2005	6488.2	423.5	241.3	614.0	209.5	272.5	443.3
2006	6430.5	414.2	241.7	554.0	208.8	262.8	433.0
2007	6423.5	406.3	232.8	518.1	202.4	271.3	432.0
2008	6447.0	392.1	242.9	485.5	203.1	267.7	424.5
2009	6420.2	356.1	243.7	437.8	198.6	262.7	413.9
2010	6516.4	357.4	234.1	416.5	203.9	278.7	403.3
2011	6704.2	340.9	250.3	397.8	215.0	333.2	415.9
城镇集体单位 Urban Collective-owned Units							
2003	999.9	14.1	27.7	296.6	7.0	217.3	38.7
2004	897.2	12.5	27.1	259.6	6.6	198.1	34.1
2005	809.9	9.1	24.8	221.9	6.1	186.9	30.6
2006	763.6	7.1	25.1	203.9	6.0	184.9	27.2
2007	718.4	6.0	23.2	182.1	5.6	181.5	24.6
2008	661.8	4.9	22.2	165.2	5.1	169.2	22.2
2009	618.1	4.9	17.6	148.5	5.1	163.7	20.6
2010	597.5	4.4	18.8	134.4	5.2	161.7	19.8
2011	603.1	4.0	20.4	124.1	5.5	187.4	17.5
其他单位 Other Ownership Units							
2003	3094.3	12.7	196.3	1813.2	66.5	317.1	105.0
2004	3491.8	14.1	204.8	2044.9	74.7	361.7	124.4
2005	4105.9	13.7	243.1	2374.9	84.4	467.2	140.0
2006	4519.1	13.9	262.9	2593.7	87.8	540.9	152.6
2007	4882.4	14.1	279.0	2765.2	95.4	598.0	166.4
2008	5083.7	13.1	275.3	2783.6	98.4	635.6	180.6
2009	5534.7	12.6	292.4	2905.6	103.9	751.2	199.9
2010	5937.6	14.0	309.1	3086.2	101.4	827.1	208.0
2011	7106.0	14.6	340.9	3566.4	114.2	1204.2	229.4

1-11　续表 1　continued

单位：万人 (10 000 persons)

登记注册类型 Registration Status 年　份 Year	信息传输、计算机服务和软件业 Information Transfer, Computer and Software	批发和零售业 Wholesale and Retail Trade	住宿和餐饮业 Accommodation and Restaurants	金融业 Finance	房地产业 Real Estate	租赁和商务服务业 Tenancy and Business Services	科学研究、技术服务和地质勘查业 Scientific Research, Technical Service and Geologic Perambulation
全　国 National							
2003	116.8	628.1	172.1	353.3	120.2	183.5	221.9
2004	123.7	586.7	177.1	356.0	133.4	194.4	222.1
2005	130.1	544.0	181.2	359.3	146.5	218.5	227.7
2006	138.2	515.7	183.9	367.4	153.9	236.7	235.5
2007	150.2	506.9	185.8	389.7	166.5	247.2	243.4
2008	159.5	514.4	193.2	417.6	172.7	274.7	257.0
2009	173.8	520.8	202.1	449.0	190.9	290.5	272.6
2010	185.8	535.1	209.2	470.1	211.6	310.1	292.3
2011	212.8	647.5	242.7	505.3	248.6	286.6	298.5
国有单位 State-owned Units							
2003	72.0	301.0	73.4	208.1	52.2	106.0	185.1
2004	74.1	259.6	70.5	196.4	50.9	107.9	188.6
2005	65.8	214.7	67.5	177.5	47.5	114.6	188.5
2006	65.6	186.7	63.8	165.1	45.0	121.0	193.0
2007	62.5	174.1	58.6	161.4	45.2	120.5	197.5
2008	63.0	160.7	56.6	155.4	43.5	125.9	201.6
2009	64.6	144.2	55.2	146.0	43.5	125.4	209.4
2010	62.5	137.3	54.6	144.3	45.4	131.5	219.6
2011	67.0	145.7	56.3	146.3	47.6	127.9	218.2
城镇集体单位 Urban Collective-owned Units							
2003	1.8	128.6	16.2	67.0	7.4	30.2	4.8
2004	1.3	108.9	15.0	66.6	7.8	30.7	4.5
2005	1.4	89.9	13.7	63.8	8.2	35.2	3.8
2006	1.1	77.4	12.7	62.1	8.0	34.1	3.5
2007	0.9	69.0	11.6	61.3	7.7	34.4	3.4
2008	0.8	58.6	11.0	60.1	7.4	33.1	3.4
2009	1.1	52.5	10.4	53.1	8.7	36.7	4.2
2010	1.0	48.0	9.6	52.1	9.2	37.6	4.2
2011	1.3	46.8	10.0	50.2	8.6	31.8	3.7
其他单位 Other Ownership Units							
2003	43.0	198.6	82.5	78.3	60.6	47.3	32.0
2004	48.3	218.3	91.6	93.1	74.7	55.8	29.0
2005	62.8	239.4	100.1	117.9	90.9	68.7	35.5
2006	71.5	251.6	107.3	140.2	101.0	81.6	38.9
2007	86.8	263.8	115.7	167.0	113.6	92.3	42.5
2008	95.7	295.0	125.6	202.0	121.8	115.7	52.0
2009	108.1	324.2	136.5	249.9	138.7	128.4	59.0
2010	122.3	349.9	145.1	273.7	157.1	140.9	68.6
2011	144.5	455.0	176.5	308.9	192.4	126.9	76.5

1-11 续表 2 continued

单位：万人 (10 000 persons)

登记注册类型 Registration Status 年 份 Year	水利、环境和公共设施管理业 Management of Water Conservancy, Environment and Public Establishment	居民服务和其他服务业 Resident Services and Other Services	教 育 Education	卫生、社会保障和社会福利业 Sanitation, Social Security and Social Welfare	文化体育和娱乐业 Culture, Sports and Entertainment	公共管理和社会组织 Public Management and Social Organization
全 国 National						
2003	172.5	52.8	1442.8	485.8	127.8	1171.0
2004	176.1	54.2	1466.8	494.7	123.4	1199.0
2005	180.4	53.9	1483.2	508.9	122.5	1240.8
2006	187.0	56.6	1504.4	525.4	122.4	1265.6
2007	193.5	57.4	1520.9	542.8	125.0	1291.2
2008	197.3	56.5	1534.0	563.6	126.0	1335.0
2009	205.7	58.8	1550.4	595.8	129.5	1394.3
2010	218.9	60.2	1581.8	632.5	131.4	1428.5
2011	230.3	59.9	1617.8	679.1	135.0	1467.6
国有单位 State-owned Units						
2003	155.3	22.1	1378.3	430.9	117.0	1165.1
2004	158.0	24.2	1409.7	437.9	111.9	1191.8
2005	161.0	24.9	1424.9	452.4	110.5	1234.3
2006	165.4	27.7	1448.0	466.8	110.1	1257.5
2007	169.8	28.7	1462.9	483.2	111.3	1285.0
2008	172.8	28.8	1481.9	501.2	110.9	1328.8
2009	178.3	28.3	1490.6	529.9	111.9	1380.0
2010	189.9	28.9	1517.4	562.6	113.1	1415.6
2011	198.0	30.7	1540.9	606.0	113.8	1452.7
城镇集体单位 Urban Collective-owned Units						
2003	10.7	15.2	57.1	51.2	3.2	5.0
2004	10.2	13.5	43.1	50.0	2.8	4.8
2005	9.6	10.3	40.2	48.3	2.5	3.5
2006	10.0	9.8	36.0	48.8	2.3	3.6
2007	10.2	8.9	34.3	48.7	2.3	2.9
2008	10.8	8.8	24.6	49.8	2.3	2.4
2009	10.5	8.2	17.4	49.9	2.2	2.7
2010	10.5	7.8	17.5	51.4	2.2	2.2
2011	10.8	6.0	19.1	51.5	2.0	2.4
其他单位 Other Ownership Units						
2003	6.5	15.6	7.4	3.6	7.5	0.8
2004	7.9	16.5	14.0	6.8	8.7	2.5
2005	9.8	18.7	18.1	8.2	9.6	3.0
2006	11.6	19.0	20.4	9.8	10.0	4.4
2007	13.5	19.8	23.7	11.0	11.5	3.3
2008	13.7	19.0	27.5	12.6	12.7	3.8
2009	16.8	22.3	42.3	16.0	15.4	11.6
2010	18.5	23.5	46.8	18.6	16.2	10.7
2011	21.5	23.1	57.7	21.6	19.2	12.5

1-12　分行业城镇非私营单位就业人员年末人数(2012-2021年)
URBAN NON-PRIVATE UNITS EMPLOYMENT BY SECTOR(2012-2021)

单位：万人　　(10 000 persons)

登记注册类型 Registration Status 年 份 Year	合 计 Total	农、林、牧、渔业 Agriculture, Forestry, Animal Husbandry and Fishery	采矿业 Mining	制造业 Manufacturing	电力、热力、燃气及水生产和供应业 Production and Supply of Electricity,Heat, Gas and Water	建筑业 Construction	批发和零售业 Wholesale and Retail Trades
全 国 National							
2012	15236.4	338.9	631.0	4262.2	344.6	2010.3	711.8
2013	18108.4	294.8	636.5	5257.9	404.5	2921.9	890.8
2014	18277.8	284.6	596.5	5243.1	403.7	2921.2	888.6
2015	18062.5	270.0	545.8	5068.7	396.0	2796.0	883.3
2016	17888.1	263.2	490.9	4893.8	387.6	2724.7	875.0
2017	17643.8	255.4	455.4	4635.5	377.0	2643.2	842.8
2018	17258.2	192.6	414.4	4178.3	369.2	2710.9	823.3
2019	17161.8	134.1	367.7	3832.0	373.1	2270.5	830.0
2020	17039.1	85.7	352.1	3805.5	379.7	2153.3	786.9
2021	17014.5	86.8	344.8	3828.0	382.0	1971.9	797.5
国有单位 State-owned Units							
2012	6839.0	320.5	256.2	369.5	218.3	345.8	148.5
2013	6365.1	280.3	97.2	232.6	199.0	267.5	110.1
2014	6312.3	262.9	71.6	207.8	192.9	237.1	99.9
2015	6208.3	248.4	54.8	180.8	178.8	192.9	90.8
2016	6169.8	242.3	44.6	158.8	176.3	184.6	82.0
2017	6063.8	236.1	34.0	124.0	159.9	154.2	72.0
2018	5739.7	172.7	17.3	73.3	134.1	113.1	60.6
2019	5472.7	99.9	14.7	38.5	113.8	80.4	42.9
2020	5563.0	58.0	18.0	46.4	102.4	89.1	47.8
2021	5633.1	54.9	16.7	51.6	98.5	89.5	47.9
城镇集体单位 Urban Collective-owned Units							
2012	589.7	5.0	20.6	113.7	5.1	185.0	40.9
2013	566.2	2.5	15.8	97.4	4.2	181.6	38.3
2014	536.7	2.6	13.3	87.9	4.0	173.7	35.0
2015	481.4	2.1	10.7	74.4	3.8	154.7	31.7
2016	453.3	1.9	9.4	66.5	3.5	149.1	28.0
2017	406.0	1.8	7.7	52.8	3.2	133.0	21.2
2018	347.4	1.6	4.1	38.4	2.9	116.8	17.8
2019	295.6	3.2	3.2	31.5	3.3	94.7	12.9
2020	271.2	1.8	2.7	21.9	3.4	83.2	9.2
2021	261.7	2.8	2.2	18.8	3.2	74.5	8.3
其他单位 Other Ownership Units							
2012	7807.7	13.4	354.2	3779.0	121.1	1479.4	522.4
2013	11177.2	12.1	523.4	4927.9	201.4	2472.8	742.4
2014	11428.8	19.1	511.7	4947.4	206.8	2510.3	753.6
2015	11372.8	19.4	480.3	4813.6	213.4	2448.4	760.9
2016	11264.9	19.0	436.9	4668.5	207.8	2391.1	765.1
2017	11174.0	17.5	413.6	4458.7	213.9	2356.1	749.6
2018	11171.1	18.4	393.0	4066.5	232.2	2481.0	744.9
2019	11393.5	31.0	349.9	3762.0	256.1	2095.4	774.3
2020	11204.9	25.8	331.4	3737.2	273.9	1980.9	730.0
2021	11119.8	29.1	326.0	3757.5	280.2	1807.9	741.3

1-12 续表 1 continued

单位：万人 (10 000 persons)

登记注册类型 Registration Status / 年 份 Year	交通运输、仓储和邮政业 Transport, Storage and Post	住宿和餐饮业 Hotels and Catering Services	信息传输、软件和信息技术服务业 Information Software and Information Technology	金融业 Financial Inter-mediation	房地产业 Real Estate	租赁和商务服务业 Leasing and Business Services	科学研究和技术服务业 Scientific Research, and Technical Services
全 国 National							
2012	667.5	265.1	222.8	527.8	273.7	292.3	330.7
2013	846.2	304.4	327.3	537.9	373.7	421.9	387.8
2014	861.4	289.3	336.3	566.3	402.2	449.4	408.0
2015	854.4	276.1	349.9	606.8	417.3	474.0	410.6
2016	849.5	269.7	364.1	665.2	431.7	488.4	419.6
2017	843.9	265.9	395.4	688.8	444.8	522.6	420.4
2018	819.0	269.8	424.3	699.3	466.0	529.5	411.5
2019	815.5	265.2	455.3	826.1	510.3	660.4	434.3
2020	812.2	256.6	487.1	859.0	525.4	643.6	431.2
2021	798.1	265.3	519.2	818.5	529.3	680.3	450.1
国有单位 State-owned Units							
2012	419.5	57.6	65.8	151.9	46.7	116.7	232.5
2013	410.3	45.7	49.5	147.9	37.1	123.6	223.7
2014	395.2	41.8	37.5	146.1	36.5	126.0	224.8
2015	373.4	37.4	35.5	146.6	33.1	120.6	213.2
2016	366.0	35.2	33.5	148.7	32.1	118.1	215.1
2017	353.0	31.7	26.9	143.1	26.3	116.8	206.2
2018	264.1	26.0	24.9	125.8	19.6	104.2	182.7
2019	131.8	20.9	19.9	89.3	15.7	98.5	150.3
2020	108.5	20.6	25.6	68.6	22.1	96.2	152.2
2021	104.5	18.7	27.6	65.7	21.5	94.8	150.9
城镇集体单位 Urban Collective-owned Units							
2012	17.7	9.3	1.3	50.1	8.7	33.7	5.4
2013	19.0	10.0	0.9	48.7	8.3	38.1	5.5
2014	17.4	6.7	0.8	47.0	8.9	36.0	5.4
2015	14.8	5.4	0.7	46.5	8.0	31.8	4.8
2016	13.7	4.9	0.6	44.9	8.0	29.1	4.6
2017	12.2	4.2	0.8	42.0	7.4	27.7	4.2
2018	9.3	3.9	0.6	33.1	7.2	23.3	3.9
2019	8.5	3.1	0.7	9.5	9.9	26.2	4.3
2020	7.8	2.6	0.6	7.0	9.2	19.5	4.7
2021	5.8	2.4	0.4	6.5	8.7	18.6	4.2
其他单位 Other Ownership Units							
2012	230.3	198.1	155.7	325.7	218.3	141.8	92.8
2013	417.0	248.7	276.9	341.3	328.3	260.2	158.5
2014	448.9	240.8	298.0	373.3	356.8	287.4	177.8
2015	466.2	233.3	313.6	413.7	376.2	321.7	192.6
2016	469.8	229.6	330.0	471.5	391.6	341.2	199.9
2017	478.7	230.0	367.7	503.7	411.0	378.1	210.0
2018	545.6	240.0	398.8	540.4	439.2	402.1	224.9
2019	675.2	241.3	434.6	727.3	484.7	535.6	279.7
2020	695.9	233.4	460.9	783.4	494.0	527.9	274.3
2021	687.8	244.1	491.1	746.3	499.1	567.0	295.0

1-12 续表 2 continued

单位：万人 (10 000 persons)

登记注册类型 Registration Status 年　份 Year	水利、环境和公共设施管理业 Management of Water Conservancy, Environment and Public Facilities	居民服务、修理和其他服务业 Service to Households, Repair and Other Services	教　育 Education	卫生和社会工作 Health and Social Service	文化、体育和娱乐业 Culture, Sports and Enter-tainment	公共管理、社会保障和社会组织 Public Management, Social Security and social Organization
全　国 National						
2012	243.8	62.1	1653.4	719.3	137.7	1541.5
2013	259.2	72.3	1687.2	770.0	147.0	1567.0
2014	269.1	75.4	1727.3	810.4	145.5	1599.3
2015	273.3	75.2	1736.5	841.6	149.1	1637.8
2016	269.6	75.4	1729.2	867.0	150.8	1672.6
2017	268.5	78.2	1730.4	897.9	152.2	1725.6
2018	260.6	77.4	1735.6	912.4	146.6	1817.5
2019	244.5	86.3	1909.3	1006.2	151.2	1989.8
2020	245.6	82.8	1958.9	1051.9	149.5	1972.2
2021	252.6	85.9	1971.9	1094.7	151.7	1985.8
国有单位 State-owned Units						
2012	208.9	30.4	1567.2	639.5	115.0	1528.6
2013	207.7	22.9	1573.8	672.7	109.9	1553.6
2014	211.9	22.5	1602.7	703.9	106.3	1585.1
2015	210.7	22.0	1607.3	733.1	104.4	1624.4
2016	203.9	21.4	1593.9	752.5	102.6	1658.1
2017	195.9	18.5	1582.4	773.8	98.8	1710.3
2018	167.6	19.3	1564.8	786.2	91.5	1791.8
2019	129.9	12.3	1540.0	835.1	82.1	1956.7
2020	122.1	11.8	1637.0	894.5	85.5	1956.6
2021	121.2	13.3	1662.8	934.4	85.6	1973.0
城镇集体单位 Urban Collective-owned Units						
2012	10.6	6.1	19.0	52.6	2.5	2.3
2013	10.7	5.4	21.8	54.0	2.0	2.1
2014	11.2	5.7	22.2	54.9	1.9	2.1
2015	10.9	4.9	20.9	51.5	1.8	2.0
2016	10.6	4.2	19.0	51.2	1.8	2.3
2017	10.0	3.8	18.9	51.0	1.7	2.4
2018	8.0	3.3	22.9	46.2	1.3	3.0
2019	5.0	3.2	37.7	33.2	1.5	4.1
2020	4.9	3.8	46.7	35.2	1.7	5.4
2021	5.2	3.5	53.0	36.2	1.7	5.3
其他单位 Other Ownership Units						
2012	24.3	25.7	67.2	27.3	20.2	10.6
2013	40.8	44.1	91.6	43.3	35.0	11.3
2014	46.1	47.3	102.4	51.6	37.3	12.1
2015	51.7	48.3	108.3	57.0	42.8	11.4
2016	55.0	49.8	116.4	63.3	46.3	12.2
2017	62.6	56.0	129.1	73.2	51.7	12.9
2018	85.0	54.8	147.9	80.0	53.7	22.6
2019	109.6	70.8	331.6	137.9	67.5	29.1
2020	118.5	67.2	275.2	122.2	62.4	10.2
2021	126.2	69.0	256.1	124.1	64.4	7.5

1-13 各地区分登记注册类型城镇非私营单位女性就业人员年末人数
FEMALE EMPLOYMENT IN URBAN NON-PRIVATE UNITS BY REGISTRATION STATUS AND REGION (END OF YEAR)

单位：万人　　　　(10 000 persons)

年 份 Year	地 区 Region	合 计 Total	国有单位 State-owned Units	城镇集体单位 Urban Collective-owned Units	其他单位 Other Ownership Units
	2011	5227.7	2522.4	195.9	2509.4
	2012	5458.9	2590.1	188.4	2680.4
	2013	6338.3	2472.3	179.1	3686.9
	2014	6546.2	2509.0	173.1	3864.1
	2015	6527.0	2531.9	156.5	3838.7
	2016	6517.6	2562.1	147.6	3807.8
	2017	6545.3	2583.1	137.9	3824.3
	2018	6427.6	2537.3	121.6	3768.7
	2019	6684.2	2532.9	108.4	4043.0
	2020	6779.4	2650.3	108.5	4020.6
	2021	6852.0	2714.0	109.5	4028.5
北 京	Beijing	320.4	77.7	3.9	238.8
天 津	Tianjin	104.4	32.4	0.8	71.3
河 北	Hebei	239.4	130.4	5.3	103.6
山 西	Shanxi	165.9	85.5	1.9	78.5
内蒙古	Inner Mongolia	109.0	64.2	1.0	43.9
辽 宁	Liaoning	186.9	89.0	2.8	95.1
吉 林	Jilin	105.0	57.3	0.4	47.3
黑龙江	Heilongjiang	122.9	71.5	0.7	50.7
上 海	Shanghai	305.0	52.7	3.8	248.5
江 苏	Jiangsu	485.7	138.0	17.7	329.9
浙 江	Zhejiang	397.5	120.3	2.5	274.7
安 徽	Anhui	207.1	78.7	3.0	125.3
福 建	Fujian	236.2	75.7	4.2	156.4
江 西	Jiangxi	179.8	79.2	2.3	98.2
山 东	Shandong	435.3	176.7	7.3	251.3
河 南	Henan	364.3	172.4	8.6	183.3
湖 北	Hubei	251.7	106.4	3.7	141.6
湖 南	Hunan	238.0	112.4	4.1	121.5
广 东	Guangdong	886.6	201.3	14.2	671.1
广 西	Guangxi	179.2	101.2	1.5	76.6
海 南	Hainan	49.7	19.6	0.4	29.7
重 庆	Chongqing	140.6	57.4	1.5	81.7
四 川	Sichuan	354.1	151.3	4.5	198.2
贵 州	Guizhou	133.7	80.9	1.0	51.9
云 南	Yunnan	154.2	94.6	5.6	54.0
西 藏	Tibet	18.1	11.8	0.1	6.2
陕 西	Shaanxi	189.1	90.1	3.5	95.5
甘 肃	Gansu	100.8	61.2	1.6	38.0
青 海	Qinghai	28.0	17.7	0.3	10.1
宁 夏	Ningxia	29.8	18.3	0.2	11.3
新 疆	Xinjiang	133.7	88.4	0.9	44.3

1-14 各地区分行业城镇非私营单位女性就业人员年末人数(2021年) FEMALE EMPLOYMENT IN URBAN NON-PRIVATE UNITS BY SECTOR AND REGION(2021)

单位：万人 (10 000 persons)

地区 Region	合计 Total	农、林、牧、渔业 Agriculture, Forestry, Animal Husbandry and Fishery	采矿业 Mining	制造业 Manufacturing	电力、热力、燃气及水生产和供应业 Production and Supply of Electricity, Heat,Gas and Water	建筑业 Construction	批发和零售业 Wholesale and Retail Trades
全 国 National	**6852.0**	**26.1**	**57.6**	**1422.0**	**100.3**	**261.8**	**415.6**
北 京 Beijing	320.4	0.5	0.5	21.1	2.7	9.1	24.5
天 津 Tianjin	104.4	0.1	1.2	21.0	1.2	3.4	10.5
河 北 Hebei	239.4	0.6	2.4	30.1	5.1	6.3	11.8
山 西 Shanxi	165.9	0.3	11.7	16.2	4.6	5.2	6.0
内蒙古 Inner Mongolia	109.0	1.5	1.4	8.2	4.1	1.6	4.1
辽 宁 Liaoning	186.9	2.7	3.8	27.2	3.6	5.0	9.3
吉 林 Jilin	105.0	1.2	1.4	12.4	2.0	2.3	4.4
黑龙江 Heilongjiang	122.9	5.6	5.0	7.8	3.4	2.7	5.1
上 海 Shanghai	305.0	0.2	0.0	46.0	0.9	4.6	51.2
江 苏 Jiangsu	485.7	1.1	0.9	178.9	3.8	13.0	28.6
浙 江 Zhejiang	397.5	0.2	0.1	123.6	3.1	18.1	22.7
安 徽 Anhui	207.1	0.8	1.2	47.7	2.4	13.0	12.8
福 建 Fujian	236.2	0.3	0.3	71.8	2.9	18.4	12.6
江 西 Jiangxi	179.8	0.9	0.5	45.0	2.8	11.4	8.6
山 东 Shandong	435.3	0.3	5.5	96.7	6.9	16.7	23.9
河 南 Henan	364.3	0.5	4.4	76.5	6.9	17.4	17.3
湖 北 Hubei	251.7	1.1	0.7	47.8	4.1	13.7	17.3
湖 南 Hunan	238.0	0.5	0.6	36.1	3.9	11.7	12.6
广 东 Guangdong	886.6	0.6	0.2	337.4	6.3	19.1	55.0
广 西 Guangxi	179.2	1.0	0.2	20.6	3.0	7.0	7.4
海 南 Hainan	49.7	1.2	0.1	3.0	0.6	0.8	3.6
重 庆 Chongqing	140.6	0.2	0.2	23.9	2.0	9.6	10.0
四 川 Sichuan	354.1	0.7	2.2	51.9	6.6	22.7	18.9
贵 州 Guizhou	133.7	0.4	1.5	10.8	2.5	6.7	5.6
云 南 Yunnan	154.2	1.0	1.1	12.7	3.1	5.3	7.7
西 藏 Tibet	18.1	0.1	0.1	0.6	0.5	0.6	1.1
陕 西 Shaanxi	189.1	0.5	4.6	23.4	3.9	7.6	11.1
甘 肃 Gansu	100.8	0.6	1.3	7.7	3.1	4.3	4.9
青 海 Qinghai	28.0	0.2	0.7	2.7	0.6	0.8	1.1
宁 夏 Ningxia	29.8	0.1	1.1	2.4	1.1	0.5	1.5
新 疆 Xinjiang	133.7	0.8	2.8	10.8	2.5	3.3	4.4

1-14 续表 1 continued

单位：万人 (10 000 persons)

地　区　Region	交通运输、仓储和邮政业 Transport, Storage and Post	住宿和餐饮业 Hotels and Catering Services	信息传输、软件和信息技术服务业 Information Transmission, Software and Information Technology	金融业 Finance Intermediation	房地产业 Real Estate	租赁和商务服务业 Leasing and Business Services	科学研究和技术服务业 Scientific Research and Technical Services
全　国 National	**208.3**	**153.0**	**199.3**	**472.0**	**218.3**	**244.5**	**153.2**
北　京 Beijing	14.7	15.7	37.7	34.5	17.4	26.2	23.8
天　津 Tianjin	3.9	3.4	3.3	9.7	4.2	3.9	3.7
河　北 Hebei	7.5	2.5	5.2	21.7	5.1	3.9	4.7
山　西 Shanxi	5.9	2.3	2.2	15.7	2.6	3.6	2.5
内蒙古 Inner Mongolia	4.8	1.4	2.1	11.0	2.5	1.5	2.2
辽　宁 Liaoning	6.8	2.8	6.9	16.0	5.1	4.0	3.9
吉　林 Jilin	3.4	1.1	1.8	12.4	2.1	1.4	2.4
黑龙江 Heilongjiang	4.6	0.9	2.4	12.3	2.2	4.7	2.0
上　海 Shanghai	14.5	15.5	18.3	17.0	11.7	40.2	14.1
江　苏 Jiangsu	10.9	12.0	13.1	24.7	13.2	17.0	9.2
浙　江 Zhejiang	9.7	8.3	12.2	27.9	12.8	12.7	7.3
安　徽 Anhui	5.3	3.4	3.9	12.4	6.4	8.8	3.0
福　建 Fujian	5.5	5.4	3.9	13.8	6.4	5.9	2.6
江　西 Jiangxi	4.7	2.7	2.3	9.5	3.9	2.8	2.0
山　东 Shandong	11.3	6.8	9.4	39.6	12.0	7.9	7.3
河　南 Henan	11.1	4.5	6.6	13.9	11.2	6.4	6.3
湖　北 Hubei	7.0	5.7	6.4	15.9	8.7	7.1	5.0
湖　南 Hunan	6.8	3.9	3.4	17.6	6.6	6.0	4.0
广　东 Guangdong	21.3	22.4	30.2	46.5	34.4	41.8	18.0
广　西 Guangxi	4.6	2.8	2.3	10.8	4.1	6.4	3.1
海　南 Hainan	1.9	2.4	0.8	4.4	4.0	1.4	1.1
重　庆 Chongqing	6.0	2.5	2.0	13.2	6.3	4.3	2.5
四　川 Sichuan	10.0	10.1	9.8	25.6	13.6	10.1	7.1
贵　州 Guizhou	3.7	1.8	1.8	7.1	4.1	2.9	1.6
云　南 Yunnan	4.7	3.0	2.0	7.0	4.0	3.4	3.3
西　藏 Tibet	0.8	0.4	0.5	0.9	0.3	0.7	0.4
陕　西 Shaanxi	6.9	5.4	4.8	13.1	5.7	3.4	4.3
甘　肃 Gansu	3.1	1.8	1.5	7.0	3.1	1.4	2.3
青　海 Qinghai	1.4	0.3	0.4	1.6	0.7	0.4	0.6
宁　夏 Ningxia	1.3	0.2	0.4	2.3	0.8	0.4	0.5
新　疆 Xinjiang	4.4	1.6	1.6	6.8	3.2	3.7	2.3

1-14 续表 2 continued

单位：万人 (10 000 persons)

地　区 Region	水利、环境和公共设施管理业 Management of Water Conservancy, Environment and Public Establishment	居民服务、修理和其他服务业 Services to Household, Repair and Other Services	教　育 Education	卫生和社会工作 Health and Social Service	文化、体育和娱乐业 Culture, Sports and Entertainment	公共管理、社会保障和社会组织 Public Management, Social Security and Social Organization
全　国 National	**104.1**	**44.3**	**1261.5**	**759.6**	**75.1**	**675.5**
北　京 Beijing	3.7	3.0	33.9	23.4	10.2	17.9
天　津 Tianjin	1.0	3.5	14.6	8.7	0.9	6.3
河　北 Hebei	4.2	0.8	59.3	32.7	2.5	33.0
山　西 Shanxi	3.4	0.4	38.8	19.2	2.2	23.0
内蒙古 Inner Mongolia	1.8	0.3	24.5	13.8	1.6	20.5
辽　宁 Liaoning	2.9	0.7	36.8	24.9	2.1	22.6
吉　林 Jilin	2.1	0.8	23.6	15.3	1.4	13.3
黑龙江 Heilongjiang	2.0	0.7	25.0	18.1	1.0	17.3
上　海 Shanghai	5.3	5.1	26.8	22.8	3.3	7.5
江　苏 Jiangsu	6.1	2.5	73.2	43.2	4.5	29.7
浙　江 Zhejiang	4.3	2.4	62.1	38.8	3.8	27.4
安　徽 Anhui	2.8	0.9	37.7	24.4	1.6	18.5
福　建 Fujian	3.0	2.5	41.8	19.6	2.0	17.6
江　西 Jiangxi	2.8	0.6	38.4	20.1	1.5	19.1
山　东 Shandong	6.5	1.7	83.0	52.4	3.7	43.7
河　南 Henan	6.8	1.8	82.3	45.7	3.5	41.2
湖　北 Hubei	3.7	1.4	45.7	32.7	3.0	25.0
湖　南 Hunan	3.7	1.1	57.7	32.9	2.9	26.1
广　东 Guangdong	9.0	6.6	114.0	66.0	6.4	51.4
广　西 Guangxi	3.5	0.7	50.7	27.1	1.6	22.3
海　南 Hainan	2.8	0.3	10.4	5.6	0.7	4.6
重　庆 Chongqing	1.7	0.5	25.3	15.7	1.3	13.4
四　川 Sichuan	5.2	2.1	68.9	44.9	3.4	40.3
贵　州 Guizhou	2.7	1.0	33.4	20.1	1.2	25.0
云　南 Yunnan	3.0	1.0	38.5	26.3	1.9	25.2
西　藏 Tibet	0.4	0.1	3.1	1.4	0.3	5.8
陕　西 Shaanxi	3.8	0.8	41.5	24.5	2.8	21.0
甘　肃 Gansu	2.1	0.4	22.5	14.2	1.4	18.0
青　海 Qinghai	0.4	0.1	5.4	4.0	0.4	6.3
宁　夏 Ningxia	0.7	0.0	6.9	4.2	0.5	4.8
新　疆 Xinjiang	2.7	0.4	35.9	17.2	1.5	27.7

1－15 分登记注册类型城镇非私营单位就业人员工资总额及指数
TOTAL WAGES AND INDEX OF EMPLOYED PERSONS IN URBAN NON-PRIVATE UNITS BY REGISTRATION STATUS

年 份 Year	工资总额(亿元) Total Wages (100 million yuan)				指数(以上年为100) Index (preceding year=100)			
	合 计 Total	国有单位 State-owned Units	城镇集体单位 Urban Collective-owned Units	其他单位 Other Owner-ship Units	合 计 Total	国有单位 State-owned Units	城镇集体单位 Urban Collective-owned Units	其他单位 Other Owner-ship Units
1965	282.3	235.3	47.0		107.1	105.0	118.4	
1970	334.3	277.5	56.8		103.6	105.5	95.3	
1975	463.5	386.1	77.4		104.9	104.1	109.0	
1980	772.4	627.9	144.5		119.4	118.6	123.3	
1981	820.0	660.4	159.6		106.2	105.2	110.4	
1982	882.0	708.9	173.1		107.6	107.3	108.5	
1983	934.6	748.1	186.5		106.0	105.5	107.7	
1984	1133.4	875.8	254.0	3.6	121.3	117.1	136.2	
1985	1383.0	1064.8	312.3	5.9	122.0	121.6	123.0	163.9
1986	1659.7	1288.5	362.8	8.4	120.0	121.0	116.2	142.4
1987	1881.1	1459.3	409.1	12.7	113.3	113.3	112.8	151.2
1988	2316.2	1807.1	487.6	21.5	123.1	123.8	119.2	169.3
1989	2618.5	2050.2	534.4	33.9	113.1	113.5	109.6	157.7
1990	2951.1	2324.1	581.0	46.0	112.7	113.4	108.7	135.7
1991	3323.9	2594.9	658.6	70.4	112.6	111.7	113.4	153.0
1992	3939.2	3090.4	743.2	105.6	118.5	119.1	112.8	150.0
1993	4916.2	3812.7	849.9	253.6	124.8	123.4	114.4	240.2
1994	6656.4	5177.4	1023.3	455.6	135.4	135.8	120.4	179.7
1995	8055.8	6172.6	1210.6	672.6	119.0	117.4	115.6	142.2
1996	8964.4	6893.3	1269.4	801.7	111.3	111.7	104.9	119.2
1997	9602.4	7323.9	1283.9	994.5	107.1	106.2	101.1	124.0
1998	9540.2	6934.6	1054.9	1550.7	99.4	94.7	82.2	155.9
1999	10155.9	7289.9	995.8	1870.1	106.5	105.1	94.4	120.6
2000	10954.7	7744.9	950.7	2259.1	107.9	106.2	95.5	120.8
2001	12205.4	8515.2	898.5	2791.7	111.4	109.9	94.5	123.6
2002	13638.1	9138.0	863.9	3636.2	111.7	107.3	96.1	130.3
2003	15329.6	9911.9	867.1	4550.6	112.4	108.5	100.4	125.1
2004	17615.0	11038.2	876.2	5700.6	114.9	111.4	101.0	125.3
2005	20627.1	12291.7	906.4	7429.0	117.1	111.4	103.4	130.3
2006	24262.3	13920.6	983.8	9357.9	117.6	113.3	108.5	126.0
2007	29471.5	16689.1	1108.1	11674.3	121.5	119.9	112.6	124.8
2008	35289.5	19487.9	1203.2	14598.4	119.7	116.8	108.6	125.0
2009	40288.2	21862.7	1273.3	17152.1	114.2	112.2	105.8	117.5
2010	47269.9	24886.4	1433.7	20949.7	117.3	113.8	112.6	122.1
2011	59954.7	28954.8	1737.4	29262.4	126.8	116.3	121.2	139.7
2012	70914.2	32950.0	1990.4	35973.8	118.3	113.8	114.6	122.9
2013	93064.3	33359.6	2195.8	57508.9	131.2	101.2	110.3	159.9
2014	102817.2	36106.6	2302.7	64408.0	110.5	108.2	104.9	112.0
2015	112007.8	40387.9	2239.4	69380.5	108.9	111.9	97.3	107.7
2016	120074.8	44462.9	2268.6	73343.3	107.2	110.1	101.3	105.7
2017	129889.1	48884.1	2215.6	78789.3	108.2	109.9	97.7	107.4
2018	141480.0	51126.6	2082.3	88271.1	108.9	104.6	94.0	112.0
2019	154296.1	53743.7	1841.5	98710.9	109.1	105.1	88.4	111.8
2020	164126.9	59628.1	1841.8	102657.0	106.4	110.9	100.0	104.0
2021	180817.5	64547.9	1920.0	114349.7	110.2	108.3	104.2	111.4

1–16　分行业城镇非私营单位就业人员工资总额(1995–2002年)
TOTAL WAGES OF EMPLOYED PERSONS IN URBAN NON-PRIVATE UNITS BY SECTOR (1995-2002)

单位：亿元　　(100 million yuan)

登记注册类型 Registration Status 年　份 Year	合　计 Total	农、林、牧、渔业 Farming, Forestry, Animal Husbandry and Fishery	采掘业 Mining and Quarrying	制造业 Manufacturing	电力、煤气及水的生产和供应业 Production and Supply of Electricity, Gas and Water	建筑业 Construction	地质勘查业、水利管理业 Geological Prospecting and Water Conservancy	交通运输、仓储及邮电通信业 Transport, Storage, Post and Telecommunications	批发和零售贸易、餐饮业 Wholesale and Retail Trade & Catering Services
全　国 National									
1995	8055.8	234.1	519.0	2804.2	197.5	629.2	80.2	577.7	771.9
1996	8964.4	251.3	568.8	2984.0	235.6	668.3	84.4	659.8	835.9
1997	9602.4	269.7	577.9	3044.6	269.8	696.9	92.0	719.1	864.0
1998	9540.2	257.8	517.6	2792.1	294.8	659.6	92.7	708.5	768.0
1999	10155.9	260.4	498.6	2836.4	325.6	662.2	98.0	768.5	745.6
2000	10954.7	268.9	498.4	2966.7	363.3	699.1	108.4	837.7	742.8
2001	12205.4	278.5	531.1	3088.5	416.7	750.9	115.4	918.9	732.5
2002	13638.1	289.9	597.6	3343.9	470.8	838.0	118.6	1016.7	745.5
国有单位 State-owned Units									
1995	6172.6	225.2	489.6	1764.3	180.0	412.0	79.3	518.4	477.8
1996	6893.3	240.4	538.2	1855.7	214.1	436.0	83.4	593.4	514.2
1997	7323.9	258.9	544.5	1813.7	243.0	451.5	90.1	644.3	530.3
1998	6934.6	247.9	457.1	1368.3	249.6	388.4	91.1	619.8	438.9
1999	7289.9	250.1	415.6	1293.4	267.5	377.5	96.4	659.0	417.5
2000	7744.9	255.7	382.5	1260.0	291.0	389.0	106.6	711.9	410.0
2001	8515.2	265.7	387.7	1190.5	325.2	378.9	113.6	762.7	384.4
2002	9138.0	272.7	372.5	1098.9	349.0	365.1	115.9	821.9	365.8
城镇集体单位 Urban Collective-owned Units									
1995	1210.6	6.8	27.4	523.7	6.7	202.5	0.8	49.0	239.6
1996	1269.4	8.0	28.3	534.1	8.9	212.1	1.0	52.1	254.8
1997	1283.9	7.7	29.8	513.5	9.9	218.8	1.9	51.0	249.9
1998	1054.9	7.0	22.3	389.3	10.1	188.7	1.5	42.0	196.0
1999	995.8	7.0	19.3	343.6	9.5	183.9	1.5	39.6	174.8
2000	950.7	7.7	17.5	309.3	9.9	188.7	1.4	34.5	154.6
2001	898.5	6.8	17.5	270.6	10.5	188.0	1.2	31.4	125.5
2002	863.9	7.0	18.6	244.8	9.1	179.0	1.4	28.8	107.9
其他单位 Other Ownership Units									
1995	672.6	2.2	2.0	516.1	10.7	14.7		10.3	54.5
1996	801.7	2.8	2.3	594.3	12.6	20.2		14.3	67.0
1997	994.5	3.0	3.7	717.4	16.9	26.6		23.8	83.8
1998	1550.7	3.0	38.2	1034.5	35.0	82.5		46.7	133.1
1999	1870.1	3.4	63.7	1199.5	48.5	100.9	0.2	69.9	153.3
2000	2259.1	5.5	98.4	1397.3	62.4	121.4	0.4	91.3	178.3
2001	2791.7	6.1	125.8	1627.4	81.0	184.0	0.6	124.8	222.6
2002	3636.2	10.2	206.6	2000.2	112.7	293.9	1.4	166.1	271.8

1−16 续表 continued

单位：亿元 (100 million yuan)

登记注册类型 Registration Status 年 份 Year	金融、保险业 Finance and Insurance	房地产业 Real Estate Trade	社会服务业 Social Services	卫生、体育和社会福利业 Health Care, Sporting and Social Welfare	教育、文化艺术和广播电影电视业 Education, Culture and Arts, Radio, Film and Television	科学研究和综合技术服务业 Scientific Research and Polytechnical Services	国家机关政党机关和社会团体 Government Agencies, Party Agencies and Social Organizations	其 他 Others
全 国 National								
1995	199.6	56.8	274.2	256.0	727.1	123.4	563.1	41.5
1996	243.4	69.2	317.3	306.1	849.0	145.3	676.8	69.3
1997	295.3	78.7	372.0	351.6	970.0	165.6	748.6	86.7
1998	332.4	95.5	399.6	400.3	1106.7	179.1	840.8	94.8
1999	388.5	110.4	446.6	460.6	1275.0	200.6	977.5	101.5
2000	434.3	124.7	502.5	525.4	1435.9	233.7	1097.5	115.3
2001	524.7	149.0	587.9	629.3	1746.1	267.7	1325.6	142.4
2002	612.4	180.5	701.0	718.7	2033.7	304.5	1485.9	180.4
国有单位 State-owned Units								
1995	152.3	42.1	188	226.3	714.2	115.5	558.6	28.9
1996	181.5	49.7	220.7	271.2	836.2	134.0	672.7	52.2
1997	213.9	54.8	258.0	311.9	946.4	152.1	745.0	65.4
1998	235.3	60.4	269.8	358.0	1080.8	161.7	837.1	70.3
1999	267.0	65.5	296.6	413.4	1244.3	181.0	973.6	71.8
2000	300.4	72.1	319.0	473.6	1401.5	199.5	1093.1	78.9
2001	350.2	80.9	358.4	571.2	1699.0	229.6	1322.0	95.3
2002	398.1	86.2	392.6	658.0	1970.7	261.0	1482.1	127.7
城镇集体单位 Urban Collective-owned Units								
1995	42.6	4.3	45.2	29.3	12.0	4.9	4.5	11.1
1996	49.4	5.0	44.1	34.3	11.6	6.6	4.1	15.0
1997	58.1	5.9	50.1	38.9	22.1	6.6	3.6	16.3
1998	58.4	6.3	44.6	40.4	23.6	6.2	3.7	15.0
1999	64.2	7.9	46.3	45.0	27.3	6.4	3.8	15.7
2000	67.4	7.1	46.6	49.4	29.6	7.0	4.3	15.5
2001	74.3	7.2	47.3	54.6	39.2	4.6	3.7	16.2
2002	81.9	9.0	46.5	56.0	46.3	4.6	3.4	19.6
其他单位 Other Ownership Units								
1995	4.7	10.4	41.0	0.4	0.8	3.0		1.5
1996	12.5	14.5	52.5	0.6	1.3	4.7		2.1
1997	23.3	17.9	63.9	0.8	1.5	6.8		5.0
1998	38.7	28.8	85.2	1.9	2.3	11.3		9.5
1999	57.2	37.1	103.7	2.2	3.4	13.1		13.9
2000	66.5	45.5	136.8	2.4	4.8	27.2		21.0
2001	100.3	60.8	182.2	3.6	7.9	33.6		31.0
2002	132.4	85.3	261.9	4.7	16.7	38.8		33.5

1－17　分行业城镇非私营单位就业人员工资总额(2003－2011年)
TOTAL WAGES OF EMPLOYED PERSONS IN URBAN NON-PRIVATE UNITS BY SECTOR (2003-2011)

单位：亿元　　(100 million yuan)

登记注册类型 Registration Status / 年　份 Year	合　计 Total	农、林、牧、渔业 Agriculture, Forestry, Farming of Animals and Fishery	采矿业 Mining	制造业 Manufacturing	电力、燃气及水的生产和供应业 Production & Distribution of Electricity Gas & Water	建筑业 Construction	交通运输、仓储和邮政业 Traffic, Transport, Storage and post
全　国 National							
2003	15329.6	335.8	662.9	3772.7	552.0	965.9	1008.0
2004	17615.0	351.2	831.8	4316.4	646.8	1081.3	1144.7
2005	20627.1	368.7	1031.2	5056.6	741.8	1324.7	1279.5
2006	24262.3	403.3	1259.6	6035.8	858.0	1612.1	1471.5
2007	29471.5	464.6	1500.5	7241.2	1012.7	1946.2	1727.9
2008	35289.5	516.4	1847.3	8498.9	1180.4	2313.6	2006.3
2009	40288.2	537.4	2089.1	9302.2	1283.5	2837.9	2234.9
2010	47269.9	627.1	2458.8	11140.8	1468.3	3471.5	2541.9
2011	59954.7	697.7	3174.2	15031.4	1755.7	5596.4	3074.1
国有单位 State-owned Units							
2003	9911.9	314.4	368.5	1111.8	403.8	384.3	793.0
2004	11038.2	327.6	463.2	1082.7	459.1	404.6	853.6
2005	12291.7	346.5	500.3	1048.1	505.4	442.4	918.3
2006	13920.6	378.8	588.6	1126.3	586.1	488.3	1024.3
2007	16689.1	437.1	675.5	1231.2	673.6	571.1	1185.9
2008	19487.9	486.8	854.8	1353.5	781.8	643.8	1329.6
2009	21862.7	505.1	932.2	1391.9	836.7	731.9	1446.8
2010	24886.4	590.0	1041.5	1525.7	974.9	892.2	1612.6
2011	28954.8	654.1	1333.5	1720.5	1141.3	1218.4	1939.6
城镇集体单位 Urban Collective-owned Units							
2003	867.1	8.6	19.9	227.8	10.2	180.2	31.6
2004	876.2	8.6	23.4	224.9	11.1	181.2	30.1
2005	906.4	7.2	27.9	215.6	11.1	188.9	30.3
2006	983.8	6.8	34.6	225.5	11.8	210.8	30.3
2007	1108.1	7.0	40.1	237.9	13.0	246.5	32.4
2008	1203.2	6.6	44.4	259.6	13.9	265.6	33.8
2009	1273.3	7.6	35.4	265.4	15.1	284.9	36.4
2010	1433.7	8.0	44.5	281.1	17.7	327.7	39.6
2011	1737.4	8.8	61.1	313.4	19.8	471.8	43.7
其他单位 Other Ownership Units							
2003	4550.6	12.8	274.5	2433.0	138.0	401.4	183.4
2004	5700.6	15.0	345.3	3008.8	176.6	495.5	261.0
2005	7429.0	15.0	503.1	3792.9	225.4	693.3	330.9
2006	9357.9	17.7	636.3	4683.9	260.2	913.0	416.9
2007	11674.3	20.5	784.9	5772.0	326.1	1128.6	509.6
2008	14598.4	23.0	948.0	6885.9	384.7	1404.2	643.0
2009	17152.1	24.7	1121.5	7644.9	431.6	1821.1	751.7
2010	20949.7	29.1	1372.8	9334.0	475.7	2251.6	889.8
2011	29262.4	34.7	1779.6	12997.5	594.7	3906.2	1090.7

1-17 续表 1 continued

单位：亿元 (100 million yuan)

登记注册类型 Registration Status 年份 Year	信息传输、计算机服务和软件业 Information Transfer, Computer and Software	批发和零售业 Wholesale and Retail Trade	住宿和餐饮业 Accommodation and Restaurants	金融业 Finance	房地产业 Real Estate	租赁和商务服务业 Tenancy and Business Services	科学研究、技术服务和地质勘查业 Scientific Research, Technical Service & Geologic Perambulation
全　国 National							
2003	356.0	696.3	190.9	734.4	202.7	305.2	454.4
2004	404.3	770.5	221.2	866.7	243.3	351.4	514.6
2005	491.8	832.0	249.8	1047.7	293.0	449.8	614.0
2006	587.4	920.0	280.0	1292.9	338.4	565.6	736.9
2007	699.1	1061.8	314.6	1670.3	426.2	668.9	923.9
2008	862.8	1323.9	371.2	2202.9	520.8	893.7	1154.6
2009	996.2	1509.2	418.9	2658.8	607.8	1021.4	1350.6
2010	1171.7	1783.0	484.6	3219.0	745.6	1198.5	1619.3
2011	1475.6	2594.8	655.2	4007.0	1052.5	1325.3	1879.6
国有单位 State-owned Units							
2003	179.0	338.0	76.6	447.4	82.2	157.7	368.5
2004	200.6	336.7	85.5	497.2	87.3	174.9	426.6
2005	193.8	338.2	90.2	542.1	92.2	213.0	488.3
2006	212.6	349.9	95.5	573.8	96.0	246.3	575.5
2007	223.9	376.0	96.6	697.9	112.0	281.2	713.0
2008	242.5	423.6	108.8	805.6	121.6	344.3	850.4
2009	273.2	451.6	117.4	822.5	132.6	380.2	980.1
2010	289.8	499.6	130.8	940.3	152.9	435.3	1151.7
2011	336.9	607.8	161.8	1077.7	205.1	498.8	1294.2
城镇集体单位 Urban Collective-owned Units							
2003	2.3	87.0	13.8	93.9	8.8	32.5	6.2
2004	2.3	80.8	14.1	107.8	9.9	35.2	6.1
2005	3.4	74.6	13.8	118.6	11.0	45.3	6.8
2006	2.9	71.8	14.6	134.8	12.4	47.9	8.2
2007	2.6	74.0	14.8	157.7	14.0	54.6	8.4
2008	2.2	76.4	16.8	187.1	15.3	57.1	10.4
2009	3.5	78.3	17.4	197.1	19.5	69.3	14.1
2010	3.8	80.9	18.1	228.3	22.7	77.8	15.5
2011	5.3	93.1	23.4	263.5	25.2	77.7	17.7
其他单位 Other Ownership Units							
2003	174.7	271.3	100.5	193.2	111.7	115.1	79.7
2004	201.4	353.1	121.6	261.7	146.0	141.2	82.0
2005	294.5	419.2	145.8	386.9	189.8	191.5	118.8
2006	372.0	498.3	170.0	584.3	230.0	271.3	153.2
2007	472.6	611.8	203.1	814.8	300.2	333.1	202.6
2008	618.2	823.9	245.7	1210.3	383.9	492.3	293.9
2009	719.5	979.3	284.0	1639.2	455.7	571.9	356.4
2010	878.1	1202.5	335.7	2050.4	570.0	685.4	452.1
2011	1133.4	1893.8	470.0	2665.8	822.3	748.8	567.7

1-17　续表 2　continued

单位：亿元　　(100 million yuan)

登记注册类型 Registration Status / 年　份 Year	水利、环境和公共设施管理业 Management of Water Conservancy, Environment & Public Establishment	居民服务和其他服务业 Resident Services and Other Services	教　育 Education	卫生、社会保障和社会福利业 Sanitation, Social Security and Social Welfare	文化体育和娱乐业 Culture, Sports and Entertainment	公共管理和社会组织 Public Management and Social Organization
全　国 National						
2003	202.6	66.4	2035.9	782.1	217.9	1787.6
2004	226.1	71.8	2346.2	902.3	251.5	2072.7
2005	257.3	85.1	2690.8	1047.8	275.8	2489.6
2006	289.8	102.5	3127.8	1226.1	314.9	2839.7
2007	352.2	115.8	3917.2	1496.6	378.1	3553.8
2008	413.8	132.1	4556.1	1789.3	429.3	4276.0
2009	474.3	146.8	5338.6	2095.3	488.5	4896.8
2010	555.9	168.4	6136.5	2506.4	543.7	5428.8
2011	659.8	197.9	6938.8	3078.6	642.1	6118.1
国有单位 State-owned Units						
2003	182.5	32.6	1970.1	717.2	202.5	1781.7
2004	202.3	37.4	2274.2	827.5	233.2	2064.1
2005	229.0	43.3	2604.2	962.0	253.6	2480.9
2006	254.4	57.4	3027.3	1121.2	288.9	2829.5
2007	308.0	62.5	3782.4	1371.4	345.6	3544.3
2008	360.7	75.8	4416.4	1637.6	386.9	4263.5
2009	411.9	81.7	5154.6	1910.9	432.3	4869.2
2010	481.2	92.6	5919.7	2277.1	478.5	5400.2
2011	566.0	113.8	6651.3	2803.9	550.1	6079.9
城镇集体单位 Urban Collective-owned Units						
2003	10.6	13.1	53.0	59.4	3.0	5.2
2004	10.5	12.1	45.2	64.3	3.1	5.5
2005	10.4	11.3	50.8	71.3	3.4	4.6
2006	11.8	12.2	55.1	83.9	3.2	5.1
2007	13.4	12.8	71.6	98.6	4.0	5.0
2008	16.5	14.2	55.6	118.6	4.6	4.7
2009	17.8	15.2	48.0	136.2	5.0	7.1
2010	19.4	16.4	54.7	166.3	5.4	5.9
2011	22.5	14.9	68.2	192.9	6.1	8.4
其他单位 Other Ownership Units						
2003	9.5	20.7	12.8	5.4	12.3	0.7
2004	13.3	22.4	26.8	10.4	15.3	3.1
2005	17.9	30.5	35.8	14.5	18.8	4.1
2006	23.6	33.0	45.4	21.0	22.7	5.1
2007	30.8	40.6	63.2	26.6	28.6	4.5
2008	36.6	42.1	84.1	33.1	37.9	7.8
2009	44.6	50.0	136.1	48.1	51.1	20.6
2010	55.3	59.5	162.1	63.0	59.9	22.7
2011	71.3	69.2	219.3	81.8	85.9	29.8

1−18 分行业城镇非私营单位就业人员工资总额(2012−2021年) TOTAL WAGES OF EMPLOYED PERSONS IN URBAN NON-PRIVATE UNITS BY SECTOR (2012-2021)

单位：亿元 (100 million yuan)

登记注册类型 Registration Status 年 份 Year	合 计 Total	农、林、牧、渔业 Agriculture, Forestry, Animal Husbandry and Fishery	采矿业 Mining	制造业 Manufacturing	电力、热力、燃气及水生产和供应业 Production and Supply of Electricity,Heat, Gas and Water	建筑业 Construction	批发和零售业 Wholesale and Retail Trades
全 国 National							
2012	70914.2	760.8	3600.7	17668.1	1999.6	7392.7	3271.3
2013	93064.3	758.0	3833.2	24566.6	2715.3	12315.1	4451.9
2014	102817.2	808.9	3728.2	27011.4	2965.8	13389.4	4931.4
2015	112007.8	862.6	3318.2	28341.6	3137.4	13619.3	5324.6
2016	120074.8	882.1	3038.1	29088.9	3235.7	13969.2	5681.2
2017	129889.1	949.9	3208.6	29740.5	3406.6	14283.9	5980.1
2018	141480.0	716.1	3413.4	30385.0	3704.0	15949.5	6628.5
2019	154296.1	535.1	3388.2	30197.5	4030.1	14431.7	7402.2
2020	164126.9	410.6	3428.8	31352.9	4420.0	14376.2	7623.4
2021	180817.5	471.4	3742.3	35232.8	4784.4	14515.0	8560.6
国有单位 State-owned Units							
2012	32950.0	713.5	1513.3	1765.0	1278.7	1422.7	708.9
2013	33359.6	709.9	550.2	1288.9	1361.9	1166.2	622.7
2014	36106.6	730.5	433.6	1313.8	1454.0	1133.0	643.0
2015	40387.9	776.4	332.0	1207.7	1442.2	951.5	631.1
2016	44462.9	797.4	285.8	1148.4	1479.2	946.3	608.7
2017	48884.1	862.4	243.9	983.6	1466.3	832.0	591.5
2018	51126.6	615.9	143.3	587.1	1306.6	630.9	558.4
2019	53743.7	378.2	133.2	345.0	1197.7	441.2	479.4
2020	59628.1	265.1	173.9	432.6	1126.4	572.2	579.1
2021	64547.9	281.4	182.2	579.9	1180.9	653.2	656.8
城镇集体单位 Urban Collective-owned Units							
2012	1990.4	10.8	73.6	339.3	20.3	550.6	94.4
2013	2195.8	6.6	60.6	342.2	18.9	610.8	99.9
2014	2302.7	7.9	55.5	342.1	19.7	648.0	101.7
2015	2239.4	8.4	45.4	316.9	20.6	605.8	100.0
2016	2268.6	8.2	39.8	298.9	20.2	601.6	93.7
2017	2215.6	8.1	34.3	258.2	19.2	547.3	74.4
2018	2082.3	7.2	22.5	197.3	18.6	518.1	69.0
2019	1841.5	8.1	20.2	177.1	16.8	444.1	55.4
2020	1841.8	7.7	19.1	118.5	17.6	412.0	42.7
2021	1920.0	11.9	16.3	110.2	17.6	379.5	41.6
其他单位 Other Ownership Units							
2012	35973.8	36.5	2013.8	15563.7	700.7	5419.4	2467.9
2013	57508.9	41.4	3222.4	22935.5	1334.5	10538.1	3729.3
2014	64408.0	70.4	3239.0	25355.6	1492.1	11608.4	4186.8
2015	69380.5	77.8	2940.8	26817.0	1674.6	12062.0	4593.5
2016	73343.3	76.5	2712.5	27641.6	1736.4	12421.2	4978.8
2017	78789.3	79.4	2930.4	28498.8	1921.1	12904.6	5314.2
2018	88271.1	93.0	3247.5	29600.6	2378.8	14800.5	6001.1
2019	98710.9	148.9	3234.8	29675.4	2815.7	13546.5	6867.3
2020	102657.0	137.7	3235.9	30801.8	3276.0	13392.0	7001.5
2021	114349.7	178.1	3543.7	34542.7	3586.0	13482.3	7862.2

1-18　续表 1　continued

单位：亿元　　(100 million yuan)

登记注册类型 Registration Status 年　份 Year	交通运输、仓储和邮政业 Transport, Storage and Post	住宿和餐饮业 Hotels and Catering Services	信息传输、软件和信息技术服务业 Information Software and Information Technology	金融业 Financial Inter-mediation	房地产业 Real Estate	租赁和商务服务业 Leasing and Business Services	科学研究和技术服务业 Scientific Research, and Technical Services
全　国 National							
2012	3531.5	824.4	1769.4	4669.0	1271.3	1531.2	2259.4
2013	4834.6	1038.3	2957.7	5269.0	1882.3	2629.4	2940.3
2014	5435.4	1079.1	3375.8	6017.4	2220.5	2985.9	3339.7
2015	5898.0	1130.0	3912.7	6730.1	2493.0	3399.9	3665.8
2016	6238.7	1167.9	4431.8	7557.3	2802.1	3704.3	4037.3
2017	6754.1	1211.9	5198.4	8295.0	3059.3	4176.0	4491.5
2018	7273.3	1293.0	6204.1	8907.3	3507.8	4453.3	5045.1
2019	7913.9	1330.5	7281.1	10711.3	4057.4	5727.2	5740.5
2020	8171.8	1228.0	8444.5	11619.0	4401.7	5890.2	5960.0
2021	8793.4	1414.1	10289.0	13063.7	4852.7	6923.3	6770.6
国有单位 State-owned Units							
2012	2258.7	192.5	372.4	1237.8	204.3	517.8	1477.6
2013	2388.4	168.0	298.3	1288.8	168.3	580.9	1546.2
2014	2585.2	169.7	239.0	1374.5	183.7	617.3	1664.7
2015	2671.5	164.5	252.9	1453.6	184.9	662.7	1717.5
2016	2769.9	166.3	258.7	1499.0	199.7	686.4	1915.3
2017	2951.7	161.5	222.4	1547.2	178.4	725.2	2040.2
2018	2346.2	142.4	237.3	1483.6	144.0	685.9	2059.3
2019	1112.8	117.3	211.9	1226.5	119.9	676.3	1906.3
2020	946.8	111.8	304.2	1101.8	180.5	730.0	1965.5
2021	979.4	112.0	362.7	1162.3	198.1	789.5	2091.3
城镇集体单位 Urban Collective-owned Units							
2012	50.4	25.8	4.8	305.6	30.0	98.2	24.9
2013	60.4	40.3	3.5	339.3	31.2	127.2	28.6
2014	60.9	23.7	3.5	359.9	36.1	132.5	30.9
2015	55.9	20.4	3.7	383.3	35.4	128.5	28.3
2016	56.3	20.6	3.2	401.4	37.7	131.6	30.7
2017	52.3	19.0	6.3	416.4	36.7	133.6	31.6
2018	43.9	16.0	4.4	362.2	39.5	116.9	33.2
2019	41.2	15.1	5.1	110.7	54.2	126.0	38.1
2020	39.4	12.4	5.5	87.9	54.6	106.0	39.9
2021	31.3	13.1	4.0	90.6	56.5	113.1	39.5
其他单位 Other Ownership Units							
2012	1222.3	606.2	1392.2	3125.6	1037.0	915.2	756.8
2013	2385.8	830.1	2655.9	3640.9	1682.8	1921.3	1365.5
2014	2789.2	885.8	3133.3	4283.0	2000.7	2236.0	1644.1
2015	3170.6	945.1	3656.1	4893.2	2272.8	2608.7	1920.0
2016	3412.5	981.0	4169.8	5656.9	2564.7	2886.2	2091.2
2017	3750.1	1031.4	4969.6	6331.5	2844.1	3317.3	2419.8
2018	4883.2	1134.6	5962.4	7061.5	3324.3	3650.5	2952.6
2019	6759.9	1198.1	7064.1	9374.1	3883.3	4924.9	3796.1
2020	7185.7	1103.8	8134.8	10429.3	4166.6	5054.1	3954.6
2021	7782.8	1289.0	9922.3	11810.8	4598.1	6020.7	4639.7

1-18 续表 2 continued

单位：亿元 (100 million yuan)

登记注册类型 Registration Status 年 份 Year	水利、环境和公共设施管理业 Management of Water Conservancy, Environment and Public Facilities	居民服务、修理和其他服务业 Service to Households, Repair and Other Services	教 育 Education	卫生和社会工作 Health and Social Service	文化、体育和娱乐业 Culture, Sports and Entertainment	公共管理、社会保障和社会组织 Public Management, Social Security and social Organization
全 国 National						
2012	784.6	217.1	7851.0	3718.5	735.4	7058.3
2013	933.7	277.2	8721.1	4397.8	867.8	7675.0
2014	1049.9	312.9	9722.5	5057.8	936.8	8448.6
2015	1177.7	336.1	11492.1	5941.3	1086.0	10141.4
2016	1278.2	357.8	12787.1	6825.6	1204.4	11787.2
2017	1394.3	390.2	14324.4	7930.8	1339.9	13753.5
2018	1456.5	423.8	15928.1	8857.8	1450.7	15882.8
2019	1491.2	520.1	18445.3	10812.9	1628.7	18651.1
2020	1576.1	498.7	20565.8	11966.8	1670.0	20522.3
2021	1668.8	555.3	21754.3	13673.0	1778.1	21974.8
国有单位 State-owned Units						
2012	669.0	113.9	7486.8	3373.4	624.6	7019.0
2013	728.4	96.4	8193.9	3924.3	651.4	7626.4
2014	803.2	102.8	9093.1	4490.5	683.3	8391.6
2015	894.5	108.9	10780.4	5309.9	767.4	10078.4
2016	955.9	117.3	11992.4	6109.5	814.6	11712.0
2017	1008.7	113.8	13342.1	7075.9	869.2	13668.2
2018	955.9	130.0	14593.5	7873.2	894.7	15738.3
2019	833.5	94.1	15756.1	9411.0	910.9	18392.3
2020	866.1	96.3	18184.3	10636.1	986.2	20369.4
2021	897.6	110.2	19215.0	12214.0	1038.6	21842.9
城镇集体单位 Urban Collective-owned Units						
2012	25.7	16.6	77.3	224.3	8.2	9.5
2013	29.5	16.5	102.7	260.4	7.7	9.6
2014	34.9	21.3	112.6	293.1	8.1	10.4
2015	35.6	20.8	115.7	294.6	9.1	11.0
2016	38.8	17.9	120.6	322.9	10.4	14.1
2017	41.3	17.2	139.5	354.7	9.5	16.0
2018	36.1	16.3	186.9	360.2	8.9	25.1
2019	27.8	17.2	340.5	298.2	10.2	35.6
2020	28.9	24.7	428.1	333.7	12.6	50.4
2021	31.9	24.2	511.8	359.6	14.2	53.2
其他单位 Other Ownership Units						
2012	89.9	86.6	286.8	120.7	102.6	29.9
2013	175.7	164.3	424.6	213.1	208.7	39.0
2014	211.8	188.7	516.8	274.2	245.4	46.6
2015	247.6	206.4	596.0	336.8	309.4	52.1
2016	283.5	222.6	674.1	393.2	379.5	61.1
2017	344.3	259.2	842.7	500.2	461.2	69.3
2018	464.4	277.5	1147.8	624.4	547.1	119.4
2019	629.9	408.8	2348.6	1103.8	707.6	223.2
2020	681.1	377.8	1953.5	997.0	671.2	102.5
2021	739.4	420.9	2027.5	1099.4	725.3	78.7

1−19　分行业城镇非私营单位就业人员平均工资(1995−2002年)
AVERAGE WAGE OF EMPLOYED PERSONS IN URBAN NON-PRIVATE UNITS BY SECTOR (1995-2002)

单位：元　　(yuan)

登记注册类型 Registration Status 年　份 Year	合　计 Total	农、林、牧、渔业 Farming, Forestry, Animal Husbandry and Fishery	采掘业 Mining and Quarrying	制造业 Manufacturing	电力、煤气及水的生产和供应业 Production and Supply of Electricity, Gas and Water	建筑业 Construction	地质勘查业、水利管理业 Geological Prospecting and Water Conservancy	交通运输、仓储及邮电通信业 Transport, Storage, Post and Telecommunications	批发和零售贸易、餐饮业 Wholesale and Retail Trade & Catering Services
全　国 National									
1995	5348	3516	5743	5199	7829	5755	5953	6910	4260
1996	5980	4045	6477	5673	8803	6242	6571	7833	4674
1997	6444	4306	6825	5979	9641	6652	7147	8527	4872
1998	7446	4532	7228	7118	10457	7434	7916	9714	5884
1999	8319	4808	7507	7874	11487	7945	8793	10825	6436
2000	9333	5142	8317	8836	12801	8668	9590	12170	7188
2001	10834	5676	9541	9891	14471	9415	10904	13987	8207
2002	12373	6314	10992	11152	16296	10212	12226	15818	9439
国有单位 State-owned Units									
1995	5553	3520	5933	5347	7720	6453	5977	7511	4567
1996	6207	4031	6709	5792	8686	6961	6601	8482	4941
1997	6679	4297	7086	6006	9527	7363	7166	9189	5141
1998	7579	4525	7485	6950	10298	8129	7934	10180	6132
1999	8443	4787	7718	7578	11210	8686	8815	11141	6647
2000	9441	5087	8258	8513	12419	9431	9617	12418	7364
2001	11045	5633	9426	9550	14001	10189	10952	14099	8162
2002	12701	6234	10580	10825	15636	11139	12219	15758	9371
城镇集体单位 Urban Collective-owned Units									
1995	3934	2926	3675	3730	7438	4673	4283	3593	3461
1996	4312	3805	3956	4018	8315	5103	4780	3977	3838
1997	4516	3939	4160	4134	9045	5476	6343	4067	3901
1998	5314	4359	4577	5004	9434	5940	6966	5130	4530
1999	5758	4863	4556	5326	9795	6279	7555	5682	4820
2000	6241	5529	4867	5726	10680	6822	7464	5807	5110
2001	6851	5626	5515	6101	12233	7225	7622	6311	5450
2002	7636	6434	6036	6757	12912	7698	9579	6895	6017
其他单位 Other Ownership Units									
1995	7728	7264	5221	7483	10740	6862	5503	10825	7403
1996	8521	7514	5238	8175	12036	7044	5870	12240	7976
1997	9092	7192	5385	8640	12204	7617	5961	14095	8264
1998	9241	5817	6745	8797	12179	8988	7070	12077	8492
1999	10142	6877	7646	9592	13843	9508	8953	14366	9137
2000	11238	8600	9827	10450	15513	10330	13483	16399	10235
2001	12437	8649	11087	11361	17192	11120	11583	18826	11634
2002	13486	9392	12846	12338	19212	11291	18115	20900	12349

1-19 续表 continued

单位：元 (yuan)

登记注册类型 Registration Status 年份 Year	金融、保险业 Finance and Insurance	房地产业 Real Estate Trade	社会服务业 Social Services	卫生、体育和社会福利业 Health Care, Sporting and Social Welfare	教育、文化艺术和广播电影电视业 Education, Culture and Arts, Radio, Film and Television	科学研究和综合技术服务业 Scientific Research and Polytechnical Services	国家机关政党机关和社会团体 Government Agencies, Party Agencies and Social Organizations	其他 Others
全国 National								
1995	7357	7351	6037	5831	4999	6818	5484	6250
1996	8402	8405	6839	6758	5699	7981	6286	7143
1997	9665	9269	7642	7566	6332	8953	6939	6862
1998	10595	10402	8523	8445	7101	10112	7721	8497
1999	11901	11579	9393	9625	8188	11501	8920	10153
2000	13178	12551	10386	10832	9224	13374	9978	11205
2001	15628	14074	11996	12821	11210	16220	12061	12862
2002	18023	15384	13582	14652	13073	18792	13844	14212
国有单位 State-owned Units								
1995	7558	6861	5932	5980	5026	6807	5486	6827
1996	8638	7861	6676	6932	5714	7941	6296	7563
1997	9904	8554	7406	7757	6402	8921	6943	6854
1998	10801	9368	8142	8651	7182	10061	7725	8178
1999	11865	10374	8975	9856	8278	11440	8925	9635
2000	13215	11462	9709	11156	9341	13059	9983	10049
2001	15678	12897	11130	13243	11339	16048	12071	11293
2002	18313	14144	12067	15121	13237	18792	13858	13258
城镇集体单位 Urban Collective-owned Units								
1995	6432	6643	4659	4869	3722	5871	5213	4848
1996	6858	6740	4979	5602	4609	6738	5009	5667
1997	7570	7654	5676	6264	4226	6805	6166	5761
1998	8074	9056	6195	6846	4556	7000	6952	7049
1999	8941	10391	6640	7775	5310	7921	7922	8124
2000	9571	10270	7221	8347	5642	9198	8811	9007
2001	10707	10516	7902	9474	7192	9522	9304	9638
2002	12283	11315	8849	10680	8042	10228	10199	9642
其他单位 Other Ownership Units								
1995	13035	10996	10189	9518	9149	10080		11629
1996	16495	12426	11708	12182	9592	13372		14185
1997	18194	13726	12747	13914	10386	14659		18939
1998	16419	14142	13012	16691	12367	14773		22038
1999	19375	15021	13777	18281	13477	16240		22977
2000	20904	15402	15086	18158	12413	18916		28972
2001	23300	16791	16839	18482	16449	19523		32267
2002	23772	17613	18947	16114	17854	20879		31279

1–20 分行业城镇非私营单位就业人员平均工资(2003–2011年)
AVERAGE WAGE OF EMPLOYED PERSONS IN URBAN NON-PRIVATE UNITS BY SECTOR (2003-2011)

单位：元 (yuan)

登记注册类型 Registration Status / 年份 Year	合计 Total	农、林、牧、渔业 Agriculture, Forestry, Farming of Animals and Fishery	采矿业 Mining	制造业 Manufacturing	电力、燃气及水的生产和供应业 Production & Distribution of Electricity, Gas & Water	建筑业 Construction	交通运输、仓储和邮政业 Traffic, Transport, Storage and post
全 国 National							
2003	13969	6884	13627	12671	18574	11328	15753
2004	15920	7497	16774	14251	21543	12578	18071
2005	18200	8207	20449	15934	24750	14112	20911
2006	20856	9269	24125	18225	28424	16164	24111
2007	24721	10847	28185	21144	33470	18482	27903
2008	28898	12560	34233	24404	38515	21223	32041
2009	32244	14356	38038	26810	41869	24161	35315
2010	36539	16717	44196	30916	47309	27529	40466
2011	41799	19469	52230	36665	52723	32103	47078
国有单位 State-owned Units							
2003	14358	6819	13819	12520	18030	12495	15973
2004	16445	7417	17198	14374	20933	14076	17938
2005	18978	8122	20843	16831	24105	16032	20716
2006	21706	9145	24827	20117	28145	18166	23723
2007	26100	10706	29177	23671	33355	20963	27606
2008	30287	12384	35564	27471	38567	23394	31259
2009	34130	14160	38626	31142	42160	27750	34976
2010	38359	16522	44904	36386	47724	31777	40097
2011	43483	19253	53387	43031	53333	36071	47318
城镇集体单位 Urban Collective-owned Units							
2003	8627	6127	7194	7594	14774	8311	8100
2004	9723	7027	8628	8581	16898	9111	8777
2005	11176	8042	11067	9671	18323	10071	9920
2006	12866	9789	13626	10978	19880	11428	11062
2007	15444	11490	17131	12985	23237	13611	13102
2008	18103	13546	19813	15455	27603	15641	15062
2009	20607	15392	20075	17620	29369	17565	17538
2010	24010	18156	23791	20841	33851	20210	19882
2011	28791	21887	30114	25031	36122	25027	24927
其他单位 Other Ownership Units							
2003	14843	10077	14285	13596	20805	12227	17573
2004	16519	10332	17308	14944	23757	13271	21165
2005	18362	10952	21044	16294	26822	14593	23968
2006	21004	12677	24513	18394	29663	16780	27578
2007	24271	14686	28291	21210	34314	18825	30892
2008	28552	17400	34246	24401	38968	21767	36041
2009	31350	19456	38640	26617	41931	24325	37883
2010	35801	21359	44907	30609	47164	27522	43176
2011	41323	23851	52703	36360	52377	32097	48362

1–20 续表 1 continued

单位：元 (yuan)

登记注册类型 Registration Status / 年份 Year	信息传输、计算机服务和软件业 Information Transfer, Computer and Software	批发和零售业 Wholesale and Retail Trade	住宿和餐饮业 Accommodation and Restaurants	金融业 Finance	房地产业 Real Estate	租赁和商务服务业 Tenancy and Business Services	科学研究、技术服务和地质勘查业 Scientific Research, Technical Service & Geologic Perambulation
全 国 National							
2003	30897	10894	11198	20780	17085	17020	20442
2004	33449	13012	12618	24299	18467	18723	23351
2005	38799	15256	13876	29229	20253	21233	27155
2006	43435	17796	15236	35495	22238	24510	31644
2007	47700	21074	17046	44011	26085	27807	38432
2008	54906	25818	19321	53897	30118	32915	45512
2009	58154	29139	20860	60398	32242	35494	50143
2010	64436	33635	23382	70146	35870	39566	56376
2011	70918	40654	27486	81109	42837	46976	64252
国有单位 State-owned Units							
2003	24969	10937	10482	21267	15749	15042	19775
2004	27389	12724	12137	25063	17215	16470	22711
2005	29935	15492	13428	30396	19449	19076	25989
2006	32747	18444	14851	34727	21324	20804	30023
2007	36277	21450	16432	43465	25073	23800	36456
2008	38947	25983	19091	52309	27683	27418	42643
2009	42379	30908	21177	56719	30800	30431	47277
2010	46402	35814	23864	66014	33967	33680	53235
2011	50401	41337	28756	74650	43814	39447	60316
城镇集体单位 Urban Collective-owned Units							
2003	12486	6610	8356	14023	12002	10896	12962
2004	17633	7312	9311	16209	12793	11639	13441
2005	24524	8261	10145	18560	13259	13230	18053
2006	24058	9256	11453	21694	15625	14204	23058
2007	24875	10686	12897	25881	18557	16329	24823
2008	27892	12906	15149	31358	20856	17547	29988
2009	30904	14777	16569	37453	22516	19276	33025
2010	37576	16816	18808	44154	24617	20981	37538
2011	40344	19982	23327	52984	29661	24499	47764
其他单位 Other Ownership Units							
2003	41911	13665	12425	25374	18898	25742	25591
2004	43474	16265	13553	28513	19933	27581	29233
2005	48602	17709	14692	33307	21331	29040	34523
2006	53807	19959	15922	42687	23181	34514	40707
2007	56392	23594	17780	51553	27004	37443	48861
2008	65686	28358	19800	62044	31556	43406	57827
2009	68067	30717	21064	67574	33311	45078	61697
2010	74178	35109	23505	77445	37102	50179	67716
2011	81005	42596	27313	88882	43183	60406	76446

1-20　续表 2　continued

单位：元　　(yuan)

登记注册类型 Registration Status / 年　份 Year	水利、环境和公共设施管理业 Management of Water Conservancy, Environment and Public Establishment	居民服务和其他服务业 Resident Services and Other Services	教　育 Education	卫生、社会保障和社会福利业 Sanitation, Social Security and Social Welfare	文化体育和娱乐业 Culture, Sports and Entertainment	公共管理和社会组织 Public Management and Social Organization
全　国 National						
2003	11774	12665	14189	16185	17098	15355
2004	12884	13680	16085	18386	20522	17372
2005	14322	15747	18259	20808	22670	20234
2006	15630	18030	20918	23590	25847	22546
2007	18383	20370	25908	27892	30430	27731
2008	21103	22858	29831	32185	34158	32296
2009	23159	25172	34543	35662	37755	35326
2010	25544	28206	38968	40232	41428	38242
2011	28868	33169	43194	46206	47878	42062
国有单位 State-owned Units						
2003	11782	14419	14371	16741	17340	15382
2004	12850	16366	16217	19061	20955	17406
2005	14254	17323	18388	21500	23110	20270
2006	15517	20548	21027	24298	26374	22608
2007	18293	21744	25997	28719	31210	27790
2008	21000	26443	29925	33075	34993	32350
2009	23161	28874	34678	36575	38749	35491
2010	25478	32417	39166	41112	42367	38387
2011	28812	36923	43436	47185	48690	42230
城镇集体单位 Urban Collective-owned Units						
2003	10030	8683	9330	11610	9424	10293
2004	10433	8910	10559	12869	10953	11454
2005	11051	10690	12670	14826	13635	12906
2006	11948	12170	15338	17325	14169	14129
2007	13312	14476	21010	20442	17414	17002
2008	15413	16412	22645	24028	19686	18941
2009	16891	18509	27515	27618	22177	26039
2010	18551	20818	31486	32645	24796	26957
2011	20987	24834	36355	37853	30051	35277
其他单位 Other Ownership Units						
2003	14392	14038	17986	15110	16565	8763
2004	16645	13893	19964	15789	18002	12617
2005	18681	16502	20664	18084	19926	14036
2006	20388	17410	23099	21225	22712	11765
2007	23390	21014	27494	24600	25384	13994
2008	26869	20566	31211	28831	29567	21586
2009	27154	22877	32663	30579	32898	17849
2010	30217	25536	35282	34672	37107	21392
2011	33331	30287	38912	38803	44958	23891

1-21 分行业城镇非私营单位就业人员平均工资(2012-2021年)
AVERAGE WAGE OF EMPLOYED PERSONS IN URBAN NON-PRIVATE UNITS BY SECTOR (2012-2021)

单位：元 (yuan)

登记注册类型 Registration Status 年 份 Year	合 计 Total	农、林、牧、渔业 Agriculture, Forestry, Animal Husbandry and Fishery	采矿业 Mining	制造业 Manufacturing	电力、热力、燃气及水生产和供应业 Production and Supply of Electricity,Heat, Gas and Water	建筑业 Construction	批发和零售业 Wholesale and Retail Trades
全 国 National							
2012	46769	22687	56946	41650	58202	36483	46340
2013	51483	25820	60138	46431	67085	42072	50308
2014	56360	28356	61677	51369	73339	45804	55838
2015	62029	31947	59404	55324	78886	48886	60328
2016	67569	33612	60544	59470	83863	52082	65061
2017	74318	36504	69500	64452	90348	55568	71201
2018	82413	36466	81429	72088	100162	60501	80551
2019	90501	39340	91068	78147	107733	65580	89047
2020	97379	48540	96674	82783	116728	69986	96521
2021	106837	53819	108467	92459	125332	75762	107735
国有单位 State-owned Units							
2012	48357	22484	58534	47367	58589	40116	47377
2013	52657	25444	56317	54094	68146	43849	55980
2014	57296	27782	59765	61600	74914	46409	64186
2015	65296	31374	59673	64931	80066	49544	69300
2016	72538	33069	61638	71130	83931	52551	74088
2017	81114	35886	71402	77649	91375	55623	81907
2018	89474	35037	81234	78142	97148	57324	92297
2019	98899	36915	89567	88864	103998	56617	111296
2020	108132	46047	95817	94634	110109	66779	121262
2021	115583	51328	108643	112291	119479	75155	137785
城镇集体单位 Urban Collective-owned Units							
2012	33784	22592	35953	29538	39587	29607	23096
2013	38905	26754	39007	34689	45082	33893	26200
2014	42742	30809	41092	38350	49023	36932	29069
2015	46607	39049	42900	42026	54395	39276	31804
2016	50527	41121	42768	44753	57804	41141	33629
2017	55243	44392	44930	48202	60259	42608	35094
2018	60664	46395	55637	50643	64236	45846	38885
2019	62612	25458	65177	54677	51051	47659	43064
2020	68590	42436	70952	53607	52219	50651	46641
2021	74491	43980	76569	58414	54836	52758	50424
其他单位 Other Ownership Units							
2012	46360	27612	57001	41453	58293	36476	47882
2013	51453	34310	61475	46297	66489	42476	50700
2014	56485	35689	62481	51163	72330	46367	55971
2015	60906	38153	59729	55162	78327	49442	60433
2016	65531	39606	60802	59278	84245	52725	65237
2017	71304	43907	69792	64271	90026	56291	71190
2018	79453	48844	81701	72181	102353	61332	80589
2019	87195	48960	91358	78238	110144	66747	88574
2020	92721	54682	96927	82811	120005	70965	95533
2021	103182	59246	108666	92357	128207	76733	106435

1-21　续表 1　continued

单位：元 (yuan)

登记注册类型 Registration Status 年 份 Year	交通运输、仓储和邮政业 Transport, Storage and Post	住宿和餐饮业 Hotels and Catering Services	信息传输、软件和信息技术服务业 Information Software and Information Technology	金融业 Financial Inter-mediation	房地产业 Real Estate	租赁和商务服务业 Leasing and Business Services	科学研究和技术服务业 Scientific Research, and Technical Services
全　国 National							
2012	53391	31267	80510	89743	46764	53162	69254
2013	57993	34044	90915	99653	51048	62538	76602
2014	63416	37264	100845	108273	55568	67131	82259
2015	68822	40806	112042	114777	60244	72489	89410
2016	73650	43382	122478	117418	65497	76782	96638
2017	80225	45751	133150	122851	69277	81393	107815
2018	88508	48260	147678	129837	75281	85147	123343
2019	97050	50346	161352	131405	80157	88190	133459
2020	100642	48833	177544	133390	83807	92924	139851
2021	109851	53631	201506	150843	91143	102537	151776
国有单位 State-owned Units							
2012	54342	33376	57056	82040	43464	44875	64206
2013	59516	36298	60182	87732	45435	46542	69501
2014	65417	40103	63629	94943	50597	49286	73844
2015	70908	43621	69858	100672	55922	55016	80409
2016	75878	46953	77402	102117	62560	58828	89093
2017	83848	50816	82762	109128	67632	62843	99164
2018	88833	54437	95683	118497	72646	65981	112775
2019	84757	55594	106432	137810	75984	69085	127665
2020	87142	53890	119323	161584	83237	76452	129707
2021	94422	59699	132292	176429	92962	83460	139441
城镇集体单位 Urban Collective-owned Units							
2012	28474	27535	38770	61756	34365	29583	46890
2013	31772	39491	40268	70249	37155	33296	52204
2014	35018	34925	42253	77236	40429	36833	56711
2015	37461	37197	50901	82944	44062	40731	58849
2016	40771	41873	53981	89811	47305	45810	66959
2017	42549	44613	83191	99635	49486	48536	75188
2018	46818	43388	75603	109373	54359	50652	85103
2019	47869	49222	74246	116739	54683	48448	88454
2020	49736	46511	95646	126555	59383	54318	85734
2021	53365	53967	91676	139096	64590	61404	93624
其他单位 Other Ownership Units							
2012	53592	30827	90839	97706	47983	65637	83362
2013	57720	33400	96618	109161	52052	74632	87590
2014	62749	36830	105724	117537	56459	78859	93884
2015	68138	40436	117076	123640	60976	82287	100210
2016	72883	42862	127198	125115	66112	85638	105510
2017	78523	45068	136988	128781	69743	89619	117092
2018	89064	47656	151050	133812	75747	92189	132685
2019	100067	49899	164030	130804	80820	93715	137290
2020	103331	48400	180950	131035	84286	97408	146478
2021	112647	53158	205536	148816	91528	107094	158956

1-21 续表 2 continued

单位：元 (yuan)

登记注册类型 Registration Status 年份 Year	水利、环境和公共设施管理业 Management of Water Conservancy, Environment and Public Facilities	居民服务、修理和其他服务业 Service to Households, Repair and Other Services	教育 Education	卫生和社会工作 Health and Social Service	文化、体育和娱乐业 Culture, Sports and Entertainment	公共管理、社会保障和社会组织 Public Management, Social Security and Social Organization
全国 National						
2012	32343	35135	47734	52564	53558	46074
2013	36123	38429	51950	57979	59336	49259
2014	39198	41882	56580	63267	64375	53110
2015	43528	44802	66592	71624	72764	62323
2016	47750	47577	74498	80026	79875	70959
2017	52229	50552	83412	89648	87803	80372
2018	56670	55343	92383	98118	98621	87932
2019	61158	60232	97681	108903	107708	94369
2020	63914	60722	106474	115449	112081	104487
2021	65802	65193	111392	126828	117329	111361
国有单位 State-owned Units						
2012	32152	37642	47995	53653	54398	46207
2013	35155	41416	52283	59200	59437	49371
2014	38008	45242	56974	64631	64245	53230
2015	42705	49144	67442	73490	73447	62452
2016	47154	54178	75710	82522	79538	71122
2017	51735	61592	84860	92796	87850	80589
2018	56971	66916	93780	101168	97613	88387
2019	64191	76690	103270	114177	110916	94640
2020	70758	82009	112554	120663	115151	104535
2021	73087	83879	116874	132727	121486	111417
城镇集体单位 Urban Collective-owned Units						
2012	24432	27415	41061	43265	33433	41285
2013	27855	31005	47610	48990	37715	45859
2014	31291	37642	51166	54122	41647	48465
2015	33262	41566	55810	57917	49577	55179
2016	36706	43106	64833	63920	56222	60861
2017	41348	45646	74102	70485	56948	67206
2018	45363	50593	82160	78734	66732	82918
2019	55515	53167	91164	90742	66103	87631
2020	58272	65197	93031	95883	75951	94506
2021	59924	68678	97791	100319	82997	100067
其他单位 Other Ownership Units						
2012	37466	33992	43473	45020	51217	28113
2013	43213	37738	47194	50173	60288	34486
2014	46682	40752	51494	54309	65926	38391
2015	49130	43131	55937	60027	72093	45462
2016	52119	45060	59216	63362	81552	50677
2017	55535	47177	66762	69649	88709	54082
2018	57156	51456	79022	79240	101118	52761
2019	57804	57702	72214	81282	104755	77153
2020	57123	56716	72375	82897	108792	100549
2021	58921	61431	79034	90123	112720	104725

1－22　分行业城镇非私营单位就业人员平均货币工资指数(1995－2002年)
INDICES OF MONEY AVERAGE EARNING OF EMPLOYED PERSONS IN URBAN NON-PRIVATE UNITS BY SECTOR (1995-2002)

上年=100　　(preceding year=100)

登记注册类型 Registration Status 年份 Year	合计 Total	农、林、牧、渔业 Farming, Forestry, Animal Husbandry and Fishery	采掘业 Mining and Quarrying	制造业 Manufacturing	电力、煤气及水的生产和供应业 Production and Supply of Electricity, Gas and Water	建筑业 Construction	地质勘查业、水利管理业 Geological Prospecting and Water Conservancy	交通运输、仓储及邮电通信业 Transport, Storage, Post and Telecommunications	批发和零售贸易、餐饮业 Wholesale and Retail Trade & Catering Services
全　国 National									
1995	118.9	124.5	123.2	121.2	127.3	118.1	109.5	121.9	120.3
1996	111.8	115.0	112.8	109.1	112.4	108.5	110.4	113.4	109.7
1997	107.8	106.5	105.4	105.4	109.5	106.6	108.8	108.9	104.2
1998	115.5	105.2	105.9	119.1	108.5	111.8	110.8	113.9	120.8
1999	111.7	106.1	103.9	110.6	109.8	106.9	111.1	111.4	109.4
2000	112.2	106.9	110.8	112.2	111.4	109.1	109.1	112.4	111.7
2001	116.1	110.4	114.7	111.9	113.0	108.6	113.7	114.9	114.2
2002	114.2	111.2	115.2	112.7	112.6	108.5	112.1	113.1	115.0
国有单位 State-owned Units									
1995	117.3	124.6	122.4	118.8	126.3	118.3	109.4	121.6	118.5
1996	111.8	114.5	113.1	108.3	112.5	107.9	110.4	112.9	108.2
1997	107.6	106.6	105.6	103.7	109.7	105.8	108.6	108.3	104.0
1998	113.5	105.3	105.6	115.7	108.1	110.4	110.7	110.8	119.3
1999	111.4	105.8	103.1	109.0	108.9	106.9	111.1	109.4	108.4
2000	111.8	106.3	107.0	112.3	110.8	108.6	109.1	111.5	110.8
2001	117.0	110.7	114.1	112.2	112.7	108.0	113.9	113.5	110.8
2002	115.0	110.7	112.2	113.4	111.7	109.3	111.6	111.8	114.8
城镇集体单位 Urban Collective-owned Units									
1995	121.1	116.2	131.5	121.1	129.9	118.7	115.9	115.5	122.2
1996	109.6	130.0	107.6	107.7	111.8	109.2	111.6	110.7	110.9
1997	104.7	103.5	105.2	102.9	108.8	107.3	132.7	102.3	101.6
1998	117.7	110.7	110.0	121.0	104.3	108.5	109.8	126.1	116.1
1999	108.4	111.6	99.5	106.4	103.8	105.7	108.5	110.8	106.4
2000	108.4	113.7	106.8	107.5	109.0	108.6	98.8	102.2	106.0
2001	109.8	101.8	113.3	106.5	114.5	105.9	102.1	108.7	106.7
2002	111.5	114.4	109.4	110.8	105.6	106.5	125.7	109.3	110.4
其他单位 Other Ownership Units									
1995	119.9	129.2	123.1	120.8	131.6	116.0	126.2	120.3	112.2
1996	110.3	103.4	100.3	109.2	112.1	102.7	106.7	113.1	107.7
1997	106.7	95.7	102.8	105.7	101.4	108.1	101.6	115.2	103.6
1998	101.6	80.9	125.3	101.8	99.8	118.0	118.6	85.7	102.8
1999	109.8	118.2	113.4	109.0	113.7	105.8	126.6	119.0	107.6
2000	110.8	125.1	128.5	108.9	112.1	108.6	150.6	114.2	112.0
2001	110.7	100.6	112.8	108.7	110.8	107.6	85.9	114.8	113.7
2002	108.4	108.6	115.9	108.6	111.7	101.5	156.4	111.0	106.1

1-22 续表 continued

上年=100 (preceding year=100)

登记注册类型 Registration Status 年 份 Year	金融、保险业 Finance and Insurance	房地产业 Real Estate Trade	社 会 服务业 Social Services	卫生、体育和社会福利业 Health Care, Sporting and Social Welfare	教育、文化艺术和广播电影电视业 Education, Culture and Arts, Radio, Film and Television	科学研究和综合技术服务业 Scientific Research and Polytechnical Services	国家机关政党机关和社会团体 Government Agencies, Party Agencies and Social Organizations	其 他 Others
全 国 National								
1995	109.9	117.1	119.3	114.4	111.2	111.3	111.5	120.5
1996	114.2	114.3	113.3	115.9	114.0	117.1	114.6	114.3
1997	115.0	110.3	111.7	112.0	111.1	112.2	110.4	96.1
1998	109.6	112.2	111.5	111.6	112.1	112.9	111.3	123.8
1999	112.3	111.3	110.2	114.0	115.3	113.7	115.5	119.5
2000	110.7	108.4	110.6	112.5	112.7	116.3	111.9	110.4
2001	118.6	112.1	115.5	118.4	121.5	121.3	120.9	114.8
2002	115.3	109.3	113.2	114.3	116.6	115.9	114.8	110.5
国有单位 State-owned Units								
1995	108.3	115.0	116.7	114.1	111.4	110.1	111.4	119.3
1996	114.3	114.6	112.5	115.9	113.7	116.7	114.8	110.8
1997	114.7	108.8	110.9	111.9	112.0	112.3	110.3	90.6
1998	109.1	109.5	109.9	111.5	112.2	112.8	111.3	119.3
1999	109.9	110.7	110.2	113.9	115.3	113.7	115.5	117.8
2000	111.4	110.5	108.2	113.2	112.8	114.2	111.9	104.3
2001	118.6	112.5	114.6	118.7	121.4	122.9	120.9	112.4
2002	116.8	109.7	108.4	114.2	116.7	117.1	114.8	117.4
城镇集体单位 Urban Collective-owned Units								
1995	114.0	126.8	125.7	115.6	109.1	125.5	120.8	120.1
1996	106.6	101.5	106.9	115.1	123.8	114.8	96.1	116.9
1997	110.4	113.6	114.0	111.8	91.7	101.0	123.1	101.7
1998	106.7	118.3	109.1	109.3	107.8	102.9	112.7	122.4
1999	110.7	114.7	107.2	113.6	116.5	113.2	114.0	115.3
2000	107.0	98.8	108.8	107.4	106.3	116.1	111.2	110.9
2001	111.9	102.4	109.4	113.5	127.5	103.5	105.6	107.0
2002	114.7	107.6	112.0	112.7	111.8	107.4	109.6	100.0
其他单位 Other Ownership Units								
1995	120.7	113.3	115.7	130.8	111.0	125.3		117.6
1996	126.5	113.0	114.9	128.0	104.8	132.7		122.0
1997	110.3	110.5	108.9	114.2	108.3	109.6		133.5
1998	90.2	103.0	102.1	120.0	119.1	100.8		116.4
1999	118.0	106.2	105.9	109.5	109.0	109.9		104.3
2000	107.9	102.5	109.5	99.3	92.1	116.5		126.1
2001	111.5	109.0	111.6	101.8	132.5	103.2		111.4
2002	102.0	104.9	112.5	87.2	108.5	106.9		96.9

1－23 分行业城镇非私营单位就业人员平均货币工资指数(2004－2011年)
INDICES OF MONEY AVERAGE EARNING OF EMPLOYED PERSONS IN URBAN NON-PRIVATE UNITS BY SECTOR (2004-2011)

上年=100 (preceding year=100)

登记注册类型 Registration Status / 年 份 Year	合 计 Total	农、林、牧、渔业 Agriculture, Forestry, Farming of Animals and Fishery	采矿业 Mining	制造业 Manufacturing	电力、燃气及水的生产和供应业 Production & Distribution of Electricity, Gas & Water	建筑业 Construction	交通运输、仓储和邮政业 Traffic, Transport, Storage and Post
全 国 National							
2004	114.0	108.9	123.1	112.5	116.0	111.0	114.7
2005	114.3	109.5	121.9	111.8	114.9	112.2	115.7
2006	114.6	112.9	118.0	114.4	114.8	114.5	115.3
2007	118.5	117.0	116.8	116.0	117.8	114.3	115.7
2008	116.9	115.8	121.5	115.4	115.1	114.8	114.8
2009	111.6	114.3	111.1	109.9	108.7	113.8	110.2
2010	113.3	116.4	116.2	115.3	113.0	113.9	114.6
2011	114.4	116.5	118.2	118.6	111.4	116.6	116.3
国有单位 State-owned Units							
2004	114.5	108.8	124.5	114.8	116.1	112.7	112.3
2005	115.4	109.5	121.2	117.1	115.2	113.9	115.5
2006	114.4	112.6	119.1	119.5	116.8	113.3	114.5
2007	120.2	117.1	117.5	117.7	118.5	115.4	116.4
2008	116.0	115.7	121.9	116.1	115.6	111.6	113.2
2009	112.7	114.3	108.6	113.4	109.3	118.6	111.9
2010	112.4	116.7	116.3	116.8	113.2	114.5	114.6
2011	113.4	116.5	118.9	118.3	111.8	113.5	118.0
城镇集体单位 Urban Collective-owned Units							
2004	112.7	114.7	119.9	113.0	114.4	109.6	108.4
2005	114.9	114.4	128.3	112.7	108.4	110.5	113.0
2006	115.1	121.7	123.1	113.5	108.5	113.5	111.5
2007	120.0	117.4	125.7	118.3	116.9	119.1	118.4
2008	117.2	117.9	115.7	119.0	118.8	114.9	115.0
2009	113.8	113.8	113.8	113.8	113.8	113.8	113.8
2010	116.5	118.0	118.5	118.3	115.3	115.1	113.4
2011	119.9	120.5	126.6	120.1	106.7	123.8	125.4
其他单位 Other Ownership Units							
2004	111.3	102.5	121.2	109.9	114.2	108.5	120.4
2005	111.2	106.0	121.6	109.0	112.9	110.0	113.2
2006	114.4	115.8	116.5	112.9	110.6	115.0	115.1
2007	115.6	115.8	115.4	115.3	115.7	112.2	112.0
2008	117.6	118.5	121.0	115.0	113.6	115.6	116.7
2009	109.8	111.8	112.8	109.1	107.6	111.8	105.1
2010	114.2	109.8	116.2	115.0	112.5	113.1	114.0
2011	115.4	115.4	115.4	115.4	115.4	115.4	115.4

1-23 续表 1 continued

上年=100 (preceding year=100)

登记注册类型 Registration Status / 年 份 Year	信息传输、计算机服务和软件业 Information Transfer, Computer and Software	批发和零售业 Wholesale and Retail Trade	住宿和餐饮业 Accommodation and Restaurants	金融业 Finance	房地产业 Real Estate	租赁和商务服务业 Tenancy and Business Services	科学研究、技术服务和地质勘查业 Scientific Research, Technical Service & Geologic Perambulation
全 国 National							
2004	108.3	119.4	112.7	116.9	108.1	110.0	114.2
2005	116.0	117.2	110.0	120.3	109.7	113.4	116.3
2006	111.9	116.6	109.8	121.4	109.8	115.4	116.5
2007	109.8	118.4	111.9	124.0	117.3	113.5	121.5
2008	115.1	122.5	113.3	122.5	115.5	118.4	118.4
2009	105.9	112.9	108.0	112.1	107.1	107.8	110.2
2010	110.8	115.4	112.1	116.1	111.3	111.5	112.4
2011	110.1	120.9	117.6	115.6	119.4	118.7	114.0
国有单位 State-owned Units							
2004	109.7	116.3	115.8	117.8	109.3	109.5	114.8
2005	109.3	121.8	110.6	121.3	113.0	115.8	114.4
2006	109.4	119.1	110.6	114.2	109.6	109.1	115.5
2007	110.8	116.3	110.6	125.2	117.6	114.4	121.4
2008	107.4	121.1	116.2	120.3	110.4	115.2	117.0
2009	108.8	119.0	110.9	108.4	111.3	111.0	110.9
2010	109.5	115.9	112.7	116.4	110.3	110.7	112.6
2011	108.6	115.4	120.5	113.1	129.0	117.1	113.3
城镇集体单位 Urban Collective-owned Units							
2004	141.2	110.6	111.4	115.6	106.6	106.8	103.7
2005	139.1	113.0	109.0	114.5	103.6	113.7	134.3
2006	98.1	112.0	112.9	116.9	117.8	107.4	127.7
2007	103.4	115.4	112.6	119.3	118.8	115.0	107.7
2008	112.1	120.8	117.5	121.2	112.4	107.5	120.8
2009	110.8	114.5	109.4	119.4	108.0	109.9	110.1
2010	121.6	113.8	113.5	117.9	109.3	108.8	113.7
2011	107.4	118.8	124.0	120.0	120.5	116.8	127.2
其他单位 Other Ownership Units							
2004	103.7	119.0	109.1	112.4	105.5	107.1	114.2
2005	111.8	108.9	108.4	116.8	107.0	105.3	118.1
2006	110.7	112.7	108.4	128.2	108.7	118.8	117.9
2007	104.8	118.2	111.7	120.8	116.5	108.5	120.0
2008	116.5	120.2	111.4	120.3	116.9	115.9	118.4
2009	103.6	108.3	106.4	108.9	105.6	103.9	106.7
2010	109.0	114.3	111.6	114.6	111.4	111.3	109.8
2011	109.2	121.3	116.2	114.8	116.4	120.4	112.9

1-23 续表 2 continued

上年=100 (preceding year=100)

登记注册类型 Registration Status / 年份 Year	水利、环境和公共设施管理业 Management of Water Conservancy, Environment and Public Establishment	居民服务和其他服务业 Resident Services and Other Services	教育 Education	卫生、社会保障和社会福利业 Sanitation, Social Security and Social Welfare	文化体育和娱乐业 Culture, Sports and Entertainment	公共管理和社会组织 Public Management and Social Organization
全国 National						
2004	109.4	108.0	113.4	113.6	120.0	113.1
2005	111.2	115.1	113.5	113.2	110.5	116.5
2006	109.1	114.5	114.6	113.4	114.0	111.4
2007	117.6	113.0	123.9	118.2	117.7	123.0
2008	114.8	112.2	115.1	115.4	112.3	116.5
2009	109.7	110.1	115.8	110.8	110.5	109.4
2010	110.3	112.1	112.8	112.8	109.7	108.3
2011	113.0	117.6	110.8	114.8	115.6	110.0
国有单位 State-owned Units						
2004	109.1	113.5	112.8	113.9	120.8	113.2
2005	110.9	105.8	113.4	112.8	110.3	116.5
2006	108.9	118.6	114.4	113.0	114.1	111.5
2007	117.9	105.8	123.6	118.2	118.3	122.9
2008	114.8	121.6	115.1	115.2	112.1	116.4
2009	110.3	109.2	115.9	110.6	110.7	109.7
2010	110.0	112.3	112.9	112.4	109.3	108.2
2011	113.1	113.9	110.9	114.8	114.9	110.0
城镇集体单位 Urban Collective-owned Units						
2004	104.0	102.6	113.2	110.8	116.2	111.3
2005	105.9	120.0	120.0	115.2	124.5	112.7
2006	108.1	113.8	121.1	116.9	103.9	109.5
2007	111.4	118.9	137.0	118.0	122.9	120.3
2008	115.8	113.4	107.8	117.5	113.0	111.4
2009	109.6	112.8	121.5	114.9	112.7	137.5
2010	109.8	112.5	114.4	118.2	111.8	103.5
2011	113.1	119.3	115.5	116.0	121.2	130.9
其他单位 Other Ownership Units						
2004	115.7	99.0	111.0	104.5	108.7	144.0
2005	112.2	118.8	103.5	114.5	110.7	111.2
2006	109.1	105.5	111.8	117.4	114.0	83.8
2007	114.7	120.7	119.0	115.9	111.8	118.9
2008	114.9	97.9	113.5	117.2	116.5	154.3
2009	101.1	111.2	104.7	106.1	111.3	82.7
2010	111.3	111.6	108.0	113.4	112.8	119.8
2011	110.3	118.6	110.3	111.9	121.2	111.7

1−24 分行业城镇非私营单位就业人员平均货币工资指数(2013−2021年)
INDICES OF MONEY AVERAGE EARNING OF EMPLOYED PERSONS IN URBAN NON-PRIVATE UNITS BY SECTOR (2013-2021)

上年=100 (preceding year=100)

登记注册类型 Registration Status / 年份 Year	合计 Total	农、林、牧、渔业 Agriculture, Forestry, Animal Husbandry and Fishery	采矿业 Mining	制造业 Manufacturing	电力、热力、燃气及水生产和供应业 Production and Supply of Electricity,Heat, Gas and Water	建筑业 Construction	批发和零售业 Wholesale and Retail Trades
全　国 National							
2013	110.1	113.8	105.6	111.5	115.3	115.3	108.6
2014	109.5	109.8	102.6	110.6	109.3	108.9	111.0
2015	110.1	112.7	96.3	107.7	107.6	106.7	108.0
2016	108.9	105.2	101.9	107.5	106.3	106.5	107.8
2017	110.0	108.6	114.8	108.4	107.7	106.7	109.4
2018	110.9	99.9	117.2	111.8	110.9	108.9	113.1
2019	109.8	107.9	111.8	108.4	107.6	108.4	110.5
2020	107.6	123.4	106.2	105.9	108.3	106.7	108.4
2021	109.7	110.9	112.2	111.7	107.4	108.3	111.6
国有单位 State-owned Units							
2013	108.9	113.2	96.2	114.2	116.3	109.3	118.2
2014	108.8	109.2	106.1	113.9	109.9	105.8	114.7
2015	114.0	112.9	99.8	105.4	106.9	106.8	108.0
2016	111.1	105.4	103.3	109.5	104.8	106.1	106.9
2017	111.8	108.5	115.8	109.2	108.9	105.8	110.6
2018	110.3	97.6	113.8	100.6	106.3	103.1	112.7
2019	110.5	105.4	110.3	113.7	107.1	98.8	120.6
2020	109.3	124.7	107.0	106.5	105.9	117.9	109.0
2021	106.9	111.5	113.4	118.7	108.5	112.5	113.6
城镇集体单位 Urban Collective-owned Units							
2013	115.2	118.4	108.5	117.4	113.9	114.5	113.4
2014	109.9	115.2	105.3	110.6	108.7	109.0	111.0
2015	109.0	126.7	104.4	109.6	111.0	106.3	109.4
2016	108.4	105.3	99.7	106.5	106.3	104.7	105.7
2017	109.3	108.0	105.1	107.7	104.2	103.6	104.4
2018	109.8	104.3	123.8	103.1	106.6	107.6	110.8
2019	103.2	54.9	117.1	108.0	79.5	104.0	110.7
2020	109.5	166.7	108.9	98.0	102.3	106.3	108.3
2021	108.6	103.6	107.9	109.0	105.0	104.2	108.1
其他单位 Other Ownership Units							
2013	111.0	124.3	107.8	111.7	114.1	116.4	105.9
2014	109.7	104.0	101.6	110.5	108.8	109.2	110.4
2015	107.8	106.9	95.6	107.8	108.3	106.6	108.0
2016	107.6	103.8	101.8	107.5	107.6	106.6	107.9
2017	108.8	110.9	114.8	108.4	106.9	106.8	109.1
2018	111.4	111.2	117.1	112.3	113.7	109.0	113.2
2019	109.7	100.2	111.8	108.4	107.6	108.8	109.9
2020	106.3	111.7	106.1	105.8	109.0	106.3	107.9
2021	111.3	108.3	112.1	111.5	106.8	108.1	111.4

1-24 续表 1 continued

上年=100 (preceding year=100)

登记注册类型 Registration Status 年　份 Year	交通运输、仓储和邮政业 Transport, Storage and Post	住宿和餐饮业 Hotels and Catering Services	信息传输、软件和信息技术服务业 Information Software and Information Technology	金融业 Financial Inter-mediation	房地产业 Real Estate	租赁和商务服务业 Leasing and Business Services	科学研究和技术服务业 Scientific Research, and Technical Services
全　国 National							
2013	108.6	108.9	112.9	111.0	109.2	117.6	110.6
2014	109.4	109.5	110.9	108.7	108.9	107.3	107.4
2015	108.5	109.5	111.1	106.0	108.4	108.0	108.7
2016	107.0	106.3	109.3	102.3	108.7	105.9	108.1
2017	108.9	105.5	108.7	104.6	105.8	106.0	111.6
2018	110.3	105.5	110.9	105.7	108.7	104.6	114.4
2019	109.7	104.3	109.3	101.2	106.5	103.6	108.2
2020	103.7	97.0	110.0	101.5	104.6	105.4	104.8
2021	109.2	109.8	113.5	113.1	108.8	110.3	108.5
国有单位 State-owned Units							
2013	109.5	108.8	105.5	106.9	104.5	103.7	108.2
2014	109.9	110.5	105.7	108.2	111.4	105.9	106.2
2015	108.4	108.8	109.8	106.0	110.5	111.6	108.9
2016	107.0	107.6	110.8	101.4	111.9	106.9	110.8
2017	110.5	108.2	106.9	106.9	108.1	106.8	111.3
2018	105.9	107.1	115.6	108.6	107.4	105.0	113.7
2019	95.4	102.1	111.2	116.3	104.6	104.7	113.2
2020	102.8	96.9	112.1	117.3	109.5	110.7	101.6
2021	108.4	110.8	110.9	109.2	111.7	109.2	107.5
城镇集体单位 Urban Collective-owned Units							
2013	111.6	143.4	103.9	113.8	108.1	112.6	111.3
2014	110.2	88.4	104.9	109.9	108.8	110.6	108.6
2015	107.0	106.5	120.5	107.4	109.0	110.6	103.8
2016	108.8	112.6	106.1	108.3	107.4	112.5	113.8
2017	104.4	106.5	154.1	110.9	104.6	106.0	116.4
2018	110.0	97.3	90.9	109.8	109.8	104.4	113.2
2019	102.2	113.4	98.2	106.7	100.6	95.6	103.9
2020	103.9	94.5	128.8	108.4	108.6	112.1	96.9
2021	107.3	116.0	95.8	109.9	108.8	113.0	109.2
其他单位 Other Ownership Units							
2013	107.7	108.3	106.4	111.7	108.5	113.7	105.1
2014	108.7	110.3	109.4	107.7	108.5	105.7	107.2
2015	108.6	109.8	110.7	105.2	108.0	104.3	106.7
2016	107.0	106.0	108.6	101.2	108.4	104.1	105.3
2017	107.7	105.1	107.7	102.9	105.5	104.6	111.0
2018	113.4	105.7	110.3	103.9	108.6	102.9	113.3
2019	112.4	104.7	108.6	97.8	106.7	101.7	103.5
2020	103.3	97.0	110.3	100.2	104.3	103.9	106.7
2021	109.0	109.8	113.6	113.6	108.6	109.9	108.5

1-24 续表 2 continued

上年=100 (preceding year=100)

登记注册类型 Registration Status 年 份 Year	水利、环境和公共设施管理业 Management of Water Conservancy, Environment and Public Facilities	居民服务、修理和其他服务业 Service to Households, Repair and Other Services	教 育 Education	卫生和社会工作 Health and Social Service	文化、体育和娱乐业 Culture, Sports and Enter-tainment	公共管理、社会保障和社会组织 Public Management, Social Security and Social Organization
全 国 National						
2013	111.7	109.4	108.8	110.3	110.8	106.9
2014	108.5	109.0	108.9	109.1	108.5	107.8
2015	111.0	107.0	117.7	113.2	113.0	117.3
2016	109.7	106.2	111.9	111.7	109.8	113.9
2017	109.4	106.3	112.0	112.0	109.9	113.3
2018	108.5	109.5	110.8	109.4	112.3	109.4
2019	107.9	108.8	105.7	111.0	109.2	107.3
2020	104.5	100.8	109.0	106.0	104.1	110.7
2021	103.0	107.4	104.6	109.9	104.7	106.6
国有单位 State-owned Units						
2013	109.3	110.0	108.9	110.3	109.3	106.8
2014	108.1	109.2	109.0	109.2	108.1	107.8
2015	112.4	108.6	118.4	113.7	114.3	117.3
2016	110.4	110.2	112.3	112.3	108.3	113.9
2017	109.7	113.7	112.1	112.5	110.5	113.3
2018	110.1	108.6	110.5	109.0	111.1	109.7
2019	112.7	114.6	110.1	112.9	113.6	107.1
2020	110.2	106.9	109.0	105.7	103.8	110.5
2021	103.3	102.3	103.8	110.0	105.5	106.6
城镇集体单位 Urban Collective-owned Units						
2013	114.0	113.1	115.9	113.2	112.8	111.1
2014	112.3	121.4	107.5	110.5	110.4	105.7
2015	106.3	110.4	109.1	107.0	119.0	113.9
2016	110.4	103.7	116.2	110.4	113.4	110.3
2017	121.4	107.7	116.9	113.7	103.9	114.3
2018	109.7	110.8	110.9	111.7	117.2	123.4
2019	122.4	105.1	111.0	115.3	99.1	105.7
2020	105.0	122.6	102.0	105.7	114.9	107.8
2021	102.8	105.3	105.1	104.6	109.3	105.9
其他单位 Other Ownership Units						
2013	115.3	111.0	108.6	111.4	117.7	122.7
2014	108.0	108.0	109.1	108.2	109.4	111.3
2015	105.2	105.8	108.6	110.5	109.4	118.4
2016	106.1	104.5	105.9	105.6	113.1	111.5
2017	106.6	104.7	112.7	109.9	108.8	106.7
2018	102.9	109.1	118.4	113.8	114.0	97.6
2019	101.1	112.1	91.4	102.6	103.6	146.2
2020	98.8	98.3	100.2	102.0	103.9	130.3
2021	103.1	108.3	109.2	108.7	103.6	104.2

1—25 分行业城镇非私营单位就业人员平均实际工资指数(1995—2002年)
INDICES OF REAL AVERAGE WAGE OF EMPLOYED PERSONS IN URBAN NON-PRIVATE UNITS BY SECTOR (1995-2002)

上年=100 (preceding year=100)

登记注册类型 Registration Status 年 份 Year	合 计 Total	农、林、牧、渔业 Farming, Forestry, Animal Husbandry and Fishery	采掘业 Mining and Quarrying	制造业 Manufacturing	电力、煤气及水的生产和供应业 Production and Supply of Electricity, Gas and Water	建筑业 Construction	地质勘查业、水利管理业 Geological Prospecting and Water Conservancy	交通运输、仓储及邮电通信业 Transport, Storage, Post and Telecommunications	批发和零售贸易、餐饮业 Wholesale and Retail Trade & Catering Services
全 国									
National									
1995	101.8	106.6	105.5	103.8	109.0	101.1	93.8	104.3	103.0
1996	102.8	105.7	103.7	100.3	103.3	99.7	101.5	104.2	100.8
1997	104.5	103.3	102.2	102.2	106.2	103.4	105.5	105.6	101.1
1998	116.2	105.9	106.5	119.8	109.1	112.4	111.4	114.6	121.5
1999	113.2	107.5	105.2	112.1	111.3	108.3	112.5	112.9	110.8
2000	111.3	106.1	109.9	111.3	110.6	108.2	108.2	111.5	110.8
2001	115.3	109.6	113.9	111.2	112.3	107.9	112.9	114.1	113.4
2002	115.4	112.4	116.4	113.9	113.7	109.6	113.3	114.2	116.2
国有单位									
State-owned Units									
1995	100.4	106.7	104.8	101.7	108.1	101.2	93.7	104.1	101.5
1996	102.7	105.3	103.9	99.6	103.4	99.1	101.5	103.8	99.4
1997	104.4	103.4	102.4	100.6	106.4	102.6	105.3	105.1	100.9
1998	114.2	105.9	106.3	116.4	108.7	111.1	111.4	111.5	120.0
1999	112.9	107.2	104.5	110.5	110.3	108.3	112.6	110.9	109.8
2000	110.9	105.4	106.1	111.4	109.9	107.7	108.2	110.6	109.9
2001	116.2	110.0	113.4	111.4	112.0	107.3	113.1	112.7	110.1
2002	116.2	111.8	113.4	114.5	112.8	110.4	112.7	112.9	116.0
城镇集体单位									
Urban Collective-owned Units									
1995	103.7	99.5	112.6	103.7	111.3	101.6	99.2	98.8	104.6
1996	100.7	119.5	98.9	99.0	102.7	100.4	102.6	101.7	101.9
1997	101.6	100.4	102.0	99.8	105.5	104.1	128.7	99.2	98.6
1998	118.4	111.3	110.7	121.8	104.9	109.1	110.5	126.9	116.8
1999	109.8	113.0	100.9	107.8	105.2	107.1	109.9	112.2	107.8
2000	107.5	112.8	106.0	106.7	108.2	107.8	98.0	101.4	105.2
2001	109.0	101.0	112.5	105.8	113.7	105.2	101.4	107.9	105.9
2002	112.6	115.5	110.6	111.9	106.6	107.6	126.9	110.4	111.5
其他单位									
Other Ownership Units									
1995	102.6	110.6	105.4	103.4	112.7	99.3	108.1	103.0	96.0
1996	101.3	95.1	92.2	100.4	103.0	94.3	98.0	103.9	99.0
1997	103.5	92.8	99.7	102.5	98.3	104.9	98.5	111.7	100.5
1998	102.3	81.4	126.0	102.4	100.4	118.7	119.3	86.2	103.4
1999	111.2	119.8	114.9	110.5	115.2	107.2	128.3	120.5	109.0
2000	109.9	124.1	127.5	108.1	111.2	107.8	149.4	113.2	111.1
2001	109.9	99.9	112.0	108.0	110.1	106.9	85.3	114.0	112.9
2002	109.5	109.7	117.0	109.7	112.9	102.6	158.0	112.1	107.2

1-25 续表 continued

上年=100 (preceding year=100)

登记注册类型 Registration Status 年份 Year	金融、保险业 Finance and Insurance	房地产业 Real Estate Trade	社会服务业 Social Services	卫生、体育和社会福利业 Health Care, Sporting and Social Welfare	教育、文化艺术和广播电影电视业 Education, Culture and Arts, Radio, Film and Television	科学研究和综合技术服务业 Scientific Research and Polytechnical Services	国家机关政党机关和社会团体 Government Agencies, Party Agencies and Social Organizations	其他 Others
全国 National								
1995	94.1	100.3	102.1	97.9	95.2	95.3	95.4	103.1
1996	105.0	105.1	104.1	106.5	104.8	107.6	105.4	105.0
1997	111.6	107.0	108.4	108.6	107.8	108.8	107.1	93.2
1998	110.3	112.9	112.2	112.3	112.8	113.6	111.9	124.6
1999	113.8	112.8	111.7	115.5	116.8	115.2	117.1	121.1
2000	109.9	107.5	109.7	111.6	111.8	115.4	111.0	109.5
2001	117.8	111.4	114.7	117.5	120.7	120.4	120.0	114.0
2002	116.5	110.4	114.4	115.4	117.8	117.0	115.9	111.6
国有单位 State-owned Units								
1995	92.7	98.4	100.0	97.7	95.4	94.3	95.3	102.1
1996	105.0	105.3	103.4	106.5	104.5	107.2	105.5	101.8
1997	111.2	105.5	107.6	108.5	108.7	109.0	107.0	87.9
1998	109.7	110.2	110.6	112.2	112.9	113.5	111.9	120.0
1999	111.3	112.2	111.7	115.4	116.8	115.2	117.1	119.4
2000	110.5	109.6	107.3	112.3	111.9	113.2	111.0	103.5
2001	117.8	111.7	113.8	117.9	120.5	122.0	120.1	111.6
2002	118.0	110.8	109.5	115.3	117.9	118.3	116.0	118.6
城镇集体单位 Urban Collective-owned Units								
1995	97.6	108.6	107.6	99.0	93.4	107.5	103.4	102.8
1996	98.0	93.3	98.2	105.7	113.8	105.5	88.3	107.4
1997	107.1	110.1	110.6	108.5	88.9	98.0	119.4	98.6
1998	107.3	119.0	109.8	110.0	108.5	103.5	113.4	123.1
1999	112.2	116.3	108.6	115.1	118.1	114.6	115.5	116.8
2000	106.2	98.1	107.9	106.5	105.4	115.2	110.3	110.0
2001	111.1	101.7	108.7	112.7	126.6	102.8	104.9	106.3
2002	115.9	108.7	113.1	113.9	112.9	108.5	110.7	101.1
其他单位 Other Ownership Units								
1995	103.4	97.0	99.0	112.0	95.0	107.3		100.7
1996	116.3	103.9	105.6	117.6	96.4	121.9		112.1
1997	107.0	107.1	105.6	110.8	105.0	106.3		129.5
1998	90.8	103.7	102.7	120.7	119.8	101.4		117.1
1999	119.6	107.6	107.3	111.0	110.4	111.4		105.6
2000	107.0	101.7	108.6	98.5	91.4	115.6		125.1
2001	110.7	108.3	110.8	101.1	131.6	102.5		110.6
2002	103.1	106.0	113.7	88.1	109.6	108.0		97.9

1–26　分行业城镇非私营单位就业人员平均实际工资指数(2004–2011年) INDICES OF REAL AVERAGE EARNING OF EMPLOYED PERSONS IN URBAN NON-PRIVATE UNITS BY SECTOR (2004-2011)

上年=100　　(preceding year=100)

登记注册类型 Registration Status / 年 份 Year	合 计 Total	农、林、牧、渔业 Agriculture, Forestry, Farming of Animals and Fishery	采矿业 Mining	制造业 Manufacturing	电力、燃气及水的生产和供应业 Production & Distribution of Electricity, Gas & Water	建筑业 Construction	交通运输、仓储和邮政业 Traffic, Transport, Storage and Post
全 国 National							
2004	110.3	105.4	119.2	108.9	112.3	107.5	111.1
2005	112.5	107.7	120.0	110.0	113.1	110.4	113.9
2006	112.9	111.3	116.3	112.7	113.2	112.9	113.6
2007	113.4	112.0	111.8	111.0	112.7	109.4	110.8
2008	110.7	109.7	115.0	109.3	109.0	108.7	108.7
2009	112.6	115.3	112.1	110.8	109.6	114.8	111.2
2010	109.8	112.8	112.6	111.7	109.5	110.4	111.0
2011	108.6	110.6	112.2	112.6	105.8	110.7	110.5
国有单位 State-owned Units							
2004	110.9	105.3	120.5	111.1	112.4	109.1	108.7
2005	113.6	107.8	119.3	115.2	113.3	112.1	113.7
2006	112.7	111.0	117.4	117.8	115.1	111.7	112.9
2007	115.1	112.0	112.5	112.6	113.4	110.4	111.4
2008	109.8	109.5	115.4	109.9	109.5	105.7	107.2
2009	113.7	115.3	109.5	114.3	110.3	119.6	112.9
2010	108.9	113.1	112.6	113.2	109.7	111.0	111.1
2011	107.7	110.7	112.9	112.3	106.1	107.8	112.1
城镇集体单位 Urban Collective-owned Units							
2004	109.1	111.0	116.1	109.4	110.7	106.1	104.9
2005	113.1	112.6	126.2	110.9	106.7	108.8	111.2
2006	113.4	120.0	121.3	111.9	106.9	111.8	109.9
2007	114.8	112.3	120.3	113.2	111.9	114.0	113.4
2008	111.0	111.6	109.5	112.7	112.5	108.8	108.9
2009	114.8	114.8	114.8	114.8	114.8	114.8	114.8
2010	112.9	114.3	114.8	114.6	111.7	111.5	109.9
2011	113.9	114.5	120.2	114.1	101.3	117.6	119.1
其他单位 Other Ownership Units							
2004	107.7	99.3	117.3	106.4	110.5	105.1	116.6
2005	109.4	104.3	119.7	107.3	111.1	108.2	111.5
2006	112.7	114.1	114.8	111.2	109.0	113.3	113.4
2007	110.6	110.9	110.5	110.4	110.7	107.4	107.2
2008	111.4	112.2	114.6	108.9	107.5	109.5	110.5
2009	110.8	112.8	113.8	110.0	108.5	112.7	106.0
2010	110.7	106.4	112.6	111.4	109.0	109.6	110.4
2011	109.6	109.6	109.6	109.6	109.6	109.6	109.6

1-26 续表 1 continued

上年=100 (preceding year=100)

登记注册类型 Registration Status / 年 份 Year	信息传输、计算机服务和软件业 Information Transfer, Computer and Software	批发和零售业 Wholesale and Retail Trade	住宿和餐饮业 Accommodation and Restaurants	金融业 Finance	房地产业 Real Estate	租赁和商务服务业 Tenancy and Business Services	科学研究、技术服务和地质勘查业 Scientific Research, Technical Service & Geologic Perambulation
全 国 National							
2004	104.8	115.6	109.1	113.2	104.6	106.5	110.6
2005	114.2	115.4	108.2	118.4	107.9	111.6	114.5
2006	110.3	115.0	108.2	119.7	108.2	113.8	114.8
2007	105.1	113.3	107.1	118.7	112.3	108.6	116.2
2008	109.0	116.0	107.3	116.0	109.3	112.1	112.1
2009	106.8	113.8	108.9	113.0	108.0	108.8	111.1
2010	107.4	111.9	108.6	112.5	107.8	108.0	108.9
2011	104.5	114.8	111.6	109.8	113.4	112.8	108.2
国有单位 State-owned Units							
2004	106.2	112.6	112.1	114.1	105.8	106.0	111.2
2005	107.6	119.8	108.9	119.4	111.2	114.0	112.6
2006	107.8	117.3	109.0	112.6	108.0	107.5	113.8
2007	106.0	111.3	105.9	119.8	112.5	109.5	116.2
2008	101.7	114.7	110.0	114.0	104.6	109.1	110.8
2009	109.7	120.0	111.9	109.4	112.2	111.9	111.8
2010	106.1	112.3	109.2	112.8	106.9	107.2	109.1
2011	103.2	109.6	114.4	107.4	122.5	111.2	107.6
城镇集体单位 Urban Collective-owned Units							
2004	136.7	107.1	107.9	111.9	103.2	103.4	100.4
2005	136.9	111.2	107.2	112.7	102.0	111.9	132.2
2006	96.7	110.4	111.2	115.2	116.1	105.8	125.8
2007	98.9	110.5	107.8	114.2	113.7	110.0	103.0
2008	106.2	114.4	111.2	114.7	106.4	101.8	114.4
2009	111.8	115.5	110.4	120.5	108.9	110.9	111.1
2010	117.8	110.3	110.0	114.2	105.9	105.5	110.1
2011	102.0	112.8	117.8	114.0	114.4	110.9	120.8
其他单位 Other Ownership Units							
2004	100.4	115.2	105.6	108.8	102.1	103.7	110.6
2005	110.0	107.2	106.7	115.0	105.3	103.6	116.2
2006	109.1	111.1	106.8	126.3	107.1	117.1	116.2
2007	100.3	113.1	106.9	115.6	111.5	103.8	114.9
2008	110.3	113.8	105.5	114.0	110.7	109.8	112.1
2009	104.5	109.3	107.3	109.9	106.5	104.7	107.6
2010	105.6	110.8	108.1	111.1	107.9	107.9	106.4
2011	103.7	115.2	110.4	109.0	110.5	114.3	107.2

1-26 续表 2 continued

上年=100 (preceding year=100)

登记注册类型 Registration Status 年 份 Year	水利、环境和公共设施管理业 Management of Water Conservancy, Environment and Public Establishment	居民服务和其他服务业 Resident Services and Other Services	教 育 Education	卫生、社会保障和社会福利业 Sanitation, Social Security and Social Welfare	文化体育和娱乐业 Culture, Sports and Entertainment	公共管理和社会组织 Public Management and Social Organization
全 国 National						
2004	105.9	104.6	109.7	110.0	116.2	109.5
2005	109.4	113.3	111.7	111.4	108.7	114.6
2006	107.5	112.8	112.9	111.7	112.4	109.8
2007	112.6	108.1	118.5	113.2	112.7	117.7
2008	108.7	106.3	109.0	109.3	106.3	110.3
2009	110.7	111.1	116.8	111.8	111.5	110.3
2010	106.9	108.6	109.3	109.3	106.3	104.9
2011	107.3	111.7	105.3	109.1	109.8	104.5
国有单位 State-owned Units						
2004	105.6	109.9	109.2	110.2	117.0	109.5
2005	109.2	104.2	111.6	111.0	108.5	114.6
2006	107.3	116.9	112.7	111.4	112.5	109.9
2007	112.8	101.3	118.3	113.1	113.3	117.6
2008	108.7	115.2	109.0	109.1	106.2	110.2
2009	110.7	111.1	116.8	111.8	111.5	110.3
2010	106.6	108.8	109.4	108.9	105.9	104.8
2011	107.4	108.2	105.3	109.0	109.1	104.5
城镇集体单位 Urban Collective-owned Units						
2004	100.7	99.3	109.6	107.3	112.5	107.7
2005	104.3	118.1	118.1	113.4	122.5	110.9
2006	106.5	112.2	119.3	115.1	102.4	107.9
2007	106.6	113.8	131.1	112.9	117.6	115.2
2008	109.6	107.4	102.1	111.3	107.1	105.5
2009	110.6	113.8	122.6	116.0	113.7	138.7
2010	106.4	109.0	110.9	114.5	108.3	100.3
2011	107.4	113.3	109.7	110.1	115.1	124.3
其他单位 Other Ownership Units						
2004	112.0	95.8	107.5	101.2	105.2	139.4
2005	110.5	116.9	101.9	112.7	108.9	109.5
2006	107.6	104.0	110.2	115.7	112.3	82.6
2007	109.8	115.5	113.9	110.9	107.0	113.8
2008	108.8	92.7	107.5	111.0	110.3	146.1
2009	102.0	112.2	105.6	107.0	112.3	83.4
2010	107.8	108.2	104.7	109.9	109.3	116.1
2011	104.8	112.6	104.7	106.3	115.1	106.1

1–27 分行业城镇非私营单位就业人员平均实际工资指数(2013–2021年)
INDICES OF REAL AVERAGE EARNING OF EMPLOYED PERSONS IN URBAN NON-PRIVATE UNITS BY SECTOR (2013-2021)

上年=100 (preceding year=100)

登记注册类型 Registration Status 年份 Year	合计 Total	农、林、牧、渔业 Agriculture, Forestry, Animal Husbandry and Fishery	采矿业 Mining	制造业 Manufacturing	电力、热力、燃气及水生产和供应业 Production and Supply of Electricity,Heat, Gas and Water	建筑业 Construction	批发和零售业 Wholesale and Retail Trades
全国 National							
2013	107.3	110.9	102.9	108.7	112.3	112.4	105.8
2014	107.2	107.6	100.4	108.4	107.1	106.6	108.7
2015	108.5	111.0	94.9	106.1	106.0	105.2	106.4
2016	106.7	103.0	99.8	105.3	104.1	104.3	105.6
2017	108.1	106.8	112.9	106.6	105.9	104.9	107.6
2018	108.6	97.8	114.8	109.5	108.6	106.6	110.8
2019	106.8	104.9	108.8	105.5	104.6	105.4	107.5
2020	105.2	120.6	103.8	103.6	105.9	104.3	106.0
2021	108.6	109.8	111.1	110.6	106.3	107.2	110.5
国有单位 State-owned Units							
2013	106.1	110.3	93.8	111.3	113.4	106.5	115.2
2014	106.6	106.9	103.9	111.5	107.7	103.7	112.3
2015	112.3	111.3	98.4	103.8	105.3	105.2	106.4
2016	108.8	103.2	101.2	107.3	102.7	103.9	104.7
2017	110.0	106.7	113.9	107.3	107.0	104.1	108.7
2018	108.0	95.6	111.4	98.6	104.1	100.9	110.4
2019	107.5	102.5	107.3	110.6	104.1	96.1	117.3
2020	106.9	121.9	104.6	104.1	103.5	115.3	106.5
2021	105.8	110.4	112.3	117.5	107.4	111.4	112.5
城镇集体单位 Urban Collective-owned Units							
2013	112.2	115.4	105.7	114.5	111.0	111.6	110.6
2014	107.6	112.8	103.2	108.3	106.5	106.7	108.7
2015	107.4	124.9	102.9	108.0	109.3	104.8	107.8
2016	106.2	103.1	97.6	104.3	104.1	102.6	103.6
2017	107.5	106.2	103.3	105.9	102.5	101.8	102.6
2018	107.6	102.4	121.3	102.9	104.4	105.4	108.5
2019	100.4	53.4	114.0	105.0	77.3	101.1	107.7
2020	107.1	162.9	106.4	95.8	100.0	103.9	105.9
2021	107.5	102.6	106.8	107.9	104.0	103.1	107.0
其他单位 Other Ownership Units							
2013	108.2	121.1	105.1	108.9	111.2	113.5	103.2
2014	107.4	101.9	99.5	108.2	106.5	106.9	108.1
2015	106.2	105.3	94.2	106.2	106.7	105.1	106.4
2016	105.4	101.7	99.7	105.3	105.3	104.4	105.7
2017	107.0	109.0	112.9	106.6	105.1	105.0	107.3
2018	109.1	109.0	114.7	110.0	111.4	106.7	110.9
2019	106.8	97.5	108.8	105.4	104.7	105.9	106.9
2020	103.9	109.2	103.7	103.5	106.5	103.9	105.4
2021	110.2	107.3	111.0	110.4	105.8	107.1	110.3

1-27　续表 1　continued

上年=100　　(preceding year=100)

登记注册类型 Registration Status 年　份 Year	交通运输、仓储和邮政业 Transport, Storage and Post	住宿和餐饮业 Hotels and Catering Services	信息传输、软件和信息技术服务业 Information Software and Information Technology	金融业 Financial Inter-mediation	房地产业 Real Estate	租赁和商务服务业 Leasing and Business Services	科学研究和技术服务业 Scientific Research, and Technical Services
全　国 National							
2013	105.9	106.1	110.1	108.2	106.4	114.7	107.8
2014	107.1	107.2	108.6	106.4	106.6	105.1	105.2
2015	106.9	107.9	109.5	104.4	106.8	106.4	107.1
2016	104.8	104.1	107.1	100.2	106.5	103.7	105.9
2017	107.1	103.7	106.9	102.9	104.0	104.2	109.7
2018	108.1	103.3	108.6	103.5	106.4	102.5	112.0
2019	106.7	101.5	106.3	98.5	103.6	100.8	105.3
2020	101.4	94.8	107.6	99.2	102.2	103.0	102.4
2021	108.1	108.7	112.4	112.0	107.7	109.3	107.5
国有单位 State-owned Units							
2013	106.7	106.0	102.8	104.2	101.9	101.1	105.5
2014	107.7	108.2	103.6	106.0	109.1	103.7	104.1
2015	106.8	107.2	108.2	104.5	108.9	110.0	107.3
2016	104.8	105.4	108.5	99.3	109.6	104.7	108.5
2017	108.7	106.4	105.1	105.1	106.3	105.0	109.4
2018	103.8	104.9	113.2	106.4	105.2	102.8	111.4
2019	92.8	99.3	108.2	113.1	101.7	101.9	110.1
2020	100.5	94.8	109.6	114.6	107.1	108.2	99.3
2021	107.3	109.7	109.8	108.1	110.6	108.1	106.4
城镇集体单位 Urban Collective-owned Units							
2013	108.8	139.8	101.2	110.9	105.4	109.7	108.5
2014	107.9	86.6	102.8	107.7	106.6	108.3	106.4
2015	105.4	104.9	118.7	105.8	107.4	108.9	102.2
2016	106.6	110.3	103.9	106.1	105.2	110.2	111.4
2017	102.6	104.8	151.5	109.1	102.9	104.2	114.5
2018	107.8	95.3	89.0	107.5	107.6	102.2	110.9
2019	99.5	110.4	95.5	103.8	97.9	93.0	101.1
2020	101.6	92.4	125.9	106.0	106.2	109.6	94.7
2021	106.2	114.9	94.9	108.8	107.7	111.9	108.1
其他单位 Other Ownership Units							
2013	105.0	105.6	103.7	108.9	105.7	110.8	102.4
2014	106.5	108.0	107.2	105.5	106.2	103.5	105.0
2015	107.0	108.2	109.1	103.6	106.4	102.8	105.2
2016	104.8	103.8	106.4	99.1	106.2	101.9	103.1
2017	105.9	103.4	105.9	101.2	103.7	102.9	109.1
2018	111.1	103.6	108.0	101.8	106.4	100.8	111.0
2019	109.3	101.9	105.6	95.1	103.8	98.9	100.7
2020	100.9	94.8	107.8	97.9	101.9	101.6	104.3
2021	107.9	108.7	112.5	112.4	107.5	108.9	107.4

1-27 续表 2 continued

上年=100 (preceding year=100)

登记注册类型 Registration Status / 年 份 Year	水利、环境和公共设施管理业 Management of Water Conservancy, Environment and Public Facilities	居民服务、修理和其他服务业 Service to Households, Repair and Other Services	教 育 Education	卫生和社会工作 Health and Social Service	文化、体育和娱乐业 Culture, Sports and Enter-tainment	公共管理、社会保障和社会组织 Public Management, Social Security and Social Organization
全 国 National						
2013	108.9	106.6	106.1	107.5	108.0	104.2
2014	106.3	106.7	106.7	106.9	106.3	105.6
2015	109.4	105.4	116.0	111.5	111.4	115.6
2016	107.4	104.0	109.6	109.4	107.5	111.5
2017	107.6	104.5	110.1	110.2	108.1	111.4
2018	106.3	107.2	108.5	107.2	110.0	107.2
2019	105.0	105.9	102.9	108.0	106.2	104.4
2020	102.2	98.5	106.6	103.6	101.7	108.2
2021	101.9	106.3	103.6	108.8	103.6	105.5
国有单位 State-owned Units						
2013	106.6	107.2	106.2	107.5	106.5	104.1
2014	105.9	107.0	106.7	106.9	105.9	105.6
2015	110.7	107.0	116.6	112.0	112.6	115.6
2016	108.1	108.0	110.0	110.0	106.1	111.5
2017	107.9	111.8	110.2	110.6	108.6	111.4
2018	107.9	106.4	108.2	106.8	108.8	107.4
2019	109.6	111.5	107.1	109.8	110.5	104.2
2020	107.8	104.5	106.5	103.3	101.5	108.0
2021	102.3	101.3	102.8	108.9	104.5	105.5
城镇集体单位 Urban Collective-owned Units						
2013	111.1	110.2	113.0	110.4	109.9	108.3
2014	110.0	118.9	105.3	108.2	108.2	103.5
2015	104.7	108.8	107.5	105.4	117.3	112.2
2016	108.1	101.6	113.8	108.1	111.1	108.0
2017	119.4	105.9	114.9	111.8	102.2	112.4
2018	107.5	108.6	108.6	109.4	114.8	120.8
2019	119.0	102.2	107.9	112.1	96.4	102.8
2020	102.6	119.9	99.8	103.3	112.3	105.4
2021	101.8	104.3	104.1	103.6	108.2	104.8
其他单位 Other Ownership Units						
2013	112.4	108.2	105.8	108.6	114.7	119.6
2014	105.8	105.8	106.9	106.0	107.1	109.0
2015	103.7	104.3	107.0	108.9	107.7	116.7
2016	103.9	102.3	103.7	103.4	110.8	109.2
2017	104.8	102.9	110.9	108.1	107.0	104.9
2018	100.8	106.8	115.9	111.4	111.6	95.6
2019	98.4	109.1	88.9	99.8	100.8	142.2
2020	96.6	96.1	98.0	99.7	101.5	127.4
2021	102.1	107.2	108.1	107.6	102.6	103.1

1-28 全国分地区就业人员受教育程度构成
EDUCATIONAL ATTAINMENT OF EMPLOYED PERSONS BY REGION

单位：% (%)

地 区	Region	就业人员 Employed Persons	男 Male	女 Female	未上过学 No Schooling	小学 Primary School	初中 Junior Secondary School	高中 Senior Secondary School	大学专科 College	大学本科 University	研究生 Graduate and Higher Level
全 国	**National Total**	**100.0**	**56.9**	**43.1**	**2.3**	**15.8**	**41.0**	**17.8**	**11.5**	**10.3**	**1.3**
北 京	Beijing	100.0	57.6	42.4	0.2	2.6	18.0	16.4	19.0	31.8	12.0
天 津	Tianjin	100.0	59.3	40.7	0.5	5.3	29.9	18.6	17.6	24.2	3.9
河 北	Hebei	100.0	56.7	43.3	1.4	12.4	48.6	18.1	10.9	8.0	0.6
山 西	Shanxi	100.0	60.4	39.6	0.8	10.5	44.6	19.6	13.2	10.4	0.9
内蒙古	Inner Mongolia	100.0	58.3	41.7	2.5	15.9	38.8	15.9	13.3	12.4	1.2
辽 宁	Liaoning	100.0	55.6	44.4	0.5	12.3	46.6	14.2	12.0	12.7	1.6
吉 林	Jilin	100.0	55.6	44.4	0.8	17.4	44.4	15.5	9.9	10.9	1.2
黑龙江	Heilongjiang	100.0	57.5	42.5	0.8	15.3	45.3	16.2	10.8	10.7	0.9
上 海	Shanghai	100.0	58.4	41.6	0.5	4.6	25.0	17.4	18.4	26.9	7.3
江 苏	Jiangsu	100.0	57.1	42.9	1.8	11.9	38.2	20.3	14.1	12.3	1.3
浙 江	Zhejiang	100.0	58.1	41.9	2.0	15.1	37.9	17.8	13.6	12.4	1.3
安 徽	Anhui	100.0	58.3	41.7	5.3	19.0	41.8	14.3	10.3	8.5	0.9
福 建	Fujian	100.0	58.5	41.5	1.9	16.9	39.1	18.4	11.1	11.7	1.0
江 西	Jiangxi	100.0	57.0	43.0	1.9	18.7	43.3	18.2	9.6	7.6	0.7
山 东	Shandong	100.0	55.6	44.4	2.5	14.2	44.4	18.6	10.4	8.7	1.1
河 南	Henan	100.0	54.3	45.7	2.7	14.3	49.0	17.9	9.0	6.3	0.7
湖 北	Hubei	100.0	56.9	43.1	2.3	16.4	40.1	19.8	10.9	9.2	1.2
湖 南	Hunan	100.0	57.4	42.6	0.9	13.7	41.3	23.3	11.3	8.5	1.0
广 东	Guangdong	100.0	58.7	41.3	0.6	9.9	40.2	23.6	13.7	10.8	1.1
广 西	Guangxi	100.0	55.9	44.1	1.1	17.2	49.2	15.5	9.0	7.4	0.5
海 南	Hainan	100.0	57.3	42.7	1.0	10.2	46.9	19.4	11.4	10.4	0.7
重 庆	Chongqing	100.0	56.1	43.9	1.6	22.0	34.5	18.1	12.3	10.5	1.0
四 川	Sichuan	100.0	55.6	44.4	4.5	25.4	36.7	15.0	10.0	7.4	0.9
贵 州	Guizhou	100.0	55.5	44.5	7.3	27.8	39.7	10.5	7.2	7.2	0.4
云 南	Yunnan	100.0	55.4	44.6	4.3	31.6	36.4	11.9	7.9	7.5	0.5
西 藏	Tibet	100.0	58.6	41.4	23.3	34.8	18.5	5.4	7.4	10.2	0.3
陕 西	Shaanxi	100.0	57.2	42.8	2.6	13.6	43.2	17.6	11.9	10.0	1.1
甘 肃	Gansu	100.0	56.0	44.0	7.3	25.2	34.5	13.3	9.7	9.3	0.7
青 海	Qinghai	100.0	57.3	42.7	7.5	24.4	31.3	12.7	11.6	11.9	0.6
宁 夏	Ningxia	100.0	58.4	41.6	7.4	18.1	33.2	15.0	13.3	12.0	0.9
新 疆	Xinjiang	100.0	56.7	43.3	0.9	16.9	42.2	16.4	13.3	9.6	0.5

注：为与教育部学历分类保持一致，对受教育程度分类进行了合并调整，其中高中包括中等职业教育，大学专科包括高等职业教育。
资料来源：2021年劳动力调查资料(下表同)。
Note: In order to be consistent with the education classification of the Ministry of Education, the classification of educational attainment has been merged and adjusted. Senior secondary school include medium vocational education and college include high vocational education.
Data Source: 2021 Labor Force Survey. The same applies to the tables following.

1-29 全国分地区男性就业人员受教育程度构成
EDUCATIONAL ATTAINMENT OF MALE EMPLOYED PERSONS BY REGION

单位：% (%)

地区	Region	男性就业人员 Male Employed Persons	未上过学 No Schooling	小学 Primary School	初中 Junior Secondary School	高中 Senior Secondary School	大学专科 College	大学本科 University	研究生 Graduate and Higher Level
全　国	**National Total**	**100.0**	**1.2**	**13.6**	**43.4**	**19.7**	**11.5**	**9.5**	**1.2**
北　京	Beijing	100.0	0.1	2.6	20.4	18.3	18.8	29.1	10.8
天　津	Tianjin	100.0	0.3	5.2	32.1	19.9	17.2	22.0	3.3
河　北	Hebei	100.0	0.5	10.8	51.1	19.7	10.6	6.7	0.5
山　西	Shanxi	100.0	0.5	9.5	46.4	21.5	12.6	8.7	0.6
内蒙古	Inner Mongolia	100.0	1.2	14.1	41.7	17.4	13.8	11.0	0.9
辽　宁	Liaoning	100.0	0.3	11.0	48.3	15.6	11.9	11.5	1.5
吉　林	Jilin	100.0	0.6	15.5	45.7	16.9	10.3	10.1	1.0
黑龙江	Heilongjiang	100.0	0.6	14.2	46.9	17.1	10.9	9.6	0.7
上　海	Shanghai	100.0	0.3	4.1	27.0	19.7	17.9	24.2	6.8
江　苏	Jiangsu	100.0	0.8	9.6	39.6	23.0	14.3	11.5	1.3
浙　江	Zhejiang	100.0	1.0	13.6	39.8	19.9	13.3	11.1	1.3
安　徽	Anhui	100.0	2.7	15.9	45.4	16.7	10.4	8.1	0.9
福　建	Fujian	100.0	0.8	13.7	42.6	20.2	10.6	11.2	0.9
江　西	Jiangxi	100.0	0.9	14.7	46.1	20.2	9.9	7.5	0.8
山　东	Shandong	100.0	1.1	10.9	46.8	21.2	10.8	8.3	1.0
河　南	Henan	100.0	1.4	12.0	51.2	19.8	9.2	5.8	0.7
湖　北	Hubei	100.0	0.9	13.5	42.3	21.8	11.4	8.9	1.2
湖　南	Hunan	100.0	0.5	12.5	42.6	24.8	10.8	7.9	1.0
广　东	Guangdong	100.0	0.2	7.8	42.1	25.3	13.2	10.2	1.1
广　西	Guangxi	100.0	0.4	14.6	52.3	16.9	8.8	6.5	0.5
海　南	Hainan	100.0	0.4	7.9	47.3	21.7	11.9	10.2	0.6
重　庆	Chongqing	100.0	0.7	19.8	37.0	19.7	12.0	9.7	1.0
四　川	Sichuan	100.0	2.5	23.2	40.2	16.4	9.8	7.2	0.9
贵　州	Guizhou	100.0	2.6	25.7	45.4	11.9	7.3	6.8	0.3
云　南	Yunnan	100.0	2.3	29.0	40.7	12.8	7.8	6.9	0.4
西　藏	Tibet	100.0	19.7	36.0	21.7	6.5	7.2	8.6	0.4
陕　西	Shaanxi	100.0	1.5	11.7	45.1	19.5	11.9	9.2	1.1
甘　肃	Gansu	100.0	4.2	22.2	38.3	15.7	9.9	9.1	0.7
青　海	Qinghai	100.0	4.6	23.1	36.1	13.4	11.7	10.6	0.6
宁　夏	Ningxia	100.0	4.4	17.1	37.6	16.4	12.9	10.8	0.7
新　疆	Xinjiang	100.0	0.8	16.0	43.3	17.9	13.1	8.5	0.5

1-30 全国分地区女性就业人员受教育程度构成
EDUCATIONAL ATTAINMENT OF FEMALE EMPLOYED PERSONS BY REGION

单位：% (%)

地 区	Region	女性就业人员 Female Employed Persons	未上过学 No Schooling	小学 Primary School	初中 Junior Secondary School	高中 Senior Secondary School	大学专科 College	大学本科 University	研究生 Graduate and Higher Level
全 国	**National Total**	**100.0**	**3.9**	**18.7**	**37.8**	**15.4**	**11.6**	**11.2**	**1.4**
北 京	Beijing	100.0	0.4	2.6	14.8	13.8	19.4	35.4	13.6
天 津	Tianjin	100.0	0.7	5.5	26.7	16.6	18.2	27.5	4.8
河 北	Hebei	100.0	2.5	14.6	45.2	15.9	11.4	9.6	0.8
山 西	Shanxi	100.0	1.3	11.9	41.8	16.7	14.1	13.0	1.2
内蒙古	Inner Mongolia	100.0	4.4	18.5	34.7	13.7	12.7	14.3	1.5
辽 宁	Liaoning	100.0	0.8	13.9	44.6	12.5	12.1	14.3	1.8
吉 林	Jilin	100.0	1.1	19.7	42.9	13.7	9.4	11.9	1.3
黑龙江	Heilongjiang	100.0	1.0	16.9	43.1	15.1	10.6	12.0	1.2
上 海	Shanghai	100.0	0.8	5.2	22.0	14.2	19.1	30.7	8.0
江 苏	Jiangsu	100.0	3.2	15.0	36.4	16.8	13.8	13.4	1.3
浙 江	Zhejiang	100.0	3.3	17.2	35.2	14.8	13.9	14.2	1.3
安 徽	Anhui	100.0	8.9	23.3	36.7	11.1	10.2	8.9	0.9
福 建	Fujian	100.0	3.4	21.3	34.2	15.8	11.7	12.5	1.1
江 西	Jiangxi	100.0	3.3	24.0	39.6	15.6	9.1	7.8	0.6
山 东	Shandong	100.0	4.2	18.4	41.4	15.3	10.1	9.3	1.3
河 南	Henan	100.0	4.2	17.0	46.5	15.7	8.7	7.0	0.8
湖 北	Hubei	100.0	4.3	20.3	37.1	17.1	10.3	9.6	1.2
湖 南	Hunan	100.0	1.4	15.3	39.7	21.2	11.9	9.4	1.0
广 东	Guangdong	100.0	1.2	12.8	37.5	21.0	14.5	11.7	1.2
广 西	Guangxi	100.0	2.1	20.5	45.4	13.8	9.3	8.4	0.6
海 南	Hainan	100.0	1.9	13.2	46.4	16.4	10.6	10.8	0.7
重 庆	Chongqing	100.0	2.8	24.7	31.3	16.1	12.6	11.5	1.0
四 川	Sichuan	100.0	7.1	28.1	32.3	13.4	10.3	7.7	1.0
贵 州	Guizhou	100.0	13.1	30.4	32.6	8.8	7.0	7.7	0.4
云 南	Yunnan	100.0	6.7	34.8	31.1	10.7	7.9	8.3	0.5
西 藏	Tibet	100.0	28.4	33.2	13.9	3.9	7.7	12.6	0.2
陕 西	Shaanxi	100.0	4.1	16.1	40.7	15.0	11.8	11.1	1.2
甘 肃	Gansu	100.0	11.1	29.1	29.7	10.3	9.5	9.5	0.7
青 海	Qinghai	100.0	11.4	26.2	24.8	11.7	11.5	13.7	0.7
宁 夏	Ningxia	100.0	11.5	19.6	27.1	13.1	13.7	13.8	1.3
新 疆	Xinjiang	100.0	1.1	18.2	40.7	14.5	13.7	11.1	0.6

1-31 全国按年龄、性别分的就业人员受教育程度构成
EDUCATIONAL ATTAINMENT OF EMPLOYED PERSONS BY AGE AND SEX

单位：%　　(%)

年 龄 Age	就业人员 Employed Persons	未上过学 No Schooling	小 学 Primary School	初 中 Junior Secondary School	高 中 Senior Secondary School	大学专科 College	大学本科 University	研究生 Graduate and Higher Level
总计 Total	**100.0**	**2.3**	**15.8**	**41.0**	**17.8**	**11.5**	**10.3**	**1.3**
16–19	100.0	0.2	2.3	46.7	39.2	9.0	2.6	0.0
20–24	100.0	0.2	2.0	28.0	26.5	26.3	16.5	0.5
25–29	100.0	0.2	2.4	29.9	23.2	20.5	21.5	2.4
30–34	100.0	0.2	3.7	36.6	22.0	18.1	17.1	2.3
35–39	100.0	0.5	6.1	43.6	18.7	14.0	14.9	2.3
40–44	100.0	0.9	10.5	46.4	19.4	11.1	10.1	1.6
45–49	100.0	1.5	17.3	49.5	16.2	8.3	6.4	0.8
50–54	100.0	2.4	25.1	49.2	12.6	5.8	4.4	0.5
55–59	100.0	3.0	26.2	48.5	14.5	4.4	3.1	0.4
60–64	100.0	7.6	36.7	39.3	14.7	1.2	0.5	0.1
65+	100.0	15.1	54.8	24.4	5.0	0.5	0.2	0.0
男 Male	**100.0**	**1.2**	**13.6**	**43.4**	**19.7**	**11.5**	**9.5**	**1.2**
16–19	100.0	0.3	2.3	50.2	37.9	7.5	1.9	
20–24	100.0	0.1	2.2	32.3	28.8	23.5	12.8	0.4
25–29	100.0	0.1	2.5	32.8	25.3	19.5	17.8	1.8
30–34	100.0	0.2	3.6	37.7	23.4	17.8	15.5	1.9
35–39	100.0	0.3	5.4	44.1	19.6	13.9	14.4	2.3
40–44	100.0	0.5	9.0	47.1	20.2	11.3	10.2	1.8
45–49	100.0	0.8	14.4	50.8	17.4	8.8	6.8	1.0
50–54	100.0	1.2	20.1	51.5	15.0	6.7	4.9	0.6
55–59	100.0	1.1	19.7	50.2	18.2	6.0	4.2	0.5
60–64	100.0	3.2	29.6	45.7	19.1	1.6	0.6	0.1
65+	100.0	7.5	51.7	32.6	7.3	0.7	0.2	0.0
女 Female	**100.0**	**3.9**	**18.7**	**37.8**	**15.4**	**11.6**	**11.2**	**1.4**
16–19	100.0	0.2	2.2	41.3	41.3	11.3	3.6	0.0
20–24	100.0	0.2	1.7	22.3	23.4	30.2	21.4	0.7
25–29	100.0	0.2	2.3	26.0	20.4	21.8	26.3	3.1
30–34	100.0	0.3	3.9	35.1	20.2	18.5	19.2	2.8
35–39	100.0	0.7	7.0	42.8	17.6	14.1	15.4	2.4
40–44	100.0	1.3	12.4	45.5	18.4	10.9	10.0	1.5
45–49	100.0	2.3	20.9	47.9	14.8	7.7	5.8	0.6
50–54	100.0	4.2	32.2	45.9	9.2	4.5	3.7	0.3
55–59	100.0	6.2	37.1	45.5	8.2	1.6	1.3	0.2
60–64	100.0	14.2	47.2	29.7	8.2	0.5	0.2	0.0
65+	100.0	25.2	59.0	13.7	1.8	0.2	0.1	0.0

1-32 全国按受教育程度、性别分的就业人员年龄构成
AGE COMPOSITION OF EMPLOYED PERSONS BY EDUCATIONAL ATTAINMENT AND SEX

单位：% (%)

年 龄 Age	就业人员 Employed Persons	未上过学 No Schooling	小学 Primary School	初中 Junior Secondary School	高中 Senior Secondary School	大学专科 College	大学本科 University	研究生 Graduate and Higher Level
总计 Total	**100.0**	**100.0**	**100.0**	**100.0**	**100.0**	**100.0**	**100.0**	**100.0**
16-19	1.0	0.1	0.1	1.1	2.1	0.8	0.2	0.0
20-24	5.6	0.4	0.7	3.8	8.3	12.8	9.0	2.3
25-29	10.5	0.7	1.6	7.7	13.7	18.8	22.0	19.6
30-34	14.6	1.4	3.4	13.0	18.1	23.0	24.3	26.5
35-39	11.8	2.4	4.5	12.5	12.4	14.3	17.1	21.7
40-44	11.1	4.2	7.4	12.6	12.1	10.7	11.0	14.3
45-49	13.2	8.4	14.4	15.9	12.0	9.5	8.2	8.1
50-54	12.3	12.7	19.5	14.7	8.7	6.2	5.3	4.5
55-59	8.7	11.3	14.4	10.3	7.1	3.3	2.7	2.7
60-64	4.4	14.3	10.1	4.2	3.6	0.4	0.2	0.3
65+	6.9	44.3	23.8	4.1	1.9	0.3	0.1	0.1
男 Male	**100.0**	**100.0**	**100.0**	**100.0**	**100.0**	**100.0**	**100.0**	**100.0**
16-19	1.0	0.2	0.2	1.2	2.0	0.7	0.2	
20-24	5.7	0.5	0.9	4.2	8.3	11.6	7.6	1.7
25-29	10.5	1.0	2.0	8.0	13.6	18.0	19.7	16.1
30-34	14.4	2.1	3.8	12.6	17.2	22.3	23.5	23.4
35-39	11.4	3.0	4.5	11.6	11.4	13.9	17.4	22.0
40-44	10.6	4.6	6.9	11.5	10.9	10.4	11.4	15.7
45-49	12.6	9.0	13.2	14.8	11.1	9.6	9.0	10.3
50-54	12.6	12.8	18.6	15.0	9.6	7.4	6.5	5.9
55-59	9.6	9.5	13.9	11.2	8.9	5.0	4.3	4.2
60-64	4.6	12.9	10.0	4.9	4.5	0.6	0.3	0.5
65+	6.9	44.4	26.0	5.2	2.6	0.4	0.2	0.1
女 Female	**100.0**	**100.0**	**100.0**	**100.0**	**100.0**	**100.0**	**100.0**	**100.0**
16-19	0.9	0.0	0.1	1.0	2.3	0.9	0.3	0.0
20-24	5.5	0.3	0.5	3.3	8.4	14.4	10.5	3.0
25-29	10.5	0.6	1.3	7.2	14.0	19.8	24.5	23.5
30-34	14.8	1.1	3.1	13.8	19.6	23.8	25.3	30.0
35-39	12.2	2.1	4.5	13.8	14.0	14.8	16.7	21.4
40-44	11.8	4.0	7.8	14.2	14.1	11.1	10.5	12.6
45-49	13.9	8.2	15.5	17.7	13.4	9.3	7.2	5.6
50-54	11.8	12.7	20.3	14.4	7.1	4.6	3.9	2.8
55-59	7.6	11.9	15.0	9.1	4.0	1.0	0.9	1.0
60-64	4.1	14.8	10.3	3.2	2.2	0.2	0.1	0.1
65+	6.9	44.3	21.6	2.5	0.8	0.1	0.1	0.0

1−33 全国按行业、性别分的就业人员受教育程度构成
EDUCATIONAL ATTAINMENT OF EMPLOYED PERSONS BY SECTOR AND SEX

单位：% (%)

受教育程度	Educational Attainment	就业人员 Employed Persons	农、林、牧、渔业 Agriculture, Forestry, Animal Husbandry and Fishery	采矿业 Mining	制造业 Manu-facturing	电力、热力、燃气及水生产和供应业 Production and Supply of Electricity Power, Heat Power, Gas and Water	建筑业 Construction	批发和零售业 Wholesale and Retail Trades
总　计	**Total**	**100.0**	**100.0**	**100.0**	**100.0**	**100.0**	**100.0**	**100.0**
未上过学	No Schooling	2.3	7.6	0.5	1.0	0.4	1.2	0.7
小　学	Primary School	15.8	38.6	7.7	11.3	4.5	17.3	7.9
初　中	Junior Secondary School	41.0	45.7	38.3	49.2	24.4	55.2	42.4
高　中	Senior Secondary School	17.8	6.8	24.9	21.2	23.9	14.5	27.6
大学专科	College	11.5	0.9	16.5	10.5	22.9	6.9	14.4
大学本科	University	10.3	0.3	11.2	6.1	21.5	4.7	6.7
研究生	Graduate and Higher Level	1.3	0.0	1.0	0.7	2.3	0.2	0.4
男	**Male**	**100.0**	**100.0**	**100.0**	**100.0**	**100.0**	**100.0**	**100.0**
未上过学	No Schooling	1.2	4.0	0.4	0.4	0.3	0.9	0.4
小　学	Primary School	13.6	34.8	7.7	8.3	4.5	16.5	7.4
初　中	Junior Secondary School	43.4	50.5	40.5	47.1	26.2	57.4	41.0
高　中	Senior Secondary School	19.7	9.1	25.1	24.5	25.5	15.0	27.8
大学专科	College	11.5	1.2	15.7	12.0	21.7	6.1	15.3
大学本科	University	9.5	0.4	9.7	6.8	19.7	3.9	7.6
研究生	Graduate and Higher Level	1.2	0.0	0.9	0.8	2.0	0.2	0.4
女	**Female**	**100.0**	**100.0**	**100.0**	**100.0**	**100.0**	**100.0**	**100.0**
未上过学	No Schooling	3.9	11.0	0.9	1.9	0.6	3.0	0.9
小　学	Primary School	18.7	42.2	7.2	15.5	4.7	22.8	8.4
初　中	Junior Secondary School	37.8	41.1	25.4	52.0	18.5	40.6	43.6
高　中	Senior Secondary School	15.4	4.7	23.5	16.6	18.7	11.4	27.3
大学专科	College	11.6	0.6	20.9	8.3	27.0	12.0	13.5
大学本科	University	11.2	0.2	20.3	5.1	27.2	9.7	5.9
研究生	Graduate and Higher Level	1.4	0.0	1.7	0.5	3.4	0.5	0.3

1-33 续表 1 continued

单位：% (%)

受教育程度	Educational Attainment	交通运输、仓储和邮政业 Transport, Storage and Post	住宿和餐饮业 Hotels and Catering Services	信息传输、软件和信息技术服务业 Information Transmission, Software and Information Technical Services	金融业 Financial Intermediation	房地产业 Real Estate	租赁和商务服务业 Leasing and Business Services	科学研究和技术服务业 Scientific Research and Technical Services
总 计	**Total**	**100.0**	**100.0**	**100.0**	**100.0**	**100.0**	**100.0**	**100.0**
未上过学	No Schooling	0.3	1.0	0.0	0.1	0.8	0.3	0.1
小 学	Primary School	7.2	11.5	0.8	0.9	6.2	4.0	1.3
初 中	Junior Secondary School	47.9	53.1	10.0	9.1	28.1	24.5	9.7
高 中	Senior Secondary School	24.8	23.7	15.8	14.8	27.1	21.9	13.6
大学专科	College	12.8	7.9	28.3	25.2	22.1	24.0	25.9
大学本科	University	6.6	2.8	38.9	43.0	14.8	22.5	38.3
研究生	Graduate and Higher Level	0.4	0.1	6.1	6.9	1.0	2.9	11.1
男	**Male**	**100.0**	**100.0**	**100.0**	**100.0**	**100.0**	**100.0**	**100.0**
未上过学	No Schooling	0.2	0.3	0.0	0.1	0.4	0.2	0.1
小 学	Primary School	7.4	7.0	0.9	0.6	5.5	4.5	1.3
初 中	Junior Secondary School	50.6	52.9	10.0	7.3	29.9	29.2	10.7
高 中	Senior Secondary School	25.2	27.9	15.9	13.8	28.3	24.0	14.8
大学专科	College	11.0	8.9	27.7	25.8	21.0	20.8	26.0
大学本科	University	5.2	2.9	39.2	44.7	14.0	18.9	36.8
研究生	Graduate and Higher Level	0.3	0.1	6.2	7.8	1.0	2.4	10.4
女	**Female**	**100.0**	**100.0**	**100.0**	**100.0**	**100.0**	**100.0**	**100.0**
未上过学	No Schooling	0.5	1.6	0.1	0.1	1.3	0.4	0.2
小 学	Primary School	6.1	15.5	0.7	1.1	7.2	3.2	1.3
初 中	Junior Secondary School	33.4	53.3	9.9	10.7	25.5	17.9	7.9
高 中	Senior Secondary School	22.5	19.9	15.5	15.8	25.5	18.9	11.2
大学专科	College	22.3	7.0	29.5	24.7	23.6	28.5	25.6
大学本科	University	14.1	2.6	38.4	41.6	15.8	27.6	41.3
研究生	Graduate and Higher Level	1.0	0.1	5.8	6.0	1.1	3.6	12.5

1-33 续表 2 continued

单位：% (%)

受教育程度	Educational Attainment	水利、环境和公共设施管理业 Management of Water Conservancy, Environment and Public Facilities	居民服务、修理和其他服务业 Services to Households, Repair and Other Services	教育 Education	卫生和社会工作 Health and Society	文化、体育和娱乐业 Culture, Sports and Entertainment	公共管理、社会保障和社会组织 Public Management Social Security and Social Organizations
总 计	**Total**	**100.0**	**100.0**	**100.0**	**100.0**	**100.0**	**100.0**
未上过学	No Schooling	3.5	1.3	0.1	0.3	0.3	0.7
小 学	Primary School	20.1	12.3	1.7	2.3	4.4	3.9
初 中	Junior Secondary School	34.7	48.7	10.1	9.5	25.1	12.7
高 中	Senior Secondary School	15.9	24.9	12.5	17.9	22.8	17.6
大学专科	College	13.1	9.2	23.4	30.6	21.4	26.7
大学本科	University	11.4	3.4	44.7	34.4	23.3	34.8
研究生	Graduate and Higher Level	1.4	0.2	7.4	5.0	2.7	3.5
男	**Male**	**100.0**	**100.0**	**100.0**	**100.0**	**100.0**	**100.0**
未上过学	No Schooling	2.3	0.8	0.1	0.2	0.1	0.4
小 学	Primary School	16.5	10.4	1.5	2.4	3.6	3.6
初 中	Junior Secondary School	36.3	49.3	9.8	11.8	24.3	13.6
高 中	Senior Secondary School	18.0	26.6	11.2	20.6	24.7	19.4
大学专科	College	14.3	9.5	22.0	25.4	22.5	27.3
大学本科	University	11.2	3.3	46.2	32.7	22.8	32.7
研究生	Graduate and Higher Level	1.3	0.2	9.2	7.0	2.0	3.1
女	**Female**	**100.0**	**100.0**	**100.0**	**100.0**	**100.0**	**100.0**
未上过学	No Schooling	5.8	2.0	0.2	0.3	0.5	1.3
小 学	Primary School	26.3	14.3	1.8	2.2	5.4	4.4
初 中	Junior Secondary School	31.7	48.0	10.2	8.3	26.0	11.2
高 中	Senior Secondary School	12.1	23.2	13.1	16.5	20.5	14.6
大学专科	College	11.0	8.9	24.1	33.2	20.2	25.7
大学本科	University	11.6	3.4	44.0	35.3	24.0	38.7
研究生	Graduate and Higher Level	1.5	0.2	6.6	4.1	3.5	4.2

1–34　全国按职业、性别分的就业人员受教育程度构成
EDUCATIONAL ATTAINMENT OF EMPLOYED PERSONS BY OCCUPATION AND SEX

单位：%　　(%)

受教育程度	Educational Attainment	就业人员 Employed Persons	单位负责人 Unit Heads	专业技术人员 Technical Personnel	办事人员和有关人员 Clerk and Related Workers	商业、服务业人员 Business Service Personnel	农林牧渔水利业生产人员 Producers of Agriculture, Forestry, Animal Husbandry, Fishery and Water Conservancy	生产运输设备操作人员及有关人员 Production, Transport Equipment Operators and Related Workers	其他 Others
总　计	**Total**	**100.0**	**100.0**	**100.0**	**100.0**	**100.0**	**100.0**	**100.0**	**100.0**
未上过学	No Schooling	2.3	0.1	0.1	0.2	1.0	7.7	1.3	2.6
小　学	Primary School	15.8	2.7	1.1	2.8	9.5	38.9	16.0	20.2
初　中	Junior Secondary School	41.0	25.7	9.0	18.4	44.4	45.7	57.9	50.4
高　中	Senior Secondary School	17.8	25.8	14.5	22.0	25.0	6.7	17.5	15.6
大学专科	College	11.5	22.5	27.2	26.7	12.5	0.8	5.4	6.9
大学本科	University	10.3	20.5	41.1	27.2	7.1	0.2	1.8	3.7
研究生	Graduate and Higher Level	1.3	2.6	7.1	2.8	0.6	0.0	0.1	0.5
男	**Male**	**100.0**	**100.0**	**100.0**	**100.0**	**100.0**	**100.0**	**100.0**	**100.0**
未上过学	No Schooling	1.2	0.1	0.1	0.2	0.5	4.1	0.7	2.1
小　学	Primary School	13.6	2.4	1.5	3.4	7.8	35.2	14.0	19.0
初　中	Junior Secondary School	43.4	25.7	11.5	20.8	44.1	50.6	57.5	50.8
高　中	Senior Secondary School	19.7	26.0	14.9	22.7	26.2	8.9	19.4	16.8
大学专科	College	11.5	22.7	24.7	25.0	13.2	1.0	6.3	7.3
大学本科	University	9.5	20.5	39.4	25.4	7.5	0.3	2.0	3.7
研究生	Graduate and Higher Level	1.2	2.7	8.0	2.5	0.6	0.0	0.1	0.4
女	**Female**	**100.0**	**100.0**	**100.0**	**100.0**	**100.0**	**100.0**	**100.0**	**100.0**
未上过学	No Schooling	3.9	0.2	0.1	0.2	1.5	11.1	2.6	3.8
小　学	Primary School	18.7	3.7	0.8	2.0	11.6	42.4	20.5	22.6
初　中	Junior Secondary School	37.8	25.8	7.0	14.9	44.8	41.2	58.9	49.6
高　中	Senior Secondary School	15.4	25.1	14.3	20.8	23.6	4.6	13.1	13.2
大学专科	College	11.6	22.1	29.2	29.2	11.5	0.5	3.5	6.3
大学本科	University	11.2	20.7	42.4	29.8	6.5	0.2	1.3	3.8
研究生	Graduate and Higher Level	1.4	2.4	6.3	3.1	0.6	0.0	0.1	0.9

1－35 全国按受教育程度、性别分的就业人员职业构成
OCCUPATION OF EMPLOYED PERSONS BY EDUCATIONAL ATTAINMENT AND SEX

单位：% (%)

受教育程度	Educational Attainment	就业人员 Employed Persons	单位负责人 Unit Heads	专业技术人员 Technical Personnel	办事人员和有关人员 Clerk and Related Workers	商业、服务业人员 Business Service Personnel	农林牧渔水利业生产人员 Producers of Agriculture, Forestry, Animal Husbandry, Fishery and Water Conservancy	生产运输设备操作人员及有关人员 Production, Transport Equipment Operators and Related	其他 Others
总　计	**Total**	**100.0**	**1.8**	**9.9**	**11.4**	**31.6**	**22.4**	**22.7**	**0.1**
未上过学	No Schooling	100.0	0.1	0.3	0.9	12.8	73.3	12.4	0.1
小　学	Primary School	100.0	0.3	0.7	2.0	18.9	55.1	22.9	0.1
初　中	Junior Secondary School	100.0	1.2	2.2	5.1	34.2	25.0	32.1	0.1
高　中	Senior Secondary School	100.0	2.7	8.1	14.0	44.4	8.4	22.3	0.1
大学专科	College	100.0	3.6	23.5	26.4	34.2	1.5	10.7	0.1
大学本科	University	100.0	3.7	39.7	30.2	21.8	0.5	4.1	0.0
研究生	Graduate and Higher Level	100.0	3.8	55.0	24.8	14.4	0.3	1.7	0.0
男	**Male**	**100.0**	**2.4**	**7.7**	**11.9**	**30.9**	**19.2**	**27.8**	**0.1**
未上过学	No Schooling	100.0	0.1	0.5	1.7	13.0	67.1	17.3	0.3
小　学	Primary School	100.0	0.4	0.8	3.0	17.7	49.5	28.4	0.2
初　中	Junior Secondary School	100.0	1.4	2.0	5.7	31.4	22.4	36.8	0.2
高　中	Senior Secondary School	100.0	3.2	5.8	13.7	41.1	8.6	27.3	0.1
大学专科	College	100.0	4.8	16.6	25.9	35.7	1.7	15.2	0.1
大学本科	University	100.0	5.3	31.9	31.7	24.5	0.6	6.0	0.1
研究生	Graduate and Higher Level	100.0	5.5	51.4	25.2	15.5	0.3	2.1	0.0
女	**Female**	**100.0**	**1.1**	**12.9**	**10.7**	**32.5**	**26.7**	**16.1**	**0.1**
未上过学	No Schooling	100.0	0.1	0.2	0.6	12.7	75.8	10.5	0.1
小　学	Primary School	100.0	0.2	0.5	1.1	20.0	60.4	17.6	0.1
初　中	Junior Secondary School	100.0	0.7	2.4	4.2	38.4	29.1	25.0	0.1
高　中	Senior Secondary School	100.0	1.7	11.9	14.5	49.9	8.1	13.8	0.1
大学专科	College	100.0	2.0	32.5	27.0	32.4	1.2	4.8	0.0
大学本科	University	100.0	1.9	48.5	28.4	18.8	0.4	1.9	0.0
研究生	Graduate and Higher Level	100.0	1.8	59.0	24.4	13.1	0.3	1.3	0.1

1-36　全国按年龄、性别分的就业人员就业身份构成
EMPLOYMENT STATUS OF EMPLOYED PERSONS BY AGE AND SEX

单位：%　　(%)

年　龄 Age	就业人员 Employed Persons	雇　员 Employee	雇　主 Employer	自营劳动者 Self-Employed	家庭帮工 Unpaid Familial Worker
总计　Total	**100.0**	**63.3**	**4.3**	**31.0**	**1.4**
16–19	100.0	80.1	0.9	14.9	4.2
20–24	100.0	86.5	1.6	10.7	1.2
25–29	100.0	81.7	3.3	14.1	0.9
30–34	100.0	75.7	5.1	18.2	1.0
35–39	100.0	71.2	6.1	21.7	1.0
40–44	100.0	67.0	6.1	25.9	1.1
45–49	100.0	63.0	5.2	30.7	1.2
50–54	100.0	55.8	4.2	38.5	1.6
55–59	100.0	49.2	3.3	45.5	2.0
60–64	100.0	33.5	2.4	61.4	2.6
65+	100.0	18.5	1.6	76.7	3.3
男　Male	**100.0**	**64.5**	**5.2**	**29.5**	**0.8**
16–19	100.0	80.1	0.9	15.0	4.1
20–24	100.0	85.9	1.9	11.1	1.1
25–29	100.0	80.9	4.0	14.5	0.5
30–34	100.0	75.1	6.1	18.4	0.4
35–39	100.0	70.4	7.4	21.8	0.4
40–44	100.0	66.2	7.5	25.9	0.5
45–49	100.0	63.2	6.5	29.7	0.6
50–54	100.0	60.3	5.1	33.9	0.7
55–59	100.0	57.3	3.9	37.8	1.0
60–64	100.0	40.0	3.0	55.2	1.7
65+	100.0	21.9	1.9	73.6	2.6
女　Female	**100.0**	**61.6**	**3.1**	**33.1**	**2.3**
16–19	100.0	80.1	0.9	14.7	4.3
20–24	100.0	87.4	1.2	10.1	1.3
25–29	100.0	82.8	2.3	13.4	1.5
30–34	100.0	76.4	3.8	18.0	1.7
35–39	100.0	72.1	4.4	21.6	1.8
40–44	100.0	67.9	4.5	25.9	1.8
45–49	100.0	62.6	3.6	31.8	2.0
50–54	100.0	49.4	3.0	44.9	2.8
55–59	100.0	35.5	2.4	58.5	3.6
60–64	100.0	23.7	1.6	70.7	4.0
65+	100.0	13.9	1.2	80.7	4.2

1-37 全国按就业身份、性别分的就业人员年龄构成
AGE COMPOSITION OF EMPLOYED PERSONS BY EMPLOYMENT STATUS AND SEX

单位：%　　(%)

年　龄 Age	就业人员 Employed Persons	雇　员 Employee	雇　主 Employer	自营劳动者 Self-Employed	家庭帮工 Unpaid Familial Worker
总计 Total	**100.0**	**100.0**	**100.0**	**100.0**	**100.0**
16-19	1.0	1.2	0.2	0.5	2.8
20-24	5.6	7.7	2.1	1.9	4.7
25-29	10.5	13.6	8.1	4.8	6.8
30-34	14.6	17.5	17.4	8.6	10.0
35-39	11.8	13.2	16.7	8.2	8.2
40-44	11.1	11.8	15.8	9.3	8.1
45-49	13.2	13.1	15.9	13.0	10.9
50-54	12.3	10.8	12.1	15.2	13.2
55-59	8.7	6.8	6.8	12.8	11.8
60-64	4.4	2.3	2.5	8.7	8.0
65+	6.9	2.0	2.5	17.0	15.6
男 Male	**100.0**	**100.0**	**100.0**	**100.0**	**100.0**
16-19	1.0	1.3	0.2	0.5	5.1
20-24	5.7	7.5	2.1	2.1	7.6
25-29	10.5	13.2	8.3	5.2	6.8
30-34	14.4	16.8	17.0	9.0	7.3
35-39	11.4	12.5	16.4	8.5	5.5
40-44	10.6	10.9	15.3	9.3	5.9
45-49	12.6	12.3	15.8	12.7	8.6
50-54	12.6	11.8	12.6	14.5	10.5
55-59	9.6	8.6	7.3	12.4	11.5
60-64	4.6	2.9	2.7	8.6	9.6
65+	6.9	2.3	2.5	17.2	21.6
女 Female	**100.0**	**100.0**	**100.0**	**100.0**	**100.0**
16-19	0.9	1.1	0.2	0.4	1.6
20-24	5.5	7.9	2.1	1.7	3.3
25-29	10.5	14.1	7.6	4.3	6.8
30-34	14.8	18.4	18.1	8.1	11.3
35-39	12.2	14.3	17.3	8.0	9.5
40-44	11.8	13.0	16.8	9.2	9.1
45-49	13.9	14.2	16.1	13.4	12.0
50-54	11.8	9.5	11.2	16.1	14.5
55-59	7.6	4.4	5.8	13.4	12.0
60-64	4.1	1.6	2.1	8.7	7.2
65+	6.9	1.5	2.7	16.8	12.7

1-38　全国按受教育程度、性别分的就业人员就业身份构成
EMPLOYMENT STATUS OF EMPLOYED PERSONS BY EDUCATIONAL ATTAINMENT AND SEX

单位：%　　(%)

受教育程度	Educational Attainment	就业人员 Employed Persons	雇　员 Employee	雇　主 Employer	自营劳动者 Self-Employed	家庭帮工 Unpaid Familial Worker
总　计	**Total**	**100.0**	**63.3**	**4.3**	**31.0**	**1.4**
未上过学	No Schooling	100.0	22.8	1.4	71.9	3.8
小　学	Primary School	100.0	36.0	2.2	59.2	2.5
初　中	Junior Secondary School	100.0	57.0	4.4	36.9	1.6
高　中	Senior Secondary School	100.0	72.2	6.3	20.4	1.1
大学专科	College	100.0	86.9	5.2	7.4	0.5
大学本科	University	100.0	93.4	3.3	3.0	0.3
研究生	Graduate and Higher Level	100.0	96.6	2.2	1.1	0.1
男	**Male**	**100.0**	**64.5**	**5.2**	**29.5**	**0.8**
未上过学	No Schooling	100.0	27.7	1.8	67.7	2.8
小　学	Primary School	100.0	39.8	2.7	55.9	1.6
初　中	Junior Secondary School	100.0	58.1	5.1	35.9	0.9
高　中	Senior Secondary School	100.0	71.1	7.0	21.3	0.7
大学专科	College	100.0	84.9	6.4	8.3	0.4
大学本科	University	100.0	91.9	4.5	3.4	0.2
研究生	Graduate and Higher Level	100.0	95.6	3.1	1.2	0.1
女	**Female**	**100.0**	**61.6**	**3.1**	**33.1**	**2.3**
未上过学	No Schooling	100.0	20.9	1.2	73.6	4.3
小　学	Primary School	100.0	32.5	1.8	62.4	3.3
初　中	Junior Secondary School	100.0	55.3	3.5	38.5	2.8
高　中	Senior Secondary School	100.0	74.1	5.1	18.9	1.9
大学专科	College	100.0	89.4	3.6	6.3	0.7
大学本科	University	100.0	95.2	2.1	2.4	0.3
研究生	Graduate and Higher Level	100.0	97.7	1.2	1.0	0.1

1－39 全国按就业身份、性别分的就业人员受教育程度构成
EDUCATIONAL ATTAINMENT OF EMPLOYED PERSONS BY EMPLOYMENT STATUS AND SEX

单位：% (%)

受教育程度	Educational Attainment	就业人员 Employed Persons	雇 员 Employee	雇 主 Employer	自营劳动者 Self-Employed	家庭帮工 Unpaid Familial Worker
总 计	**Total**	**100.0**	**100.0**	**100.0**	**100.0**	**100.0**
未上过学	No Schooling	2.3	0.8	0.8	5.4	6.2
小 学	Primary School	15.8	9.0	8.3	30.3	27.3
初 中	Junior Secondary School	41.0	36.9	42.4	48.8	46.5
高 中	Senior Secondary School	17.8	20.3	26.0	11.7	13.9
大学专科	College	11.5	15.8	13.9	2.8	4.2
大学本科	University	10.3	15.2	8.0	1.0	1.9
研究生	Graduate and Higher Level	1.3	1.9	0.7	0.0	0.1
男	**Male**	**100.0**	**100.0**	**100.0**	**100.0**	**100.0**
未上过学	No Schooling	1.2	0.5	0.4	2.7	3.9
小 学	Primary School	13.6	8.4	7.2	25.9	26.6
初 中	Junior Secondary School	43.4	39.0	42.8	52.9	45.9
高 中	Senior Secondary School	19.7	21.7	26.5	14.2	15.9
大学专科	College	11.5	15.1	14.2	3.2	5.2
大学本科	University	9.5	13.5	8.2	1.1	2.6
研究生	Graduate and Higher Level	1.2	1.8	0.7	0.1	0.1
女	**Female**	**100.0**	**100.0**	**100.0**	**100.0**	**100.0**
未上过学	No Schooling	3.9	1.3	1.6	8.7	7.4
小 学	Primary School	18.7	9.9	10.7	35.4	27.7
初 中	Junior Secondary School	37.8	33.9	41.6	44.0	46.8
高 中	Senior Secondary School	15.4	18.5	25.1	8.8	12.9
大学专科	College	11.6	16.8	13.1	2.2	3.7
大学本科	University	11.2	17.4	7.4	0.8	1.5
研究生	Graduate and Higher Level	1.4	2.2	0.5	0.0	0.1

1-40 城镇按年龄、性别分的就业人员就业身份构成
EMPLOYMENT STATUS OF URBAN EMPLOYED PERSONS BY AGE AND SEX

单位：% (%)

年 龄 Age	城镇就业人员 Urban Employed Persons	雇 员 Employee	雇 主 Employer	自营劳动者 Self-Employed	家庭帮工 Unpaid Familial Worker
总计 Total	**100.0**	**75.3**	**5.4**	**18.1**	**1.1**
16-19	100.0	87.0	0.9	8.3	3.8
20-24	100.0	90.6	1.8	6.5	1.1
25-29	100.0	85.8	3.7	9.7	0.8
30-34	100.0	80.2	5.9	13.1	0.8
35-39	100.0	76.7	7.1	15.4	0.9
40-44	100.0	74.3	7.2	17.6	0.9
45-49	100.0	73.2	6.4	19.5	1.0
50-54	100.0	69.8	5.5	23.4	1.3
55-59	100.0	66.6	4.5	27.3	1.6
60-64	100.0	52.4	4.0	41.0	2.7
65+	100.0	34.8	2.7	58.7	3.8
男 Male	**100.0**	**74.4**	**6.5**	**18.5**	**0.6**
16-19	100.0	86.7	0.9	8.4	4.0
20-24	100.0	89.4	2.2	7.3	1.1
25-29	100.0	83.9	4.7	11.0	0.4
30-34	100.0	78.3	7.1	14.3	0.3
35-39	100.0	74.7	8.6	16.5	0.3
40-44	100.0	71.9	8.9	18.9	0.3
45-49	100.0	71.4	7.8	20.4	0.4
50-54	100.0	71.4	6.4	21.7	0.5
55-59	100.0	71.8	4.8	22.6	0.7
60-64	100.0	58.0	4.6	35.7	1.7
65+	100.0	39.4	3.1	54.6	2.9
女 Female	**100.0**	**76.5**	**4.0**	**17.6**	**1.9**
16-19	100.0	87.5	0.8	8.1	3.5
20-24	100.0	92.1	1.3	5.4	1.2
25-29	100.0	88.2	2.5	8.1	1.2
30-34	100.0	82.5	4.4	11.6	1.5
35-39	100.0	79.1	5.3	14.1	1.6
40-44	100.0	77.0	5.3	16.2	1.5
45-49	100.0	75.4	4.6	18.3	1.7
50-54	100.0	67.3	4.1	26.1	2.5
55-59	100.0	54.7	3.7	37.8	3.7
60-64	100.0	42.2	2.7	50.6	4.5
65+	100.0	27.4	2.0	65.3	5.3

1−41 城镇按就业身份、性别分的就业人员年龄构成
AGE COMPOSITION OF URBAN EMPLOYED PERSONS BY EMPLOYMENT STATUS AND SEX

单位：%　　(%)

年　龄 Age	城　镇 就业人员 Urban Employed Persons	雇　员 Employee	雇　主 Employer	自营劳动者 Self-Employed	家庭帮工 Unpaid Familial Worker
总计　Total	**100.0**	**100.0**	**100.0**	**100.0**	**100.0**
16−19	1.0	1.1	0.2	0.4	3.3
20−24	6.2	7.4	2.1	2.2	6.1
25−29	12.2	13.8	8.3	6.5	8.5
30−34	17.2	18.3	18.6	12.4	12.7
35−39	13.8	14.0	17.9	11.7	10.4
40−44	12.5	12.3	16.6	12.2	9.4
45−49	13.7	13.3	16.0	14.7	11.7
50−54	11.1	10.3	11.3	14.4	12.3
55−59	7.1	6.3	5.9	10.8	10.4
60−64	2.5	1.8	1.9	5.8	6.0
65+	2.8	1.3	1.4	9.0	9.3
男　Male	**100.0**	**100.0**	**100.0**	**100.0**	**100.0**
16−19	1.0	1.2	0.1	0.5	7.0
20−24	6.0	7.2	2.1	2.4	11.1
25−29	11.8	13.3	8.6	7.0	8.9
30−34	16.6	17.5	18.2	12.9	8.7
35−39	13.2	13.2	17.4	11.8	6.1
40−44	11.8	11.4	16.2	12.0	6.2
45−49	13.1	12.5	15.8	14.4	8.3
50−54	12.0	11.5	11.8	14.0	9.8
55−59	8.7	8.4	6.4	10.6	10.8
60−64	2.9	2.2	2.1	5.6	8.3
65+	3.0	1.6	1.4	8.8	14.8
女　Female	**100.0**	**100.0**	**100.0**	**100.0**	**100.0**
16−19	0.9	1.1	0.2	0.4	1.8
20−24	6.4	7.7	2.0	1.9	4.0
25−29	12.6	14.5	7.8	5.8	8.4
30−34	17.9	19.4	19.5	11.8	14.4
35−39	14.6	15.1	19.0	11.6	12.1
40−44	13.4	13.5	17.6	12.3	10.7
45−49	14.5	14.3	16.4	15.0	13.1
50−54	10.0	8.8	10.2	14.8	13.4
55−59	5.1	3.7	4.7	11.0	10.2
60−64	2.1	1.2	1.4	6.0	5.0
65+	2.5	0.9	1.3	9.3	7.1

1-42 城镇按受教育程度、性别分的就业人员就业身份构成
EMPLOYMENT STATUS OF URBAN EMPLOYED PERSONS BY EDUCATIONAL ATTAINMENT AND SEX

单位：% (%)

受教育程度	Educational Attainment	城镇就业人员 Urban Employed Persons	雇员 Employee	雇主 Employer	自营劳动者 Self-Employed	家庭帮工 Unpaid Familial Worker
总 计	**Total**	**100.0**	**75.3**	**5.4**	**18.1**	**1.1**
未上过学	No Schooling	100.0	43.6	2.1	49.8	4.5
小 学	Primary School	100.0	54.7	3.6	39.1	2.6
初 中	Junior Secondary School	100.0	65.8	5.9	26.7	1.6
高 中	Senior Secondary School	100.0	75.3	7.1	16.6	1.0
大学专科	College	100.0	87.2	5.5	6.8	0.5
大学本科	University	100.0	93.6	3.5	2.7	0.2
研究生	Graduate and Higher Level	100.0	96.6	2.3	1.0	0.1
男	**Male**	**100.0**	**74.4**	**6.5**	**18.5**	**0.6**
未上过学	No Schooling	100.0	48.2	2.7	46.2	3.0
小 学	Primary School	100.0	56.4	4.3	37.9	1.4
初 中	Junior Secondary School	100.0	65.5	6.8	27.0	0.7
高 中	Senior Secondary School	100.0	74.3	7.9	17.2	0.6
大学专科	College	100.0	85.2	6.8	7.6	0.3
大学本科	University	100.0	92.0	4.6	3.2	0.2
研究生	Graduate and Higher Level	100.0	95.6	3.2	1.2	0.0
女	**Female**	**100.0**	**76.5**	**4.0**	**17.6**	**1.9**
未上过学	No Schooling	100.0	41.4	1.9	51.6	5.2
小 学	Primary School	100.0	53.1	2.9	40.3	3.8
初 中	Junior Secondary School	100.0	66.3	4.7	26.2	2.9
高 中	Senior Secondary School	100.0	77.0	5.8	15.5	1.8
大学专科	College	100.0	89.7	3.8	5.8	0.7
大学本科	University	100.0	95.4	2.1	2.2	0.3
研究生	Graduate and Higher Level	100.0	97.9	1.2	0.8	0.1

1-43 城镇按就业身份、性别分的就业人员受教育程度构成
EDUCATIONAL ATTAINMENT OF URBAN EMPLOYED PERSONS BY EMPLOYMENT STATUS AND SEX

单位：% (%)

受教育程度	Educational Attainment	城镇就业人员 Urban Employed Persons	雇员 Employee	雇主 Employer	自营劳动者 Self-Employed	家庭帮工 Unpaid Familial Worker
总计	**Total**	**100.0**	**100.0**	**100.0**	**100.0**	**100.0**
未上过学	No Schooling	0.9	0.5	0.4	2.5	3.6
小学	Primary School	7.9	5.7	5.2	17.1	18.1
初中	Junior Secondary School	34.9	30.5	38.1	51.3	47.9
高中	Senior Secondary School	22.3	22.3	29.0	20.4	20.4
大学专科	College	16.6	19.2	16.7	6.3	7.0
大学本科	University	15.4	19.1	9.8	2.3	3.0
研究生	Graduate and Higher Level	2.0	2.6	0.8	0.1	0.1
男	**Male**	**100.0**	**100.0**	**100.0**	**100.0**	**100.0**
未上过学	No Schooling	0.5	0.3	0.2	1.3	2.6
小学	Primary School	6.8	5.2	4.6	14.0	16.6
初中	Junior Secondary School	36.4	32.0	38.0	53.1	43.2
高中	Senior Secondary School	23.9	23.9	29.1	22.3	23.9
大学专科	College	16.3	18.7	17.1	6.7	9.1
大学本科	University	14.2	17.5	10.1	2.4	4.5
研究生	Graduate and Higher Level	1.9	2.4	0.9	0.1	0.1
女	**Female**	**100.0**	**100.0**	**100.0**	**100.0**	**100.0**
未上过学	No Schooling	1.4	0.8	0.7	4.2	4.0
小学	Primary School	9.3	6.5	6.6	21.4	18.7
初中	Junior Secondary School	32.9	28.5	38.2	48.8	49.9
高中	Senior Secondary School	20.2	20.3	28.9	17.7	18.9
大学专科	College	17.0	19.9	15.9	5.6	6.1
大学本科	University	17.0	21.2	9.1	2.1	2.3
研究生	Graduate and Higher Level	2.2	2.8	0.7	0.1	0.1

1-44　城镇按年龄、性别分的就业人员行业构成
URBAN EMPLOYED PERSONS BY AGE, SEX AND SECTOR

单位：%　　　　(%)

年　龄 Age	城　镇 就业人员 Urban Employed Persons	农、林、牧、渔业 Agriculture, Forestry, Animal Husbandry and Fishery	采矿业 Mining	制造业 Manu-facturing	电力、热力、燃气及水生产和供应业 Production and Supply of Electricity Power, Heat Power, Gas and Water	建筑业 Construction	批发和零售业 Wholesale and Retail Trades
总计　Total	**100.0**	**7.2**	**0.9**	**20.6**	**1.3**	**8.9**	**16.0**
16-19	100.0	5.8	0.1	26.9	0.3	3.8	15.0
20-24	100.0	2.0	0.2	20.9	0.9	5.6	15.2
25-29	100.0	2.1	0.6	19.6	1.1	7.1	15.8
30-34	100.0	2.7	0.9	22.4	1.2	8.1	17.4
35-39	100.0	3.3	1.0	22.9	1.3	8.1	18.0
40-44	100.0	4.4	1.1	21.9	1.4	9.0	17.8
45-49	100.0	6.4	1.4	21.4	1.7	10.3	16.3
50-54	100.0	10.1	1.3	19.5	1.7	11.9	14.4
55-59	100.0	15.5	1.0	16.3	1.6	12.3	12.3
60-64	100.0	30.5	0.5	13.8	0.6	10.3	11.6
65+	100.0	52.3	0.1	9.7	0.3	5.2	9.4
男　Male	**100.0**	**6.4**	**1.4**	**21.4**	**1.7**	**13.3**	**12.8**
16-19	100.0	5.7	0.2	29.7	0.4	5.7	12.2
20-24	100.0	2.1	0.3	25.4	1.1	8.4	13.1
25-29	100.0	2.0	0.8	22.3	1.5	10.7	13.6
30-34	100.0	2.4	1.3	24.3	1.7	12.3	13.8
35-39	100.0	3.1	1.5	23.7	1.6	12.3	14.0
40-44	100.0	4.1	1.7	21.7	1.8	13.7	13.6
45-49	100.0	5.7	2.0	20.8	2.1	15.7	12.5
50-54	100.0	7.8	2.0	19.5	2.4	17.0	11.6
55-59	100.0	10.9	1.3	16.6	2.1	16.1	10.5
60-64	100.0	23.9	0.6	15.2	0.9	15.0	10.9
65+	100.0	46.6	0.2	10.0	0.4	8.1	9.4
女　Female	**100.0**	**8.3**	**0.4**	**19.4**	**0.8**	**3.0**	**20.2**
16-19	100.0	5.9		22.7	0.1	1.2	19.1
20-24	100.0	1.9	0.1	15.3	0.5	2.1	17.8
25-29	100.0	2.2	0.2	16.2	0.7	2.7	18.5
30-34	100.0	3.0	0.3	20.0	0.7	2.8	21.9
35-39	100.0	3.6	0.4	21.9	0.9	2.9	22.8
40-44	100.0	4.8	0.5	22.2	0.9	3.4	22.7
45-49	100.0	7.2	0.6	22.1	1.2	3.8	21.0
50-54	100.0	13.9	0.3	19.4	0.6	3.8	18.9
55-59	100.0	26.0	0.2	15.9	0.3	3.5	16.5
60-64	100.0	42.7	0.1	11.2	0.2	1.7	12.9
65+	100.0	61.3	0.0	9.1	0.1	0.6	9.6

1-44 续表 1 continued

单位：% (%)

年 龄 Age	交通运输、仓储和邮政业 Transport, Storage and Post	住宿和餐饮业 Hotels and Catering Services	信息传输、软件和信息技术服务业 Information Transmission, Software and Information Technical Services	金融业 Financial Intermediation	房地产业 Real Estate	租赁和商务服务业 Leasing and Business Services	科学研究和技术服务业 Scientific Research and Technical Services
总计 Total	**5.9**	**5.7**	**2.4**	**2.1**	**2.4**	**3.1**	**1.6**
16-19	2.8	17.5	2.3	0.3	1.4	2.3	0.5
20-24	4.8	7.3	5.1	2.2	2.4	4.6	2.3
25-29	5.4	5.6	4.9	3.1	2.7	4.3	2.4
30-34	5.9	5.4	3.5	2.9	2.5	3.7	2.1
35-39	6.4	5.5	2.7	2.5	2.3	3.2	1.9
40-44	6.9	5.9	1.7	1.8	1.9	2.9	1.4
45-49	6.9	6.1	1.1	1.7	1.9	2.4	1.0
50-54	6.2	5.7	0.7	1.7	2.2	2.3	0.9
55-59	5.4	5.0	0.5	1.4	2.9	2.4	0.9
60-64	2.7	4.6	0.2	0.4	4.0	2.1	0.4
65+	1.2	2.5	0.1	0.2	2.6	1.1	0.2
男 Male	**8.5**	**4.8**	**2.6**	**1.7**	**2.4**	**3.1**	**1.8**
16-19	3.3	18.6	2.3	0.2	1.5	2.4	0.5
20-24	6.4	8.1	5.5	1.8	2.6	4.1	2.5
25-29	7.5	5.9	5.4	2.6	2.8	3.9	2.6
30-34	8.4	5.1	3.9	2.4	2.4	3.5	2.4
35-39	9.4	4.7	3.2	2.0	2.2	3.2	2.1
40-44	10.5	4.7	2.0	1.3	1.8	3.0	1.7
45-49	10.5	4.1	1.3	1.3	1.8	2.6	1.2
50-54	9.0	3.6	0.8	1.5	2.2	2.7	1.0
55-59	7.4	3.0	0.7	1.5	3.1	2.8	1.1
60-64	3.8	3.2	0.2	0.4	4.6	2.5	0.6
65+	1.9	2.0	0.2	0.2	3.1	1.4	0.3
女 Female	**2.4**	**7.0**	**2.0**	**2.6**	**2.4**	**3.1**	**1.3**
16-19	1.9	15.8	2.4	0.4	1.2	2.2	0.4
20-24	2.8	6.3	4.6	2.6	2.2	5.2	2.0
25-29	2.7	5.3	4.2	3.7	2.7	4.8	2.1
30-34	2.7	5.7	2.9	3.4	2.8	3.9	1.7
35-39	2.6	6.5	2.2	3.1	2.5	3.2	1.6
40-44	2.5	7.3	1.3	2.3	2.1	2.7	1.1
45-49	2.6	8.5	0.8	2.2	2.1	2.2	0.8
50-54	1.7	9.2	0.4	2.0	2.1	1.7	0.7
55-59	1.0	9.5	0.1	1.0	2.4	1.4	0.5
60-64	0.7	7.2	0.1	0.4	2.7	1.2	0.1
65+	0.2	3.3	0.1	0.2	1.6	0.6	0.1

1-44　续表 2　continued

单位：%　　(%)

年　龄 Age	水利、环境和公共设施管理业 Management of Water Conservancy, Environment and Public Facilities	居民服务、修理和其他服务业 Services to Households, Repair and Other Services	教　育 Education	卫生和社会工作 Health and Society	文化、体育和娱乐业 Culture, Sports and Entertainment	公共管理、社会保障和社会组织 Public Management Social Security and Social Organizations
总计　Total	**0.9**	**5.2**	**5.8**	**3.1**	**1.2**	**5.8**
16-19	0.2	10.4	5.7	1.0	2.8	1.1
20-24	0.4	5.6	8.7	4.7	2.6	4.4
25-29	0.5	4.8	7.5	4.6	1.8	6.1
30-34	0.6	4.8	5.5	3.6	1.3	5.6
35-39	0.7	4.8	5.7	3.1	1.1	5.7
40-44	0.8	4.7	6.6	2.9	1.0	6.1
45-49	1.1	5.3	5.3	2.5	0.8	6.3
50-54	1.3	5.5	5.2	2.3	0.7	6.4
55-59	1.8	5.9	4.6	2.2	0.8	7.3
60-64	2.7	7.3	2.1	2.0	0.7	3.4
65+	2.7	5.9	1.0	1.8	0.6	2.9
男　Male	**1.1**	**4.6**	**3.3**	**1.8**	**1.1**	**6.4**
16-19	0.2	10.9	1.5	0.4	3.0	1.3
20-24	0.4	5.9	3.3	1.9	2.6	4.5
25-29	0.6	5.0	3.2	1.9	1.7	6.1
30-34	0.7	4.5	2.4	1.7	1.2	5.6
35-39	0.8	4.2	3.0	1.8	1.0	6.0
40-44	0.9	4.0	4.1	1.9	0.9	6.7
45-49	1.1	3.9	3.7	1.7	0.7	7.2
50-54	1.4	4.0	3.9	1.6	0.7	7.5
55-59	1.8	4.5	4.7	2.0	0.8	9.2
60-64	2.7	6.7	2.2	1.8	0.7	4.1
65+	3.0	5.9	1.1	1.9	0.6	3.4
女　Female	**0.8**	**6.1**	**9.1**	**5.0**	**1.3**	**5.0**
16-19	0.1	9.6	11.7	2.0	2.5	0.7
20-24	0.3	5.3	15.5	8.3	2.7	4.3
25-29	0.4	4.7	13.0	8.1	1.9	6.0
30-34	0.5	5.2	9.4	5.9	1.4	5.5
35-39	0.6	5.4	9.0	4.6	1.2	5.2
40-44	0.7	5.6	9.5	4.1	1.0	5.3
45-49	1.0	7.0	7.2	3.5	1.0	5.3
50-54	1.2	7.8	7.3	3.5	0.9	4.5
55-59	1.6	9.0	4.5	2.8	0.8	3.0
60-64	2.7	8.4	2.0	2.4	0.8	2.2
65+	2.4	6.0	0.7	1.7	0.5	2.0

1-45 城镇按行业、性别分的就业人员年龄构成 AGE COMPOSITION OF URBAN EMPLOYED PERSONS BY SECTOR AND SEX

单位：% (%)

年龄 Age	城镇就业人员 Urban Employed Persons	农、林、牧、渔业 Agriculture, Forestry, Animal Husbandry and Fishery	采矿业 Mining	制造业 Manu-facturing	电力、热力、燃气及水生产和供应业 Production and Supply of Electricity Power, Heat Power, Gas and Water	建筑业 Construction	批发和零售业 Wholesale and Retail Trades
总计 Total	**100.0**	**100.0**	**100.0**	**100.0**	**100.0**	**100.0**	**100.0**
16-19	1.0	0.8	0.1	1.3	0.2	0.4	0.9
20-24	6.2	1.7	1.6	6.3	4.1	3.9	5.9
25-29	12.2	3.5	7.2	11.6	10.4	9.7	12.0
30-34	17.2	6.4	16.4	18.7	16.2	15.6	18.7
35-39	13.8	6.3	14.8	15.3	13.4	12.5	15.6
40-44	12.5	7.6	14.9	13.3	13.1	12.6	13.9
45-49	13.7	12.0	20.2	14.2	17.9	15.8	14.0
50-54	11.1	15.5	15.8	10.5	14.4	14.9	10.0
55-59	7.1	15.3	7.4	5.7	8.5	9.8	5.5
60-64	2.5	10.7	1.2	1.7	1.3	3.0	1.9
65+	2.8	20.1	0.4	1.3	0.6	1.6	1.6
男 Male	**100.0**	**100.0**	**100.0**	**100.0**	**100.0**	**100.0**	**100.0**
16-19	1.0	0.9	0.1	1.4	0.2	0.4	1.0
20-24	6.0	2.0	1.5	7.1	4.0	3.8	6.2
25-29	11.8	3.6	7.0	12.3	10.1	9.5	12.6
30-34	16.6	6.3	16.2	18.9	15.9	15.4	17.9
35-39	13.2	6.4	14.5	14.6	12.4	12.3	14.5
40-44	11.8	7.5	14.3	11.9	12.1	12.2	12.6
45-49	13.1	11.7	19.3	12.7	16.2	15.4	12.7
50-54	12.0	14.5	17.1	10.9	16.4	15.3	10.8
55-59	8.7	14.8	8.2	6.7	10.6	10.5	7.1
60-64	2.9	10.8	1.3	2.0	1.5	3.3	2.5
65+	3.0	21.7	0.4	1.4	0.7	1.8	2.2
女 Female	**100.0**	**100.0**	**100.0**	**100.0**	**100.0**	**100.0**	**100.0**
16-19	0.9	0.7		1.1	0.2	0.4	0.9
20-24	6.4	1.5	1.6	5.0	4.4	4.4	5.6
25-29	12.6	3.3	7.9	10.5	11.3	11.1	11.5
30-34	17.9	6.5	17.5	18.5	17.2	16.8	19.4
35-39	14.6	6.2	16.4	16.4	16.5	13.8	16.4
40-44	13.4	7.7	18.2	15.3	16.4	15.2	15.0
45-49	14.5	12.4	24.9	16.5	22.9	18.2	15.0
50-54	10.0	16.6	9.1	10.0	8.3	12.6	9.4
55-59	5.1	15.9	3.1	4.2	2.2	5.8	4.2
60-64	2.1	10.7	0.9	1.2	0.5	1.2	1.3
65+	2.5	18.5	0.3	1.2	0.2	0.5	1.2

1-45 续表 1 continued

单位：% (%)

年 龄 Age	交通运输、仓储和邮政业 Transport, Storage and Post	住宿和餐饮业 Hotels and Catering Services	信息传输、软件和信息技术服务业 Information Transmission, Software and Information Technical Services	金融业 Financial Intermediation	房地产业 Real Estate	租赁和商务服务业 Leasing and Business Services	科学研究和技术服务业 Scientific Research and Technical Services
总计 Total	**100.0**	**100.0**	**100.0**	**100.0**	**100.0**	**100.0**	**100.0**
16-19	0.5	3.0	1.0	0.1	0.6	0.7	0.3
20-24	5.1	7.9	13.2	6.4	6.3	9.1	9.0
25-29	11.1	11.9	24.9	17.8	14.0	16.9	18.9
30-34	17.3	16.1	25.0	23.3	18.4	20.4	23.1
35-39	15.0	13.3	15.8	16.3	13.3	14.2	16.6
40-44	14.7	12.8	8.9	10.6	10.1	11.5	11.2
45-49	16.2	14.5	6.2	11.0	11.2	10.6	9.1
50-54	11.8	11.1	3.1	9.1	10.2	8.3	6.4
55-59	6.6	6.2	1.5	4.6	8.7	5.5	4.2
60-64	1.2	2.1	0.2	0.5	4.3	1.7	0.7
65+	0.6	1.2	0.2	0.3	3.0	1.0	0.4
男 Male	**100.0**	**100.0**	**100.0**	**100.0**	**100.0**	**100.0**	**100.0**
16-19	0.4	4.0	0.9	0.1	0.6	0.8	0.3
20-24	4.6	10.3	12.7	6.3	6.6	7.8	8.5
25-29	10.5	14.6	24.3	17.7	13.9	14.9	17.8
30-34	16.6	17.7	24.6	22.8	16.5	18.8	22.5
35-39	14.7	13.1	15.9	15.2	12.0	13.6	16.0
40-44	14.7	11.5	9.1	8.9	8.7	11.3	11.4
45-49	16.3	11.2	6.3	9.8	9.9	10.8	9.3
50-54	12.8	8.9	3.7	10.5	11.1	10.4	7.1
55-59	7.5	5.5	2.2	7.6	11.2	7.8	5.6
60-64	1.3	2.0	0.2	0.7	5.6	2.3	0.9
65+	0.7	1.3	0.2	0.4	3.9	1.4	0.6
女 Female	**100.0**	**100.0**	**100.0**	**100.0**	**100.0**	**100.0**	**100.0**
16-19	0.8	2.1	1.1	0.1	0.5	0.7	0.3
20-24	7.5	5.7	14.2	6.4	5.9	10.8	10.0
25-29	14.2	9.5	26.1	17.9	14.1	19.7	20.8
30-34	20.6	14.6	25.8	23.8	21.0	22.7	24.2
35-39	16.2	13.4	15.6	17.3	15.1	15.1	17.6
40-44	14.5	13.9	8.7	12.0	12.1	11.7	10.9
45-49	16.0	17.4	6.0	12.2	12.8	10.2	8.8
50-54	7.2	13.1	2.0	7.9	9.0	5.4	5.1
55-59	2.2	6.9	0.4	2.0	5.3	2.3	1.8
60-64	0.6	2.1	0.1	0.4	2.4	0.8	0.2
65+	0.2	1.2	0.1	0.2	1.7	0.5	0.2

1-45 续表 2 continued

单位：% (%)

年 龄 Age	水利、环境和公共设施管 理 业 Management of Water Conservancy, Environment and Public Facilities	居民服务、修理和其他服务业 Services to Households, Repair and Other Services	教 育 Education	卫生和社会工作 Health and Society	文化、体育和娱乐业 Culture, Sports and Entertainment	公共管理、社会保障和社会组织 Public Management Social Security and Social Organizations
总计 Total	**100.0**	**100.0**	**100.0**	**100.0**	**100.0**	**100.0**
16-19	0.2	2.0	1.0	0.3	2.3	0.2
20-24	2.3	6.7	9.3	9.3	13.7	4.7
25-29	6.9	11.3	15.8	18.0	18.3	12.7
30-34	11.2	15.8	16.4	19.7	18.5	16.5
35-39	10.0	12.6	13.6	13.5	12.9	13.5
40-44	10.3	11.4	14.2	11.6	10.0	13.2
45-49	15.3	13.9	12.5	11.1	9.4	15.0
50-54	15.2	11.6	10.0	8.1	7.0	12.2
55-59	13.2	8.0	5.7	5.0	4.9	9.1
60-64	7.3	3.6	0.9	1.6	1.6	1.5
65+	8.0	3.2	0.5	1.6	1.3	1.4
男 Male	**100.0**	**100.0**	**100.0**	**100.0**	**100.0**	**100.0**
16-19	0.2	2.4	0.5	0.2	2.8	0.2
20-24	2.2	7.8	5.9	6.3	14.2	4.3
25-29	7.0	12.9	11.3	12.8	18.4	11.3
30-34	11.3	16.2	11.9	15.9	18.1	14.6
35-39	9.8	12.3	12.0	13.2	12.1	12.5
40-44	9.8	10.3	14.7	12.7	9.4	12.5
45-49	13.9	11.2	14.7	12.7	8.2	14.7
50-54	15.5	10.4	13.9	10.5	7.3	14.0
55-59	14.7	8.5	12.3	9.5	6.2	12.5
60-64	7.4	4.2	1.9	2.9	1.8	1.8
65+	8.3	3.8	1.0	3.2	1.7	1.6
女 Female	**100.0**	**100.0**	**100.0**	**100.0**	**100.0**	**100.0**
16-19	0.2	1.5	1.2	0.4	1.8	0.1
20-24	2.6	5.6	10.9	10.7	13.2	5.5
25-29	6.8	9.7	18.1	20.6	18.2	15.3
30-34	11.2	15.3	18.6	21.6	19.0	19.9
35-39	10.3	13.0	14.5	13.6	13.9	15.2
40-44	11.2	12.4	14.0	11.1	10.8	14.4
45-49	17.8	16.6	11.4	10.4	10.8	15.5
50-54	14.7	12.9	8.1	7.0	6.7	9.1
55-59	10.6	7.6	2.5	2.8	3.3	3.1
60-64	7.2	2.9	0.5	1.0	1.3	0.9
65+	7.5	2.5	0.2	0.8	0.9	1.0

1-46 城镇按受教育程度、性别分的就业人员行业构成

ƷAN EMPLOYED PERSONS BY SEX, EDUCATIONAL ATTAINMENT AND SEC'

单位：% (%)

受教育程度	Educational Attainment	城镇就业人员 Urban Employed Persons	农、林、牧、渔业 Agriculture, Forestry, Animal Husbandry and Fishery	采矿业 Mining	制造业 Manu-facturing	电力、热力、燃气及水生产和供应业 Production and Supply of Electricity Power, Heat Power, Gas and Water	建筑业 Construction	批发和零售业 Wholesale and Retail Trades
总　计	**Total**	**100.0**	**7.2**	**0.9**	**20.6**	**1.3**	**8.9**	**16.0**
未上过学	No Schooling	100.0	43.7	0.3	14.8	0.2	8.7	9.4
小　学	Primary School	100.0	26.7	0.5	20.7	0.4	14.0	12.3
初　中	Junior Secondary School	100.0	10.5	0.8	25.7	0.7	12.6	17.6
高　中	Senior Secondary School	100.0	3.7	1.2	22.8	1.5	7.5	21.4
大学专科	College	100.0	1.0	1.1	17.0	2.1	5.8	15.9
大学本科	University	100.0	0.4	0.9	11.0	2.1	4.3	8.1
研究生	Graduate and Higher Level	100.0	0.3	0.7	10.2	1.8	1.8	3.6
男	**Male**	**100.0**	**6.4**	**1.4**	**21.4**	**1.7**	**13.3**	**12.8**
未上过学	No Schooling	100.0	38.1	0.8	11.9	0.3	18.0	8.4
小　学	Primary School	100.0	23.3	0.9	17.8	0.6	23.1	10.3
初　中	Junior Secondary School	100.0	9.5	1.3	24.2	1.0	18.9	13.0
高　中	Senior Secondary School	100.0	3.8	1.7	24.7	1.9	10.7	16.0
大学专科	College	100.0	1.2	1.6	20.1	2.6	7.8	13.9
大学本科	University	100.0	0.5	1.2	13.5	2.8	5.9	8.1
研究生	Graduate and Higher Level	100.0	0.3	0.9	12.9	2.2	2.5	3.7
女	**Female**	**100.0**	**8.3**	**0.4**	**19.4**	**0.8**	**3.0**	**20.2**
未上过学	No Schooling	100.0	46.4	0.1	16.2	0.2	4.2	9.8
小　学	Primary School	100.0	30.1	0.1	23.5	0.2	4.9	14.2
初　中	Junior Secondary School	100.0	12.0	0.2	28.0	0.3	3.2	24.5
高　中	Senior Secondary School	100.0	3.6	0.5	19.6	0.7	2.3	30.1
大学专科	College	100.0	0.8	0.5	13.2	1.3	3.1	18.6
大学本科	University	100.0	0.3	0.5	8.2	1.4	2.6	8.1
研究生	Graduate and Higher Level	100.0	0.3	0.3	7.1	1.3	1.1	3.4

1-46 续表 1 continued

单位：% (%)

受教育程度	Educational Attainment	交通运输、仓储和邮政业 Transport, Storage and Post	住宿和餐饮业 Hotels and Catering Services	信息传输、软件和信息技术服务业 Information Transmission, Software and Information Technical Services	金融业 Financial Intermediation	房地产业 Real Estate	租赁和商务服务业 Leasing and Business Services	科学研究和技术服务业 Scientific Research and Technical Services
总 计	**Total**	**5.9**	**5.7**	**2.4**	**2.1**	**2.4**	**3.1**	**1.6**
未上过学	No Schooling	1.4	5.5	0.1	0.1	2.0	0.8	0.2
小 学	Primary School	3.9	6.9	0.2	0.2	1.7	1.1	0.2
初 中	Junior Secondary School	7.1	8.2	0.5	0.4	1.8	1.9	0.3
高 中	Senior Secondary School	7.3	6.9	1.6	1.4	2.9	3.1	0.9
大学专科	College	5.5	3.4	4.1	3.2	3.3	4.8	2.5
大学本科	University	3.1	1.3	6.4	6.1	2.4	4.9	4.1
研究生	Graduate and Higher Level	1.5	0.3	7.7	7.7	1.3	5.1	9.4
男	**Male**	**8.5**	**4.8**	**2.6**	**1.7**	**2.4**	**3.1**	**1.8**
未上过学	No Schooling	3.3	2.6	0.2	0.2	1.9	1.1	0.3
小 学	Primary School	6.8	4.0	0.2	0.1	1.7	1.5	0.2
初 中	Junior Secondary School	10.5	6.4	0.6	0.3	1.8	2.2	0.4
高 中	Senior Secondary School	10.1	6.1	1.6	1.0	2.9	3.2	1.0
大学专科	College	7.0	3.2	4.5	2.8	3.2	4.3	2.9
大学本科	University	3.9	1.2	7.7	5.7	2.5	4.7	4.8
研究生	Graduate and Higher Level	1.7	0.3	9.6	7.8	1.3	4.6	10.6
女	**Female**	**2.4**	**7.0**	**2.0**	**2.6**	**2.4**	**3.1**	**1.3**
未上过学	No Schooling	0.5	6.8	0.1	0.1	2.1	0.7	0.1
小 学	Primary School	1.2	9.8	0.1	0.2	1.7	0.8	0.1
初 中	Junior Secondary School	2.0	10.8	0.5	0.7	1.7	1.4	0.2
高 中	Senior Secondary School	2.8	8.1	1.5	2.0	3.0	2.9	0.7
大学专科	College	3.6	3.6	3.6	3.8	3.4	5.4	2.0
大学本科	University	2.3	1.3	4.8	6.6	2.3	5.2	3.2
研究生	Graduate and Higher Level	1.3	0.3	5.6	7.7	1.2	5.6	7.9

1-46 续表 2 continued

单位：%　　　　(%)

受教育程度	Educational Attainment	水利、环境和公共设施管理业 Management of Water Conservancy, Environment and Public Facilities	居民服务、修理和其他服务业 Services to Households, Repair and Other Services	教育 Education	卫生和社会工作 Health and Society	文化、体育和娱乐业 Culture, Sports and Entertainment	公共管理、社会保障和社会组织 Public Management Social Security and Social Organizations
总计	**Total**	**0.9**	**5.2**	**5.8**	**3.1**	**1.2**	**5.8**
未上过学	No Schooling	2.9	6.0	0.6	0.7	0.3	2.2
小学	Primary School	1.7	6.3	0.9	0.6	0.5	1.3
初中	Junior Secondary School	0.8	6.8	1.3	0.7	0.7	1.5
高中	Senior Secondary School	0.8	6.5	2.9	2.3	1.2	4.3
大学专科	College	1.0	3.5	8.1	5.9	1.7	10.0
大学本科	University	0.9	1.4	17.9	7.7	2.0	14.9
研究生	Graduate and Higher Level	0.9	0.6	24.5	8.9	1.8	11.9
男	**Male**	**1.1**	**4.6**	**3.3**	**1.8**	**1.1**	**6.4**
未上过学	No Schooling	3.9	5.2	0.4	0.5	0.2	2.8
小学	Primary School	1.7	5.1	0.5	0.4	0.4	1.4
初中	Junior Secondary School	0.9	5.8	0.7	0.5	0.6	1.6
高中	Senior Secondary School	0.9	5.7	1.4	1.3	1.1	4.8
大学专科	College	1.2	3.3	4.4	2.9	1.7	11.5
大学本科	University	1.1	1.4	11.5	4.6	1.9	17.0
研究生	Graduate and Higher Level	0.9	0.6	18.4	7.7	1.3	12.6
女	**Female**	**0.8**	**6.1**	**9.1**	**5.0**	**1.3**	**5.0**
未上过学	No Schooling	2.4	6.3	0.8	0.9	0.3	2.0
小学	Primary School	1.7	7.6	1.2	0.8	0.6	1.1
初中	Junior Secondary School	0.7	8.4	2.1	1.0	0.9	1.2
高中	Senior Secondary School	0.6	7.8	5.3	3.7	1.3	3.4
大学专科	College	0.7	3.8	13.0	9.8	1.6	8.1
大学本科	University	0.7	1.5	25.0	11.1	2.0	12.7
研究生	Graduate and Higher Level	0.8	0.6	31.5	10.4	2.3	11.1

1-47 城镇按行业、性别分的就业人员受教育程度构成
EDUCATIONAL ATTAINMENT OF URBAN EMPLOYED PERSONS BY SECTOR AND SEX

单位：% (%)

受教育程度	Educational Attainment	城镇就业人员 Urban Employed Persons	农、林、牧、渔业 Agriculture, Forestry, Animal Husbandry and Fishery	采矿业 Mining	制造业 Manu-facturing	电力、热力、燃气及水生产和供应业 Production and Supply of Electricity Power, Heat Power, Gas and Water	建筑业 Construction	批发和零售业 Wholesale and Retail Trades
总 计	**Total**	**100.0**	**100.0**	**100.0**	**100.0**	**100.0**	**100.0**	**100.0**
未上过学	No Schooling	0.9	5.5	0.3	0.7	0.1	0.9	0.5
小 学	Primary School	7.9	29.2	4.1	8.0	2.4	12.4	6.1
初 中	Junior Secondary School	34.9	50.5	31.0	43.6	19.2	49.3	38.6
高 中	Senior Secondary School	22.3	11.5	28.9	24.7	24.9	18.7	30.0
大学专科	College	16.6	2.4	20.0	13.8	26.0	10.7	16.5
大学本科	University	15.4	0.9	14.3	8.3	24.6	7.5	7.8
研究生	Graduate and Higher Level	2.0	0.1	1.4	1.0	2.7	0.4	0.4
男	**Male**	**100.0**	**100.0**	**100.0**	**100.0**	**100.0**	**100.0**	**100.0**
未上过学	No Schooling	0.5	3.0	0.3	0.3	0.1	0.7	0.3
小 学	Primary School	6.8	24.8	4.3	5.7	2.4	11.9	5.5
初 中	Junior Secondary School	36.4	53.7	33.3	41.1	21.0	51.9	37.0
高 中	Senior Secondary School	23.9	14.2	29.3	27.6	26.6	19.3	29.9
大学专科	College	16.3	3.1	19.0	15.3	24.9	9.6	17.7
大学本科	University	14.2	1.1	12.5	8.9	22.7	6.3	9.0
研究生	Graduate and Higher Level	1.9	0.1	1.3	1.1	2.4	0.4	0.5
女	**Female**	**100.0**	**100.0**	**100.0**	**100.0**	**100.0**	**100.0**	**100.0**
未上过学	No Schooling	1.4	8.0	0.5	1.2	0.3	2.0	0.7
小 学	Primary School	9.3	33.7	3.2	11.3	2.5	15.2	6.6
初 中	Junior Secondary School	32.9	47.3	18.8	47.4	13.9	34.5	39.9
高 中	Senior Secondary School	20.2	8.7	26.4	20.4	19.6	15.4	30.1
大学专科	College	17.0	1.6	25.1	11.5	29.5	17.6	15.6
大学本科	University	17.0	0.7	23.9	7.2	30.5	14.5	6.8
研究生	Graduate and Higher Level	2.2	0.1	2.2	0.8	3.8	0.8	0.4

1-47 续表 1 continued

单位：%　　　　(%)

受教育程度	Educational Attainment	交通运输、仓储和邮政业 Transport, Storage and Post	住宿和餐饮业 Hotels and Catering Services	信息传输、软件和信息技术服务业 Information Transmission, Software and Information Technical Services	金融业 Financial Intermediation	房地产业 Real Estate	租赁和商务服务业 Leasing and Business Services	科学研究和技术服务业 Scientific Research and Technical Services
总　计	**Total**	**100.0**	**100.0**	**100.0**	**100.0**	**100.0**	**100.0**	**100.0**
未上过学	No Schooling	0.2	0.9	0.0	0.1	0.8	0.2	0.1
小　学	Primary School	5.3	9.5	0.5	0.6	5.6	2.9	0.8
初　中	Junior Secondary School	42.3	49.6	7.9	7.2	25.8	21.2	7.4
高　中	Senior Secondary School	27.8	26.8	14.9	14.4	27.7	22.3	12.9
大学专科	College	15.7	9.7	28.9	25.5	23.2	25.6	26.4
大学本科	University	8.2	3.4	41.2	44.9	15.8	24.5	40.3
研究生	Graduate and Higher Level	0.5	0.1	6.6	7.4	1.1	3.3	12.1
男	**Male**	**100.0**	**100.0**	**100.0**	**100.0**	**100.0**	**100.0**	**100.0**
未上过学	No Schooling	0.2	0.3	0.0	0.1	0.4	0.2	0.1
小　学	Primary School	5.5	5.7	0.6	0.4	4.9	3.3	0.7
初　中	Junior Secondary School	45.2	48.7	7.9	5.9	27.4	25.4	8.0
高　中	Senior Secondary School	28.6	30.7	14.9	13.2	29.0	24.7	14.0
大学专科	College	13.6	10.9	28.2	25.8	22.1	22.5	26.8
大学本科	University	6.6	3.6	41.6	46.4	15.1	21.1	39.1
研究生	Graduate and Higher Level	0.4	0.1	6.8	8.4	1.1	2.8	11.4
女	**Female**	**100.0**	**100.0**	**100.0**	**100.0**	**100.0**	**100.0**	**100.0**
未上过学	No Schooling	0.3	1.4	0.1	0.1	1.3	0.3	0.1
小　学	Primary School	4.6	13.0	0.5	0.8	6.6	2.4	0.9
初　中	Junior Secondary School	28.1	50.5	7.9	8.5	23.5	15.3	6.3
高　中	Senior Secondary School	23.7	23.1	14.8	15.5	26.0	19.0	10.8
大学专科	College	25.8	8.6	30.1	25.2	24.8	29.9	25.9
大学本科	University	16.3	3.2	40.5	43.5	16.8	29.1	42.5
研究生	Graduate and Higher Level	1.2	0.1	6.1	6.5	1.1	4.0	13.5

1-47 续表 2 continued

单位：% (%)

受教育程度	Educational Attainment	水利、环境和公共设施管理业 Management of Water Conservancy, Environment and Public Facilities	居民服务、修理和其他服务业 Services to Households, Repair and Other Services	教育 Education	卫生和社会工作 Health and Society	文化、体育和娱乐业 Culture, Sports and Entertainment	公共管理、社会保障和社会组织 Public Management Social Security and Social Organizations
总　计	**Total**	**100.0**	**100.0**	**100.0**	**100.0**	**100.0**	**100.0**
未上过学	No Schooling	2.8	1.0	0.1	0.2	0.2	0.4
小　学	Primary School	14.2	9.6	1.2	1.6	3.5	1.7
初　中	Junior Secondary School	30.4	45.8	7.8	7.5	21.4	8.8
高　中	Senior Secondary School	18.7	27.9	11.3	16.1	23.1	16.4
大学专科	College	16.9	11.3	23.4	31.2	23.2	28.8
大学本科	University	15.1	4.2	47.6	37.7	25.5	39.8
研究生	Graduate and Higher Level	1.8	0.2	8.5	5.7	3.0	4.1
男	**Male**	**100.0**	**100.0**	**100.0**	**100.0**	**100.0**	**100.0**
未上过学	No Schooling	1.9	0.6	0.1	0.1	0.1	0.2
小　学	Primary School	10.9	7.6	1.1	1.7	2.6	1.5
初　中	Junior Secondary School	31.5	45.9	7.8	9.3	20.2	9.4
高　中	Senior Secondary School	20.9	29.7	10.4	17.7	25.1	18.0
大学专科	College	18.2	11.7	21.3	26.5	24.6	29.4
大学本科	University	15.0	4.3	49.0	36.6	25.2	37.7
研究生	Graduate and Higher Level	1.6	0.2	10.4	8.1	2.3	3.7
女	**Female**	**100.0**	**100.0**	**100.0**	**100.0**	**100.0**	**100.0**
未上过学	No Schooling	4.4	1.5	0.1	0.3	0.4	0.6
小　学	Primary School	20.2	11.6	1.3	1.6	4.6	2.0
初　中	Junior Secondary School	28.5	45.6	7.8	6.6	22.8	7.9
高　中	Senior Secondary School	14.8	26.1	11.8	15.3	21.0	13.7
大学专科	College	14.5	10.8	24.4	33.5	21.5	27.6
大学本科	University	15.4	4.2	47.0	38.2	25.8	43.3
研究生	Graduate and Higher Level	2.2	0.2	7.6	4.6	3.9	4.9

1-48　城镇按年龄、性别分的就业人员职业构成
OCCUPATION OF URBAN EMPLOYED PERSONS BY AGE AND SEX

单位：%　　　　(%)

年　龄 Age	城　镇 就业人员 Urban Employed Persons	单　位 负责人 Unit Heads	专业技术 人　员 Technical Personnel	办事人员 和有关 人　员 Clerk and Related Workers	商业、 服务业 人　员 Business Service Personnel	农林牧渔 水利业 生产人员 Producers of Agriculture, Forestry, Animal Husbandry, Fishery and Water Conservancy	生产运输设 备操作人员 及有关人员 Production, Transport Equipment Operators and Related Workers	其　他 Others
总计　Total	**100.0**	**2.6**	**13.9**	**16.0**	**39.1**	**7.0**	**21.2**	**0.1**
16-19	100.0	0.1	8.4	7.3	51.1	5.8	27.2	0.1
20-24	100.0	0.7	21.2	15.9	41.8	1.9	18.4	0.1
25-29	100.0	1.6	20.9	18.1	40.1	1.9	17.3	0.1
30-34	100.0	2.6	16.9	17.7	40.2	2.5	20.0	0.1
35-39	100.0	3.5	15.3	17.5	39.9	3.1	20.6	0.1
40-44	100.0	3.6	13.9	16.4	39.6	4.2	22.2	0.1
45-49	100.0	3.3	10.6	15.4	39.7	6.1	24.9	0.1
50-54	100.0	2.9	9.3	14.5	37.9	9.7	25.6	0.1
55-59	100.0	2.6	7.7	16.0	35.2	15.2	23.0	0.2
60-64	100.0	1.6	3.7	10.3	34.9	30.2	19.1	0.2
65+	100.0	0.9	2.6	6.5	26.3	52.2	11.4	0.2
男　Male	**100.0**	**3.4**	**10.6**	**16.4**	**37.4**	**6.1**	**25.9**	**0.1**
16-19	100.0	0.1	4.3	6.4	50.8	5.7	32.5	0.0
20-24	100.0	0.9	13.4	13.6	44.8	1.9	25.2	0.1
25-29	100.0	2.0	14.3	15.9	42.6	1.8	23.2	0.1
30-34	100.0	3.4	12.4	16.1	40.3	2.2	25.4	0.1
35-39	100.0	4.6	12.1	17.0	38.8	2.8	24.8	0.1
40-44	100.0	4.9	11.1	17.0	37.3	3.8	25.8	0.1
45-49	100.0	4.4	9.0	16.7	35.6	5.3	28.9	0.1
50-54	100.0	3.8	8.1	17.4	33.4	7.3	30.0	0.2
55-59	100.0	3.2	8.4	20.6	30.5	10.6	26.5	0.2
60-64	100.0	2.1	4.1	14.1	31.9	23.6	24.0	0.3
65+	100.0	1.2	3.1	9.3	26.2	46.5	13.5	0.2
女　Female	**100.0**	**1.6**	**18.3**	**15.6**	**41.3**	**8.2**	**15.0**	**0.1**
16-19	100.0	0.0	14.5	8.5	51.4	6.0	19.4	0.2
20-24	100.0	0.5	30.9	18.9	38.0	1.8	9.7	0.1
25-29	100.0	1.1	29.3	20.9	36.9	2.1	9.7	0.1
30-34	100.0	1.7	22.5	19.6	40.1	2.9	13.3	0.1
35-39	100.0	2.2	19.3	18.1	41.3	3.4	15.6	0.1
40-44	100.0	2.1	17.3	15.6	42.3	4.6	17.9	0.1
45-49	100.0	1.9	12.7	13.9	44.6	6.9	19.9	0.1
50-54	100.0	1.5	11.3	9.9	45.1	13.6	18.6	0.1
55-59	100.0	1.2	6.1	5.6	45.8	25.9	15.3	0.1
60-64	100.0	0.7	2.8	3.4	40.6	42.3	10.0	0.1
65+	100.0	0.3	1.7	1.9	26.5	61.3	8.2	0.1

1-49 城镇按职业、性别分的就业人员年龄构成
AGE COMPOSITION OF URBAN EMPLOYED PERSONS BY OCCUPATION AND SEX

单位：% (%)

年 龄 Age	城镇就业人员 Urban Employed Persons	单位负责人 Unit Heads	专业技术人员 Technical Personnel	办事人员和有关人员 Clerk and Related Workers	商业、服务业人员 Business Service Personnel	农林牧渔水利业生产人员 Producers of Agriculture, Forestry, Animal Husbandry, Fishery and Water Conservancy	生产运输设备操作人员及有关人员 Production, Transport Equipment Operators and Related Workers	其 他 Others
总计 Total	**100.0**	**100.0**	**100.0**	**100.0**	**100.0**	**100.0**	**100.0**	**100.0**
16-19	1.0	0.0	0.6	0.4	1.3	0.8	1.3	1.0
20-24	6.2	1.7	9.4	6.1	6.6	1.7	5.3	6.4
25-29	12.2	7.4	18.3	13.7	12.5	3.3	9.9	9.1
30-34	17.2	17.1	20.9	18.9	17.7	6.2	16.2	14.0
35-39	13.8	18.1	15.2	15.0	14.1	6.1	13.4	11.0
40-44	12.5	17.1	12.5	12.8	12.7	7.4	13.1	11.1
45-49	13.7	16.9	10.5	13.1	13.9	11.8	16.0	13.7
50-54	11.1	12.2	7.4	10.0	10.8	15.5	13.4	14.1
55-59	7.1	7.1	4.0	7.1	6.4	15.6	7.8	10.2
60-64	2.5	1.6	0.7	1.6	2.3	11.0	2.3	5.0
65+	2.8	0.9	0.5	1.1	1.9	20.7	1.5	4.4
男 Male	**100.0**	**100.0**	**100.0**	**100.0**	**100.0**	**100.0**	**100.0**	**100.0**
16-19	1.0	0.0	0.4	0.4	1.4	0.9	1.3	0.4
20-24	6.0	1.6	7.6	5.0	7.2	1.9	5.8	6.8
25-29	11.8	6.9	16.0	11.5	13.5	3.5	10.6	9.4
30-34	16.6	16.5	19.5	16.3	17.9	6.1	16.3	13.9
35-39	13.2	17.5	15.0	13.6	13.7	6.0	12.6	9.4
40-44	11.8	16.8	12.4	12.3	11.8	7.3	11.8	9.7
45-49	13.1	16.8	11.0	13.3	12.4	11.4	14.6	13.4
50-54	12.0	13.1	9.1	12.6	10.6	14.3	13.8	15.0
55-59	8.7	8.2	6.9	10.9	7.1	14.9	8.9	11.5
60-64	2.9	1.8	1.1	2.5	2.5	11.1	2.7	5.9
65+	3.0	1.0	0.9	1.7	2.1	22.6	1.6	4.6
女 Female	**100.0**	**100.0**	**100.0**	**100.0**	**100.0**	**100.0**	**100.0**	**100.0**
16-19	0.9	0.0	0.7	0.5	1.2	0.7	1.2	2.2
20-24	6.4	2.2	10.8	7.7	5.9	1.4	4.1	5.7
25-29	12.6	8.7	20.1	16.9	11.3	3.2	8.2	8.5
30-34	17.9	19.0	22.0	22.5	17.4	6.3	15.8	14.0
35-39	14.6	20.1	15.3	17.0	14.6	6.1	15.1	14.1
40-44	13.4	18.0	12.7	13.5	13.8	7.6	16.0	13.7
45-49	14.5	17.2	10.0	13.0	15.6	12.3	19.2	14.2
50-54	10.0	9.5	6.1	6.4	10.9	16.7	12.4	12.3
55-59	5.1	3.8	1.7	1.8	5.7	16.2	5.2	7.9
60-64	2.1	1.0	0.3	0.5	2.1	10.9	1.4	3.3
65+	2.5	0.5	0.2	0.3	1.6	18.8	1.4	4.1

1-50 城镇按受教育程度、性别分的就业人员职业构成
OCCUPATION OF URBAN EMPLOYED PERSONS BY EDUCATIONAL ATTAINMENT AND SEX

单位：% (%)

受教育程度	Educational Attainment	城镇就业人员 Urban Employed Persons	单位负责人 Unit Heads	专业技术人员 Technical Personnel	办事人员和有关人员 Clerk and Related Workers	商业、服务业人员 Business Service Personnel	农林牧渔水利业生产人员 Producers in the Sectors of Agriculture, Forestry,Animal Husbandry, Fishery and Water Conservancy	生产运输设备操作人员及有关人员 Production, Transport Equipment Operators and Related Workers	其他 Others
总 计	**Total**	**100.0**	**2.6**	**13.9**	**16.0**	**39.1**	**7.0**	**21.2**	**0.1**
未上过学	No Schooling	100.0	0.2	0.6	2.3	31.9	43.5	21.3	0.2
小 学	Primary School	100.0	0.7	1.1	3.9	35.9	26.5	31.7	0.2
初 中	Junior Secondary School	100.0	1.8	2.6	7.0	45.1	10.2	33.1	0.1
高 中	Senior Secondary School	100.0	3.0	8.3	15.6	48.4	3.5	21.2	0.1
大学专科	College	100.0	3.7	23.1	27.4	34.9	0.7	10.1	0.1
大学本科	University	100.0	3.8	39.6	30.9	21.7	0.2	3.7	0.0
研究生	Graduate and Higher Level	100.0	3.9	55.1	25.0	14.3	0.1	1.6	0.1
男	**Male**	**100.0**	**3.4**	**10.6**	**16.4**	**37.4**	**6.1**	**25.9**	**0.1**
未上过学	No Schooling	100.0	0.4	1.1	4.0	28.6	37.8	27.9	0.3
小 学	Primary School	100.0	0.9	1.3	5.6	31.3	23.0	37.7	0.2
初 中	Junior Secondary School	100.0	2.2	2.5	7.8	40.6	9.2	37.6	0.2
高 中	Senior Secondary School	100.0	3.7	6.0	15.4	44.9	3.5	26.3	0.1
大学专科	College	100.0	5.0	16.4	27.0	36.3	0.9	14.4	0.1
大学本科	University	100.0	5.4	31.9	32.5	24.4	0.3	5.5	0.0
研究生	Graduate and Higher Level	100.0	5.6	51.5	25.4	15.4	0.1	1.9	0.0
女	**Female**	**100.0**	**1.6**	**18.3**	**15.6**	**41.3**	**8.2**	**15.0**	**0.1**
未上过学	No Schooling	100.0	0.2	0.4	1.5	33.4	46.2	18.2	0.1
小 学	Primary School	100.0	0.6	0.9	2.2	40.5	29.9	25.8	0.1
初 中	Junior Secondary School	100.0	1.2	2.8	5.9	51.9	11.8	26.3	0.1
高 中	Senior Secondary School	100.0	2.0	11.9	15.8	53.9	3.4	12.9	0.1
大学专科	College	100.0	2.1	31.9	27.9	33.0	0.5	4.5	0.1
大学本科	University	100.0	2.0	48.2	29.1	18.7	0.2	1.8	0.0
研究生	Graduate and Higher Level	100.0	1.9	59.3	24.5	13.0	0.1	1.2	0.1

1－51　城镇按职业、性别分的就业人员受教育程度构成
EDUCATIONAL ATTAINMENT OF URBAN EMPLOYED PERSONS BY OCCUPATION AND SEX

单位：%　　(%)

受教育程度	Educational Attainment	城镇就业人员 Urban Employed Persons	单位负责人 Unit Heads	专业技术人员 Technical Personnel	办事人员和有关人员 Clerk and Related Workers	商业、服务业人员 Business Service Personnel	农林牧渔水利业生产人员 Producers in the Sectors of Agriculture, Forestry,Animal Husbandry, Fishery and Water Conservancy	生产运输设备操作人员及有关人员 Production, Transport Equipment Operators and Related Workers	其他 Others
总　计	**Total**	**100.0**	**100.0**	**100.0**	**100.0**	**100.0**	**100.0**	**100.0**	**100.0**
未上过学	No Schooling	0.9	0.1	0.0	0.1	0.7	5.6	0.9	1.4
小　学	Primary School	7.9	2.2	0.6	1.9	7.3	29.9	11.8	14.0
初　中	Junior Secondary School	34.9	23.5	6.6	15.2	40.3	51.0	54.3	48.3
高　中	Senior Secondary School	22.3	25.7	13.3	21.7	27.6	11.1	22.3	19.7
大学专科	College	16.6	23.4	27.6	28.3	14.8	1.8	7.9	10.1
大学本科	University	15.4	22.1	43.8	29.6	8.6	0.5	2.7	5.6
研究生	Graduate and Higher Level	2.0	3.0	8.0	3.1	0.7	0.0	0.2	0.9
男	**Male**	**100.0**	**100.0**	**100.0**	**100.0**	**100.0**	**100.0**	**100.0**	**100.0**
未上过学	No Schooling	0.5	0.1	0.1	0.1	0.4	3.1	0.6	1.1
小　学	Primary School	6.8	1.9	0.8	2.3	5.7	25.7	10.0	12.9
初　中	Junior Secondary School	36.4	23.3	8.5	17.3	39.4	54.3	52.9	48.1
高　中	Senior Secondary School	23.9	25.9	13.6	22.5	28.7	13.6	24.4	21.5
大学专科	College	16.3	23.6	25.2	26.8	15.8	2.4	9.0	10.2
大学本科	University	14.2	22.2	42.7	28.1	9.2	0.7	3.0	5.5
研究生	Graduate and Higher Level	1.9	3.1	9.1	2.9	0.8	0.0	0.1	0.7
女	**Female**	**100.0**	**100.0**	**100.0**	**100.0**	**100.0**	**100.0**	**100.0**	**100.0**
未上过学	No Schooling	1.4	0.2	0.0	0.1	1.2	8.2	1.8	1.9
小　学	Primary School	9.3	3.3	0.4	1.3	9.2	34.2	16.1	15.9
初　中	Junior Secondary School	32.9	24.2	5.1	12.4	41.3	47.6	57.5	48.6
高　中	Senior Secondary School	20.2	25.2	13.1	20.5	26.4	8.5	17.4	16.4
大学专科	College	17.0	22.8	29.5	30.4	13.6	1.1	5.1	9.9
大学本科	University	17.0	21.7	44.7	31.8	7.7	0.4	2.0	5.7
研究生	Graduate and Higher Level	2.2	2.6	7.1	3.5	0.7	0.0	0.2	1.5

1-52　城镇就业人员调查周平均工作时间
WEEKLY WORKING HOURS OF URBAN EMPLOYED PERSONS

单位：小时／周　(hours/per week)

分　组	Group	2016	2017	2018	2019	2020	2021
全　部	**Total**	**46.1**	**46.2**	**46.5**	**46.8**	**47.0**	**47.6**
一、按年龄分组	**By Age**						
	16-19	48.4	48.6	48.3	48.1	48.6	48.3
	20-24	46.7	46.5	46.8	46.3	47.0	47.2
	25-29	46.3	46.5	46.6	46.9	47.2	47.6
	30-34	46.4	46.5	46.8	47.5	47.9	48.3
	35-39	46.4	46.6	46.9	47.2	47.7	48.2
	40-44	46.6	46.7	47.0	47.5	47.8	48.4
	45-49	46.3	46.4	46.8	47.6	47.7	48.4
	50-54	45.6	45.9	46.4	46.9	47.0	47.9
	55-59	44.7	44.8	45.2	45.7	45.7	46.4
	60-64	42.8	43.3	44.1	43.9	43.4	44.6
	65+	38.4	38.9	39.1	39.0	37.8	38.4
二、按职业分组	**By Occupation**						
单位负责人	Unit Head	47.8	47.5	47.8	48.3	48.6	48.9
专业技术人员	Technical Personnel	43.4	43.0	43.2	43.5	43.7	43.9
办事人员和有关人员	Clerk and Related Workers	43.7	43.5	43.6	44.2	44.7	45.2
商业、服务业人员	Business Service Personnel	48.4	48.3	48.5	49.1	49.6	49.7
农林牧渔水利业生产人员	Producers in the Sectors of Agriculture, Forestry, Animal Husbandry, Fishery and Water Conservancy	39.4	39.2	39.4	38.7	36.7	37.5
生产、运输设备操作人员及有关人员	Production, Transport Equipment Operators and Related Workers	48.5	48.9	49.2	49.8	50.3	51.2
其　他	Others	50.6	44.6	44.9	47.6	50.2	47.3
三、按受教育程度分组	**By Educational Attainment**						
未上过学	No Schooling	41.9	41.8	42.0	41.5	39.5	41.6
小　学	Primary School	46.1	46.2	46.5	46.4	45.6	46.9
初　中	Junior Secondary School	48.6	48.9	49.2	49.5	49.6	50.4
高　中	Senior Secondary School	46.7	46.9	47.3	47.9	48.5	48.9
大学专科	College	44.0	44.0	44.3	44.7	45.2	45.5
大学本科	University	42.3	42.1	42.3	42.7	42.8	43.1
研究生	Graduate and Higher Level	41.7	41.5	41.5	42.0	42.0	42.4

注：高中包括中等职业教育，大学专科包括高等职业教育，2016—2018年的数据依据此分类重新计算(下表同)。

Note: Senior secondary school include medium vocational education, and college include high vocational education. The data from 2016 to 2018 are recalculated according to this classification. The same applies to the tables following.

1−53 城镇男性就业人员调查周平均工作时间
WEEKLY WORKING HOURS OF URBAN MALE EMPLOYED PERSONS

单位：小时／周 (hours/per week)

分组	Group	2016	2017	2018	2019	2020	2021
全部	**Total**	**46.8**	**47.0**	**47.3**	**47.8**	**48.1**	**48.7**
一、按年龄分组	**By Age**						
	16-19	48.9	49.2	49.2	48.9	49.4	49.6
	20-24	47.5	47.4	47.6	47.5	48.1	48.6
	25-29	47.1	47.3	47.5	48.2	48.5	49.1
	30-34	47.2	47.3	47.8	48.7	49.2	49.7
	35-39	47.2	47.5	47.8	48.2	48.8	49.4
	40-44	47.2	47.3	47.6	48.4	48.7	49.4
	45-49	46.9	47.1	47.5	48.4	48.5	49.2
	50-54	46.1	46.4	46.9	47.6	47.9	48.5
	55-59	45.3	45.4	45.8	46.4	46.6	47.2
	60-64	44.6	45.2	45.7	45.6	45.4	46.3
	65+	40.1	40.6	40.8	40.7	39.8	40.4
二、按职业分组	**By Occupation**						
单位负责人	Unit Head	47.8	47.7	48.0	48.4	48.7	48.9
专业技术人员	Technical Personnel	44.0	43.6	43.9	44.3	44.7	45.0
办事人员和有关人员	Clerk and Related Workers	44.3	44.1	44.2	45.0	45.6	46.2
商业、服务业人员	Business Service Personnel	49.0	48.8	49.1	49.7	50.2	50.5
农林牧渔水利业生产人员	Producers in the Sectors of Agriculture, Forestry, Animal Husbandry, Fishery and Water Conservancy	41.3	41.2	41.4	40.8	39.2	39.7
生产、运输设备操作人员及有关人员	Production, Transport Equipment Operators and Related Workers	48.6	49.0	49.3	50.0	50.4	51.2
其他	Others	51.1	45.3	45.9	49.1	50.6	48.7
三、按受教育程度分组	**By Educational Attainment**						
未上过学	No Schooling	44.7	44.2	43.6	43.4	41.5	43.3
小学	Primary School	47.2	47.4	47.6	48.0	47.1	48.0
初中	Junior Secondary School	49.3	49.6	50.0	50.3	50.5	51.3
高中	Senior Secondary School	47.2	47.5	47.9	48.7	49.2	49.8
大学专科	College	44.4	44.5	44.9	45.5	46.0	46.4
大学本科	University	42.6	42.4	42.7	43.2	43.4	43.8
研究生	Graduate and Higher Level	42.0	41.7	41.8	42.4	42.4	42.9

1-54　城镇女性就业人员调查周平均工作时间
WEEKLY WORKING HOURS OF URBAN FEMALE EMPLOYED PERSONS

单位：小时／周　　(hours/per week)

分　组	Group	2016	2017	2018	2019	2020	2021
全　部	**Total**	**45.2**	**45.2**	**45.5**	**45.5**	**45.6**	**46.2**
一、按年龄分组	**By Age**						
	16-19	47.7	47.6	46.8	46.8	47.6	46.3
	20-24	45.7	45.4	45.7	44.6	45.6	45.5
	25-29	45.3	45.4	45.4	45.3	45.6	45.8
	30-34	45.4	45.6	45.7	46.1	46.3	46.6
	35-39	45.5	45.6	45.8	46.0	46.4	46.8
	40-44	45.8	45.8	46.1	46.5	46.6	47.3
	45-49	45.6	45.6	46.0	46.7	46.8	47.5
	50-54	44.6	44.8	45.4	45.7	45.6	46.8
	55-59	42.9	43.3	43.9	44.1	43.7	44.8
	60-64	39.8	40.3	41.6	40.7	39.9	41.4
	65+	35.5	36.1	36.3	36.2	34.6	35.2
二、按职业分组	**By Occupation**						
单位负责人	Unit Head	47.9	46.9	47.5	47.7	48.4	48.7
专业技术人员	Technical Personnel	42.8	42.4	42.6	42.8	43.0	43.1
办事人员和有关人员	Clerk and Related Workers	42.7	42.6	42.8	43.0	43.4	43.7
商业、服务业人员	Business Service Personnel	47.8	47.7	47.8	48.4	48.8	48.8
农林牧渔水利业生产人员	Producers in the Sectors of Agriculture, Forestry, Animal Husbandry, Fishery and Water Conservancy	37.5	37.4	37.6	36.7	34.4	35.2
生产、运输设备操作人员及有关人员	Production, Transport Equipment Operators and Related Workers	48.1	48.7	49	49.4	49.9	51.2
其　他	Others	49.8	43.5	43.5	44.8	49.3	44.4
三、按受教育程度分组	**By Educational Attainment**						
未上过学	No Schooling	40.6	40.7	41.3	40.8	38.7	40.8
小　学	Primary School	44.9	44.9	45.3	44.9	44.1	45.7
初　中	Junior Secondary School	47.6	47.8	48.0	48.2	48.1	49.1
高　中	Senior Secondary School	45.9	46.0	46.5	46.7	47.3	47.4
大学专科	College	43.4	43.3	43.6	43.7	44.2	44.3
大学本科	University	41.9	41.7	41.9	42.1	42.2	42.3
研究生	Graduate and Higher Level	41.3	41.2	41.2	41.5	41.5	41.7

1−55 城镇按行业、性别分的就业人员调查周平均工作时间
WEEKLY WORKING HOURS IN URBAN AREA BY SECTOR AND SEX

单位：小时／周 (hours/per week)

行　业	Sector	2021	男 Male	女 Female
总　计	**National Total**	**47.6**	**48.7**	**46.2**
农、林、牧、渔业	Farming, Forestry, Animal Husbandry and Fishery	37.9	40.2	35.5
采矿业	Mining	48.0	48.6	44.6
制造业	Manufacturing	50.6	51.1	50.0
电力、热力、燃气及水生产和供应业	Production and Supply of Electricity,Heat,Gas and Water	45.0	45.6	43.3
建筑业	Construction	49	49.5	46.1
批发和零售业	Wholesale and Retail Trades	50.1	51.0	49.3
交通运输、仓储和邮政业	Transport, Storage and Post	49.9	50.6	46.6
住宿和餐饮业	Hotels and Catering Services	52.8	54.3	51.5
信息传输、软件和信息技术服务业	Information Transmission, Software and Information Technology	44.3	45.0	43.2
金融业	Financial Intermediation	42.6	43.1	42.2
房地产业	Real Estate	47.6	49.1	45.5
租赁和商务服务业	Leasing and Business Services	45.6	47.1	43.7
科学研究和技术服务业	Scientific Research and Technical Service	43.7	44.4	42.6
水利、环境和公共设施管理业	Management of Water Conservancy,Environment and Public Establishment	45.9	46.3	45.0
居民服务、修理和其他服务业	Services to Household,Repair and Other Services	49.9	51.3	48.6
教育	Education	42.6	43.5	42.2
卫生和社会工作	Health and Social Service	45.3	46.2	44.9
文化体育和娱乐业	Culture, Sports and Entertainment	45.6	46.3	44.8
公共管理、社会保障和社会组织	Public Management,Social Security and Social Organization	43.3	44.0	42.1

1–56 城镇按年龄、性别分的就业人员工作时间构成
WORKING HOURS OF URBAN EMPLOYED PERSONS BY AGE AND SEX

单位：% (%)

年 龄 Age	城镇就业人员 Urban Employed Persons	1–8小时 1-8 Hours	9–19小时 9-19 Hours	20–39小时 20-39 Hours	40小时 40 Hours	41–48小时 41-48 Hours	48小时以上 48 Hours Above
总计 Total	**100.0**	**0.9**	**1.2**	**5.8**	**33.2**	**23.8**	**35.1**
16–19	100.0	1.9	3.5	7.7	19.6	26.6	40.8
20–24	100.0	1.0	1.0	4.0	34.0	29.0	31.0
25–29	100.0	0.7	0.6	3.4	36.8	27.5	31.1
30–34	100.0	0.6	0.7	3.5	34.7	26.3	34.2
35–39	100.0	0.7	0.7	3.8	35.3	24.5	35.0
40–44	100.0	0.8	0.8	4.1	34.2	23.3	36.9
45–49	100.0	0.8	0.9	5.0	32.6	22.7	38.0
50–54	100.0	0.9	1.4	7.0	30.9	21.2	38.5
55–59	100.0	1.3	1.9	10.0	31.5	19.1	36.3
60–64	100.0	2.1	3.9	16.5	24.3	16.6	36.6
65+	100.0	4.0	8.0	27.9	22.6	12.2	25.3
男 Male	**100.0**	**0.8**	**1.0**	**4.8**	**31.2**	**24.0**	**38.3**
16–19	100.0	1.2	3.2	7.3	17.7	27.0	43.6
20–24	100.0	0.8	0.9	3.7	29.4	29.1	36.0
25–29	100.0	0.5	0.5	2.8	32.1	27.7	36.4
30–34	100.0	0.5	0.6	2.6	30.8	26.8	38.7
35–39	100.0	0.5	0.6	2.9	32.4	24.9	38.7
40–44	100.0	0.7	0.6	3.4	32.3	23.3	39.7
45–49	100.0	0.6	0.7	4.2	31.4	22.8	40.1
50–54	100.0	0.8	1.0	5.4	31.6	21.7	39.6
55–59	100.0	1.0	1.3	7.4	34.0	19.8	36.5
60–64	100.0	1.7	3.1	13.1	24.2	17.9	40.0
65+	100.0	3.4	6.5	25.0	22.8	13.4	29.0
女 Female	**100.0**	**1.1**	**1.5**	**7.0**	**36.0**	**23.5**	**30.8**
16–19	100.0	3.0	3.9	8.2	22.3	25.9	36.6
20–24	100.0	1.3	1.1	4.3	39.9	28.7	24.7
25–29	100.0	0.8	0.8	4.2	42.7	27.2	24.3
30–34	100.0	0.8	0.8	4.6	39.4	25.8	28.6
35–39	100.0	0.9	0.9	4.9	38.8	24.0	30.5
40–44	100.0	0.9	1.0	5.0	36.4	23.3	33.6
45–49	100.0	0.9	1.1	6.0	34.1	22.5	35.5
50–54	100.0	1.2	2.0	9.7	29.8	20.5	36.8
55–59	100.0	1.8	3.4	15.9	25.8	17.5	35.7
60–64	100.0	2.8	5.5	22.7	24.4	14.2	30.3
65+	100.0	5.0	10.3	32.6	22.3	10.4	19.4

1-57 城镇按受教育程度、性别分的就业人员工作时间构成
WORKING HOURS OF URBAN EMPLOYED PERSONS BY EDUCATIONAL ATTAINMENT AND SEX

单位：% (%)

受教育程度	Educational Attainment	城镇就业人员 Urban Employed Persons	1-8小时 1-8 Hours	9-19小时 9-19 Hours	20-39小时 20-39 Hours	40小时 40 Hours	41-48小时 41-48 Hours	48小时以上 48 Hours Above
总 计	**Total**	**100.0**	**0.9**	**1.2**	**5.8**	**33.2**	**23.8**	**35.1**
未上过学	No Schooling	100.0	2.9	7.6	23.4	19.2	13.6	33.3
小 学	Primary School	100.0	1.7	3.2	14.5	19.8	17.3	43.6
初 中	Junior Secondary School	100.0	1.0	1.5	6.9	19.2	21.5	49.9
高 中	Senior Secondary School	100.0	0.8	0.9	4.1	28.3	25.2	40.6
大学专科	College	100.0	0.7	0.5	3.1	46.1	31.6	18.0
大学本科	University	100.0	0.8	0.4	3.2	61.6	23.2	10.9
研究生	Graduate and Higher Level	100.0	0.8	0.4	3.1	69.2	17.1	9.5
男	**Male**	**100.0**	**0.8**	**1.0**	**4.8**	**31.2**	**24.0**	**38.3**
未上过学	No Schooling	100.0	2.3	6.9	20.7	18.5	14.7	36.8
小 学	Primary School	100.0	1.5	2.6	12.5	19.3	17.7	46.5
初 中	Junior Secondary School	100.0	0.8	1.3	5.8	18.3	21.2	52.6
高 中	Senior Secondary School	100.0	0.7	0.8	3.5	26.6	24.6	43.7
大学专科	College	100.0	0.6	0.4	2.6	43.3	32.6	20.5
大学本科	University	100.0	0.6	0.4	2.7	59.2	24.5	12.7
研究生	Graduate and Higher Level	100.0	0.6	0.4	2.7	67.2	18.0	11.0
女	**Female**	**100.0**	**1.1**	**1.5**	**7.0**	**36.0**	**23.5**	**30.8**
未上过学	No Schooling	100.0	3.1	8.0	24.7	19.5	13.0	31.7
小 学	Primary School	100.0	1.9	3.8	16.5	20.2	16.9	40.8
初 中	Junior Secondary School	100.0	1.2	1.9	8.4	20.6	22.0	45.9
高 中	Senior Secondary School	100.0	0.9	1.1	5.1	31.0	26.2	35.7
大学专科	College	100.0	0.8	0.7	3.8	49.6	30.3	14.8
大学本科	University	100.0	0.9	0.5	3.7	64.3	21.8	8.8
研究生	Graduate and Higher Level	100.0	0.9	0.5	3.4	71.4	16.0	7.8

1-58 城镇按行业、性别分的就业人员工作时间构成
WORKING HOURS OF URBAN EMPLOYED PERSONS BY SECTOR AND SEX

单位：% (%)

项　目	Item	城镇就业人员 Urban Employed Persons	1-8小时 1-8 Hours	9-19小时 9-19 Hours	20-39小时 20-39 Hours	40小时 40 Hours	41-48小时 41-48 Hours	48小时以上 48 Hours Above
总　计	**National Total**	**100.0**	**0.9**	**1.2**	**5.8**	**33.2**	**23.8**	**35.1**
农、林、牧、渔业	Agriculture, Forestry, Animal Husbandry and Fishery	100.0	3.5	7.3	28.9	25.5	12.4	22.4
采矿业	Mining	100.0	0.5	0.3	1.9	38.4	24.0	34.8
制造业	Manufacturing	100.0	0.5	0.6	2.9	24.4	27.2	44.3
电力、热力、燃气及水生产和供应业	Production and Supply of Electricity Power, Heat Power, Gas and Water	100.0	0.4	0.3	3.2	52.9	22.1	21.1
建筑业	Construction	100.0	0.8	0.8	5.2	24.9	23.9	44.4
批发和零售业	Wholesale and Retail Trades	100.0	0.7	0.9	4.1	25.5	25.3	43.5
交通运输、仓储和邮政业	Transport, Storage and Post	100.0	0.7	0.8	4.5	28.7	23.3	41.9
住宿和餐饮业	Hotels and Catering Services	100.0	0.6	1.1	4.3	18.8	23.1	52.1
信息传输、软件和信息技术服务业	Information Transmission, Software and Information Technical Services	100.0	0.5	0.3	2.8	55.5	23.4	17.5
金融业	Financial Intermediation	100.0	0.6	0.7	3.8	62.2	21.4	11.4
房地产业	Real Estate	100.0	0.5	0.4	2.5	36.1	30.6	29.8
租赁和商务服务业	Leasing and Business Services	100.0	0.9	0.6	4.1	46.3	23.9	24.3
科学研究和技术服务业	Scientific Research and Technical Services	100.0	0.6	0.3	3.1	58.8	22.3	14.9
水利、环境和公共设施管理业	Management of Water Conservancy, Environment and Public Facilities	100.0	0.7	0.8	4.9	40.7	22.6	30.2
居民服务、修理和其他服务业	Services to Households, Repair and Other Services	100.0	1.0	1.4	5.6	23.4	23.5	45.0
教育	Education	100.0	1.6	1.1	4.3	58.3	22.0	12.8
卫生和社会工作	Health and Society	100.0	0.5	0.3	3.2	47.0	29.4	19.6
文化体育和娱乐业	Culture, Sports and Entertainment	100.0	1.0	1.0	6.4	42.1	24.0	25.5
公共管理、社会保障和社会组织	Public Management, Social Security and Social	100.0	0.8	0.4	4.2	61.0	20.2	13.4
男	**Male**	**100.0**	**0.8**	**1.0**	**4.8**	**31.2**	**24.0**	**38.3**
农、林、牧、渔业	Agriculture, Forestry, Animal Husbandry and Fishery	100.0	2.9	5.8	24.8	25.6	14.0	26.9
采矿业	Mining	100.0	0.5	0.3	1.8	35.5	24.6	37.3
制造业	Manufacturing	100.0	0.5	0.5	2.1	24.1	27.6	45.2
电力、热力、燃气及水生产和供应业	Production and Supply of Electricity Power, Heat Power, Gas and Water	100.0	0.4	0.3	3.1	49.8	23.0	23.5
建筑业	Construction	100.0	0.7	0.8	5.0	23.1	24.0	46.4
批发和零售业	Wholesale and Retail Trades	100.0	0.7	0.8	3.6	24.6	24.4	45.8
交通运输、仓储和邮政业	Transport, Storage and Post	100.0	0.7	0.9	4.5	26.1	23.3	44.6
住宿和餐饮业	Hotels and Catering Services	100.0	0.5	0.8	3.1	16.8	23.0	55.7
信息传输、软件和信息技术服务业	Information Transmission, Software and Information Technical Services	100.0	0.5	0.3	2.1	53.7	24.0	19.4

1–58 续表 continued

单位：% (%)

项 目	Item	城镇就业人员 Urban Employed Persons	1–8小时 1-8 Hours	9–19小时 9-19 Hours	20–39小时 20-39 Hours	40小时 40 Hours	41–48小时 41-48 Hours	48小时以上 48 Hours Above
金融业	Financial Intermediation	100.0	0.4	0.3	2.6	62.7	21.8	12.1
房地产业	Real Estate	100.0	0.5	0.4	1.9	33.3	29.6	34.4
租赁和商务服务业	Leasing and Business Services	100.0	0.7	0.5	3.7	41.3	25.0	28.9
科学研究和技术服务业	Scientific Research and Technical Services	100.0	0.5	0.3	2.7	56.0	23.5	17.0
水利、环境和公共设施管理业	Management of Water Conservancy, Environment and Public Facilities	100.0	0.6	0.6	4.3	40.8	22.8	30.9
居民服务、修理和其他服务业	Services to Households, Repair and Other Services	100.0	0.9	1.2	4.5	21.4	23.3	48.7
教育	Education	100.0	1.4	1.1	4.2	54.6	22.7	15.9
卫生和社会工作	Health and Society	100.0	0.6	0.3	2.9	44.5	28.8	22.8
文化体育和娱乐业	Culture, Sports and Entertainment	100.0	0.7	0.8	5.8	40.4	25.2	27.1
公共管理、社会保障和社会组织	Public Management, Social Security and Social Organizations	100.0	0.7	0.3	3.5	59.1	20.9	15.5
女	**Female**	**100.0**	**1.1**	**1.5**	**7.0**	**36.0**	**23.5**	**30.8**
农、林、牧、渔业	Agriculture, Forestry, Animal Husbandry and Fishery	100.0	4.2	8.8	33.1	25.4	10.8	17.7
采矿业	Mining	100.0	0.5	0.4	2.7	53.9	20.9	21.6
制造业	Manufacturing	100.0	0.6	0.7	4.2	25.0	26.7	42.9
电力、热力、燃气及水生产和供应业	Production and Supply of Electricity Power, Heat Power, Gas and Water	100.0	0.4	0.4	3.6	62.3	19.4	14.0
建筑业	Construction	100.0	1.0	1.1	6.6	35.4	23.6	32.3
批发和零售业	Wholesale and Retail Trades	100.0	0.8	0.9	4.5	26.3	26.0	41.5
交通运输、仓储和邮政业	Transport, Storage and Post	100.0	0.7	0.6	4.6	41.3	23.8	29.0
住宿和餐饮业	Hotels and Catering Services	100.0	0.7	1.3	5.3	20.6	23.2	48.9
信息传输、软件和信息技术服务业	Information Transmission, Software and Information Technical Services	100.0	0.6	0.4	3.9	58.6	22.3	14.2
金融业	Financial Intermediation	100.0	0.7	0.9	4.8	61.8	21.0	10.8
房地产业	Real Estate	100.0	0.6	0.4	3.3	40.0	32.1	23.6
租赁和商务服务业	Leasing and Business Services	100.0	1.1	0.7	4.7	53.1	22.3	18.1
科学研究和技术服务业	Scientific Research and Technical Services	100.0	0.6	0.4	3.9	64.0	19.9	11.1
水利、环境和公共设施管理业	Management of Water Conservancy, Environment and Public Facilities	100.0	1.1	1.0	6.1	40.5	22.4	28.9
居民服务、修理和其他服务业	Services to Households, Repair and Other Services	100.0	1.1	1.6	6.8	25.4	23.8	41.2
教育	Education	100.0	1.6	1.0	4.3	60.1	21.7	11.2
卫生和社会工作	Health and Society	100.0	0.5	0.3	3.3	48.3	29.7	18.0
文化体育和娱乐业	Culture, Sports and Entertainment	100.0	1.2	1.2	7.2	44.1	22.7	23.6
公共管理、社会保障和社会组织	Public Management, Social Security and Social Organizations	100.0	0.9	0.6	5.3	64.2	19.1	9.9

1-59　城镇按职业、性别分的就业人员工作时间构成

ORKING HOURS OF URBAN EMPLOYED PERSONS BY OCCUPATION AND SI

单位：%　　(%)

职　业	Occupation	城　镇就业人员 Urban Employed Persons	1-8小时 1-8 Hours	9-19小时 9-19 Hours	20-39小时 20-39 Hours	40小时 40 Hours	41-48小时 41-48 Hours	48小时以上 48 Hours Above
合　计	**Total**	**100.0**	**0.9**	**1.2**	**5.8**	**33.2**	**23.8**	**35.1**
单位负责人	Unit Head	100.0	0.5	0.4	3.4	37.8	23.2	34.7
专业技术人员	Technical Personnel	100.0	0.9	0.6	3.5	53.9	25.0	16.1
办事人员和有关人员	Clerk and Related Workers	100.0	0.7	0.3	3.0	51.7	23.7	20.6
商业、服务业人员	Business Service Personnel	100.0	0.7	1.0	4.4	26.8	24.9	42.2
农林牧渔水利业生产人员	Producers in the Sectors of Agriculture, Forestry, Animal Husbandry, Fishery and Water Conservancy	100.0	3.6	7.5	29.7	25.2	12.0	21.9
生产运输设备操作人员及有关人员	Production, Transport Equipment Operators and Related Workers	100.0	0.6	0.8	4.1	19.8	25.0	49.7
其　他	Others	100.0	1.4	2.1	9.9	26.7	19.1	40.8
男	**Male**	**100.0**	**0.8**	**1.0**	**4.8**	**31.2**	**24.0**	**38.3**
单位负责人	Unit Head	100.0	0.4	0.4	3.1	37.4	23.9	34.8
专业技术人员	Technical Personnel	100.0	0.8	0.5	3.0	50.1	25.6	19.9
办事人员和有关人员	Clerk and Related Workers	100.0	0.6	0.3	2.6	48.8	23.8	24.0
商业、服务业人员	Business Service Personnel	100.0	0.6	0.8	3.7	26.1	24.6	44.1
农林牧渔水利业生产人员	Producers in the Sectors of Agriculture, Forestry, Animal Husbandry, Fishery and Water Conservancy	100.0	3.0	6.1	25.7	25.3	13.6	26.3
生产运输设备操作人员及有关人员	Production, Transport Equipment Operators and Related Workers	100.0	0.6	0.7	3.7	20.1	25.1	49.8
其　他	Others	100.0	1.1	1.7	7.3	25.8	19.3	44.8
女	**Female**	**100.0**	**1.1**	**1.5**	**7.0**	**36.0**	**23.5**	**30.8**
单位负责人	Unit Head	100.0	0.8	0.7	4.3	38.8	21.1	34.3
专业技术人员	Technical Personnel	100.0	1.1	0.7	3.8	56.9	24.5	13.1
办事人员和有关人员	Clerk and Related Workers	100.0	0.7	0.4	3.6	55.9	23.7	15.7
商业、服务业人员	Business Service Personnel	100.0	0.8	1.1	5.2	27.7	25.2	40.0
农林牧渔水利业生产人员	Producers in the Sectors of Agriculture, Forestry, Animal Husbandry, Fishery and Water Conservancy	100.0	4.3	8.9	33.7	25.2	10.5	17.4
生产运输设备操作人员及有关人员	Production, Transport Equipment Operators and Related Workers	100.0	0.7	1.0	5.2	19.1	24.6	49.4
其　他	Others	100.0	1.8	2.8	14.8	28.6	18.7	33.2

1−60 城镇按年龄、性别分的失业人员结束上一份工作原因构成
REASON FOR ENDING PREVIOUS JOB OF URBAN UNEMPLOYED PERSONS BY AGE AND SEX

单位：% (%)

年 龄 Age	城 镇 失业人员 Urban Unemployed Persons	从没工作过 Never worked	退 休 Retired	健康或 身体原因 Health or Physical Reasons	照顾家庭 To take care of family	参加学习培训 Participated in learning and training
总计 Total	**100.0**	**18.2**	**3.4**	**7.0**	**21.5**	**4.6**
16−19	100.0	51.7		1.2	1.3	19.1
20−24	100.0	55.5		1.8	3.6	11.7
25−29	100.0	19.6		4.4	18.5	7.3
30−34	100.0	6.0		5.9	38.0	2.8
35−39	100.0	4.9		5.9	38.6	1.4
40−44	100.0	5.3	0.0	7.9	33.8	0.7
45−49	100.0	4.8	0.7	11.2	24.7	0.5
50−54	100.0	4.6	12.8	12.3	20.2	0.1
55−59	100.0	3.9	13.8	12.6	18.4	0.2
60−64	100.0	3.9	25.8	12.0	14.2	0.0
65+	100.0	4.8	22.2	16.9	13.8	0.0
男 Male	**100.0**	**18.6**	**2.1**	**7.1**	**6.4**	**4.9**
16−19	100.0	54.3		0.9	0.8	16.7
20−24	100.0	54.6		1.3	1.4	11.1
25−29	100.0	20.5		2.7	4.5	7.4
30−34	100.0	3.8		5.9	8.8	3.7
35−39	100.0	2.9		6.0	8.6	2.1
40−44	100.0	2.1	0.1	8.3	10.2	1.2
45−49	100.0	1.6	0.3	11.2	8.9	0.7
50−54	100.0	2.3	0.9	14.5	9.7	0.2
55−59	100.0	1.6	6.4	14.7	8.7	0.1
60−64	100.0	1.3	27.8	12.5	8.2	
65+	100.0	3.0	23.3	17.6	8.1	0.0
女 Female	**100.0**	**18.0**	**4.5**	**6.9**	**34.3**	**4.3**
16−19	100.0	48.2		1.6	1.9	22.5
20−24	100.0	56.5		2.3	5.9	12.4
25−29	100.0	18.9		6.0	31.3	7.3
30−34	100.0	7.2		5.9	55.0	2.3
35−39	100.0	6.1		5.9	55.7	1.1
40−44	100.0	7.2	0.0	7.6	48.2	0.4
45−49	100.0	7.1	0.9	11.2	36.0	0.4
50−54	100.0	6.5	22.5	10.5	28.6	0.1
55−59	100.0	6.8	22.8	10.1	30.2	0.4
60−64	100.0	8.6	22.0	11.1	25.2	0.1
65+	100.0	7.5	20.5	15.7	22.8	

注：根据劳动力调查制度调整，原失业人员未工作原因调整为结束上一份工作原因数据表(下表同)。

Note:According to the adjustment of the Labor Force Survey, the table of the reason for unemployment of urban unemployed persons is adjusted to the table of the reason for ending previous job of urban unemployed persons. The same applies to the tables following.

1-60 续表 continued

单位：% (%)

年 龄 Age	对上份工作不满意 Dissatisfied with last job	上一份工作任务完成(包括打零工) Last Job Task Completed (Including Part-time Job)	被解聘 Fired	季节性歇业 Seasonal Shut down	单位/个体经营户倒闭停产 Unit/Self-employed Individuals Closed down or Stopped Production	承包土地被征用或流转 Land Expropriated or Transferred	其 他 Others
总计 Total	**17.3**	**12.4**	**2.7**	**3.3**	**7.2**	**0.4**	**2.0**
16-19	14.1	8.0	1.5	0.6	1.5	0.0	0.9
20-24	17.3	6.0	0.9	0.7	1.7	0.0	0.8
25-29	29.6	9.0	2.0	1.4	5.6	0.0	2.4
30-34	22.6	10.0	2.0	2.9	7.4	0.2	2.2
35-39	19.3	11.7	2.4	3.6	9.1	0.2	2.7
40-44	16.3	14.0	3.8	4.6	10.4	0.3	2.8
45-49	14.5	17.3	4.7	5.1	13.5	0.5	2.5
50-54	9.0	18.0	4.2	5.4	10.1	0.9	2.3
55-59	8.2	20.5	4.5	5.8	9.1	1.3	1.7
60-64	3.5	23.4	3.9	6.9	3.5	1.1	1.7
65+	3.0	20.9	5.2	5.9	3.2	2.1	2.0
男 Male	**22.3**	**18.5**	**3.7**	**4.3**	**9.3**	**0.4**	**2.5**
16-19	14.3	7.9	2.4	0.6	1.3		0.9
20-24	19.5	7.5	0.9	0.8	2.0		1.0
25-29	36.8	13.4	2.4	2.0	7.2	0.1	2.8
30-34	37.0	18.6	3.1	4.5	11.1	0.2	3.2
35-39	30.5	21.3	4.0	6.1	14.7	0.3	3.4
40-44	24.1	23.0	4.3	7.5	14.9	0.3	4.0
45-49	18.2	26.7	5.4	6.8	16.4	0.5	3.4
50-54	12.6	28.3	6.1	7.4	14.3	0.8	3.1
55-59	10.7	28.0	6.8	6.5	13.3	1.2	2.1
60-64	3.9	28.7	5.1	5.9	3.4	1.0	2.2
65+	3.6	22.9	6.9	6.1	4.3	1.9	2.3
女 Female	**13.1**	**7.3**	**2.0**	**2.4**	**5.4**	**0.4**	**1.6**
16-19	13.8	8.3	0.2	0.5	1.9	0.1	1.0
20-24	14.9	4.4	1.0	0.5	1.5	0.0	0.6
25-29	23.0	4.9	1.6	0.9	4.2	0.0	1.9
30-34	14.3	5.0	1.3	2.0	5.3	0.2	1.7
35-39	12.9	6.1	1.5	2.2	6.0	0.2	2.3
40-44	11.6	8.5	3.5	2.9	7.7	0.3	2.0
45-49	11.9	10.6	4.1	4.0	11.4	0.5	2.0
50-54	6.2	9.7	2.6	3.9	6.7	1.0	1.7
55-59	5.1	11.3	1.7	5.0	4.0	1.4	1.1
60-64	2.9	14.0	1.7	8.7	3.6	1.4	0.8
65+	2.0	17.7	2.4	5.7	1.6	2.5	1.7

注：根据劳动力调查制度调整，原失业人员未工作原因调整为结束上一份工作原因数据表(下表同)。

Note: According to the adjustment of the Labor Force Survey, the table of the reason for unemployment of urban unemployed persons is adjusted to the table of the reason for ending previous job of urban unemployed persons. The same applies to the tables following.

1−61 城镇按结束上一份工作原因、性别分的失业人员年龄构成
AGE COMPOSITION OF URBAN UNEMPLOYED PERSONS BY REASON AND SEX

单位：% (%)

年 龄 Age	城 镇 失业人员 Urban Unemployed Persons	从没工作过 Never worked	退 休 Retired	健康或 身体原因 Health or Physical Reasons	照顾家庭 To take care of family	参加学习培训 Participated in learning and training
总计 Total	**100.0**	**100.0**	**100.0**	**100.0**	**100.0**	**100.0**
16−19	3.7	10.4		0.6	0.2	15.3
20−24	19.0	57.8		4.9	3.1	48.7
25−29	13.3	14.4		8.5	11.5	21.4
30−34	13.1	4.3		11.1	23.1	8.2
35−39	10.0	2.7		8.4	17.8	3.1
40−44	8.6	2.5	0.1	9.7	13.5	1.4
45−49	10.5	2.8	2.0	16.9	12.0	1.2
50−54	10.7	2.7	40.4	18.9	10.0	0.3
55−59	7.0	1.5	28.3	12.6	6.0	0.4
60−64	2.4	0.5	17.8	4.1	1.6	0.0
65+	1.7	0.5	11.4	4.2	1.1	0.0
男 Male	**100.0**	**100.0**	**100.0**	**100.0**	**100.0**	**100.0**
16−19	4.7	13.7		0.6	0.6	15.8
20−24	21.6	63.3		4.0	4.8	48.4
25−29	13.9	15.3		5.4	9.9	20.9
30−34	10.6	2.2		8.9	14.7	7.9
35−39	8.0	1.2		6.7	10.8	3.4
40−44	7.1	0.8	0.3	8.3	11.4	1.8
45−49	9.6	0.8	1.3	15.2	13.3	1.3
50−54	10.5	1.3	4.4	21.6	15.9	0.3
55−59	8.4	0.7	25.1	17.5	11.4	0.2
60−64	3.3	0.2	43.4	5.9	4.3	
65+	2.3	0.4	25.5	5.8	3.0	0.0
女 Female	**100.0**	**100.0**	**100.0**	**100.0**	**100.0**	**100.0**
16−19	2.8	7.5		0.7	0.2	14.8
20−24	16.8	53.0		5.7	2.9	49.0
25−29	12.9	13.5		11.2	11.7	22.0
30−34	15.3	6.1		12.9	24.5	8.4
35−39	11.7	4.0		9.9	18.9	2.9
40−44	9.8	3.9	0.0	10.9	13.8	1.0
45−49	11.3	4.5	2.3	18.3	11.8	1.2
50−54	10.9	4.0	54.8	16.6	9.1	0.3
55−59	5.8	2.2	29.5	8.5	5.1	0.5
60−64	1.5	0.7	7.6	2.5	1.1	0.0
65+	1.2	0.5	5.7	2.8	0.8	

1-61　续表　continued

单位：%　　　　　　　　　　　　　　　　　　　　　　　　　　　　　　　(%)

年　龄 Age	对上份工作不满意 Dissatisfied with last job last job	上一份工作任务完成(包括打零工) Last Job Task Completed (Including Part-time Job)	被解聘 Fired	季节性歇业 Seasonal Shut down	单位/个体经营户倒闭停产 Unit/Self-employed Individuals Closed down or Stopped Production	承包土地被征用或流转 Land Expropriated or Transferred	其　他 Others
总计　Total	**100.0**	**100.0**	**100.0**	**100.0**	**100.0**	**100.0**	**100.0**
16–19	3.0	2.4	2.0	0.6	0.8	0.4	1.7
20–24	19.0	9.2	6.4	3.9	4.5	0.2	7.5
25–29	22.9	9.7	9.6	5.8	10.5	1.6	15.7
30–34	17.2	10.6	9.3	11.6	13.6	5.6	14.5
35–39	11.2	9.4	8.7	11.1	12.7	6.4	13.5
40–44	8.1	9.7	11.9	12.1	12.5	6.4	12.0
45–49	8.8	14.6	17.8	16.4	19.7	14.0	13.3
50–54	5.6	15.6	16.2	17.8	15.1	25.5	12.3
55–59	3.3	11.5	11.4	12.4	8.8	23.2	5.8
60–64	0.5	4.4	3.3	5.0	1.1	7.0	2.0
65+	0.3	2.9	3.3	3.1	0.8	9.6	1.8
男　Male	**100.0**	**100.0**	**100.0**	**100.0**	**100.0**	**100.0**	**100.0**
16–19	3.0	2.0	3.0	0.7	0.6		1.7
20–24	18.9	8.7	5.2	4.2	4.5		8.3
25–29	23.0	10.1	9.3	6.5	10.8	2.9	15.9
30–34	17.6	10.7	9.1	11.1	12.7	4.5	13.6
35–39	10.9	9.2	8.7	11.3	12.6	7.2	10.9
40–44	7.7	8.9	8.4	12.4	11.4	5.5	11.6
45–49	7.8	13.8	14.3	15.1	16.9	12.7	12.9
50–54	5.9	16.1	17.5	18.1	16.1	21.8	13.0
55–59	4.1	12.7	15.6	12.7	12.0	25.8	7.1
60–64	0.6	5.1	4.6	4.6	1.2	8.5	2.9
65+	0.4	2.9	4.4	3.3	1.1	11.2	2.1
女　Female	**100.0**	**100.0**	**100.0**	**100.0**	**100.0**	**100.0**	**100.0**
16–19	3.0	3.2	0.3	0.6	1.0	0.7	1.7
20–24	19.2	10.2	8.3	3.5	4.5	0.4	6.3
25–29	22.7	8.8	10.2	4.8	9.9	0.4	15.4
30–34	16.7	10.5	9.6	12.4	14.9	6.5	15.8
35–39	11.5	9.8	8.7	10.8	12.8	5.9	16.9
40–44	8.7	11.6	17.4	11.7	14.0	7.2	12.5
45–49	10.3	16.4	23.3	18.4	23.7	15.2	13.7
50–54	5.2	14.6	14.3	17.4	13.6	28.7	11.4
55–59	2.3	9.0	5.0	11.9	4.2	21.1	4.0
60–64	0.3	3.0	1.3	5.6	1.0	5.8	0.8
65+	0.2	3.0	1.5	2.9	0.4	8.2	1.3

1-62 城镇按受教育程度、性别分的失业人员结束上一份工作原因构成
REASON FOR ENDING PREVIOUS JOB OF URBAN UNEMPLOYED PERSONS BY EDUCATIONAL ATTAINMENT AND SEX

单位：% (%)

受教育程度	Educational Attainment	城镇失业人员 Urban Unemployed Persons	从没工作过 Never worked	退休 Retired	健康或身体原因 Health or Physical Reasons	照顾家庭 To take care of family	参加学习培训 Participated in learning and training
总计	**Total**	**100.0**	**18.2**	**3.4**	**7.0**	**21.5**	**4.6**
未上过学	No Schooling	100.0	11.0	2.6	21.1	21.3	0.1
小学	Primary School	100.0	6.3	3.3	13.8	24.9	0.3
初中	Junior Secondary School	100.0	6.8	3.8	8.9	27.5	1.0
高中	Senior Secondary School	100.0	10.8	5.8	6.7	23.8	2.4
大学专科	College	100.0	24.9	2.6	4.2	18.4	7.5
大学本科	University	100.0	45.7	0.8	2.1	9.7	13.8
研究生	Graduate and Higher Level	100.0	69.7	0.5	0.7	5.0	11.1
男	**Male**	**100.0**	**18.6**	**2.1**	**7.1**	**6.4**	**4.9**
未上过学	No Schooling	100.0	7.6	3.6	24.5	6.1	0.1
小学	Primary School	100.0	2.9	2.7	15.5	8.1	0.4
初中	Junior Secondary School	100.0	5.0	2.3	10.0	7.9	1.2
高中	Senior Secondary School	100.0	11.7	3.1	6.4	6.9	3.0
大学专科	College	100.0	29.0	1.5	3.1	4.7	8.6
大学本科	University	100.0	47.4	0.8	1.8	4.1	13.2
研究生	Graduate and Higher Level	100.0	68.6	1.0	0.3	2.4	11.2
女	**Female**	**100.0**	**18.0**	**4.5**	**6.9**	**34.3**	**4.3**
未上过学	No Schooling	100.0	12.2	2.3	19.9	26.6	0.1
小学	Primary School	100.0	9.0	3.8	12.4	37.9	0.1
初中	Junior Secondary School	100.0	8.3	5.0	8.0	43.4	0.9
高中	Senior Secondary School	100.0	9.9	8.1	7.1	39.2	1.8
大学专科	College	100.0	21.2	3.5	5.2	30.4	6.5
大学本科	University	100.0	44.3	0.9	2.4	14.6	14.3
研究生	Graduate and Higher Level	100.0	70.5	0.2	1.0	7.0	11.0

1-62 续表 continued

单位：% (%)

受教育程度	Educational Attainment	对上份工作不满意满意 Dissatisfied with last job last job	上一份工作任务完成(包括打零工) Last Job Task Completed (Including Part-time Job)	被解聘 Fired	季节性歇业 Seasonal Shut down	单位/个体经营户倒闭停产 Unit/Self-employed Individuals Closed down or Stopped Production	承包土地被征用或流转 Land Expropriated or Transferred	其 他 Others
总 计	**Total**	**17.3**	**12.4**	**2.7**	**3.3**	**7.2**	**0.4**	**2.0**
未上过学	No Schooling	4.1	21.7	3.2	7.7	4.3	1.2	1.5
小 学	Primary School	10.0	23.7	2.9	6.6	5.4	1.0	1.8
初 中	Junior Secondary School	16.4	16.8	3.0	4.9	8.0	0.5	2.4
高 中	Senior Secondary School	20.5	11.2	3.5	2.8	9.8	0.4	2.3
大学专科	College	22.7	6.6	2.4	1.6	7.2	0.1	1.8
大学本科	University	15.5	4.7	1.7	0.5	4.0	0.0	1.3
研究生	Graduate and Higher Level	6.6	3.7	0.5	0.2	1.8		0.3
男	**Male**	**22.3**	**18.5**	**3.7**	**4.3**	**9.3**	**0.4**	**2.5**
未上过学	No Schooling	3.7	35.1	3.8	7.7	5.6	0.1	2.3
小 学	Primary School	12.9	35.9	3.6	8.6	6.4	0.9	2.2
初 中	Junior Secondary School	21.7	26.8	4.1	6.6	10.6	0.6	3.2
高 中	Senior Secondary School	27.5	16.9	4.9	3.7	12.8	0.4	2.7
大学专科	College	28.2	9.0	3.0	2.0	8.8	0.1	2.1
大学本科	University	17.6	5.7	2.2	0.8	5.0	0.1	1.6
研究生	Graduate and Higher Level	8.2	3.9	0.7	0.4	3.1		0.3
女	**Female**	**13.1**	**7.3**	**2.0**	**2.4**	**5.4**	**0.4**	**1.6**
未上过学	No Schooling	4.2	17.1	3.1	7.8	3.9	1.6	1.3
小 学	Primary School	7.8	14.3	2.3	5.1	4.7	1.2	1.4
初 中	Junior Secondary School	12.0	8.6	2.1	3.4	5.9	0.5	1.8
高 中	Senior Secondary School	14.3	6.1	2.3	2.0	7.0	0.3	1.9
大学专科	College	17.9	4.6	1.9	1.2	5.8	0.1	1.6
大学本科	University	13.7	3.9	1.3	0.4	3.2		1.1
研究生	Graduate and Higher Level	5.4	3.5	0.3		0.9		0.3

1-63 城镇按结束上一份工作原因、性别分的失业人员受教育程度构成
EDUCATIONAL ATTAINMENT OF URBAN UNEMPLOYED PERSONS BY REASON AND SEX

单位：% (%)

受教育程度	Educational Attainment	城镇失业人员 Urban Unemployed Persons	从没工作过 Never worked	退休 Retired	健康或身体原因 Health or Physical Reasons	照顾家庭 To take care of family	参加学习培训 Participated in learning and training
总　计	**Total**	**100.0**	**100.0**	**100.0**	**100.0**	**100.0**	**100.0**
未上过学	No Schooling	0.9	0.5	0.7	2.7	0.9	0.0
小　学	Primary School	9.7	3.4	9.5	19.2	11.2	0.5
初　中	Junior Secondary School	33.4	12.5	37.4	42.6	42.6	7.5
高　中	Senior Secondary School	20.9	12.3	35.3	20.2	23.1	10.9
大学专科	College	17.1	23.3	13.0	10.3	14.6	27.9
大学本科	University	15.9	39.9	3.8	4.8	7.2	47.9
研究生	Graduate and Higher Level	2.1	8.1	0.3	0.2	0.5	5.1
男	**Male**	**100.0**	**100.0**	**100.0**	**100.0**	**100.0**	**100.0**
未上过学	No Schooling	0.5	0.2	0.9	1.7	0.5	0.0
小　学	Primary School	9.3	1.4	11.8	20.4	11.7	0.8
初　中	Junior Secondary School	32.8	8.8	36.2	46.5	40.6	8.1
高　中	Senior Secondary School	21.7	13.7	31.8	19.6	23.4	13.3
大学专科	College	17.5	27.3	12.5	7.6	12.7	30.3
大学本科	University	16.2	41.3	5.8	4.1	10.3	43.1
研究生	Graduate and Higher Level	2.0	7.3	0.9	0.1	0.7	4.5
女	**Female**	**100.0**	**100.0**	**100.0**	**100.0**	**100.0**	**100.0**
未上过学	No Schooling	1.2	0.8	0.6	3.5	0.9	0.0
小　学	Primary School	10.1	5.1	8.6	18.2	11.1	0.3
初　中	Junior Secondary School	33.8	15.7	37.9	39.3	42.8	7.0
高　中	Senior Secondary School	20.2	11.1	36.6	20.7	23.0	8.6
大学专科	College	16.8	19.8	13.2	12.7	14.9	25.6
大学本科	University	15.7	38.6	3.0	5.4	6.7	52.6
研究生	Graduate and Higher Level	2.2	8.8	0.1	0.3	0.5	5.8

1-63 续表 continued

单位：% (%)

受教育程度	Educational Attainment	对上份工作不满意 满意 Dissatisfied with last job last job	上一份工作任务完成(包括打零工) Last Job Task Completed (Including Part-time Job)	被解聘 Fired	季节性歇业 Seasonal Shut down	单位/个体经营户倒闭停产 Unit/Self-employed Individuals Closed down or Stopped Production	承包土地被征用或流转 Land Expropriated or Transferred	其　他 Others
总　计	**Total**	**100.0**	**100.0**	**100.0**	**100.0**	**100.0**	**100.0**	**100.0**
未上过学	No Schooling	0.2	1.6	1.0	2.1	0.5	2.8	0.7
小　学	Primary School	5.6	18.5	10.1	19.6	7.3	26.5	8.5
初　中	Junior Secondary School	31.7	45.2	36.6	49.5	37.2	44.9	40.4
高　中	Senior Secondary School	24.8	18.9	26.9	17.8	28.3	19.5	24.0
大学专科	College	22.5	9.1	15.2	8.3	17.2	4.4	15.6
大学本科	University	14.3	6.1	9.8	2.6	8.9	1.9	10.6
研究生	Graduate and Higher Level	0.8	0.6	0.4	0.1	0.5		0.3
男	**Male**	**100.0**	**100.0**	**100.0**	**100.0**	**100.0**	**100.0**	**100.0**
未上过学	No Schooling	0.1	0.9	0.5	0.9	0.3	0.1	0.5
小　学	Primary School	5.4	18.0	9.2	18.6	6.3	21.5	8.2
初　中	Junior Secondary School	32.0	47.5	36.8	50.6	37.4	47.4	42.2
高　中	Senior Secondary School	26.8	19.7	29.0	18.7	30.0	23.7	23.9
大学专科	College	22.2	8.5	14.4	8.2	16.6	3.1	14.6
大学本科	University	12.8	5.0	9.6	2.8	8.6	4.2	10.5
研究生	Graduate and Higher Level	0.7	0.4	0.4	0.2	0.6		0.2
女	**Female**	**100.0**	**100.0**	**100.0**	**100.0**	**100.0**	**100.0**	**100.0**
未上过学	No Schooling	0.4	2.9	1.9	3.9	0.9	5.1	1.0
小　学	Primary School	6.0	19.8	11.5	21.1	8.7	30.7	8.9
初　中	Junior Secondary School	31.2	40.2	36.1	47.8	36.8	42.9	38.0
高　中	Senior Secondary School	22.0	17.1	23.7	16.3	26.0	15.9	24.0
大学专科	College	23.0	10.6	16.3	8.6	18.0	5.4	16.8
大学本科	University	16.4	8.4	10.2	2.4	9.2		10.8
研究生	Graduate and Higher Level	0.9	1.1	0.3		0.4		0.4

1-64 城镇按年龄、性别分的失业人员受教育程度构成
EDUCATIONAL ATTAINMENT OF URBAN UNEMPLOYED PERSONS BY AGE AND SEX

单位：%　　(%)

年龄 Age	城镇失业人员 Urban Unemployed Persons	未上过学 No Schooling	小学 Primary School	初中 Junior Secondary School	高中 Senior Secondary School	大学专科 College	大学本科 University	研究生 Graduate and Higher Level
总计 Total	**100.0**	**0.9**	**9.7**	**33.4**	**20.9**	**17.1**	**15.9**	**2.1**
16-19	100.0	0.1	1.4	26.0	33.4	20.9	18.2	
20-24	100.0	0.0	0.7	10.1	12.8	29.6	43.0	3.8
25-29	100.0	0.1	1.6	23.0	21.3	23.3	22.8	7.8
30-34	100.0	0.1	4.1	35.4	25.5	21.5	12.1	1.2
35-39	100.0	0.4	6.0	40.7	23.3	17.6	11.2	0.9
40-44	100.0	0.7	10.5	44.6	25.1	12.4	6.3	0.4
45-49	100.0	1.3	16.9	47.6	22.1	8.4	3.6	0.3
50-54	100.0	1.9	22.5	48.8	18.5	6.1	2.1	0.2
55-59	100.0	2.0	23.9	46.7	20.5	4.7	2.2	0.0
60-64	100.0	3.8	28.0	37.0	25.8	4.1	1.1	0.2
65+	100.0	10.6	43.7	31.3	11.6	1.9	0.7	0.1
男 Male	**100.0**	**0.5**	**9.3**	**32.8**	**21.7**	**17.5**	**16.2**	**2.0**
16-19	100.0		1.8	27.9	35.5	19.5	15.4	
20-24	100.0	0.0	1.0	11.4	14.6	31.3	38.9	2.8
25-29	100.0	0.2	1.9	23.0	22.2	22.8	22.4	7.4
30-34	100.0	0.1	4.9	35.9	26.0	20.1	11.9	1.2
35-39	100.0	0.4	6.6	39.2	23.5	17.0	12.2	1.1
40-44	100.0	0.3	10.1	42.6	25.7	12.8	8.0	0.5
45-49	100.0	0.7	15.6	46.7	22.6	8.6	5.4	0.4
50-54	100.0	1.0	19.5	49.8	18.8	7.2	3.4	0.3
55-59	100.0	0.9	19.9	47.8	23.2	5.5	2.6	0.0
60-64	100.0	1.4	23.4	39.2	29.3	4.8	1.6	0.4
65+	100.0	5.1	41.5	38.0	12.1	2.0	1.2	0.1
女 Female	**100.0**	**1.2**	**10.1**	**33.8**	**20.2**	**16.8**	**15.7**	**2.2**
16-19	100.0	0.3	0.8	23.3	30.5	22.9	22.2	
20-24	100.0	0.0	0.4	8.7	10.8	27.7	47.4	5.0
25-29	100.0	0.1	1.3	22.9	20.5	23.8	23.1	8.2
30-34	100.0	0.1	3.7	35.2	25.3	22.3	12.2	1.3
35-39	100.0	0.4	5.6	41.6	23.2	17.9	10.7	0.8
40-44	100.0	1.0	10.7	45.9	24.8	12.1	5.2	0.4
45-49	100.0	1.7	17.8	48.2	21.7	8.2	2.3	0.1
50-54	100.0	2.6	24.9	48.0	18.2	5.2	1.1	0.1
55-59	100.0	3.3	28.9	45.4	17.2	3.6	1.6	0.0
60-64	100.0	8.2	36.2	33.1	19.5	2.8	0.2	
65+	100.0	19.2	47.2	20.8	10.9	1.8	0.1	

1-65 城镇按受教育程度、性别分的失业人员年龄构成
AGE COMPOSITION OF URBAN UNEMPLOYED PERSONS BY EDUCATIONAL ATTAINMENT AND SEX

单位：% (%)

年 龄 Age	城镇失业人员 Urban Unemployed Persons	未上过学 No Schooling	小学 Primary School	初中 Junior Secondary School	高中 Senior Secondary School	大学专科 College	大学本科 University	研究生 Graduate and Higher Level
总计 Total	**100.0**	**100.0**	**100.0**	**100.0**	**100.0**	**100.0**	**100.0**	**100.0**
16-19	3.7	0.5	0.5	2.8	5.9	4.5	4.2	
20-24	19.0	0.3	1.4	5.7	11.6	32.8	51.3	34.4
25-29	13.3	2.0	2.2	9.2	13.6	18.2	19.1	49.4
30-34	13.1	1.9	5.6	13.9	16.1	16.5	10.0	7.6
35-39	10.0	4.3	6.1	12.2	11.1	10.2	7.0	4.2
40-44	8.6	7.0	9.3	11.5	10.3	6.2	3.4	1.6
45-49	10.5	15.1	18.3	15.0	11.1	5.1	2.4	1.3
50-54	10.7	22.5	24.8	15.7	9.5	3.8	1.4	1.0
55-59	7.0	15.5	17.2	9.8	6.8	1.9	1.0	0.1
60-64	2.4	10.1	6.8	2.6	2.9	0.6	0.2	0.3
65+	1.7	20.7	7.8	1.6	1.0	0.2	0.1	0.0
男 Male	**100.0**	**100.0**	**100.0**	**100.0**	**100.0**	**100.0**	**100.0**	**100.0**
16-19	4.7		0.9	4.0	7.7	5.2	4.5	
20-24	21.6	0.1	2.3	7.5	14.5	38.6	51.8	30.3
25-29	13.9	4.2	2.9	9.8	14.2	18.1	19.3	52.6
30-34	10.6	3.2	5.6	11.6	12.7	12.2	7.8	6.2
35-39	8.0	6.0	5.7	9.5	8.6	7.7	6.0	4.6
40-44	7.1	4.5	7.8	9.3	8.4	5.2	3.5	1.7
45-49	9.6	13.1	16.1	13.6	10.0	4.7	3.2	2.0
50-54	10.5	20.8	22.1	15.9	9.1	4.3	2.2	1.7
55-59	8.4	14.9	18.0	12.2	9.0	2.7	1.4	0.2
60-64	3.3	9.3	8.4	4.0	4.5	0.9	0.3	0.6
65+	2.3	24.0	10.4	2.7	1.3	0.3	0.2	0.1
女 Female	**100.0**	**100.0**	**100.0**	**100.0**	**100.0**	**100.0**	**100.0**	**100.0**
16-19	2.8	0.6	0.2	1.9	4.2	3.8	4.0	
20-24	16.8	0.4	0.7	4.3	9.0	27.7	50.9	37.5
25-29	12.9	1.2	1.7	8.7	13.1	18.2	19.0	47.1
30-34	15.3	1.5	5.5	15.9	19.1	20.3	11.9	8.6
35-39	11.7	3.8	6.5	14.3	13.4	12.4	7.9	3.9
40-44	9.8	7.9	10.5	13.3	12.1	7.1	3.3	1.6
45-49	11.3	15.8	19.9	16.1	12.2	5.5	1.6	0.7
50-54	10.9	23.0	27.0	15.5	9.8	3.4	0.7	0.5
55-59	5.8	15.7	16.6	7.8	4.9	1.2	0.6	0.1
60-64	1.5	10.4	5.6	1.5	1.5	0.3	0.0	
65+	1.2	19.6	5.8	0.8	0.7	0.1	0.0	

1-66 城镇按年龄、性别分的失业人员寻找工作方式构成
METHODS OF JOB-SEEKING OF URBAN UNEMPLOYED PERSONS BY AGE AND SEX

单位：% (%)

年 龄 Age	城 镇 失业人员 Urban Unemployed Persons	为自己经营做准备 Prepare for Own Business	为找到工作参加培训、实习、招考 Participate in Training, Internships, and Exams to Find a Job	委托亲戚朋友介绍 Ask Friends Relatives about Job	查询招聘网站或广告 Check Recruitment Website or Advertisement	直接联系雇主或单位 Contact Directly with Employers	联系就业服务机构 Contact with Employment Agency Office	参加招聘会 Take Part in Employment Advertise Meeting	其 他 Others
总计 Total	**100.0**	**9.9**	**11.5**	**42.4**	**24.1**	**7.4**	**1.2**	**3.4**	**0.2**
16-19	100.0	5.2	16.6	37.2	30.5	7.7	0.6	2.1	0.2
20-24	100.0	4.7	31.0	17.6	32.5	5.2	0.8	8.1	0.1
25-29	100.0	9.0	19.0	26.6	33.8	5.9	1.0	4.6	0.2
30-34	100.0	13.2	7.0	38.6	30.6	7.0	1.3	2.2	0.2
35-39	100.0	13.6	4.3	44.1	26.9	7.3	1.3	2.2	0.3
40-44	100.0	14.0	2.7	49.8	22.1	8.4	1.0	1.9	0.1
45-49	100.0	12.2	2.8	56.7	15.7	9.5	1.5	1.6	0.1
50-54	100.0	10.7	2.1	63.8	10.9	9.4	1.6	1.2	0.2
55-59	100.0	9.8	1.0	69.5	7.7	8.9	1.6	1.3	0.3
60-64	100.0	7.1	1.2	73.3	5.1	11.3	1.4	0.5	0.1
65+	100.0	5.8	1.0	80.8	2.9	8.2	0.8	0.5	0.1
男 Male	**100.0**	**11.2**	**11.5**	**40.2**	**23.4**	**8.5**	**1.2**	**3.8**	**0.2**
16-19	100.0	5.7	16.3	38.0	31.0	6.7	0.3	1.9	0.1
20-24	100.0	5.0	28.5	19.4	31.7	6.1	0.9	8.4	0.1
25-29	100.0	10.2	18.9	26.5	31.7	6.5	1.1	4.9	0.2
30-34	100.0	16.5	6.4	34.2	29.7	8.0	2.0	2.8	0.3
35-39	100.0	17.8	3.6	39.8	25.6	8.9	1.5	2.5	0.4
40-44	100.0	18.9	2.2	43.9	21.8	10.3	0.8	1.9	0.2
45-49	100.0	15.6	2.6	52.1	15.3	10.8	1.5	2.1	0.1
50-54	100.0	12.5	1.8	58.8	12.5	11.4	1.5	1.4	0.3
55-59	100.0	10.0	0.9	66.0	9.0	10.6	1.7	1.5	0.2
60-64	100.0	7.1	1.3	73.8	4.2	11.5	1.4	0.5	0.2
65+	100.0	6.6	1.3	78.9	2.7	9.0	0.7	0.6	0.1
女 Female	**100.0**	**8.7**	**11.5**	**44.3**	**24.7**	**6.5**	**1.1**	**3.0**	**0.2**
16-19	100.0	4.5	16.9	36.2	29.8	9.0	1.1	2.3	0.2
20-24	100.0	4.3	33.8	15.6	33.5	4.2	0.8	7.8	0.1
25-29	100.0	8.0	19.0	26.8	35.7	5.3	0.9	4.3	0.2
30-34	100.0	11.2	7.3	41.1	31.2	6.4	0.8	1.9	0.1
35-39	100.0	11.1	4.7	46.7	27.7	6.3	1.1	2.1	0.3
40-44	100.0	11.1	3.1	53.3	22.2	7.3	1.0	1.9	0.1
45-49	100.0	9.8	2.9	60.0	15.9	8.5	1.4	1.3	0.1
50-54	100.0	9.4	2.3	67.8	9.7	7.8	1.7	1.1	0.2
55-59	100.0	9.6	1.2	73.7	6.1	6.8	1.3	1.0	0.3
60-64	100.0	7.2	1.0	72.3	6.8	10.7	1.6	0.4	0.0
65+	100.0	4.6	0.5	83.8	3.1	6.9	0.8	0.2	

注：失业人员寻找工作方式分类根据劳动力调查制度进行了调整(下表同)。
Note:The classification of the Job-seeking methods of Urban Unemployed Persons has been adjusted according to the Labor Force Survey.The same applies to the tables following.

1-67 城镇按受教育程度、性别分的失业人员寻找工作方式构成
METHODS OF JOB-SEEKING OF URBAN UNEMPLOYED PERSONS BY EDUCATIONAL ATTAINMENT AND SEX

单位：% (%)

受教育程度	Educational Attainment	城镇失业人员 Urban Unemployed Persons	为自己经营做准备 Prepare for Own Business	为找到工作参加培训、实习、招考 Participating in Training, Internships, and Exams to Find a Job	委托亲戚朋友介绍 Ask Friends Relatives about Job	查询招聘网站或广告 Check Recruitment Website or Advertisement
总 计	**Total**	**100.0**	**9.9**	**11.5**	**42.4**	**24.1**
未上过学	No Schooling	100.0	9.1	0.5	71.4	3.5
小 学	Primary School	100.0	9.6	1.9	67.2	7.0
初 中	Junior Secondary School	100.0	11.3	3.3	58.5	14.6
高 中	Senior Secondary School	100.0	11.6	6.4	45.6	25.2
大学专科	College	100.0	9.6	16.9	25.0	37.5
大学本科	University	100.0	6.3	32.3	13.7	36.2
研究生	Graduate and Higher Level	100.0	3.2	30.7	5.0	41.0
男	**Male**	**100.0**	**11.2**	**11.5**	**40.2**	**23.4**
未上过学	No Schooling	100.0	9.1	1.0	69.8	2.6
小 学	Primary School	100.0	10.2	1.9	64.9	7.4
初 中	Junior Secondary School	100.0	12.5	3.5	56.3	13.3
高 中	Senior Secondary School	100.0	13.1	7.0	42.9	23.9
大学专科	College	100.0	11.3	16.9	23.0	36.3
大学本科	University	100.0	7.6	30.8	13.8	35.7
研究生	Graduate and Higher Level	100.0	4.7	26.4	6.1	38.6
女	**Female**	**100.0**	**8.7**	**11.5**	**44.3**	**24.7**
未上过学	No Schooling	100.0	9.1	0.4	71.9	3.9
小 学	Primary School	100.0	9.0	1.8	69.0	6.7
初 中	Junior Secondary School	100.0	10.3	3.2	60.2	15.6
高 中	Senior Secondary School	100.0	10.2	5.7	48.1	26.4
大学专科	College	100.0	8.2	16.8	26.8	38.5
大学本科	University	100.0	5.2	33.6	13.6	36.7
研究生	Graduate and Higher Level	100.0	2.2	33.9	4.2	42.7

1-67 续表 continued

单位：% (%)

受教育程度	Educational Attainment	直接联系雇主或单位 Contact Directly with Employers	联系就业服务机构 Contact with Employment Agency Office	参加招聘会 Take Part in Employment Advertise Meeting	其 他 Others
总 计	**Total**	**7.4**	**1.2**	**3.4**	**0.2**
未上过学	No Schooling	12.8	1.0	1.0	0.6
小 学	Primary School	11.8	1.4	1.0	0.2
初 中	Junior Secondary School	9.5	1.2	1.5	0.1
高 中	Senior Secondary School	7.4	1.3	2.3	0.2
大学专科	College	5.0	1.1	4.7	0.2
大学本科	University	3.6	0.8	6.9	0.2
研究生	Graduate and Higher Level	2.8	0.7	16.3	0.2
男	**Male**	**8.5**	**1.2**	**3.8**	**0.2**
未上过学	No Schooling	14.0	0.6	1.7	1.1
小 学	Primary School	13.0	1.4	1.0	0.2
初 中	Junior Secondary School	11.4	1.2	1.6	0.2
高 中	Senior Secondary School	8.8	1.6	2.5	0.2
大学专科	College	5.4	1.3	5.5	0.2
大学本科	University	3.9	0.8	7.4	0.1
研究生	Graduate and Higher Level	3.2	1.0	19.5	0.5
女	**Female**	**6.5**	**1.1**	**3.0**	**0.2**
未上过学	No Schooling	12.4	1.2	0.8	0.4
小 学	Primary School	10.8	1.5	1.0	0.2
初 中	Junior Secondary School	7.9	1.3	1.4	0.1
高 中	Senior Secondary School	6.1	1.1	2.1	0.1
大学专科	College	4.7	0.9	4.0	0.2
大学本科	University	3.5	0.8	6.4	0.3
研究生	Graduate and Higher Level	2.6	0.5	13.9	0.1

1-68 城镇按年龄、性别分的失业人员失业前的行业构成
SECTOR OF URBAN UNEMPLOYED PERSONS (PRIOR TO UNEMPLOYMENT) BY AGE AND SEX

单位：% (%)

年 龄 Age	城 镇 失业人员 Urban Unemployed Persons	农、林、牧、渔业 Agriculture, Forestry, Animal Husbandry and Fishery	采矿业 Mining	制造业 Manufacturing	电力、热力、燃气及水生产和供应业 Production and Supply of Electricity Power, Heat Power, Gas and Water	建筑业 Construction	批发和零售业 Wholesale and Retail Trades
总计 Total	**100.0**	**4.5**	**0.7**	**20.8**	**0.6**	**10.5**	**19.9**
16-19	100.0	0.9		24.2	0.1	3.5	14.7
20-24	100.0	1.1	0.1	18.1	0.5	5.0	16.6
25-29	100.0	1.0	0.3	17.5	0.5	6.7	20.7
30-34	100.0	2.4	0.4	21.1	0.5	7.7	25.1
35-39	100.0	2.5	0.6	20.9	0.7	8.8	25.3
40-44	100.0	3.4	0.7	21.7	0.4	10.1	23.9
45-49	100.0	5.1	0.9	22.0	0.8	13.4	21.1
50-54	100.0	7.1	1.1	23.1	1.0	14.8	16.2
55-59	100.0	10.3	1.4	22.1	0.8	18.1	13.0
60-64	100.0	14.3	1.1	19.2	0.9	19.2	9.3
65+	100.0	21.8	1.1	18.1	0.8	16.8	7.4
男 Male	**100.0**	**3.9**	**1.0**	**19.9**	**1.0**	**18.9**	**12.6**
16-19	100.0	1.3		27.7	0.0	5.2	10.4
20-24	100.0	1.3	0.2	21.6	0.8	8.3	12.7
25-29	100.0	1.2	0.6	18.3	0.5	11.5	13.3
30-34	100.0	2.3	0.9	21.0	0.8	15.6	14.8
35-39	100.0	2.5	1.2	18.8	1.3	17.9	15.9
40-44	100.0	3.1	1.4	19.3	0.7	21.0	13.5
45-49	100.0	4.6	1.3	19.8	1.3	24.3	12.3
50-54	100.0	5.5	1.4	19.9	1.2	26.0	11.5
55-59	100.0	7.5	1.7	20.0	1.2	28.2	10.4
60-64	100.0	9.1	1.2	18.0	1.3	26.9	8.3
65+	100.0	15.9	1.4	16.3	1.0	26.2	6.0
女 Female	**100.0**	**4.9**	**0.3**	**21.5**	**0.4**	**3.5**	**26.1**
16-19	100.0	0.4		19.9	0.1	1.3	20.0
20-24	100.0	0.9		14.2	0.1	1.3	21.1
25-29	100.0	0.9	0.0	16.9	0.5	2.4	27.3
30-34	100.0	2.4	0.1	21.1	0.3	2.9	31.4
35-39	100.0	2.5	0.3	22.2	0.3	3.4	30.9
40-44	100.0	3.6	0.2	23.2	0.2	3.2	30.5
45-49	100.0	5.5	0.5	23.7	0.4	5.3	27.7
50-54	100.0	8.5	0.7	25.8	0.8	5.2	20.2
55-59	100.0	14.1	0.9	24.9	0.4	5.1	16.3
60-64	100.0	24.5	1.0	21.4	0.0	4.3	11.3
65+	100.0	31.5	0.6	20.9	0.5	1.3	9.8

1-68 续表 1 continued

单位：% (%)

年 龄 Age	交通运输、仓储和邮政业 Transport, Storage and Post	住宿和餐饮业 Hotels and Catering Services	信息传输、软件和信息技术服务业 Information Transmission, Software and Information Technical Services	金融业 Financial Intermediation	房地产业 Real Estate	租赁和商务服务业 Leasing and Business Services	科学研究和技术服务业 Scientific Research and Technical Services
总计 Total	**5.4**	**9.1**	**2.2**	**1.8**	**2.8**	**3.5**	**0.9**
16-19	4.4	22.2	1.9	0.4	0.7	1.8	0.5
20-24	4.9	11.2	3.7	2.4	3.1	5.3	1.7
25-29	5.0	8.0	5.3	2.9	4.1	4.7	1.6
30-34	4.6	9.0	3.4	2.4	3.1	3.9	1.1
35-39	5.2	8.8	2.2	2.1	2.8	4.0	0.9
40-44	6.6	10.7	1.3	1.7	2.9	2.7	0.6
45-49	6.8	9.2	0.8	1.2	2.4	2.6	0.7
50-54	6.4	8.3	0.4	1.4	2.3	2.8	0.5
55-59	4.8	7.3	0.5	0.6	2.3	2.5	0.6
60-64	4.7	5.8	0.3	0.4	2.3	2.5	0.5
65+	2.9	3.7	0.1	0.1	2.2	1.3	0.1
男 Male	**9.1**	**7.7**	**2.5**	**1.5**	**3.0**	**3.8**	**1.1**
16-19	5.9	24.6	1.1	0.6	0.9	2.0	0.5
20-24	6.7	13.2	3.9	2.1	3.0	4.6	1.7
25-29	7.5	8.5	6.3	2.8	4.1	5.0	1.9
30-34	8.6	8.4	4.0	2.4	3.2	4.1	1.4
35-39	10.6	7.5	2.3	1.8	3.2	5.0	1.1
40-44	12.8	7.8	1.6	1.2	2.8	2.9	0.8
45-49	12.9	5.4	0.8	0.8	2.8	2.7	0.9
50-54	10.4	4.6	0.6	1.1	2.6	3.4	0.6
55-59	7.3	4.6	0.5	0.4	2.8	3.3	0.6
60-64	6.7	3.4	0.2	0.5	2.8	3.1	0.8
65+	4.2	2.4		0.1	2.9	1.7	0.2
女 Female	**2.4**	**10.3**	**2.0**	**2.0**	**2.7**	**3.3**	**0.8**
16-19	2.5	19.2	2.9	0.2	0.6	1.5	0.4
20-24	2.8	9.1	3.5	2.7	3.3	6.0	1.6
25-29	2.7	7.5	4.4	3.0	4.1	4.5	1.4
30-34	2.2	9.3	3.0	2.4	3.0	3.8	0.9
35-39	2.1	9.6	2.1	2.3	2.5	3.4	0.7
40-44	2.5	12.5	1.0	2.0	2.9	2.5	0.4
45-49	2.2	12.1	0.8	1.4	2.1	2.5	0.5
50-54	3.1	11.4	0.3	1.6	2.1	2.3	0.4
55-59	1.6	10.8	0.4	0.9	1.6	1.5	0.5
60-64	0.8	10.5	0.3	0.1	1.3	1.4	0.1
65+	0.9	5.8	0.2	0.1	1.2	0.7	

1-68 续表 2 continued

单位：% (%)

年 龄 Agc	水利、环境和公共设施管理业 Management of Water Conservancy, Environment and Public Facilities	居民服务、修理和其他服务业 Services to Households, Repair and Other Services	教 育 Education	卫生和社会工作 Health and Society	文化、体育和娱乐业 Culture, Sports and Entertainment	公共管理、社会保障和社会组织 Public Management Social Security and Social Organizations
总计 Total	**0.7**	**6.2**	**5.2**	**1.2**	**1.7**	**2.4**
16-19	0.2	7.0	11.6	0.3	4.4	1.4
20-24	0.2	5.1	12.3	1.9	3.5	3.4
25-29	0.3	5.0	8.6	1.9	2.6	3.2
30-34	0.4	5.3	5.1	1.2	1.6	2.0
35-39	0.6	6.1	4.4	1.1	1.6	1.3
40-44	0.4	5.8	3.3	0.8	1.4	1.8
45-49	0.7	6.6	2.5	0.6	1.2	1.5
50-54	1.2	7.3	2.2	0.9	0.8	2.2
55-59	1.4	7.3	2.3	1.0	0.7	3.1
60-64	2.1	8.7	3.2	1.0	0.4	4.1
65+	4.1	9.3	2.9	1.2	0.9	5.2
男 Male	**0.8**	**4.8**	**2.8**	**0.7**	**1.8**	**3.0**
16-19	0.3	7.4	6.2	0.3	4.0	1.6
20-24	0.3	4.2	6.7	0.6	3.5	4.7
25-29	0.5	4.7	5.0	1.4	2.5	4.4
30-34	0.6	4.2	2.0	0.5	2.3	3.0
35-39	0.6	4.4	1.7	0.6	1.6	2.0
40-44	0.8	3.6	1.9	0.5	1.6	2.4
45-49	0.9	4.9	1.2	0.5	1.0	1.7
50-54	0.9	5.3	1.2	0.7	1.0	1.8
55-59	1.1	5.0	1.1	0.7	0.6	3.0
60-64	1.9	7.2	2.7	1.0	0.5	4.4
65+	3.4	7.9	2.4	1.3	1.2	5.5
女 Female	**0.6**	**7.3**	**7.1**	**1.5**	**1.6**	**1.8**
16-19	0.1	6.4	18.2	0.3	4.8	1.2
20-24	0.1	6.2	18.5	3.3	3.3	2.0
25-29	0.1	5.2	11.9	2.4	2.6	2.2
30-34	0.3	5.9	6.9	1.6	1.1	1.4
35-39	0.5	7.2	6.0	1.5	1.6	0.9
40-44	0.2	7.2	4.2	1.1	1.2	1.4
45-49	0.6	7.9	3.4	0.7	1.3	1.4
50-54	1.3	8.9	3.0	1.1	0.7	2.6
55-59	1.7	10.2	4.0	1.4	0.7	3.1
60-64	2.5	11.6	4.1	0.9	0.3	3.6
65+	5.1	11.6	3.9	0.8	0.6	4.7

1－69 城镇按受教育程度、性别分的失业人员失业前的行业构成
SECTOR OF URBAN UNEMPLOYED PERSONS (PRIOR TO UNEMPLOYMENT) BY EDUCATIONAL ATTAINMENT AND SEX

单位：%　　(%)

受教育程度	Educational Attainment	城镇失业人员 Urban Unemployed Persons	农、林、牧、渔业 Agriculture, Forestry, Animal Husbandry and Fishery	采矿业 Mining	制造业 Manufacturing	电力、热力、燃气及水生产和供应业 Production and Supply of Electricity Power, Heat Power, Gas and Water	建筑业 Construction	批发和零售业 Wholesale and Retail Trades
总　计	**Total**	**100.0**	**4.5**	**0.7**	**20.8**	**0.6**	**10.5**	**19.9**
未上过学	No Schooling	100.0	24.2	0.7	17.0	0.1	18.6	7.3
小　学	Primary School	100.0	13.0	0.7	22.0	0.7	21.0	12.0
初　中	Junior Secondary School	100.0	5.5	0.8	25.0	0.6	13.1	19.4
高　中	Senior Secondary School	100.0	2.2	0.7	21.0	0.7	7.3	25.5
大学专科	College	100.0	0.9	0.5	15.0	0.7	5.4	23.3
大学本科	University	100.0	0.4	0.2	12.8	0.7	4.3	15.1
研究生	Graduate and Higher Level	100.0	0.1	0.3	15.3	0.1	1.6	10.7
男	**Male**	**100.0**	**3.9**	**1.0**	**19.9**	**1.0**	**18.9**	**12.6**
未上过学	No Schooling	100.0	16.1	1.0	9.8	0.3	37.5	7.1
小　学	Primary School	100.0	10.5	1.1	15.8	1.3	37.9	7.6
初　中	Junior Secondary School	100.0	4.8	1.3	22.0	0.9	24.3	10.2
高　中	Senior Secondary School	100.0	2.6	1.0	22.2	0.9	13.5	15.2
大学专科	College	100.0	1.2	0.8	16.9	0.9	8.3	17.4
大学本科	University	100.0	0.5	0.3	16.7	0.9	6.9	13.9
研究生	Graduate and Higher Level	100.0	0.3	0.6	18.0	0.3	3.2	9.3
女	**Female**	**100.0**	**4.9**	**0.3**	**21.5**	**0.4**	**3.5**	**26.1**
未上过学	No Schooling	100.0	27.2	0.6	19.6		11.8	7.3
小　学	Primary School	100.0	15.1	0.3	27.1	0.2	7.1	15.6
初　中	Junior Secondary School	100.0	6.1	0.4	27.6	0.3	3.7	27.1
高　中	Senior Secondary School	100.0	1.9	0.5	20.0	0.4	1.9	34.6
大学专科	College	100.0	0.6	0.2	13.5	0.5	3.1	28.0
大学本科	University	100.0	0.3	0.0	9.6	0.6	2.3	16.1
研究生	Graduate and Higher Level	100.0			13.2		0.3	11.8

1-69 续表 1 continued

单位：% (%)

受教育程度	Educational Attainment	交通运输、仓储和邮政业 Transport, Storage and Post	住宿和餐饮业 Hotels and Catering Services	信息传输、软件和信息技术服务业 Information Transmission, Software and Information Technical Services	金融业 Financial Intermediation	房地产业 Real Estate	租赁和商务服务业 Leasing and Business Services	科学研究和技术服务业 Scientific Research and Technical Services
总　计	**Total**	**5.4**	**9.1**	**2.2**	**1.8**	**2.8**	**3.5**	**0.9**
未上过学	No Schooling	3.4	10.0	0.4	0.0	1.2	0.7	0.3
小　学	Primary School	4.3	10.0	0.2	0.2	1.6	1.7	0.1
初　中	Junior Secondary School	6.5	10.8	0.8	0.6	1.9	1.9	0.3
高　中	Senior Secondary School	6.5	9.5	1.5	1.8	3.4	3.5	0.7
大学专科	College	4.7	7.1	4.3	3.7	4.3	6.3	1.8
大学本科	University	2.1	4.7	7.4	4.7	4.1	7.0	3.0
研究生	Graduate and Higher Level	1.3	1.7	9.8	5.5	4.8	6.1	6.7
男	**Male**	**9.1**	**7.7**	**2.5**	**1.5**	**3.0**	**3.8**	**1.1**
未上过学	No Schooling	8.4	2.9		0.1	2.8	0.8	0.1
小　学	Primary School	7.8	4.6	0.1	0.1	1.6	2.1	0.1
初　中	Junior Secondary School	11.5	8.3	1.0	0.4	2.2	2.5	0.4
高　中	Senior Secondary School	10.0	9.7	1.3	1.5	3.5	4.0	0.9
大学专科	College	7.3	7.8	5.1	3.6	4.6	5.6	2.3
大学本科	University	2.6	4.8	8.7	4.1	4.1	6.9	3.3
研究生	Graduate and Higher Level	2.2	2.2	9.8	4.1	5.3	6.5	4.6
女	**Female**	**2.4**	**10.3**	**2.0**	**2.0**	**2.7**	**3.3**	**0.8**
未上过学	No Schooling	1.7	12.6	0.5		0.6	0.7	0.4
小　学	Primary School	1.4	14.4	0.2	0.3	1.5	1.3	0.1
初　中	Junior Secondary School	2.2	13.0	0.7	0.8	1.6	1.4	0.2
高　中	Senior Secondary School	3.3	9.3	1.6	2.1	3.3	3.0	0.5
大学专科	College	2.8	6.5	3.6	3.8	4.2	6.8	1.4
大学本科	University	1.7	4.6	6.4	5.3	4.2	7.0	2.8
研究生	Graduate and Higher Level	0.6	1.3	9.7	6.6	4.4	5.8	8.4

1-69 续表 2 continued

单位：% (%)

受教育程度	Educational Attainment	水利、环境和公共设施管理业 Management of Water Conservancy, Environment and Public Facilities	居民服务、修理和其他服务业 Services to Households, Repair and Other Services	教育 Education	卫生和社会工作 Health and Society	文化、体育和娱乐业 Culture, Sports and Entertainment	公共管理、社会保障和社会组织 Public Management Social Security and Social Organizations
总计	**Total**	**0.7**	**6.2**	**5.2**	**1.2**	**1.7**	**2.4**
未上过学	No Schooling	4.1	7.9	0.7	0.7	0.9	1.9
小学	Primary School	1.4	8.0	1.1	0.3	0.5	1.2
初中	Junior Secondary School	0.7	7.2	1.8	0.5	1.2	1.4
高中	Senior Secondary School	0.5	6.4	3.4	1.2	1.8	2.5
大学专科	College	0.4	4.4	8.4	2.5	2.6	3.8
大学本科	University	0.6	2.6	19.6	2.4	3.2	5.0
研究生	Graduate and Higher Level	0.9	2.0	25.1	1.8	3.8	2.6
男	**Male**	**0.8**	**4.8**	**2.8**	**0.7**	**1.8**	**3.0**
未上过学	No Schooling	1.8	5.4	0.8	0.4	2.1	2.8
小学	Primary School	1.2	5.7	0.4	0.3	0.4	1.2
初中	Junior Secondary School	0.9	5.4	0.7	0.5	1.1	1.6
高中	Senior Secondary School	0.7	5.4	1.8	0.7	1.9	3.2
大学专科	College	0.5	3.8	4.1	1.2	3.2	5.5
大学本科	University	0.8	2.5	11.9	1.3	3.7	6.0
研究生	Graduate and Higher Level	0.1	2.3	25.0	1.7	0.8	3.7
女	**Female**	**0.6**	**7.3**	**7.1**	**1.5**	**1.6**	**1.8**
未上过学	No Schooling	4.9	8.8	0.7	0.7	0.4	1.5
小学	Primary School	1.6	10.0	1.6	0.3	0.6	1.1
初中	Junior Secondary School	0.5	8.8	2.7	0.5	1.2	1.1
高中	Senior Secondary School	0.3	7.3	4.8	1.6	1.6	1.8
大学专科	College	0.4	4.8	11.7	3.5	2.1	2.5
大学本科	University	0.4	2.6	26.0	3.2	2.8	4.1
研究生	Graduate and Higher Level	1.5	1.7	25.1	1.8	6.1	1.7

1-70　城镇按年龄、性别分的失业人员失业前的职业构成
OCCUPATION OF URBAN UNEMPLOYED PERSONS (PRIOR TO UNEMPLOYMENT) BY AGE AND SEX

单位：%　　(%)

年　龄 Age	城　镇失业人员 Urban Unemployed Persons	单　位负责人 Unit Heads	专业技术人　员 Technical Personnel	办事人员和有关人　员 Clerk and Related Workers	商业、服务业人　员 Business Service Personnel	农林牧渔水利业生产人员 Producers in the Sectors of Agriculture, Forestry, Animal Husbandry, Fishery and Water Conservancy	生产运输设备操作人员及有关人员 Production, Transport Equipment Operators and Related Workers	其　他 Others
总计 Total	**100.0**	**1.1**	**9.2**	**12.3**	**48.1**	**4.2**	**24.7**	**0.3**
16-19	100.0		12.6	7.9	53.5	0.8	24.8	0.4
20-24	100.0	0.2	19.2	14.3	47.1	0.9	17.9	0.3
25-29	100.0	0.7	15.3	15.7	50.0	0.9	17.2	0.2
30-34	100.0	0.9	10.8	13.5	51.0	2.1	21.4	0.3
35-39	100.0	1.4	9.1	13.0	52.0	2.3	21.8	0.3
40-44	100.0	1.4	6.4	10.6	53.6	3.3	24.5	0.2
45-49	100.0	1.6	4.8	9.9	49.5	4.7	29.2	0.3
50-54	100.0	1.5	3.9	10.9	44.6	6.9	31.7	0.5
55-59	100.0	1.0	3.9	10.9	39.3	10.0	34.5	0.4
60-64	100.0	1.0	5.3	11.8	34.0	14.1	33.5	0.3
65+	100.0	0.6	4.8	11.4	33.3	21.7	28.0	0.1
男 Male	**100.0**	**1.7**	**7.0**	**12.6**	**42.9**	**3.6**	**31.9**	**0.4**
16-19	100.0		9.9	6.7	52.1	1.4	29.3	0.6
20-24	100.0	0.3	12.3	12.9	48.9	1.0	24.0	0.5
25-29	100.0	1.0	11.8	14.3	47.8	1.1	23.7	0.3
30-34	100.0	1.6	7.7	12.2	46.8	1.8	29.4	0.5
35-39	100.0	2.7	6.8	13.0	46.7	2.2	28.3	0.3
40-44	100.0	2.4	4.4	12.1	45.8	2.9	32.2	0.3
45-49	100.0	2.5	4.6	10.2	41.1	4.1	37.1	0.4
50-54	100.0	2.5	3.5	12.3	37.3	5.3	38.6	0.4
55-59	100.0	1.5	3.3	13.4	33.4	7.0	41.0	0.5
60-64	100.0	1.3	5.2	14.2	30.4	8.5	40.1	0.2
65+	100.0	0.9	5.4	15.0	29.4	15.5	33.5	0.2
女 Female	**100.0**	**0.6**	**11.1**	**12.1**	**52.5**	**4.8**	**18.7**	**0.2**
16-19	100.0		15.9	9.4	55.3	0.2	19.1	0.1
20-24	100.0	0.1	26.9	15.9	45.1	0.9	11.0	0.1
25-29	100.0	0.4	18.5	16.9	52.0	0.8	11.3	0.1
30-34	100.0	0.6	12.6	14.3	53.5	2.3	16.5	0.2
35-39	100.0	0.7	10.5	13.0	55.2	2.4	18.0	0.2
40-44	100.0	0.8	7.6	9.6	58.7	3.5	19.6	0.2
45-49	100.0	0.9	4.9	9.6	55.9	5.1	23.3	0.2
50-54	100.0	0.6	4.2	9.7	50.8	8.3	25.8	0.5
55-59	100.0	0.5	4.7	7.6	46.9	13.9	26.0	0.4
60-64	100.0	0.3	5.5	7.2	41.0	24.9	20.7	0.5
65+	100.0	0.2	3.8	5.5	39.6	32.0	18.9	

1-71 城镇按受教育程度、性别分的失业人员失业前的职业构成
OCCUPATION OF URBAN UNEMPLOYED PERSONS (PRIOR TO UNEMPLOYMENT) BY EDUCATIONAL ATTAINMENT AND SEX

单位：% (%)

受教育程度	Educational Attainment	城镇失业人员 Urban Unemployed Persons	单位负责人 Unit Heads	专业技术人员 Technical Personnel	办事人员和有关人员 Clerk and Related Workers	商业、服务业人员 Business Service Personnel	农林牧渔水利业生产人员 Producers in the Sectors of Agriculture, Forestry, Animal Husbandry, Fishery and Water Conservancy	生产运输设备操作人员及有关人员 Production, Transport Equipment Operators and Related Workers	其他 Others
总　计	**Total**	**100.0**	**1.1**	**9.2**	**12.3**	**48.1**	**4.2**	**24.7**	**0.3**
未上过学	No Schooling	100.0	0.1	0.7	2.9	38.2	24.6	33.3	0.3
小　学	Primary School	100.0	0.5	1.3	4.6	41.0	12.8	39.4	0.4
初　中	Junior Secondary School	100.0	0.8	2.5	7.0	50.1	5.2	34.0	0.4
高　中	Senior Secondary School	100.0	1.2	6.6	13.7	54.9	2.0	21.4	0.2
大学专科	College	100.0	1.5	18.0	21.3	48.6	0.6	9.7	0.3
大学本科	University	100.0	1.8	32.6	23.7	35.6	0.4	5.8	0.2
研究生	Graduate and Higher Level	100.0	2.4	46.2	19.3	27.6		4.0	0.5
男	**Male**	**100.0**	**1.7**	**7.0**	**12.6**	**42.9**	**3.6**	**31.9**	**0.4**
未上过学	No Schooling	100.0		0.3	4.7	32.4	16.6	46.0	0.1
小　学	Primary School	100.0	0.6	1.6	6.4	32.3	10.0	48.6	0.5
初　中	Junior Secondary School	100.0	1.2	2.2	8.0	41.4	4.4	42.5	0.4
高　中	Senior Secondary School	100.0	1.8	4.7	13.7	48.6	2.3	28.6	0.3
大学专科	College	100.0	2.4	12.3	19.9	49.6	0.8	14.4	0.6
大学本科	University	100.0	2.9	25.9	22.5	38.5	0.6	9.4	0.3
研究生	Graduate and Higher Level	100.0	4.6	38.5	22.8	26.0		7.3	0.8
女	**Female**	**100.0**	**0.6**	**11.1**	**12.1**	**52.5**	**4.8**	**18.7**	**0.2**
未上过学	No Schooling	100.0	0.1	0.9	2.3	40.3	27.4	28.7	0.3
小　学	Primary School	100.0	0.4	1.0	3.1	48.2	15.2	31.7	0.3
初　中	Junior Secondary School	100.0	0.4	2.7	6.2	57.5	5.9	26.9	0.3
高　中	Senior Secondary School	100.0	0.7	8.2	13.7	60.5	1.7	15.0	0.2
大学专科	College	100.0	0.7	22.4	22.5	47.8	0.4	6.0	0.1
大学本科	University	100.0	0.9	38.1	24.7	33.2	0.2	2.8	0.1
研究生	Graduate and Higher Level	100.0	0.6	52.3	16.6	28.8		1.4	0.3

1−72 城镇按受教育程度、性别分的失业人员失业时间构成
UNEMPLOYMENT DURATION OF URBAN UNEMPLOYED PERSONS BY EDUCATIONAL ATTAINMENT AND SEX

单位：% (%)

受教育程度	Educational Attainment	城镇失业人员 Urban Unemployed Persons	1个月 1 Month	2−3个月 2-3 Months	4−6个月 4-6 Months	7−12个月 7-12 Months	13−24个月 13-24 Months	25个月以上 25+ Months+
总　计	**Total**	**100.0**	**30.5**	**33.9**	**16.0**	**10.9**	**5.1**	**3.6**
未上过学	No Schooling	100.0	40.5	27.7	12.4	12.4	4.4	2.5
小　学	Primary School	100.0	35.4	31.5	15.4	10.2	3.8	3.7
初　中	Junior Secondary School	100.0	31.5	33.1	16.0	10.9	4.8	3.8
高　中	Senior Secondary School	100.0	27.7	32.6	16.7	12.2	6.2	4.6
大学专科	College	100.0	28.9	35.0	16.0	11.1	5.9	3.2
大学本科	University	100.0	30.6	36.2	16.0	9.9	5.0	2.4
研究生	Graduate and Higher Level	100.0	26.9	48.3	14.7	6.1	2.7	1.2
男	**Male**	**100.0**	**31.8**	**32.7**	**16.2**	**11.0**	**5.3**	**3.0**
未上过学	No Schooling	100.0	43.6	22.1	11.7	15.8	4.2	2.5
小　学	Primary School	100.0	38.0	31.3	14.9	9.8	3.2	2.9
初　中	Junior Secondary School	100.0	34.0	31.5	15.6	10.9	5.0	3.0
高　中	Senior Secondary School	100.0	28.6	30.9	17.4	12.5	6.5	4.1
大学专科	College	100.0	30.1	33.9	16.0	11.3	5.8	2.8
大学本科	University	100.0	30.3	35.4	16.8	10.0	5.2	2.2
研究生	Graduate and Higher Level	100.0	25.9	48.5	15.9	5.9	2.5	1.3
女	**Female**	**100.0**	**29.4**	**34.9**	**15.9**	**10.7**	**5.1**	**4.0**
未上过学	No Schooling	100.0	39.5	29.6	12.7	11.2	4.5	2.5
小　学	Primary School	100.0	33.3	31.7	15.7	10.6	4.4	4.3
初　中	Junior Secondary School	100.0	29.4	34.3	16.3	10.8	4.6	4.5
高　中	Senior Secondary School	100.0	26.9	34.0	16.1	11.9	5.9	5.1
大学专科	College	100.0	27.9	35.9	16.0	10.8	5.9	3.6
大学本科	University	100.0	30.8	36.9	15.2	9.7	4.8	2.6
研究生	Graduate and Higher Level	100.0	27.7	48.2	13.9	6.3	2.8	1.2

1-73 城镇按年龄、性别分的失业人员失业时间构成
UNEMPLOYMENT DURATION OF URBAN UNEMPLOYED PERSONS BY AGE AND SEX

单位：% (%)

年 龄 Age	城 镇 失业人员 Urban Unemployed Persons	1个月 1 Months	2-3个月 2-3 Months	4-6个月 4-6 Months	7-12个月 7-12 Months	13-24个月 13-24 Months	25个月以上 25+ Months+
总计 Total	**100.0**	**30.5**	**33.9**	**16.0**	**10.9**	**5.1**	**3.6**
16-19	100.0	44.0	38.0	11.5	4.9	1.4	0.1
20-24	100.0	33.4	40.4	15.3	6.9	3.1	0.8
25-29	100.0	29.4	34.7	16.3	10.9	5.7	3.1
30-34	100.0	30.5	33.2	16.2	11.0	5.2	3.9
35-39	100.0	28.3	33.4	16.0	12.6	5.7	4.1
40-44	100.0	28.5	30.9	17.3	12.2	6.5	4.5
45-49	100.0	28.8	30.1	16.8	13.4	6.2	4.6
50-54	100.0	28.0	30.7	16.3	12.9	6.6	5.6
55-59	100.0	28.1	30.6	16.2	13.4	5.9	5.9
60-64	100.0	32.8	32.7	15.3	10.3	4.2	4.8
65+	100.0	32.9	28.7	16.3	11.6	4.5	6.0
男 Male	**100.0**	**31.8**	**32.7**	**16.2**	**11.0**	**5.3**	**3.0**
16-19	100.0	43.0	37.7	13.0	4.8	1.3	0.2
20-24	100.0	34.2	39.5	15.7	6.9	3.0	0.6
25-29	100.0	29.6	33.2	17.3	11.8	5.9	2.1
30-34	100.0	32.6	30.8	17.1	11.7	5.1	2.7
35-39	100.0	31.2	30.3	16.2	13.4	6.2	2.7
40-44	100.0	31.0	29.4	16.4	12.8	7.5	2.9
45-49	100.0	31.2	28.0	15.7	13.2	7.2	4.7
50-54	100.0	29.2	30.0	16.2	12.1	6.3	6.2
55-59	100.0	27.0	28.9	16.2	14.8	7.0	6.1
60-64	100.0	32.1	32.8	15.8	11.1	4.3	3.9
65+	100.0	32.9	28.3	16.7	12.2	3.6	6.3
女 Female	**100.0**	**29.4**	**34.9**	**15.9**	**10.7**	**5.1**	**4.0**
16-19	100.0	45.5	38.4	9.3	5.1	1.6	
20-24	100.0	32.5	41.4	15.0	7.0	3.1	0.9
25-29	100.0	29.1	36.1	15.3	10.1	5.5	3.9
30-34	100.0	29.3	34.6	15.7	10.5	5.2	4.7
35-39	100.0	26.6	35.1	15.9	12.1	5.4	4.9
40-44	100.0	26.9	31.8	17.9	11.9	6.0	5.5
45-49	100.0	27.2	31.7	17.6	13.5	5.6	4.6
50-54	100.0	27.0	31.2	16.3	13.5	6.8	5.1
55-59	100.0	29.3	32.6	16.2	11.8	4.5	5.6
60-64	100.0	34.1	32.5	14.2	8.7	4.1	6.5
65+	100.0	33.0	29.2	15.7	10.7	5.8	5.7

1-74 各地区居民消费价格指数和商品零售价格指数
CONSUMER PRICE INDICES AND RETAIL PRICE INDICES BY REGION

(上年=100) (preceding year=100)

年 份 Year 地 区 Region	居民消费价格 Consumer Price Index			商品零售价格 Retail Price Index		
	总指数 General	城 市 Urban Household	农 村 Rural Household	总指数 General	城 市 Urban Household	农 村 Rural Household
1994	124.1	125.0	123.4	121.7	120.9	122.9
1995	117.1	116.8	117.5	114.8	113.5	116.4
2000	100.4	100.8	99.9	98.5	98.5	98.5
2005	101.8	101.6	102.2	100.8	100.5	101.4
2010	103.3	103.2	103.6	103.1	102.8	103.6
2011	105.4	105.3	105.8	104.9	104.7	105.5
2012	102.6	102.7	102.5	102.0	101.9	102.2
2013	102.6	102.6	102.8	101.4	101.3	101.8
2014	102.0	102.1	101.8	101.0	101.0	101.0
2015	101.4	101.5	101.3	100.1	100.0	100.3
2016	102.0	102.1	101.9	100.7	100.7	100.9
2017	101.6	101.7	101.3	101.1	101.1	101.3
2018	102.1	102.1	102.1	101.9	101.9	102.1
2019	102.9	102.8	103.2	102.0	101.9	102.5
2020	102.5	102.3	103.0	101.4	101.3	102.1
2021	100.9	101.0	100.7	101.6	101.7	101.5
北 京 Beijing	101.1	101.1		101.7	101.7	
天 津 Tianjin	101.3	101.3		101.5	101.5	
河 北 Hebei	101.0	100.9	101.2	101.9	102.0	101.7
山 西 Shanxi	101.0	101.1	100.9	102.7	102.9	101.8
内蒙古 Inner Mongolia	100.9	100.8	101.1	103.8	104.0	102.7
辽 宁 Liaoning	101.1	101.1	100.7	101.9	102.0	101.8
吉 林 Jilin	100.6	100.5	101.0	101.8	101.7	102.3
黑龙江 Heilongjiang	100.6	100.6	100.8	101.6	101.6	101.6
上 海 Shanghai	101.2	101.2		101.3	101.3	
江 苏 Jiangsu	101.6	101.6	101.5	102.3	102.3	102.1
浙 江 Zhejiang	101.5	101.5	101.4	102.2	102.2	102.4
安 徽 Anhui	100.9	101.1	100.7	101.6	101.6	101.3
福 建 Fujian	100.7	100.8	100.3	101.1	101.2	100.9
江 西 Jiangxi	100.9	100.9	100.7	101.2	101.2	101.1
山 东 Shandong	101.2	101.3	101.0	101.4	101.4	101.5
河 南 Henan	100.9	101.0	100.8	101.5	101.5	101.6
湖 北 Hubei	100.3	100.4	100.0	101.2	101.2	100.8
湖 南 Hunan	100.5	100.7	100.0	101.6	101.7	100.8
广 东 Guangdong	100.8	101.0	100.1	101.4	101.5	101.2
广 西 Guangxi	100.9	101.1	100.5	101.1	101.2	100.4
海 南 Hainan	100.3	100.5	99.7	101.3	101.3	101.5
重 庆 Chongqing	100.3	100.3		101.4	101.4	
四 川 Sichuan	100.3	100.3	100.3	101.4	101.4	101.4
贵 州 Guizhou	100.1	100.1	99.9	101.2	101.3	100.9
云 南 Yunnan	100.2	100.2	100.2	101.4	101.4	101.9
西 藏 Tibet	100.9	100.9	100.9	101.5	101.4	102.0
陕 西 Shaanxi	101.5	101.5	101.3	101.6	101.6	101.6
甘 肃 Gansu	100.9	101.1	100.5	102.0	102.2	101.4
青 海 Qinghai	101.3	101.3	101.5	101.5	101.5	101.5
宁 夏 Ningxia	101.4	101.5	101.2	102.0	102.1	101.8
新 疆 Xinjiang	101.2	101.3	101.2	102.0	102.0	101.9

1−75 商品零售价格分类指数(2021年)
RETAIL PRICE INDICES BY CATEGORY (2021)

(上年=100) (preceding year=100)

项目	Item	全国 National Indices	城市 Urban Indices	农村 Rural Indices
商品零售价格指数	**Retail Price Index**	**101.6**	**101.7**	**101.5**
食品	**Food**	**99.7**	**99.8**	**98.6**
粮食	Grain	101.2	101.2	101.0
食用油	Edible Oil and Fats	107.1	107.2	106.6
菜	Vegetables	104.9	104.9	105.3
畜肉类	Meat of Livestock	82.9	83.4	80.2
禽肉类	Meat of Poultry	96.6	96.4	98.1
水产品	Aquatic Products	109.7	109.4	111.2
蛋类	Eggs	110.4	110.1	112.4
奶类	Milk	101.9	102.1	101.1
干鲜瓜果类	Dried and Fresh Melons and Fruits	102.2	102.2	102.3
糖果糕点类	Candy and Cake	101.6	101.7	100.8
调味品	Flavoring	101.3	101.3	101.2
其他食品类	Other Foods	100.5	100.5	100.5
在外餐饮	Dining Out	102.1	102.1	101.8
饮料、烟酒	**Beverages, Tobacco and Liquor**	**101.5**	**101.5**	**101.4**
茶及饮料	Tea and Beverages	101.1	101.1	100.8
酒类	Liquor	102.2	102.1	102.7
服装、鞋帽	**Garments, Shoes and Hats**	**100.3**	**100.4**	**99.9**
服装	Garments	100.4	100.5	99.9
鞋帽袜	Footgear and Hat	100.0	100.0	99.6
纺织品	**Textiles**	**100.4**	**100.4**	**100.3**
服装材料	Clothing	101.6	101.7	101.0
床上用品	Bedding	100.0	100.0	100.1
家用电器及音像器材	**Household Appliances, Music and Video Equipment**	**101.1**	**101.1**	**101.6**
文化办公用品	**Cultural and Office Appliances**	**101.5**	**101.5**	**101.4**
日用品	**Articles for Daily Use**	**99.8**	**99.7**	**99.9**
日用百货	General Merchandise for Daily Use	100.0	99.9	100.3
体育娱乐用品	**Sports and Recreation Articles**	**100.8**	**100.8**	**100.3**
交通、通信用品	**Transportation and Communication Appliances**	**100.5**	**100.6**	**100.3**
家具	**Furniture**	**101.3**	**101.3**	**101.2**
化妆品	**Cosmetics**	**98.7**	**98.8**	**98.4**
金银饰品	**Gold and Silver Ornaments**	**99.5**	**99.4**	**100.2**
中西药品及医疗保健用品	**Traditional Chinese and Western Medicines and Health Care Articles**	**99.6**	**99.6**	**99.8**
医疗卫生器具	Medical Instrument	97.3	97.4	96.2
中药	Traditional Chinese Medicines	101.7	101.8	101.4
西药	Western Medicines	98.7	98.6	99.6
书报杂志及电子出版物	**Books, Newspapers, Magazines and Electronic Publications**	**100.6**	**100.6**	**100.7**
燃料	**Fuels**	**114.3**	**114.2**	**115.6**
建筑材料及五金电料	**Building Materials and Hardware**	**101.8**	**101.7**	**102.3**
建筑装璜材料	Building Decoration Materials	102.0	101.9	102.4
五金水暖	Hardware	101.5	101.4	101.9

1-76 各地区商品零售价格分类指数(2021年)

RETAIL PRICE INDICES BY CATEGORY OF COMMODITIES BY REGION (2021)

(上年=100) (preceding year=100)

地　区	Region	总指数 General Index	食品 Food	#粮食 Grain	#菜及食用菌 Vegetables and Edible Mushrooms	#畜肉类 Meat of Livestock	#禽肉类 Meat of Poultry	#水产品 Aquatic Products	#蛋类 Eggs	#干鲜瓜果类 Fruits and Nuts
全　国	**National Average**	**101.6**	**99.7**	**101.2**	**104.9**	**82.9**	**96.6**	**109.7**	**110.4**	**102.2**
北　京	Beijing	101.7	100.3	99.8	106.7	88.8	94.1	101.0	106.3	100.0
天　津	Tianjin	101.5	101.2	101.2	106.1	88.2	97.3	106.7	120.2	98.3
河　北	Hebei	101.9	101.0	100.5	108.9	86.4	96.5	112.4	113.4	103.5
山　西	Shanxi	102.7	100.3	101.6	107.2	85.2	93.7	109.2	118.1	101.4
内蒙古	Inner Mongolia	103.8	100.6	101.5	107.4	91.3	98.3	112.0	115.1	101.9
辽　宁	Liaoning	101.9	100.3	102.2	108.1	85.3	98.0	105.8	114.9	102.7
吉　林	Jilin	101.8	99.9	100.8	106.1	85.7	97.8	109.5	113.5	101.3
黑龙江	Heilongjiang	101.6	99.3	100.5	106.2	84.2	96.1	107.8	116.4	101.5
上　海	Shanghai	101.3	100.5	99.1	105.2	86.2	89.7	105.4	104.5	105.6
江　苏	Jiangsu	102.3	100.8	100.8	105.9	85.2	97.0	113.9	112.6	103.7
浙　江	Zhejiang	102.2	100.6	100.7	105.1	81.8	95.7	110.5	106.7	103.2
安　徽	Anhui	101.6	99.9	100.6	103.9	82.0	97.4	114.1	112.9	104.3
福　建	Fujian	101.1	98.8	100.6	104.5	80.4	97.5	105.8	110.8	100.8
江　西	Jiangxi	101.2	98.6	101.0	106.4	80.5	94.3	111.8	107.1	102.5
山　东	Shandong	101.4	100.8	100.8	107.8	83.0	98.3	110.5	112.4	103.3
河　南	Henan	101.5	100.7	101.7	109.3	83.0	98.3	115.8	114.6	103.1
湖　北	Hubei	101.2	98.3	101.0	100.1	79.5	93.2	114.2	105.0	101.3
湖　南	Hunan	101.6	97.8	102.3	104.2	78.7	97.4	115.6	105.6	102.9
广　东	Guangdong	101.4	99.3	101.4	102.6	82.0	98.5	105.4	106.8	101.1
广　西	Guangxi	101.1	98.0	101.1	104.2	80.1	97.1	106.4	107.9	101.7
海　南	Hainan	101.3	98.6	100.4	100.8	87.6	94.6	97.6	102.7	100.2
重　庆	Chongqing	101.4	97.6	98.5	101.2	78.1	94.0	107.6	109.7	99.9
四　川	Sichuan	101.4	99.0	101.7	103.1	79.4	96.2	111.2	102.1	101.5
贵　州	Guizhou	101.2	96.6	100.5	101.4	79.9	92.7	113.4	103.8	99.6
云　南	Yunnan	101.4	97.7	101.3	101.7	81.3	98.9	110.4	105.3	98.7
西　藏	Tibet	101.5	100.3	100.9	101.1	99.4	97.3	107.8	105.8	97.9
陕　西	Shaanxi	101.6	101.3	103.7	106.9	85.7	94.0	113.3	118.6	101.4
甘　肃	Gansu	102.0	100.4	101.8	103.6	85.4	94.9	110.4	115.4	104.9
青　海	Qinghai	101.5	99.6	101.3	104.7	89.4	95.5	109.9	116.1	100.6
宁　夏	Ningxia	102.0	101.9	101.6	105.2	94.9	95.4	116.4	116.7	102.2
新　疆	Xinjiang	102.0	100.6	101.6	101.0	96.4	96.9	113.5	112.8	98.1

1−76 续表 1 continued

(上年=100) (preceding year=100)

地　区	Region	饮料烟酒 Beverages, Tobacco and Alcohol	服装鞋帽 Garments, Shoes and Hats	纺织品 Textiles	家用电器及音像器材 Household Appliances, Music and Video Equipment	文化办公用品 Cultural and Office Appliances	日用品 Articles for Daily Use	体育娱乐用品 Sports and Recreation Articles	交通通信用品 Transportation and Communication Appliances
全　国	**National Average**	**101.5**	**100.3**	**100.4**	**101.1**	**101.5**	**99.8**	**100.8**	**100.5**
北　京	Beijing	103.4	99.8	99.6	101.9	104.1	98.5	101.0	102.3
天　津	Tianjin	103.1	97.9	100.8	98.9	102.4	100.4	102.8	100.5
河　北	Hebei	100.9	99.5	99.9	100.2	100.7	99.6	100.3	102.2
山　西	Shanxi	101.2	100.5	100.5	101.0	101.1	99.8	100.2	100.5
内蒙古	Inner Mongolia	101.3	99.2	100.3	100.4	100.0	99.2	99.0	99.3
辽　宁	Liaoning	101.8	100.6	99.9	100.8	101.1	99.8	100.6	101.9
吉　林	Jilin	100.5	99.8	100.5	101.6	101.5	98.7	100.1	99.4
黑龙江	Heilongjiang	100.6	101.1	99.6	100.3	102.0	100.7	100.4	100.7
上　海	Shanghai	103.2	99.4	98.3	101.9	101.6	100.6	100.3	101.2
江　苏	Jiangsu	101.8	101.3	101.4	100.9	102.6	99.8	100.5	101.3
浙　江	Zhejiang	101.4	100.8	101.4	102.6	101.0	100.5	100.6	100.6
安　徽	Anhui	100.7	100.9	100.8	101.9	100.3	99.7	100.6	101.6
福　建	Fujian	99.7	101.1	100.8	101.0	101.5	99.9	101.4	99.3
江　西	Jiangxi	101.5	99.7	100.0	100.9	99.1	100.2	100.4	99.8
山　东	Shandong	101.2	100.2	99.4	100.0	100.6	99.5	100.3	99.6
河　南	Henan	100.9	99.5	99.7	101.7	102.1	99.4	100.8	99.6
湖　北	Hubei	100.7	100.0	101.8	101.3	100.7	99.9	101.6	100.8
湖　南	Hunan	102.8	100.8	100.8	101.3	100.7	99.9	100.5	101.0
广　东	Guangdong	102.5	100.3	100.4	100.7	101.3	99.8	101.5	99.3
广　西	Guangxi	100.7	101.0	100.1	101.8	101.4	98.9	101.9	99.5
海　南	Hainan	100.6	100.9	100.7	101.6	101.6	99.5	100.6	100.5
重　庆	Chongqing	100.1	101.4	99.4	103.2	101.0	99.6	99.9	101.1
四　川	Sichuan	101.9	99.1	99.0	100.5	103.3	99.6	100.6	100.1
贵　州	Guizhou	101.9	99.3	101.1	100.0	101.4	99.3	101.8	100.5
云　南	Yunnan	101.7	99.4	99.8	100.3	101.7	99.8	100.0	100.2
西　藏	Tibet	101.2	100.6	100.2	100.1	100.3	99.4	99.4	100.2
陕　西	Shaanxi	101.6	100.7	100.9	100.3	101.4	99.9	100.9	101.0
甘　肃	Gansu	100.5	100.4	100.2	102.0	101.4	99.5	100.2	100.4
青　海	Qinghai	100.8	101.5	100.9	100.6	102.8	100.1	100.4	100.2
宁　夏	Ningxia	101.1	99.2	100.5	102.3	102.9	100.8	101.3	100.9
新　疆	Xinjiang	100.7	103.1	99.9	102.8	102.6	100.3	100.4	101.5

1-76 续表 2 continued

(上年=100) (preceding year=100)

地 区	Region	家具 Furniture	化妆品 Cosmetics	金银饰品 Gold and Silver Ornaments	中西药品及医疗保健用品 Traditional Chinese and Western Medicines and Health Care Articles	书报杂志及电子出版物 Books, Newspapers, Magazines and Electronic Publications	燃料 Fuels	建筑材料及五金电料 Building Materials and Hardware
全 国	**National Average**	**101.3**	**98.7**	**99.5**	**99.6**	**100.6**	**114.3**	**101.8**
北 京	Beijing	101.5	97.1	98.2	98.3	100.9	113.7	101.5
天 津	Tianjin	104.3	101.8	99.7	98.7	101.4	113.3	100.7
河 北	Hebei	100.7	97.8	100.2	100.5	100.8	117.6	100.3
山 西	Shanxi	100.9	98.2	99.3	98.8	101.1	120.5	101.6
内蒙古	Inner Mongolia	100.9	97.9	99.6	100.5	99.6	126.1	102.6
辽 宁	Liaoning	100.0	99.0	98.5	98.8	99.7	115.9	101.1
吉 林	Jilin	102.3	98.5	99.3	99.8	102.0	116.1	102.3
黑龙江	Heilongjiang	100.8	97.9	100.8	99.8	100.8	115.7	100.7
上 海	Shanghai	101.9	98.9	102.8	94.4	99.9	112.9	104.4
江 苏	Jiangsu	103.2	98.6	100.8	100.0	100.3	114.7	101.9
浙 江	Zhejiang	101.4	99.8	97.2	99.9	100.2	115.4	104.2
安 徽	Anhui	100.3	97.8	98.9	99.3	97.7	112.4	101.9
福 建	Fujian	100.4	99.2	98.2	99.8	100.5	114.4	101.9
江 西	Jiangxi	101.0	98.5	100.9	99.8	100.9	115.7	102.5
山 东	Shandong	101.0	96.6	97.4	100.1	101.0	116.7	101.7
河 南	Henan	101.6	98.6	98.8	100.7	100.6	113.1	101.5
湖 北	Hubei	100.8	99.1	97.5	98.8	100.8	113.4	100.9
湖 南	Hunan	100.5	99.1	99.1	100.9	100.3	114.9	101.5
广 东	Guangdong	101.3	99.4	100.2	100.8	101.4	114.3	101.6
广 西	Guangxi	100.3	100.1	101.4	98.2	101.0	116.1	101.5
海 南	Hainan	101.4	97.8	100.8	98.8	101.1	114.7	101.9
重 庆	Chongqing	101.4	98.4	96.1	98.8	101.7	110.5	101.9
四 川	Sichuan	103.2	99.7	101.4	99.9	100.4	110.4	101.2
贵 州	Guizhou	101.6	99.0	102.4	101.0	100.2	114.0	101.6
云 南	Yunnan	99.6	99.0	100.5	100.2	101.8	113.4	101.9
西 藏	Tibet	100.9	98.0	98.1	99.9	100.5	108.2	100.1
陕 西	Shaanxi	103.1	98.8	100.2	96.7	100.6	110.9	100.4
甘 肃	Gansu	100.2	98.4	100.3	100.3	101.1	114.3	101.6
青 海	Qinghai	102.3	98.2	97.8	101.0	101.3	111.2	100.6
宁 夏	Ningxia	101.9	99.5	99.1	100.6	100.8	112.3	103.7
新 疆	Xinjiang	100.1	98.7	98.4	99.8	101.2	111.8	102.4

1—77 居民消费价格分类指数(2021年) CONSUMER PRICE INDICES BY CATEGORY (2021)

(上年=100) (preceding year=100)

项目名称	Item	全国 National Indices	城市 Urban Indices	农村 Rural Indices
居民消费价格总指数	**Consumer Price Index**	**100.9**	**101.0**	**100.7**
食品烟酒	**Food, Tobacco and Alcohol**	**99.7**	**100.0**	**98.8**
食品	Food	98.6	99.0	97.7
粮食	Grain	101.1	101.1	101.2
薯类	Tubers	99.7	99.4	100.5
豆类	Beans	106.6	106.6	106.5
食用油	Edible Oil and Fats	106.9	107.4	105.9
菜及食用菌	Vegetables and Edible Mushrooms	105.0	105.0	105.0
#鲜菜	Fresh Vegetables	105.6	105.6	105.6
畜肉类	Meat of Livestock	82.8	83.7	80.2
禽肉类	Meat of Poultry	96.8	96.5	97.7
水产品	Aquatic Products	109.4	109.0	111.0
蛋类	Eggs	110.8	110.2	112.4
奶类	Milk and Other Dairy Products	101.8	101.9	101.2
干鲜瓜果类	Fruits and Nuts	102.1	102.1	101.9
#鲜果	Fresh Fruits	102.8	102.9	102.7
糖果糕点类	Candy and Cake	101.4	101.6	100.7
调味品	Flavoring	101.2	101.2	101.1
其他食品类	Other Foods	100.4	100.4	100.4
茶及饮料	Tea and Beverages	101.1	101.2	100.9
烟酒	Tobacco and Alcohol	101.5	101.6	101.3
在外餐饮	Dining Out	102.0	102.0	101.6
衣着	**Clothing**	**100.3**	**100.3**	**100.0**
服装	Garments	100.4	100.5	100.1
鞋类	Footwear	99.8	99.9	99.7
居住	**Residence**	**100.8**	**100.8**	**101.1**
租赁房房租	Rent of Rental Housing	100.4	100.4	100.5
住房保养维修及管理	Housing Maintenance and Management	102.3	102.3	102.1
水电燃料	Water, Electricity and Fuels	101.8	101.6	102.7

1-77　续表 continued

(上年=100)　　(preceding year=100)

项目名称	Item	全国 National Indices	城市 Urban Indices	农村 Rural Indices
生活用品及服务	**Articles for Daily Use and Services**	**100.4**	**100.4**	**100.4**
家具及室内装饰品	Furniture and Interior Decorations	101.0	101.1	100.8
家用器具	Home Appliances	100.8	100.8	101.1
家用纺织品	Home Textiles	99.9	99.9	100.2
家庭日用杂品	Daily Use Household Articles	99.9	99.9	100.0
个人护理用品	Personal-care Supplies	98.8	98.8	98.7
家庭服务	Household Services	102.7	102.8	102.2
交通通信	**Transport and Communications**	**104.1**	**104.2**	**103.9**
交通	Transport	105.3	105.3	105.2
交通工具	Transport Facility	99.5	99.4	99.7
交通工具用燃料	Fuels for Transport Facility	117.1	117.0	117.3
交通工具使用和维修	Use and Maintenance of Transport Facility	101.5	101.6	101.2
交通费	Traffic Fee	102.3	102.5	101.4
通信	Communications	100.9	101.0	100.7
教育文化娱乐	**Education, Culture and Recreation**	**101.9**	**102.0**	**101.7**
教育	Education	102.1	102.2	101.9
教育用品	Education Articles	101.2	101.2	101.3
教育服务	Education Services	102.2	102.3	101.9
文化娱乐	Culture and Recreation	101.5	101.6	101.3
文娱耐用消费品	Durable Consumer Goods for Culture and Recreation	101.5	101.3	102.0
其他文娱用品	Other Articles	100.6	100.7	100.2
文化娱乐服务	Services for Culture and Recreation	102.6	102.8	101.4
旅游	Touring	101.4	101.3	101.9
医疗保健	**Health Care**	**100.4**	**100.3**	**100.7**
药品及医疗器具	Medicine and Medical Instruments	99.5	99.5	99.6
医疗服务	Medical Services	100.8	100.7	101.0
其他用品及服务	**Other Articles and Services**	**98.7**	**98.6**	**98.8**
其他用品	Other Articles	99.5	99.4	99.8
其他服务	Other Services	97.9	97.9	97.8

1-78 各地区居民消费价格分类指数(2021年)
CONSUMER PRICE INDICES BY CATEGORY AND REGION(2021)

(上年=100)

地 区	Region	总指数 General Index	食品烟酒 Food, Tobacco and Alcohol	食品 Food	粮食 Grain	薯类 Tubers	豆类 Beans	食用油 Edible Oil and Fats	菜及食用菌 Vegetables and Edible Mushrooms	#鲜菜 Fresh Vegetables
全 国	**National Average**	**100.9**	**99.7**	**98.6**	**101.1**	**99.7**	**106.6**	**106.9**	**105.0**	**105.6**
北 京	Beijing	101.1	100.5	99.0	99.8	101.5	104.7	106.2	106.7	107.8
天 津	Tianjin	101.3	101.3	100.2	101.3	98.6	108.5	106.3	106.1	106.3
河 北	Hebei	101.0	100.9	100.8	100.5	101.3	106.6	108.7	109.3	110.7
山 西	Shanxi	101.0	100.4	99.8	101.9	97.4	106.2	106.7	107.6	108.5
内蒙古	Inner Mongolia	100.9	100.5	99.9	101.2	101.6	105.4	103.1	107.8	108.5
辽 宁	Liaoning	101.1	100.3	99.9	102.1	101.6	108.4	104.8	107.7	109.0
吉 林	Jilin	100.6	99.7	99.4	101.2	99.4	113.4	112.4	106.0	106.9
黑龙江	Heilongjiang	100.6	99.5	98.9	100.4	99.5	107.6	110.1	106.1	107.0
上 海	Shanghai	101.2	100.5	99.6	99.1	100.9	117.3	107.4	105.2	106.0
江 苏	Jiangsu	101.6	100.9	100.5	100.8	104.8	109.9	106.3	106.2	106.8
浙 江	Zhejiang	101.5	100.7	99.8	100.5	97.9	105.6	109.8	105.1	105.6
安 徽	Anhui	100.9	99.5	98.5	100.7	100.5	107.7	104.2	103.6	104.1
福 建	Fujian	100.7	98.9	97.6	100.6	92.5	104.4	108.0	104.1	105.0
江 西	Jiangxi	100.9	99.3	98.1	101.1	99.1	104.1	108.6	106.3	107.2
山 东	Shandong	101.2	100.9	100.0	101.1	99.8	108.4	108.2	108.0	109.0
河 南	Henan	100.9	100.2	99.7	101.7	102.1	106.5	106.9	109.4	110.8
湖 北	Hubei	100.3	98.5	96.7	100.9	96.0	105.7	108.8	100.3	100.3
湖 南	Hunan	100.5	98.0	96.6	102.1	99.5	104.3	102.3	104.0	104.6
广 东	Guangdong	100.8	99.4	97.7	101.4	99.6	103.2	109.0	102.5	102.8
广 西	Guangxi	100.9	98.8	97.3	101.6	95.0	105.1	108.5	103.3	103.5
海 南	Hainan	100.3	98.9	96.7	100.3	92.2	105.3	107.2	100.6	100.6
重 庆	Chongqing	100.3	97.8	95.6	98.5	101.5	107.5	106.6	101.2	101.2
四 川	Sichuan	100.3	98.0	96.0	101.6	101.3	104.6	102.8	103.1	103.2
贵 州	Guizhou	100.1	97.7	95.8	100.4	99.2	105.6	100.4	101.9	102.5
云 南	Yunnan	100.2	98.4	96.4	101.2	101.8	104.9	100.4	101.9	102.4
西 藏	Tibet	100.9	100.5	100.4	100.6	93.4	99.8	100.5	99.6	99.4
陕 西	Shaanxi	101.5	101.4	100.5	103.7	93.7	105.2	111.3	107.4	108.6
甘 肃	Gansu	100.9	100.3	99.3	101.8	96.9	105.9	106.1	103.9	104.2
青 海	Qinghai	101.3	100.1	99.3	101.0	97.0	104.7	106.1	104.8	105.3
宁 夏	Ningxia	101.4	101.5	101.7	102.1	97.4	110.9	108.0	106.3	106.7
新 疆	Xinjiang	101.2	100.7	100.5	101.4	97.9	104.2	110.0	101.4	101.8

1-78 续表 1 continued

(上年=100)

地 区	Region	畜肉类 Meat of Livestock	禽肉类 Meat of Poultry	水产品 Aquatic Products	蛋类 Eggs	奶类 Milk and Other Dairy Products	干鲜瓜果类 Fruits and Nuts	#鲜果 Fresh Fruits	糖果糕点类 Candy and Cake	调味品 Flavoring	其他食品类 Other Foods
全 国	**National Average**	**82.8**	**96.8**	**109.4**	**110.8**	**101.8**	**102.1**	**102.8**	**101.4**	**101.2**	**100.4**
北 京	Beijing	88.8	94.1	101.0	106.3	101.2	100.0	100.5	100.7	100.6	101.0
天 津	Tianjin	88.2	97.4	106.6	120.2	101.1	98.3	98.6	102.1	100.9	101.8
河 北	Hebei	85.4	96.5	112.4	113.8	103.7	104.3	106.2	101.0	100.7	100.0
山 西	Shanxi	84.7	94.1	109.3	119.0	101.6	101.0	101.5	100.6	101.9	100.9
内蒙古	Inner Mongolia	91.0	97.0	113.4	114.5	101.4	101.5	102.7	100.0	100.5	100.7
辽 宁	Liaoning	85.1	98.1	105.6	114.7	101.1	102.5	103.3	101.3	100.5	99.7
吉 林	Jilin	83.5	98.0	110.1	114.1	102.5	101.0	101.4	101.6	100.4	100.3
黑龙江	Heilongjiang	83.6	96.7	108.2	115.4	101.8	101.4	101.8	101.2	100.6	100.0
上 海	Shanghai	86.2	89.7	105.4	104.5	103.7	105.6	106.1	102.5	100.9	100.4
江 苏	Jiangsu	85.0	97.1	114.0	112.5	102.4	103.6	104.5	102.4	101.3	100.9
浙 江	Zhejiang	81.6	95.6	110.3	106.8	103.3	103.1	104.3	102.5	101.5	101.1
安 徽	Anhui	81.2	97.2	114.3	112.3	101.8	103.7	104.6	101.7	101.6	100.4
福 建	Fujian	80.4	97.8	105.6	110.5	101.6	101.2	101.4	102.1	101.1	100.4
江 西	Jiangxi	79.8	95.2	112.3	107.1	100.5	102.3	102.7	102.0	100.8	100.5
山 东	Shandong	83.1	98.1	110.3	112.8	101.8	103.4	105.5	101.1	101.7	99.7
河 南	Henan	82.0	99.0	114.8	115.4	100.8	102.5	103.4	101.1	100.5	100.2
湖 北	Hubei	79.1	93.3	114.6	104.7	102.0	101.3	101.6	100.5	102.2	101.3
湖 南	Hunan	78.0	97.7	116.8	105.7	100.8	102.8	103.5	100.8	101.4	100.5
广 东	Guangdong	81.5	98.3	105.4	107.3	101.7	100.9	101.1	101.4	101.4	100.3
广 西	Guangxi	78.7	97.9	107.0	107.3	100.4	101.4	101.6	101.1	101.2	99.6
海 南	Hainan	87.5	95.1	97.6	102.9	102.2	100.0	100.3	98.1	101.5	99.2
重 庆	Chongqing	78.1	94.0	107.6	109.7	98.8	99.9	100.5	104.0	101.9	96.3
四 川	Sichuan	79.1	95.7	110.5	102.5	103.0	101.5	102.1	101.0	101.7	100.0
贵 州	Guizhou	80.7	92.8	112.0	103.1	100.4	99.4	99.6	101.4	101.3	99.6
云 南	Yunnan	81.4	99.2	109.7	107.6	100.3	99.7	99.7	101.6	101.5	100.3
西 藏	Tibet	100.3	97.9	107.3	104.6	102.9	97.4	96.9	100.3	101.1	101.8
陕 西	Shaanxi	85.6	94.3	113.5	117.5	100.9	101.7	102.3	100.1	101.2	102.5
甘 肃	Gansu	85.8	97.4	111.0	114.9	101.5	104.2	105.2	101.2	100.6	100.9
青 海	Qinghai	92.0	95.2	107.2	116.2	100.4	100.3	100.8	101.2	101.3	100.1
宁 夏	Ningxia	94.6	96.5	115.8	117.9	101.6	103.0	104.0	102.1	102.3	100.0
新 疆	Xinjiang	97.1	97.4	114.0	112.9	100.9	98.5	99.8	100.3	100.8	100.2

1-78 续表 2 continued

(上年=100)

地区	Region	茶及饮料 Tea and Beverages	烟酒 Tobacco and Alcohol	在外餐饮 Dining Out	衣着 Clothing	服装 Garments	鞋类 Footwear
全国	**National Average**	**101.1**	**101.5**	**102.0**	**100.3**	**100.4**	**99.8**
北京	Beijing	102.4	104.0	102.9	99.8	99.9	99.5
天津	Tianjin	101.8	103.5	102.9	97.8	99.2	93.3
河北	Hebei	100.3	101.3	101.2	99.3	99.5	98.9
山西	Shanxi	101.0	101.2	102.3	100.3	100.2	101.0
内蒙古	Inner Mongolia	99.5	101.3	102.3	99.2	99.3	98.7
辽宁	Liaoning	100.0	102.0	100.9	100.5	100.3	101.0
吉林	Jilin	101.3	100.3	100.4	99.9	99.7	100.4
黑龙江	Heilongjiang	99.7	100.6	100.8	100.8	100.5	102.1
上海	Shanghai	101.0	104.0	101.8	99.5	99.4	99.8
江苏	Jiangsu	101.0	101.8	101.5	101.5	101.6	100.8
浙江	Zhejiang	101.2	101.4	102.8	101.0	100.8	101.7
安徽	Anhui	104.1	100.6	102.0	101.1	101.1	100.7
福建	Fujian	99.3	100.3	101.9	101.5	101.3	102.7
江西	Jiangxi	100.6	101.5	101.6	99.7	99.9	98.7
山东	Shandong	100.8	101.4	103.5	100.1	100.3	99.3
河南	Henan	100.6	100.9	101.9	99.4	99.4	99.3
湖北	Hubei	101.0	100.5	102.4	100.0	100.0	100.0
湖南	Hunan	100.4	102.3	100.6	100.7	100.7	101.0
广东	Guangdong	101.9	102.6	101.9	100.3	100.6	99.0
广西	Guangxi	101.0	100.6	102.1	101.0	101.0	100.9
海南	Hainan	100.0	100.9	104.7	100.9	100.9	100.5
重庆	Chongqing	100.1	100.2	102.1	101.4	101.4	101.7
四川	Sichuan	101.5	102.2	101.4	99.8	100.4	97.5
贵州	Guizhou	100.4	101.7	101.1	99.3	99.3	99.4
云南	Yunnan	101.6	101.2	102.3	99.7	99.8	99.3
西藏	Tibet	100.8	100.5	101.4	100.7	100.8	100.5
陕西	Shaanxi	101.1	101.9	103.2	100.5	100.4	100.9
甘肃	Gansu	101.2	100.9	102.7	100.0	100.4	98.5
青海	Qinghai	99.7	100.9	102.1	101.0	101.1	100.6
宁夏	Ningxia	100.2	101.3	101.1	99.0	99.3	97.4
新疆	Xinjiang	99.8	100.9	101.2	102.0	102.4	100.4

1-78 续表 3 continued

(上年=100)

地 区	Region	居住 Housing	租赁房房租 Rent of Rental Housing	住房保养维修及管理 Housing Maintenance and Management	水电燃料 Water, Electricity and Fuels	生活用品及服务 Articles for Daily Use and Services	家具及室内装饰品 Furniture and Interior Decorations	家用器具 Home Appliances	家用纺织品 Home Textiles
全 国	**National Average**	**100.8**	**100.4**	**102.3**	**101.8**	**100.4**	**101.0**	**100.8**	**99.9**
北 京	Beijing	101.1	101.3	102.4	100.0	99.7	101.2	100.4	99.7
天 津	Tianjin	100.7	100.1	103.4	98.8	101.0	103.8	97.9	100.9
河 北	Hebei	100.2	99.8	100.5	102.2	99.7	100.4	99.9	99.7
山 西	Shanxi	100.4	99.6	101.3	102.3	100.4	100.9	101.0	100.2
内蒙古	Inner Mongolia	100.5	99.7	100.9	103.4	99.8	100.9	100.2	99.7
辽 宁	Liaoning	100.6	100.1	101.3	102.7	99.9	99.8	100.3	99.8
吉 林	Jilin	101.3	98.8	101.3	104.3	99.9	102.1	100.7	100.5
黑龙江	Heilongjiang	100.3	98.6	100.7	103.8	99.8	100.5	100.1	99.2
上 海	Shanghai	101.1	101.1	102.3	101.0	100.7	101.6	102.0	97.8
江 苏	Jiangsu	101.3	101.3	102.7	101.1	101.1	102.9	101.7	101.0
浙 江	Zhejiang	100.9	99.9	104.7	101.7	101.6	101.4	102.2	101.6
安 徽	Anhui	100.7	100.1	102.2	101.4	100.1	100.2	100.8	100.4
福 建	Fujian	101.3	101.1	102.6	101.4	100.7	101.2	100.9	100.0
江 西	Jiangxi	100.9	100.1	102.2	102.6	100.4	100.4	100.7	100.3
山 东	Shandong	101.1	100.7	102.4	101.9	99.8	101.0	100.2	99.4
河 南	Henan	100.7	100.3	103.0	100.7	100.0	101.2	100.6	99.7
湖 北	Hubei	100.0	99.4	101.5	100.5	100.4	100.9	100.6	100.5
湖 南	Hunan	101.2	101.6	101.1	101.1	100.3	100.5	101.1	100.3
广 东	Guangdong	101.0	100.0	102.8	103.1	100.6	100.8	101.1	98.8
广 西	Guangxi	100.8	100.2	101.9	102.7	100.4	100.4	101.0	99.9
海 南	Hainan	101.0	100.4	101.2	102.3	101.2	101.2	101.6	100.4
重 庆	Chongqing	100.4	102.9	101.1	100.4	100.7	101.4	102.5	99.1
四 川	Sichuan	100.3	99.6	102.0	100.0	100.6	102.0	101.3	99.4
贵 州	Guizhou	100.0	99.0	101.7	101.3	99.7	100.6	99.5	100.0
云 南	Yunnan	100.2	99.5	102.2	102.0	99.6	98.8	99.8	99.8
西 藏	Tibet	100.2	100.2	100.3	97.7	99.8	101.2	100.3	100.0
陕 西	Shaanxi	101.9	102.0	102.4	102.2	100.3	102.1	100.3	100.9
甘 肃	Gansu	101.1	100.5	101.8	102.9	100.3	100.2	101.9	100.5
青 海	Qinghai	101.3	100.8	101.1	102.8	99.9	101.8	98.6	102.0
宁 夏	Ningxia	100.8	98.5	103.3	101.6	100.7	101.5	101.1	100.2
新 疆	Xinjiang	101.2	98.8	103.6	102.4	100.4	100.1	101.4	100.2

1-78 续表 4 continued

(上年=100)

地 区	Region	家庭日用杂品 Household Articles for Daily Use	个人护理用品 Personal-care Supplies	家庭服务 Household Services	交通通信 Transport and Communications	交通 Transport	交通工具 Transport Facility	交通工具用燃料 Fuels for Transport Facility	交通工具使用和维修 Use and Maintenance of Transport Facility	交通费 Traffic Fee	通信 Communications
全 国	**National Average**	**99.9**	**98.8**	**102.7**	**104.1**	**105.3**	**99.5**	**117.1**	**101.5**	**102.3**	**100.9**
北 京	Beijing	98.1	97.3	103.7	105.1	106.2	100.7	117.4	103.7	102.9	101.5
天 津	Tianjin	100.3	101.9	103.5	104.7	105.8	98.9	117.6	103.4	99.7	101.1
河 北	Hebei	99.7	98.0	101.7	104.5	105.5	100.6	117.4	100.7	100.2	102.2
山 西	Shanxi	100.2	98.3	103.9	104.4	105.4	99.9	117.3	98.3	104.7	101.9
内蒙古	Inner Mongolia	99.9	98.4	101.4	104.0	105.3	99.5	117.1	100.9	100.0	100.3
辽 宁	Liaoning	99.8	99.1	101.8	104.7	105.6	99.5	117.6	101.0	100.1	102.2
吉 林	Jilin	98.8	98.6	100.4	103.8	104.7	98.4	117.5	102.0	101.0	101.2
黑龙江	Heilongjiang	100.3	98.3	101.2	104.0	105.2	99.8	117.5	100.2	99.8	101.3
上 海	Shanghai	99.8	98.8	103.4	104.0	104.7	98.2	117.3	103.5	102.5	101.4
江 苏	Jiangsu	100.3	98.7	103.0	104.3	105.1	100.0	116.9	101.0	103.4	101.4
浙 江	Zhejiang	101.2	99.9	104.0	104.1	105.0	99.4	117.0	103.5	102.1	101.1
安 徽	Anhui	99.8	98.7	103.1	104.8	105.8	101.8	117.0	99.9	101.8	101.9
福 建	Fujian	100.3	99.2	103.8	103.7	104.9	98.2	117.3	100.0	103.7	100.6
江 西	Jiangxi	100.6	98.8	101.6	104.3	105.7	99.7	117.6	101.2	102.1	100.5
山 东	Shandong	99.4	97.5	102.6	104.5	105.7	99.3	117.5	102.2	106.9	100.7
河 南	Henan	99.2	98.4	102.9	102.8	104.0	98.7	117.2	101.2	100.6	99.8
湖 北	Hubei	100.2	99.3	102.6	104.0	104.7	99.6	117.4	102.8	100.0	101.3
湖 南	Hunan	99.9	99.1	100.8	104.8	106.0	100.8	117.6	100.7	100.9	100.6
广 东	Guangdong	100.3	99.3	102.8	104.4	105.8	98.9	115.9	102.7	103.2	100.5
广 西	Guangxi	100.0	99.5	102.3	102.7	104.2	98.4	117.0	100.7	102.6	98.7
海 南	Hainan	100.7	98.8	106.6	103.7	104.6	98.0	118.3	100.1	100.1	101.5
重 庆	Chongqing	99.6	98.7	102.7	104.7	106.0	101.1	116.8	100.7	103.9	101.5
四 川	Sichuan	99.9	99.2	104.0	104.1	105.5	99.0	117.0	100.4	102.3	100.1
贵 州	Guizhou	99.5	98.9	101.9	103.9	105.3	98.2	116.5	99.6	103.8	100.2
云 南	Yunnan	99.9	99.1	101.9	103.6	104.6	99.1	116.8	100.5	102.9	100.6
西 藏	Tibet	99.6	98.3	100.8	103.8	105.7	99.9	113.8	100.4	102.1	100.3
陕 西	Shaanxi	99.5	98.8	100.7	102.9	103.4	98.6	116.5	101.1	102.2	101.7
甘 肃	Gansu	99.6	98.8	101.0	103.8	105.1	99.9	118.4	100.4	101.5	100.5
青 海	Qinghai	100.3	98.0	100.2	103.7	104.5	98.9	115.6	101.5	100.7	101.5
宁 夏	Ningxia	100.8	99.5	102.0	104.1	105.3	99.3	115.8	100.9	99.2	100.9
新 疆	Xinjiang	100.2	98.8	104.3	104.5	105.4	100.7	116.4	101.6	102.9	101.5

1-78　续表 5　continued

(上年=100)

地　区	Region	教育文化娱乐 Education, Culture and Recreation	教育 Education	教育用品 Education Articles	教育服务 Education Services	文化娱乐 Cultural and Recreational Articles	文娱耐用消费品 Durable Consumer Goods for Culture and Recreation	其他文娱用品 Other Articles
全　国	**National Average**	**101.9**	**102.1**	**101.2**	**102.2**	**101.5**	**101.5**	**100.6**
北　京	Beijing	100.9	100.9	100.9	100.9	100.9	100.7	101.0
天　津	Tianjin	103.4	102.9	102.0	103.0	103.9	101.3	102.5
河　北	Hebei	101.2	101.3	101.5	101.3	101.0	100.7	100.4
山　西	Shanxi	102.6	101.9	102.4	101.9	104.2	101.3	100.3
内蒙古	Inner Mongolia	101.0	101.4	101.2	101.4	100.1	99.4	99.4
辽　宁	Liaoning	102.3	102.9	101.2	103.0	101.1	101.3	101.0
吉　林	Jilin	100.4	100.0	102.3	99.9	101.3	102.3	100.4
黑龙江	Heilongjiang	100.5	100.7	101.7	100.7	99.9	101.4	100.3
上　海	Shanghai	102.7	102.3	100.6	102.3	103.1	102.2	99.9
江　苏	Jiangsu	101.8	101.6	102.7	101.6	102.0	101.5	100.8
浙　江	Zhejiang	103.5	103.9	101.0	104.0	102.9	102.4	100.4
安　徽	Anhui	102.8	103.7	99.8	103.9	100.8	100.5	99.5
福　建	Fujian	102.0	102.7	100.4	102.8	100.6	100.7	101.1
江　西	Jiangxi	103.0	102.9	102.5	102.9	103.2	101.0	100.1
山　东	Shandong	101.3	101.0	101.4	101.0	101.7	99.8	100.6
河　南	Henan	103.5	104.5	101.2	104.6	101.3	103.8	100.2
湖　北	Hubei	102.4	101.7	100.5	101.7	104.1	101.7	101.3
湖　南	Hunan	101.0	101.1	100.0	101.1	101.0	101.1	100.5
广　东	Guangdong	101.8	102.6	101.6	102.6	100.5	100.3	101.0
广　西	Guangxi	103.7	103.7	100.4	104.0	103.7	102.5	101.3
海　南	Hainan	99.3	100.5	102.0	100.4	96.5	102.7	100.6
重　庆	Chongqing	101.7	101.9	102.8	101.9	101.4	103.6	100.0
四　川	Sichuan	100.9	101.8	101.1	101.8	99.8	101.2	100.4
贵　州	Guizhou	101.3	100.9	100.7	100.9	102.2	100.0	100.7
云　南	Yunnan	100.7	100.1	102.6	99.9	101.8	103.0	100.5
西　藏	Tibet	100.4	100.2	100.5	100.1	100.7	99.8	100.0
陕　西	Shaanxi	102.9	103.5	100.9	103.9	101.5	101.0	100.6
甘　肃	Gansu	100.6	100.5	101.4	100.4	100.8	101.8	100.3
青　海	Qinghai	102.0	101.8	102.9	101.7	102.5	105.3	100.4
宁　夏	Ningxia	101.5	102.5	101.8	102.5	99.6	102.8	100.9
新　疆	Xinjiang	99.9	100.1	101.6	100.0	99.4	102.5	100.8

1-78　续表 6　continued

(上年=100)

地　区	Region			医疗保健			其他用品及服务		
		文化娱乐服务 Cultural and Recreational Services	旅游 Touring	Health Care	药品及医疗器具 Medicine and Medical Instruments	医疗服务 Medical Services	Other Articles and Services	其他用品 Other Articles	其他服务 Other Services
全　国	**National Average**	**102.6**	**101.4**	**100.4**	**99.5**	**100.8**	**98.7**	**99.5**	**97.9**
北　京	Beijing	101.9	100.5	99.8	98.9	100.2	99.5	98.3	100.6
天　津	Tianjin	101.8	107.7	100.0	99.0	100.5	97.8	98.8	97.0
河　北	Hebei	101.3	101.6	100.3	100.1	100.5	99.3	99.2	99.4
山　西	Shanxi	112.7	100.4	99.5	98.5	100.0	98.1	99.4	96.6
内蒙古	Inner Mongolia	100.5	101.0	100.3	100.0	100.5	99.4	99.8	98.9
辽　宁	Liaoning	102.6	100.1	99.8	98.7	100.3	99.3	99.3	99.2
吉　林	Jilin	100.9	101.6	100.0	99.8	100.0	98.1	99.5	96.9
黑龙江	Heilongjiang	99.8	98.8	101.1	99.5	101.9	99.4	100.3	98.5
上　海	Shanghai	103.9	105.4	98.9	94.9	101.7	100.9	102.8	99.1
江　苏	Jiangsu	102.5	102.5	101.0	100.1	101.3	98.9	100.1	97.5
浙　江	Zhejiang	102.2	104.6	100.8	100.0	101.1	97.1	99.0	95.4
安　徽	Anhui	101.3	101.6	100.5	99.3	101.0	96.1	99.3	92.2
福　建	Fujian	101.2	99.9	100.0	100.0	100.0	96.3	98.9	93.7
江　西	Jiangxi	102.4	107.0	99.9	99.5	100.1	98.7	100.5	96.2
山　东	Shandong	105.4	100.0	100.1	99.9	100.2	98.5	98.6	98.4
河　南	Henan	101.1	98.8	100.4	100.1	100.6	98.2	99.0	97.4
湖　北	Hubei	110.1	103.7	100.1	98.8	100.6	97.7	98.4	97.0
湖　南	Hunan	101.2	101.2	100.7	101.0	100.7	97.9	99.4	96.4
广　东	Guangdong	101.3	99.8	100.2	100.8	100.1	98.5	99.4	97.8
广　西	Guangxi	101.6	109.3	102.4	98.5	104.4	99.7	99.7	99.7
海　南	Hainan	99.0	88.4	99.4	99.0	99.7	98.8	99.9	97.7
重　庆	Chongqing	101.6	100.9	99.6	98.8	100.1	97.3	98.0	96.9
四　川	Sichuan	101.9	97.3	101.9	100.2	102.7	100.1	100.0	100.2
贵　州	Guizhou	106.1	100.2	100.4	100.6	100.3	100.2	100.2	100.2
云　南	Yunnan	103.2	100.8	100.1	100.0	100.2	100.0	99.8	100.2
西　藏	Tibet	99.0	111.5	100.8	99.5	101.5	99.2	98.1	100.2
陕　西	Shaanxi	100.8	103.0	99.3	97.6	100.1	101.0	100.0	101.8
甘　肃	Gansu	100.4	101.0	100.2	100.3	100.1	100.5	99.4	101.6
青　海	Qinghai	101.5	102.8	102.2	101.8	102.3	98.8	98.2	99.4
宁　夏	Ningxia	103.8	92.9	101.7	100.6	102.2	98.5	99.2	97.5
新　疆	Xinjiang	101.6	94.4	100.2	99.9	100.3	99.3	98.6	100.2

1－79 城镇居民人均收支情况
PER CAPITA INCOME AND CONSUMPTION EXPENDITURE OF URBAN HOUSEHOLDS

单位：元 (yuan)

指　　标	Item	2017	2018	2019	2020	2021
城镇居民人均收入	**Per Capita Income of Urban Households**					
可支配收入	Disposable Income	36396.2	39250.8	42358.8	43833.8	47411.9
1.工资性收入	1.Income of Wages and Salaries	22200.9	23792.2	25564.8	26380.7	28480.8
2.经营净收入	2.Net Business Income	4064.7	4442.6	4840.4	4710.8	5381.9
3.财产净收入	3.Net Income from Property	3606.9	4027.7	4390.6	4626.5	5052.0
4.转移净收入	4.Net Income from Transfer	6523.6	6988.3	7563.0	8115.8	8497.3
现金可支配收入	Cash Disposable Income	33757.3	36316.2	39147.6	40377.8	43596.4
1.工资性收入	1.Income of Wages and Salaries	22072.7	23670.9	25439.1	26240.5	28299.3
2.经营净收入	2.Net Business Income	4321.9	4808.0	5180.9	4987.5	5630.6
3.财产净收入	3.Net Income from Property	1234.1	1311.6	1494.7	1569.3	1835.8
4.转移净收入	4.Net Income from Transfer	6128.5	6525.7	7032.9	7580.6	7830.7
城镇居民人均支出	**Per Capita Expenditure of Urban Households**					
消费支出	Consumption Expenditure	24445.0	26112.3	28063.4	27007.4	30307.2
#服务性消费	Consumption Expenditure on Services	10854.5	12130.4	13517.7	12012.8	14058.5
1.食品烟酒	1.Food,Tobacco and Liquor	7001.0	7239.0	7732.6	7880.5	8678.1
2.衣着	2.Clothing	1757.9	1808.2	1831.9	1644.8	1842.8
3.居住	3.Residence	5564.0	6255.0	6780.2	6957.7	7405.3
4.生活用品及服务	4.Household Facilities, Articles and Services	1525.0	1629.4	1689.3	1640.0	1819.6
5.交通通信	5.Transport and Communications	3321.5	3473.5	3671.3	3474.3	3932.0
6.教育文化娱乐	6.Education, Cultural and Recreation	2846.6	2974.1	3328.0	2591.7	3322.0
7.医疗保健	7.Health Care and Medical Services	1777.4	2045.7	2282.7	2172.2	2521.3
8.其他用品及服务	8.Miscellaneous Goods and Services	651.5	687.4	747.2	646.2	786.1
现金消费支出	Cash Consumption Expenditure	20329.4	21287.1	22798.0	21555.6	24380.4
1.食品烟酒	1.Food, Tobacco and Liquor	6861.2	7099.2	7583.9	7709.6	8443.8
2.衣着	2.Clothing	1757.3	1807.5	1831.3	1644.2	1841.8
3.居住	3.Residence	1986.8	2045.2	2223.5	2222.2	2392.5
4.生活用品及服务	4.Household Facilities, Articles and Services	1514.5	1617.5	1676.2	1627.1	1807.3
5.交通通信	5.Transport and Communications	3315.6	3466.0	3665.0	3468.9	3925.1
6.教育文化娱乐	6.Education, Cultural and Recreation	2845.4	2972.1	3326.0	2590.7	3320.4
7.医疗保健	7.Health Care and Medical Services	1403.7	1604.0	1754.6	1658.4	1880.6
8.其他用品及服务	8.Miscellaneous Goods and Services	644.8	675.5	737.6	634.6	768.9

1-80 各地区城镇居民人均可支配收入来源(2021年)
PER CAPITA DISPOSABLE INCOME OF URBAN HOUSEHOLDS BY SOURCES AND REGION (2021)

单位：元 (yuan)

地区	Region	可支配收入 Disposable Income	工资性收入 Income from Wages and Salaries	经营净收入 Net Business Income	财产净收入 Net Income from Properties	转移净收入 Net Income from Transfers
全 国	**National Average**	**47411.9**	**28480.8**	**5381.9**	**5052.0**	**8497.3**
北 京	Beijing	81517.5	49150.5	794.4	13868.6	17704.0
天 津	Tianjin	51485.7	32679.2	2638.4	5258.7	10909.6
河 北	Hebei	39791.0	24540.4	3631.6	4021.7	7597.3
山 西	Shanxi	37433.1	21605.8	3464.8	2576.9	9785.6
内蒙古	Inner Mongolia	44376.9	26573.6	8698.4	2631.2	6473.7
辽 宁	Liaoning	43050.8	24608.3	4254.3	2208.4	11979.9
吉 林	Jilin	35645.8	22523.1	3468.4	1767.3	7887.0
黑龙江	Heilongjiang	33646.1	19024.9	2872.1	1350.3	10398.8
上 海	Shanghai	82428.9	51494.3	2023.8	11203.8	17707.0
江 苏	Jiangsu	57743.5	33455.8	5815.0	7476.0	10996.7
浙 江	Zhejiang	68486.8	38412.2	9670.9	9765.1	10638.6
安 徽	Anhui	43008.7	25545.5	6639.8	3882.7	6940.6
福 建	Fujian	51140.5	31762.1	6706.5	6989.9	5682.0
江 西	Jiangxi	41684.4	25128.5	3985.1	4136.1	8434.7
山 东	Shandong	47066.4	28019.1	7995.1	3921.2	7131.1
河 南	Henan	37094.8	21082.4	5367.4	3275.3	7369.6
湖 北	Hubei	40277.8	22416.1	5350.1	3688.6	8823.0
湖 南	Hunan	44866.1	24160.9	6878.0	4436.0	9391.2
广 东	Guangdong	54853.6	38605.8	5855.2	8020.1	2372.5
广 西	Guangxi	38529.9	20639.9	6848.0	4015.1	7026.9
海 南	Hainan	40213.2	23777.1	5395.5	4470.1	6570.4
重 庆	Chongqing	43502.5	25396.3	4893.6	3105.7	10106.8
四 川	Sichuan	41443.8	23933.7	4798.8	3322.4	9388.9
贵 州	Guizhou	39211.2	22490.2	6754.6	3405.5	6561.0
云 南	Yunnan	40904.9	24187.2	4408.2	5130.8	7178.6
西 藏	Tibet	46503.3	34549.9	1522.8	4247.6	6183.0
陕 西	Shaanxi	40713.1	23244.6	3058.4	3239.5	11170.6
甘 肃	Gansu	36187.3	24463.3	2700.2	2830.7	6193.0
青 海	Qinghai	37745.3	24732.4	3060.4	1651.1	8301.4
宁 夏	Ningxia	38290.7	25908.1	3660.0	1291.7	7430.9
新 疆	Xinjiang	37642.4	23833.1	3900.0	1582.8	8326.5

1-81 农村居民人均收支情况
PER CAPITA INCOME AND CONSUMPTION EXPENDITURE OF RURAL HOUSEHOLDS

单位：元 (yuan)

指 标	Item	2017	2018	2019	2020	2021
农村居民人均收入	**Per Capita Income of Rural Households**					
可支配收入	Disposable Income	13432.4	14617.0	16020.7	17131.5	18930.9
1.工资性收入	1.Income of Wages and Salaries	5498.4	5996.1	6583.5	6973.9	7958.1
2.经营净收入	2.Net Business Income	5027.8	5358.4	5762.2	6077.4	6566.2
3.财产净收入	3.Net Income from Property	303.0	342.1	377.3	418.8	469.4
4.转移净收入	4.Net Income from Transfer	2603.2	2920.5	3297.8	3661.3	3937.2
现金可支配收入	Cash Disposable Income	12703.9	13912.8	15279.8	16394.5	17596.4
1.工资性收入	1.Income of Wages and Salaries	5470.9	5961.3	6540.2	6926.6	7881.7
2.经营净收入	2.Net Business Income	4547.0	4969.5	5382.2	5720.3	5709.1
3.财产净收入	3.Net Income from Property	303.0	342.1	377.3	418.8	469.4
4.转移净收入	4.Net Income from Transfer	2383.0	2639.9	2980.2	3328.9	3536.2
农村居民人均支出	**Per Capita Expenditure of Rural Households**					
消费支出	Consumption Expenditure	10954.5	12124.3	13327.7	13713.4	15915.6
#服务性消费	Consumption Expenditure on Services	4130.2	4644.7	5290.2	5189.9	6142.9
1.食品烟酒	1.Food,Tobacco and Liquor	3415.4	3645.6	3998.2	4479.4	5200.2
2.衣着	2.Clothing	611.6	647.7	713.3	712.8	859.5
3.居住	3.Residence	2353.5	2660.6	2871.3	2962.4	3314.7
4.生活用品及服务	4.Household Facilities, Articles and Services	634.0	720.5	763.9	767.5	900.5
5.交通通信	5.Transport and Communications	1509.1	1690.0	1836.8	1840.6	2131.8
6.教育文化娱乐	6.Education, Cultural and Recreation	1171.3	1301.6	1481.8	1308.7	1645.5
7.医疗保健	7.Health Care and Medical Services	1058.7	1240.1	1420.8	1417.5	1579.6
8.其他用品及服务	8.Miscellaneous Goods and Services	200.9	218.3	241.5	224.4	283.8
现金消费支出	Cash Consumption Expenditure	8856.5	9862.0	10854.5	11097.2	12857.6
1.食品烟酒	1.Food, Tobacco and Liquor	2921.2	3226.3	3538.2	3945.5	4594.1
2.衣着	2.Clothing	610.9	647.2	712.9	712.5	859.0
3.居住	3.Residence	956.0	1084.0	1163.8	1195.3	1250.0
4.生活用品及服务	4.Household Facilities, Articles and Services	624.9	709.0	748.9	752.9	887.3
5.交通通信	5.Transport and Communications	1508.1	1685.0	1835.5	1839.3	2129.0
6.教育文化娱乐	6.Education, Cultural and Recreation	1170.7	1300.5	1481.3	1308.4	1645.0
7.医疗保健	7.Health Care and Medical Services	868.2	997.4	1137.9	1125.4	1223.7
8.其他用品及服务	8.Miscellaneous Goods and Services	196.3	212.7	236.0	217.9	269.6

1-82 农村居民分地区人均可支配收入来源(2021年) PER CAPITA DISPOSABLE INCOME OF RURAL HOUSEHOLDS BY SOURCES AND REGION (2021)

单位：元 (yuan)

地区	Region	可支配收入 Disposable Income	工资性收入 Income from Wages and Salaries	经营净收入 Net Business Income	财产净收入 Net Income from Properties	转移净收入 Net Income from Transfers
全国	**National Average**	**18930.9**	**7958.1**	**6566.2**	**469.4**	**3937.2**
北京	Beijing	33302.7	23433.8	1873.9	3442.9	4552.2
天津	Tianjin	27954.5	15749.2	6161.8	1279.7	4763.9
河北	Hebei	18178.9	9496.7	6016.5	390.5	2275.2
山西	Shanxi	15308.3	6859.6	3958.8	216.0	4273.9
内蒙古	Inner Mongolia	18336.8	3602.7	9980.1	473.5	4280.6
辽宁	Liaoning	19216.6	7108.5	8667.4	397.2	3043.6
吉林	Jilin	17641.7	4301.8	10161.3	387.9	2790.7
黑龙江	Heilongjiang	17889.3	3322.3	9353.5	1109.4	4104.0
上海	Shanghai	38520.7	24971.9	2413.1	1276.4	9859.3
江苏	Jiangsu	26790.8	13109.2	7022.4	949.5	5709.7
浙江	Zhejiang	35247.4	21433.8	8527.2	1081.5	4204.9
安徽	Anhui	18371.7	6372.7	6795.3	391.7	4812.0
福建	Fujian	23228.9	10516.2	8586.3	466.5	3659.9
江西	Jiangxi	18684.2	8279.7	6043.3	336.4	4024.7
山东	Shandong	20793.9	10430.1	7066.3	499.3	2798.2
河南	Henan	17533.3	6695.0	5605.2	252.6	4980.5
湖北	Hubei	18259.0	5948.6	7552.9	253.9	4503.7
湖南	Hunan	18295.2	7165.0	6530.2	261.5	4338.5
广东	Guangdong	22306.0	12765.0	5438.8	795.3	3306.8
广西	Guangxi	16362.9	5536.1	6391.2	385.1	4050.5
海南	Hainan	18076.3	7546.4	7071.9	258.7	3199.3
重庆	Chongqing	18099.6	6386.4	6109.8	446.3	5157.0
四川	Sichuan	17575.3	5513.8	6651.4	586.6	4823.5
贵州	Guizhou	12856.1	5330.8	3912.0	124.5	3488.8
云南	Yunnan	14197.3	4697.3	6875.6	211.2	2413.1
西藏	Tibet	16932.3	6086.4	7370.8	768.0	2707.1
陕西	Shaanxi	14744.8	6103.5	4433.1	248.1	3960.0
甘肃	Gansu	11432.8	3337.0	5124.5	149.6	2821.7
青海	Qinghai	13604.2	4796.5	5304.2	375.7	3127.8
宁夏	Ningxia	15336.6	5688.7	6137.4	352.5	3158.1
新疆	Xinjiang	15575.3	4710.2	7285.0	353.3	3226.8

二、就业与失业

EMPLOYMENT AND UNEMPLOYMENT

2-1 年末城镇登记失业人数及登记失业率
URBAN REGISTERED UNEMPLOYMENT AND UNEMPLOYMENT RATE AT THE YEAR-END

单位：万人，%　　(10 000 persons,%)

年 份 Year	登记失业人数 Urban Registered Unemployment 合 计 Total	#失业青年 Youth	比上年增长 Increase over Preceeding year 合 计 Total	#失业青年 Youth	登记失业率 Registered Unemployment Rate
1978	530.0	249.1			5.3
1979	567.6	258.2	7.1	3.7	5.4
1980	541.5	382.5	-4.6	48.1	4.9
1981	439.5	343.0	-18.8	-10.3	3.8
1982	379.4	293.8	-13.7	-14.3	3.2
1983	271.4	222.0	-28.5	-24.4	2.3
1984	235.7	195.9	-13.2	-11.8	1.9
1985	238.5	196.9	1.2	0.5	1.8
1986	264.4	209.3	10.9	6.3	2.0
1987	276.6	235.1	4.6	12.3	2.0
1988	296.2	245.3	7.1	4.3	2.0
1989	377.9	309.0	27.6	26.0	2.6
1990	383.2	312.7	1.4	1.2	2.5
1991	352.2	288.4	-8.1	-7.8	2.3
1992	363.9	299.8	3.3	4.0	2.3
1993	420.1	331.9	15.4	10.7	2.6
1994	476.4	301.0	13.4	-9.3	2.8
1995	519.6	310.2	9.1	3.1	2.9
1996	552.8		6.3		3.0
1997	576.8		4.3		3.1
1998	571.0		-1.0		3.1
1999	575.0		0.7		3.1
2000	595.0		3.5		3.1
2001	681.0		14.4		3.6
2002	770.0		13.1		4.0
2003	800.0		3.9		4.3
2004	827.0		3.4		4.2
2005	839.0		1.5		4.2
2006	847.0		1.0		4.1
2007	830.0		-2.0		4.0
2008	886.0		6.7		4.2
2009	921.0		4.0		4.3
2010	908.0		-1.4		4.1
2011	922.0		1.5		4.1
2012	917.0		-0.5		4.1
2013	926.0		1.0		4.05
2014	952.0		2.8		4.09
2015	966.0		1.5		4.05
2016	982.0		1.7		4.02
2017	972.0		-1.0		3.90
2018	974.0		0.2		3.80
2019	945.0		-3.0		3.62
2020	1160.0		22.8		4.24
2021	1040.0		-10.3		3.96

2–2 各地区年末城镇登记失业人数及登记失业率
URBAN REGISTERED UNEMPLOYMENT AND UNEMPLOYMENT RATE AT THE YEAR-END BY REGION

单位：万人，% (10 000 persons,%)

地 区 Region	登记失业人员 Unemployment													
	2008	2009	2010	2011	2012	2013	2014	2015	2016	2017	2018	2019	2020	2021
北 京 Beijing	10.3	8.2	7.7	8.1	8.1	7.5	7.4	7.8	8.0	8.1	7.9	7.4	29.0	37.2
天 津 Tianjin	13.0	15.0	16.1	20.1	20.4	21.7	22.5	25.1	25.8	26.0	25.8	26.1	27.0	27.5
河 北 Hebei	32.2	34.5	35.1	36.0	36.8	37.2	38.3	39.4	39.7	39.9	38.0	36.0	38.5	40.2
山 西 Shanxi	17.5	21.6	20.4	21.1	21.0	21.1	24.5	25.6	26.1	26.5	24.6	21.3	27.7	20.0
内蒙古 Inner Mongolia	19.9	20.1	20.8	21.8	23.1	23.8	24.8	25.9	26.7	27.1	27.0	28.1	30.0	30.5
辽 宁 Liaoning	41.7	41.6	38.9	39.4	38.1	39.6	41.0	46.2	47.3	42.7	44.4	45.6	50.7	47.7
吉 林 Jilin	24.3	23.4	22.7	22.2	22.3	22.6	23.2	23.9	25.7	26.3	26.8	23.9	20.6	19.1
黑龙江 Heilongjiang	32.1	31.4	36.2	35.0	41.3	41.4	39.9	41.0	39.6	39.7	39.4	34.7	31.0	28.5
上 海 Shanghai	26.6	27.9	27.6	27.0	26.7	25.3	25.6	24.8	24.3	22.1	19.4	19.3	19.7	66.9
江 苏 Jiangsu	41.1	40.7	40.6	41.4	40.5	37.6	36.6	36.0	35.2	34.7	34.4	35.1	36.7	49.1
浙 江 Zhejiang	30.7	30.7	31.1	31.7	33.4	33.4	33.1	33.7	33.9	33.8	34.1	34.4	42.1	45.3
安 徽 Anhui	29.3	30.1	26.9	33.1	31.3	32.4	31.5	30.9	30.4	29.0	28.1	26.8	30.0	25.4
福 建 Fujian	15.0	15.2	14.5	14.6	14.5	14.7	14.3	15.4	16.3	17.1	17.3	16.8	35.7	38.0
江 西 Jiangxi	26.0	27.3	26.3	24.6	25.7	27.4	29.4	29.9	31.3	32.3	35.1	27.5	29.9	29.9
山 东 Shandong	45.0	45.1	44.5	45.1	43.4	42.2	43.1	43.7	45.8	45.7	46.5	44.2	46.7	62.4
河 南 Henan	36.5	38.5	38.2	38.4	38.3	40.2	40.0	42.5	43.6	40.7	48.6	49.4	62.2	65.3
湖 北 Hubei	55.1	55.3	55.7	55.1	42.3	40.2	37.9	33.4	32.9	37.1	36.1	37.6	55.3	51.3
湖 南 Hunan	47.0	47.8	43.2	43.1	44.1	45.6	47.3	45.1	44.9	44.5	40.4	31.1	31.4	27.7
广 东 Guangdong	38.1	39.5	39.3	38.8	39.6	38.0	36.8	37.0	38.0	37.1	36.6	36.9	73.9	82.5
广 西 Guangxi	18.8	19.1	19.1	18.8	18.9	18.0	18.7	18.1	18.1	14.7	16.7	19.7	22.9	22.7
海 南 Hainan	5.6	5.3	4.8	2.9	3.6	3.9	4.3	4.8	5.1	5.5	5.5	5.6	7.9	10.1
重 庆 Chongqing	13.0	13.4	13.0	13.0	12.4	12.1	13.4	14.3	15.7	14.3	13.1	17.5	29.6	18.9
四 川 Sichuan	37.9	36.3	34.6	36.9	40.7	42.9	54.4	54.6	56.3	55.8	53.3	50.4	54.4	66.4
贵 州 Guizhou	12.5	12.3	12.2	12.5	12.6	13.7	14.1	14.5	14.8	14.9	15.1	15.3	19.5	32.0
云 南 Yunnan	14.8	15.4	15.7	16.0	17.4	18.1	19.2	19.5	20.1	19.8	20.9	22.9	31.9	30.0
西 藏 Tibet		2.0	2.1	1.0	1.6	1.6	1.7	1.8	1.8	1.9	2.1	2.1	2.1	1.8
陕 西 Shaanxi	20.8	21.5	21.4	20.9	19.5	21.1	22.3	22.3	22.7	23.4	24.1	23.8	24.5	27.7
甘 肃 Gansu	9.4	10.3	10.7	10.8	9.8	9.3	9.7	9.5	9.8	9.6	10.0	10.8	12.2	13.1
青 海 Qinghai	3.9	4.1	4.2	4.4	4.1	4.2	4.2	4.4	4.6	4.7	4.6	3.1	3.1	2.8
宁 夏 Ningxia	4.8	4.8	4.8	5.2	4.6	4.7	5.0	4.9	5.1	5.1	5.4	5.0	5.6	7.0
新 疆 Xinjiang	11.8	11.9	11.0	11.1	11.8	11.9	11.2	10.3	9.7	10.0	9.5	8.4	9.4	8.9
新疆兵团 Xingjiang Production and Construction Crops	2.8	3.0	2.5	2.8	2.9	3.0	3.4	3.3	3.2	3.9	3.7	3.7	4.0	3.9

2-2 续表 continued

单位：万人，% (10 000 persons,%)

地区 Region	登记失业率 Registered Unemployment Rate													
	2008	2009	2010	2011	2012	2013	2014	2015	2016	2017	2018	2019	2020	2021
北京 Beijing	1.8	1.4	1.4	1.4	1.3	1.2	1.3	1.4	1.4	1.4	1.4	1.3	2.6	3.2
天津 Tianjin	3.6	3.6	3.6	3.6	3.6	3.6	3.5	3.5	3.5	3.5	3.5	3.5	3.6	3.7
河北 Hebei	4.0	3.9	3.9	3.8	3.7	3.7	3.6	3.6	3.7	3.7	3.3	3.1	3.5	3.1
山西 Shanxi	3.3	3.9	3.6	3.5	3.3	3.1	3.4	3.5	3.5	3.4	3.3	2.7	3.1	2.3
内蒙古 Inner Mongolia	4.1	4.0	3.9	3.8	3.7	3.7	3.6	3.7	3.7	3.6	3.6	3.7	3.8	3.8
辽宁 Liaoning	3.9	3.9	3.6	3.7	3.6	3.4	3.4	3.4	3.8	3.8	3.9	4.2	4.6	4.3
吉林 Jilin	4.0	4.0	3.8	3.7	3.7	3.7	3.4	3.5	3.5	3.5	3.5	3.1	3.4	3.3
黑龙江 Heilongjiang	4.2	4.3	4.3	4.1	4.2	4.4	4.5	4.5	4.2	4.2	4.0	3.5	3.4	3.2
上海 Shanghai	4.2	4.3	4.4	3.5	3.1	4.0	4.1	4.0	4.1	3.9	3.5	3.6	3.7	2.7
江苏 Jiangsu	3.3	3.2	3.2	3.2	3.1	3.0	3.0	3.0	3.0	3.0	3.0	3.0	3.2	2.5
浙江 Zhejiang	3.5	3.3	3.2	3.1	3.0	3.0	3.0	2.9	2.9	2.7	2.6	2.5	2.8	2.6
安徽 Anhui	3.9	3.9	3.7	3.7	3.7	3.4	3.2	3.1	3.2	2.9	2.8	2.6	2.8	2.5
福建 Fujian	3.9	3.9	3.8	3.7	3.6	3.6	3.5	3.7	3.9	3.9	3.7	3.5	3.8	3.3
江西 Jiangxi	3.4	3.4	3.3	3.0	3.0	3.2	3.3	3.4	3.4	3.3	3.4	2.9	3.2	2.8
山东 Shandong	3.7	3.4	3.4	3.4	3.3	3.2	3.3	3.4	3.5	3.4	3.4	3.3	3.1	2.9
河南 Henan	3.4	3.5	3.4	3.4	3.1	3.1	3.0	3.0	3.0	2.8	3.0	3.2	3.2	3.4
湖北 Hubei	4.2	4.2	4.2	4.1	3.8	3.5	3.1	2.6	2.4	2.6	2.6	2.4	3.4	3.0
湖南 Hunan	4.2	4.1	4.2	4.2	4.2	4.2	4.1	4.1	4.2	4.0	3.6	2.7	2.7	2.3
广东 Guangdong	2.6	2.6	2.5	2.5	2.5	2.4	2.4	2.5	2.5	2.5	2.4	2.3	2.5	2.5
广西 Guangxi	3.8	3.7	3.7	3.5	3.4	3.3	3.2	2.9	2.9	2.2	2.3	2.6	2.8	2.5
海南 Hainan	3.7	3.5	3.0	1.7	2.0	2.2	2.3	2.3	2.4	2.3	2.3	2.3	2.8	3.1
重庆 Chongqing	4.0	4.0	3.9	3.5	3.3	3.4	3.5	3.6	3.7	3.4	3.0	2.6	4.5	2.9
四川 Sichuan	4.6	4.3	4.1	4.2	4.0	4.1	4.2	4.1	4.2	4.0	3.5	3.3	3.6	3.6
贵州 Guizhou	4.0	3.8	3.6	3.6	3.3	3.3	3.3	3.3	3.2	3.2	3.2	3.1	3.8	4.5
云南 Yunnan	4.2	4.3	4.2	4.1	4.0	4.0	4.0	4.0	3.6	3.2	3.4	3.3	3.9	3.8
西藏 Tibet		3.8	4.0	3.2	2.6	2.5	2.5	2.5	2.6	2.7	2.8	2.9	2.9	2.6
陕西 Shaanxi	3.9	3.9	3.9	3.6	3.2	3.3	3.3	3.4	3.3	3.3	3.2	3.2	3.6	3.5
甘肃 Gansu	3.2	3.3	3.2	3.1	2.7	2.3	2.2	2.1	2.2	2.7	2.8	3.0	3.3	3.4
青海 Qinghai	3.8	3.8	3.8	3.8	3.4	3.3	3.2	3.2	3.1	3.1	3.0	2.2	2.1	1.8
宁夏 Ningxia	4.4	4.4	4.4	4.4	4.2	4.1	4.0	4.0	3.9	3.9	3.9	3.7	3.9	4.1
新疆 Xinjiang	3.7	3.8	3.2	3.2	3.4	3.4	3.2	2.9	2.5	2.6	2.4	2.1	2.4	2.0
新疆兵团 Xingjiang Production and Construction Crops	2.8	2.9	2.4	2.6	2.5	2.6	2.6	2.6	2.3	2.7	2.5	2.5	2.7	2.6

2-3 各地区城镇登记失业人员情况(2021年) BASIC CONDITIONS OF URBAN REGISTERED UNEMPLOYMENT BY REGION (2021)

单位：万人 (10000person)

地区	Region	上年末结转登记失业人员 Unemployment at Last Year-end	本年新登记的失业人员 Unemployment Newly Regis-tered This Year	#女性 Female	#就业转失业人数 Unemploy-employed	本年失业人员就业人数 From the Unemployed This Year	#女性 Female	本年末登记失业人数 Unemployment at the Year-end	#女性 Female	#长期失业者 Long-term Unemployment
北京	Beijing	29.0	49.7	20.7	38.2	28.0	11.5	37.2	12.3	14.3
天津	Tianjin	27.0	11.9	5.1	5.1	11.5	5.0	27.5	12.4	23.6
河北	Hebei	38.5	40.8	17.3	14.3	38.0	15.4	40.2	17.9	1.5
山西	Shanxi	27.7	17.9	6.8	5.1	19.9	7.4	20.0	8.3	0.4
内蒙古	Inner Mongolia	30.0	26.4	13.4	9.8	22.1	10.8	30.5	16.6	6.8
辽宁	Liaoning	50.7	66.9	30.2	39.7	61.0	29.1	47.7	22.7	36.7
吉林	Jilin	20.6	17.8	9.3	10.8	13.7	7.1	19.1	9.6	14.8
黑龙江	Heilongjiang	31.0	24.5	10.1	8.2	25.3	10.4	28.5	13.1	1.5
上海	Shanghai	15.7	15.4	6.7	14.7	11.0	5.1	66.9	5.8	8.7
江苏	Jiangsu	77.6	166.2	85.3	157.3	88.3	43.7	49.1	22.0	24.8
浙江	Zhejiang	42.1	51.3	24.3	33.1	35.0	16.1	45.3	23.3	17.2
安徽	Anhui	30.0	24.6	11.5	5.8	26.8	11.9	25.4	6.8	1.3
福建	Fujian	35.7	27.6	13.8	24.2	20.8	11.0	38.0	16.5	14.0
江西	Jiangxi	29.9	13.6	7.4	4.0	9.4	4.6	29.9	15.3	1.6
山东	Shandong	46.7	84.4	38.1	42.4	83.0	36.8	62.4	20.9	10.1
河南	Henan	62.2	31.8	17.0	16.3	19.7	10.4	65.3	32.1	52.6
湖北	Hubei	55.3	53.8	29.0	15.2	49.6	26.1	51.3	26.9	40.6
湖南	Hunan	31.4	37.8	21.5	7.4	38.0	20.8	27.7	14.9	0.6
广东	Guangdong	73.9	133.7	54.4	29.1	116.4	53.2	82.5	25.3	4.7
广西	Guangxi	22.9	22.4	12.5	7.5	19.3	10.9	22.7	12.3	2.4
海南	Hainan	7.9	7.0	3.0	4.4	3.8	1.6	10.1	4.4	7.7
重庆	Chongqing	29.6	44.8	24.7	14.2	23.7	13.5	18.9	10.0	8.4
四川	Sichuan	54.4	35.8	18.2	12.9	29.3	14.7	66.4	25.3	20.2
贵州	Guizhou	19.5	29.0	12.6	6.6	16.3	7.2	32.0	15.5	2.1
云南	Yunnan	31.9	61.4	27.5	18.4	63.0	27.1	30.0	13.2	2.2
西藏	Tibet	2.1	0.8	0.3	0.0	1.7	0.8	1.8	0.3	0.0
陕西	Shaanxi	24.5	20.7	7.8	1.8	17.2	8.0	27.7	12.8	2.4
甘肃	Gansu	12.1	28.6	14.0	16.6	21.3	10.3	13.1	6.7	9.8
青海	Qinghai	3.1	5.6	3.0	2.7	4.5	2.5	2.8	1.5	1.9
宁夏	Ningxia	5.6	9.5	4.9	4.4	8.2	3.9	7.0	3.8	0.0
新疆	Xinjiang	15.3	31.7	15.3	9.3	21.8	10.0	8.9	4.4	7.1
新疆兵团	Xingjiang Production and Construction Crops	4.0	2.9	1.5	0.5	3.0	1.6	3.9	2.8	0.0

2–4 公共就业服务工作情况(2021年)

SITUATIONS OF PUBLIC EMPLOYMENT SERVICES (2021)

单位：人 (person)

项 目	Item	本期单位登记招聘人数 Total Registered Job Vacancies This Year	本期登记求职人数 Total Registered Job-seekers This Year	#女性 Female	#应届高校毕业生 College Graduates	本期接受职业指导人次 Person-times of Vocational Guidance This Year	#女性 Female	本期接受创业服务人次 Person-times of Vocational Guidance
总 计	**Total**	**67279374**	**36135413**	**14136205**	**5087256**	**25123007**	**27934104**	**6047962**
市(地、州)及以上公共就业人才服务机构	Public Employment (Talent) Services Institution of City (Prefecture) and Above	25899798	11526478	4177402	2419151	5736253	10556934	1577209
区(县)公共就业人才服务机构	Public Employment (Talent) Services Institution of District (County)	32477407	18956794	7681246	2178167	13586288	13928507	3504797
街道(乡镇)公共就业和人才服务平台	Public employment and talent service platform of Street (township)	6812109	4343745	1720840	353955	3629964	2608369	657529
社区(行政村)公共就业服务窗口	Public employment service window of Community (administrative village)	2090060	1308396	556717	135983	2170502	840294	308427

2–5 各地区公共就业服务工作情况(2021年)
SITUATIONS OF PUBLIC EMPLOYMENT SERVICES BY REGION (2021)

单位：人 (person)

地 区 Region	本期单位登记招聘人数 Total Registered Job Vacancies This Year	本期登记求职人数 Total Registered Job-seekers This Year	#女性 Female	#应届高校毕业生 College Graduates	#农村劳动者 Rural Labours	本期接受职业指导人次 Person-times of Vocational Guidance This Year	#女性 Female	本期接受创业服务人数 Person-times of Vocational Guidance
总 计 National Total	**67279374**	**36135413**	**14136205**	**5087256**	**10980748**	**25123007**	**27934104**	**6047962**
北 京 Beijing	639596	296839				1408750		184416
天 津 Tianjin	848491	649784	250553	56999	116722	392889	193768	48339
河 北 Hebei	2366423	1422222	373044	241653	417125	3573990	1392997	468537
山 西 Shanxi	1245316	1248264	392213	243551	192353	435830	134116	124527
内蒙古 Inner Mongolia	730844	432879	89941	110863	114906	164584	56768	23442
辽 宁 Liaoning	2003337	1120331	485698	110426	134367	233649	112083	85672
吉 林 Jilin	445573	195489	70468	15715	35934	104372	47655	23515
黑龙江 Heilongjiang	1484426	1235574	509942	97578	306110	2570234	966281	134790
上 海 Shanghai	804530	397808	151018	29131		12840	4993	81617
江 苏 Jiangsu	5550334	3803169	1644941	590947	1020108	1979114	756421	553263
浙 江 Zhejiang	5759708	2002771	700612	199957	500937	740523	201507	235111
安 徽 Anhui	3186280	1699246	744436	185611	533907	885056	311183	392132
福 建 Fujian	1905183	1204636	501267	69623	734615	204516	74837	14233
江 西 Jiangxi	1181759	774908	338578	93978	358035	608893	257145	194704
山 东 Shandong	9140010	5900878	2452496	609399	1847623	2083386	19403945	732060
河 南 Henan	3017636	1612354	589923	321036	561106	1070470	475989	153804
湖 北 Hubei	2389969	1033391	437944	148006	434243	861833	346076	492472
湖 南 Hunan	3362262	2458109	725202	327327	708379	1160462	441027	298401
广 东 Guangdong	5202516	2303364	1037807	314751	463548	842922	307247	275685
广 西 Guangxi	2607621	764317	368752	493029	91865	691164	298515	174903
海 南 Hainan	498172	135587	24814	22404	39372	61545	16611	13898
重 庆 Chongqing	1335759	566881	224734	25679	164435	649513	296757	96877
四 川 Sichuan	2439319	992499	430826	70872	491447	847461	348229	276743
贵 州 Guizhou	2089774	803496	344018	166474	351196	838140	371614	249907
云 南 Yunnan	3124481	978550	390753	140867	500963	1274684	519229	177569
西 藏 Tibet	49419	21944	8515	16043	5224	20554	7624	1540
陕 西 Shaanxi	1871148	795713	293310	196991	244985	328110	133390	178939
甘 肃 Gansu	673832	455883	175579	76387	194025	294100	107351	173213
青 海 Qinghai	254870	237181	99811	27815	158550	186055	76010	10421
宁 夏 Ningxia	234698	42788	22726	5720	21032	51746	25266	25531
新 疆 Xinjiang	775309	448177	206754	69286	205432	509875	230996	149626
兵 团 Xinjiang Production and Construction Corps	60779	100381	49530	9138	32204	35747	18474	2075

三、城镇非私营单位就业人员和工资总额

EMPLOYMENT AND TOTAL WAGES IN URBAN NON-PRIVATE UNITS

3-1 分行业城镇非私营单位就业人员和工资总额(2021年)
EMPLOYMENT AND TOTAL WAGES IN URBAN NON-PRIVATE UNITS BY SECTOR(2021)

项　　目	Item	年末人数(千人) Year-end Figures (1000 persons)	#女性 Female	工资总额(亿元) Total Wages (100 million yuan)	平均工资(元) Average Wage (yuan)
全国总计	**National Total**	**170145**	**68520**	**180817.5**	**106837**
农、林、牧、渔业	**Agriculture, Forestry, Animal Husbandry and Fishery**	**868**	**261**	**471.4**	**53819**
农业	Farming	257	97	106.2	40137
林业	Forestry	304	69	169.1	56520
畜牧业	Animal Husbandry	93	30	64.9	69001
渔业	Fishery	21	4	14.7	69827
农、林、牧、渔专业及辅助性活动	Professional and Support Activities for Agriculture, Forestry, Animal Husbandry and Fishery	194	61	116.5	59142
采矿业	**Mining**	**3448**	**576**	**3742.3**	**108467**
煤炭开采和洗选业	Mining and Washing of Coal	2271	296	2271.4	100817
石油和天然气开采业	Extraction of Petroleum and Natural Gas	538	155	816.6	148825
黑色金属矿采选业	Mining and Processing of Ferrous Metal Ores	140	20	139.4	98121
有色金属矿采选业	Mining and Processing of Non-Ferrous Metal Ores	143	27	124.3	86799
非金属矿采选业	Mining and Processing of Non-metal Ores	116	25	84.2	74136
开采专业及辅助性活动	Professional and Support Activities for Mining	239	53	304.4	122974
其他采矿业	Mining of Other Ores	2	0	1.9	96821
制造业	**Manufacturing**	**38280**	**14220**	**35232.8**	**92459**
农副食品加工业	Processing of Food from Agricultural Products	1158	502	768.8	67682
食品制造业	Manufacture of Foods	982	497	753.9	78028
酒、饮料和精制茶制造业	Manufacture of Liquor, Beverages and Refined Tea	759	272	679.6	90620
烟草制品业	Manufacture of Tobacco	154	46	352.9	236088
纺织业	Manufacture of Textile	1071	607	722.9	67384
纺织服装、服饰业	Manufacture of Textile, Wearing Apparel and Accessories	1189	850	768.5	64398
皮革、毛皮、羽毛及其制品和制鞋业	Manufacture of Leather, Fur, Feather and Related Products and Footwear	745	456	439.7	59766
木材加工和木、竹、藤、棕、草制品业	Processing of Timber, Manufacture of Wood, Bamboo, Rattan, Palm and Straw Products	178	68	111.9	63135
家具制造业	Manufacture of Furniture	422	153	334.1	78925
造纸及纸制品业	Manufacture of Paper and Paper Products	453	161	362.2	80091
印刷和记录媒介复制业	Printing and Reproduction of Recording Media	438	186	355.9	80739
文教、工美、体育和娱乐用品制造业	Manufacture of Articles for Culture, Education, Arts and Crafts, Sport and Entertainment Activities	882	496	583.1	65610
石油、煤炭及其他燃料加工业	Processing of Petroleum, Coal and Other Fuels	551	124	681.4	124861
化学原料和化学制品制造业	Manufacture of Raw Chemical Materials and Chemical Products	1905	540	1944.7	102614
医药制造业	Manufacture of Medicines	1477	707	1545.8	105714
化学纤维制造业	Manufacture of Chemical Fibres	241	84	200.4	83759
橡胶和塑料制品业	Manufacture of Rubber and Plastics Products	1440	583	1144.8	79077
非金属矿物制品业	Manufacture of Non-metallic Mineral Products	1745	488	1359.7	78223
黑色金属冶炼和压延加工业	Smelting and Pressing of Ferrous Metals	1153	191	1208.3	102546
有色金属冶炼和压延加工业	Smelting and Pressing of Non-ferrous Metals	900	187	780.2	86572
金属制品业	Manufacture of Metal Products	1561	480	1262.6	80889
通用设备制造业	Manufacture of General Purpose Machinery	2264	625	2244.0	99619
专用设备制造业	Manufacture of Special Purpose Machinery	1871	548	1924.5	103870
汽车制造业	Manufacture of Automobiles	2932	770	3157.2	109557
铁路、船舶、航空航天和其他运输设备制造业	Manufacture of Railway, Ship, Aerospace and Other Transport Equipments	704	180	761.8	108276

3-1 续表 1 continued

项 目	Item	年末人数（千人）Year-end Figures (1000 persons)	#女 性 Female	工资总额（亿元）Total Wages (100 million yuan)	平均工资（元）Average Wage (yuan)
电气机械和器材制造业	Manufacture of Electrical Machinery and Apparatus	3140	1248	2831.8	89777
计算机、通信和其他电子设备制造业	Manufacture of Computers, Communication and Other Electronic Equipment	6968	2826	6941.5	100289
仪器仪表制造业	Manufacture of Measuring Instruments and Machinery	567	216	620.0	110929
其他制造业	Other Manufacture	147	73	100.5	69204
废弃资源综合利用业	Utilization of Waste Resources	99	24	75.3	77763
金属制品、机械和设备修理业	Repair Service of Metal Products, Machinery and Equipment	183	32	214.4	116586
电力、热力、燃气及水生产和供应业	**Production and Supply of Electricity, Heat, Gas and Water**	**3820**	**1003**	**4784.4**	**125332**
电力、热力生产和供应业	Production and Supply of Electric Power and Heat Power	2791	654	3846.0	137646
燃气生产和供应业	Production and Supply of Gas	328	105	330.3	101715
水的生产和供应业	Production and Supply of Water	701	244	608.1	87054
建筑业	**Construction**	**19719**	**2618**	**14515.0**	**75762**
房屋建筑业	Construction of Buildings	12986	1563	8837.2	70369
土木工程建筑业	Civil Engineering	4557	726	3999.0	88846
建筑安装业	Building Installation	1156	162	941.7	85195
建筑装饰、装修和其他建筑业	Building Decoration and Other Constructions	1020	166	737.0	74157
批发和零售业	**Wholesale and Retail Trades**	**7975**	**4156**	**8560.6**	**107735**
批发业	Wholesale Trade	4023	1762	5697.5	141823
零售业	Retail Trade	3952	2394	2863.1	72877
交通运输、仓储和邮政业	**Transport, Storage and Post**	**7981**	**2083**	**8793.4**	**109851**
铁路运输业	Railway Transport	1893	276	2580.1	136779
道路运输业	Road Transport	3466	918	2866.1	81969
水上运输业	Water Transport	284	50	436.0	152099
航空运输业	Air Transport	598	220	1007.0	168024
管道运输业	Transport Via Pipelines	40	8	69.1	176868
多式联运和运输代理业	Intermodality and Forwarding Agency	343	154	469.5	137408
装卸搬运和仓储业	Loading, Unloading and Storage	488	123	438.2	89991
邮政业	Post	868	335	927.4	106811
住宿和餐饮业	**Hotels and Catering Services**	**2653**	**1530**	**1414.1**	**53631**
住宿业	Hotels	1047	583	638.4	60347
餐饮业	Catering Services	1605	946	775.6	49130
信息传输、软件和信息技术服务业	**Information Transmission, Software and Information Technology**	**5192**	**1993**	**10289.0**	**201506**
电信、广播电视和卫星传输服务	Telecommunication, Radio and Television and Satellite Transmission Service	1498	622	2161.2	143703
互联网和相关服务	Internet and Related Service	755	314	1989.1	269906
软件和信息技术服务业	Software and Information Technology	2939	1057	6138.8	214252
金融业	**Financial Intermediation**	**8185**	**4720**	**13063.7**	**150843**
货币金融服务	Monetary and Financial Service	3747	1896	7610.9	203571
资本市场服务	Capital Market Service	369	168	1581.7	441005
保险业	Insurance	3943	2601	3376.6	76077
其他金融业	Other Financial Activities	126	55	494.5	396464
房地产业	**Real Estate**	**5293**	**2183**	**4852.7**	**91143**

3-1 续表 2 continued

项目	Item	年末人数(千人) Year-end Figures (1000 persons)	#女性 Female	工资总额(亿元) Total Wages (100 million yuan)	平均工资(元) Average Wage (yuan)
租赁和商务服务业	**Leasing and Business Services**	**6803**	**2445**	**6923.3**	**102537**
租赁业	Leasing	134	33	130.9	96300
商务服务业	Business Services	6669	2412	6792.4	102665
科学研究和技术服务业	**Scientific Research and Technical Services**	**4501**	**1532**	**6770.6**	**151776**
研究和试验发展	Research and Experimental Development	721	304	1347.1	191949
专业技术服务业	Professional Technical Services	3148	982	4548.1	145132
科技推广和应用服务业	Science and Technology Popularization and Application Services	633	245	875.3	139989
水利、环境和公共设施管理业	**Management of Water Conservancy, Environment and Public Facilities**	**2526**	**1041**	**1668.8**	**65802**
水利管理业	Management of Water Conservancy	283	78	283.3	100105
生态保护和环境治理业	Ecological Protection and Environmental Treatment	196	56	177.3	92085
公共设施管理业	Management of Public Facilities	1980	878	1134.2	56865
土地管理业	Management of Land	66	28	74.0	112082
居民服务、修理和其他服务业	**Service to Households, Repair and Other Services**	**859**	**443**	**555.3**	**65193**
居民服务业	Service to Households	352	186	258.7	74111
机动车、电子产品和日用产品修理业	Repair of Motor Vehicle, Electronics and Household Products	110	30	90.4	80090
其他服务业	Other Services	396	227	206.2	52892
教育	**Education**	**19719**	**12615**	**21754.3**	**111392**
卫生和社会工作	**Health and Social Service**	**10947**	**7596**	**13673.0**	**126828**
卫生	Health	10468	7273	13360.7	129650
社会工作	Social Service	479	323	312.3	65676
文化、体育和娱乐业	**Culture, Sports and Entertainment**	**1517**	**751**	**1778.1**	**117329**
新闻和出版业	Journalism and Publishing Activities	290	149	446.7	154062
广播、电视、电影和录音制作业	Radio, Television, Motion Picture and Audio-visual Programme Production Services	388	182	504.9	130249
文化艺术业	Cultural and Art Activities	493	260	470.7	95804
体育	Sports Activities	144	62	176.1	124561
娱乐业	Entertainment	202	98	179.8	87583
公共管理、社会保障和社会组织	**Public Management, Social Security and Social Organization**	**19858**	**6755**	**21974.8**	**111361**
#中国共产党机关	Organs of Communist Party of China	947	315	1132.5	120792
国家机构	Government Agencies	18448	6215	20341.3	110933
人民政协、民主党派	People's Political Consultative Conference and Democratic Parties	112	34	156.0	141278
社会保障	Social Security	161	90	145.6	90984
群众团体、社会团体和其他成员组织	Non-Governmental Organizations, Social Organizations and Membership Organizations	190	101	199.3	105850

3-2 各地区分行业城镇非私营单位就业人员和工资总额(2021年) URBAN NON-PRIVATE UNITS EMPLOYMENT AND TOTAL WAGES BY SECTOR AND REGION(2021)

地区	Region	总计 Total 年末人数(人) Year-end Figures (person)	#女性 Female	工资总额(千元) Total Wages (1000 yuan)	平均工资(元) Average Wage (yuan)	农、林、牧、渔业 Agriculture, Forestry, Animal Husbandry and Fishery 年末人数(人) Year-end Figures (person)	#女性 Female	工资总额(千元) Total Wages (1000 yuan)	平均工资(元) Average Wage (yuan)
全国	**National**	**170145066**	**68519533**	**18081752522**	**106837**	**868262**	**261070**	**47138679**	**53819**
北京	Beijing	7595091	3203879	1481095143	194651	15380	5431	1155670	77376
天津	Tianjin	2564448	1044497	317851993.1	123528	2796	875	211793	75125
河北	Hebei	5659533	2393554	468304005	82526	18241	5812	1128465	60706
山西	Shanxi	4428840	1658762	366496138.6	82413	12978	3384	666393	52618
内蒙古	Inner Mongolia	2676882	1090145	242744597.5	90426	76333	14967	5476518	71429
辽宁	Liaoning	4579967	1868846	397626393.6	86062	72010	26733	1753477	24231
吉林	Jilin	2547118	1050375	212986664.5	83028	58078	12100	3126349	53192
黑龙江	Heilongjiang	3112025	1229093	253034535.7	80369	200199	55770	8387052	40996
上海	Shanghai	6830750	3049735	1296428606	191844	8420	2450	729071	86572
江苏	Jiangsu	13140231	4856600	1494257265	115133	25257	11414	1414005	54841
浙江	Zhejiang	10346237	3975301	1244931634	122309	7635	2240	615469	80806
安徽	Anhui	5631741	2070667	522458490.4	93861	26716	7787	1495797	55304
福建	Fujian	5789991	2362323	563174915.7	98071	12838	3356	894169	69504
江西	Jiangxi	4479982	1798055	369869692.6	83766	27915	8520	1509353	54194
山东	Shandong	11082510	4352803	1045765416	94768	10212	2584	675198	66054
河南	Henan	9153746	3642744	678289997.9	74872	17312	5440	892348	52304
湖北	Hubei	6435671	2516947	613391392.7	96994	28148	10675	1448059	51621
湖南	Hunan	6059607	2380032	510149145	85438	17719	5038	1040584	58199
广东	Guangdong	21108805	8865865	2497870447	118133	21293	6479	1693565	77837
广西	Guangxi	4102914	1791954	358687334.7	88170	32690	10263	2330256	70545
海南	Hainan	1136573	496675	110369845.5	97471	36218	12312	1944711	53585
重庆	Chongqing	3581437	1405535	363144253.5	101670	4410	1548	319125	73140
四川	Sichuan	8714682	3541064	837296908.2	96741	22011	7184	1653010	75541
贵州	Guizhou	3367140	1337325	313962779.9	94487	11743	4424	662220	57459
云南	Yunnan	3580994	1542086	350394072.1	98730	25237	10013	1372443	53253
西藏	Tibet	445385	181333	62007694.96	140355	2109	857	141028	66674
陕西	Shaanxi	4759974	1890526	428734146.1	90996	17010	5028	1066293	63090
甘肃	Gansu	2613014	1008317	220015599.1	84500	20945	6365	1328961	62699
青海	Qinghai	671196	280286	72432115.13	109346	8142	2469	391641	47609
宁夏	Ningxia	706635	297666	74878442.92	105266	5118	1134	328380	57826
新疆	Xinjiang	3241944	1336540	313102857.9	94281	23149	8418	1287277	56131

3-2 续表 1 continued

地 区 Region	农 业 Farming				林 业 Forestry			
	年末人数(人) Year-end Figures (person)	#女 性 Female	工资总额(千元) Total Wages (1000 yuan)	平均工资(元) Average Wage (yuan)	年末人数(人) Year-end Figures (person)	#女 性 Female	工资总额(千元) Total Wages (1000 yuan)	平均工资(元) Average Wage (yuan)
全 国 National	**256528**	**97161**	**10622782**	**40137**	**303579**	**68527**	**16907732**	**56520**
北 京 Beijing	3386	1435	220563	62890	5671	1876	276050	57857
天 津 Tianjin	961	281	75744	77312	386	141	31447	81785
河 北 Hebei	3573	1390	160101	43993	3861	1028	201767	50029
山 西 Shanxi	2598	890	102854	39726	3847	873	231984	61164
内蒙古 Inner Mongolia	13306	2144	832820	62038	43624	7947	3193910	72635
辽 宁 Liaoning	54815	22552	935774	16989	3683	812	187101	50694
吉 林 Jilin	3397	965	109063	31810	49781	9964	2723599	53878
黑龙江 Heilongjiang	55654	20416	2479344	39412	106397	24872	4041406	40065
上 海 Shanghai	2670	962	193962	72544	1348	518	71144	49344
江 苏 Jiangsu	5955	2385	388017	62615	2449	540	140068	54843
浙 江 Zhejiang	1997	872	114346	60550	1190	303	133997	117628
安 徽 Anhui	9912	2384	553795	54721	2655	725	170571	62700
福 建 Fujian	3473	1633	151486	43867	6883	1274	529777	77476
江 西 Jiangxi	3668	1228	166410	46463	7635	1489	401769	52774
山 东 Shandong	2575	793	134674	51707	1988	479	144981	75804
河 南 Henan	5670	2015	258607	46388	2589	779	134318	52981
湖 北 Hubei	17474	7938	799451	45514	2046	510	131576	64836
湖 南 Hunan	3422	1314	161025	47377	4929	1063	274651	55579
广 东 Guangdong	8793	3166	444387	49533	3285	741	280605	85365
广 西 Guangxi	7116	2583	360499	52293	12723	3184	1027811	80045
海 南 Hainan	6518	2192	230686	36400	3005	774	213302	69905
重 庆 Chongqing	817	307	37849	48870	1121	289	109656	96485
四 川 Sichuan	2978	1401	126682	46599	9017	2278	760494	83414
贵 州 Guizhou	4547	2071	215521	47710	1562	379	102502	67823
云 南 Yunnan	8735	5246	377620	40884	9630	2626	471943	49029
西 藏 Tibet	971	416	59659	65151	222	80	14287	63993
陕 西 Shaanxi	2912	1084	111366	40075	4859	1201	346284	70869
甘 肃 Gansu	5580	2121	300313	53198	4445	1123	331047	71316
青 海 Qinghai	2846	959	102950	33140	276	76	31846	113130
宁 夏 Ningxia	2334	415	125079	48850	997	207	82204	76433
新 疆 Xinjiang	7874	3604	292134	38465	1475	379	115638	68959

3-2 续表 2 continued

地 区 Region	畜牧业 Animal Husbandry				渔 业 Fishery			
	年末人数（人） Year-end Figures (person)	#女 性 Female	工资总额（千元） Total Wages (1000 yuan)	平均工资（元） Average Wage (yuan)	年末人数（人） Year-end Figures (person)	#女 性 Female	工资总额（千元） Total Wages (1000 yuan)	平均工资（元） Average Wage (yuan)
全 国 National	**93259**	**30434**	**6486459**	**69001**	**20757**	**3896**	**1472968**	**69827**
北 京 Beijing	5707	1942	569993	94654	243	49	51858	218810
天 津 Tianjin	799	242	53858	67132	224	85	13672	58747
河 北 Hebei	8415	2852	585255	70099	141	49	6476	44662
山 西 Shanxi	4798	1173	235331	51726	69	19	3080	34607
内蒙古 Inner Mongolia	7000	1993	563057	80205	188	35	9881	51730
辽 宁 Liaoning	1056	357	39190	37838	4454	810	297044	66490
吉 林 Jilin	438	68	19993	53876	291	29	10757	36713
黑龙江 Heilongjiang	2784	722	156969	56079	399	55	22225	55204
上 海 Shanghai	1804	582	209777	118719	1838	140	193092	109258
江 苏 Jiangsu	2344	659	143683	63068	1273	297	95561	69432
浙 江 Zhejiang	1911	598	146083	75374	1123	145	76479	64325
安 徽 Anhui	816	313	57896	65164	330	101	14474	43825
福 建 Fujian	120	39	5760	44829	1668	219	153061	88235
江 西 Jiangxi	10947	4482	627109	55394	763	115	34512	46471
山 东 Shandong	1337	362	83092	64772	1585	260	130071	71546
河 南 Henan	2220	665	105147	47204	255	62	12738	50698
湖 北 Hubei	1806	594	102910	63507	1521	281	73001	48068
湖 南 Hunan	2730	864	173065	59795	713	189	39363	56441
广 东 Guangdong	2822	818	479895	159951	1723	445	115377	65636
广 西 Guangxi	8204	3020	568764	66119	196	70	14973	82484
海 南 Hainan	1889	612	166701	80180	786	201	46464	64355
重 庆 Chongqing	1081	459	73401	68944	98	33	4886	48860
四 川 Sichuan	2618	928	164993	62939	245	55	19463	82470
贵 州 Guizhou	3667	1351	216126	60216	292	62	17024	62242
云 南 Yunnan	2157	634	165950	75773	121	35	5582	45703
西 藏 Tibet	574	215	31910	57150	7	3	726	60500
陕 西 Shaanxi	1961	537	98415	50135	67	20	4240	61449
甘 肃 Gansu	2937	825	177653	58980	67	22	2977	47459
青 海 Qinghai	1115	216	59139	51147				
宁 夏 Ningxia	1225	379	65850	59855	30	5	1073	37632
新 疆 Xinjiang	5976	1933	339491	58801	47	5	2840	61739

3-2 续表 3 continued

地区	Region	农、林、牧、渔服务业 Service in Support of Agriculture 年末人数(人) Year-end Figures (person)	#女性 Female	工资总额(千元) Total Wages (1000 yuan)	平均工资(元) Average Wage (yuan)	采矿业 Mining 年末人数(人) Year-end Figures (person)	#女性 Female	工资总额(千元) Total Wages (1000 yuan)	平均工资(元) Average Wage (yuan)
全国	**National**	**194138**	**61052**	**11648739**	**59142**	**3448497**	**575924**	**374227431**	**108467**
北京	Beijing	374	129	37205	93363	27668	4539	4323634	152773
天津	Tianjin	427	126	37074	88271	54443	11836	8765654	158580
河北	Hebei	2250	492	174865	72175	153417	23744	14741417	95838
山西	Shanxi	1665	430	93144	56652	846035	117337	83319119	99948
内蒙古	Inner Mongolia	12215	2847	876850	72687	103218	13887	14687683	142301
辽宁	Liaoning	8002	2203	294369	36381	185357	37514	17804467	92311
吉林	Jilin	4171	1075	262937	63650	60096	13570	5035872	82233
黑龙江	Heilongjiang	34965	9705	1687108	44869	232212	50077	23173803	98793
上海	Shanghai	759	247	61096	79171	1684	401	495152	326402
江苏	Jiangsu	13236	7534	646675	48338	53996	8564	6421418	118302
浙江	Zhejiang	1413	322	144564	98888	3957	686	380594	99510
安徽	Anhui	13003	4264	699062	53827	130052	12489	16399875	123744
福建	Fujian	694	191	54083	76127	15948	2841	1071712	67457
江西	Jiangxi	4902	1207	279553	60870	25437	4539	1908602	73052
山东	Shandong	2727	691	182380	70041	275388	55482	31015800	113104
河南	Henan	6577	1919	381538	58952	255502	43656	22567519	86525
湖北	Hubei	5300	1351	341122	64140	33001	7346	3750695	111974
湖南	Hunan	5925	1607	392480	65990	43107	5525	2941995	68983
广东	Guangdong	4670	1309	373301	78737	14148	2422	2739662	187947
广西	Guangxi	4450	1407	358209	79351	8973	2002	682645	75850
海南	Hainan	24021	8533	1287557	53422	5521	1042	693541	136604
重庆	Chongqing	1293	460	93333	72486	8238	2054	819463	96743
四川	Sichuan	7155	2522	581378	80870	115853	21949	14182721	119846
贵州	Guizhou	1675	562	111047	67966	142831	15450	11728613	87356
云南	Yunnan	4593	1472	351348	76416	56031	10524	4909720	86687
西藏	Tibet	335	144	34446	84870	7264	1492	941359	127699
陕西	Shaanxi	7212	2185	505988	70237	300415	45683	35924525	120683
甘肃	Gansu	7916	2274	516971	65992	72729	13119	8086780	111348
青海	Qinghai	3904	1218	197705	53696	26314	7203	4127288	152682
宁夏	Ningxia	532	128	54174	59265	59534	10996	9717225	160833
新疆	Xinjiang	7776	2497	537175	68498	130127	27955	20868880	160056

3-2 续表 4 continued

地 区	Region	煤炭开采和洗选业 Mining and Washing of Coal				石油和天然气开采业 Extraction of Petroleum and Natural Gas			
		年末人数（人） Year-end Figures (person)	#女 性 Female	工资总额（千元） Total Wages (1000 yuan)	平均工资（元） Average Wage (yuan)	年末人数（人） Year-end Figures (person)	#女 性 Female	工资总额（千元） Total Wages (1000 yuan)	平均工资（元） Average Wage (yuan)
全 国	**National**	**2270581**	**295722**	**227137117**	**100817**	**538302**	**155190**	**81655330**	**148825**
北 京	Beijing	18	5	1749	97167	1025	269	279157	283985
天 津	Tianjin	78	8	7647	98038	18996	5279	3718841	194877
河 北	Hebei	102049	13107	9485240	93317	22342	6302	3083974	135179
山 西	Shanxi	828895	114715	81611215	99943	6731	1542	762261	113263
内蒙古	Inner Mongolia	82728	9665	12469683	150756	4431	1085	663040	149367
辽 宁	Liaoning	66592	6612	5349991	78877	35807	11154	5009717	129494
吉 林	Jilin	15193	1354	682874	44108	25475	6797	2825194	109165
黑龙江	Heilongjiang	119924	10596	8552474	72776	93470	33192	12777578	130174
上 海	Shanghai					1684	401	495152	326402
江 苏	Jiangsu	41968	5839	4979985	118701	5801	1687	880531	150415
浙 江	Zhejiang								
安 徽	Anhui	111017	8984	14352162	126597	344	73	41343	127209
福 建	Fujian	9686	1106	685610	70740				
江 西	Jiangxi	9829	1264	664657	64255				
山 东	Shandong	162739	29570	15273967	95966	66518	18742	10300296	152156
河 南	Henan	202318	33042	16266003	78637	31613	7264	4450147	138190
湖 北	Hubei	173	10	11852	68509	9537	2451	1399591	145126
湖 南	Hunan	20200	1337	1283070	64003				
广 东	Guangdong	9	3	694	77111	4819	530	1686422	318855
广 西	Guangxi	494	88	55891	117172	65	4	23969	368754
海 南	Hainan					1299	260	279829	351103
重 庆	Chongqing	1752	206	133550	65853	1967	681	301066	154472
四 川	Sichuan	37690	4809	2839523	76796	35352	10031	6017656	174769
贵 州	Guizhou	131157	13130	10841794	86699	96	17	9615	103387
云 南	Yunnan	31090	5673	2590574	83954				
西 藏	Tibet	72	32	18348	97596				
陕 西	Shaanxi	157887	14052	20971615	135048	76592	18299	8549295	111297
甘 肃	Gansu	49198	7824	5201911	105221	12545	3778	2052259	162452
青 海	Qinghai	2992	342	263340	88103	16806	5657	3280634	186835
宁 夏	Ningxia	46598	7239	7710633	162978	12510	3700	1976825	155766
新 疆	Xinjiang	38236	5110	4831067	124160	52477	15996	10790938	206202

3-2 续表 5 continued

地 区 Region	黑色金属矿采选业 Mining and Processing of Ferrous Metal Ores				有色金属矿采选业 Mining and Processing of Non-ferrous Metal Ores			
	年末人数（人） Year-end Figures (person)	#女 性 Female	工资总额（千元） Total Wages (1000 yuan)	平均工资（元） Average Wage (yuan)	年末人数（人） Year-end Figures (person)	#女 性 Female	工资总额（千元） Total Wages (1000 yuan)	平均工资（元） Average Wage (yuan)
全 国 National	**140400**	**19830**	**13943753**	**98121**	**142658**	**26775**	**12434594**	**86799**
北 京 Beijing	11647	2242	1754235	146247				
天 津 Tianjin	487	22	37915	77536				
河 北 Hebei	18535	2306	1471021	78563	40	14	1828	45700
山 西 Shanxi	4723	426	556108	116001	4027	467	266005	68949
内蒙古 Inner Mongolia	8035	1663	883296	109048	5673	1009	510843	88858
辽 宁 Liaoning	30713	3172	3118767	99705	5617	928	326445	56294
吉 林 Jilin	2432	271	178836	72024	4754	633	340600	70082
黑龙江 Heilongjiang	93	15	5337	57387	1573	336	176365	115347
上 海 Shanghai								
江 苏 Jiangsu	1824	270	160794	84628	631	117	74216	115782
浙 江 Zhejiang					273	47	14269	54670
安 徽 Anhui	10730	1871	1275580	117625	3186	604	250783	77093
福 建 Fujian	954	61	54023	59562	944	120	54160	58362
江 西 Jiangxi	274	32	27023	90300	10609	2209	913067	83991
山 东 Shandong	10996	1583	1035681	93462	13817	2521	1406043	101567
河 南 Henan	1354	211	123424	90289	6510	1279	455993	70554
湖 北 Hubei	7752	874	764529	96874	1811	500	186161	102512
湖 南 Hunan	713	34	44187	67256	15066	2901	1179294	79174
广 东 Guangdong	631	101	42921	66855	2795	534	270890	96989
广 西 Guangxi	279	56	18179	66100	3467	978	234371	68038
海 南 Hainan	2901	417	336681	114947	156	58	11920	74037
重 庆 Chongqing					57	6	2752	49143
四 川 Sichuan	5005	1057	410763	81793	4448	905	394774	89288
贵 州 Guizhou	1705	191	107394	62730	1495	241	108388	84843
云 南 Yunnan	2812	466	292427	104326	16865	3086	1588559	89963
西 藏 Tibet	829	179	104162	127649	5206	1088	723974	139092
陕 西 Shaanxi	7204	1149	408588	57621	18276	3677	1495275	83247
甘 肃 Gansu	2699	268	255536	89693	4483	730	335782	76227
青 海 Qinghai	1156	234	100639	89776	3736	588	362307	97473
宁 夏 Ningxia	195	30	11868	65933				
新 疆 Xinjiang	3723	631	363839	96708	7144	1201	749531	101981

3-2 续表 6 continued

地区 Region	非金属矿采选业 Mining and Processing of Non-metal Ores				开采辅助活动 Support Activities for Mining			
	年末人数（人）Year-end Figures (person)	#女性 Female	工资总额（千元）Total Wages (1000 yuan)	平均工资（元）Average Wage (yuan)	年末人数（人）Year-end Figures (person)	#女性 Female	工资总额（千元）Total Wages (1000 yuan)	平均工资（元）Average Wage (yuan)
全　国 National	**115781**	**24864**	**8424703**	**74136**	**238731**	**53123**	**30444220**	**122974**
北　京 Beijing					14968	2021	2287579	149564
天　津 Tianjin	4454	700	478017	103781	30413	5820	4521802	145841
河　北 Hebei	8533	1722	630746	73234	1917	293	68608	34668
山　西 Shanxi	619	103	29613	47541	1040	84	93917	89873
内蒙古 Inner Mongolia	2293	461	155970	72108	58	4	4850	97000
辽　宁 Liaoning	4659	950	321990	66643	41969	14698	3677556	82735
吉　林 Jilin	255	86	14619	64973	11987	4429	993749	80734
黑龙江 Heilongjiang	1429	397	56093	39981	15428	5465	1592105	102235
上　海 Shanghai								
江　苏 Jiangsu	3769	650	325752	82931	3	1	140	46667
浙　江 Zhejiang	3646	625	364859	103019				
安　徽 Anhui	4543	899	471457	104458	232	59	8550	37832
福　建 Fujian	4361	1553	277841	63763				
江　西 Jiangxi	4677	1023	302184	66206	25	1	687	27480
山　东 Shandong	3492	682	252053	69260	17724	2344	2733036	146113
河　南 Henan	4733	1104	243555	52551	8911	743	1027466	110671
湖　北 Hubei	6263	1528	375183	59903	6799	1881	926977	131077
湖　南 Hunan	7040	1242	427368	61387				
广　东 Guangdong	4623	1110	402761	88117	1209	139	332339	274888
广　西 Guangxi	4641	868	347657	73778				
海　南 Hainan	1119	292	60707	53066				
重　庆 Chongqing	4457	1161	381699	86114	5		396	79200
四　川 Sichuan	10015	2358	634665	61893	23144	2743	3875606	143302
贵　州 Guizhou	8313	1855	655567	108165	15	6	1059	70600
云　南 Yunnan	5157	1268	428811	82160	44	18	4355	103679
西　藏 Tibet	760	168	49858	64945	225	2	23455	107592
陕　西 Shaanxi	5427	886	272135	50653	34967	7611	4223235	120365
甘　肃 Gansu	3292	420	206344	75191	483	94	33683	63824
青　海 Qinghai	1153	306	86848	73981	469	76	33437	71143
宁　夏 Ningxia	223	27	17241	75618				
新　疆 Xinjiang	1835	422	153111	73261	26698	4592	3979633	153493

3-2 续表 7 continued

地 区 Region	其他采矿业 Mining of Other Ores				制造业 Manufacturing			
	年末人数(人) Year-end Figures (person)	#女 性 Female	工资总额(千元) Total Wages (1000 yuan)	平均工资(元) Average Wage (yuan)	年末人数(人) Year-end Figures (person)	#女 性 Female	工资总额(千元) Total Wages (1000 yuan)	平均工资(元) Average Wage (yuan)
全 国 National	**2045**	**421**	**187714**	**96821**	**38280051**	**14219912**	**3523276659**	**92459**
北 京 Beijing	10	2	914	91400	598072	211103	101932969	169210
天 津 Tianjin	15	7	1432	95467	637495	209677	70471017	109826
河 北 Hebei					1010708	300735	81211602	80289
山 西 Shanxi					565288	161722	44111984	74758
内蒙古 Inner Mongolia					335488	82213	29989190	91047
辽 宁 Liaoning					951138	272197	80231325	83631
吉 林 Jilin					448787	124007	42080717	93088
黑龙江 Heilongjiang	296	77	13851	46953	264423	77599	21904636	81878
上 海 Shanghai					1337262	460203	200236572	152248
江 苏 Jiangsu					4612131	1789458	472800576	103619
浙 江 Zhejiang	38	14	1466	66636	3222552	1235855	311593002	97735
安 徽 Anhui					1309962	477088	108060270	84197
福 建 Fujian	3	1	78	26000	1604388	717599	138846873	86707
江 西 Jiangxi	23	10	984	42783	1011827	450463	71363915	71719
山 东 Shandong	104	41	14724	149270	2762701	966740	229454842	83162
河 南 Henan	63	14	931	42318	1932207	765182	125741561	64495
湖 北 Hubei	666	102	86402	135852	1329380	477587	109716208	84225
湖 南 Hunan	89	11	8076	92300	1006581	360667	80021302	82484
广 东 Guangdong	62	6	3636	56813	8299531	3374248	770795280	92303
广 西 Guangxi	27	8	2578	99154	542047	206472	40853287	76986
海 南 Hainan	46	15	4404	95739	82231	30321	7055573	86122
重 庆 Chongqing					667264	239000	59235315	89966
四 川 Sichuan	199	47	9734	50823	1444266	519205	126821196	88490
贵 州 Guizhou	51	11	4797	92066	310818	107620	28060593	92949
云 南 Yunnan	64	13	4995	86121	396203	127251	34679893	87341
西 藏 Tibet	173	23	21562	121819	16746	5604	1490770	88355
陕 西 Shaanxi	63	9	4383	74288	767426	234215	65157095	86840
甘 肃 Gansu	29	5	1264	43586	282712	77011	23539179	83374
青 海 Qinghai	2		84	42000	95579	26627	7942090	89234
宁 夏 Ningxia	8		658	82250	98311	24201	8409870	84879
新 疆 Xinjiang	14	4	760	54286	336530	108042	29467957	88422

3-2 续表 8 continued

地 区 Region	农副食品加工业 Processing of Food from Agricultural Products 年末人数(人) Year-end Figures (person)	#女 性 Female	工资总额(千元) Total Wages (1000 yuan)	平均工资(元) Average Wage (yuan)	食品制造业 Manufacture of Foods 年末人数(人) Year-end Figures (person)	#女 性 Female	工资总额(千元) Total Wages (1000 yuan)	平均工资(元) Average Wage (yuan)
全 国 National	**1158250**	**502337**	**76883743**	**67682**	**981989**	**497075**	**75391142**	**78028**
北 京 Beijing	17620	6425	1880152	105793	32996	16616	3920497	118495
天 津 Tianjin	10549	3395	1112977	104852	20680	9052	1848930	91458
河 北 Hebei	41632	19543	2584497	64323	36700	18815	2838069	76972
山 西 Shanxi	13431	4942	662863	51422	9406	4546	456564	51751
内蒙古 Inner Mongolia	17089	5498	1088759	67197	43029	14239	3695938	89011
辽 宁 Liaoning	35526	15447	2396367	64362	18905	8795	1251308	67028
吉 林 Jilin	22009	9533	1220801	56046	11138	5354	600660	55173
黑龙江 Heilongjiang	27152	9750	1706561	63060	15970	7285	1262415	78818
上 海 Shanghai	12505	5611	1363557	105821	47883	24650	6286412	128711
江 苏 Jiangsu	41331	18208	3747488	90799	53472	24397	4999867	92772
浙 江 Zhejiang	34717	14926	2535654	74980	48435	26338	3865959	87367
安 徽 Anhui	43942	20220	2683079	61871	25831	14635	1614147	63475
福 建 Fujian	51657	28705	3477197	66730	39433	22779	2732707	70182
江 西 Jiangxi	25328	8933	1671678	69199	19847	11621	1071340	55792
山 东 Shandong	214493	106932	14147340	67142	86602	43291	5872251	69118
河 南 Henan	142842	65156	8022557	57825	119293	65835	6402095	54518
湖 北 Hubei	43994	17022	2835731	65377	38497	20179	2301377	62813
湖 南 Hunan	54198	21697	3161963	60083	26519	16225	1410361	55623
广 东 Guangdong	81162	29955	6085216	76380	129088	63810	12735959	98862
广 西 Guangxi	54002	18765	3443456	68472	16194	8890	915439	62656
海 南 Hainan	12628	5362	769427	60808	3978	2283	229422	59623
重 庆 Chongqing	14217	6719	1053794	75416	10091	5403	799830	78871
四 川 Sichuan	43549	18233	3034281	72316	43764	23728	2960928	67468
贵 州 Guizhou	11153	5114	583294	52559	4991	2506	285743	59231
云 南 Yunnan	31535	13227	1950565	62066	15542	6644	1074514	68285
西 藏 Tibet	1191	463	64094	52417	696	268	47072	71580
陕 西 Shaanxi	23404	10179	1310721	57702	25953	13502	1499082	56570
甘 肃 Gansu	10871	3793	688005	64823	6311	3034	348181	55193
青 海 Qinghai	1188	496	62597	51868	1955	1047	103720	55495
宁 夏 Ningxia	2300	958	167789	73366	7354	2946	541355	75619
新 疆 Xinjiang	21037	7131	1371285	68423	21436	8363	1418998	68201

3-2 续表 9 continued

地 区 Region	酒、饮料和精制茶制造业 Manufacture of Liquor, Beverages and Refined Tea				烟草制品业 Manufacture of Tobacco			
	年末人数(人) Year-end Figures (person)	#女 性 Female	工资总额(千元) Total Wages (1000 yuan)	平均工资(元) Average Wage (yuan)	年末人数(人) Year-end Figures (person)	#女 性 Female	工资总额(千元) Total Wages (1000 yuan)	平均工资(元) Average Wage (yuan)
全 国 National	**759161**	**272218**	**67957826**	**90620**	**153670**	**45840**	**35294976**	**236088**
北 京 Beijing	20890	6943	2431621	113594	814	228	250840	308536
天 津 Tianjin	7001	2456	659655	94022	757	170	237829	311295
河 北 Hebei	14662	5315	991729	68005	4793	822	848033	175105
山 西 Shanxi	22723	7893	2089674	90877	954	290	229756	239080
内蒙古 Inner Mongolia	7955	2597	448940	55523	2360	596	468715	195706
辽 宁 Liaoning	11525	3476	922632	78927	1669	415	405500	245758
吉 林 Jilin	10611	3220	740280	67283	3163	728	640591	197530
黑龙江 Heilongjiang	8118	3007	517914	64077	4737	884	766820	164131
上 海 Shanghai	8671	2753	1102724	122294	3518	786	1716766	482780
江 苏 Jiangsu	37932	12965	3281090	87474	4769	1361	1334824	278030
浙 江 Zhejiang	24171	8445	2539157	105716	3484	992	1078704	307937
安 徽 Anhui	28938	10884	1865888	65578	6975	1959	1574896	225597
福 建 Fujian	33645	14227	2665791	81582	5752	2508	855168	174881
江 西 Jiangxi	14265	6101	873154	61167	4788	1511	656798	134977
山 东 Shandong	44753	14399	3640975	79039	8091	2518	1615879	219877
河 南 Henan	48788	20187	2607018	54842	15273	5192	2709250	193850
湖 北 Hubei	35364	13750	2479184	69732	7289	1906	1760358	241874
湖 南 Hunan	20196	8810	1371795	68641	11156	3633	2742422	248250
广 东 Guangdong	59816	20554	6234348	105841	9089	3083	2275309	263042
广 西 Guangxi	15258	5662	971646	62608	3316	1096	744675	233002
海 南 Hainan	7421	3063	478481	65419	556	133	132147	243814
重 庆 Chongqing	7386	3052	676313	91295	4876	2150	561086	134263
四 川 Sichuan	138382	44200	14802121	110270	4870	1325	1366355	282831
贵 州 Guizhou	62139	21810	8932578	154363	7814	1738	1936496	249003
云 南 Yunnan	19776	8840	1205490	60968	21573	6140	6327256	290815
西 藏 Tibet	1737	663	173842	99112				
陕 西 Shaanxi	23326	8291	1468706	66146	7476	2371	1408239	196052
甘 肃 Gansu	10897	4065	792777	72983	2652	1000	410392	153590
青 海 Qinghai	2498	928	191317	77715				
宁 夏 Ningxia	1182	381	104666	42144	385	109	80881	206857
新 疆 Xinjiang	9136	3279	696319	75839	721	196	158991	216905

3–2 续表 10 continued

地 区	Region	纺织业 Manufacture of Textile				纺织服装、服饰业 Manufacture of Textile, Wearing Apparel and Accessories			
		年末人数(人) Year-end Figures (person)	#女 性 Female	工资总额(千元) Total Wages (1000 yuan)	平均工资(元) Average Wage (yuan)	年末人数(人) Year-end Figures (person)	#女 性 Female	工资总额(千元) Total Wages (1000 yuan)	平均工资(元) Average Wage (yuan)
全 国	**National**	**1071116**	**607279**	**72290296**	**67384**	**1188930**	**850459**	**76853459**	**64398**
北 京	Beijing	969	477	82454	80209	15617	13109	1302331	81965
天 津	Tianjin	4791	2653	385672	78856	2788	2125	142222	47149
河 北	Hebei	12446	6898	684863	54735	11289	7326	560271	48233
山 西	Shanxi	1936	1075	73046	38334	4629	2558	287672	62319
内蒙古	Inner Mongolia	2313	1627	97245	41808	5422	3436	327066	56366
辽 宁	Liaoning	6082	3822	303435	47994	30547	22088	1520164	49073
吉 林	Jilin	2204	1513	79277	36634	13418	11223	544070	41083
黑龙江	Heilongjiang	3706	2405	156171	41033	1019	682	52395	53860
上 海	Shanghai	13207	7406	1227515	91398	19488	14109	1434145	72324
江 苏	Jiangsu	174431	103916	13344578	75871	167353	128128	11964656	70785
浙 江	Zhejiang	193777	88698	16410315	84281	170704	119970	13688818	78766
安 徽	Anhui	32094	20028	1870082	58374	57505	42528	3287743	59153
福 建	Fujian	67701	35618	5145204	76858	119858	80561	8407131	70539
江 西	Jiangxi	23817	15119	1313168	55459	58190	39357	3188352	56051
山 东	Shandong	157468	92740	9739233	59910	77094	61217	4149912	52893
河 南	Henan	63167	43628	2983017	48084	69244	47803	3288269	48617
湖 北	Hubei	54132	38284	2982234	55358	37597	28653	1860161	50205
湖 南	Hunan	12196	7620	612020	52029	10604	7804	517198	49824
广 东	Guangdong	131055	63423	9414773	71694	264525	181499	17850955	66811
广 西	Guangxi	13101	9835	576483	45230	7887	5525	401766	51449
海 南	Hainan	685	247	67768	96398	112	50	9215	78761
重 庆	Chongqing	3683	2498	234850	65200	3590	2706	239605	64237
四 川	Sichuan	22313	13627	1306570	58032	12585	8550	737419	58745
贵 州	Guizhou	4433	2894	125738	41656	3463	2534	156922	46983
云 南	Yunnan	3696	2766	140369	41334	2249	1448	103822	47629
西 藏	Tibet	299	176	12021	40749	407	199	14091	37638
陕 西	Shaanxi	15859	10734	665604	41665	4710	3537	187682	40807
甘 肃	Gansu	2255	1436	109469	48331	1800	841	91959	51032
青 海	Qinghai	60	37	1829	38104	1385	504	149415	109615
宁 夏	Ningxia	1718	1239	76595	44924	1623	1413	54673	37243
新 疆	Xinjiang	45523	24840	2068701	47722	12230	8976	333359	25764

3-2 续表 11 continued

地 区 Region	皮革、毛皮、羽毛及其制品和制鞋业 Manufacture of Leather, Fur, Feather and Related Products and Footwear				木材加工和木、竹、藤、棕、草制品业 Processing of Timbers,Manufacture of Wood, Bamboo, Rattan, Palm, and Straw Products			
	年末人数(人) Year-end Figures (person)	#女 性 Female	工资总额(千元) Total Wages (1000 yuan)	平均工资(元) Average Wage (yuan)	年末人数(人) Year-end Figures (person)	#女 性 Female	工资总额(千元) Total Wages (1000 yuan)	平均工资(元) Average Wage (yuan)
全 国 National	**744692**	**456183**	**43972215**	**59766**	**178363**	**67769**	**11191572**	**63135**
北 京 Beijing	123	52	7918	62841	398	116	30532	77492
天 津 Tianjin	2395	1378	158410	59981	742	224	51382	67254
河 北 Hebei	14484	8599	662031	47233	2763	918	187037	68709
山 西 Shanxi	16	6	307	19188	709	230	42507	60686
内蒙古 Inner Mongolia	9	5	251	22818	1018	314	55045	53184
辽 宁 Liaoning	4776	3039	321010	67595	6222	3016	368684	60613
吉 林 Jilin	660	330	54757	84502	6187	2871	279006	45988
黑龙江 Heilongjiang	40	37	1547	38675	3775	1332	261687	68905
上 海 Shanghai	7876	4373	560592	70468	3181	982	332141	102386
江 苏 Jiangsu	24578	17241	1491424	60809	13004	5222	924192	71050
浙 江 Zhejiang	50610	25170	3222640	63613	15557	5854	1330545	84474
安 徽 Anhui	16294	11394	864702	53667	7292	3067	412788	57744
福 建 Fujian	226022	129775	15519104	70308	11093	5142	639023	58552
江 西 Jiangxi	50137	40213	2281944	45823	7659	3061	402179	53423
山 东 Shandong	24257	16933	1217335	49322	13234	4779	881290	65845
河 南 Henan	35186	21529	1724204	50522	11626	4359	587833	51336
湖 北 Hubei	7481	5787	301946	44093	10921	3571	684610	61457
湖 南 Hunan	44480	31438	2050905	48051	7854	2921	379568	50698
广 东 Guangdong	204361	118900	12128806	58897	23251	7601	1577232	67631
广 西 Guangxi	9175	7000	384861	45366	11165	4383	615419	58018
海 南 Hainan	28	6	1010	36071	874	267	49947	53962
重 庆 Chongqing	2256	1502	93579	40581	2812	1002	179966	65323
四 川 Sichuan	13237	7670	698343	53341	7537	2390	478614	62896
贵 州 Guizhou	1749	1022	82739	50025	3568	1987	139109	43333
云 南 Yunnan	735	524	36399	46966	3633	1389	171194	46123
西 藏 Tibet	118	31	6863	62026	95	18	2157	22705
陕 西 Shaanxi	1499	814	60765	39664	1080	295	68615	59412
甘 肃 Gansu	1104	786	27297	28464	342	176	15559	43461
青 海 Qinghai					151	69	7676	47975
宁 夏 Ningxia	89	48	3954	42516				
新 疆 Xinjiang	918	581	6574	16434	618	212	36035	48759

3-2 续表 12 continued

地 区 Region	家具制造业 Manufacture of Furniture				造纸和纸制品业 Manufacture of Paper and Paper Products			
	年末人数（人）Year-end Figures (person)	#女 性 Female	工资总额（千元）Total Wages (1000 yuan)	平均工资（元）Average Wage (yuan)	年末人数（人）Year-end Figures (person)	#女 性 Female	工资总额（千元）Total Wages (1000 yuan)	平均工资（元）Average Wage (yuan)
全 国 National	**422236**	**152541**	**33409261**	**78925**	**452757**	**160590**	**36221416**	**80091**
北 京 Beijing	2442	801	255665	96522	3520	1262	408952	115614
天 津 Tianjin	13928	4654	1104925	80947	8392	2528	750631	89053
河 北 Hebei	7418	2931	492749	65615	7604	2403	746261	99877
山 西 Shanxi	99	20	4207	42495	886	284	37078	42182
内蒙古 Inner Mongolia	19	13	502	26421	3330	847	264962	78137
辽 宁 Liaoning	10106	4211	696722	68518	5862	1709	310642	53846
吉 林 Jilin	402	154	15638	34521	2609	741	127909	50259
黑龙江 Heilongjiang	2782	1014	151054	53823	5098	1042	332403	64723
上 海 Shanghai	15181	4702	2112760	135941	12753	5248	1299186	106547
江 苏 Jiangsu	23406	8629	1962979	83588	40696	12838	5093863	125052
浙 江 Zhejiang	89562	35199	7770786	87252	41266	13057	3462334	84977
安 徽 Anhui	10937	3126	836596	78171	9714	3483	701131	71563
福 建 Fujian	23228	9715	1799267	77229	30501	12484	2252970	73050
江 西 Jiangxi	7040	2385	413304	60067	10354	3478	614063	63858
山 东 Shandong	15888	6427	999645	64285	53114	17197	4019910	74651
河 南 Henan	14710	6288	701854	51115	18214	7869	1045328	57410
湖 北 Hubei	7588	2373	504050	69040	13487	5197	1025902	77587
湖 南 Hunan	2950	1003	152284	51590	10623	3790	749545	72429
广 东 Guangdong	152037	51187	12076862	77601	114287	40365	8927423	77581
广 西 Guangxi	1727	811	100158	63034	13248	5560	780098	59745
海 南 Hainan	62	21	2616	42199	4165	953	424880	99341
重 庆 Chongqing	1896	725	121646	66040	9717	4171	859394	89838
四 川 Sichuan	15478	5125	969835	63191	16079	6826	1012445	61805
贵 州 Guizhou	612	191	55088	91967	3920	1784	213551	55253
云 南 Yunnan	536	224	28772	51114	5441	1962	357429	64907
西 藏 Tibet	379	72	16712	48302	92	21	3001	32620
陕 西 Shaanxi	1574	443	52669	44108	4474	2180	196484	44015
甘 肃 Gansu	89	43	3140	33530	493	202	21142	43130
青 海 Qinghai	16	4	508	31750				
宁 夏 Ningxia					1774	729	113471	64730
新 疆 Xinjiang	144	50	6268	37988	1045	380	69027	68141

3-2 续表 13 continued

地 区	Region	印刷和记录媒介复制业 Printing and Reproduction of Recording Media 年末人数(人) Year-end Figures (person)	#女 性 Female	工资总额(千元) Total Wages (1000 yuan)	平均工资(元) Average Wage (yuan)	文教、工美、体育和娱乐用品制造业 Manufacture of Articles for Culture, Education, Arts and Crafts,Sport and Entertainment Activities 年末人数(人) Year-end Figures (person)	#女 性 Female	工资总额(千元) Total Wages (1000 yuan)	平均工资(元) Average Wage (yuan)
全 国	**National**	**438221**	**185963**	**35594080**	**80739**	**881971**	**495877**	**58309645**	**65610**
北 京	Beijing	15081	5015	2100819	137322	3134	1426	286946	88447
天 津	Tianjin	7457	2512	611661	80777	7781	3836	497323	64687
河 北	Hebei	9224	3494	734996	79967	6058	3578	273302	48505
山 西	Shanxi	4043	1672	204557	52944	889	417	33975	37864
内蒙古	Inner Mongolia	1190	506	67467	58282	285	61	8951	30972
辽 宁	Liaoning	6054	2384	347337	57234	3607	1920	229919	64544
吉 林	Jilin	2642	1083	151620	56699	493	323	22225	48315
黑龙江	Heilongjiang	1870	591	92530	50645	843	517	35535	39049
上 海	Shanghai	16641	6549	2074466	123330	17147	8674	1863159	108584
江 苏	Jiangsu	41711	19091	3721298	88180	82218	51463	5971569	72341
浙 江	Zhejiang	32279	13089	2619994	82010	81561	42967	6299167	75830
安 徽	Anhui	14162	5510	1014907	72114	14503	8966	761932	52396
福 建	Fujian	17645	7348	1427091	81126	89158	42981	6315220	73522
江 西	Jiangxi	13083	6831	859551	67034	29443	18903	1603795	53950
山 东	Shandong	21254	9161	1525969	72159	39843	23633	2418024	60312
河 南	Henan	11891	4376	824207	69851	34034	24082	1661386	49047
湖 北	Hubei	19699	9235	1362679	70312	15385	8184	882611	59110
湖 南	Hunan	10921	4846	815092	75562	13857	9067	706855	51854
广 东	Guangdong	130991	56577	10361369	77357	405770	221339	26598902	64010
广 西	Guangxi	3338	1402	254519	73824	12458	8731	553850	45061
海 南	Hainan	1128	419	97934	87592	369	302	18503	56354
重 庆	Chongqing	7219	3114	577878	80001	4228	3089	226021	52686
四 川	Sichuan	17978	8224	1510372	82386	4839	2984	302604	62509
贵 州	Guizhou	5038	2598	343549	71421	2675	2013	82454	40255
云 南	Yunnan	9599	3746	691195	71598	5774	3399	422862	73329
西 藏	Tibet	437	147	34599	79720	877	262	34783	41853
陕 西	Shaanxi	9364	3828	811779	86422	2745	1737	119309	45060
甘 肃	Gansu	2398	1039	107274	45335	356	216	11677	33676
青 海	Qinghai	508	230	28536	56173	849	441	40363	48962
宁 夏	Ningxia	1744	779	108661	61599	37	28	1810	51714
新 疆	Xinjiang	1631	568	110175	67447	758	337	24612	31220

3-2 续表 14 continued

地 区 Region	石油加工、炼焦和核燃料加工业 Processing of Petroleum ,Coking and Processing of Nucleus Fuel				化学原料和化学制品制造业 Manufacture of Raw Chemical Material and Chemical Products			
	年末人数（人）Year-end Figures (person)	#女 性 Female	工资总额（千元）Total Wages (1000 yuan)	平均工资（元）Average Wage (yuan)	年末人数（人）Year-end Figures (person)	#女 性 Female	工资总额（千元）Total Wages (1000 yuan)	平均工资（元）Average Wage (yuan)
全 国 National	**551084**	**124093**	**68136880**	**124861**	**1904835**	**539654**	**194472080**	**102614**
北 京 Beijing	9726	2614	1849085	210584	14960	7124	2206492	145822
天 津 Tianjin	10764	3379	1827602	170152	32729	8250	3986577	121304
河 北 Hebei	20568	4455	2199936	104513	62771	17566	5039553	80170
山 西 Shanxi	52019	12005	3345636	64801	57294	16248	3892719	66707
内蒙古 Inner Mongolia	18447	3868	1931581	108485	60559	15051	6000022	101326
辽 宁 Liaoning	69099	14524	8112594	117073	48239	11189	3740602	77890
吉 林 Jilin	2573	496	135294	52521	39989	8526	3948284	98038
黑龙江 Heilongjiang	31760	8082	3976414	123969	19419	5561	1551778	78703
上 海 Shanghai	12400	2511	3085748	248951	77092	26964	14447559	188261
江 苏 Jiangsu	15444	2778	2455622	170817	195264	50552	25082336	128752
浙 江 Zhejiang	23013	4231	3890172	185396	123731	32701	15596792	126982
安 徽 Anhui	7925	1268	936477	134580	65348	17589	5987515	91647
福 建 Fujian	2221	492	372365	169720	29973	10592	2954018	99506
江 西 Jiangxi	6297	1414	678975	112488	40500	11938	3122265	78197
山 东 Shandong	68979	13476	7967293	117896	203153	53398	20105483	99898
河 南 Henan	11827	3248	997812	78977	94789	27578	6373491	66041
湖 北 Hubei	6308	1218	762524	118878	106555	28666	8355646	79864
湖 南 Hunan	11205	3855	1633438	145046	44012	14915	3269892	76529
广 东 Guangdong	20949	4210	4464985	212805	186584	69016	21319389	113306
广 西 Guangxi	3277	761	444592	133833	19976	6325	1368717	71723
海 南 Hainan	3334	497	612647	200539	3837	949	591391	161076
重 庆 Chongqing	667	183	107006	158763	31242	8371	3043038	98223
四 川 Sichuan	7348	1272	999874	136800	67142	18874	6179846	93381
贵 州 Guizhou	3149	875	269329	84775	33414	8746	2862271	86719
云 南 Yunnan	9879	2487	854256	86036	45102	13168	3197202	73606
西 藏 Tibet	11	2	1025	93182	1474	468	111079	75582
陕 西 Shaanxi	52762	11979	5255583	98399	60965	14952	5952184	97855
甘 肃 Gansu	26886	6539	3341321	123401	21860	5943	1734610	80210
青 海 Qinghai	748	120	40557	55481	24918	7953	2570303	102576
宁 夏 Ningxia	6382	1664	630145	105094	31325	5126	3120728	100303
新 疆 Xinjiang	35117	9590	4956994	140640	60620	15357	6760297	113268

3-2 续表 15 continued

地 区 Region	医药制造业 Manufacture of Medicines				化学纤维制造业 Manufacture of Chemical Fibres			
	年末人数(人) Year-end Figures (person)	#女 性 Female	工资总额(千元) Total Wages (1000 yuan)	平均工资(元) Average Wage (yuan)	年末人数(人) Year-end Figures (person)	#女 性 Female	工资总额(千元) Total Wages (1000 yuan)	平均工资(元) Average Wage (yuan)
全 国 National	**1477159**	**707466**	**154578627**	**105714**	**241490**	**83829**	**20044981**	**83759**
北 京 Beijing	83567	42416	18085992	220803	694	300	61490	89636
天 津 Tianjin	40540	18667	7418796	183188	257	56	25349	98252
河 北 Hebei	72012	33538	5778073	80061	7764	2449	659624	85615
山 西 Shanxi	21429	10048	1231072	57882	708	150	24161	62271
内蒙古 Inner Mongolia	12375	5082	819032	67133	51	6	4035	106184
辽 宁 Liaoning	22886	10607	2424148	103097	1070	364	40241	45419
吉 林 Jilin	44815	22681	3037260	68606	8949	2168	564712	59701
黑龙江 Heilongjiang	19827	10007	1355487	64487	7	1	2884	40056
上 海 Shanghai	50444	23440	9499688	189077	691	236	80026	114486
江 苏 Jiangsu	148525	68584	20137149	136776	57681	19833	5179990	92224
浙 江 Zhejiang	121912	53005	13254777	110847	68436	24449	6315792	92298
安 徽 Anhui	42381	21374	2823337	67339	3266	1105	220249	68020
福 建 Fujian	21168	11160	2184118	103138	17409	6658	1376043	79868
江 西 Jiangxi	34507	16567	2611567	77597	4241	1377	392489	94054
山 东 Shandong	177952	78519	15191072	86201	11323	3743	843745	73869
河 南 Henan	78632	41463	4732017	61204	14700	5396	1017030	68225
湖 北 Hubei	73020	38440	4958699	68965	2789	1196	154150	47828
湖 南 Hunan	33034	14937	2419913	74910	2304	1077	144620	63935
广 东 Guangdong	125224	59438	14449551	116977	8053	2724	773184	94842
广 西 Guangxi	20639	10957	1319567	64730	44	9	1543	37634
海 南 Hainan	17060	9353	1391796	81072	26	7	1841	70808
重 庆 Chongqing	26433	13360	2390649	91508				
四 川 Sichuan	78930	39452	7679973	99961	16906	6375	1086522	65339
贵 州 Guizhou	23054	12231	1662130	71226	86	36	3698	43000
云 南 Yunnan	25146	12220	2155965	86803	452	77	67793	146421
西 藏 Tibet	2408	1247	266842	105743	1	1	158	52667
陕 西 Shaanxi	34745	17366	3138036	90760	736	184	93299	126593
甘 肃 Gansu	10854	5357	1110037	104631	707	270	42703	63831
青 海 Qinghai	2581	1349	185253	70653	1581	588	56010	49654
宁 夏 Ningxia	2251	918	163375	72935	1499	385	82291	68920
新 疆 Xinjiang	8808	3685	703258	77682	9060	2610	729309	81505

3-2 续表 16 continued

地 区	Region	橡胶和塑料制品业 Manufacture of Rubber and Plastics Products 年末人数（人） Year-end Figures (person)	#女 性 Female	工资总额（千元） Total Wages (1000 yuan)	平均工资（元） Average Wage (yuan)	非金属矿物制品业 Manufacture of Non-metallic Mineral Products 年末人数（人） Year-end Figures (person)	#女 性 Female	工资总额（千元） Total Wages (1000 yuan)	平均工资（元） Average Wage (yuan)
全 国	**National**	**1439792**	**582980**	**114481059**	**79077**	**1745026**	**487866**	**135968777**	**78223**
北 京	Beijing	4633	1641	501999	106190	24443	5567	2888577	118909
天 津	Tianjin	24981	8680	2247165	89408	17515	3894	1729499	97004
河 北	Hebei	24414	9909	1718847	67918	48689	12016	3314412	68483
山 西	Shanxi	6825	2744	304197	46883	37987	9551	2273005	59522
内蒙古	Inner Mongolia	787	403	40226	54326	33180	5472	2597552	83202
辽 宁	Liaoning	34263	10619	2412214	71331	39691	8798	2559910	64586
吉 林	Jilin	4973	1823	266743	53942	10906	2127	711568	64317
黑龙江	Heilongjiang	4000	1298	232930	57015	12724	3007	743570	57841
上 海	Shanghai	54210	23336	6921244	126298	24661	6890	3418910	138189
江 苏	Jiangsu	177689	75373	17163942	96463	106072	31549	10567518	98997
浙 江	Zhejiang	144198	57739	11846658	81913	89737	22858	8559229	95304
安 徽	Anhui	69458	27020	5593348	80064	68973	17934	5260012	77617
福 建	Fujian	74149	31051	6074186	82337	80052	26683	6562008	82911
江 西	Jiangxi	21822	9658	1212059	56782	84888	27874	5761042	68366
山 东	Shandong	121340	37602	9245095	77112	135070	36831	10020570	74611
河 南	Henan	36489	14942	1962947	53832	142231	44506	8455559	60177
湖 北	Hubei	25524	10251	1683262	66238	71369	19533	5370172	77623
湖 南	Hunan	13474	4594	931662	71263	84622	26743	5882512	71131
广 东	Guangdong	499769	218221	37524912	73912	245442	76565	19769625	80136
广 西	Guangxi	11839	5474	770345	64992	47235	12874	3561266	74866
海 南	Hainan	2532	1045	170974	67108	11419	2487	873296	75569
重 庆	Chongqing	10283	3948	821019	79165	32163	8991	2673034	83344
四 川	Sichuan	31057	12880	2124925	67504	88252	26664	6696824	76467
贵 州	Guizhou	10236	2434	782765	75435	36379	9650	2484941	67496
云 南	Yunnan	5565	1814	257186	47354	39538	9155	2933712	73498
西 藏	Tibet	170	46	15927	92869	5277	1290	604365	111542
陕 西	Shaanxi	13926	4902	881957	63641	48183	11352	3303220	68126
甘 肃	Gansu	4125	1597	290098	67586	29653	6083	2122495	70559
青 海	Qinghai	71	25	3717	50230	6613	1648	501762	74801
宁 夏	Ningxia	566	140	33375	56472	5245	1313	394380	78540
新 疆	Xinjiang	6427	1772	445135	67960	36817	7962	3374232	89653

3-2 续表 17 continued

地 区 Region	黑色金属冶炼和压延加工业 Smelting and Pressing of Ferrous Metals				有色金属冶炼和压延加工业 Smelting and Pressing of Non-ferrous Metals			
	年末人数（人）Year-end Figures (person)	#女 性 Female	工资总额（千元）Total Wages (1000 yuan)	平均工资（元）Average Wage (yuan)	年末人数（人）Year-end Figures (person)	#女 性 Female	工资总额（千元）Total Wages (1000 yuan)	平均工资（元）Average Wage (yuan)
全 国 National	**1153480**	**190554**	**120832371**	**102546**	**900123**	**186692**	**78023301**	**86572**
北 京 Beijing	1120	159	164679	141477	2339	574	352560	146109
天 津 Tianjin	35581	4251	3584500	97009	5389	1499	485711	90601
河 北 Hebei	165022	24516	15211009	90111	11165	2110	932740	82961
山 西 Shanxi	64377	9653	7068069	107660	31693	5075	2307852	71251
内蒙古 Inner Mongolia	57544	10921	5545314	96435	37407	4217	3978565	104941
辽 宁 Liaoning	106165	10323	9865423	90949	20468	3524	1350018	63116
吉 林 Jilin	14421	1805	1043599	70556	5178	1069	350181	67252
黑龙江 Heilongjiang	9452	1814	704159	73904	3328	526	284167	84198
上 海 Shanghai	17866	1684	5292681	289588	6891	1943	987128	139071
江 苏 Jiangsu	77284	16298	8794030	112240	41088	11562	4148938	101407
浙 江 Zhejiang	20635	3383	2261859	109711	26265	6778	2383743	91885
安 徽 Anhui	38080	5492	4835919	122329	27392	6275	2338966	86061
福 建 Fujian	39019	6152	4038551	101919	24972	5528	3284389	132713
江 西 Jiangxi	33959	7296	4719145	137866	49935	10657	4512872	91469
山 东 Shandong	86052	12277	9599169	106238	84723	16445	6760269	78449
河 南 Henan	71608	13210	5592190	78051	96835	17353	6422677	68603
湖 北 Hubei	35320	5726	4395407	120120	23313	5033	1852223	77715
湖 南 Hunan	31098	5198	3760970	120602	37063	7943	2714373	72777
广 东 Guangdong	30317	5372	3246466	107283	62374	16581	5154636	82033
广 西 Guangxi	33356	7103	3638774	108004	29400	6754	2840229	95958
海 南 Hainan	159	38	5755	36195	442	64	46215	103158
重 庆 Chongqing	9589	1883	1211542	126532	14315	3269	1311211	91037
四 川 Sichuan	63108	13623	6204954	96406	22971	5086	1725983	76528
贵 州 Guizhou	12849	2890	946109	73177	15097	2193	1450040	97259
云 南 Yunnan	24758	6849	2187151	79387	60784	12836	5659929	93387
西 藏 Tibet	27	3	2316	85778	33	10	3210	107000
陕 西 Shaanxi	28391	5206	2392824	81861	48326	11060	4250146	87860
甘 肃 Gansu	21521	2231	2245272	102909	56687	11921	5229288	90510
青 海 Qinghai	6738	1381	510379	75949	20155	3510	1841801	93654
宁 夏 Ningxia	2928	728	216486	72355	7717	1164	755677	86969
新 疆 Xinjiang	15136	3087	1547670	98327	26379	4133	2307566	88984

3-2 续表 18 continued

地 区 Region	金属制品业 Manufacture of Metal Products 年末人数(人) Year-end Figures (person)	#女 性 Female	工资总额(千元) Total Wages (1000 yuan)	平均工资(元) Average Wage (yuan)	通用设备制造业 Manufacture of General Purpose Machinery 年末人数(人) Year-end Figures (person)	#女 性 Female	工资总额(千元) Total Wages (1000 yuan)	平均工资(元) Average Wage (yuan)
全 国 National	**1560927**	**479925**	**126261228**	**80889**	**2263711**	**624880**	**224402152**	**99619**
北 京 Beijing	12987	3574	1604636	120340	35504	9254	5668710	156479
天 津 Tianjin	32405	6747	2913786	89408	42211	9437	4829285	115916
河 北 Hebei	53796	12046	3816649	71565	34907	8577	2570568	73882
山 西 Shanxi	22386	5669	1435083	64089	17386	4713	1087450	62043
内蒙古 Inner Mongolia	2825	662	203497	73683	3257	678	231443	71749
辽 宁 Liaoning	53266	11000	3810766	70034	103696	24673	8685871	83119
吉 林 Jilin	5065	936	312238	63384	8747	2119	596668	70439
黑龙江 Heilongjiang	6927	1960	436885	63621	20395	3277	1807461	85361
上 海 Shanghai	52966	16171	6923260	127849	154724	39251	24308416	157230
江 苏 Jiangsu	177088	53091	17463021	99036	430168	126848	47298459	110846
浙 江 Zhejiang	147254	50150	12249652	83876	345324	105809	33035717	97100
安 徽 Anhui	45177	12774	3477307	79660	84904	20978	7597572	90876
福 建 Fujian	57560	18912	5047499	84803	65063	22470	5611771	85422
江 西 Jiangxi	29500	9684	1942298	67542	35438	11358	2436870	68099
山 东 Shandong	111645	27366	9118918	81665	181938	45248	15830088	87642
河 南 Henan	63917	20017	3572544	56183	85046	21548	5752895	68818
湖 北 Hubei	48176	11722	3790052	80122	50300	13477	3967332	78058
湖 南 Hunan	29716	7529	2164421	73969	53065	9887	5389800	101552
广 东 Guangdong	478629	177099	36284887	75415	333677	102973	32363289	96938
广 西 Guangxi	7640	2237	491740	66546	15667	2971	1579177	98815
海 南 Hainan	1577	495	100999	64491	293	116	15271	52478
重 庆 Chongqing	15170	4378	1237070	82272	31357	8071	2857433	91213
四 川 Sichuan	52651	13837	3939819	75423	66010	16468	5851133	90684
贵 州 Guizhou	8830	1891	656173	71986	5263	1302	366822	71913
云 南 Yunnan	8574	2038	639541	74625	4745	821	378313	78793
西 藏 Tibet	476	128	27428	60849	34	4	1957	52892
陕 西 Shaanxi	17419	3998	1278853	73421	37676	8637	3065428	82177
甘 肃 Gansu	8084	2068	607178	75133	10767	2781	691069	63664
青 海 Qinghai	1005	242	76000	75224	1681	339	171107	98188
宁 夏 Ningxia	3223	476	245469	78954	3901	665	322064	82623
新 疆 Xinjiang	4995	1026	393560	79880	567	130	32711	57320

3-2 续表 19 continued

地 区 Region	专用设备制造业 Manufacture of Special Purpose Machinery				汽车制造业 Manufacture of Automobiles			
	年末人数(人) Year-end Figures (person)	#女 性 Female	工资总额(千元) Total Wages (1000 yuan)	平均工资(元) Average Wage (yuan)	年末人数(人) Year-end Figures (person)	#女 性 Female	工资总额(千元) Total Wages (1000 yuan)	平均工资(元) Average Wage (yuan)
全 国 National	**1871183**	**547680**	**192453719**	**103870**	**2931814**	**770336**	**315718456**	**109557**
北 京 Beijing	54074	18381	9308089	173680	67329	13005	11786764	159526
天 津 Tianjin	40485	10511	4916917	122416	89886	29326	9829561	107988
河 北 Hebei	56151	13020	4510494	79102	119858	30085	11360401	96833
山 西 Shanxi	38481	10360	3126497	81057	14628	2802	936634	69334
内蒙古 Inner Mongolia	4263	931	398557	95098	4360	779	344555	76568
辽 宁 Liaoning	52977	13303	4587066	86130	100393	25345	10157361	99270
吉 林 Jilin	8794	1749	766613	86160	175357	31634	21344019	120708
黑龙江 Heilongjiang	15501	2751	1247504	79857	8530	1735	817667	97585
上 海 Shanghai	86180	26170	14380293	169402	172446	42172	30814826	183654
江 苏 Jiangsu	287229	88644	33688492	118736	315060	102110	36646848	117411
浙 江 Zhejiang	152360	48241	15546802	104872	235324	73109	23404221	102149
安 徽 Anhui	58442	17113	5039170	85917	139705	35851	12077367	91516
福 建 Fujian	43241	15744	3522201	82865	66224	18967	6138070	92032
江 西 Jiangxi	22714	8563	1439963	65869	49834	13133	5010714	97362
山 东 Shandong	175931	42568	16039743	91776	202918	47701	18468169	89257
河 南 Henan	99069	26334	7317033	74835	93001	21438	7749167	85857
湖 北 Hubei	55312	15025	5018679	92731	226904	57671	22949480	103784
湖 南 Hunan	44203	9737	4685896	106490	83236	14998	6227482	87501
广 东 Guangdong	405424	136553	41004213	102275	359291	106801	40743779	116308
广 西 Guangxi	18968	5103	1684072	86958	68979	16655	6891025	101300
海 南 Hainan	1094	492	118535	116325	2022	429	140865	71797
重 庆 Chongqing	13497	3771	1401112	104343	151371	39346	16364979	110517
四 川 Sichuan	64408	16696	6115861	95236	71488	18215	6451565	89857
贵 州 Guizhou	6207	1713	474895	76437	9217	3032	715652	78305
云 南 Yunnan	5250	1350	458070	88962	5882	991	311098	51025
西 藏 Tibet	171	13	15706	90261	5	2	300	60000
陕 西 Shaanxi	39417	8764	3824894	97623	96369	22581	7863849	89772
甘 肃 Gansu	13616	2766	1107799	82107	924	169	67291	71209
青 海 Qinghai	158	50	13375	86290	6	1	191	31833
宁 夏 Ningxia	4878	818	457157	93297	54	35	2242	41519
新 疆 Xinjiang	2687	448	238020	86875	1211	218	102317	74250

3-2 续表 20 continued

地 区 Region	铁路、船舶、航空航天和其他运输设备制造业 Manufacture of Railway, Ship, Aerospace and Other Transport Equipments				电气机械和器材制造业 Manufacture of Electrical Machinery and apparatus			
	年末人数(人) Year-end Figures (person)	#女 性 Female	工资总额(千元) Total Wages (1000 yuan)	平均工资(元) Average Wage (yuan)	年末人数(人) Year-end Figures (person)	#女 性 Female	工资总额(千元) Total Wages (1000 yuan)	平均工资(元) Average Wage (yuan)
全 国 National	**703738**	**179887**	**76181461**	**108276**	**3140391**	**1247904**	**283179189**	**89777**
北 京 Beijing	17504	4448	3495932	200379	30887	9514	5494906	176405
天 津 Tianjin	24835	8088	2396745	94774	48816	15517	5177329	104053
河 北 Hebei	24583	4871	2298198	92458	44548	13638	3394157	72168
山 西 Shanxi	13043	2381	1175394	89643	13350	3774	1035739	77856
内蒙古 Inner Mongolia	1081	195	92995	86027	3542	981	271494	70896
辽 宁 Liaoning	35258	6358	3800297	105962	45847	17383	3420428	73814
吉 林 Jilin	17733	2574	2356786	124188	5504	1521	424620	77358
黑龙江 Heilongjiang	12748	2196	1121291	89403	14561	4268	1387068	94536
上 海 Shanghai	21294	4901	3787852	165979	91371	37894	13309663	142051
江 苏 Jiangsu	121014	31687	13157647	110277	432186	167812	46523824	108574
浙 江 Zhejiang	36754	11481	3265350	88884	381638	158919	34975075	90317
安 徽 Anhui	11499	2402	1109901	101331	154716	58532	12759405	84938
福 建 Fujian	11466	3547	977966	86111	113414	45047	12601201	103912
江 西 Jiangxi	3558	1095	268613	77943	86190	39261	5669405	66945
山 东 Shandong	62467	11639	7107466	112891	125560	40479	10299057	82996
河 南 Henan	23575	8023	1507522	64150	102600	35517	7241255	71136
湖 北 Hubei	46523	17934	4462595	96700	83456	29291	6639161	82360
湖 南 Hunan	41747	9423	5759568	136075	52171	17819	3948901	77028
广 东 Guangdong	78424	20600	8360281	106692	1085815	474419	90342366	81456
广 西 Guangxi	2864	1023	191508	82707	11646	5459	775923	63729
海 南 Hainan	243	148	13044	54807	2441	604	258168	97939
重 庆 Chongqing	23621	8027	1839206	78795	31852	12708	2605672	82221
四 川 Sichuan	35391	8226	3787900	111385	73102	26804	6390218	88074
贵 州 Guizhou	4555	1259	476221	100331	13850	5678	917677	73738
云 南 Yunnan	3203	689	366832	114599	7808	2201	540483	69503
西 藏 Tibet					77	25	6774	87974
陕 西 Shaanxi	27987	6499	2939439	105483	45024	12760	3812028	98425
甘 肃 Gansu	307	61	13127	42277	11377	3199	644147	56325
青 海 Qinghai	107	31	6027	56327	15896	4647	937149	93256
宁 夏 Ningxia	89	18	11362	123500	1860	471	130552	74262
新 疆 Xinjiang	266	66	34397	129800	9285	1761	1245344	140515

3-2 续表 21 continued

地 区 Region	计算机、通信和其他电子设备制造业 Manufacture of Computers, Communication and Other Electronic Equipment				仪器仪表制造业 Manufacture of Measuring Instrument and Machinery			
	年末人数（人）Year-end Figures (person)	#女 性 Female	工资总额（千元）Total Wages (1000 yuan)	平均工资（元）Average Wage (yuan)	年末人数（人）Year-end Figures (person)	#女 性 Female	工资总额（千元）Total Wages (1000 yuan)	平均工资（元）Average Wage (yuan)
全 国 National	**6967727**	**2826096**	**694154978**	**100289**	**566835**	**216417**	**62002030**	**110929**
北 京 Beijing	87416	30527	18829189	221716	20748	6835	3826965	182682
天 津 Tianjin	85300	40527	9641298	112883	8845	3647	1019808	112362
河 北 Hebei	66965	22626	4535950	71128	10396	3455	941671	88324
山 西 Shanxi	90874	37670	9143265	78353	2586	669	235544	90838
内蒙古 Inner Mongolia	8739	2621	757037	96205	39	13	4677	82053
辽 宁 Liaoning	52041	25796	4186699	83737	13075	4951	1091933	85063
吉 林 Jilin	10294	4244	1027467	100718	2413	603	218033	90737
黑龙江 Heilongjiang	1819	656	135885	75660	4286	1069	429990	95057
上 海 Shanghai	272206	103252	31492557	126676	27642	10835	4657836	171899
江 苏 Jiangsu	1211920	499201	113050317	95831	92639	31410	11831428	131058
浙 江 Zhejiang	382545	138775	45803610	124527	100742	36672	11178869	113347
安 徽 Anhui	196145	77606	17758730	92633	8464	2666	898915	111120
福 建 Fujian	204728	83998	23542897	115017	12396	6972	997278	81689
江 西 Jiangxi	222833	114820	14986132	69672	8752	4070	642119	74259
山 东 Shandong	218656	88182	18930910	88525	23675	7213	2537064	108573
河 南 Henan	295943	134743	21863181	64597	19871	7886	1574323	82022
湖 北 Hubei	141984	53956	12817404	95939	16943	7441	1539718	92509
湖 南 Hunan	203955	88581	15114993	78841	6998	1929	592612	93066
广 东 Guangdong	2457830	954172	269433194	109106	140108	61222	13044523	93619
广 西 Guangxi	80958	42554	4759911	61317	2262	1101	140943	63203
海 南 Hainan	710	223	103918	144934	10	1	853	85300
重 庆 Chongqing	187482	81079	13994249	76090	13143	4798	1514512	114597
四 川 Sichuan	342015	144478	30190910	88063	13652	4604	1481698	109890
贵 州 Guizhou	13045	6093	738277	60186	1151	308	125405	101872
云 南 Yunnan	24540	8791	1736357	71405	2746	908	287789	107264
西 藏 Tibet	13	4	1970	131333				
陕 西 Shaanxi	74792	29934	7478463	101181	10930	4416	1002575	92300
甘 肃 Gansu	22031	8629	1376324	67488	621	183	38130	61204
青 海 Qinghai	2158	441	218280	97577	410	190	36021	87218
宁 夏 Ningxia	5891	1099	400125	65799	1202	324	104386	91808
新 疆 Xinjiang	1902	818	105479	55888	90	28	6413	66113

3-2 续表 22 continued

地 区 Region	其他制造业 Other Manufacture				废弃资源综合利用业 Utilization of Waste Resources			
	年末人数 (人) Year-end Figures (person)	#女 性 Female	工资总额 (千元) Total Wages (1000 yuan)	平均工资 (元) Average Wage (yuan)	年末人数 (人) Year-end Figures (person)	#女 性 Female	工资总额 (千元) Total Wages (1000 yuan)	平均工资 (元) Average Wage (yuan)
全 国 National	**147340**	**73242**	**10048901**	**69204**	**98866**	**24228**	**7525891**	**77763**
北 京 Beijing	489	122	56988	117259	732	210	80382	109363
天 津 Tianjin	1995	1313	136055	67488	1147	269	127959	104970
河 北 Hebei	2173	1516	113779	52082	8407	2324	476472	56409
山 西 Shanxi	4030	986	298004	72927	6836	637	334329	60523
内蒙古 Inner Mongolia					1306	277	98902	76437
辽 宁 Liaoning	2757	1721	142331	55815	3407	514	269494	77805
吉 林 Jilin	204	76	8489	44719	1179	210	83918	58196
黑龙江 Heilongjiang	602	136	24257	41536	526	95	24508	49712
上 海 Shanghai	6389	3277	691720	106741	1357	336	216976	156210
江 苏 Jiangsu	10128	6204	723067	71923	8003	2066	739113	92970
浙 江 Zhejiang	20119	9728	1438522	72467	7366	1785	721463	98453
安 徽 Anhui	4542	1685	389941	86890	8417	2169	570680	78704
福 建 Fujian	14387	9216	877752	60206	1312	507	92387	69673
江 西 Jiangxi	4057	2209	209751	50766	6367	1585	526566	84340
山 东 Shandong	6521	3046	394521	66255	4126	846	300233	70325
河 南 Henan	4572	2253	169938	44024	5918	1771	301153	52504
湖 北 Hubei	1714	754	93608	57511	5349	1310	423235	78373
湖 南 Hunan	2785	1233	167261	61926	3943	1010	318024	80663
广 东 Guangdong	55212	25693	3842875	70058	6730	1916	625776	89284
广 西 Guangxi	893	400	41617	49077	1797	420	195848	110941
海 南 Hainan	78	16	7126	96946	90	17	5958	69279
重 庆 Chongqing	361	153	25264	71166	878	272	58874	62499
四 川 Sichuan	704	246	50219	73660	5772	1946	367065	65292
贵 州 Guizhou	984	712	30429	33512	942	227	82822	81039
云 南 Yunnan	317	102	18871	62364	1093	323	53879	52411
西 藏 Tibet	61	4	1433	23492	33	9	2462	73880
陕 西 Shaanxi	1025	372	74073	69946	3343	688	230076	69246
甘 肃 Gansu	202	59	18561	91886	1072	183	81484	74430
青 海 Qinghai	23	3	1559	67783	21	6	1669	79476
宁 夏 Ningxia	8	3	348	43500	876	171	64338	75161
新 疆 Xinjiang	8	4	542	67750	522	130	49847	94947

3-2 续表 23 continued

地区 Region	金属制品、机械和设备修理业 Repair Service of Metal Products, Machinery and Equipment				电力、热力、燃气及水生产和供应业 Production and Supply of Electricity, Heat, Gas and Water			
	年末人数（人） Year-end Figures (person)	#女性 Female	工资总额（千元） Total Wages (1000 yuan)	平均工资（元） Average Wage (yuan)	年末人数（人） Year-end Figures (person)	#女性 Female	工资总额（千元） Total Wages (1000 yuan)	平均工资（元） Average Wage (yuan)
全 国 National	**183175**	**32052**	**21440946**	**116586**	**3820015**	**1003398**	**478436308**	**125332**
北 京 Beijing	15317	2369	2710807	176880	94806	27101	18661954	198210
天 津 Tianjin	6555	638	615456	93891	42124	11771	7321140	175282
河 北 Hebei	7447	1378	735231	99560	185648	51369	21371051	115727
山 西 Shanxi	9637	2652	735128	75433	160923	46272	16145411	101101
内蒙古 Inner Mongolia	1707	319	145863	85767	155872	41455	18880619	120748
辽 宁 Liaoning	5658	881	500211	85797	147454	36337	13650634	92673
吉 林 Jilin	6157	573	407390	62882	94933	20263	9553353	100559
黑龙江 Heilongjiang	2901	613	283701	94034	155736	33742	14490255	92695
上 海 Shanghai	28381	3096	4546766	161155	34025	9045	8385415	246387
江 苏 Jiangsu	2747	398	311008	111998	150189	37763	24216036	161610
浙 江 Zhejiang	9078	1336	1040627	118607	133615	30588	22467563	168584
安 徽 Anhui	6942	1455	897568	131599	103012	24132	13494038	130890
福 建 Fujian	9942	2061	1356302	137049	109178	28529	14586255	134343
江 西 Jiangxi	2483	390	271746	107879	94639	27558	9050490	95553
山 东 Shandong	4579	935	468213	100541	283690	69003	35016530	122998
河 南 Henan	7318	1653	581809	75332	238401	69415	23849676	100153
湖 北 Hubei	17088	4802	1502020	85943	142302	40977	18857797	132010
湖 南 Hunan	2397	407	224955	91422	152024	39226	16217937	106637
广 东 Guangdong	14248	2382	1780196	126381	275077	62522	45332543	164727
广 西 Guangxi	3738	635	414121	110535	112753	30452	13065279	115644
海 南 Hainan	2859	234	315573	113540	24188	5972	2915665	122836
重 庆 Chongqing	1870	262	155482	83057	63779	20139	7041298	110863
四 川 Sichuan	2748	573	316021	116867	229887	65594	28578364	123842
贵 州 Guizhou	955	159	77677	81167	95951	25259	12229141	125216
云 南 Yunnan	731	123	65599	90606	111942	31018	13406825	119044
西 藏 Tibet	148	29	18582	121451	15042	4714	1859894	126469
陕 西 Shaanxi	3945	655	470516	117635	129184	39307	15268745	118877
甘 肃 Gansu	1850	339	151373	83410	105973	30760	10341306	96962
青 海 Qinghai	2100	347	184968	89141	23493	6294	2942315	129072
宁 夏 Ningxia	210	54	21515	101009	43799	11336	5923205	136010
新 疆 Xinjiang	1439	305	134524	94337	110375	25482	13315574	123101

3-2 续表 24 continued

地 区 Region	电力、热力生产和供应业 Production and Supply of Electric Power and Heat Power				燃气生产和供应业 Production and Supply of Gas			
	年末人数(人) Year-end Figures (person)	#女 性 Female	工资总额(千元) Total Wages (1000 yuan)	平均工资(元) Average Wage (yuan)	年末人数(人) Year-end Figures (person)	#女 性 Female	工资总额(千元) Total Wages (1000 yuan)	平均工资(元) Average Wage (yuan)
全 国 National	**2791034**	**653639**	**384601425**	**137646**	**328037**	**105355**	**33026183**	**101715**
北 京 Beijing	67821	19213	14570865	216805	11352	3166	2019180	179215
天 津 Tianjin	26856	6865	5360721	202168	6930	2092	870512	126070
河 北 Hebei	127728	31155	17164451	135349	22225	6865	1762025	78925
山 西 Shanxi	111889	28162	13092377	117233	23865	8100	1628985	71180
内蒙古 Inner Mongolia	128897	31857	16945358	130827	7097	2219	585435	83683
辽 宁 Liaoning	105793	23078	10686969	101443	14292	4364	1106243	76787
吉 林 Jilin	72503	13489	8139877	112277	5729	1576	426028	74170
黑龙江 Heilongjiang	127886	24698	12902843	100346	5838	1947	421935	71952
上 海 Shanghai	18350	4006	5596488	306154	5867	1719	1087867	185833
江 苏 Jiangsu	88929	17448	17569508	198033	17364	5353	2018449	116951
浙 江 Zhejiang	86676	17014	17121522	197532	11823	3199	1405413	120503
安 徽 Anhui	70923	13546	10738991	150856	11835	3688	1004993	85577
福 建 Fujian	84359	20157	12296537	145988	5475	1642	606364	110229
江 西 Jiangxi	66530	16625	6687559	99766	7057	2579	645247	91879
山 东 Shandong	221165	47305	29471144	132382	21683	7457	2103162	97809
河 南 Henan	170323	42054	18725561	109757	23501	8402	1723431	74394
湖 北 Hubei	104562	26510	15722401	149430	9777	3730	873384	90262
湖 南 Hunan	113705	25772	13097900	115272	7236	2226	623694	86800
广 东 Guangdong	182276	36405	34306933	187340	20868	5824	2997046	146010
广 西 Guangxi	90008	22747	11325723	125480	5311	1606	378623	72030
海 南 Hainan	15000	3252	2171793	149700	1743	405	184729	104603
重 庆 Chongqing	41083	11599	4576997	111635	7774	2933	1007972	131241
四 川 Sichuan	162486	40966	21891138	133821	30340	10714	3296157	108578
贵 州 Guizhou	72748	17533	10240853	137453	4603	1457	427738	94506
云 南 Yunnan	92763	24406	11777225	125753	5122	1480	548836	109646
西 藏 Tibet	13686	4146	1739397	130254	257	79	16766	65237
陕 西 Shaanxi	92406	25870	12230942	132804	15739	5164	1502595	97965
甘 肃 Gansu	91363	25382	9354158	101651	3069	1021	282939	91788
青 海 Qinghai	20143	5121	2610454	134730	658	265	81520	114014
宁 夏 Ningxia	37739	9096	5377582	143366	1733	631	132583	77716
新 疆 Xinjiang	84436	18161	11107157	134189	11876	3452	1256329	109144

3-2 续表 25 continued

地 区 Region	水的生产和供应业 Production and Supply of Water				建筑业 Construction			
	年末人数(人) Year-end Figures (person)	#女 性 Female	工资总额(千元) Total Wages (1000 yuan)	平均工资(元) Average Wage (yuan)	年末人数(人) Year-end Figures (person)	#女 性 Female	工资总额(千元) Total Wages (1000 yuan)	平均工资(元) Average Wage (yuan)
全 国 National	**700944**	**244404**	**60808700**	**87054**	**19719353**	**2617662**	**1451496709**	**75762**
北 京 Beijing	15633	4723	2071909	132151	462302	91224	67358909	146308
天 津 Tianjin	8338	2813	1089907	130582	210425	34121	21974540	104859
河 北 Hebei	35694	13349	2444574	68811	387423	62539	26712523	69392
山 西 Shanxi	25169	10010	1424049	56663	268910	52397	20492393	74724
内蒙古 Inner Mongolia	19878	7379	1349826	68023	91210	16096	6267781	60880
辽 宁 Liaoning	27370	8896	1857422	67438	270985	49808	19375397	69565
吉 林 Jilin	16702	5198	987448	58916	130279	22535	8697448	64525
黑龙江 Heilongjiang	22013	7098	1165477	53283	124794	26880	8270955	62166
上 海 Shanghai	9808	3320	1701060	171832	283521	45643	37539365	137248
江 苏 Jiangsu	43896	14961	4628079	105512	2304619	130156	170757477	78114
浙 江 Zhejiang	35116	10376	3940629	112808	1792197	180757	128038983	75792
安 徽 Anhui	20254	6897	1750053	86792	983975	129850	68572045	72577
福 建 Fujian	19344	6730	1683354	89333	1127532	184028	79080731	73221
江 西 Jiangxi	21052	8354	1717683	83132	794253	114087	50219452	65957
山 东 Shandong	40842	14240	3442225	84850	1392619	167481	104424131	76278
河 南 Henan	44577	18958	3400685	76668	1336049	174293	79142901	61606
湖 北 Hubei	27962	10737	2262011	80903	1006441	137021	73983191	78880
湖 南 Hunan	31082	11228	2496343	79823	996753	116523	59298583	62179
广 东 Guangdong	71933	20293	8028564	112217	1244683	190996	101297824	83706
广 西 Guangxi	17434	6099	1360933	77931	563719	69600	41064478	71797
海 南 Hainan	7445	2315	559143	74926	52883	7847	3455128	66994
重 庆 Chongqing	14922	5607	1456329	98179	663106	95828	43434484	67918
四 川 Sichuan	37061	13914	3391068	92092	1422707	226926	92244118	66936
贵 州 Guizhou	18600	6270	1560550	83748	411923	66695	31611138	80317
云 南 Yunnan	14057	5132	1080763	77411	296695	53450	20012248	70694
西 藏 Tibet	1099	489	103731	94697	33982	6219	2472441	71241
陕 西 Shaanxi	21040	8273	1535208	73083	495815	75713	36805730	78757
甘 肃 Gansu	11542	4358	704209	60981	315076	42914	19369540	62289
青 海 Qinghai	2691	908	250341	92532	36447	7730	3361788	91110
宁 夏 Ningxia	4326	1609	413040	95295	27130	5397	2380479	78574
新 疆 Xinjiang	14063	3869	952088	68572	190900	32906	23780510	81501

3-2 续表 26 continued

地 区	Region	房屋建筑业 Construction of Buildings 年末人数(人) Year-end Figures (person)	#女性 Female	工资总额(千元) Total Wages (1000 yuan)	平均工资(元) Average Wage (yuan)	土木工程建筑业 Civil Engineering 年末人数(人) Year-end Figures (person)	#女性 Female	工资总额(千元) Total Wages (1000 yuan)	平均工资(元) Average Wage (yuan)
全 国	**National**	**12985908**	**1563026**	**883717133**	**70369**	**4557408**	**726248**	**399904377**	**88846**
北 京	Beijing	194065	42137	30451948	159774	159085	30309	24322700	152968
天 津	Tianjin	58162	9192	5744812	98503	92695	15166	10733088	118361
河 北	Hebei	175930	24753	9350069	53266	150282	26773	12840164	84207
山 西	Shanxi	100719	20036	6676851	69434	126173	25159	10785792	80986
内蒙古	Inner Mongolia	47262	7359	3427644	58615	37611	7499	2361038	61436
辽 宁	Liaoning	96355	15258	6299992	60415	109634	23485	8930790	80529
吉 林	Jilin	54907	8917	3805813	61940	47812	8981	3030354	65949
黑龙江	Heilongjiang	40342	9199	1905023	44949	68693	14008	5426833	72732
上 海	Shanghai	135720	17477	16770315	130915	81604	13583	12432309	152294
江 苏	Jiangsu	1775044	74002	130992296	77763	280678	31000	21310838	79929
浙 江	Zhejiang	1331259	126625	93216475	74243	328070	39478	22833047	75578
安 徽	Anhui	603995	81532	37196972	64562	250705	33562	21639346	88452
福 建	Fujian	841203	142268	58677106	71666	218081	28088	14883614	75891
江 西	Jiangxi	583033	81305	36335534	65304	168162	25230	11042007	66926
山 东	Shandong	852848	97833	60043205	71154	325045	52131	30701693	95924
河 南	Henan	826890	92150	46903218	59404	359757	58872	23252185	66311
湖 北	Hubei	666552	75032	41483337	68956	253150	47758	25468439	101680
湖 南	Hunan	728753	78642	39622760	57517	210067	27775	15863323	75625
广 东	Guangdong	747210	107049	53643348	74582	252494	40003	26933964	108494
广 西	Guangxi	462821	49381	31854851	67380	82349	16855	7958881	98268
海 南	Hainan	38081	4317	2449586	66660	5577	1467	386216	72536
重 庆	Chongqing	467327	71484	28561110	63288	139110	17517	11176757	81410
四 川	Sichuan	1032403	156952	58439499	59109	296777	54285	26731503	90606
贵 州	Guizhou	276148	40390	21803654	80440	83480	15171	7736230	91733
云 南	Yunnan	197318	34140	10996251	59916	76725	14281	7172668	93335
西 藏	Tibet	22438	3789	1374169	61010	8179	1755	818747	93012
陕 西	Shaanxi	273718	40413	16046784	64822	189893	29132	17659644	94067
甘 肃	Gansu	211656	26470	12910124	59706	67467	10257	4514636	68404
青 海	Qinghai	10675	2155	660861	62002	20607	4387	2344002	110997
宁 夏	Ningxia	14933	3309	1187935	69462	10616	1976	1110464	95763
新 疆	Xinjiang	118142	19463	14885590	78159	56828	10305	7503106	87830

3-2 续表 27 continued

地 区 Region	建筑安装业 Building Installation				建筑装饰、装修和其他建筑业 Building Decoration and Other Constructions			
	年末人数（人） Year-end Figures (person)	#女 性 Female	工资总额（千元） Total Wages (1000 yuan)	平均工资（元） Average Wage (yuan)	年末人数（人） Year-end Figures (person)	#女 性 Female	工资总额（千元） Total Wages (1000 yuan)	平均工资（元） Average Wage (yuan)
全 国 National	**1155811**	**161892**	**94173954**	**85195**	**1020225**	**166496**	**73701246**	**74157**
北 京 Beijing	55511	10283	7380698	133786	53642	8496	5203563	93549
天 津 Tianjin	29363	6498	3363187	107385	30204	3264	2133453	72958
河 北 Hebei	32657	5695	2907367	90185	28554	5318	1614923	65392
山 西 Shanxi	23627	4869	1555993	68300	18391	2333	1473757	66633
内蒙古 Inner Mongolia	3533	812	276505	80881	2805	427	202594	77148
辽 宁 Liaoning	39700	7020	2844023	71344	25296	4044	1300592	55392
吉 林 Jilin	16773	3067	1147350	67842	10788	1570	713931	68083
黑龙江 Heilongjiang	12065	2530	699930	57609	3694	1143	239168	61307
上 海 Shanghai	30486	6338	4569025	150802	35710	8245	3767716	112531
江 苏 Jiangsu	137048	11179	10026748	81384	111848	13975	8427595	75469
浙 江 Zhejiang	57217	5947	6302656	112268	75650	8708	5686806	75301
安 徽 Anhui	62995	8209	4304865	73847	66280	6548	5430861	82621
福 建 Fujian	27005	4482	2274920	86073	41243	9191	3245091	83821
江 西 Jiangxi	20959	2589	1631534	87967	22099	4962	1210377	56432
山 东 Shandong	174104	9583	11066159	66976	40623	7934	2613074	65580
河 南 Henan	73278	12353	4799672	67756	76123	10919	4187826	56893
湖 北 Hubei	45254	7778	3843249	85287	41485	6453	3188167	78159
湖 南 Hunan	42467	7390	2763259	69433	15467	2716	1049240	68913
广 东 Guangdong	82419	14133	7915359	99267	162561	29811	12805153	78602
广 西 Guangxi	10998	2030	736112	65391	7551	1334	514634	74163
海 南 Hainan	4440	906	306206	65599	4785	1157	313120	64783
重 庆 Chongqing	34649	3256	2175306	77192	22020	3570	1521311	66876
四 川 Sichuan	49018	7930	3939263	79649	44510	7759	3133854	69743
贵 州 Guizhou	9754	1989	891461	91304	42542	9145	1179793	41506
云 南 Yunnan	12501	2696	1065942	84061	10151	2333	777386	77546
西 藏 Tibet	935	157	104209	100481	2430	519	175315	74865
陕 西 Shaanxi	24091	4506	2568869	106518	8112	1662	530433	66898
甘 肃 Gansu	29834	4823	1604117	70539	6119	1364	340662	56825
青 海 Qinghai	4283	1005	307203	71453	881	183	49722	60466
宁 夏 Ningxia	1423	67	68589	47864	158	45	13491	81764
新 疆 Xinjiang	7426	1771	734176	88152	8504	1366	657638	86838

3-2 续表 28 continued

地 区 Region	批发和零售业 Wholesale and Retail Trades 年末人数（人） Year-end Figures (person)	#女 性 Female	工资总额（千元） Total Wages (1000 yuan)	平均工资（元） Average Wage (yuan)	批发业 Wholesale Trade 年末人数（人） Year-end Figures (person)	#女 性 Female	工资总额（千元） Total Wages (1000 yuan)	平均工资（元） Average Wage (yuan)
全 国 National	**7974965**	**4155643**	**856064338**	**107735**	**4023118**	**1761822**	**569751630**	**141823**
北 京 Beijing	524038	244520	94895655	180062	332388	146118	73334675	220046
天 津 Tianjin	178714	105453	19280889	105605	122632	73154	15055450	119876
河 北 Hebei	207224	117849	13179187	63068	63696	25208	5397118	83556
山 西 Shanxi	137402	59507	10082594	73526	80237	27818	7038900	88317
内蒙古 Inner Mongolia	79203	40676	6343966	79896	29884	11335	3356000	111925
辽 宁 Liaoning	165824	93408	12006415	71675	60000	26390	6013584	100483
吉 林 Jilin	85449	43881	6018833	70055	31853	12156	3147326	97049
黑龙江 Heilongjiang	103265	50795	8119998	77983	46241	16966	5280179	113154
上 海 Shanghai	933043	511955	189079576	203844	614225	306489	151643762	248580
江 苏 Jiangsu	543580	286054	58782260	107279	282659	123856	38727418	134871
浙 江 Zhejiang	452112	227229	53968833	120042	249089	109933	35933366	145627
安 徽 Anhui	238496	127827	17819289	75833	100361	37255	9776203	100173
福 建 Fujian	244864	126117	23529190	97427	103810	43671	12776376	122224
江 西 Jiangxi	175408	86492	12100663	69612	82987	30253	6570977	79960
山 东 Shandong	439533	239210	33083693	75628	202717	82510	19674194	97398
河 南 Henan	336551	173358	21418686	64891	134095	52861	10628060	80635
湖 北 Hubei	312477	172724	22589651	73330	124111	52840	11465161	93099
湖 南 Hunan	230302	125805	16159705	70829	70700	27671	7396161	104071
广 东 Guangdong	1096024	550077	115156752	104679	627103	284402	77679378	123488
广 西 Guangxi	136006	74119	10534738	76768	58813	26338	6125460	102615
海 南 Hainan	73282	35978	7282457	99841	32387	14777	4065421	122383
重 庆 Chongqing	177434	99855	15116206	87988	61418	28790	6484077	107681
四 川 Sichuan	349663	188772	28901510	83512	150515	61793	15556431	103605
贵 州 Guizhou	120272	55962	10920261	91019	60177	19902	7091463	118670
云 南 Yunnan	151831	77082	13569471	90795	74315	30415	8843583	117981
西 藏 Tibet	25954	11174	2491639	96498	15007	6662	1622736	108089
陕 西 Shaanxi	212515	111343	15499515	73015	86083	34329	8280055	96493
甘 肃 Gansu	93567	48907	6062928	65574	39491	15869	3129872	79230
青 海 Qinghai	21084	10603	1737968	82010	11368	5001	1155922	101406
宁 夏 Ningxia	25344	15342	1660263	64886	9391	3972	865191	91873
新 疆 Xinjiang	104505	43572	8671549	87274	65365	23088	5637131	92660

3-2 续表 29 continued

地区 Region	零售业 Retail Trade				交通运输、仓储和邮政业 Transport, Storage and Post			
	年末人数（人） Year-end Figures (person)	#女性 Female	工资总额（千元） Total Wages (1000 yuan)	平均工资（元） Average Wage (yuan)	年末人数（人） Year-end Figures (person)	#女性 Female	工资总额（千元） Total Wages (1000 yuan)	平均工资（元） Average Wage (yuan)
全　国 National	**3951848**	**2393822**	**286312708**	**72877**	**7980822**	**2083030**	**879344912**	**109851**
北　京 Beijing	191651	98402	21560980	111284	549269	147112	75383809	134361
天　津 Tianjin	56082	32298	4225440	74153	149359	39494	16794861	114432
河　北 Hebei	143528	92641	7782068	53902	289701	74572	28281666	97698
山　西 Shanxi	57165	31689	3043694	52998	231536	58889	23442800	101149
内蒙古 Inner Mongolia	49319	29341	2987965	60463	196875	47611	20447911	104584
辽　宁 Liaoning	105824	67018	5992831	55661	301548	68331	28813326	94245
吉　林 Jilin	53596	31725	2871507	53687	157794	34467	13776579	86901
黑龙江 Heilongjiang	57024	33829	2839818	49422	234437	45896	22093514	93288
上　海 Shanghai	318819	205465	37435815	117898	469078	144625	73553664	157455
江　苏 Jiangsu	260921	162198	20054842	76900	449298	108604	50401708	110171
浙　江 Zhejiang	203023	117295	18035467	88918	370795	97321	44878919	121968
安　徽 Anhui	138135	90573	8043086	58544	208633	53488	19753475	94979
福　建 Fujian	141055	82446	10752814	78503	216321	54970	23873680	109125
江　西 Jiangxi	92421	56239	5529685	60333	179084	46823	17127450	95206
山　东 Shandong	236816	156700	13409499	56952	455424	113330	48992837	106536
河　南 Henan	202456	120496	10790625	54424	392805	110590	33992360	87331
湖　北 Hubei	188366	119883	11124490	60164	279664	69677	28656246	103342
湖　南 Hunan	159601	98133	8763545	55790	248287	68282	23834195	96132
广　东 Guangdong	468921	265675	37477375	79561	811200	213264	99973406	121907
广　西 Guangxi	77193	47781	4409277	56868	188658	45594	19088875	101606
海　南 Hainan	40895	21201	3217036	80990	72904	18512	8626452	117052
重　庆 Chongqing	116016	71065	8632129	77361	211502	59660	20616489	97665
四　川 Sichuan	199148	126979	13345079	68114	344332	99664	35338911	103073
贵　州 Guizhou	60096	36060	3828797	63581	129854	36721	13168909	101505
云　南 Yunnan	77515	46667	4725888	63440	158084	47138	17010201	107484
西　藏 Tibet	10947	4512	868903	80397	23048	7866	2935049	131777
陕　西 Shaanxi	126432	77014	7219460	57085	262324	69410	26097308	99476
甘　肃 Gansu	54076	33038	2933056	55388	131971	31106	12576099	96585
青　海 Qinghai	9716	5602	582046	59434	50713	13659	5787363	115229
宁　夏 Ningxia	15953	11370	795072	49169	40414	12547	3902346	96108
新　疆 Xinjiang	39140	20484	3034418	78768	175912	43807	20124504	114087

3-2 续表 30 continued

地 区 Region	铁路运输业 Railway Transport 年末人数（人）Year-end Figures (person)	#女 性 Female	工资总额（千元）Total Wages (1000 yuan)	平均工资（元）Average Wage (yuan)	道路运输业 Road Transport 年末人数（人）Year-end Figures (person)	#女 性 Female	工资总额（千元）Total Wages (1000 yuan)	平均工资（元）Average Wage (yuan)
全 国 National	**1893458**	**275502**	**258013839**	**136779**	**3465529**	**917780**	**286614434**	**81969**
北 京 Beijing	99786	13534	14934140	149741	223219	52954	23925794	103090
天 津 Tianjin	26806	3774	3758343	140546	58906	13861	4918498	86382
河 北 Hebei	76056	6843	10322278	135566	131343	42830	9227458	69966
山 西 Shanxi	102206	11570	15480033	151113	95603	32141	5450736	57169
内蒙古 Inner Mongolia	106195	15715	13674393	128598	60767	21373	3964060	67026
辽 宁 Liaoning	104491	10376	13319310	126708	110678	30480	6370146	56257
吉 林 Jilin	57445	4767	7042141	121101	64088	18965	3801282	59537
黑龙江 Heilongjiang	133989	14192	15193666	112074	47394	13251	2660765	54733
上 海 Shanghai	33257	5914	5990136	179889	156388	29008	18818987	120769
江 苏 Jiangsu	50434	7676	7935657	156865	208989	50238	19468865	89096
浙 江 Zhejiang	34230	5624	5585173	165408	188420	43793	19612193	105386
安 徽 Anhui	42521	4964	6532865	153620	117623	31896	8443882	72359
福 建 Fujian	32743	5061	4220718	129643	82168	18106	6930011	83969
江 西 Jiangxi	54198	8017	7201540	132294	88135	25034	6810282	76407
山 东 Shandong	87678	12311	11919126	137009	201822	52178	16514586	79864
河 南 Henan	106417	15235	13976652	131302	201812	63809	12230968	61197
湖 北 Hubei	78691	12135	10792000	144053	139770	35732	11038319	78294
湖 南 Hunan	74078	10562	9962903	134018	118485	37227	8201908	68863
广 东 Guangdong	87129	15729	13353916	154554	368250	79912	35979463	96639
广 西 Guangxi	63243	9531	8266939	129482	66681	20153	5197942	78278
海 南 Hainan	6320	1059	965019	152814	18778	3949	1363630	69836
重 庆 Chongqing	27956	5534	3460640	126959	117551	28107	9097609	76819
四 川 Sichuan	71739	14562	9254753	130453	178117	49270	13470297	75773
贵 州 Guizhou	33078	5944	4134294	126130	55969	17288	4500922	79571
云 南 Yunnan	41049	7263	5742469	142705	69642	21980	5615252	79337
西 藏 Tibet	1757	228	264356	192539	9501	3641	901472	95285
陕 西 Shaanxi	93448	16722	12656836	135823	124303	35358	9250244	74229
甘 肃 Gansu	61743	11399	7600664	123292	43699	10672	2917772	67322
青 海 Qinghai	24166	4680	3401187	142601	18293	6279	1554014	84764
宁 夏 Ningxia	19014	3903	2215444	115617	14755	5975	1019432	68872
新 疆 Xinjiang	61595	10680	8856249	149473	84379	22320	7357646	83924

3-2 续表 31 continued

地 区 Region	水上运输业 Water Transport				航空运输业 Air Transport			
	年末人数 (人) Year-end Figures (person)	#女 性 Female	工资总额 (千元) Total Wages (1000 yuan)	平均工资 (元) Average Wage (yuan)	年末人数 (人) Year-end Figures (person)	#女 性 Female	工资总额 (千元) Total Wages (1000 yuan)	平均工资 (元) Average Wage (yuan)
全 国 National	**283592**	**49645**	**43601679**	**152099**	**598428**	**219964**	**100700227**	**168024**
北 京 Beijing	246	46	69419	279915	77872	33923	15757265	198330
天 津 Tianjin	9219	1968	1907419	204275	8661	3108	1177362	134717
河 北 Hebei	18016	3275	2606593	141363	6101	2091	877288	143371
山 西 Shanxi	25	5	983	39320	5928	2245	553632	95011
内蒙古 Inner Mongolia					6717	2090	924143	137809
辽 宁 Liaoning	18158	3172	2274425	121505	12626	5316	1655505	129996
吉 林 Jilin	32	5	1880	58750	762	257	99779	130175
黑龙江 Heilongjiang	669	155	37439	57159	8140	2380	835730	103901
上 海 Shanghai	23910	4199	7282026	302752	79599	30637	15056370	187275
江 苏 Jiangsu	35252	6399	4615507	128877	17030	5731	2487794	146790
浙 江 Zhejiang	27862	5007	4402264	156733	14314	4476	2869275	202547
安 徽 Anhui	6560	1234	606071	91394	3604	1281	447788	127194
福 建 Fujian	14217	2385	2236236	158054	24936	8132	4142860	157368
江 西 Jiangxi	2823	640	193041	69305	4104	1278	484658	125657
山 东 Shandong	42489	5874	5621689	129827	20792	7546	3614004	177258
河 南 Henan	1423	361	89140	61013	10684	3521	1456737	137589
湖 北 Hubei	11008	2175	1283030	116266	6921	2543	912046	134751
湖 南 Hunan	2995	647	246776	82289	8144	3015	1164261	144431
广 东 Guangdong	40662	6767	6812551	166859	119560	44672	21386860	178928
广 西 Guangxi	6553	1640	682600	105308	2621	761	397251	157358
海 南 Hainan	5817	929	1164528	196311	24511	7164	3423429	142720
重 庆 Chongqing	13895	2333	1341500	96664	14663	5904	2366547	162103
四 川 Sichuan	1096	249	90221	82402	40536	14886	7066683	173589
贵 州 Guizhou	281	68	12249	41805	12040	4070	1906804	164252
云 南 Yunnan	135	37	7529	56609	25936	9346	3978266	154244
西 藏 Tibet	6	1	671	111833	8188	2895	1323237	164336
陕 西 Shaanxi	36	9	3090	79231	13490	4497	1773814	132285
甘 肃 Gansu	53	16	3794	71585	4127	1373	401604	98081
青 海 Qinghai					2798	758	337698	123383
宁 夏 Ningxia	111	46	5967	52805	2473	762	280257	114204
新 疆 Xinjiang	43	3	3042	70744	10552	3307	1541282	147937

3-2 续表 32 continued

地 区 Region	管道运输业 Transport Via Pipelines				多式联运和运输代理业 Intermodality and Forwarding Agency			
	年末人数（人） Year-end Figures (person)	#女 性 Female	工资总额（千元） Total Wages (1000 yuan)	平均工资（元） Average Wage (yuan)	年末人数（人） Year-end Figures (person)	#女 性 Female	工资总额（千元） Total Wages (1000 yuan)	平均工资（元） Average Wage (yuan)
全 国 National	**40128**	**8409**	**6910606**	**176868**	**343329**	**153760**	**46945655**	**137408**
北 京 Beijing	9315	1475	1932425	216300	30808	13907	5307251	171968
天 津 Tianjin	645	154	131563	203029	12739	5926	1650462	129456
河 北 Hebei	8332	2073	1058731	128137	3476	972	319095	92940
山 西 Shanxi	129	26	5534	65875	1712	577	111646	64802
内蒙古 Inner Mongolia	185	72	29712	166921	444	172	39252	88405
辽 宁 Liaoning	193	48	34014	173541	11936	4339	1450541	122326
吉 林 Jilin	80	18	12075	150938	1893	273	156840	85008
黑龙江 Heilongjiang					401	187	35497	81042
上 海 Shanghai	1524	241	313363	204812	104030	57966	17573639	171387
江 苏 Jiangsu	7505	1765	1279210	180501	18010	7379	2186811	121549
浙 江 Zhejiang	106	16	18818	180942	18227	7427	2609577	147243
安 徽 Anhui	28	8	1527	54536	4631	1450	384296	82197
福 建 Fujian	116	18	10420	89828	10520	3585	1368709	129596
江 西 Jiangxi	570	82	77360	132921	1067	488	92658	90935
山 东 Shandong	2289	476	345859	167082	19763	8638	2453630	125268
河 南 Henan	610	234	36544	61315	4767	1641	398084	87941
湖 北 Hubei	707	192	128644	181316	3457	1191	365751	104371
湖 南 Hunan	636	171	64352	101502	1978	650	170534	84221
广 东 Guangdong	2126	283	406752	189894	69529	29539	7991791	113180
广 西 Guangxi	91	25	15270	177558	2901	942	349280	119532
海 南 Hainan	21	3	2371	112905	3032	1181	272219	93831
重 庆 Chongqing	68	19	13609	200132	3608	1385	342162	96820
四 川 Sichuan	226	78	44794	197330	6092	1553	593119	100825
贵 州 Guizhou	143	45	27985	195699	604	196	47722	81212
云 南 Yunnan	250	53	34624	138496	2148	594	179823	77398
西 藏 Tibet					222	14	3834	56382
陕 西 Shaanxi	825	195	91467	109673	2908	857	252579	86946
甘 肃 Gansu	259	66	25761	98701	999	258	93336	94072
青 海 Qinghai					239	88	20060	86094
宁 夏 Ningxia					188	45	12605	66693
新 疆 Xinjiang	3150	573	767823	239870	1001	343	112853	112855

3-2 续表 33 continued

地 区 Region	装卸搬运和仓储业 Loading, Unloading and Storage 年末人数(人) Year-end Figures (person)	#女性 Female	工资总额(千元) Total Wages (1000 yuan)	平均工资(元) Average Wage (yuan)	邮政业 Post 年末人数(人) Year-end Figures (person)	#女性 Female	工资总额(千元) Total Wages (1000 yuan)	平均工资(元) Average Wage (yuan)
全 国 National	**488279**	**122526**	**43820438**	**89991**	**868078**	**335444**	**92738034**	**106811**
北 京 Beijing	10419	3322	1381997	127921	97604	27952	12075519	122051
天 津 Tianjin	12896	3413	1444553	109449	19488	7291	1806663	98111
河 北 Hebei	24667	5464	1973299	84812	21709	11025	1896923	86489
山 西 Shanxi	9380	2766	484682	51503	16554	9559	1355556	80162
内蒙古 Inner Mongolia	5670	1200	400392	70392	16898	6990	1415959	83169
辽 宁 Liaoning	26555	5666	2180043	81503	16910	8935	1529342	89327
吉 林 Jilin	16454	3087	1059441	67401	17040	7096	1603140	88615
黑龙江 Heilongjiang	16616	3742	915906	55241	27227	11989	2414512	89652
上 海 Shanghai	33063	8739	4249469	125243	37307	7921	4269673	120042
江 苏 Jiangsu	61645	13520	6463207	105764	50433	15896	5964657	120664
浙 江 Zhejiang	22821	5956	2816989	124275	64814	25022	6964629	106583
安 徽 Anhui	12834	3167	849608	65876	20832	9489	2487440	118426
福 建 Fujian	16552	4247	1661695	98277	35070	13436	3303032	92712
江 西 Jiangxi	8446	2210	536707	62433	19742	9073	1731204	88817
山 东 Shandong	35415	7039	3195003	91458	45175	19268	5328941	116326
河 南 Henan	24275	7444	1411849	58622	42817	18345	4392386	105413
湖 北 Hubei	12658	3380	923719	71719	26452	12329	3212736	121260
湖 南 Hunan	15625	3693	1081400	74541	26347	12317	2942061	112038
广 东 Guangdong	51417	14560	5167088	100282	72526	21802	8874984	115664
广 西 Guangxi	13070	3186	1326317	97890	33499	9356	2853276	89004
海 南 Hainan	2861	507	277579	88664	11563	3720	1157678	97409
重 庆 Chongqing	6679	1615	539910	82024	27082	14764	3454513	129170
四 川 Sichuan	13665	3506	998796	72920	32862	15561	3820247	117442
贵 州 Guizhou	6511	2108	492383	75228	21228	7002	2046551	96463
云 南 Yunnan	6484	1876	438044	67768	12440	5990	1014194	82596
西 藏 Tibet	552	208	55512	96795	2823	880	385967	140890
陕 西 Shaanxi	10822	4082	671011	61782	16492	7690	1398267	84765
甘 肃 Gansu	4570	1192	352868	77478	16521	6130	1180301	77324
青 海 Qinghai	1297	374	99489	76957	3921	1480	374914	99249
宁 夏 Ningxia	882	267	77027	86839	2991	1549	291614	97302
新 疆 Xinjiang	3482	994	294454	87856	11710	5588	1191155	103922

3-2 续表 34 continued

地 区 Region	住宿和餐饮业 Hotels and Catering Services				住宿业 Hotels			
	年末人数（人） Year-end Figures (person)	#女 性 Female	工资总额（千元） Total Wages (1000 yuan)	平均工资（元） Average Wage (yuan)	年末人数（人） Year-end Figures (person)	#女 性 Female	工资总额（千元） Total Wages (1000 yuan)	平均工资（元） Average Wage (yuan)
全 国 National	**2652668**	**1529808**	**141405348**	**53631**	**1047259**	**583416**	**63841958**	**60347**
北 京 Beijing	283199	157173	17947522	63642	79367	36551	7125842	87517
天 津 Tianjin	56871	33706	2292417	41251	10945	5861	689637	59709
河 北 Hebei	43322	25321	1954199	45346	26212	15357	1243498	46828
山 西 Shanxi	39954	23038	1552647	39400	19363	11185	855115	44280
内蒙古 Inner Mongolia	24114	13782	1191820	48506	12933	7396	652932	49302
辽 宁 Liaoning	46392	27929	1850489	39671	20329	11571	991281	47973
吉 林 Jilin	18816	10809	824183	44784	12994	7529	590053	45933
黑龙江 Heilongjiang	15293	9171	640552	41197	10569	6143	477935	43833
上 海 Shanghai	282428	154604	17498162	63409	52479	24677	5033208	95208
江 苏 Jiangsu	205836	120044	11287086	56449	61365	33663	4102823	66053
浙 江 Zhejiang	144352	82844	8967461	61543	74005	38538	5086549	67242
安 徽 Anhui	54495	33774	2822450	52830	28596	17157	1452102	51130
福 建 Fujian	94170	54145	4696782	50328	45887	25207	2840044	60889
江 西 Jiangxi	41502	27104	1811477	43963	25057	16208	1170196	47213
山 东 Shandong	119251	68263	6279188	53297	60638	33940	3487082	57161
河 南 Henan	74549	44583	3398459	45984	45491	27101	2055440	45400
湖 北 Hubei	90810	56582	3934785	44962	24601	15330	1246712	50535
湖 南 Hunan	63796	39448	2719349	43349	27929	17872	1346276	47974
广 东 Guangdong	416636	224199	22557678	54516	132937	68099	8720787	64783
广 西 Guangxi	45318	28426	1938529	43101	24793	15114	1202495	48340
海 南 Hainan	48882	23875	3122053	64328	42952	20915	2836739	66226
重 庆 Chongqing	39688	25254	1947975	48566	17600	10581	987613	55236
四 川 Sichuan	164062	100901	8857222	50888	50119	32010	2500881	50058
贵 州 Guizhou	28861	18193	1432854	49925	18466	11546	966841	51488
云 南 Yunnan	49523	29795	2281592	45886	32849	19894	1629523	48928
西 藏 Tibet	7492	4334	510042	67630	6014	3409	415996	68565
陕 西 Shaanxi	87494	53682	4012630	46113	41885	25896	2056300	48901
甘 肃 Gansu	30501	18499	1323685	43082	17341	10898	806358	45451
青 海 Qinghai	4450	2632	234877	52375	3277	1941	179539	54357
宁 夏 Ningxia	3384	2077	163402	48210	2318	1429	122120	51593
新 疆 Xinjiang	27225	15623	1353780	50496	17946	10398	970043	53385

3-2 续表 35 continued

地区 Region	餐饮业 Catering Services				信息传输、软件和信息技术服务业 Information Transmission, Software and Information Technology			
	年末人数(人) Year-end Figures (person)	#女性 Female	工资总额(千元) Total Wages (1000 yuan)	平均工资(元) Average Wage (yuan)	年末人数(人) Year-end Figures (person)	#女性 Female	工资总额(千元) Total Wages (1000 yuan)	平均工资(元) Average Wage (yuan)
全国 National	**1605409**	**946392**	**77563390**	**49130**	**5191650**	**1992816**	**1028903467**	**201506**
北京 Beijing	203832	120621	10821680	53950	1011646	377393	290909887	290038
天津 Tianjin	45926	27846	1602780	36408	82716	32637	12257387	157725
河北 Hebei	17110	9964	710701	42966	122108	51696	16146967	132218
山西 Shanxi	20591	11853	697533	34710	49541	22395	4898798	99130
内蒙古 Inner Mongolia	11181	6386	538888	47575	46021	21490	5225824	113337
辽宁 Liaoning	26063	16358	859208	33069	139251	68777	16965444	121947
吉林 Jilin	5822	3280	234130	42129	45125	17631	4214441	93158
黑龙江 Heilongjiang	4724	3028	162617	35010	58425	24436	5498130	93945
上海 Shanghai	229948	129927	12464954	55874	506869	182729	147865243	303573
江苏 Jiangsu	144471	86381	7184263	52122	346368	130718	61395138	180782
浙江 Zhejiang	70347	44306	3880911	55390	327593	121970	82291114	257631
安徽 Anhui	25899	16617	1370349	54759	100282	39233	10993837	111935
福建 Fujian	48283	28938	1856739	39775	107312	39334	15198609	143350
江西 Jiangxi	16445	10896	641281	39057	57081	22713	5943099	104940
山东 Shandong	58613	34323	2792107	49149	209590	93578	24250013	116084
河南 Henan	29057	17482	1343019	46908	182175	65627	16288887	91501
湖北 Hubei	66209	41252	2688074	42774	172587	64226	22305226	131663
湖南 Hunan	35867	21576	1373073	39605	89344	33792	10414698	117793
广东 Guangdong	283699	156100	13836891	49566	805726	302224	169098383	213031
广西 Guangxi	20525	13311	736034	36617	58688	22583	6476608	111988
海南 Hainan	5929	2961	285314	50062	27981	8194	6469579	247110
重庆 Chongqing	22088	14673	960363	43200	56717	19773	9097299	155067
四川 Sichuan	113943	68891	6356341	51222	252603	98020	36326631	147727
贵州 Guizhou	10396	6646	466013	46966	45508	18206	5417631	118727
云南 Yunnan	16674	9901	652069	39715	53017	20495	5911912	111243
西藏 Tibet	1478	925	94046	63781	12732	5044	2231052	179818
陕西 Shaanxi	45609	27785	1956330	43506	130316	48190	24291996	192699
甘肃 Gansu	13160	7600	517327	39845	35024	14868	3222264	93005
青海 Qinghai	1173	690	55337	46836	8913	4038	1211501	137031
宁夏 Ningxia	1066	648	41282	40377	9707	4312	1249592	130972
新疆 Xinjiang	9280	5225	383737	44419	40684	16494	4836279	119526

3−2 续表 36 continued

地 区 Region	电信、广播电视和卫星传输服务 Telecommunication, Radio and Television and Satellite Transmission Service				互联网和相关服务 Internet and Related Service			
	年末人数（人） Year-end Figures (person)	#女 性 Female	工资总额（千元） Total Wages (1000 yuan)	平均工资（元） Average Wage (yuan)	年末人数（人） Year-end Figures (person)	#女 性 Female	工资总额（千元） Total Wages (1000 yuan)	平均工资（元） Average Wage (yuan)
全 国 National	**1497565**	**621763**	**216116240**	**143703**	**755070**	**314132**	**198907087**	**269906**
北 京 Beijing	84110	34626	26607748	313713	182368	76696	61894514	343474
天 津 Tianjin	15923	6849	2432421	151841	13195	7432	2394371	175228
河 北 Hebei	65846	27508	7620961	115052	10607	5008	1043954	82856
山 西 Shanxi	38714	18341	4062546	104706	2881	1551	199214	72604
内蒙古 Inner Mongolia	38336	18219	4536301	117491	1030	453	87815	87493
辽 宁 Liaoning	52100	23251	5619003	106963	4175	1935	317069	76416
吉 林 Jilin	30644	11719	2862770	92430	1835	662	145167	82916
黑龙江 Heilongjiang	50440	21249	4674975	92396	971	481	70423	71296
上 海 Shanghai	37844	14211	8824104	230603	126509	44364	38557634	324399
江 苏 Jiangsu	127903	55213	22663892	177113	60007	21146	9672674	167555
浙 江 Zhejiang	66921	27167	11579266	174272	70712	27784	27475382	405548
安 徽 Anhui	49729	19895	5337978	107447	6406	3007	651034	104939
福 建 Fujian	45757	18189	5670106	122980	8764	3653	1335070	154894
江 西 Jiangxi	37368	14722	4183944	111306	3418	1362	295271	88536
山 东 Shandong	74909	32463	9310633	123011	18302	11756	2132684	105844
河 南 Henan	71478	31805	7748114	105902	33243	21084	3595245	109622
湖 北 Hubei	54954	21539	6431621	116236	14123	6548	1627764	135073
湖 南 Hunan	52848	20961	6140870	114519	9335	4217	961971	106459
广 东 Guangdong	132958	50261	22377152	167856	133601	55924	36920029	278877
广 西 Guangxi	44414	16958	5076321	114792	1744	674	192773	118560
海 南 Hainan	9587	3314	1382710	143784	9976	1828	3091902	379107
重 庆 Chongqing	26381	10449	3866769	148323	8883	2885	1690300	153197
四 川 Sichuan	108095	44626	14230691	130806	15094	5965	2760909	207992
贵 州 Guizhou	28862	11674	3646013	126540	4444	1847	438984	111054
云 南 Yunnan	36509	14358	4414955	121600	2571	1126	287031	105107
西 藏 Tibet	9978	4226	1840137	190766	612	203	71642	124595
陕 西 Shaanxi	35337	16270	4868990	137757	8202	3480	826642	108537
甘 肃 Gansu	28149	12719	2457091	87490	559	272	49814	95143
青 海 Qinghai	7848	3575	1110414	143246	95	38	8202	86332
宁 夏 Ningxia	7169	3378	968553	136339	792	463	49921	68573
新 疆 Xinjiang	26455	12028	3569188	135198	618	288	61685	99148

3-2 续表 37 continued

地 区 Region	软件和信息技术服务业 Software and Information Technology 年末人数(人) Year-end Figures (person)	#女性 Female	工资总额(千元) Total Wages (1000 yuan)	平均工资(元) Average Wage (yuan)	金融业 Financial Intermediation 年末人数(人) Year-end Figures (person)	#女性 Female	工资总额(千元) Total Wages (1000 yuan)	平均工资(元) Average Wage (yuan)
全 国 National	**2939014**	**1056921**	**613880140**	**214252**	**8184650**	**4720096**	**1306370475**	**150843**
北 京 Beijing	745167	266070	202407625	274269	610637	344817	186677606	298200
天 津 Tianjin	53598	18356	7430595	154709	157990	97014	26273281	155286
河 北 Hebei	45655	19181	7482052	172858	367284	216670	37691290	95401
山 西 Shanxi	7945	2503	637038	80898	262857	156705	24644232	87734
内蒙古 Inner Mongolia	6655	2818	601707	92641	181928	110471	18939605	97446
辽 宁 Liaoning	82977	43591	11029372	133786	270399	159974	29331500	102613
吉 林 Jilin	12646	5250	1206505	96393	202608	124110	18312946	84244
黑龙江 Heilongjiang	7015	2705	752732	108461	208141	122757	17444213	74150
上 海 Shanghai	342517	124154	100483505	304534	323820	170408	130014577	397655
江 苏 Jiangsu	158458	54358	29058572	188794	434704	247049	75200072	164177
浙 江 Zhejiang	189960	67019	43236466	233430	467035	279452	86044344	175773
安 徽 Anhui	44147	16330	5004825	118227	222053	123666	26218937	110117
福 建 Fujian	52791	17492	8193433	159718	240467	138488	34810058	131573
江 西 Jiangxi	16296	6629	1463884	93190	167574	94980	18552417	106042
山 东 Shandong	116379	49359	12806695	113272	659368	396181	68130861	97701
河 南 Henan	77454	12738	4945527	68633	264524	138596	34116358	125279
湖 北 Hubei	103511	36140	14245841	139626	275851	158773	36061526	127544
湖 南 Hunan	27161	8614	3311858	128584	304592	176181	34621070	108042
广 东 Guangdong	539167	196039	109801201	207928	836818	465259	179669166	202771
广 西 Guangxi	12530	4951	1207514	100753	190003	107525	22437630	112750
海 南 Hainan	8418	3052	1994967	237251	77230	43803	9479067	113934
重 庆 Chongqing	21454	6439	3540231	164178	222127	132425	34590418	129860
四 川 Sichuan	129414	47430	19335031	156133	417588	256162	50801614	113147
贵 州 Guizhou	12202	4685	1332634	103586	141792	70720	20179361	142097
云 南 Yunnan	13938	5012	1209925	85772	125129	70095	18315409	144635
西 藏 Tibet	2142	615	319273	146037	20377	9443	4990908	245574
陕 西 Shaanxi	86777	28440	18596364	223781	225829	131180	26838949	112682
甘 肃 Gansu	6315	1877	715360	118464	126133	70255	11273938	86769
青 海 Qinghai	970	426	92886	93419	27764	15746	4094087	144717
宁 夏 Ningxia	1746	471	231118	135241	39165	23190	4767064	112052
新 疆 Xinjiang	13611	4178	1205405	89685	112861	68002	15847970	132160

3-2 续表 38 continued

地 区	Region	货币金融服务 Monetary and Financial Service				资本市场服务 Capital Market Service			
		年末人数 (人) Year-end Figures (person)	#女 性 Female	工资总额 (千元) Total Wages (1000 yuan)	平均工资 (元) Average Wage (yuan)	年末人数 (人) Year-end Figures (person)	#女 性 Female	工资总额 (千元) Total Wages (1000 yuan)	平均工资 (元) Average Wage (yuan)
全 国	**National**	**3746607**	**1895821**	**761088140**	**203571**	**368676**	**168283**	**158168386**	**441005**
北 京	Beijing	228468	124874	87016589	384574	78515	37026	36090485	470671
天 津	Tianjin	76946	41775	16707233	212005	3110	1425	1013498	321619
河 北	Hebei	167123	81306	24927111	148693	3354	1525	708727	214422
山 西	Shanxi	122941	62548	16379929	131820	4173	1883	923807	223744
内蒙古	Inner Mongolia	90297	47337	13774382	152003	1109	445	229807	215475
辽 宁	Liaoning	153591	81371	20122417	130063	1320	619	223101	168384
吉 林	Jilin	85879	43531	11910547	139040	1328	586	324792	242237
黑龙江	Heilongjiang	87835	38489	11302371	127980	135	65	7477	54979
上 海	Shanghai	157892	86681	56053537	357310	69170	31510	40302208	599538
江 苏	Jiangsu	223602	114362	51259728	230997	12242	5537	4042785	345901
浙 江	Zhejiang	249960	137883	59209499	238111	12998	5832	4479300	357136
安 徽	Anhui	102886	47211	17487912	170575	3971	1602	875346	226626
福 建	Fujian	112853	55901	22738108	202035	4516	2178	1139899	258534
江 西	Jiangxi	93008	44869	13419468	144814	2994	1327	761146	252395
山 东	Shandong	232418	110494	39671237	171363	11711	4834	2528189	220346
河 南	Henan	157360	75520	24627833	156665	4165	1733	1483627	346676
湖 北	Hubei	146908	75863	24982529	169662	3417	1354	1422231	425269
湖 南	Hunan	122503	60791	20677019	168917	15653	7729	4459821	287279
广 东	Guangdong	330994	164894	84921768	256727	99314	44938	44094156	461967
广 西	Guangxi	101352	49118	16144708	163419	949	388	199672	209836
海 南	Hainan	27711	13500	5129177	185674	676	250	206993	307022
重 庆	Chongqing	114910	58703	24752989	216588	5477	2413	1836378	327974
四 川	Sichuan	128760	66508	24065814	188060	12957	5901	5956337	487982
贵 州	Guizhou	77240	36183	14788383	192250	3273	1600	1259149	380853
云 南	Yunnan	75358	38135	14567005	193642	2640	1166	520443	201473
西 藏	Tibet	17160	7934	4488890	263087	123	62	17956	144124
陕 西	Shaanxi	102356	50871	16415357	159840	6003	2841	2654800	456818
甘 肃	Gansu	60434	27564	7230056	120033	2592	1169	288868	108407
青 海	Qinghai	16081	8416	2431560	152830	116	46	16094	131918
宁 夏	Ningxia	22559	11749	3263760	144626	320	131	53847	165175
新 疆	Xinjiang	59222	31439	10621223	180703	355	166	47448	138332

3-2 续表 39 continued

地 区	Region	保险业 Insurance 年末人数(人) Year-end Figures (person)	#女 性 Female	工资总额(千元) Total Wages (1000 yuan)	平均工资(元) Average Wage (yuan)	其他金融业 Other Financial Activities 年末人数(人) Year-end Figures (person)	#女 性 Female	工资总额(千元) Total Wages (1000 yuan)	平均工资(元) Average Wage (yuan)
全 国	**National**	**3943325**	**2601286**	**337659352**	**76077**	**126042**	**54706**	**49454597**	**396464**
北 京	Beijing	262545	164768	44614280	157746	41108	18149	18956252	471006
天 津	Tianjin	74754	52347	7249408	86180	3180	1466	1303143	418084
河 北	Hebei	196245	133573	12005549	53700	562	266	49903	87570
山 西	Shanxi	134601	91737	7194620	47545	1143	536	145876	123080
内蒙古	Inner Mongolia	90058	62466	4882989	47777	463	224	52427	111555
辽 宁	Liaoning	114299	77264	8889627	69116	1190	720	96354	80982
吉 林	Jilin	114915	79807	6014360	46303	486	186	63247	130070
黑龙江	Heilongjiang	119884	84066	6098350	41633	287	137	36015	110201
上 海	Shanghai	72983	41898	22204031	279895	23774	10320	11454801	486918
江 苏	Jiangsu	196117	125830	19022243	85798	2743	1320	875316	319439
浙 江	Zhejiang	199842	133843	20879503	93088	4236	1894	1476042	367562
安 徽	Anhui	113317	74119	7191777	55392	1879	734	663902	353001
福 建	Fujian	119691	79006	9824983	68116	3407	1403	1107069	327937
江 西	Jiangxi	70858	48465	4252740	54124	714	319	119063	170743
山 东	Shandong	412208	279653	25381725	56217	3031	1200	549710	192006
河 南	Henan	100647	60315	7689405	70874	2353	1029	315493	134354
湖 北	Hubei	117739	79430	7934292	63844	7787	2127	1722474	218859
湖 南	Hunan	165084	107027	9260354	51110	1353	633	223877	169250
广 东	Guangdong	395953	250708	45296145	100888	10558	4718	5357097	493424
广 西	Guangxi	85798	57119	5800101	59574	1903	899	293149	154474
海 南	Hainan	48432	29884	4053108	74385	412	169	89789	218731
重 庆	Chongqing	99383	70332	7451783	51667	2357	976	549267	243828
四 川	Sichuan	272915	182339	20343060	66489	2956	1414	436404	152979
贵 州	Guizhou	59897	32272	3409205	56514	1382	666	722624	495977
云 南	Yunnan	46789	30624	3160935	65202	343	170	67026	194973
西 藏	Tibet	2982	1384	456545	150999	113	63	27518	243522
陕 西	Shaanxi	114711	76125	6314879	49773	2759	1341	1453913	519295
甘 肃	Gansu	62464	41311	3676467	55377	643	210	78547	122260
青 海	Qinghai	10634	6836	1032306	90866	933	448	614126	684395
宁 夏	Ningxia	16021	11179	1425661	73520	265	131	23796	91876
新 疆	Xinjiang	51561	35559	4648924	78703	1723	838	530375	307286

3-2 续表 40　continued

地 区　Region	房地产业 Real Estate				租赁和商务服务业 Leasing and Business Services			
	年末人数(人) Year-end Figures (person)	#女 性 Female	工资总额(千元) Total Wages (1000 yuan)	平均工资(元) Average Wage (yuan)	年末人数(人) Year-end Figures (person)	#女 性 Female	工资总额(千元) Total Wages (1000 yuan)	平均工资(元) Average Wage (yuan)
全 国 National	**5293419**	**2183295**	**485265092**	**91143**	**6803468**	**2444603**	**692333632**	**102537**
北 京 Beijing	459940	173675	59323417	131866	685026	262499	115558269	168331
天 津 Tianjin	97580	41558	9600819	98668	134364	39449	12906046	94613
河 北 Hebei	120289	51063	8828297	71833	142493	39384	8481164	59874
山 西 Shanxi	60297	26353	4205185	68728	119506	35691	7118149	59029
内蒙古 Inner Mongolia	52783	25455	3195643	59438	51872	15021	3655118	70688
辽 宁 Liaoning	113783	50570	8237723	71733	137536	40078	8219082	59906
吉 林 Jilin	50156	21494	3031628	60278	45088	14376	2614484	57985
黑龙江 Heilongjiang	53865	21908	2894378	53953	134220	47438	12011994	92982
上 海 Shanghai	281978	116843	36056647	126648	822023	402238	155710797	191329
江 苏 Jiangsu	307986	132427	29489853	95203	460266	170277	39283717	85183
浙 江 Zhejiang	298651	127880	31784897	106292	418113	127345	39420896	96730
安 徽 Anhui	151267	64388	12649664	82975	213512	87684	13663998	61432
福 建 Fujian	161751	63960	14860922	91617	186884	59026	14064131	75274
江 西 Jiangxi	94542	39311	7225288	75983	82974	28484	5159300	63030
山 东 Shandong	285316	119891	23336449	81054	247305	78783	19789136	80887
河 南 Henan	274940	112291	18901659	69174	228767	64176	13094377	56702
湖 北 Hubei	197247	86671	14977317	75549	198652	70831	15751351	79483
湖 南 Hunan	155119	65755	12154838	77348	158868	59564	11363683	72305
广 东 Guangdong	907935	343661	93219412	100580	1192285	417505	116932375	98762
广 西 Guangxi	94126	40952	8390506	85939	178808	63807	11693153	69131
海 南 Hainan	93675	39506	7905881	83909	35855	13826	3931588	112812
重 庆 Chongqing	154048	63005	13105316	87315	131587	43076	8622651	66893
四 川 Sichuan	319230	136199	25345656	78956	303392	100665	21640934	71754
贵 州 Guizhou	103725	40783	8252142	77398	78804	29038	5375781	69595
云 南 Yunnan	94921	39918	7778848	81086	113003	34037	6880242	62416
西 藏 Tibet	7641	3408	697506	95252	18659	6953	1677303	89789
陕 西 Shaanxi	132469	56505	9799136	74182	107671	34051	7156845	66915
甘 肃 Gansu	69070	31344	3709989	53377	44562	13821	2733873	61500
青 海 Qinghai	15752	7015	944500	60770	13250	4075	828258	63986
宁 夏 Ningxia	16005	7691	1126537	70276	12428	4102	708996	64183
新 疆 Xinjiang	67336	31817	4235038	62481	105695	37301	6285943	63424

3-2 续表 41 continued

地 区 Region	租赁业 Leasing 年末人数(人) Year-end Figures (person)	#女 性 Female	工资总额(千元) Total Wages (1000 yuan)	平均工资(元) Average Wage (yuan)	商务服务业 Business Services 年末人数(人) Year-end Figures (person)	#女 性 Female	工资总额(千元) Total Wages (1000 yuan)	平均工资(元) Average Wage (yuan)
全 国 National	**134077**	**32620**	**13092735**	**96300**	**6669391**	**2411983**	**679240897**	**102665**
北 京 Beijing	10605	2688	1685442	154821	674422	259811	113872827	168549
天 津 Tianjin	4599	1629	574779	114300	129765	37820	12331266	93860
河 北 Hebei	6212	2303	381121	57319	136281	37081	8100042	60000
山 西 Shanxi	2269	584	151680	64232	117237	35106	6966469	58925
内蒙古 Inner Mongolia	602	151	46802	76351	51270	14870	3608316	70620
辽 宁 Liaoning	2289	328	197622	83993	135247	39750	8021460	59485
吉 林 Jilin	439	111	44721	73934	44650	14265	2569763	57768
黑龙江 Heilongjiang	328	71	22116	67421	133892	47366	11989878	93047
上 海 Shanghai	14438	2918	2068971	143464	807586	399320	153641826	192193
江 苏 Jiangsu	9376	2084	851931	94077	450890	168194	38431786	85005
浙 江 Zhejiang	7210	1954	1024226	144083	410903	125391	38396670	95889
安 徽 Anhui	6253	1346	468710	74964	207259	86338	13195288	61041
福 建 Fujian	2241	652	197412	88908	184642	58374	13866719	75110
江 西 Jiangxi	3211	625	173525	54193	79763	27858	4985775	63389
山 东 Shandong	5262	1171	390501	74899	242044	77612	19398635	81018
河 南 Henan	6198	1745	414814	64973	222568	62431	12679563	56467
湖 北 Hubei	3589	719	255313	69626	195063	70112	15496038	79669
湖 南 Hunan	2173	622	119003	55476	156695	58943	11244679	72538
广 东 Guangdong	23035	5393	2268211	94799	1169250	412112	114664164	98844
广 西 Guangxi	3216	659	294305	96049	175592	63148	11398848	68635
海 南 Hainan	1714	451	107033	70189	34140	13375	3824556	114763
重 庆 Chongqing	1162	270	92702	82705	130425	42806	8529949	66755
四 川 Sichuan	5634	1399	384480	70237	297758	99266	21256454	71782
贵 州 Guizhou	1282	383	91704	71080	77522	28656	5284078	69570
云 南 Yunnan	1584	466	120214	71688	111419	33571	6760027	62272
西 藏 Tibet	1478	295	121255	80634	17181	6658	1556048	90590
陕 西 Shaanxi	3743	789	248344	64562	103929	33261	6908501	67003
甘 肃 Gansu	2044	343	145383	67954	42519	13479	2588490	61174
青 海 Qinghai	427	99	27508	65616	12822	3976	800750	63931
宁 夏 Ningxia	77	40	5388	64916	12351	4062	703608	64177
新 疆 Xinjiang	1387	331	117519	84364	104307	36970	6168424	63125

3-2 续表 42 continued

地 区 Region	科学研究和技术服务业 Scientific Research and Technical Services 年末人数（人）Year-end Figures (person)	#女 性 Female	工资总额（千元）Total Wages (1000 yuan)	平均工资（元）Average Wage (yuan)	研究和试验发展 Research and Experimental Development 年末人数（人）Year-end Figures (person)	#女 性 Female	工资总额（千元）Total Wages (1000 yuan)	平均工资（元）Average Wage (yuan)
全 国 National	**4501163**	**1531652**	**677057685**	**151776**	**720906**	**304236**	**134709760**	**191949**
北 京 Beijing	612213	238204	131354986	215797	151475	69436	37695812	256363
天 津 Tianjin	116004	36915	20738808	179557	9446	3980	1721045	188294
河 北 Hebei	155812	46563	15459734	93508	12480	5337	1340022	107732
山 西 Shanxi	75699	25199	6985023	91304	6547	2647	760717	116627
内蒙古 Inner Mongolia	59430	21734	5393287	92225	5108	2140	536490	109220
辽 宁 Liaoning	106716	38615	11262309	106778	19717	7330	2953189	150109
吉 林 Jilin	68857	24291	6933851	100297	14525	6140	1714678	117673
黑龙江 Heilongjiang	59927	20454	5815857	97529	8272	3373	924032	110465
上 海 Shanghai	358443	140551	82721887	236279	114123	54519	29067487	263505
江 苏 Jiangsu	271607	92160	42233121	157913	51826	20126	9378574	187901
浙 江 Zhejiang	216793	73016	36797328	174772	33244	11711	6458168	200969
安 徽 Anhui	106559	30151	12486002	118465	12981	4560	1411052	109857
福 建 Fujian	83205	25771	11484673	139416	8569	3293	1266144	153159
江 西 Jiangxi	70978	19648	7705204	109012	7314	2520	815587	116536
山 东 Shandong	226246	73078	26611884	120830	27991	11729	3898690	147302
河 南 Henan	183695	63378	16682222	91438	19596	8231	1749404	89788
湖 北 Hubei	172780	49962	23598422	135198	17069	6498	2331200	138945
湖 南 Hunan	133554	40478	14319659	108870	14179	5231	1844053	132188
广 东 Guangdong	514568	179712	87060717	171581	80186	32879	15000152	190851
广 西 Guangxi	88463	31321	9743077	111447	9384	4042	1030072	108542
海 南 Hainan	30625	11458	3384950	112790	6704	3102	676704	110981
重 庆 Chongqing	81545	25454	12018494	149205	8546	3826	1242396	147413
四 川 Sichuan	225131	71060	30627359	138545	31365	12831	4204343	141228
贵 州 Guizhou	55220	15803	6019935	109495	5508	2319	580785	105698
云 南 Yunnan	95786	32818	11406599	119189	10905	4664	1518264	139058
西 藏 Tibet	10865	3843	1564857	145640	1059	420	167962	160769
陕 西 Shaanxi	135217	42897	15938224	118458	13521	4703	1985327	151778
甘 肃 Gansu	76459	22928	8508316	111817	11562	3669	1517568	132917
青 海 Qinghai	21318	6402	2496973	117164	996	365	133939	136191
宁 夏 Ningxia	17592	5093	1954632	114316	1061	486	130979	125618
新 疆 Xinjiang	69856	22696	7749294	110854	5646	2129	654922	116441

3-2 续表 43 continued

地 区	Region	专业技术服务业 Professional Technical Services 年末人数（人）Year-end Figures (person)	#女 性 Female	工资总额（千元）Total Wages (1000 yuan)	平均工资（元）Average Wage (yuan)	科技推广和应用服务业 Science and Technology Popularization and Application Services 年末人数（人）Year-end Figures (person)	#女 性 Female	工资总额（千元）Total Wages (1000 yuan)	平均工资（元）Average Wage (yuan)
全 国	**National**	**3147604**	**981920**	**454813309**	**145132**	**632654**	**245496**	**87534616**	**139989**
北 京	Beijing	320687	111038	64377948	200487	140052	57731	29281227	208335
天 津	Tianjin	93796	26990	17490008	186920	12762	5945	1527755	119446
河 北	Hebei	128695	35766	12993073	93711	14637	5459	1126639	79112
山 西	Shanxi	59124	19444	5279021	87701	10028	3109	945285	96586
内蒙古	Inner Mongolia	44355	15889	4028661	91350	9966	3705	828137	87483
辽 宁	Liaoning	77444	27691	7535996	98880	9555	3594	773124	80645
吉 林	Jilin	45614	14526	4464370	98093	8718	3625	754802	83402
黑龙江	Heilongjiang	40948	13385	4078023	100277	10706	3696	813801	76779
上 海	Shanghai	203908	70570	43439314	215966	40412	15462	10215086	264283
江 苏	Jiangsu	186233	58284	28178649	152695	33547	13751	4675898	141730
浙 江	Zhejiang	156842	48253	26232631	171986	26707	13051	4106529	158664
安 徽	Anhui	80494	21007	10001712	125511	13085	4585	1073238	83415
福 建	Fujian	68938	20386	9558547	139598	5698	2093	659983	117059
江 西	Jiangxi	57561	14994	6350646	110328	6103	2134	538971	88033
山 东	Shandong	176084	53034	20468382	118974	22171	8315	2244812	103286
河 南	Henan	133442	43288	12632149	94984	30657	11858	2300668	76775
湖 北	Hubei	132113	35426	19062825	141704	23598	8038	2204397	94841
湖 南	Hunan	93907	27109	10926259	118353	25468	8139	1549347	61336
广 东	Guangdong	375168	124266	63103931	170095	59214	22567	8956634	154924
广 西	Guangxi	62731	21494	7279155	117720	16348	5785	1433850	89065
海 南	Hainan	18919	6297	2101661	110818	5002	2059	606585	122579
重 庆	Chongqing	61407	18109	9282790	152602	11593	3520	1493308	132244
四 川	Sichuan	171269	48831	24034963	142307	22496	9397	2388052	106612
贵 州	Guizhou	45106	12121	5031944	111844	4605	1363	407206	90621
云 南	Yunnan	60991	19218	7493865	123908	23889	8936	2394470	98521
西 藏	Tibet	7895	2464	1148489	147203	1910	959	248406	130885
陕 西	Shaanxi	105750	31849	12629535	119629	15945	6345	1323362	83257
甘 肃	Gansu	56230	16150	6225883	111157	8667	3110	764865	88281
青 海	Qinghai	16503	4923	1958036	119043	3819	1114	404997	104374
宁 夏	Ningxia	14104	3734	1554716	114016	2428	872	268937	111133
新 疆	Xinjiang	51345	15386	5870127	113943	12866	5181	1224245	95925

3-2 续表 44 continued

地 区 Region	水利、环境和公共设施管理业 Management of Water Conservancy, Environment and Public Facilites				水利管理业 Management of Water Conservancy			
	年末人数(人) Year-end Figures (person)	#女 性 Female	工资总额(千元) Total Wages (1000 yuan)	平均工资(元) Average Wage (yuan)	年末人数(人) Year-end Figures (person)	#女 性 Female	工资总额(千元) Total Wages (1000 yuan)	平均工资(元) Average Wage (yuan)
全 国 National	**2525631**	**1040686**	**166878392**	**65802**	**283239**	**78343**	**28330073**	**100105**
北 京 Beijing	120426	36977	14072508	114095	8886	2842	1779688	198183
天 津 Tianjin	30647	10041	3224268	102104	4196	1393	525149	127803
河 北 Hebei	99968	41915	4512937	45032	9295	2973	706973	75827
山 西 Shanxi	81124	34206	3343308	41832	10631	3307	711361	67038
内蒙古 Inner Mongolia	46640	18435	2480793	52855	6533	1845	559355	89403
辽 宁 Liaoning	83630	29246	3879015	46720	9703	2153	628019	64116
吉 林 Jilin	59528	21299	2511741	42714	6389	1836	446299	69999
黑龙江 Heilongjiang	68381	20243	2974174	43908	8288	1937	544673	65432
上 海 Shanghai	135824	53453	11812632	85779	5077	1641	1048876	205854
江 苏 Jiangsu	140178	60602	12296648	87686	19499	5100	2565354	131489
浙 江 Zhejiang	106949	43072	8713958	81802	7327	1922	1098639	150350
安 徽 Anhui	70516	28479	3888619	55651	9588	2407	1086889	113030
福 建 Fujian	72144	30242	5021400	69001	4965	1199	484189	96143
江 西 Jiangxi	59276	28159	2538201	43255	2519	641	295688	117471
山 东 Shandong	157808	64528	8129486	51780	11970	3357	1361840	113901
河 南 Henan	161791	68149	7776876	49279	19521	5312	1630056	83335
湖 北 Hubei	92180	36508	7286329	79194	16726	4658	1657268	99213
湖 南 Hunan	94430	36936	5814603	60867	14837	3676	1013304	68069
广 东 Guangdong	217401	89524	17599607	80231	22026	4946	2735937	124514
广 西 Guangxi	70756	34803	4325458	60212	9216	2538	807117	87902
海 南 Hainan	50709	27915	2812464	54601	1839	373	136239	74167
重 庆 Chongqing	37532	16634	3216999	86319	2273	726	228252	101345
四 川 Sichuan	108118	52033	7279833	66403	7718	2155	697746	90768
贵 州 Guizhou	50808	26672	2859531	54507	3040	925	236195	78385
云 南 Yunnan	70359	29907	4091550	57920	6744	1983	685853	100265
西 藏 Tibet	6604	3742	419528	64685	312	112	33810	108309
陕 西 Shaanxi	91902	38004	5212474	55739	18704	6122	1445678	77545
甘 肃 Gansu	48803	21327	2952007	60818	11744	3397	1056541	90083
青 海 Qinghai	10059	3775	707472	69861	2264	668	258990	114115
宁 夏 Ningxia	14816	6593	1079147	70464	3357	933	400524	116669
新 疆 Xinjiang	66323	27268	4044826	58055	18051	5266	1463572	81910

3-2 续表 45 continued

地区 Region	生态保护和环境治理业 Ecological Protection and Environmental Treatment				公共设施管理业 Management of Public Facilities			
	年末人数(人) Year-end Figures (person)	#女性 Female	工资总额(千元) Total Wages (1000 yuan)	平均工资(元) Average Wage (yuan)	年末人数(人) Year-end Figures (person)	#女性 Female	工资总额(千元) Total Wages (1000 yuan)	平均工资(元) Average Wage (yuan)
全国 National	**195964**	**55694**	**17729837**	**92085**	**1980252**	**878237**	**113417091**	**56865**
北京 Beijing	12000	3587	2095861	173556	98317	30002	9875307	97767
天津 Tianjin	2300	805	322039	141689	23181	7431	2155613	89006
河北 Hebei	4947	1519	322543	65884	84196	36678	3346168	39615
山西 Shanxi	6123	1845	396213	64659	63189	28558	2147177	34625
内蒙古 Inner Mongolia	4910	1672	369646	75303	34024	14322	1476805	42634
辽宁 Liaoning	5776	1508	365908	63098	66323	24821	2771904	42248
吉林 Jilin	1637	472	91885	55613	51097	18832	1944816	38611
黑龙江 Heilongjiang	9855	2039	436379	50547	49517	15892	1945612	38866
上海 Shanghai	10047	2772	1472211	145719	119361	48433	8984285	74154
江苏 Jiangsu	7821	2246	888663	115826	109052	51556	8342293	76317
浙江 Zhejiang	7945	1870	863742	111256	88797	37966	6306833	71167
安徽 Anhui	4096	1150	322710	79873	55269	24270	2324640	42503
福建 Fujian	3660	995	363379	98373	61389	27147	3869670	62497
江西 Jiangxi	2166	723	155260	73823	53725	26421	2027168	38111
山东 Shandong	8470	2389	798376	95530	133644	57011	5583492	41963
河南 Henan	7237	1932	476510	66394	130461	59161	5341150	42216
湖北 Hubei	7087	2011	686085	96593	62201	27782	4364925	70321
湖南 Hunan	9217	2951	568588	66405	63754	27916	3546707	54199
广东 Guangdong	16377	4201	1952883	121623	174721	78084	12395679	70033
广西 Guangxi	5779	1677	467436	82282	53409	29574	2846001	52141
海南 Hainan	3613	871	268269	74384	44628	26342	2360645	51929
重庆 Chongqing	5967	2529	616798	105858	23689	11032	1637456	69359
四川 Sichuan	6382	2213	582244	92383	90110	45963	5461508	59598
贵州 Guizhou	2372	689	191154	80725	44024	24544	2276572	49883
云南 Yunnan	17515	4550	956818	54437	44910	22813	2340883	51940
西藏 Tibet	558	299	36381	64851	5611	3286	337964	61643
陕西 Shaanxi	7300	2084	549064	75144	63496	28601	3021314	46331
甘肃 Gansu	5914	1706	433299	79809	30674	15963	1430316	46267
青海 Qinghai	2062	564	124986	61991	5577	2477	312762	54995
宁夏 Ningxia	1683	444	139187	80401	9514	5058	518789	52462
新疆 Xinjiang	5148	1385	415320	80912	42392	20301	2122636	46186

3-2 续表 46 continued

地 区 Region	土地管理业 Management of Land				居民服务、修理和其他服务业 Service to Households, Repair and Other Services			
	年末人数（人）Year-end Figures (person)	#女 性 Female	工资总额（千元）Total Wages (1000 yuan)	平均工资（元）Average Wage (yuan)	年末人数（人）Year-end Figures (person)	#女 性 Female	工资总额（千元）Total Wages (1000 yuan)	平均工资（元）Average Wage (yuan)
全 国 National	**66176**	**28412**	**7401391**	**112082**	**858618**	**442637**	**55528057**	**65193**
北 京 Beijing	1222	546	321652	252079	58301	29760	4596915	78845
天 津 Tianjin	970	412	221468	226535	57454	34809	3015112	52489
河 北 Hebei	1531	745	137253	89757	26225	8473	1162747	44796
山 西 Shanxi	1181	496	88556	75569	8157	3686	431202	55581
内蒙古 Inner Mongolia	1173	596	74986	66272	6206	3122	344096	55730
辽 宁 Liaoning	1828	764	113183	62086	16197	6748	886581	54977
吉 林 Jilin	405	160	28742	70759	14667	8436	618100	40893
黑龙江 Heilongjiang	721	375	47510	66040	15135	6876	624698	41953
上 海 Shanghai	1338	607	307261	226881	102271	51453	8523150	82271
江 苏 Jiangsu	3806	1700	500338	133750	52962	25246	4384587	82409
浙 江 Zhejiang	2881	1314	444744	156894	47557	23703	3350293	71034
安 徽 Anhui	1564	653	154380	101185	24094	9298	1464608	62885
福 建 Fujian	2131	901	304162	143116	36588	24625	2704157	76355
江 西 Jiangxi	867	374	60085	69143	11557	6415	579647	51236
山 东 Shandong	3724	1770	385778	106308	34921	17213	2071756	60785
河 南 Henan	4572	1744	329160	72244	33037	17874	1585022	50254
湖 北 Hubei	6166	2057	578051	94335	25390	13819	1477966	57746
湖 南 Hunan	6622	2394	686004	103268	26751	10848	2079645	78823
广 东 Guangdong	4277	2293	515109	118843	123536	66269	8291082	67286
广 西 Guangxi	2352	1015	204904	85686	11550	6787	596213	53767
海 南 Hainan	628	329	47311	78030	6300	3186	400059	65285
重 庆 Chongqing	5603	2347	734493	131599	8664	4808	545908	65841
四 川 Sichuan	3908	1702	538335	134489	38857	21493	2081272	55025
贵 州 Guizhou	1372	513	155609	107845	17453	9677	876818	51168
云 南 Yunnan	1190	561	107997	93420	17521	9801	835613	49165
西 藏 Tibet	123	45	11374	87492	2529	993	214513	81991
陕 西 Shaanxi	2402	1197	196418	83405	15160	7697	698613	46081
甘 肃 Gansu	471	261	31851	68350	8870	3859	441570	49899
青 海 Qinghai	156	67	10734	69701	2683	1426	125725	47093
宁 夏 Ningxia	262	158	20646	78802	671	302	53317	79282
新 疆 Xinjiang	732	316	43298	60708	7355	3935	467073	60365

3-2 续表 47 continued

地 区	Region	居民服务业 Service to Households				机动车、电子产品和日用产品修理业 Repair of Motor Vehicle, Electronics and Household Products			
		年末人数(人) Year-end Figures (person)	#女 性 Female	工资总额(千元) Total Wages (1000 yuan)	平均工资(元) Average Wage (yuan)	年末人数(人) Year-end Figures (person)	#女 性 Female	工资总额(千元) Total Wages (1000 yuan)	平均工资(元) Average Wage (yuan)
全 国	**National**	**352102**	**185560**	**25867937**	**74111**	**110176**	**29994**	**9042914**	**80090**
北 京	Beijing	17908	9668	1674634	93725	10825	2775	1156906	100522
天 津	Tianjin	6788	4033	479080	70806	1058	280	65034	57450
河 北	Hebei	13589	3187	786756	57629	2365	766	127209	52074
山 西	Shanxi	2874	1524	161669	56027	557	230	15675	27144
内蒙古	Inner Mongolia	2761	1317	140074	51994	476	120	25395	51905
辽 宁	Liaoning	10258	4095	584025	57152	2210	646	98684	44513
吉 林	Jilin	6366	3708	281608	44672	1342	538	49868	40316
黑龙江	Heilongjiang	7013	2490	371656	54100	849	282	37014	43385
上 海	Shanghai	45788	24477	4225269	91985	15321	3760	1964731	115065
江 苏	Jiangsu	21560	11158	1789501	82626	8897	2871	873635	95662
浙 江	Zhejiang	21558	11941	1829334	84910	4529	918	381757	84435
安 徽	Anhui	9181	3620	594485	67219	3079	920	196980	62951
福 建	Fujian	26625	19759	2041453	79274	4101	1315	356948	87945
江 西	Jiangxi	4613	2578	267611	56026	1579	468	89880	58768
山 东	Shandong	16945	7949	1014892	60702	5312	1432	416143	78885
河 南	Henan	12576	6218	692056	56238	4574	1307	253006	56620
湖 北	Hubei	10535	5896	705638	68118	2810	875	161959	57895
湖 南	Hunan	19678	7665	1720442	89383	1296	366	80703	57240
广 东	Guangdong	39540	22564	3280321	82798	17564	4823	1379192	77655
广 西	Guangxi	4719	2857	291883	62261	1491	400	78489	53355
海 南	Hainan	1594	879	110023	68490	1063	303	110547	106298
重 庆	Chongqing	4354	2253	306424	70700	783	212	49684	64613
四 川	Sichuan	13561	7964	848438	63576	8209	2034	532210	65375
贵 州	Guizhou	7131	3531	435707	61296	1325	351	76924	59539
云 南	Yunnan	8580	4999	405551	50549	2164	532	105708	47949
西 藏	Tibet	866	471	65441	72665	1149	221	99715	82652
陕 西	Shaanxi	7044	3956	328018	46544	2680	641	131769	50427
甘 肃	Gansu	4285	2641	203761	48585	1058	269	46797	44144
青 海	Qinghai	681	426	26576	39899	300	71	14305	47602
宁 夏	Ningxia	343	153	21738	62918	8	4	349	43625
新 疆	Xinjiang	2787	1581	183872	66467	1201	262	65700	55257

3-2 续表 48 continued

地 区 Region	其他服务业 Other Services 年末人数(人) Year-end Figures (person)	#女 性 Female	工资总额(千元) Total Wages (1000 yuan)	平均工资(元) Average Wage (yuan)	教 育 Education 年末人数(人) Year-end Figures (person)	#女 性 Female	工资总额(千元) Total Wages (1000 yuan)	平均工资(元) Average Wage (yuan)
全 国 National	**396340**	**227083**	**20617207**	**52892**	**19719496**	**12615235**	**2175432850**	**111392**
北 京 Beijing	29568	17317	1765375	61030	524978	338661	108264486	201129
天 津 Tianjin	49607	30496	2470998	49875	213963	146039	31860598	149064
河 北 Hebei	10271	4519	248782	25228	835109	592665	71629145	86608
山 西 Shanxi	4726	1931	253858	59105	559184	388114	44580357	80472
内蒙古 Inner Mongolia	2969	1685	178627	59721	370188	244851	33750939	91871
辽 宁 Liaoning	3729	2006	203872	55239	541454	368019	51965132	96709
吉 林 Jilin	6959	4190	286625	37843	361713	236481	31741461	88274
黑龙江 Heilongjiang	7273	4104	216029	30140	399592	250480	37052715	92853
上 海 Shanghai	41162	23215	2333150	57483	384709	268339	77371198	199498
江 苏 Jiangsu	22506	11217	1721451	76799	1127607	732030	167487386	149417
浙 江 Zhejiang	21470	10844	1139201	53994	900728	620654	134517570	151272
安 徽 Anhui	11834	4758	673143	59480	681865	377073	75888469	112889
福 建 Fujian	5862	3551	305757	54548	639503	417645	69934090	111035
江 西 Jiangxi	5364	3369	222156	44366	627712	384381	56922119	92233
山 东 Shandong	12664	7832	640722	53003	1334601	830324	144214591	109680
河 南 Henan	15886	10350	639961	43340	1249176	822648	96448968	78468
湖 北 Hubei	12044	7048	610369	49073	775486	457027	79465329	103170
湖 南 Hunan	5777	2816	278499	48640	911034	576784	76593282	85103
广 东 Guangdong	66432	38882	3631569	55154	1702022	1140110	231074994	136671
广 西 Guangxi	5339	3529	225841	45811	769762	507202	64159020	85427
海 南 Hainan	3643	2003	179489	51556	169195	103553	16528482	99027
重 庆 Chongqing	3527	2343	189799	59531	423853	252773	53595527	127699
四 川 Sichuan	17087	11495	700623	42884	1129195	688959	117179826	105197
贵 州 Guizhou	8996	5795	364186	41689	578604	333825	54828110	95667
云 南 Yunnan	6778	4270	324355	47921	665212	384545	71788302	108775
西 藏 Tibet	515	302	49357	96920	52971	30670	8656135	164731
陕 西 Shaanxi	5436	3100	238827	43423	640276	414848	56774386	88927
甘 肃 Gansu	3527	949	191011	53129	415686	225354	39242534	95211
青 海 Qinghai	1703	930	84845	49817	86701	53533	10304966	120726
宁 夏 Ningxia	320	145	31230	97900	107352	68568	11323078	106735
新 疆 Xinjiang	3366	2091	217502	57507	540065	359081	50289655	94580

3-2 续表 49 continued

地 区 Region	卫生和社会工作 Health and Social Service				卫 生 Health			
	年末人数（人）Year-end Figures (person)	#女 性 Female	工资总额（千元）Total Wages (1000 yuan)	平均工资（元）Average Wage (yuan)	年末人数（人）Year-end Figures (person)	#女 性 Female	工资总额（千元）Total Wages (1000 yuan)	平均工资（元）Average Wage (yuan)
全 国 National	**10946985**	**7596000**	**1367303337**	**126828**	**10467862**	**7272570**	**1336074132**	**129650**
北 京 Beijing	329122	233648	70359542	216920	307122	219216	68439455	226325
天 津 Tianjin	123848	87388	19772166	162036	117244	82826	19363202	167733
河 北 Hebei	467975	327410	40110537	86762	457018	320214	39534733	87579
山 西 Shanxi	272015	191666	22247490	83104	263882	186572	21915454	84399
内蒙古 Inner Mongolia	203155	137719	18279710	91562	196862	133922	17917051	92665
辽 宁 Liaoning	346255	248530	31196208	90805	332661	239724	30578703	92661
吉 林 Jilin	220514	153303	20446135	93596	209304	146355	19937053	96151
黑龙江 Heilongjiang	264453	180893	22442453	85042	255430	175572	22025564	86443
上 海 Shanghai	312110	227507	64693294	208717	244918	176845	59389525	245096
江 苏 Jiangsu	632404	432008	95563595	153012	593493	404714	93005924	158663
浙 江 Zhejiang	552822	388025	97783471	179535	524018	367293	95750847	185545
安 徽 Anhui	369212	243520	45656264	125732	357459	236354	45082291	128278
福 建 Fujian	279068	195585	39179593	142942	271250	190520	38647264	145069
江 西 Jiangxi	294923	201497	33144855	113976	285717	195796	32684392	116034
山 东 Shandong	760164	523622	87462201	117288	736335	507811	86131718	119221
河 南 Henan	688749	457286	60276693	89435	671857	447392	59507248	90503
湖 北 Hubei	476299	326518	56496299	120470	457775	314810	55527866	123249
湖 南 Hunan	476189	328806	55208457	117192	456970	316839	54025907	119522
广 东 Guangdong	956682	659502	165472499	175780	898251	617947	160480253	181702
广 西 Guangxi	384847	270838	43016655	114421	375464	263744	42522188	115902
海 南 Hainan	82636	56093	8911365	110212	80947	55013	8802456	111189
重 庆 Chongqing	223580	157158	31549761	143140	215716	152209	30958704	145659
四 川 Sichuan	655983	449412	78073462	121042	631747	433887	76565051	123294
贵 州 Guizhou	293657	200789	32450499	112348	288825	197685	32172087	113268
云 南 Yunnan	356774	263036	37636031	107656	348047	257210	37098516	108700
西 藏 Tibet	20957	13938	2996398	146732	20083	13359	2928352	149771
陕 西 Shaanxi	346565	244752	30238656	88291	330549	234835	29462943	90169
甘 肃 Gansu	200217	141555	17397887	88007	194816	137957	17097407	88910
青 海 Qinghai	58013	40170	6500702	113595	56472	39196	6401649	115000
宁 夏 Ningxia	57561	42073	6953084	122293	55711	40803	6819911	123959
新 疆 Xinjiang	240233	171753	25787374	109642	231921	165951	25300417	111542

3-2 续表 50 continued

地 区 Region	社会工作 Social Service 年末人数(人) Year-end Figures (person)	#女 性 Female	工资总额(千元) Total Wages (1000 yuan)	平均工资(元) Average Wage (yuan)	文化、体育和娱乐业 Culture, Sports and Entertainment 年末人数(人) Year-end Figures (person)	#女 性 Female	工资总额(千元) Total Wages (1000 yuan)	平均工资(元) Average Wage (yuan)
全 国 National	**479123**	**323430**	**31229206**	**65676**	**1517059**	**750827**	**177812526**	**117329**
北 京 Beijing	22001	14432	1920086	87424	192090	101534	42327543	224007
天 津 Tianjin	6605	4563	408965	62124	17390	8670	2460096	134871
河 北 Hebei	10958	7196	575804	52877	53059	25351	4145981	78373
山 西 Shanxi	8133	5094	332036	41283	44397	22469	2857151	64032
内蒙古 Inner Mongolia	6294	3797	362658	57671	31060	15688	2621216	84989
辽 宁 Liaoning	13594	8806	617505	45583	42973	20508	3662588	83719
吉 林 Jilin	11210	6948	509083	45865	29639	14285	2119288	72104
黑龙江 Heilongjiang	9024	5321	416889	45809	23242	10458	1683498	71787
上 海 Shanghai	67192	50661	5303769	78405	59770	32666	10839402	180734
江 苏 Jiangsu	38910	27293	2557670	66667	89351	44572	11120825	123618
浙 江 Zhejiang	28805	20732	2032625	71083	73682	38362	10161022	138718
安 徽 Anhui	11753	7166	573973	49130	35226	16232	3004281	84665
福 建 Fujian	7818	5065	532329	69236	40284	19964	3920556	96891
江 西 Jiangxi	9205	5701	460464	50448	32002	15398	2754114	85383
山 东 Shandong	23829	15812	1330483	57222	79796	36963	8030605	100855
河 南 Henan	16893	9894	769445	46758	72695	34502	5430766	75458
湖 北 Hubei	18524	11708	968433	52540	62776	30251	6027883	96538
湖 南 Hunan	19219	11967	1182550	61983	60887	29223	6779711	111988
广 东 Guangdong	58431	41555	4992246	85846	130908	63518	17353001	132893
广 西 Guangxi	9383	7094	494468	54521	32527	16344	2771202	85338
海 南 Hainan	1689	1080	108909	64458	16311	7347	1358919	86885
重 庆 Chongqing	7864	4949	591057	75109	26830	12966	2563344	93912
四 川 Sichuan	24236	15526	1508411	62809	67682	33866	6216292	92287
贵 州 Guizhou	4833	3103	278412	57954	24825	11963	2216498	86242
云 南 Yunnan	8727	5826	537515	64736	37210	18884	3550601	95112
西 藏 Tibet	874	579	68045	78325	6574	3269	846994	129745
陕 西 Shaanxi	16016	9917	775713	49300	55353	27613	4052309	72929
甘 肃 Gansu	5401	3598	300480	55783	29674	14461	2266758	75521
青 海 Qinghai	1541	974	99054	63490	7987	3924	726429	88784
宁 夏 Ningxia	1849	1270	133173	72432	9270	4502	875514	92203
新 疆 Xinjiang	8312	5801	486956	58154	31587	15074	3068137	98245

3-2 续表 51 continued

地 区 Region	新闻和出版业 Journalism and Publishing Activities				广播、电视、电影和影视录音制作业 Radio, Television, Motion Picture and Videotape Programme Production Services			
	年末人数（人）Year-end Figures (person)	#女 性 Female	工资总额（千元）Total Wages (1000 yuan)	平均工资（元）Average Wage (yuan)	年末人数（人）Year-end Figures (person)	#女 性 Female	工资总额（千元）Total Wages (1000 yuan)	平均工资（元）Average Wage (yuan)
全 国 National	**290142**	**148659**	**44669848**	**154062**	**388362**	**181599**	**50486862**	**130249**
北 京 Beijing	70012	40384	16210094	233473	48145	23671	14163572	295917
天 津 Tianjin	2442	1321	365007	128675	3602	1917	592766	164611
河 北 Hebei	10315	4859	973014	94109	16719	7664	1366056	81641
山 西 Shanxi	7218	3951	580744	77886	11703	5797	824915	70646
内蒙古 Inner Mongolia	5096	2698	433947	85725	8465	3867	799713	96531
辽 宁 Liaoning	11316	5286	986069	87419	11581	5269	976310	83707
吉 林 Jilin	4756	2434	410210	86077	9139	4278	626290	68857
黑龙江 Heilongjiang	5126	2119	425383	80150	5526	2339	363609	64026
上 海 Shanghai	8222	4575	1950062	232600	8936	4786	1904200	203955
江 苏 Jiangsu	13394	6776	2242199	167176	21238	9746	2634730	125108
浙 江 Zhejiang	11053	5847	2166575	195017	24495	12618	3451863	141754
安 徽 Anhui	6703	2956	746539	111146	9609	3991	735993	75920
福 建 Fujian	5679	2570	783873	138616	10749	5096	1080370	101004
江 西 Jiangxi	5963	2754	820244	129546	8634	3876	652020	77877
山 东 Shandong	12912	6068	1624040	127618	24534	10816	2678222	108790
河 南 Henan	14921	7299	1442576	96029	19772	8590	1317056	67825
湖 北 Hubei	12022	6003	1430530	122635	13297	5983	1478046	110416
湖 南 Hunan	8269	3998	1150865	141692	18640	8500	3335976	180122
广 东 Guangdong	18395	8636	3372326	184950	32198	14720	3726332	117116
广 西 Guangxi	6936	3632	784604	114385	6492	2942	592506	90700
海 南 Hainan	3311	1576	392439	119420	3697	1695	372733	98983
重 庆 Chongqing	5597	2647	668916	119275	4807	2224	553038	112872
四 川 Sichuan	10531	5230	1274396	121236	19178	9052	1777818	93034
贵 州 Guizhou	4855	2353	576301	118406	4629	2162	457097	96709
云 南 Yunnan	5245	2596	714131	137782	8479	4101	870343	101706
西 藏 Tibet	593	315	82856	138439	2073	1001	282514	136033
陕 西 Shaanxi	6479	3385	685013	105554	10952	5005	816787	74110
甘 肃 Gansu	3972	1857	416620	104727	6427	3101	490917	77358
青 海 Qinghai	1211	644	127652	104661	1128	530	117885	104638
宁 夏 Ningxia	1496	762	186639	124177	2601	1176	266631	101096
新 疆 Xinjiang	6101	3127	645984	107908	10915	5087	1180553	107787

3-2 续表 52 continued

地 区 Region	文化艺术业 Cultural and Art Activities 年末人数(人) Year-end Figures (person)	#女 性 Female	工资总额(千元) Total Wages (1000 yuan)	平均工资(元) Average Wage (yuan)	体 育 Sports Activities 年末人数(人) Year-end Figures (person)	#女 性 Female	工资总额(千元) Total Wages (1000 yuan)	平均工资(元) Average Wage (yuan)
全 国 National	**492814**	**260277**	**47074950**	**95804**	**143781**	**62167**	**17605384**	**124561**
北 京 Beijing	34217	18330	5630568	164654	16986	7301	2920448	178344
天 津 Tianjin	6969	3607	738110	101496	3033	1196	613708	194831
河 北 Hebei	18456	9648	1222478	66219	4851	2008	409249	91470
山 西 Shanxi	21192	10802	1151231	54247	1662	680	144333	96744
内蒙古 Inner Mongolia	14684	7856	1165468	80845	1070	379	107368	102290
辽 宁 Liaoning	12769	6495	920090	71670	2035	841	380568	185371
吉 林 Jilin	9983	5551	709267	70947	4520	1474	294310	69606
黑龙江 Heilongjiang	8992	4685	641409	71287	1910	675	147422	75445
上 海 Shanghai	16159	9492	2607372	163616	10155	4880	2306155	227448
江 苏 Jiangsu	30520	16771	3861859	128531	8699	3689	925294	105810
浙 江 Zhejiang	24039	13708	3004728	125630	6451	2736	824252	127753
安 徽 Anhui	12334	6141	1063875	85749	1890	793	140699	73914
福 建 Fujian	14031	7770	1258002	89685	5093	2119	420086	81134
江 西 Jiangxi	10933	5707	864712	77605	1523	648	112075	76239
山 东 Shandong	23831	12141	2168721	92077	8148	3213	819478	101641
河 南 Henan	27113	13441	1776465	65992	4096	1658	509638	126037
湖 北 Hubei	22159	11098	1963642	88712	4598	1810	377617	83495
湖 南 Hunan	19239	9794	1339555	70063	4241	1736	318069	75063
广 东 Guangdong	28899	16107	3688570	129478	26980	13157	3953929	150035
广 西 Guangxi	12689	6780	981477	78056	3358	1623	236862	66762
海 南 Hainan	3035	1364	255286	87471	2974	1501	128173	49516
重 庆 Chongqing	8791	4546	814068	93104	2106	946	131682	61963
四 川 Sichuan	24468	13276	2124598	87852	4302	1860	361603	85883
贵 州 Guizhou	9308	4533	801027	85725	2437	1021	160143	62140
云 南 Yunnan	14325	7802	1340480	93697	3639	1575	313322	84732
西 藏 Tibet	3097	1583	389748	127333	180	73	27278	154113
陕 西 Shaanxi	29394	15146	2017876	68529	2197	920	153611	69010
甘 肃 Gansu	15015	7645	1124886	73813	1478	560	87372	63704
青 海 Qinghai	2962	1624	280840	95155	848	316	65709	77762
宁 夏 Ningxia	3295	1774	292523	87464	443	186	30142	63640
新 疆 Xinjiang	9915	5059	876019	86211	1877	593	184791	114327

3-2 续表 53 continued

地区 Region	娱乐业 Entertainment				公共管理、社会保障和社会组织 Public Management, Social Security and Social Organization			
	年末人数（人） Year-end Figures (person)	#女性 Female	工资总额（千元） Total Wages (1000 yuan)	平均工资（元） Average Wage (yuan)	年末人数（人） Year-end Figures (person)	#女性 Female	工资总额（千元） Total Wages (1000 yuan)	平均工资（元） Average Wage (yuan)
全国 National	**201960**	**98126**	**17975482**	**87583**	**19858295**	**6755238**	**2197476624**	**111361**
北京 Beijing	22730	11848	3402861	161342	435977	178508	75989862	176154
天津 Tianjin	1345	628	150505	109019	200265	63046	28631100	144628
河北 Hebei	2718	1172	175184	60533	973530	330424	71555099	74221
山西 Shanxi	2622	1239	155928	56216	633036	229731	45371903	72495
内蒙古 Inner Mongolia	1746	889	114720	56526	565287	205472	45572879	81234
辽宁 Liaoning	5272	2618	399551	67554	641065	225525	56535282	87837
吉林 Jilin	1241	548	79211	60659	394988	133038	31329254	79915
黑龙江 Heilongjiang	1688	641	105674	69840	496283	173222	37511662	76461
上海 Shanghai	16297	8932	2071613	128044	193474	74621	43302801	224799
江苏 Jiangsu	15500	7590	1456742	87240	931892	297454	159721758	171844
浙江 Zhejiang	7645	3454	713604	96178	809099	274301	143155918	177553
安徽 Anhui	4689	2351	317176	66592	601815	184508	68126571	113849
福建 Fujian	4731	2408	378225	77071	517544	176098	65417333	126864
江西 Jiangxi	4949	2412	305062	61763	631298	191483	64254045	102643
山东 Shandong	10372	4725	740145	69395	1348577	436549	144796214	108681
河南 Henan	6792	3514	385031	58628	1230821	411700	96684661	79616
湖北 Hubei	10700	5357	778049	72500	764200	249773	87007113	113910
湖南 Hunan	10497	5193	635246	60270	890270	261151	78565848	88528
广东 Guangdong	24436	10898	2611844	101685	1542334	514373	252552500	164533
广西 Guangxi	3052	1367	175753	59388	593220	222865	55519724	94582
海南 Hainan	3294	1211	210288	68240	149947	45935	14091911	94539
重庆 Chongqing	5528	2603	395641	66850	379534	134127	45708182	121249
四川 Sichuan	9202	4448	677877	72555	1104120	402998	125146977	114027
贵州 Guizhou	3595	1894	221929	53018	724491	249524	65672745	90990
云南 Yunnan	5521	2811	312325	55913	706517	252279	74956571	107048
西藏 Tibet	631	297	64599	105038	153840	57769	24870279	163288
陕西 Shaanxi	6331	3157	379022	59381	607033	210408	47900717	79009
甘肃 Gansu	2781	1298	146964	47719	505043	179864	45637987	90427
青海 Qinghai	1838	810	134343	65877	152534	62966	17966173	118152
宁夏 Ningxia	1436	604	99581	64791	119036	48211	12302313	104226
新疆 Xinjiang	2779	1207	180790	71949	861227	277315	71621238	83364

3-2 续表 54 continued

地区 Region	中国共产党机关 Organs of Communist Party of China				国家机构 Government Agencies			
	年末人数(人) Year-end Figures (person)	#女性 Female	工资总额(千元) Total Wages (1000 yuan)	平均工资(元) Average Wage (yuan)	年末人数(人) Year-end Figures (person)	#女性 Female	工资总额(千元) Total Wages (1000 yuan)	平均工资(元) Average Wage (yuan)
全 国 National	**946939**	**315328**	**113248752**	**120792**	**18448225**	**6215232**	**2034133579**	**110933**
北 京 Beijing	13922	4825	2534589	184931	408940	166371	71383986	176411
天 津 Tianjin	9879	3332	1682618	171783	185396	57249	26109956	142514
河 北 Hebei	46914	14658	3856758	83303	906613	306124	66131477	73641
山 西 Shanxi	34659	12877	2769659	81189	580047	207382	41284756	71978
内蒙古 Inner Mongolia	32451	11549	2895832	90339	517131	186063	41396952	80623
辽 宁 Liaoning	29664	10899	2703048	91015	593715	205535	52476906	88002
吉 林 Jilin	15739	5442	1272401	81247	370505	123158	29396000	79958
黑龙江 Heilongjiang	25130	9173	1964097	79743	458782	157886	34667062	76414
上 海 Shanghai	7159	3350	1719922	241107	178723	66662	40244826	226201
江 苏 Jiangsu	50383	16887	9653998	193313	860762	271041	146637245	170709
浙 江 Zhejiang	29611	9484	6123066	209250	764292	257384	134102088	176034
安 徽 Anhui	29079	8028	3574916	124152	558548	170481	62911774	113249
福 建 Fujian	31785	10284	4292725	135590	471676	158472	59441127	126459
江 西 Jiangxi	24494	6661	2707310	111169	592106	178036	60143219	102454
山 东 Shandong	60635	17806	7328444	123304	1263451	407672	134724000	107874
河 南 Henan	58175	18338	5263603	92044	1147816	382189	89449736	78957
湖 北 Hubei	35882	10495	4431919	123871	709338	230294	80600932	113628
湖 南 Hunan	45036	13453	4201815	93964	815760	234811	71554699	87971
广 东 Guangdong	55191	18824	9985191	182954	1464933	484548	238952871	163842
广 西 Guangxi	31734	12525	3166889	100447	545072	201677	50978193	94550
海 南 Hainan	6880	2115	752618	109267	139801	42329	13022202	93743
重 庆 Chongqing	15713	5610	2116675	135038	355635	124324	42673307	120804
四 川 Sichuan	58255	20493	7200909	124589	1017265	368439	114735474	113443
贵 州 Guizhou	28248	8782	2880805	102891	684054	235167	61683235	90512
云 南 Yunnan	41568	15275	5230193	128237	641841	225576	67119869	105469
西 藏 Tibet	11767	4563	2041862	174102	139179	51889	22311230	162000
陕 西 Shaanxi	33149	10680	2763153	83624	554800	190450	43629316	78720
甘 肃 Gansu	26706	8011	2496466	93943	466758	167002	42089172	90207
青 海 Qinghai	7289	2840	980830	137623	140636	57941	16442183	117131
宁 夏 Ningxia	5732	2010	679222	120534	109535	44161	11225225	103339
新 疆 Xinjiang	44112	16058	3977220	90433	805117	254921	66614561	82891

3-2 续表 55 continued

地 区 Region	人民政协、民主党派 People's Political Consultative Conference and Democratic Parties				社会保障 Social Security			
	年末人数（人）Year-end Figures (person)	#女 性 Female	工资总额（千元）Total Wages (1000 yuan)	平均工资（元）Average Wage (yuan)	年末人数（人）Year-end Figures (person)	#女 性 Female	工资总额（千元）Total Wages (1000 yuan)	平均工资（元）Average Wage (yuan)
全 国 National	**112285**	**33786**	**15601468**	**141278**	**160989**	**89902**	**14558206**	**90984**
北 京 Beijing	2280	913	451871	198381	1438	837	221095	159858
天 津 Tianjin	753	273	130232	177336	2729	1336	489498	180475
河 北 Hebei	5253	1615	494331	96370	7118	4148	497830	70136
山 西 Shanxi	3985	1297	370889	95042	7951	4588	512587	64533
内蒙古 Inner Mongolia	3507	1108	357925	103273	5486	3032	392004	72620
辽 宁 Liaoning	3411	1162	342217	101681	8991	4980	582969	64871
吉 林 Jilin	2212	745	222365	101497	3829	2172	232714	60637
黑龙江 Heilongjiang	2713	891	251305	95171	5999	3373	378155	62682
上 海 Shanghai	893	451	234645	265722	4119	2475	600071	144335
江 苏 Jiangsu	4751	1293	1117485	235859	8147	4655	1067397	132236
浙 江 Zhejiang	4341	1389	1140349	265239	4780	2810	696353	144409
安 徽 Anhui	3610	945	505375	141435	3753	1925	372503	99566
福 建 Fujian	3255	1132	527559	163996	4633	2779	441864	97573
江 西 Jiangxi	3713	1122	441886	120205	6318	3461	518477	82628
山 东 Shandong	6212	1552	887414	144953	7038	3673	706526	103439
河 南 Henan	5650	1667	526523	95104	11332	5513	788668	71281
湖 北 Hubei	4577	1173	660822	148407	8575	4692	707792	83566
湖 南 Hunan	5211	1469	509602	101245	8608	4239	627291	72464
广 东 Guangdong	5231	1703	1162361	228463	6149	3394	946268	154940
广 西 Guangxi	3726	1320	446985	123500	5893	3636	430809	71585
海 南 Hainan	537	173	69714	130673	650	365	47781	72584
重 庆 Chongqing	2284	715	320844	142994	2631	1510	253798	97369
四 川 Sichuan	8739	2550	1231976	143800	9312	5511	884539	95607
贵 州 Guizhou	3754	1032	439340	118528	1596	944	126751	79953
云 南 Yunnan	6663	2090	954826	144759	7239	4346	699952	97153
西 藏 Tibet	1389	462	282799	204836	225	138	37467	176299
陕 西 Shaanxi	4204	1210	422831	101302	8067	4468	554661	69209
甘 肃 Gansu	4368	965	463552	107100	2719	1427	220302	81094
青 海 Qinghai	1462	414	218225	152647	1074	670	109923	101899
宁 夏 Ningxia	1101	350	152453	138863	713	490	68679	95458
新 疆 Xinjiang	2501	604	262767	108203	3875	2315	343484	89778

3-2 续表 56 continued

地 区 Region	群众团体、社会团体和其他成员组织 Non-Governmental Organizations, Social Organizations and Membership Organizations			
	年末人数（人）Year-end Figures (person)	#女 性 Female	工资总额（千元）Total Wages (1000 yuan)	平均工资（元）Average Wage (yuan)
全 国 National	**189753**	**100926**	**19931213**	**105850**
北 京 Beijing	9397	5562	1398321	149235
天 津 Tianjin	1508	855	218797	144741
河 北 Hebei	7631	3878	574704	76273
山 西 Shanxi	6394	3587	434013	68558
内蒙古 Inner Mongolia	6712	3720	530168	80044
辽 宁 Liaoning	5284	2950	430142	81542
吉 林 Jilin	2703	1521	205774	76150
黑龙江 Heilongjiang	3658	1898	251043	69377
上 海 Shanghai	2580	1683	503337	198251
江 苏 Jiangsu	7849	3578	1245634	161418
浙 江 Zhejiang	6075	3234	1094062	179634
安 徽 Anhui	6825	3129	762002	112551
福 建 Fujian	6195	3432	714058	115127
江 西 Jiangxi	4668	2203	443153	94952
山 东 Shandong	11240	5845	1149829	104330
河 南 Henan	7848	3992	656132	85064
湖 北 Hubei	5829	3119	605648	104711
湖 南 Hunan	15655	7179	1672441	106689
广 东 Guangdong	10831	5905	1505809	139961
广 西 Guangxi	6795	3707	496848	74438
海 南 Hainan	2080	953	199596	96597
重 庆 Chongqing	3271	1968	343557	107093
四 川 Sichuan	10549	6005	1094079	104114
贵 州 Guizhou	6839	3598	542615	77816
云 南 Yunnan	9206	4992	951731	103075
西 藏 Tibet	1280	719	196921	155816
陕 西 Shaanxi	6814	3601	530756	78016
甘 肃 Gansu	4388	2395	365091	83212
青 海 Qinghai	2073	1101	215011	104854
宁 夏 Ningxia	1954	1201	176734	90263
新 疆 Xinjiang	5621	3416	423206	80379

3-3 各地区分行业城镇非私营单位在岗职工人数和平均工资(2021年)
ON-POST STAFF AND WORKERS AND AVERAGE WAGE IN PRIVATE URBAN NON-PRIVATE UNITS BY SECTOR AND REGION(2021)

地区	Region	总计 Total		农、林、牧、渔业 Agriculture, Forestry, Animal Husbandry and Fishery		采矿业 Mining		制造业 Manufacturing	
		年末人数(人) Year-end Figures (person)	平均工资(元) Average Wage (yuan)	年末人数(人) Year-end Figures (person)	平均工资(元) Average Wage (yuan)	年末人数(人) Year-end Figures (person)	平均工资(元) Average Wage (yuan)	年末人数(人) Year-end Figures (person)	平均工资(元) Average Wage (yuan)
全国	**National**	**159697865**	**110221**	**785746**	**56226**	**3380918**	**109745**	**37728926**	**92510**
北京	Beijing	7084111	201504	14176	79204	27569	153226	584637	168925
天津	Tianjin	2389965	128171	2534	79961	53768	160052	627539	108714
河北	Hebei	5302816	85611	17243	62705	151924	96109	995517	80652
山西	Shanxi	4199894	84938	12563	53674	832068	100806	557318	74609
内蒙古	Inner Mongolia	2549396	93266	75169	72066	102387	142874	333848	91247
辽宁	Liaoning	4342250	88474	66947	25087	184394	92680	935771	83737
吉林	Jilin	2364247	86658	51679	56587	58667	83729	433474	93524
黑龙江	Heilongjiang	2855424	85157	177307	43203	230705	99156	258136	82486
上海	Shanghai	6408304	196053	6844	94785	1681	326954	1307407	151128
江苏	Jiangsu	12412277	117868	23237	55577	49910	126216	4533211	103342
浙江	Zhejiang	9833080	125351	6940	86103	3899	100329	3180287	97905
安徽	Anhui	5177123	97445	17167	62160	128369	124793	1292832	84516
福建	Fujian	5371808	101516	10775	78084	15300	68482	1579370	86621
江西	Jiangxi	4112008	86116	24223	56254	25073	73248	1000846	71934
山东	Shandong	10390741	98094	9995	66562	266519	115253	2736469	83264
河南	Henan	8750420	76261	16401	53167	252734	87126	1911120	64692
湖北	Hubei	6011759	100190	22756	54811	29476	120985	1308422	84729
湖南	Hunan	5593535	88874	16340	60047	41516	69874	990020	82958
广东	Guangdong	20270388	120299	20666	78863	13719	192100	8234662	92288
广西	Guangxi	3844176	91369	28602	75181	8951	76004	528842	77684
海南	Hainan	1063023	101090	35352	53950	5493	137015	80594	86703
重庆	Chongqing	3299018	106966	4135	75182	6989	102404	648794	90586
四川	Sichuan	8094340	100469	20463	78842	113356	120728	1428118	88465
贵州	Guizhou	3075792	99324	9945	63394	140873	87527	303858	93928
云南	Yunnan	3273020	104286	22037	57464	54523	88050	376110	89800
西藏	Tibet	419713	145461	1800	70803	7155	128876	16417	89201
陕西	Shaanxi	4439726	94435	16449	64281	290025	123623	752593	87479
甘肃	Gansu	2382143	88289	19674	64747	70832	113734	268092	84807
青海	Qinghai	644567	112397	7977	48320	23936	164289	95146	89409
宁夏	Ningxia	667062	109437	4828	61505	59443	161017	97676	86043
新疆	Xinjiang	3075738	96749	21522	57032	129663	160699	331799	89104

3-3 续表 1 continued

地区 Region	电力、热力、燃气及水生产和供应业 Production and Supply of Electricity, Heat, Gas and Water		建筑业 Construction		批发和零售业 Wholesale and Retail Trades		交通运输、仓储和邮政业 Transport, Storage and Post	
	年末人数（人） Year-end Figures (person)	平均工资（元） Average Wage (yuan)	年末人数（人） Year-end Figures (person)	平均工资（元） Average Wage (yuan)	年末人数（人） Year-end Figures (person)	平均工资（元） Average Wage (yuan)	年末人数（人） Year-end Figures (person)	平均工资（元） Average Wage (yuan)
全 国 National	**3731301**	**127054**	**17323737**	**77518**	**7712154**	**108160**	**7821703**	**110861**
北 京 Beijing	93719	199679	454141	147012	506744	180013	540399	135400
天 津 Tianjin	41654	176758	194686	108488	174557	105619	147958	114769
河 北 Hebei	176393	118746	343549	71822	204827	63412	284835	98608
山 西 Shanxi	156967	102568	245836	77250	133804	74314	227361	102146
内蒙古 Inner Mongolia	155043	121263	85903	61750	77761	80714	193568	105698
辽 宁 Liaoning	144978	93405	245486	71102	160655	72173	297672	95060
吉 林 Jilin	93796	101309	117610	66735	83537	70632	156860	87247
黑龙江 Heilongjiang	141450	96911	113087	64720	100073	78985	231296	94144
上 海 Shanghai	33825	246811	262761	140783	878870	203057	455682	158391
江 苏 Jiangsu	149168	162550	2108052	79112	529949	107921	439066	111308
浙 江 Zhejiang	131759	170029	1674608	76665	433530	123213	362796	123699
安 徽 Anhui	102303	131623	762326	74783	233019	76567	204548	95973
福 建 Fujian	100613	141091	977096	74031	233000	99357	212805	109988
江 西 Jiangxi	81749	100417	615649	63055	169768	70696	175271	96232
山 东 Shandong	280553	123841	1250386	77683	431763	75805	447393	107658
河 南 Henan	235106	100724	1191953	62477	331405	65354	385151	88145
湖 北 Hubei	140287	133309	875138	81437	302406	74594	270871	104667
湖 南 Hunan	149601	107517	818603	63503	220983	72103	242713	97091
广 东 Guangdong	273201	165520	1113881	85220	1067356	105851	795766	122994
广 西 Guangxi	110936	116929	503374	73554	132311	77863	177615	103193
海 南 Hainan	23260	127615	41273	60007	72358	100399	72020	117767
重 庆 Chongqing	62891	111067	554264	68894	174147	88724	205611	99327
四 川 Sichuan	226043	125134	1236790	68945	336267	84271	339514	103831
贵 州 Guizhou	94458	126568	363058	81816	116225	91457	126294	102538
云 南 Yunnan	110628	119981	246396	74959	139477	95175	155936	108462
西 藏 Tibet	14780	127278	31166	72657	25322	97301	22025	134982
陕 西 Shaanxi	127409	119807	420058	81578	205501	73813	257443	100640
甘 肃 Gansu	103186	98484	238792	62439	89751	66770	129280	97198
青 海 Qinghai	23254	129997	33755	95739	20634	82795	50202	115684
宁 夏 Ningxia	43226	137166	23937	80736	24740	65736	40127	96543
新 疆 Xinjiang	109065	123952	180122	81056	101411	88277	173624	115427

3-3 续表 2 continued

地 区	Region	住宿和餐饮业 Hotels and Catering Services		信息传输、软件和信息技术服务业 Information Transmission, Software and Information Technology		金融业 Financial Intermediation		房地产业 Real Estate	
		年末人数（人）Year-end Figures (person)	平均工资（元）Average Wage (yuan)	年末人数（人）Year-end Figures (person)	平均工资（元）Average Wage (yuan)	年末人数（人）Year-end Figures (person)	平均工资（元）Average Wage (yuan)	年末人数（人）Year-end Figures (person)	平均工资（元）Average Wage (yuan)
全 国	**National**	**2275034**	**58873**	**5048049**	**204789**	**5413742**	**210205**	**5066393**	**92857**
北 京	Beijing	197480	80180	997446	291864	426858	395402	419438	135958
天 津	Tianjin	34615	58939	82196	157515	97322	219311	90531	103299
河 北	Hebei	42121	45472	115754	133789	220227	138691	111638	74696
山 西	Shanxi	34970	43225	47955	100677	167760	119778	57967	70268
内蒙古	Inner Mongolia	22928	49639	45369	114319	119408	135296	51133	60156
辽 宁	Liaoning	33914	50886	135654	123389	198966	126318	109075	73194
吉 林	Jilin	17814	45101	43934	94131	114641	127650	48459	61628
黑龙江	Heilongjiang	13446	43923	57536	94731	116336	116998	44458	60099
上 海	Shanghai	199909	77114	499943	304716	297183	420267	255968	131403
江 苏	Jiangsu	176519	62073	331153	185006	309072	215959	295292	97196
浙 江	Zhejiang	126705	66310	323779	259565	325558	227945	282871	109473
安 徽	Anhui	53267	53238	92164	116641	143058	157322	143681	85070
福 建	Fujian	84989	54434	106513	143789	148113	194404	155854	93169
江 西	Jiangxi	38914	45639	52994	107007	117101	139659	92450	76714
山 东	Shandong	113833	54790	208475	116551	338871	157609	273467	83125
河 南	Henan	72636	46027	139549	106557	226304	142812	266848	70378
湖 北	Hubei	71683	54490	169954	132909	196296	163403	193084	76248
湖 南	Hunan	60324	45027	86361	119307	186125	162306	149783	78185
广 东	Guangdong	370524	59499	793020	215115	545377	285612	890864	101364
广 西	Guangxi	44633	43314	55661	115708	136558	151295	92288	86961
海 南	Hainan	47684	64919	27668	249377	50877	162300	90561	85107
重 庆	Chongqing	38076	49872	56248	155584	141192	214646	150536	87967
四 川	Sichuan	152028	53392	249713	148685	223712	178542	312061	79772
贵 州	Guizhou	27906	50292	44358	119635	98199	190319	100810	78619
云 南	Yunnan	48069	46349	51174	112518	92877	179696	91245	82329
西 藏	Tibet	7233	67867	12583	181090	19572	252596	7569	95451
陕 西	Shaanxi	81503	48242	128684	193718	136909	168343	128057	75518
甘 肃	Gansu	28059	45183	33709	94492	86415	109178	65425	54539
青 海	Qinghai	4415	52358	8840	137882	26178	154011	15171	61722
宁 夏	Ningxia	3371	48189	9622	130183	28490	139474	15542	71224
新 疆	Xinjiang	25468	51987	40043	120687	78187	168151	64266	63782

3-3 续表 3 continued

地 区 Region	租赁和商务服务业 Leasing and Business Services		科学研究和技术服务业 Scientific Research and Technical Services		水利、环境和公共设施管理业 Management of Water Conservancy,Environment and Public Facilities		居民服务、修理和其他服务业 Service to Households, Repair and Other Services	
	年末人数(人) Year-end Figures (person)	平均工资(元) Average Wage (yuan)	年末人数(人) Year-end Figures (person)	平均工资(元) Average Wage (yuan)	年末人数(人) Year-end Figures (person)	平均工资(元) Average Wage (yuan)	年末人数(人) Year-end Figures (person)	平均工资(元) Average Wage (yuan)
全 国 National	**6403783**	**103769**	**4326004**	**154201**	**2237155**	**70632**	**811239**	**66270**
北 京 Beijing	666745	164907	584894	218582	117201	115339	55474	79653
天 津 Tianjin	116001	102186	109435	186208	28998	106019	57164	52504
河 北 Hebei	139455	60093	145037	100796	82514	49375	25758	45123
山 西 Shanxi	112812	60494	73582	92452	75096	43550	6921	59696
内蒙古 Inner Mongolia	50866	71287	58030	93222	44778	53991	6017	56430
辽 宁 Liaoning	131681	60515	100873	110533	72202	50127	15091	56232
吉 林 Jilin	43922	58065	66368	101427	49769	45995	13898	39497
黑龙江 Heilongjiang	129135	95576	57194	100228	50009	50635	14407	42475
上 海 Shanghai	791847	187657	341414	237623	98176	110601	89038	86340
江 苏 Jiangsu	391369	88176	262437	160160	126819	92855	49262	85095
浙 江 Zhejiang	398323	98340	208458	178168	94842	87178	44091	72920
安 徽 Anhui	201911	61762	103010	119776	58873	62902	23354	63443
福 建 Fujian	176742	78186	80664	141616	67450	71255	35268	76927
江 西 Jiangxi	76047	63777	68216	111179	52743	45360	11189	51597
山 东 Shandong	236317	83219	219231	121713	137444	56383	32683	62217
河 南 Henan	221203	57208	178413	92549	139440	53294	31258	50904
湖 北 Hubei	183459	79824	164321	138079	83551	83442	23376	59934
湖 南 Hunan	142107	72469	127509	111590	86424	64268	26275	79428
广 东 Guangdong	1128255	101522	500595	173330	206078	82654	119207	68174
广 西 Guangxi	158022	72129	85188	113790	64778	63285	10777	55626
海 南 Hainan	35359	113563	29560	114044	47657	55935	6134	66068
重 庆 Chongqing	122875	68560	78418	151885	35963	87824	8142	67199
四 川 Sichuan	285608	73003	218871	140395	97827	67228	37138	55554
贵 州 Guizhou	75622	71264	52557	112145	44634	57432	16670	51631
云 南 Yunnan	108201	63930	91920	122214	54624	67723	16977	49659
西 藏 Tibet	15971	94220	10143	149915	6498	64898	2451	83814
陕 西 Shaanxi	94254	69628	130465	120522	81577	59334	14264	47139
甘 肃 Gansu	42371	62557	73697	114047	44346	63889	8639	50309
青 海 Qinghai	12930	64678	20470	120118	8921	73689	2611	46980
宁 夏 Ningxia	11987	65003	17321	115626	14355	72198	600	82526
新 疆 Xinjiang	102386	64386	67713	112993	63566	59806	7106	60683

3-3 续表 4 continued

地 区 Region	教 育 Education		卫生和社会工作 Health and Social Service		文化、体育和娱乐业 Culture, Sports and Entertainment		公共管理、社会保障和社会组织 Public Management, Social Security and Social Organization	
	年末人数(人) Year-end Figures (person)	平均工资(元) Average Wage (yuan)	年末人数(人) Year-end Figures (person)	平均工资(元) Average Wage (yuan)	年末人数(人) Year-end Figures (person)	平均工资(元) Average Wage (yuan)	年末人数(人) Year-end Figures (person)	平均工资(元) Average Wage (yuan)
全 国 National	**18868447**	**114223**	**10437157**	**129661**	**1442047**	**119498**	**18884329**	**115069**
北 京 Beijing	492980	205468	312070	222570	183649	227040	408493	185858
天 津 Tianjin	205957	152730	117026	166928	16212	137970	191811	148282
河 北 Hebei	814493	87985	438958	89808	51191	79995	941385	75748
山 西 Shanxi	543792	81842	261641	84696	42908	65487	608573	74425
内蒙古 Inner Mongolia	360618	93233	197634	92610	30202	85584	538733	83224
辽 宁 Liaoning	523331	98890	323875	93100	41166	85806	620519	89896
吉 林 Jilin	351339	89564	211358	95699	28286	73402	378835	82221
黑龙江 Heilongjiang	386269	95041	246193	88476	21767	74141	466619	79577
上 海 Shanghai	356744	205247	284646	219574	55068	179137	191299	226735
江 苏 Jiangsu	1073358	154290	588259	157324	84963	127518	891180	176852
浙 江 Zhejiang	856876	155877	529258	182891	70616	142189	777883	182583
安 徽 Anhui	659873	115442	357852	127666	33535	86879	565981	117972
福 建 Fujian	591559	116760	266680	146461	36880	102990	492135	131321
江 西 Jiangxi	598243	94983	286902	115790	30420	88006	594210	106526
山 东 Shandong	1306230	111138	723032	120120	76961	102834	1301121	111073
河 南 Henan	1216811	79563	670356	90219	68694	77634	1195037	80887
湖 北 Hubei	737246	106308	460016	122176	60355	98689	719062	117979
湖 南 Hunan	870678	87458	462182	118832	58054	115349	857938	90431
广 东 Guangdong	1643581	138807	932119	177530	123856	132078	1497658	167623
广 西 Guangxi	734823	88085	376383	115536	30350	89556	564085	97756
海 南 Hainan	160902	101481	77506	113883	15582	88976	143184	97097
重 庆 Chongqing	400927	132818	216929	145058	25790	95940	367092	124068
四 川 Sichuan	1069726	108849	630313	123166	64004	94865	1052786	117675
贵 州 Guizhou	535533	100736	272597	116165	23192	90119	629004	99518
云 南 Yunnan	619704	114385	317576	114448	35579	97644	639966	115047
西 藏 Tibet	49370	174246	18965	155410	5874	140558	144818	169745
陕 西 Shaanxi	609861	91440	332006	90071	52609	74725	580060	81215
甘 肃 Gansu	397245	98170	182433	92437	27553	78911	472647	94644
青 海 Qinghai	83143	124526	55934	115380	7637	90990	143411	123449
宁 夏 Ningxia	99119	113350	54608	125019	8911	95228	109160	110825
新 疆 Xinjiang	518117	97021	231849	111795	30186	97763	799645	86734

3–4 各地区分行业城镇非私营单位其他就业人员和平均工资(2021年) OTHER EMPLOYMENT AND AVERAGE WAGE IN URBAN NON-PRIVATE UNITS BY SECTOR AND REGION(2021)

地区	Region	总计 Total		农、林、牧、渔业 Agriculture, Forestry, Animal Husbandry and Fishery		采矿业 Mining		制造业 Manufacturing	
		年末人数(人) Year-end Figures (person)	平均工资(元) Average Wage (yuan)	年末人数(人) Year-end Figures (person)	平均工资(元) Average Wage (yuan)	年末人数(人) Year-end Figures (person)	平均工资(元) Average Wage (yuan)	年末人数(人) Year-end Figures (person)	平均工资(元) Average Wage (yuan)
全国	**National**	**10447201**	**57302**	**82515**	**31207**	**67580**	**47297**	**551125**	**89042**
北京	Beijing	510980	101352	1205	51443	99	30000	13435	181693
天津	Tianjin	174483	63961	262	30173	675	41411	9956	183746
河北	Hebei	356716	39793	998	29120	1493	69199	15191	54799
山西	Shanxi	228946	39260	415	21778	13966	50264	7970	83220
内蒙古	Inner Mongolia	127486	38796	1164	31006	831	75785	1640	56163
辽宁	Liaoning	237717	43734	5063	13068	963	23916	15367	77049
吉林	Jilin	182872	39358	6399	25756	1429	21387	15313	80062
黑龙江	Heilongjiang	256601	32472	22892	23878	1507	43439	6287	59184
上海	Shanghai	422446	128587	1576	46779	3	47667	29854	200171
江苏	Jiangsu	727954	69547	2020	46732	4086	33953	78920	119597
浙江	Zhejiang	513157	67319	694	32600	58	43887	42265	85031
安徽	Anhui	454618	53482	9549	43043	1683	43612	17130	60159
福建	Fujian	418184	56534	2063	24892	648	42501	25018	92128
江西	Jiangxi	367974	57957	3692	40562	365	59494	10981	53056
山东	Shandong	691769	48114	217	39990	8870	48732	26233	72637
河南	Henan	403326	45037	911	37560	2768	26717	21088	45792
湖北	Hubei	423912	50695	5392	38644	3525	35331	20957	52167
湖南	Hunan	466073	45632	1379	37727	1591	45921	16561	54387
广东	Guangdong	838417	69772	627	41995	428	49293	64869	93994
广西	Guangxi	258738	42127	4088	37558	22	39987	13204	49779
海南	Hainan	73549	48062	866	37671	28	50125	1637	59017
重庆	Chongqing	282419	49059	276	41870	1249	61278	18471	70387
四川	Sichuan	620342	50179	1548	28227	2497	76684	16148	90646
贵州	Guizhou	291348	44352	1798	26860	1958	77709	6960	50321
云南	Yunnan	307975	39696	3200	27612	1508	43172	20093	37652
西藏	Tibet	25672	58616	309	35423	109	48535	329	45406
陕西	Shaanxi	320248	44190	561	27811	10390	45089	14833	52627
甘肃	Gansu	230871	46163	1272	35229	1897	30866	14620	55860
青海	Qinghai	26629	41896	165	24461	2378	56551	432	59410
宁夏	Ningxia	39573	42997	290	29989	91	40554	635	26836
新疆	Xinjiang	166206	49537	1627	43254	464	56220	4731	40583

3-4 续表 1 continued

地 区 Region	电力、热力、燃气及水生产和供应业 Production and Supply of Electricity, Heat, Gas and Water		建筑业 Construction		批发和零售业 Wholesale and Retail Trades		交通运输、仓储和邮政业 Transport, Storage and Post	
	年末人数（人） Year-end Figures (person)	平均工资（元） Average Wage (yuan)	年末人数（人） Year-end Figures (person)	平均工资（元） Average Wage (yuan)	年末人数（人） Year-end Figures (person)	平均工资（元） Average Wage (yuan)	年末人数（人） Year-end Figures (person)	平均工资（元） Average Wage (yuan)
全 国 National	**88714**	**53521**	**2395615**	**62979**	**262811**	**95201**	**159119**	**61975**
北 京 Beijing	1087	64483	8161	110651	17294	181391	8870	85526
天 津 Tianjin	471	53609	15738	66054	4157	105045	1401	73633
河 北 Hebei	9255	56801	43874	49589	2396	35022	4866	45011
山 西 Shanxi	3956	39327	23074	48655	3597	46655	4176	48924
内蒙古 Inner Mongolia	829	37145	5307	47430	1442	39127	3307	43385
辽 宁 Liaoning	2476	45411	25499	53356	5169	55512	3875	32216
吉 林 Jilin	1137	38742	12669	44077	1912	44014	934	30437
黑龙江 Heilongjiang	14286	50983	11707	42638	3193	42657	3141	32443
上 海 Shanghai	200	175035	20760	87402	54173	217363	13396	123399
江 苏 Jiangsu	1021	55354	196567	66823	13630	82325	10232	64761
浙 江 Zhejiang	1856	71704	117589	63183	18582	48824	7999	52700
安 徽 Anhui	709	42674	221649	64769	5477	36127	4085	51652
福 建 Fujian	8565	58820	150436	68186	11864	60183	3516	53759
江 西 Jiangxi	12890	65220	178604	75828	5640	38009	3813	50861
山 东 Shandong	3137	44452	142234	64752	7771	65903	8031	46291
河 南 Henan	3295	57364	144096	54320	5146	35779	7654	46788
湖 北 Hubei	2014	41682	131303	59959	10071	38331	8793	54076
湖 南 Hunan	2423	52144	178150	56274	9319	43337	5574	54391
广 东 Guangdong	1876	43428	130802	71598	28668	58587	15434	73867
广 西 Guangxi	1817	38699	60345	55746	3695	39671	11043	73190
海 南 Hainan	928	21411	11609	92729	924	59100	884	45999
重 庆 Chongqing	888	98810	108842	63093	3287	48250	5891	39876
四 川 Sichuan	3844	52933	185917	53474	13396	64078	4818	51134
贵 州 Guizhou	1493	50808	48865	70305	4047	77510	3560	57843
云 南 Yunnan	1314	45505	50298	51284	12354	42079	2147	36508
西 藏 Tibet	262	81511	2815	56943	632	66617	1023	65219
陕 西 Shaanxi	1775	42757	75757	61162	7014	51316	4881	48342
甘 肃 Gansu	2788	35185	76285	61835	3816	36291	2690	65525
青 海 Qinghai	238	39244	2691	49187	450	54822	511	68799
宁 夏 Ningxia	573	38734	3193	64554	603	31206	287	38717
新 疆 Xinjiang	1310	57732	10778	92654	3094	54515	2288	35339

3-4 续表 2 continued

地区 Region	住宿和餐饮业 Hotels and Catering Services		信息传输、软件和信息技术服务业 Information Transmission, Software and Information Technology		金融业 Financial Intermediation		房地产业 Real Estate	
	年末人数(人) Year-end Figures (person)	平均工资(元) Average Wage (yuan)	年末人数(人) Year-end Figures (person)	平均工资(元) Average Wage (yuan)	年末人数(人) Year-end Figures (person)	平均工资(元) Average Wage (yuan)	年末人数(人) Year-end Figures (person)	平均工资(元) Average Wage (yuan)
全 国 National	**377633**	**21611**	**143600**	**86030**	**2770908**	**51737**	**227026**	**51129**
北 京 Beijing	85719	22947	14200	180634	183780	96466	40502	71557
天 津 Tianjin	22256	10869	519	181297	60669	64366	7049	40683
河 北 Hebei	1202	41272	6355	59796	147057	40062	8651	35758
山 西 Shanxi	4984	12415	1586	53474	95098	38047	2330	27926
内蒙古 Inner Mongolia	1186	26555	652	47373	62520	35437	1649	37636
辽 宁 Liaoning	12478	9191	3597	69545	71433	46690	4708	37343
吉 林 Jilin	1002	37716	1191	58283	87966	35142	1698	31787
黑龙江 Heilongjiang	1847	21740	889	44063	91805	31234	9407	25987
上 海 Shanghai	82519	29483	6926	226069	26637	198782	26010	80787
江 苏 Jiangsu	29317	21837	15215	84279	125632	58376	12695	49148
浙 江 Zhejiang	17647	26423	3814	106387	141477	72582	15779	48639
安 徽 Anhui	1228	36639	8118	59512	78995	37723	7585	43424
福 建 Fujian	9181	14760	799	89529	92354	51150	5896	49950
江 西 Jiangxi	2589	23010	4088	79124	50473	37111	2091	45836
山 东 Shandong	5418	22390	1115	64571	320497	40996	11849	32016
河 南 Henan	1913	44245	42626	40400	38219	38113	8092	33128
湖 北 Hubei	19127	11424	2633	52093	79556	46171	4164	47781
湖 南 Hunan	3472	14775	2983	73743	118466	32849	5336	54330
广 东 Guangdong	46111	15894	12706	91224	291441	71468	17071	56845
广 西 Guangxi	686	29041	3027	42298	53445	32014	1837	36955
海 南 Hainan	1198	39101	313	56547	26353	33987	3114	45111
重 庆 Chongqing	1611	26672	469	97984	80935	35022	3511	61195
四 川 Sichuan	12034	20166	2890	70623	193876	47602	7168	43330
贵 州 Guizhou	956	39222	1150	78228	43593	33997	2915	39401
云 南 Yunnan	1454	31313	1843	72642	32252	46874	3676	50551
西 藏 Tibet	259	61103	149	77521	805	77578	72	76653
陕 西 Shaanxi	5991	18773	1633	120210	88919	37372	4412	33846
甘 肃 Gansu	2443	20049	1315	53303	39717	41852	3644	33087
青 海 Qinghai	35	54571	73	30729	1587	28015	581	36722
宁 夏 Ningxia	13	54932	85	213789	10676	54314	463	33504
新 疆 Xinjiang	1757	23407	640	51977	34674	65084	3070	36714

3-4 续表 3 continued

地 区	Region	租赁和商务服务业 Leasing and Business Services		科学研究和技术服务业 Scientific Research and Technical Services		水利、环境和公共设施管理业 Management of Water Conservancy,Environment and Public Facilities		居民服务、修理和其他服务业 Service to Households, Repair and Other Services	
		年末人数（人） Year-end Figures (person)	平均工资（元） Average Wage (yuan)	年末人数（人） Year-end Figures (person)	平均工资（元） Average Wage (yuan)	年末人数（人） Year-end Figures (person)	平均工资（元） Average Wage (yuan)	年末人数（人） Year-end Figures (person)	平均工资（元） Average Wage (yuan)
全 国	**National**	**399685**	**83238**	**175159**	**94552**	**288476**	**29201**	**47379**	**46656**
北 京	Beijing	18281	291438	27319	156372	3225	69787	2827	62983
天 津	Tianjin	18362	48935	6569	73849	1649	46158	290	49948
河 北	Hebei	3038	49097	10775	29893	17455	24263	466	30408
山 西	Shanxi	6695	32504	2117	52495	6029	21749	1235	19648
内蒙古	Inner Mongolia	1006	41379	1399	50363	1861	35108	190	32380
辽 宁	Liaoning	5855	46487	5843	41190	11428	23119	1106	36754
吉 林	Jilin	1166	55304	2489	70676	9759	25676	769	64979
黑龙江	Heilongjiang	5085	25896	2732	39442	18372	25914	728	31712
上 海	Shanghai	30176	285245	17029	209885	37647	21558	13233	53738
江 苏	Jiangsu	68897	67749	9170	94252	13359	40437	3700	46226
浙 江	Zhejiang	19790	70877	8335	88542	12107	38897	3467	45957
安 徽	Anhui	11601	54581	3550	81317	11642	20083	740	45336
福 建	Fujian	10142	24679	2540	70975	4694	35738	1320	64298
江 西	Jiangxi	6926	54261	2762	56758	6533	27737	367	41779
山 东	Shandong	10988	32428	7015	94897	20364	21375	2237	37653
河 南	Henan	7563	43415	5282	54964	22351	26202	1779	39004
湖 北	Hubei	15193	75116	8460	80118	8629	39160	2014	33218
湖 南	Hunan	16761	70544	6045	51726	8007	30080	477	44841
广 东	Guangdong	64030	56764	13973	106222	11323	35977	4328	43880
广 西	Guangxi	20786	48110	3275	49662	5978	27265	772	28435
海 南	Hainan	496	69888	1065	71078	3052	36134	166	38551
重 庆	Chongqing	8712	42204	3128	80241	1569	50101	522	45534
四 川	Sichuan	17784	50533	6259	75910	10291	58252	1719	43744
贵 州	Guizhou	3182	31913	2663	62748	6173	32229	783	40564
云 南	Yunnan	4802	28347	3865	55413	15735	22117	545	33978
西 藏	Tibet	2689	61301	721	79525	106	52220	78	47513
陕 西	Shaanxi	13418	46019	4752	62419	10325	29916	896	28767
甘 肃	Gansu	2191	41406	2762	52659	4458	29916	231	33964
青 海	Qinghai	320	36964	849	46794	1138	38227	72	51167
宁 夏	Ningxia	441	41370	271	37784	461	27188	71	53242
新 疆	Xinjiang	3309	36834	2144	45833	2756	29589	249	51049

3-4 续表 4 continued

地区 Region		教育 Education		卫生和社会工作 Health and Social Service		文化、体育和娱乐业 Culture, Sports and Entertainment		公共管理、社会保障和社会组织 Public Management, Social Security and Social Organization	
		年末人数(人) Year-end Figures (person)	平均工资(元) Average Wage (yuan)	年末人数(人) Year-end Figures (person)	平均工资(元) Average Wage (yuan)	年末人数(人) Year-end Figures (person)	平均工资(元) Average Wage (yuan)	年末人数(人) Year-end Figures (person)	平均工资(元) Average Wage (yuan)
全 国	**National**	**851049**	**47709**	**509828**	**68608**	**75012**	**76648**	**973966**	**39443**
北 京	Beijing	31998	132760	17053	112429	8441	158988	27484	28194
天 津	Tianjin	8006	54722	6822	77551	1178	96536	8453	65356
河 北	Hebei	20616	29918	29017	41499	1868	38023	32145	29596
山 西	Shanxi	15392	29766	10374	43009	1489	25618	24462	23830
内蒙古	Inner Mongolia	9569	38166	5521	54336	858	65733	26554	39678
辽 宁	Liaoning	18123	33430	22380	57528	1807	34907	20546	27573
吉 林	Jilin	10374	44252	9157	44677	1353	45085	16153	25967
黑龙江	Heilongjiang	13324	28349	18260	37969	1476	33014	29664	27491
上 海	Shanghai	27965	125629	27464	97865	4702	198224	2175	54297
江 苏	Jiangsu	54249	59084	44144	95013	4387	56830	40712	62470
浙 江	Zhejiang	43851	60861	23565	104040	3066	61137	31216	61062
安 徽	Anhui	21992	33981	11360	66093	1692	44240	35834	49431
福 建	Fujian	47944	38997	12389	66839	3404	32008	25409	39112
江 西	Jiangxi	29469	33610	8021	49983	1582	33109	37088	39758
山 东	Shandong	28371	42525	37133	61019	2836	50520	47455	41653
河 南	Henan	32365	36802	18393	62453	4001	40614	35784	37437
湖 北	Hubei	38240	39805	16283	71384	2421	42710	45139	49986
湖 南	Hunan	40356	33602	14007	60521	2833	44541	32332	36776
广 东	Guangdong	58441	73952	24562	109516	7053	147616	44675	56503
广 西	Guangxi	34939	29766	8464	64317	2177	25358	29135	33641
海 南	Hainan	8293	49025	5130	54488	729	32139	6764	41201
重 庆	Chongqing	22925	35848	6652	78892	1040	47432	12443	37876
四 川	Sichuan	59469	38651	25670	67942	3679	46266	51334	39905
贵 州	Guizhou	43071	31296	21061	61898	1634	33030	95487	35167
云 南	Yunnan	45508	27535	39198	51792	1631	42157	66551	31353
西 藏	Tibet	3600	41179	1992	64778	700	36774	9022	61682
陕 西	Shaanxi	30416	38935	14559	48410	2744	39802	26974	31095
甘 肃	Gansu	18441	30992	17784	42515	2121	31813	32396	29280
青 海	Qinghai	3558	32262	2079	63347	350	41564	9123	34198
宁 夏	Ningxia	8234	23802	2952	70471	359	25479	9875	31550
新 疆	Xinjiang	21948	37628	8384	48071	1401	110561	61582	38483

3-5 各地区分登记注册类型城镇非私营单位年末人数(2021年)
EMPLOYMENT IN URBAN NON-PRIVATE UNITS BY REGISTRATION STATUS AND REGION(2021)

单位：千人 (1000 persons)

地 区	Region	就业人员 Employment				在岗职工 On-post Staff and Workers	
		合计 Total	国有单位 State-owned Units	城镇集体单位 Urban Collective-owned Units	其他单位 Other Ownership Units	合计 Total	国有单位 State-owned Units
全 国	**National**	**170145**	**56331**	**2617**	**111198**	**159698**	**53590**
北 京	Beijing	7595	1556	94	5945	7084	1487
天 津	Tianjin	2564	669	20	1876	2390	630
河 北	Hebei	5660	2557	104	2999	5303	2459
山 西	Shanxi	4429	1703	51	2674	4200	1642
内蒙古	Inner Mongolia	2677	1315	18	1343	2549	1269
辽 宁	Liaoning	4580	1783	77	2721	4342	1705
吉 林	Jilin	2547	1192	10	1345	2364	1138
黑龙江	Heilongjiang	3112	1580	20	1512	2855	1471
上 海	Shanghai	6831	952	80	5799	6408	919
江 苏	Jiangsu	13140	2922	314	9904	12412	2779
浙 江	Zhejiang	10346	2302	72	7972	9833	2202
安 徽	Anhui	5632	1793	71	3768	5177	1705
福 建	Fujian	5790	1505	83	4202	5372	1415
江 西	Jiangxi	4480	1729	83	2669	4112	1632
山 东	Shandong	11083	3814	179	7089	10391	3673
河 南	Henan	9154	3535	191	5428	8750	3424
湖 北	Hubei	6436	2327	79	4029	6012	2207
湖 南	Hunan	6060	2475	132	3453	5594	2363
广 东	Guangdong	21109	4315	363	16430	20270	4163
广 西	Guangxi	4103	1876	60	2167	3844	1795
海 南	Hainan	1137	432	10	695	1063	410
重 庆	Chongqing	3581	1142	42	2397	3299	1096
四 川	Sichuan	8715	3067	151	5496	8094	2902
贵 州	Guizhou	3367	1744	27	1596	3076	1569
云 南	Yunnan	3581	1924	112	1545	3273	1754
西 藏	Tibet	445	268	3	175	420	250
陕 西	Shaanxi	4760	1874	91	2795	4440	1774
甘 肃	Gansu	2613	1386	52	1175	2382	1302
青 海	Qinghai	671	359	6	306	645	342
宁 夏	Ningxia	707	356	4	346	667	334
新 疆	Xinjiang	3242	1878	18	1347	3076	1779

3-5 续表 continued

单位：千人 (1000 persons)

地 区 Region	在岗职工 On-post Staff and Workers		其他就业人员 Others			
	城镇集体单位 Urban Collective-owned Units	其他单位 Other Ownership Units	合计 Total	国有单位 State-owned Units	城镇集体单位 Urban Collective-owned Units	其他单位 Other Ownership Units
全 国 National	**2424**	**103684**	**10447**	**2741**	**193**	**7514**
北 京 Beijing	88	5509	511	69	6	436
天 津 Tianjin	18	1741	174	38	1	135
河 北 Hebei	99	2745	357	98	5	254
山 西 Shanxi	49	2509	229	62	3	165
内蒙古 Inner Mongolia	18	1262	127	46	0	81
辽 宁 Liaoning	72	2565	238	77	5	156
吉 林 Jilin	9	1217	183	54	1	128
黑龙江 Heilongjiang	20	1365	257	109	1	147
上 海 Shanghai	75	5414	422	33	5	385
江 苏 Jiangsu	287	9346	728	143	27	559
浙 江 Zhejiang	68	7563	513	101	4	409
安 徽 Anhui	69	3404	455	88	3	364
福 建 Fujian	78	3880	418	90	6	322
江 西 Jiangxi	70	2411	368	97	13	258
山 东 Shandong	172	6546	692	141	7	544
河 南 Henan	183	5143	403	111	8	285
湖 北 Hubei	71	3734	424	121	7	296
湖 南 Hunan	116	3115	466	112	16	338
广 东 Guangdong	341	15766	838	152	22	665
广 西 Guangxi	44	2005	259	81	16	162
海 南 Hainan	9	644	74	22	1	51
重 庆 Chongqing	41	2162	282	45	2	236
四 川 Sichuan	136	5057	620	165	16	439
贵 州 Guizhou	25	1482	291	176	2	114
云 南 Yunnan	105	1414	308	170	7	131
西 藏 Tibet	3	167	26	17	0	8
陕 西 Shaanxi	85	2581	320	99	6	215
甘 肃 Gansu	49	1031	231	84	3	144
青 海 Qinghai	5	298	27	18	1	8
宁 夏 Ningxia	4	330	40	23	0	17
新 疆 Xinjiang	17	1280	166	99	0	67

3-6 各地区分登记注册类型城镇非私营单位工资总额(2021年)
WAGES IN URBAN NON-PRIVATE UNITS BY REGISTRATION STATUS AND REGION(2021)

单位：亿元 (100 million yuan)

地区 Region	就业人员工资总额 Earnings of Employment				在岗职工 Wages of On-post Staff and Workers	
	合计 Total	国有单位 State-owned Units	城镇集体单位 Urban Collective-owned Units	其他单位 Other Ownership Units	合计 Total	国有单位 State-owned Units
全 国 National	**180817.5**	**64547.9**	**1920.0**	**114349.7**	**174616.2**	**63293.7**
北 京 Beijing	14811.0	3158.2	70.7	11582.0	14283.2	3101.8
天 津 Tianjin	3178.5	986.0	13.8	2178.8	3059.5	965.3
河 北 Hebei	4683.0	2063.6	64.8	2554.7	4531.0	2030.9
山 西 Shanxi	3665.0	1330.1	29.3	2305.5	3568.5	1312.8
内蒙古 Inner Mongolia	2427.4	1138.4	16.3	1272.8	2373.1	1120.2
辽 宁 Liaoning	3976.3	1606.0	39.6	2330.7	3867.3	1577.8
吉 林 Jilin	2129.9	1018.4	7.7	1103.7	2052.4	1000.0
黑龙江 Heilongjiang	2530.3	1217.8	14.0	1298.6	2437.4	1186.3
上 海 Shanghai	12964.3	2135.1	92.8	10736.4	12422.1	2101.2
江 苏 Jiangsu	14942.6	4510.2	322.6	10109.7	14431.8	4414.5
浙 江 Zhejiang	12449.3	3913.8	53.0	8482.5	12090.1	3844.4
安 徽 Anhui	5224.6	2077.1	59.5	3088.0	4981.9	2035.1
福 建 Fujian	5631.7	1849.4	62.3	3720.1	5383.1	1813.2
江 西 Jiangxi	3698.7	1712.9	46.4	1939.4	3485.2	1675.8
山 东 Shandong	10457.7	4291.5	118.5	6047.6	10104.3	4223.9
河 南 Henan	6782.9	2877.9	119.6	3785.4	6601.4	2831.9
湖 北 Hubei	6133.9	2614.7	45.3	3473.9	5926.9	2556.3
湖 南 Hunan	5101.5	2388.7	74.7	2638.1	4885.0	2342.3
广 东 Guangdong	24978.7	6855.3	273.4	17850.0	24346.3	6749.4
广 西 Guangxi	3586.9	1774.4	29.0	1783.4	3475.6	1746.1
海 南 Hainan	1103.7	444.6	6.5	652.6	1066.6	435.1
重 庆 Chongqing	3631.4	1459.5	30.0	2141.9	3471.2	1440.1
四 川 Sichuan	8373.0	3435.7	96.5	4840.7	8051.0	3357.1
贵 州 Guizhou	3139.6	1695.7	18.5	1425.4	3009.9	1627.3
云 南 Yunnan	3503.9	2114.2	100.6	1289.1	3382.8	2056.1
西 藏 Tibet	620.1	427.2	2.2	190.7	604.9	416.6
陕 西 Shaanxi	4287.3	1648.1	56.2	2583.1	4144.8	1610.6
甘 肃 Gansu	2200.2	1267.6	31.5	901.0	2092.1	1238.5
青 海 Qinghai	724.3	412.7	5.6	306.1	712.3	406.1
宁 夏 Ningxia	748.8	396.8	3.5	348.5	729.6	389.1
新 疆 Xinjiang	3131.0	1726.3	15.5	1389.2	3045.0	1688.0

3-6 续表 continued

单位：亿元 (100 million yuan)

地区 Region	在岗职工 Wages of On-post Staff and Workers		其他就业人员 Others			
	城镇集体单位 Urban Collective-owned Units	其他单位 Other Ownership Units	合计 Total	国有单位 State-owned Units	城镇集体单位 Urban Collective-owned Units	其他单位 Other Ownership Units
全国 National	**1825.4**	**109497.1**	**6201.3**	**1254.2**	**94.6**	**4852.5**
北京 Beijing	65.8	11115.7	527.7	56.4	5.0	466.4
天津 Tianjin	13.2	2081.1	119.0	20.7	0.6	97.7
河北 Hebei	62.9	2437.2	152.1	32.7	1.9	117.5
山西 Shanxi	28.1	2227.5	96.5	17.3	1.1	78.0
内蒙古 Inner Mongolia	16.1	1236.9	54.3	18.2	0.2	35.9
辽宁 Liaoning	37.6	2251.9	108.9	28.1	2.0	78.8
吉林 Jilin	7.5	1045.0	77.5	18.5	0.2	58.8
黑龙江 Heilongjiang	13.6	1237.5	92.9	31.4	0.4	61.1
上海 Shanghai	89.9	10231.1	542.1	33.9	3.0	505.3
江苏 Jiangsu	308.0	9709.4	510.8	95.8	14.7	400.3
浙江 Zhejiang	51.0	8194.6	359.2	69.3	2.0	287.9
安徽 Anhui	58.5	2888.3	242.7	41.9	1.0	199.8
福建 Fujian	59.4	3510.5	248.6	36.2	2.8	209.6
江西 Jiangxi	40.1	1769.3	213.5	37.2	6.3	170.0
山东 Shandong	115.0	5765.4	353.4	67.6	3.6	282.2
河南 Henan	116.5	3653.0	181.5	46.0	3.1	132.4
湖北 Hubei	42.6	3327.9	207.0	58.4	2.6	146.0
湖南 Hunan	68.0	2474.7	216.5	46.4	6.7	163.4
广东 Guangdong	262.9	17333.9	632.4	105.9	10.4	516.1
广西 Guangxi	21.4	1708.0	111.3	28.3	7.6	75.4
海南 Hainan	6.3	625.1	37.1	9.5	0.2	27.4
重庆 Chongqing	29.2	2001.9	160.3	19.4	0.8	140.0
四川 Sichuan	86.8	4607.1	322.0	78.7	9.7	233.6
贵州 Guizhou	18.0	1364.6	129.7	68.4	0.5	60.8
云南 Yunnan	97.5	1229.2	121.2	58.1	3.1	59.9
西藏 Tibet	2.1	186.1	15.2	10.6	0.1	4.6
陕西 Shaanxi	53.7	2480.5	142.5	37.5	2.5	102.6
甘肃 Gansu	29.9	823.6	108.1	29.1	1.6	77.4
青海 Qinghai	5.2	301.1	12.0	6.6	0.4	5.0
宁夏 Ningxia	3.2	337.3	19.2	7.7	0.3	11.2
新疆 Xinjiang	15.3	1341.7	86.0	38.3	0.2	47.5

3-7 各地区分登记注册类型城镇非私营单位平均工资(2021年) AVERAGE WAGE IN URBAN NON-PRIVATE UNITS BY REGISTRATION STATUS AND REGION(2021)

单位：元 (yuan)

地 区	Region	就业人员平均工资 Average Wage of Employment				在岗职工 On-post Staff and Workers	
		合计 Total	国有单位 State-owned Units	城镇集体单位 Urban Collective-owned Units	其他单位 Other Ownership Units	合计 Total	国有单位 State-owned Units
全 国	**National**	**106837**	**115583**	**74491**	**103182**	**110221**	**119139**
北 京	Beijing	194651	204427	75525	193990	201504	209851
天 津	Tianjin	123528	149054	69911	115161	128171	155065
河 北	Hebei	82526	81255	62548	84273	85611	83139
山 西	Shanxi	82413	78785	56533	85171	84938	80667
内蒙古	Inner Mongolia	90426	87209	89475	93524	93266	88900
辽 宁	Liaoning	86062	90167	49395	84478	88474	92654
吉 林	Jilin	83028	86029	77947	80475	86658	88614
黑龙江	Heilongjiang	80369	77455	68118	83476	85157	81079
上 海	Shanghai	191844	225085	119507	187323	196053	229498
江 苏	Jiangsu	115133	156244	103460	103371	117868	160771
浙 江	Zhejiang	122309	171582	75225	108374	125351	176357
安 徽	Anhui	93861	116898	85045	83022	97445	120465
福 建	Fujian	98071	124279	75505	89169	101516	129507
江 西	Jiangxi	83766	100170	56827	73913	86116	103736
山 东	Shandong	94768	113670	67351	85375	98094	116179
河 南	Henan	74872	82601	64034	70250	76261	83940
湖 北	Hubei	96994	113163	58287	88265	100190	116671
湖 南	Hunan	85438	96922	59232	78043	88874	99706
广 东	Guangdong	118133	160329	76875	108095	120299	163492
广 西	Guangxi	88170	96057	50220	82448	91369	98833
海 南	Hainan	97471	103847	68803	93933	101090	107133
重 庆	Chongqing	101670	129164	71397	89254	106966	132577
四 川	Sichuan	96741	113183	64911	88483	100469	116872
贵 州	Guizhou	94487	97953	70025	91066	99324	104471
云 南	Yunnan	98730	110703	91304	84311	104286	117958
西 藏	Tibet	140355	161382	76945	109459	145461	168632
陕 西	Shaanxi	90996	88225	65110	93683	94435	91147
甘 肃	Gansu	84500	92296	59787	76515	88289	96007
青 海	Qinghai	109346	115757	88323	102163	112397	119756
宁 夏	Ningxia	105266	111640	81922	99105	109437	116925
新 疆	Xinjiang	94281	92464	93218	96652	96749	95465

3-7 续表 continued

单位：元 (yuan)

地 区	Region	在岗职工 On-post Staff and Workers		其他就业人员 Others			
		城镇集体单位 Urban Collective-owned Units	其他单位 Other Ownership Units	合计 Total	国有单位 State-owned Units	城镇集体单位 Urban Collective-owned Units	其他单位 Other Ownership Units
全 国	**National**	**76440**	**106401**	**57302**	**46118**	**49926**	**61323**
北 京	Beijing	75023	201278	101352	84414	82885	104124
天 津	Tianjin	70912	119191	63961	53092	53414	66947
河 北	Hebei	64079	88574	39793	33752	34596	41984
山 西	Shanxi	57916	88210	39260	28467	35478	42942
内蒙古	Inner Mongolia	90860	97643	38796	40191	38520	38127
辽 宁	Liaoning	50088	86840	43734	35982	39229	47530
吉 林	Jilin	82078	84898	39358	33355	30122	41773
黑龙江	Heilongjiang	68927	89715	32472	28827	48981	34649
上 海	Shanghai	123099	191323	128587	102686	63533	131607
江 苏	Jiangsu	108053	105385	69547	67993	54714	70636
浙 江	Zhejiang	76437	110764	67319	68590	53614	67139
安 徽	Anhui	86810	86070	53482	47956	39279	54912
福 建	Fujian	77428	91756	56534	41124	49676	60566
江 西	Jiangxi	58317	74878	57957	39286	48894	65177
山 东	Shandong	68432	88741	48114	48379	44549	48099
河 南	Henan	65036	71578	45037	41690	40347	46458
湖 北	Hubei	60429	91076	50695	48879	37019	51811
湖 南	Hunan	61259	81503	45632	40226	44436	47497
广 东	Guangdong	78446	109884	69772	71802	51049	69884
广 西	Guangxi	49488	85664	42127	35145	52402	44567
海 南	Hainan	70430	97684	48062	43147	40865	50105
重 庆	Chongqing	72529	94489	49059	44389	46085	49804
四 川	Sichuan	64919	92009	50179	48221	64834	50396
贵 州	Guizhou	71308	94275	44352	39435	41607	51621
云 南	Yunnan	94537	87954	39696	34858	44197	45589
西 藏	Tibet	82915	111984	58616	59851	29732	57066
陕 西	Shaanxi	67085	97583	44190	37099	39564	47650
甘 肃	Gansu	60837	79937	46163	34889	45155	52570
青 海	Qinghai	95557	104086	41896	37932	46133	48212
宁 夏	Ningxia	85265	102162	42997	34029	56920	52132
新 疆	Xinjiang	94436	98443	49537	38768	47473	63849

四、国有单位就业人员和工资总额

EMPLOYMENT AND TOTAL WAGES IN STATE-OWNED UNITS

4-1 分行业国有单位就业人员和工资总额(2021年)
EMPLOYMENT AND TOTAL WAGES IN STATE-OWNED UNITS BY SECTOR (2021)

项　目	Item	年末人数(千人) Year-end Figures (1000 persons)	#女性 Female	工资总额(亿元) Total Wages (100 million yuan)	平均工资(元) Average Wage (yuan)
全国总计	**National Total**	**56331**	**27140**	**64547.9**	**115583**
按国民经济行业分组	**Grouped by Sector**				
农、林、牧、渔业	**Agriculture, Forestry, Animal Husbandry and Fishery**	**549**	**157**	**281.4**	**51328**
农业	Farming	165	57	64.0	38415
林业	Forestry	232	53	124.4	54641
畜牧业	Animal Husbandry	18	6	10.1	55508
渔业	Fishery	5	1	3.2	67035
农、林、牧、渔专业及辅助性活动	Professional and Support Activities for Agriculture, Forestry, Animal Husbandry and Fishery	129	40	79.7	60819
采矿业	**Mining**	**167**	**37**	**182.2**	**108643**
煤炭开采和洗选业	Mining and Washing of Coal	91	14	84.7	93056
石油和天然气开采业	Extraction of Petroleum and Natural Gas	30	9	48.9	161830
黑色金属矿采选业	Mining and Processing of Ferrous Metal Ores	5	1	7.2	131991
有色金属矿采选业	Mining and Processing of Non-Ferrous Metal Ores	5	1	4.2	79937
非金属矿采选业	Mining and Processing of Non-metal Ores	10	3	6.7	67677
开采专业及辅助性活动	Professional and Support Activities for Mining	25	9	30.4	117936
其他采矿业	Mining of Other Ores	0	0	0.0	96000
制造业	**Manufacturing**	**516**	**142**	**579.9**	**112291**
农副食品加工业	Processing of Food from Agricultural Products	35	13	17.9	51253
食品制造业	Manufacture of Foods	7	3	4.2	59324
酒、饮料和精制茶制造业	Manufacture of Liquor, Beverages and Refined Tea	8	3	5.4	67579
烟草制品业	Manufacture of Tobacco	41	11	118.7	289239
纺织业	Manufacture of Textile	7	3	3.3	51447
纺织服装、服饰业	Manufacture of Textile, Wearing Apparel and Accessories	8	3	7.3	83274
皮革、毛皮、羽毛及其制品和制鞋业	Manufacture of Leather, Fur, Feather and Related Products and Footwear	1	1	0.5	48007
木材加工和木、竹、藤、棕、草制品业	Processing of Timber, Manufacture of Wood, Bamboo, Rattan, Palm and Straw Products	4	1	2.6	61304
家具制造业	Manufacture of Furniture	3	1	5.6	173046
造纸及纸制品业	Manufacture of Paper and Paper Products	4	2	2.8	67091
印刷和记录媒介复制业	Printing and Reproduction of Recording Media	18	7	14.3	78667
文教、工美、体育和娱乐用品制造业	Manufacture of Articles for Culture, Education, Arts and Crafts, Sport and Entertainment Activities	3	1	1.7	62755

4-1 续表 1 continued

项　目	Item	年末人数（千人）Year-end Figures (1000 persons)	#女 性 Female	工资总额（亿元）Total Wages (100 million yuan)	平均工资（元）Average Wage (yuan)
石油、煤炭及其他燃料加工业	Processing of Petroleum, Coal and Other Fuels	11	4	15.8	143952
化学原料和化学制品制造业	Manufacture of Raw Chemical Materials and Chemical Products	28	8	27.0	93152
医药制造业	Manufacture of Medicines	7	3	8.8	116044
化学纤维制造业	Manufacture of Chemical Fibres	1	0	0.9	65870
橡胶和塑料制品业	Manufacture of Rubber and Plastics Products	8	3	6.8	80399
非金属矿物制品业	Manufacture of Non-metallic Mineral Products	38	10	32.1	85387
黑色金属冶炼和压延加工业	Smelting and Pressing of Ferrous Metals	18	5	19.0	96522
有色金属冶炼和压延加工业	Smelting and Pressing of Non-ferrous Metals	40	8	44.8	110959
金属制品业	Manufacture of Metal Products	17	4	14.9	87405
通用设备制造业	Manufacture of General Purpose Machinery	37	9	31.0	84393
专用设备制造业	Manufacture of Special Purpose Machinery	26	6	24.8	95681
汽车制造业	Manufacture of Automobiles	43	8	53.0	127360
铁路、船舶、航空航天和其他运输设备制造业	Manufacture of Railway, Ship, Aerospace and Other Transport Equipments	26	5	32.6	126849
电气机械和器材制造业	Manufacture of Electrical Machinery and Apparatus	23	6	19.7	87341
计算机、通信和其他电子设备制造业	Manufacture of Computers, Communication and Other Electronic Equipment	27	9	31.9	125295
仪器仪表制造业	Manufacture of Measuring Instruments and Machinery	4	1	5.2	134970
其他制造业	Other Manufacture	2	0	1.1	62694
废弃资源综合利用业	Utilization of Waste Resources	3	1	2.1	89570
金属制品、机械和设备修理业	Repair Service of Metal Products, Machinery and Equipment	19	4	24.2	128756
电力、热力、燃气及水生产和供应业	**Production and Supply of Electricity, Heat, Gas and Water**	**985**	**263**	**1180.9**	**119479**
电力、热力生产和供应业	Production and Supply of Electric Power and Heat Power	786	187	1031.5	130592
燃气生产和供应业	Production and Supply of Gas	12	4	10.0	86745
水的生产和供应业	Production and Supply of Water	188	72	139.4	74549
建筑业	**Construction**	**895**	**121**	**653.2**	**75155**
房屋建筑业	Construction of Buildings	423	46	276.3	68390
土木工程建筑业	Civil Engineering	393	63	318.3	80431
建筑安装业	Building Installation	57	8	40.0	83031
建筑装饰、装修和其他建筑业	Building Decoration and Other Constructions	22	4	18.6	87711
批发和零售业	**Wholesale and Retail Trades**	**479**	**161**	**656.8**	**137785**

4-1 续表 2 continued

项　　目	Item	年末人数（千人）Year-end Figures (1000 persons)	#女 性 Female	工资总额（亿元）Total Wages (100 million yuan)	平均工资（元）Average Wage (yuan)
批发业	Wholesale Trade	372	108	580.9	155663
零售业	Retail Trade	107	53	75.9	73327
交通运输、仓储和邮政业	**Transport, Storage and Post**	**1045**	**340**	**979.4**	**94422**
铁路运输业	Railway Transport	8	2	9.1	115043
道路运输业	Road Transport	595	166	460.7	78247
水上运输业	Water Transport	44	7	70.7	160332
航空运输业	Air Transport	42	12	65.3	158913
管道运输业	Transport Via Pipelines	12	3	18.1	150136
多式联运和运输代理业	Intermodality and Forwarding Agency	13	5	18.5	139791
装卸搬运和仓储业	Loading, Unloading and Storage	74	19	53.4	72354
邮政业	Post	256	126	283.7	110651
住宿和餐饮业	**Hotels and Catering Services**	**187**	**102**	**112.0**	**59699**
住宿业	Hotels	152	82	93.9	61369
餐饮业	Catering Services	35	20	18.1	52312
信息传输、软件和信息技术服务业	**Information Transmission, Software and Information Technology**	**276**	**115**	**362.7**	**132292**
电信、广播电视和卫星传输服务	Telecommunication, Radio and Television and Satellite Transmission Service	205	89	246.5	119888
互联网和相关服务	Internet and Related Service	15	6	24.7	161741
软件和信息技术服务业	Software and Information Technology	55	19	91.5	171723
金融业	**Financial Intermediation**	**657**	**321**	**1162.3**	**176429**
货币金融服务	Monetary and Financial Service	554	269	961.9	173603
资本市场服务	Capital Market Service	32	14	125.9	396529
保险业	Insurance	65	35	48.4	72628
其他金融业	Other Financial Activities	6	3	26.1	413029
房地产业	**Real Estate**	**215**	**85**	**198.1**	**92962**
租赁和商务服务业	**Leasing and Business Services**	**948**	**277**	**789.5**	**83460**
租赁业	Leasing	7	2	5.7	83708
商务服务业	Business Services	941	275	783.8	83459
科学研究和技术服务业	**Scientific Research and Technical Services**	**1509**	**536**	**2091.3**	**139441**
研究和试验发展	Research and Experimental Development	334	136	597.0	181466
专业技术服务业	Professional Technical Services	941	311	1221.9	130297

4-1 续表 3 continued

项 目	Item	年末人数（千人）Year-end Figures (1000 persons)	#女 性 Female	工资总额（亿元）Total Wages (100 million yuan)	平均工资（元）Average Wage (yuan)
科技推广和应用服务业	Science and Technology Popularization and Application Services	234	89	272	116900
水利、环境和公共设施管理业	**Management of Water Conservancy, Environment and Public Facilities**	**1212**	**459**	**898**	**73087**
水利管理业	Management of Water Conservancy	244	67	243	99578
生态保护和环境治理业	Ecological Protection and Environmental Treatment	105	29	84	80970
公共设施管理业	Management of Public Facilities	839	352	549	64055
土地管理业	Management of Land	24	11	22	93199
居民服务、修理和其他服务业	**Service to Households, Repair and Other Services**	**133**	**58**	**110**	**83879**
居民服务业	Service to Households	79	29	70	89090
机动车、电子产品和日用产品修理业	Repair of Motor Vehicle, Electronics and Household Products	9	2	7	79887
其他服务业	Other Services	46	27	34	75467
教育	**Education**	**16628**	**10383**	**19215**	**116874**
卫生和社会工作	**Health and Social Service**	**9344**	**6468**	**12214**	**132727**
卫生	Health	9130	6337	12051	134069
社会工作	Social Service	214	131	163	76336
文化、体育和娱乐业	**Culture, Sports and Entertainment**	**856**	**416**	**1039**	**121486**
新闻和出版业	Journalism and Publishing Activities	166	80	240	143675
广播、电视、电影和录音制作业	Radio, Television, Motion Picture and Audio-visual Programme Production Services	243	107	338	139678
文化艺术业	Cultural and Art Activities	366	196	374	102971
体育	Sports Activities	49	19	54	109706
娱乐业	Entertainment	32	14	32	97533
公共管理、社会保障和社会组织	**Public Management, Social Security and Social Organization**	**19730**	**6701**	**21843**	**111417**
#中国共产党机关	Organs of Communist Party of China	946	315	1130	120694
国家机构	Government Agencies	18359	6181	20252	110985
人民政协、民主党派	People's Political Consultative Conference and Democratic Parties	112	34	156	141279
社会保障	Social Security	156	87	142	91094
群众团体、社会团体和其他成员组织	Non-Governmental Organizations, Social Organizations and Membership Organizations	156	83	163	105290

4-2 各地区分行业国有单位就业人员和工资总额(2021年)
MPLOYMENT AND TOTAL WAGES IN STATE-OWNED UNITS BY SECTOR AND REGION (2021)

地 区	Region	总 计 Total				农、林、牧、渔业 Agriculture, Forestry, Animal Husbandry and Fishery			
		年末人数(人) Year-end Figures (person)	#女 性 Female	工资总额(千元) Total Wages (1000 yuan)	平均工资(元) Average Wage (yuan)	年末人数(人) Year-end Figures (person)	#女 性 Female	工资总额(千元) Total Wages (1000 yuan)	平均工资(元) Average Wage (yuan)
全 国	**National**	**56330788**	**27139540**	**6454785519**	**115583**	**549311**	**156847**	**28138429**	**51328**
北 京	Beijing	1555736	776627	315819465	204427	1210	369	189219	159777
天 津	Tianjin	668677	324223	98597919	149054	1195	291	107884	90204
河 北	Hebei	2557162	1304044	206358440	81255	5357	1269	342985	62306
山 西	Shanxi	1703398	854854	133014977	78785	5186	1176	299198	58534
内蒙古	Inner Mongolia	1315344	641575	113837532	87209	37378	7400	2585201	68966
辽 宁	Liaoning	1782555	889999	160598379	90167	59657	22419	1261912	21034
吉 林	Jilin	1192393	573063	101843435	86029	38767	7955	1928422	49599
黑龙江	Heilongjiang	1579516	714825	121777366	77455	181912	51136	7266716	40628
上 海	Shanghai	952169	526615	213510082	225085	210	55	28461	134444
江 苏	Jiangsu	2922178	1380194	451023261	156244	15092	7948	795810	52329
浙 江	Zhejiang	2302103	1203421	391377125	171582	1681	394	229187	139018
安 徽	Anhui	1793115	786985	207705699	116898	22354	6212	1267424	56077
福 建	Fujian	1504761	756842	184937179	124279	8746	2192	615216	70818
江 西	Jiangxi	1728549	792254	171294435	100170	23033	7092	1196159	52369
山 东	Shandong	3814293	1766648	429148812	113670	4239	904	327090	78950
河 南	Henan	3535481	1724124	287792164	82601	11424	3375	619822	54515
湖 北	Hubei	2327274	1063636	261472642	113163	14284	4997	774377	53140
湖 南	Hunan	2474622	1123712	238869590	96922	10180	2276	648254	63620
广 东	Guangdong	4315406	2012776	685532390	160329	12331	3280	863867	68581
广 西	Guangxi	1876054	1011567	177443458	96057	19221	5161	1449120	74864
海 南	Hainan	432377	195884	44460054	103847	4587	1371	173608	38430
重 庆	Chongqing	1141614	573695	145953525	129164	1784	470	174858	97894
四 川	Sichuan	3067372	1513463	343572456	113183	14497	3977	1242333	84893
贵 州	Guizhou	1744417	808562	169567990	97953	2226	574	171986	76325
云 南	Yunnan	1923528	945652	211418019	110703	12489	3302	756400	59243
西 藏	Tibet	267737	117958	42717092	161382	477	229	45144	95543
陕 西	Shaanxi	1873877	900738	164805212	88225	10355	2909	777249	74891
甘 肃	Gansu	1385638	612089	126758545	92296	12114	3238	869663	71238
青 海	Qinghai	359273	176663	41266424	115757	5176	1452	280248	55884
宁 夏	Ningxia	356461	182626	39682332	111640	3009	550	213140	60144
新 疆	Xinjiang	1877711	884225	172629520	92464	9142	2875	637478	70861

4-2 续表 1 continued

地 区	Region	采矿业 Mining				制造业 Manufacturing			
		年末人数(人) Year-end Figures (person)	#女 性 Female	工资总额(千元) Total Wages (1000 yuan)	平均工资(元) Average Wage (yuan)	年末人数(人) Year-end Figures (person)	#女 性 Female	工资总额(千元) Total Wages (1000 yuan)	平均工资(元) Average Wage (yuan)
全 国	**National**	**166678**	**36789**	**18222162**	**108643**	**516386**	**141507**	**57986416**	**112291**
北 京	Beijing					4659	1504	794961	167290
天 津	Tianjin					5294	1681	689795	129500
河 北	Hebei	1052	222	42675	38554	18582	4608	1650162	87403
山 西	Shanxi	20903	3742	1443720	68355	12960	4438	720621	55566
内蒙古	Inner Mongolia	6497	850	1178971	179393	553	179	33952	60413
辽 宁	Liaoning	248	30	11060	44418	18843	4674	1903250	100465
吉 林	Jilin	1371	293	207971	153484	27068	5135	3710203	142208
黑龙江	Heilongjiang	17310	6008	1655069	95553	7576	1532	558843	72169
上 海	Shanghai					10275	2806	1707095	158201
江 苏	Jiangsu	763	159	60623	74111	36560	8750	5040129	140553
浙 江	Zhejiang	8	4	402	50250	11372	2650	1232675	107571
安 徽	Anhui	7822	1125	974988	131542	24476	6621	3205266	138941
福 建	Fujian	1446	790	65910	45237	5870	1478	769287	132122
江 西	Jiangxi	3214	416	290750	89379	22903	4286	2504868	108118
山 东	Shandong	23499	3816	2054757	84363	40180	10227	3720833	93122
河 南	Henan	3010	606	208162	65822	26214	11218	1627611	63258
湖 北	Hubei	605	92	33991	56463	40101	10052	3928406	100732
湖 南	Hunan	159	26	10192	64101	28863	8947	4482212	157560
广 东	Guangdong	1218	207	167252	138339	29105	7683	2766260	94223
广 西	Guangxi	213	44	9663	46679	12562	3887	873416	67750
海 南	Hainan	267	71	8569	30824	1631	526	147505	90700
重 庆	Chongqing	1623	603	170324	106954	9565	2704	981218	97809
四 川	Sichuan	5794	1425	742602	142125	12714	4034	1049242	83308
贵 州	Guizhou	2488	231	223412	108400	5360	1513	332722	61966
云 南	Yunnan	8818	1674	648443	70737	40109	11888	7956017	188698
西 藏	Tibet	32	7	3657	114281	1059	308	90790	88832
陕 西	Shaanxi	27395	6290	3246564	116423	35202	10684	3075819	86895
甘 肃	Gansu	15331	4036	2326402	151695	15016	3964	1451303	94746
青 海	Qinghai	187	29	15931	80868	3854	941	364388	93914
宁 夏	Ningxia	13950	3874	2235539	158459	1261	332	147268	114339
新 疆	Xinjiang	1457	121	184565	125129	6600	2258	470300	68293

4-2 续表 2 continued

地 区 Region	电力、热力、燃气及水生产和供应业 Production and Supply of Electricity, Heat, Gas and Water				建筑业 Construction			
	年末人数（人）Year-end Figures (person)	#女性 Female	工资总额（千元）Total Wages (1000 yuan)	平均工资（元）Average Wage (yuan)	年末人数（人）Year-end Figures (person)	#女性 Female	工资总额（千元）Total Wages (1000 yuan)	平均工资（元）Average Wage (yuan)
全 国 National	**985412**	**262797**	**118085480**	**119479**	**894540**	**120872**	**65324324**	**75155**
北 京 Beijing	9627	2393	2401836	251212	6661	1452	1651524	235932
天 津 Tianjin	4440	1226	732482	162976	9023	1522	1150896	127050
河 北 Hebei	58273	17571	5020121	86062	28788	4916	1770589	60703
山 西 Shanxi	49752	15268	6099856	123268	18554	2284	824560	48689
内蒙古 Inner Mongolia	8725	2645	1032182	118428	1472	359	83853	55058
辽 宁 Liaoning	15576	4145	1280267	82933	22468	4514	1540044	67374
吉 林 Jilin	16720	4739	1746812	104099	7103	841	375192	70631
黑龙江 Heilongjiang	21289	5299	1144377	55811	9175	1688	753986	55937
上 海 Shanghai	1203	401	181629	152886	6027	913	933546	163493
江 苏 Jiangsu	9857	2916	1421400	144232	104793	6106	6278410	66616
浙 江 Zhejiang	5454	1519	837289	153905	9537	1003	810490	89488
安 徽 Anhui	12778	3361	1360815	107460	30325	4856	2426503	80022
福 建 Fujian	4112	1190	458126	111868	26629	2699	2459141	94124
江 西 Jiangxi	11765	4027	1216259	103446	46652	7696	2584777	56612
山 东 Shandong	123803	26495	17875888	140892	91393	16061	8183169	87800
河 南 Henan	141633	36947	15507749	109059	44363	5444	2380641	55545
湖 北 Hubei	82449	22009	11599194	140040	44554	6750	3103639	72162
湖 南 Hunan	90786	21610	10179815	112042	47556	4891	2544403	50799
广 东 Guangdong	39225	10673	5153852	130485	136178	16600	11577543	91762
广 西 Guangxi	7466	2554	491273	66010	9144	1578	534688	56467
海 南 Hainan	10159	2633	1085961	107293	4772	183	207909	44565
重 庆 Chongqing	4667	1372	611669	132208	8968	1100	615776	69246
四 川 Sichuan	22977	6652	2759855	119684	62425	9461	3695873	60320
贵 州 Guizhou	47636	12472	6386151	129405	28878	2778	2315372	85315
云 南 Yunnan	4816	1637	429230	90762	10641	2498	1107897	106954
西 藏 Tibet	1162	393	188367	166255	1166	117	120279	99322
陕 西 Shaanxi	48332	15066	6081379	126238	29026	5323	2060456	71896
甘 肃 Gansu	66194	20386	6358460	96297	37357	5202	2051256	63724
青 海 Qinghai	10839	3085	1123044	104914	3232	634	274776	81223
宁 夏 Ningxia	13956	3735	2124463	154653	1801	354	250195	102539
新 疆 Xinjiang	39740	8379	5195678	134365	5881	1051	656943	84981

4-2 续表 3 continued

地 区	Region	批发和零售业 Wholesale and Retail Trades				交通运输、仓储和邮政业 Transport, Storage and Post			
		年末人数（人）Year-end Figures (person)	#女 性 Female	工资总额（千元）Total Wages (1000 yuan)	平均工资（元）Average Wage (yuan)	年末人数（人）Year-end Figures (person)	#女 性 Female	工资总额（千元）Total Wages (1000 yuan)	平均工资（元）Average Wage (yuan)
全 国	**National**	**478789**	**160590**	**65684214**	**137785**	**1044608**	**339506**	**97936461**	**94422**
北 京	Beijing	14488	5676	2921740	199216	3639	617	622643	179333
天 津	Tianjin	3745	1309	636570	168679	27980	9295	2360421	96745
河 北	Hebei	14772	5185	1885015	126431	71384	23296	5328856	74471
山 西	Shanxi	14783	4820	1415515	95266	25094	8126	1331481	52644
内蒙古	Inner Mongolia	7510	2536	1136711	151479	16328	4571	1296106	79747
辽 宁	Liaoning	13632	4690	1714070	125620	35175	11298	3117479	86756
吉 林	Jilin	10138	3618	1118252	112116	20376	6443	1621611	78851
黑龙江	Heilongjiang	14302	5326	1670208	115777	49111	18516	3486485	70878
上 海	Shanghai	10869	3974	1974999	180539	22755	4192	4008403	174248
江 苏	Jiangsu	29087	9248	3680257	127063	70115	19853	7173716	109260
浙 江	Zhejiang	14837	4519	3403732	228515	20043	7336	2578592	128831
安 徽	Anhui	16337	4396	1999526	121760	33368	11981	3035107	91044
福 建	Fujian	15680	4174	2360395	148524	10929	3197	967187	87672
江 西	Jiangxi	16981	4667	1800137	105919	31603	12269	2561360	81669
山 东	Shandong	19868	7497	2111466	106724	74792	18842	8326565	110521
河 南	Henan	37683	13503	4259767	112396	84396	30206	5861884	70252
湖 北	Hubei	26916	8307	3127703	120836	46491	14797	3966737	84671
湖 南	Hunan	24331	7201	3360648	133529	27365	7989	2176604	79143
广 东	Guangdong	32363	11674	4268253	136629	96264	27511	12058445	124155
广 西	Guangxi	10997	3333	1670449	151752	14016	4233	1298150	92957
海 南	Hainan	6976	3186	1059133	175679	11652	3974	1133104	97511
重 庆	Chongqing	9529	3256	1658148	173093	32008	14432	3935411	125770
四 川	Sichuan	20290	6616	3095348	152257	42629	14110	4199653	98497
贵 州	Guizhou	20638	5016	3360834	162239	8966	2575	686516	75358
云 南	Yunnan	22708	8040	4400685	194493	26349	9374	2535043	96532
西 藏	Tibet	2989	1023	366747	118617	11791	4716	1623461	138878
陕 西	Shaanxi	20877	7741	2499370	119901	63141	19760	4672224	74469
甘 肃	Gansu	9904	4190	958158	103533	21552	8034	1678081	78645
青 海	Qinghai	2342	970	309085	131659	7746	2509	927977	120825
宁 夏	Ningxia	2579	915	323581	126884	10098	4849	847233	83054
新 疆	Xinjiang	10639	3983	1137712	108372	27449	10602	2519923	92072

4−2 续表 4 continued

地 区	Region	住宿和餐饮业 Hotels and Catering Services				信息传输、软件和信息技术服务业 Information Transmission, Software and Information Technology			
		年末人数(人) Year-end Figures (person)	#女 性 Female	工资总额(千元) Total Wages (1000 yuan)	平均工资(元) Average Wage (yuan)	年末人数(人) Year-end Figures (person)	#女 性 Female	工资总额(千元) Total Wages (1000 yuan)	平均工资(元) Average Wage (yuan)
全 国	**National**	**187247**	**102116**	**11196353**	**59699**	**275844**	**114566**	**36272148**	**132292**
北 京	Beijing	16306	7126	1435979	86039	12845	5012	2982609	237947
天 津	Tianjin	2596	1240	164334	60395	1736	780	209104	120540
河 北	Hebei	9961	5318	446366	44094	12345	6187	1268560	102149
山 西	Shanxi	8455	4724	383033	45932	6051	3336	542439	89579
内蒙古	Inner Mongolia	1316	766	67033	49176	8441	3628	826303	97784
辽 宁	Liaoning	5040	2724	268371	53198	11673	5684	1589265	136437
吉 林	Jilin	5063	3001	231736	46466	8827	3690	788168	88101
黑龙江	Heilongjiang	3733	2247	182613	47386	8371	3504	811049	96272
上 海	Shanghai	6969	3345	678589	97879	8137	3120	1868680	236395
江 苏	Jiangsu	13441	7558	908156	68379	15242	6034	1999597	134032
浙 江	Zhejiang	8340	4287	650945	79475	9001	4080	1510987	167993
安 徽	Anhui	3126	1721	158271	50700	6092	2232	734725	120824
福 建	Fujian	3570	2156	178497	54222	4149	1288	507004	125360
江 西	Jiangxi	6210	4065	285590	45814	3951	1667	479544	119927
山 东	Shandong	20581	10834	1174190	56736	20058	8602	2608407	127014
河 南	Henan	8907	4843	397433	44860	19329	7909	1937200	100661
湖 北	Hubei	3297	2135	161631	49141	14494	6108	1557773	107046
湖 南	Hunan	4608	2766	214735	46590	8688	3172	776404	90299
广 东	Guangdong	14974	7463	1103665	74643	23108	8513	3447013	149342
广 西	Guangxi	2496	1443	115947	45906	3510	1328	347260	99062
海 南	Hainan	1273	720	61309	47935	1768	606	217699	122903
重 庆	Chongqing	1139	633	62491	52958	13031	3543	2551745	207045
四 川	Sichuan	5990	3552	319566	53358	13764	6679	1696429	123060
贵 州	Guizhou	2253	1417	125827	58447	3940	1640	522485	132005
云 南	Yunnan	5974	3528	307947	50251	6614	2858	793589	119789
西 藏	Tibet	1313	729	91739	68641	6619	2851	1257228	200594
陕 西	Shaanxi	5649	3296	263141	45622	8462	4265	905146	107604
甘 肃	Gansu	4845	2766	222522	45646	7257	2769	547647	75826
青 海	Qinghai	1284	666	81931	63512	1021	459	118133	123466
宁 夏	Ningxia	964	630	44313	45873	1631	626	198594	125296
新 疆	Xinjiang	7575	4416	408452	53441	5690	2398	671363	119885

4-2 续表 5 continued

地 区	Region	金融业 Financial Intermediation 年末人数（人） Year-end Figures (person)	#女 性 Female	工资总额（千元） Total Wages (1000 yuan)	平均工资（元） Average Wage (yuan)	房地产业 Real Estate 年末人数（人） Year-end Figures (person)	#女 性 Female	工资总额（千元） Total Wages (1000 yuan)	平均工资（元） Average Wage (yuan)
全 国	**National**	**656907**	**320620**	**116232513**	**176429**	**214895**	**84831**	**19808265**	**92962**
北 京	Beijing	11729	5795	4080330	355120	9351	3179	1251365	131773
天 津	Tianjin	27462	14444	4754150	175126	6117	2477	662175	107529
河 北	Hebei	8138	3071	1068912	131389	4792	1735	383074	76144
山 西	Shanxi	24474	11827	2828881	113302	5604	2608	283297	51275
内蒙古	Inner Mongolia	14687	7111	1881682	127445	1823	873	106283	57707
辽 宁	Liaoning	36379	18176	4060467	110336	10350	4325	705148	69342
吉 林	Jilin	17902	9840	1890965	98726	3116	1396	218613	69864
黑龙江	Heilongjiang	17327	8005	2220150	127443	5494	2281	244703	49278
上 海	Shanghai	58059	31989	20554240	353807	7547	3023	1178427	154775
江 苏	Jiangsu	48989	23964	9444532	193301	13773	5913	1383672	99666
浙 江	Zhejiang	4707	1973	1047098	222562	7377	3158	758752	103805
安 徽	Anhui	25354	11140	3683808	144916	7203	2642	567226	79316
福 建	Fujian	6468	2793	994998	154285	6228	2228	527100	86075
江 西	Jiangxi	22804	11043	2990314	130626	3776	1238	322961	87470
山 东	Shandong	57597	26321	7916235	137793	13987	6286	1129153	78534
河 南	Henan	7551	2976	1045648	137749	7916	2780	528443	67280
湖 北	Hubei	16903	9095	3091164	183385	8182	3074	795068	98487
湖 南	Hunan	30506	15535	4580014	150134	4644	1695	365065	78115
广 东	Guangdong	73911	34504	17709275	240318	46775	16620	5529993	120702
广 西	Guangxi	4848	2003	708137	145617	4013	1498	232487	56764
海 南	Hainan	7324	2827	1265874	173303	3762	1272	285391	86906
重 庆	Chongqing	3824	1746	627743	167403	2272	950	253032	113786
四 川	Sichuan	26423	14029	4122732	153332	5487	2436	461388	86387
贵 州	Guizhou	2942	1190	367293	126688	2589	1053	147746	57346
云 南	Yunnan	15930	7910	2438367	153408	3429	1487	288137	81501
西 藏	Tibet	3065	1421	748054	246971	806	418	52890	66717
陕 西	Shaanxi	37321	18255	4081560	109467	8128	2955	587191	72453
甘 肃	Gansu	17251	7779	1854827	106952	6221	3194	311623	50706
青 海	Qinghai	2638	1169	405321	151840	459	200	28273	61530
宁 夏	Ningxia	5450	2801	709762	128813	189	75	12859	68037
新 疆	Xinjiang	18940	9887	3059978	161258	3485	1763	206730	59944

4-2 续表 6 continued

地区	Region	租赁和商务服务业 Leasing and Business Services				科学研究和技术服务业 Scientific Research and Technical Services			
		年末人数（人）Year-end Figures (person)	#女性 Female	工资总额（千元）Total Wages (1000 yuan)	平均工资（元）Average Wage (yuan)	年末人数（人）Year-end Figures (person)	#女性 Female	工资总额（千元）Total Wages (1000 yuan)	平均工资（元）Average Wage (yuan)
全　国	**National**	**947889**	**276895**	**78951866**	**83460**	**1509197**	**535822**	**209131650**	**139441**
北　京	Beijing	129618	30603	12589362	96524	138015	62412	33384370	245111
天　津	Tianjin	25534	4246	1900704	73020	31208	12011	5331541	171630
河　北	Hebei	26264	7187	1531176	58100	45249	15622	4168859	91801
山　西	Shanxi	19810	7051	1313543	64679	38280	13388	3449930	89185
内蒙古	Inner Mongolia	13134	4536	903095	67366	29859	11728	2623276	89637
辽　宁	Liaoning	20359	7137	1279865	62471	47771	18210	4871879	101792
吉　林	Jilin	9983	3991	659848	66906	39165	14092	3679826	93654
黑龙江	Heilongjiang	27602	9076	1458697	55583	40055	13833	3524599	88171
上　海	Shanghai	61550	20505	7364140	119401	42360	16813	9634570	228100
江　苏	Jiangsu	82227	21599	6718414	82229	74594	26006	12791634	173144
浙　江	Zhejiang	55294	14267	4701404	87521	57247	20669	10590077	186633
安　徽	Anhui	22087	6809	1638778	74727	45461	12239	5261104	116510
福　建	Fujian	21432	6699	1816174	84072	33211	11537	4571966	138797
江　西	Jiangxi	19787	4732	1268218	63713	39637	10627	4426335	112443
山　东	Shandong	43682	12163	3655799	85124	71018	24413	9143360	130806
河　南	Henan	36071	11155	2305671	65277	78238	28027	6982549	90010
湖　北	Hubei	33244	11918	2724298	81785	63352	19641	7187075	113849
湖　南	Hunan	22933	7742	1790886	78509	55832	17872	5936390	106689
广　东	Guangdong	135368	34682	12071508	88318	117290	40496	23003409	199392
广　西	Guangxi	17000	6559	1441710	84492	46322	16960	4805811	103342
海　南	Hainan	4634	1907	411599	87702	11717	4113	1474343	127768
重　庆	Chongqing	11140	4158	718128	65656	34025	11727	4734111	140732
四　川	Sichuan	26420	7714	2355940	89757	71900	24051	8899729	123223
贵　州	Guizhou	9922	3552	645560	65134	27581	8301	2908263	106751
云　南	Yunnan	14180	5689	1329920	95886	56605	21004	6712136	118412
西　藏	Tibet	2963	1201	364475	125407	6864	2704	1153941	171849
陕　西	Shaanxi	23868	9188	1912146	80178	56638	20769	5431870	96964
甘　肃	Gansu	13184	3012	762940	58852	46314	14443	5102520	110169
青　海	Qinghai	1834	764	180418	100670	12105	4060	1589827	131397
宁　夏	Ningxia	1906	989	161752	87052	8853	3207	1059932	120036
新　疆	Xinjiang	14858	6066	975698	64349	42430	14846	4696417	111053

4-2 续表 7 continued

地区	Region	水利、环境和公共设施管理业 Management of Water Conservancy, Environment and Public Facilities 年末人数（人） Year-end Figures (person)	#女性 Female	工资总额（千元） Total Wages (1000 yuan)	平均工资（元） Average Wage (yuan)	居民服务、修理和其他服务业 Service to Households, Repair and Other Services 年末人数（人） Year-end Figures (person)	#女性 Female	工资总额（千元） Total Wages (1000 yuan)	平均工资（元） Average Wage (yuan)
全国	**National**	**1211710**	**459448**	**89756423**	**73087**	**133469**	**57968**	**11020059**	**83879**
北京	Beijing	56951	17884	7347421	124207	9588	3787	855049	91785
天津	Tianjin	21549	6810	2315768	105585	3404	1953	361290	103897
河北	Hebei	47212	17612	2826663	59024	4117	1636	256908	63131
山西	Shanxi	59176	24848	2476124	42303	1760	732	100487	56927
内蒙古	Inner Mongolia	23081	7834	1516687	62886	2537	1219	154183	61560
辽宁	Liaoning	45599	14596	2133130	46197	4711	1852	300272	64204
吉林	Jilin	43535	16022	1934526	44818	3272	1126	165480	51005
黑龙江	Heilongjiang	58721	17202	2569053	44159	6360	2092	340492	54007
上海	Shanghai	13324	5013	2206012	165232	6768	2718	911206	133322
江苏	Jiangsu	66512	27255	6971339	104853	7773	3312	819569	107465
浙江	Zhejiang	35190	13243	3825779	101884	4624	1576	477313	106065
安徽	Anhui	27522	9861	2466594	89298	4117	1628	364710	90219
福建	Fujian	26500	9693	2088454	78505	2527	869	237800	94634
江西	Jiangxi	13536	5432	974939	73611	2387	836	136064	60573
山东	Shandong	54388	19360	4113333	76284	9111	4495	733484	82843
河南	Henan	71668	26285	4574001	64071	9816	4964	564813	58729
湖北	Hubei	57884	22164	4682261	80716	7583	3320	615947	81865
湖南	Hunan	65294	24894	3992460	59117	4027	1745	300217	74894
广东	Guangdong	88456	30668	8641712	97007	12238	4195	1336112	109537
广西	Guangxi	48367	23754	3128175	62396	2681	1361	195130	76063
海南	Hainan	12027	4836	705232	55692	952	425	63021	67882
重庆	Chongqing	12785	6224	1067302	84705	2535	1489	209441	86268
四川	Sichuan	53931	24775	3821975	70012	5187	2420	426865	85042
贵州	Guizhou	14859	6795	938296	63378	3064	1705	231558	80118
云南	Yunnan	37417	13982	2286876	59966	3358	1495	268653	80362
西藏	Tibet	657	342	63428	97858	529	317	61098	115880
陕西	Shaanxi	57168	22960	3343174	56991	3301	1721	184537	56312
甘肃	Gansu	30918	11726	2165824	70626	1149	461	90605	79931
青海	Qinghai	7144	2462	518586	71817	812	648	26489	32763
宁夏	Ningxia	11591	5203	860123	71871	321	166	29786	92217
新疆	Xinjiang	48748	19714	3201178	61517	2859	1705	201481	71591

4-2 续表 8 continued

地 区	Region	教育 Education 年末人数(人) Year-end Figures (person)	#女性 Female	工资总额(千元) Total Wages (1000 yuan)	平均工资(元) Average Wage (yuan)	卫生和社会工作 Health and Social Service 年末人数(人) Year-end Figures (person)	#女性 Female	工资总额(千元) Total Wages (1000 yuan)	平均工资(元) Average Wage (yuan)
全 国	**National**	**16628278**	**10382984**	**1921496604**	**116874**	**9343906**	**6468423**	**1221395443**	**132727**
北 京	Beijing	366510	232924	85201549	235398	246320	175579	60050175	246987
天 津	Tianjin	183209	122401	29326958	161044	106415	75563	18430853	175464
河 北	Hebei	785341	557301	68311111	87696	406796	284129	35708773	88737
山 西	Shanxi	479341	326130	40986641	86094	248818	174652	21069006	86029
内蒙古	Inner Mongolia	358152	235975	33040785	92984	192975	130592	17571409	92715
辽 宁	Liaoning	472430	315560	47928805	102279	297610	212832	28183964	95568
吉 林	Jilin	329617	212314	29916196	91365	195305	135196	18891344	97596
黑龙江	Heilongjiang	365671	226730	34879713	95365	234276	160149	20378812	87159
上 海	Shanghai	286723	198517	62344884	218378	206045	148780	52432374	256868
江 苏	Jiangsu	910089	574133	144147467	160187	463258	316595	77157946	168503
浙 江	Zhejiang	734685	494340	119281068	164700	474781	334212	90092021	192710
安 徽	Anhui	591835	315852	69893701	119320	292959	191581	38903468	134988
福 建	Fujian	546070	348047	62698489	116841	238786	167405	35450974	151337
江 西	Jiangxi	553709	335449	51952133	95265	259321	177480	30486081	119185
山 东	Shandong	1112589	671531	128608603	117171	646229	443832	78350444	123511
河 南	Henan	1076123	705041	85127035	80442	599623	397229	54061142	92123
湖 北	Hubei	641943	362005	70861506	111531	427921	291961	52762033	125244
湖 南	Hunan	735123	446565	66956444	92067	405502	279522	49834316	124162
广 东	Guangdong	1110569	697223	174139328	158068	776563	532348	143936292	188217
广 西	Guangxi	697123	448327	61255682	90052	363398	254865	41582239	117110
海 南	Hainan	126272	73052	13822123	110386	68167	46181	7766473	115918
重 庆	Chongqing	400090	238168	51290170	129457	201356	141439	29252846	147626
四 川	Sichuan	970268	575242	105193818	110040	567950	386294	70688855	126683
贵 州	Guizhou	551382	316609	52880543	96789	271939	185381	30357272	113541
云 南	Yunnan	606252	350101	67294459	111698	320277	236027	34639758	110361
西 藏	Tibet	49313	28673	8193745	167421	18406	12472	2734499	152724
陕 西	Shaanxi	508545	317111	49074431	97000	293284	206784	26336157	90737
甘 肃	Gansu	378346	200657	36845351	98229	181367	128206	16182619	90392
青 海	Qinghai	85291	52687	10211004	121646	55434	38268	6289686	115073
宁 夏	Ningxia	101051	64373	10862588	108671	53352	38923	6705695	127002
新 疆	Xinjiang	514617	339947	48970274	96611	229477	163947	25107916	111800

4-2 续表 9 continued

地 区	Region	文化、体育和娱乐业 Culture, Sports and Entertainment 年末人数（人）Year-end Figures (person)	#女 性 Female	工资总额（千元）Total Wages (1000 yuan)	平均工资（元）Average Wage (yuan)	公共管理、社会保障和社会组织 Public Management, Social Security and Social Organization 年末人数（人）Year-end Figures (person)	#女 性 Female	工资总额（千元）Total Wages (1000 yuan)	平均工资（元）Average Wage (yuan)
全 国	**National**	**856109**	**416194**	**103856993**	**121486**	**19729612**	**6700765**	**2184289714**	**111417**
北 京	Beijing	87091	44998	22711407	260173	431130	175316	75347927	176631
天 津	Tianjin	8794	4339	1023694	111663	198976	62636	28439300	144607
河 北	Hebei	37635	17832	2932363	77774	971104	329348	71415270	74260
山 西	Shanxi	31597	16124	2084757	65653	632800	229582	45361887	72503
内蒙古	Inner Mongolia	27662	13979	2342089	86171	563214	204793	45457732	81323
辽 宁	Liaoning	30505	14284	2467209	80621	634530	222851	55981922	87872
吉 林	Jilin	21271	10554	1505107	70837	393793	132817	31253162	79965
黑龙江	Heilongjiang	17693	7983	1321219	73786	493536	172218	37310581	76475
上 海	Shanghai	17219	9664	3262797	190508	186129	70785	42240031	227899
江 苏	Jiangsu	43291	21220	6230190	144046	916723	291624	158000401	172794
浙 江	Zhejiang	39421	20157	6248170	158738	808504	274037	143101145	177619
安 徽	Anhui	20390	8999	1867558	91476	599508	183731	67896126	113904
福 建	Fujian	26075	12711	2860745	109629	516333	175696	65309717	126954
江 西	Jiangxi	19804	9275	1862756	92290	627475	189959	63955190	102804
山 东	Shandong	47836	22144	5258805	109841	1339444	432824	143857231	108718
河 南	Henan	47772	22327	3556962	74889	1223743	409290	96245631	79711
湖 北	Hubei	36562	16773	3806054	104816	760509	248437	86693785	114047
湖 南	Hunan	31325	14079	3620302	116502	876901	255182	77100229	88210
广 东	Guangdong	53004	25085	8338069	159189	1516464	503354	249420541	165278
广 西	Guangxi	19841	9972	1811148	91674	592835	222707	55492975	94599
海 南	Hainan	5123	2314	534483	103714	149314	45685	14036716	94560
重 庆	Chongqing	13425	6401	1498796	111627	377848	133281	45540316	121334
四 川	Sichuan	38564	18813	3957119	103578	1100164	401182	124843133	114163
贵 州	Guizhou	13443	6333	1309276	97844	724310	249428	65656877	90991
云 南	Yunnan	23384	11976	2500213	107436	704178	251185	74724249	107075
西 藏	Tibet	5061	2471	738094	146538	153466	57566	24819456	163352
陕 西	Shaanxi	33620	16539	2604151	77508	603565	209120	47668644	79079
甘 肃	Gansu	20022	9858	1666349	83438	501294	178166	45312397	90452
青 海	Qinghai	5370	2710	558210	104162	152506	62952	17963098	118155
宁 夏	Ningxia	5739	2981	619488	106316	118761	48045	12276023	104239
新 疆	Xinjiang	27568	13298	2759413	100439	860557	276970	71568020	83368

4−3 各地区分行业国有单位在岗职工人数和平均工资(2021年)
ON-POST STAFF AND WORKERS AND AVERAGE WAGE IN STATE-OWNED UNITS BY SECTOR AND REGION(2021)

地区	Region	总计 Total		农、林、牧、渔业 Agriculture, Forestry, Animal Husbandry and Fishery		采矿业 Mining		制造业 Manufacturing	
		年末人数(人) Year-end Figures (person)	平均工资(元) Average Wage (yuan)	年末人数(人) Year-end Figures (person)	平均工资(元) Average Wage (yuan)	年末人数(人) Year-end Figures (person)	平均工资(元) Average Wage (yuan)	年末人数(人) Year-end Figures (person)	平均工资(元) Average Wage (yuan)
全　国	**National**	**53590134**	**119139**	**493819**	**53913**	**163517**	**109586**	**500155**	**114291**
北　京	Beijing	1486582	209851	1114	172573			4472	171803
天　津	Tianjin	630181	155065	1062	98429			5139	132381
河　北	Hebei	2459248	83139	5077	64546	1050	38591	18217	87810
山　西	Shanxi	1641823	80667	4919	60615	20616	68625	12154	56644
内蒙古	Inner Mongolia	1269495	88900	36821	69521	6497	179393	520	60742
辽　宁	Liaoning	1705312	92654	55484	22209	248	44418	17462	103216
吉　林	Jilin	1138234	88614	34272	52932	1346	155848	26390	145245
黑龙江	Heilongjiang	1470918	81079	161581	42842	16910	97115	7172	74661
上　海	Shanghai	918999	229498	195	145818			9828	161203
江　苏	Jiangsu	2779463	160771	14734	52864	633	85139	35276	142501
浙　江	Zhejiang	2201591	176357	1608	143278	8	50250	10977	109547
安　徽	Anhui	1704981	120465	13325	64474	7794	131910	24007	140990
福　建	Fujian	1414570	129507	6884	83634	1437	45208	5636	136135
江　西	Jiangxi	1631856	103736	19567	54391	3139	90294	22571	109226
山　东	Shandong	3672901	116179	4184	79567	23176	84622	39731	93852
河　南	Henan	3424458	83940	10852	55593	2992	64715	25888	63472
湖　北	Hubei	2206532	116671	11869	55025	592	55808	39193	101852
湖　南	Hunan	2362799	99706	9093	67025	159	64101	27794	162445
广　东	Guangdong	4163337	163492	12103	69158	1217	138354	27861	95552
广　西	Guangxi	1794941	98833	16924	80649	213	46968	11776	68820
海　南	Hainan	410058	107133	4318	38246	252	31022	1594	91496
重　庆	Chongqing	1096499	132577	1763	98621	1623	106954	9411	98871
四　川	Sichuan	2901949	116872	13793	88145	5652	143274	12290	83875
贵　州	Guizhou	1568782	104471	1936	85173	2476	108821	4859	65441
云　南	Yunnan	1753835	117958	11733	62042	8362	72673	39042	193127
西　藏	Tibet	250274	168632	434	101900	32	114281	970	93747
陕　西	Shaanxi	1774413	91147	10120	76027	26293	117789	34263	87690
甘　肃	Gansu	1302108	96007	11497	73405	15301	151698	14224	97585
青　海	Qinghai	341765	119756	5084	56473	187	80868	3838	94083
宁　夏	Ningxia	333674	116925	2854	65709	13859	158905	1197	118043
新　疆	Xinjiang	1778556	95465	8621	72747	1456	125199	6404	69214

4-3 续表 1 continued

地区 Region	电力、热力、燃气及水生产和供应业 Production and Supply of Electricity, Heat, Gas and Water		建筑业 Construction		批发和零售业 Wholesale and Retail Trades		交通运输、仓储和邮政业 Transport, Storage and Post	
	年末人数（人） Year-end Figures (person)	平均工资（元） Average Wage (yuan)	年末人数（人） Year-end Figures (person)	平均工资（元） Average Wage (yuan)	年末人数（人） Year-end Figures (person)	平均工资（元） Average Wage (yuan)	年末人数（人） Year-end Figures (person)	平均工资（元） Average Wage (yuan)
全　国 National	**968998**	**120819**	**750526**	**78768**	**456423**	**141451**	**1016993**	**95756**
北　京 Beijing	9610	251518	6544	238677	13930	204313	3324	175606
天　津 Tianjin	4095	173232	8896	128406	3680	171250	27862	96901
河　北 Hebei	56313	87679	25433	62128	14487	128196	69427	75740
山　西 Shanxi	48619	125076	17351	49556	14376	97969	24488	53312
内蒙古 Inner Mongolia	8602	119707	1472	55058	7470	152061	15806	81321
辽　宁 Liaoning	14999	85044	21713	68305	13107	126329	33761	89621
吉　林 Jilin	16469	105066	6774	71896	10043	112816	20013	79899
黑龙江 Heilongjiang	19467	57679	8204	57942	12674	123688	47183	72800
上　海 Shanghai	1203	152886	5863	166470	10374	185853	22244	176255
江　苏 Jiangsu	9778	144857	93301	69702	28375	128064	68704	110226
浙　江 Zhejiang	5337	156433	9512	89293	14672	230927	19565	131137
安　徽 Anhui	12536	108662	23631	85525	16079	122959	32695	92129
福　建 Fujian	3935	115390	26508	94293	15318	151237	10542	89524
江　西 Jiangxi	11343	105115	32958	62925	16510	108085	30427	82688
山　东 Shandong	123156	141346	70972	97234	19298	107285	73264	111624
河　南 Henan	140367	109538	36510	56222	36401	115248	83047	70878
湖　北 Hubei	81460	141370	39032	75882	25680	123445	45283	85693
湖　南 Hunan	89610	112884	35018	51781	21197	149591	26164	80794
广　东 Guangdong	38509	132392	113423	93933	30931	140765	93800	125629
广　西 Guangxi	7254	67161	7836	60540	10944	152329	13432	94421
海　南 Hainan	9623	113711	4687	45052	6932	175825	11533	98099
重　庆 Chongqing	4622	132628	8407	68872	9345	173905	30997	127680
四　川 Sichuan	22550	121183	49384	58314	19463	151731	40750	101229
贵　州 Guizhou	47110	130480	23903	87565	18662	166733	8777	76166
云　南 Yunnan	4523	93752	8987	115134	18678	221077	25769	97663
西　藏 Tibet	1021	177516	637	92630	2844	121009	10792	145856
陕　西 Shaanxi	47613	127333	23652	76570	20257	121912	61650	75530
甘　肃 Gansu	65187	97372	29672	67149	9644	105126	20755	80002
青　海 Qinghai	10771	105310	2802	89625	2193	136459	7665	121661
宁　夏 Ningxia	13823	155470	1613	109121	2515	129072	10016	83492
新　疆 Xinjiang	39491	135013	5833	85246	10343	110211	27258	92471

4-3 续表 2 continued

地 区 Region	住宿和餐饮业 Hotels and Catering Services		信息传输、软件和信息技术服务业 Information Transmission, Software and Information Technology		金融业 Financial Intermediation		房地产业 Real Estate	
	年末人数(人) Year-end Figures (person)	平均工资(元) Average Wage (yuan)	年末人数(人) Year-end Figures (person)	平均工资(元) Average Wage (yuan)	年末人数(人) Year-end Figures (person)	平均工资(元) Average Wage (yuan)	年末人数(人) Year-end Figures (person)	平均工资(元) Average Wage (yuan)
全 国 National	**178348**	**60417**	**269637**	**133998**	**626114**	**183962**	**203121**	**96078**
北 京 Beijing	15505	87333	12648	240812	11727	355303	8973	135339
天 津 Tianjin	2085	63886	1730	120697	26699	177768	5732	112601
河 北 Hebei	9535	44317	12217	102901	8133	131447	4642	77325
山 西 Shanxi	8270	46301	6018	89996	23936	115774	5368	52084
内蒙古 Inner Mongolia	1311	49193	8142	100145	14497	128667	1767	58900
辽 宁 Liaoning	4989	53450	11615	137184	35359	113052	10179	70005
吉 林 Jilin	4963	46990	8500	89281	14049	122135	3020	70693
黑龙江 Heilongjiang	3322	49711	8143	97776	16868	128773	4812	53030
上 海 Shanghai	6126	99693	8088	237178	58025	353879	6397	171143
江 苏 Jiangsu	12712	69188	14913	134670	48812	193903	13395	101168
浙 江 Zhejiang	7690	82216	8770	169494	4695	222862	6745	109562
安 徽 Anhui	3029	51081	5785	125095	24591	148177	6995	80727
福 建 Fujian	3476	54667	4072	126524	6035	163736	5825	90129
江 西 Jiangxi	5852	46063	3855	121928	21933	134725	3612	89630
山 东 Shandong	20055	57235	19904	128968	53586	146189	13551	79950
河 南 Henan	8371	44307	18809	101183	7550	137761	7762	67793
湖 北 Hubei	3035	50536	13805	109924	16820	184181	7160	107767
湖 南 Hunan	4530	46582	8349	91221	29716	153216	4324	82188
广 东 Guangdong	14461	75918	22550	150938	70503	249123	46177	121746
广 西 Guangxi	2397	46614	3387	101878	4825	146073	3626	60563
海 南 Hainan	1259	48069	1735	124241	7322	173319	2885	92818
重 庆 Chongqing	1129	52934	12981	207707	3794	168275	2007	124292
四 川 Sichuan	5771	54392	13364	124025	22061	177697	5031	90383
贵 州 Guizhou	2221	58709	3875	132863	2916	127335	2343	61965
云 南 Yunnan	5661	51478	6454	120640	15658	155304	3045	86818
西 藏 Tibet	1164	69139	6535	202626	3022	249124	800	66859
陕 西 Shaanxi	5229	47640	8343	108767	29326	136616	7371	77269
甘 肃 Gansu	4540	46401	7221	76076	17211	107084	5852	51676
青 海 Qinghai	1284	63512	979	128186	2616	152616	384	67703
宁 夏 Ningxia	964	45873	1567	126803	5271	131453	183	69213
新 疆 Xinjiang	7412	53753	5285	124467	18558	163808	3157	62879

4–3 续表 3 continued

地 区 Region	租赁和商务服务业 Leasing and Business Services		科学研究和技术服务业 Scientific Research and Technical Services		水利、环境和公共设施管理业 Management of Water Conservancy,Environment and Public Facilities		居民服务、修理和其他服务业 Service to Households, Repair and Other Services	
	年末人数（人）Year-end Figures (person)	平均工资（元）Average Wage (yuan)	年末人数（人）Year-end Figures (person)	平均工资（元）Average Wage (yuan)	年末人数（人）Year-end Figures (person)	平均工资（元）Average Wage (yuan)	年末人数（人）Year-end Figures (person)	平均工资（元）Average Wage (yuan)
全 国 National	**894110**	**85508**	**1451244**	**141988**	**1067680**	**79061**	**126152**	**86218**
北 京 Beijing	127058	94679	129519	252241	55223	125729	9261	92763
天 津 Tianjin	11417	116594	29918	176284	21002	107794	3350	105445
河 北 Hebei	24475	59548	44567	92717	39819	65835	3882	65104
山 西 Shanxi	18463	67818	37201	90692	53267	44773	1684	58390
内蒙古 Inner Mongolia	12841	67848	29241	90712	21575	65915	2413	63247
辽 宁 Liaoning	19355	64247	44450	106724	39790	49920	4633	64591
吉 林 Jilin	9554	68316	38569	94450	35723	48801	3128	51938
黑龙江 Heilongjiang	26129	57454	38334	90670	42173	51752	5687	56664
上 海 Shanghai	58814	120811	40357	233985	13234	165904	6591	135190
江 苏 Jiangsu	78971	83296	71900	176789	61208	111137	7282	111011
浙 江 Zhejiang	53157	89064	54344	192234	32569	106791	3942	114644
安 徽 Anhui	21312	75747	43815	117819	25175	94803	3876	92695
福 建 Fujian	19874	88390	31963	141499	24208	82807	2201	102959
江 西 Jiangxi	19045	64704	38259	114625	11281	81973	2273	61495
山 东 Shandong	42079	87018	68922	132360	49055	81447	8702	84626
河 南 Henan	35010	66225	74933	92078	60827	71259	9536	59560
湖 北 Hubei	31950	83333	60558	116653	50481	86952	7029	85409
湖 南 Hunan	21986	80302	53925	108450	58878	63312	3832	76252
广 东 Guangdong	129519	89954	111475	203850	80930	103024	11973	111057
广 西 Guangxi	16380	86821	44822	105065	46017	64036	2604	77489
海 南 Hainan	4454	89378	11075	130386	10307	59899	884	69899
重 庆 Chongqing	10250	67455	33228	142208	11903	87099	2414	87944
四 川 Sichuan	25838	90740	70171	124280	45318	71552	4802	88031
贵 州 Guizhou	9422	66760	26034	109105	10122	77375	2642	84783
云 南 Yunnan	13243	100070	55165	120433	26486	77552	3089	84889
西 藏 Tibet	2875	128119	6413	177569	559	105842	476	124383
陕 西 Shaanxi	21534	83927	55141	97967	48669	62279	2986	58730
甘 肃 Gansu	12538	60335	45066	112162	28391	74265	1114	81321
青 海 Qinghai	1650	107018	11789	134248	6126	77375	812	32763
宁 夏 Ningxia	1625	93896	8663	122118	11161	74035	289	98672
新 疆 Xinjiang	13291	68272	41427	113003	46205	64100	2766	71444

4-3 续表 4 continued

地 区 Region	教 育 Education		卫生和社会工作 Health and Social Service		文化、体育和娱乐业 Culture, Sports and Entertainment		公共管理、社会保障和社会组织 Public Management, Social Security and Social Organization	
	年末人数（人）Year-end Figures (person)	平均工资（元）Average Wage (yuan)	年末人数（人）Year-end Figures (person)	平均工资（元）Average Wage (yuan)	年末人数（人）Year-end Figures (person)	平均工资（元）Average Wage (yuan)	年末人数（人）Year-end Figures (person)	平均工资（元）Average Wage (yuan)
全 国 National	**15919435**	**120159**	**8923719**	**135722**	**818465**	**124866**	**18761679**	**115131**
北 京 Beijing	350007	240348	238791	251282	84416	265171	404460	186232
天 津 Tianjin	177006	164843	101494	179921	8426	113936	190587	148242
河 北 Hebei	766729	89063	380078	92098	36170	79266	938998	75790
山 西 Shanxi	466814	87555	239327	87761	30602	67000	608353	74433
内蒙古 Inner Mongolia	348913	94369	187912	93805	27016	87528	536679	83324
辽 宁 Liaoning	457272	104657	277719	98176	29088	83000	614088	89940
吉 林 Jilin	320506	92759	187081	99942	20191	72027	377642	82281
黑龙江 Heilongjiang	354262	97541	217227	90969	16682	76254	464087	79581
上 海 Shanghai	274052	223978	196628	262732	16627	194655	184355	229571
江 苏 Jiangsu	869778	165002	432069	172970	41195	148641	876426	177863
浙 江 Zhejiang	696469	170415	456454	195883	37766	163167	777311	182651
安 徽 Anhui	573589	121980	283559	137238	19392	93945	563796	118037
福 建 Fujian	502565	123562	228665	155035	24304	115306	491122	131389
江 西 Jiangxi	527131	98277	252263	121102	18939	95060	590899	106681
山 东 Shandong	1091133	118680	613185	126779	46540	111642	1292409	111106
河 南 Henan	1049527	81526	583027	93005	45057	77097	1187992	80991
湖 北 Hubei	609254	115215	412854	127143	34991	107457	715487	118133
湖 南 Hunan	699566	95007	393901	125916	29897	119387	844861	90108
广 东 Guangdong	1073528	161205	760567	189096	51005	163267	1472806	168373
广 西 Guangxi	664339	93085	355690	118208	18763	95182	563711	97775
海 南 Hainan	119924	113706	63777	120573	4910	106346	142586	97117
重 庆 Chongqing	378698	134674	195473	149571	13016	113357	365441	124160
四 川 Sichuan	915338	114283	545115	129031	36282	106590	1048976	117820
贵 州 Guizhou	508825	102173	251219	117715	12611	101876	628828	99521
云 南 Yunnan	564990	117622	282807	118046	22342	110559	637800	115081
西 藏 Tibet	45984	177104	16423	163454	4797	151985	144498	169774
陕 西 Shaanxi	483559	99936	279675	92835	31769	79773	576963	81269
甘 肃 Gansu	361087	101434	165084	95161	18564	87713	469160	94666
青 海 Qinghai	81764	125523	53389	116958	5047	108085	143383	123453
宁 夏 Ningxia	92995	115710	50736	129638	5442	110959	108902	110847
新 疆 Xinjiang	493829	99142	221529	114043	26616	102338	799074	86734

4-4 各地区分行业国有单位其他就业人员和平均工资(2021年) OTHER EMPLOYMENT AND AVERSGE WAGE IN STATE-OWNED UNITS BY SECTOR AND REGION (2021)

地区	Region	总计 Total		农、林、牧、渔业 Agriculture, Forestry, Animal Husbandry and Fishery		采矿业 Mining		制造业 Manufacturing	
		年末人数(人) Year-end Figures (person)	平均工资(元) Average Wage (yuan)	年末人数(人) Year-end Figures (person)	平均工资(元) Average Wage (yuan)	年末人数(人) Year-end Figures (person)	平均工资(元) Average Wage (yuan)	年末人数(人) Year-end Figures (person)	平均工资(元) Average Wage (yuan)
全国	**National**	**2740654**	**46118**	**55492**	**29297**	**3161**	**61194**	**16230**	**51355**
北京	Beijing	69154	84414	96	48356			187	59510
天津	Tianjin	38496	53092	133	26624			155	61668
河北	Hebei	97914	33752	280	22961	2	18000	365	65128
山西	Shanxi	61575	28467	267	18064	287	49822	806	37120
内蒙古	Inner Mongolia	45849	40191	557	30919			33	55294
辽宁	Liaoning	77243	35982	4173	5632			1381	63068
吉林	Jilin	54159	33355	4495	25279	25	27720	678	44041
黑龙江	Heilongjiang	108597	28827	20332	23760	400	34200	404	28694
上海	Shanghai	33169	102686	15	44084			447	91216
江苏	Jiangsu	142715	67993	357	33244	130	21163	1284	92514
浙江	Zhejiang	100511	68590	74	43792			395	51849
安徽	Anhui	88134	47956	9029	43653	28	89877	469	33271
福建	Fujian	90191	41124	1863	24392	9	50500	234	37902
江西	Jiangxi	96692	39286	3466	41011	75	45212	331	33728
山东	Shandong	141392	48379	54	33260	323	67635	449	40165
河南	Henan	111022	41690	571	35992	18	259278	326	40550
湖北	Hubei	120742	48879	2415	44620	13	86154	908	43518
湖南	Hunan	111823	40226	1088	35267			1069	34023
广东	Guangdong	152069	71802	228	36530	2	126000	1244	64406
广西	Guangxi	81113	35145	2297	34389		7000	786	51762
海南	Hainan	22319	43147	269	41354	15	26000	38	61736
重庆	Chongqing	45115	44389	22	38288			154	32269
四川	Sichuan	165423	48221	704	23341	142	58718	425	70615
贵州	Guizhou	175635	39435	289	17106	12	46786	501	28697
云南	Yunnan	169693	34858	755	27505	456	39237	1067	21190
西藏	Tibet	17464	59851	43	32047			89	37303
陕西	Shaanxi	99464.007	37099	236	27240	1102	83222	939	58309
甘肃	Gansu	83529.334	34889	617	31310	30	150743	792	43015
青海	Qinghai	17508.301	37932	91	24140			16	28500
宁夏	Ningxia	22787.412	34029	156	25099	91	55820	64	46836
新疆	Xinjiang	99154.705	38768	521	48750	1	22000	196	39648

4-4 续表 1 continued

地 区	Region	电力、热力、燃气及水生产和供应业 Production and Supply of Electricity, Heat, Gas and Water		建筑业 Construction		批发和零售业 Wholesale and Retail Trades		交通运输、仓储和邮政业 Transport, Storage and Post	
		年末人数（人） Year-end Figures (person)	平均工资（元） Average Wage (yuan)	年末人数（人） Year-end Figures (person)	平均工资（元） Average Wage (yuan)	年末人数（人） Year-end Figures (person)	平均工资（元） Average Wage (yuan)	年末人数（人） Year-end Figures (person)	平均工资（元） Average Wage (yuan)
全 国	**National**	**16415**	**37872**	**144014**	**57429**	**22366**	**65231**	**27615**	**47051**
北 京	Beijing	17	79412	117	82480	558	78359	315	216472
天 津	Tianjin	345	44243	127	41446	65	50589	118	65923
河 北	Hebei	1960	35540	3355	47209	286	50571	1957	29696
山 西	Shanxi	1133	23022	1203	38774	407	24012	606	25562
内蒙古	Inner Mongolia	123	28347			40	45561	523	31905
辽 宁	Liaoning	577	22180	755	46852	525	108291	1413	20063
吉 林	Jilin	251	39423	329	51151	95	45029	363	27489
黑龙江	Heilongjiang	1821	36833	972	42370	1628	38816	1928	26843
上 海	Shanghai			164	66201	494	75608	511	94093
江 苏	Jiangsu	79	69780	11492	41782	712	90862	1412	66707
浙 江	Zhejiang	117	50441	25	159680	165	37237	478	37255
安 徽	Anhui	243	44396	6694	60024	258	48312	673	38776
福 建	Fujian	177	30256	121	55027	363	35726	386	33530
江 西	Jiangxi	421	58060	13694	41300	471	33155	1176	55912
山 东	Shandong	647	55366	20421	55645	569	87252	1529	50860
河 南	Henan	1267	55365	7853	52234	1282	32145	1348	32753
湖 北	Hubei	989	31091	5522	46482	1236	69445	1208	45989
湖 南	Hunan	1177	45794	12538	48722	3134	46933	1201	43254
广 东	Guangdong	716	22000	22755	82042	1432	44340	2465	67906
广 西	Guangxi	212	28946	1308	33325	53	32170	584	59784
海 南	Hainan	536	13925	85	21406	44	156518	119	40204
重 庆	Chongqing	45	91474	561	74756	184	127329	1011	59297
四 川	Sichuan	427	41485	13041	68004	826	165105	1879	39248
贵 州	Guizhou	526	43696	4975	75219	1976	115617	189	37870
云 南	Yunnan	293	42932	1654	64803	4030	66660	580	46716
西 藏	Tibet	141	87669	529	107863	145	70143	999	64220
陕 西	Shaanxi	718	38026	5374	52857	620	53940	1492	43167
甘 肃	Gansu	1007	27171	7685	52799	259	50184	796	47552
青 海	Qinghai	68	44682	430	41281	149	60989	81	43937
宁 夏	Ningxia	133	24919	188	35450	64	37607	82	29968
新 疆	Xinjiang	249	37239	49	42862	296	50674	191	38233

4-4 续表 2 continued

地 区	Region	住宿和餐饮业 Hotels and Catering Services		信息传输、软件和信息技术服务业 Information Transmission, Software and Information Technology		金融业 Financial Intermediation		房地产业 Real Estate	
		年末人数（人） Year-end Figures (person)	平均工资（元） Average Wage (yuan)	年末人数（人） Year-end Figures (person)	平均工资（元） Average Wage (yuan)	年末人数（人） Year-end Figures (person)	平均工资（元） Average Wage (yuan)	年末人数（人） Year-end Figures (person)	平均工资（元） Average Wage (yuan)
全 国	**National**	**8899**	**45954**	**6208**	**67057**	**30794**	**33440**	**11774**	**37942**
北 京	Beijing	801	60247	197	71207	2	55857	378	57282
天 津	Tianjin	511	45824	6	86625	763	59132	384	32740
河 北	Hebei	426	39283	128	31122	5	39608	150	40913
山 西	Shanxi	185	30277	33	13389	539	24169	236	32706
内蒙古	Inner Mongolia	5	45333	299	33644	190	34204	56	23216
辽 宁	Liaoning	51	33892	58	34750	1020	24443	170	32439
吉 林	Jilin	100	23459	327	60157	3853	33478	96	43664
黑龙江	Heilongjiang	411	29700	228	44406	459	72039	682	25594
上 海	Shanghai	843	84401	49	117001	34	219650	1150	64703
江 苏	Jiangsu	729	52888	328	102111	177	53647	378	49087
浙 江	Zhejiang	650	47507	231	106306	12	114154	632	37144
安 徽	Anhui	97	40447	307	43325	763	38095	209	32159
福 建	Fujian	94	39148	76	55713	433	26940	403	28501
江 西	Jiangxi	358	42155	96	45094	872	36748	164	45136
山 东	Shandong	526	37010	155	83955	4010	28300	437	34335
河 南	Henan	536	53359	520	83057	1	51000	154	41642
湖 北	Hubei	262	33035	689	47980	83	34838	1022	33770
湖 南	Hunan	78	46957	339	67341	789	31972	320	27332
广 东	Guangdong	513	43705	558	85681	3409	63110	598	43095
广 西	Guangxi	99	25317	123	19708	23	49739	386	21934
海 南	Hainan	14	38556	33	52414	2	125500	877	46248
重 庆	Chongqing	10	55800	51	39911	31	58303	265	37514
四 川	Sichuan	219	24001	400	90020	4362	41673	455	37851
贵 州	Guizhou	32	41586	66	77822	26	55379	246	15902
云 南	Yunnan	313	29108	160	84869	272	48551	384	35835
西 藏	Tibet	149	65121	84	50824	44	99971	6	47261
陕 西	Shaanxi	420	30141	119	26243	7995	11424	758	26365
甘 肃	Gansu	305	34658	37	29156	40	49725	369	35211
青 海	Qinghai			42	23662	22	59655	75	30010
宁 夏	Ningxia			64	89484	179	69043	6	32167
新 疆	Xinjiang	163	39527	404	59300	382	51967	327	33051

4-4 续表 3 continued

地 区 Region	租赁和商务服务业 Leasing and Business Services		科学研究和技术服务业 Scientific Research and Technical Services		水利、环境和公共设施管理业 Management of Water Conservancy,Environment and Public Facilities		居民服务、修理和其他服务业 Service to Households, Repair and Other Services	
	年末人数（人）Year-end Figures (person)	平均工资（元）Average Wage (yuan)	年末人数（人）Year-end Figures (person)	平均工资（元）Average Wage (yuan)	年末人数（人）Year-end Figures (person)	平均工资（元）Average Wage (yuan)	年末人数（人）Year-end Figures (person)	平均工资（元）Average Wage (yuan)
全 国 National	**53779**	**49997**	**57953**	**75898**	**144030**	**30648**	**7317**	**43376**
北 京 Beijing	2559	187738	8496	136231	1728	75438	326	65445
天 津 Tianjin	14117	38654	1291	66058	547	45884	54	36444
河 北 Hebei	1789	36571	682	34880	7392	24183	235	32052
山 西 Shanxi	1347	30289	1079	35800	5909	21409	76	20381
内蒙古 Inner Mongolia	293	45601	618	38879	1506	36066	124	26309
辽 宁 Liaoning	1004	30337	3321	37462	5809	21242	79	41730
吉 林 Jilin	429	35714	596	45697	7812	26694	144	32944
黑龙江 Heilongjiang	1474	24223	1720	35150	16549	25279	673	31544
上 海 Shanghai	2736	87683	2004	116378	90	70827	177	67282
江 苏 Jiangsu	3256	55486	2694	77090	5304	32883	491	58732
浙 江 Zhejiang	2137	53637	2902	77026	2621	37303	682	51496
安 徽 Anhui	776	44805	1646	81217	2347	30278	241	51130
福 建 Fujian	1558	28776	1248	68141	2292	33544	326	39582
江 西 Jiangxi	742	39917	1378	53146	2256	31644	115	43021
山 东 Shandong	1603	34368	2096	79303	5334	30033	409	45261
河 南 Henan	1061	35974	3306	45304	10841	25445	280	30546
湖 北 Hubei	1294	43671	2795	52944	7403	39530	553	37760
湖 南 Hunan	948	35538	1907	56226	6416	28312	195	48093
广 东 Guangdong	5850	51853	5815	109408	7527	32994	265	44109
广 西 Guangxi	620	22940	1500	51949	2350	29993	77	29299
海 南 Hainan	180	46148	642	69568	1720	35902	68	42498
重 庆 Chongqing	890	45697	797	72835	882	48955	122	53374
四 川 Sichuan	582	45907	1728	84488	8613	61509	385	47841
贵 州 Guizhou	501	35283	1547	68100	4738	31882	422	43174
云 南 Yunnan	937	37979	1440	45878	10931	17094	269	24384
西 藏 Tibet	87	38968	451	80378	98	54604	53	39792
陕 西 Shaanxi	2334	46805	1497	59367	8499	29971	315	32315
甘 肃 Gansu	646	29370	1248	40045	2527	30626	36	37242
青 海 Qinghai	184	40476	316	32090	1018	37945		
宁 夏 Ningxia	281	39673	190	32042	431	26627	33	36433
新 疆 Xinjiang	1567	31119	1003	37811	2543	28873	92	75892

4-4 续表 4 continued

地 区	Region	教 育 Education 年末人数（人）Year-end Figures (person)	教 育 Education 平均工资（元）Average Wage (yuan)	卫生和社会工作 Health and Social Service 年末人数（人）Year-end Figures (person)	卫生和社会工作 Health and Social Service 平均工资（元）Average Wage (yuan)	文化、体育和娱乐业 Culture, Sports and Entertainment 年末人数（人）Year-end Figures (person)	文化、体育和娱乐业 Culture, Sports and Entertainment 平均工资（元）Average Wage (yuan)	公共管理、社会保障和社会组织 Public Management, Social Security and Social Organization 年末人数（人）Year-end Figures (person)	公共管理、社会保障和社会组织 Public Management, Social Security and Social Organization 平均工资（元）Average Wage (yuan)
全 国	**National**	**708843**	**41298**	**420187**	**68736**	**37645**	**48335**	**967933**	**39404**
北 京	Beijing	16503	120444	7529	110121	2676	109731	26669	27229
天 津	Tianjin	6202	45470	4921	83100	367	62179	8389	65633
河 北	Hebei	18613	29625	26718	41824	1465	40477	32106	29596
山 西	Shanxi	12527	28582	9491	42654	996	24658	24448	23831
内蒙古	Inner Mongolia	9239	38029	5063	52676	646	31457	26536	39680
辽 宁	Liaoning	15158	29504	19890	59174	1417	31713	20441	27579
吉 林	Jilin	9110	41894	8224	43707	1080	47635	16151	25966
黑龙江	Heilongjiang	11408	26309	17049	37817	1011	31860	29449	27559
上 海	Shanghai	12671	95969	9418	134069	592	79217	1774	53603
江 苏	Jiangsu	40311	56382	31188	105879	2096	62456	40297	62574
浙 江	Zhejiang	38216	59248	18327	112376	1655	55253	31192	61078
安 徽	Anhui	18245	32560	9400	68554	998	44256	35711	49376
福 建	Fujian	43505	37636	10121	67452	1771	34019	25211	39161
江 西	Jiangxi	26579	33572	7058	51269	865	32166	36576	39493
山 东	Shandong	21456	40015	33044	61657	1296	44469	47035	41675
河 南	Henan	26596	36681	16597	63029	2715	38216	35750	37453
湖 北	Hubei	32689	40321	15067	72199	1570	44854	45022	50017
湖 南	Hunan	35556	33333	11600	61114	1428	57807	32040	36890
广 东	Guangdong	37041	61554	15996	146538	1999	44254	43658	56441
广 西	Guangxi	32784	28997	7707	66036	1078	26701	29125	33643
海 南	Hainan	6347	44632	4390	48113	213	42279	6727	41193
重 庆	Chongqing	21392	34923	5883	80382	409	59713	12407	37896
四 川	Sichuan	54930	38401	22835	69441	2282	53035	51188	39919
贵 州	Guizhou	42557	30945	20720	61826	832	38467	95482	35168
云 南	Yunnan	41261	25331	37470	51476	1042	41558	66379	31343
西 藏	Tibet	3330	41687	1984	64802	265	47506	8968	61901
陕 西	Shaanxi	24986	39357	13609	48133	1851	40801	26602	31082
甘 肃	Gansu	17259	30592	16282	42058	1458	29371	32135	29300
青 海	Qinghai	3527	32214	2044	63545	323	42421	9123	34198
宁 夏	Ningxia	8056	23765	2616	74082	297	24285	9858	31512
新 疆	Xinjiang	20788	37335	7948	47212	952	46155	61483	38501

五、城镇集体单位就业人员和工资总额

EMPLOYMENT AND TOTAL WAGES IN URBAN COLLECTIVE-OWNED UNITS

5-1 分行业城镇集体单位就业人员和工资总额(2021年)
EMPLOYMENT AND TOTAL WAGES IN URBAN COLLECTIVE-OWNED UNITS BY SECTOR (2021)

项　　目	Item	年末人数(千人) Year-end Figures (1000 persons)	#女性 Female	工资总额(亿元) Total Wages (100 million yuan)	平均工资(元) Average Wage (yuan)
全国总计	**National Total**	**2617**	**1095**	**1920.0**	**74491**
农、林、牧、渔业	**Agriculture, Forestry, Animal Husbandry and Fishery**	**28**	**11**	**11.9**	**43980**
农业	Farming	15	7	5.8	38292
林业	Forestry	7	2	2.7	44730
畜牧业	Animal Husbandry	1		0.5	50977
渔业	Fishery	1		0.8	53472
农、林、牧、渔专业及辅助性活动	Professional and Support Activities for Agriculture, Forestry, Animal Husbandry and Fishery	3	1	2.1	62435
采矿业	**Mining**	**22**	**2**	**16.3**	**76569**
煤炭开采和洗选业	Mining and Washing of Coal	14	1	11.6	89142
石油和天然气开采业	Extraction of Petroleum and Natural Gas				
黑色金属矿采选业	Mining and Processing of Ferrous Metal Ores	2		1.0	45674
有色金属矿采选业	Mining and Processing of Non-Ferrous Metal Ores	1		0.8	69046
非金属矿采选业	Mining and Processing of Non-metal Ores	5	1	2.6	58724
开采专业及辅助性活动	Professional and Support Activities for Mining				
其他采矿业	Mining of Other Ores				
制造业	**Manufacturing**	**188**	**76**	**110.2**	**58414**
农副食品加工业	Processing of Food from Agricultural Products	4	1	1.7	45503
食品制造业	Manufacture of Foods	2	1	0.7	46227
酒、饮料和精制茶制造业	Manufacture of Liquor, Beverages and Refined Tea	4	2	1.9	44660
烟草制品业	Manufacture of Tobacco	1		1.6	107357
纺织业	Manufacture of Textile	5	4	2.6	48726
纺织服装、服饰业	Manufacture of Textile, Wearing Apparel and Accessories	6	4	2.6	43793
皮革、毛皮、羽毛及其制品和制鞋业	Manufacture of Leather, Fur, Feather and Related Products and Footwear	2	1	0.8	42083
木材加工和木、竹、藤、棕、草制品业	Processing of Timber, Manufacture of Wood, Bamboo, Rattan, Palm and Straw Products	2	1	1.2	55744
家具制造业	Manufacture of Furniture				
造纸及纸制品业	Manufacture of Paper and Paper Products	7	2	3.9	58516
印刷和记录媒介复制业	Printing and Reproduction of Recording Media	12	6	8.2	67366
文教、工美、体育和娱乐用品制造业	Manufacture of Articles for Culture, Education, Arts and Crafts, Sport and Entertainment Activities	11	6	6.3	56892
石油、煤炭及其他燃料加工业	Processing of Petroleum, Coal and Other Fuels	3	1	1.2	43211

5−1 续表 1 continued

项 目	Item	年末人数（千人）Year-end Figures (1000 persons)	#女 性 Female	工资总额（亿元）Total Wages (100 million yuan)	平均工资（元）Average Wage (yuan)
化学原料和化学制品制造业	Manufacture of Raw Chemical Materials and Chemical Products	12	4	7.0	61211
医药制造业	Manufacture of Medicines	2	1	1.1	48721
化学纤维制造业	Manufacture of Chemical Fibres				
橡胶和塑料制品业	Manufacture of Rubber and Plastics Products	11	6	6.1	56338
非金属矿物制品业	Manufacture of Non-metallic Mineral Products	12	3	6.0	49220
黑色金属冶炼和压延加工业	Smelting and Pressing of Ferrous Metals	4		1.7	42401
有色金属冶炼和压延加工业	Smelting and Pressing of Non-ferrous Metals	3	1	1.5	56774
金属制品业	Manufacture of Metal Products	19	6	11.2	57982
通用设备制造业	Manufacture of General Purpose Machinery	15	5	8.0	51937
专用设备制造业	Manufacture of Special Purpose Machinery	13	4	8.8	67017
汽车制造业	Manufacture of Automobiles	3	1	2.4	71375
铁路、船舶、航空航天和其他运输设备制造业	Manufacture of Railway, Ship, Aerospace and Other Transport Equipments	5	1	3.8	72653
电气机械和器材制造业	Manufacture of Electrical Machinery and Apparatus	9	3	6.5	72188
计算机、通信和其他电子设备制造业	Manufacture of Computers, Communication and Other Electronic Equipment	10	7	6.4	67074
仪器仪表制造业	Manufacture of Measuring Instruments and Machinery	2	1	1.4	62382
其他制造业	Other Manufacture	1		0.3	53548
废弃资源综合利用业	Utilization of Waste Resources	2	1	0.8	47966
金属制品、机械和设备修理业	Repair Service of Metal Products, Machinery and Equipment	6	2	4.3	67336
电力、热力、燃气及水生产和供应业	**Production and Supply of Electricity, Heat, Gas and Water**	**32**	**9**	**17.6**	**54836**
电力、热力生产和供应业	Production and Supply of Electric Power and Heat Power	10	2	5.3	53519
燃气生产和供应业	Production and Supply of Gas	1		0.6	92665
水的生产和供应业	Production and Supply of Water	22	7	11.7	54393
建筑业	**Construction**	**745**	**110**	**379.5**	**52758**
房屋建筑业	Construction of Buildings	632	92	311.2	51151
土木工程建筑业	Civil Engineering	71	11	38.5	55567
建筑安装业	Building Installation	25	5	19.3	76506
建筑装饰、装修和其他建筑业	Building Decoration and Other Constructions	17	2	10.5	64090
批发和零售业	**Wholesale and Retail Trades**	**83**	**39**	**41.6**	**50424**
批发业	Wholesale Trade	35	13	18.9	54267
零售业	Retail Trade	48	26	22.7	47612

5-1 续表 2 continued

项　目	Item	年末人数(千人) Year-end Figures (1000 persons)	#女性 Female	工资总额(亿元) Total Wages (100 million yuan)	平均工资(元) Average Wage (yuan)
交通运输、仓储和邮政业	**Transport, Storage and Post**	**58**	**16**	**31.3**	**53365**
铁路运输业	Railway Transport	1		0.7	62329
道路运输业	Road Transport	34	8	17.1	50621
水上运输业	Water Transport	5	2	3.1	59110
航空运输业	Air Transport				
管道运输业	Transport Via Pipelines				
多式联运和运输代理业	Intermodality and Forwarding Agency	1		0.7	62742
装卸搬运和仓储业	Loading, Unloading and Storage	17	5	9.0	53941
邮政业	Post				
住宿和餐饮业	**Hotels and Catering Services**	**24**	**14**	**13.1**	**53967**
住宿业	Hotels	15	8	8.3	54871
餐饮业	Catering Services	9	5	4.8	52468
信息传输、软件和信息技术服务业	**Information Transmission, Software and Information Technology**	**4**	**2**	**4.0**	**91676**
电信、广播电视和卫星传输服务	Telecommunication, Radio and Television and Satellite Transmission Service	2	1	2.1	86140
互联网和相关服务	Internet and Related Service	1		0.6	113855
软件和信息技术服务业	Software and Information Technology	1	1	1.3	93064
金融业	**Financial Intermediation**	**65**	**29**	**90.6**	**139096**
货币金融服务	Monetary and Financial Service	65	28	90.0	139305
资本市场服务	Capital Market Service				
保险业	Insurance				
其他金融业	Other Financial Activities				
房地产业	**Real Estate**	**87**	**33**	**56.5**	**64590**
租赁和商务服务业	**Leasing and Business Services**	**186**	**59**	**113.1**	**61404**
租赁业	Leasing	2	1	1.2	61055
商务服务业	Business Services	184	59	111.9	61408
科学研究和技术服务业	**Scientific Research and Technical Services**	**42**	**15**	**39.5**	**93624**
研究和试验发展	Research and Experimental Development	4	1	3.6	101876
专业技术服务业	Professional Technical Services	31	11	29.1	92515

5-1 续表 3 continued

项目	Item	年末人数（千人）Year-end Figures (1000 persons)	#女性 Female	工资总额（亿元）Total Wages (100 million yuan)	平均工资（元）Average Wage (yuan)
科技推广和应用服务业	Science and Technology Popularization and Application Services	7	3	6.9	94438
水利、环境和公共设施管理业	**Management of Water Conservancy, Environment and Public Facilities**	**52**	**23**	**31.9**	**59924**
水利管理业	Management of Water Conservancy	5	1	4.6	88215
生态保护和环境治理业	Ecological Protection and Environmental Treatment	1		1.0	66369
公共设施管理业	Management of Public Facilities	45	21	26.1	56434
土地管理业	Management of Land				
居民服务、修理和其他服务业	**Service to Households, Repair and Other Services**	**35**	**15**	**24.2**	**68678**
居民服务业	Service to Households	17	8	10.4	60532
机动车、电子产品和日用产品修理业	Repair of Motor Vehicle, Electronics and Household Products	4	1	2.4	53992
其他服务业	Other Services	14	6	11.4	83825
教育	**Education**	**530**	**369**	**511.8**	**97791**
卫生和社会工作	**Health and Social Service**	**362**	**245**	**359.6**	**100319**
卫生	Health	330	223	342.5	105046
社会工作	Social Service	33	22	17.1	52823
文化、体育和娱乐业	**Culture, Sports and Entertainment**	**17**	**8**	**14.2**	**82997**
新闻和出版业	Journalism and Publishing Activities	2	1	2.2	89966
广播、电视、电影和录音制作业	Radio, Television, Motion Picture and Audio-visual Programme Production Services	2	1	1.5	92040
文化艺术业	Cultural and Art Activities	9	5	7.7	82539
体育	Sports Activities	2	1	2.1	86555
娱乐业	Entertainment	1	1	0.7	54818
公共管理、社会保障和社会组织	**Public Management, Social Security and Social Organization**	**53**	**20**	**53.2**	**100067**
#中国共产党机关	Organs of Communist Party of China	1	0	1.0	169385
国家机构	Government Agencies	45	16	46.0	101407
人民政协、民主党派	People's Political Consultative Conference and Democratic Parties				
社会保障	Social Security	2	1	1.5	89106
群众团体、社会团体和其他成员组织	Non-Governmental Organizations, Social Organizations and Membership Organizations	6	3	4.7	84637

5-2 各地区分行业城镇集体单位就业人员和工资总额(2021年)
EMPLOYMENT AND TOTAL WAGES IN URBAN COLLECTIVE-OWNED UNITS BY SECTOR AND REGION (2021)

地区	Region	总计 Total				农、林、牧、渔业 Agriculture, Forestry, Animal Husbandry and Fishery			
		年末人数(人) Year-end Figures (person)	#女性 Female	工资总额(千元) Total Wages (1000 yuan)	平均工资(元) Average Wage (yuan)	年末人数(人) Year-end Figures (person)	#女性 Female	工资总额(千元) Total Wages (1000 yuan)	平均工资(元) Average Wage (yuan)
全　国	**National**	**2616741**	**1095175**	**192000871**	**74491**	**28114**	**10572**	**1188360**	**43980**
北　京	Beijing	94245	39481	7072212	75525	5864	1933	234838	47468
天　津	Tianjin	19593	7697	1375365	69911	25	11	1137	40607
河　北	Hebei	103839	53271	6477180	62548	505	140	28861	57303
山　西	Shanxi	51213	18916	2926771	56533	339	87	7843	24276
内蒙古	Inner Mongolia	18399	9785	1626732	89475	53	9	2597	49000
辽　宁	Liaoning	76659	27868	3958630	49395	3863	1735	71716	18722
吉　林	Jilin	9781	4080	770643	77947	105	25	1621	19826
黑龙江	Heilongjiang	20406	7035	1402106	68118	107	29	4575	42757
上　海	Shanghai	79558	37968	9283174	119507	519	170	32033	60371
江　苏	Jiangsu	313903	177199	32264604	103460	980	293	59221	60416
浙　江	Zhejiang	71766	25335	5303072	75225	213	56	10013	44763
安　徽	Anhui	71119	30476	5950080	85045	590	179	31273	54212
福　建	Fujian	83265	41657	6228837	75505	149	28	5504	36913
江　西	Jiangxi	82874	23314	4637157	56827	667	192	27984	42244
山　东	Shandong	178918	73145	11853848	67351	684	137	43775	59416
河　南	Henan	190739	86013	11956733	64034	560	155	26650	47842
湖　北	Hubei	78905	37450	4527994	58287	9077	4278	404961	45594
湖　南	Hunan	131997	41038	7470139	59232	602	143	24562	40679
广　东	Guangdong	363204	142066	27336116	76875	425	81	22305	52294
广　西	Guangxi	60259	14707	2902879	50220	192	69	9444	50324
海　南	Hainan	9663	3864	653551	68803	260	88	3827	14589
重　庆	Chongqing	42480	15314	3003534	71397	229	93	8237	36609
四　川	Sichuan	151095	45276	9652177	64911	143	34	11541	80706
贵　州	Guizhou	26962	10134	1851045	70025	352	126	13303	34884
云　南	Yunnan	112348	56281	10064596	91304	485	126	14412	29489
西　藏	Tibet	2834	948	222848	76945	51	24	5295	105900
陕　西	Shaanxi	90779	34883	5619855	65110	162	50	8485	53031
甘　肃	Gansu	52288	16219	3152588	59787	268	74	18994	70612
青　海	Qinghai	6027	2605	560683	88323	390	122	30565	76413
宁　夏	Ningxia	3936	2174	346756	81922				
新　疆	Xinjiang	17689	8976	1548966	93218	253	85	22786	91144

5-2 续表 1 continued

地区	Region	采矿业 Mining 年末人数（人）Year-end Figures (person)	#女性 Female	工资总额（千元）Total Wages (1000 yuan)	平均工资（元）Average Wage (yuan)	制造业 Manufacturing 年末人数（人）Year-end Figures (person)	#女性 Female	工资总额（千元）Total Wages (1000 yuan)	平均工资（元）Average Wage (yuan)
全　国	**National**	**22199**	**2229**	**1631302**	**76569**	**188377**	**76053**	**11019355**	**58414**
北　京	Beijing					7181	2474	557256	76491
天　津	Tianjin					2933	904	143597	48992
河　北	Hebei	196	21	12512	55091	13352	5062	617811	45017
山　西	Shanxi	4896	456	575607	118657	9514	3624	424731	43445
内蒙古	Inner Mongolia					897	321	54331	60943
辽　宁	Liaoning	407	85	34562	44268	16359	3986	761461	45882
吉　林	Jilin	45	11	1700	37778	1155	473	68461	58922
黑龙江	Heilongjiang	4117	335	213164	58265	3035	1014	296421	93197
上　海	Shanghai					5900	2210	487322	81846
江　苏	Jiangsu	108	18	5801	52257	14058	6821	787238	56315
浙　江	Zhejiang	161	26	8357	52560	4826	2011	333422	68377
安　徽	Anhui	37	15	1567	42351	5003	1887	411987	82284
福　建	Fujian	1706	80	102968	62557	8384	4216	530651	64673
江　西	Jiangxi	203	29	9902	42681	3160	1277	166600	53528
山　东	Shandong	208	34	13756	60334	12476	4571	819532	65970
河　南	Henan					15823	6297	919699	58361
湖　北	Hubei	677	211	29783	44320	2869	1060	148661	51854
湖　南	Hunan	2060	186	146128	69026	10613	3869	660506	64159
广　东	Guangdong	37	4	1594	43081	26721	15150	1579073	58983
广　西	Guangxi	48	16	2578	53708	4420	1922	218235	52488
海　南	Hainan					195	98	7191	36877
重　庆	Chongqing	365	72	26591	74904	3670	1089	203545	55787
四　川	Sichuan	193	36	6891	38713	4230	1453	233149	55094
贵　州	Guizhou	254	18	12727	49910	1129	468	64545	56438
云　南	Yunnan	1583	76	98984	69365	3572	1541	203151	57522
西　藏	Tibet	432	68	39520	92034	400	123	15070	38152
陕　西	Shaanxi	2462	295	172409	71420	4763	1475	219711	45731
甘　肃	Gansu	1977	130	110581	80997	1117	413	51708	46190
青　海	Qinghai					220	102	12882	57509
宁　夏	Ningxia					247	68	11958	48413
新　疆	Xinjiang	28	8	3621	113156	154	74	9450	63423

5-2 续表 2 continued

地区	Region	电力、热力、燃气及水生产和供应业 Production and Supply of Electricity, Heat, Gas and Water				建筑业 Construction			
		年末人数（人） Year-end Figures (person)	#女性 Female	工资总额（千元） Total Wages (1000 yuan)	平均工资（元） Average Wage (yuan)	年末人数（人） Year-end Figures (person)	#女性 Female	工资总额（千元） Total Wages (1000 yuan)	平均工资（元） Average Wage (yuan)
全 国	**National**	**32384**	**9095**	**1755616**	**54836**	**745486**	**110246**	**37945686**	**52758**
北 京	Beijing	418	116	31927	78252	4564	1108	400311	86914
天 津	Tianjin	81	31	2571	33829	2658	652	224627	82402
河 北	Hebei	519	199	26123	50269	10114	1419	575353	55789
山 西	Shanxi	569	157	18411	33503	7439	1348	338604	44425
内蒙古	Inner Mongolia	15	4	893	59533	267	54	8701	31872
辽 宁	Liaoning	486	97	13544	28664	16389	2964	962526	50048
吉 林	Jilin	71	21	2677	34321	1390	278	120361	84704
黑龙江	Heilongjiang	101	38	6330	62985	3739	867	283040	66849
上 海	Shanghai	141	52	16652	119799	6852	520	330643	68555
江 苏	Jiangsu	2310	685	147557	64326	18874	2880	1098666	61052
浙 江	Zhejiang	3345	801	226964	67883	25946	2364	1505195	60882
安 徽	Anhui	323	99	20603	66162	22194	3220	1407295	64648
福 建	Fujian	1558	412	67766	43172	17132	3156	850771	49990
江 西	Jiangxi	235	77	9312	39095	56346	10057	2936204	53109
山 东	Shandong	770	313	42465	55560	65028	8174	3234316	51048
河 南	Henan	1273	410	99679	79522	41980	4870	2017260	50041
湖 北	Hubei	2639	827	131031	50014	13387	1805	548350	44217
湖 南	Hunan	3380	955	164343	48672	66060	7983	2920069	48435
广 东	Guangdong	8986	2249	485525	55928	129515	24200	6240176	50244
广 西	Guangxi	736	195	27466	37434	43858	6461	2090263	50205
海 南	Hainan	181	40	4192	23205	2787	391	127606	49023
重 庆	Chongqing	1076	370	47141	44341	18348	2921	1050131	57747
四 川	Sichuan	1376	437	79100	57243	89422	10484	4768312	54598
贵 州	Guizhou	325	82	14427	44106	6578	1382	299142	52917
云 南	Yunnan	712	159	30059	41706	18620	3150	924500	52375
西 藏	Tibet	9	2	603	67000	1042	184	53007	47485
陕 西	Shaanxi	159	43	7770	48868	28521	3876	1232731	51545
甘 肃	Gansu	394	169	16865	42913	24050	2828	1146473	45139
青 海	Qinghai	62	23	2635	42500	1875	543	181484	82231
宁 夏	Ningxia	56	8	5118	56867	186	33	36338	62869
新 疆	Xinjiang	78	24	5865	69000	324	75	33231	93084

5-2 续表 3 continued

地 区	Region	批发和零售业 Wholesale and Retail Trades 年末人数(人) Year-end Figures (person)	#女 性 Female	工资总额(千元) Total Wages (1000 yuan)	平均工资(元) Average Wage (yuan)	交通运输、仓储和邮政业 Transport, Storage and Post 年末人数(人) Year-end Figures (person)	#女 性 Female	工资总额(千元) Total Wages (1000 yuan)	平均工资(元) Average Wage (yuan)
全 国	**National**	**82694**	**38963**	**4157797**	**50424**	**58320**	**15752**	**3128121**	**53365**
北 京	Beijing	4080	1906	338336	82153	2870	448	135766	46252
天 津	Tianjin	1133	487	69421	60786	905	213	45914	49679
河 北	Hebei	4302	1918	149979	35873	1489	335	55354	36798
山 西	Shanxi	7273	3101	240226	32565	1794	432	81965	45539
内蒙古	Inner Mongolia	223	94	15944	71069	606	225	28467	46856
辽 宁	Liaoning	2510	1170	111156	43773	1983	430	87684	46656
吉 林	Jilin	215	93	11083	51077	373	96	19781	53031
黑龙江	Heilongjiang	899	493	33943	37310	621	188	32668	54327
上 海	Shanghai	2095	950	180423	83815	1766	306	110988	60522
江 苏	Jiangsu	4999	2265	321059	63992	7459	1631	513187	67514
浙 江	Zhejiang	2695	1546	200773	74651	2259	497	168568	73713
安 徽	Anhui	947	385	40888	42526	2015	679	89332	44480
福 建	Fujian	3611	1340	154000	42775	1123	373	54458	48665
江 西	Jiangxi	1067	419	48526	45795	1473	277	64900	43426
山 东	Shandong	5954	2733	314634	53034	2482	732	129997	53894
河 南	Henan	7123	2922	301665	43050	6721	1824	317600	47720
湖 北	Hubei	6812	4875	288207	43802	2383	716	111411	45333
湖 南	Hunan	3182	1306	125723	39460	3889	870	151510	37668
广 东	Guangdong	6931	2810	411524	58958	5042	1702	251556	49365
广 西	Guangxi	1891	780	72872	38145	1209	554	72211	59992
海 南	Hainan	324	157	10365	32681	553	135	63575	113934
重 庆	Chongqing	1071	445	51882	48469	1067	200	52481	49875
四 川	Sichuan	2146	1245	137844	64025	3110	718	176626	56708
贵 州	Guizhou	833	308	38234	46721	908	380	59872	64844
云 南	Yunnan	2064	997	93814	43778	1552	560	73910	48818
西 藏	Tibet	56	32	5227	93339	18	10	960	53333
陕 西	Shaanxi	3807	1760	165559	44172	2063	981	143187	70355
甘 肃	Gansu	914	391	38393	42487	249	107	10959	44012
青 海	Qinghai	224	74	9164	41134	119	62	7779	64825
宁 夏	Ningxia	710	433	30694	48261	9		488	69714
新 疆	Xinjiang	2602	1528	146239	56188	211	72	14969	70943

5-2 续表 4 continued

地 区	Region	住宿和餐饮业 Hotels and Catering Services				信息传输、软件和信息技术服务业 Information Transmission, Software and Information Technology			
		年末人数（人）Year-end Figures (person)	#女 性 Female	工资总额（千元）Total Wages (1000 yuan)	平均工资（元）Average Wage (yuan)	年末人数（人）Year-end Figures (person)	#女 性 Female	工资总额（千元）Total Wages (1000 yuan)	平均工资（元）Average Wage (yuan)
全 国	**National**	**24094**	**13562**	**1313933**	**53967**	**4404**	**1593**	**401129**	**91676**
北 京	Beijing	4482	2179	354837	79405	744	288	53846	72526
天 津	Tianjin	221	103	11657	47309	51	25	4031	83979
河 北	Hebei	760	435	24053	31882	200	90	9292	46460
山 西	Shanxi	594	413	19104	31098	110	52	2873	25883
内蒙古	Inner Mongolia	162	106	7262	47569	51	15	2975	58333
辽 宁	Liaoning	487	297	18302	38134	55	12	2426	43957
吉 林	Jilin	111	84	3273	30028	6		110	18333
黑龙江	Heilongjiang	198	126	8551	42755	107	28	13533	125306
上 海	Shanghai	1878	932	139212	73730	2		241	120500
江 苏	Jiangsu	1328	704	77193	55603	590	100	69754	118196
浙 江	Zhejiang	773	421	47868	59405	603	171	72499	119438
安 徽	Anhui	443	290	22875	51912	70	26	3995	60530
福 建	Fujian	547	326	29837	54396	73	38	4818	66000
江 西	Jiangxi	195	136	7549	38713	337	140	31557	91470
山 东	Shandong	1249	666	53189	41647	38	15	2960	92500
河 南	Henan	1412	837	56543	40082	192	77	10077	52898
湖 北	Hubei	1263	763	55048	43141	84	26	4886	57337
湖 南	Hunan	730	453	37481	51591	137	38	7976	58219
广 东	Guangdong	2025	1025	115071	55425	372	176	46546	126482
广 西	Guangxi	322	223	14063	42330	45	26	2640	62857
海 南	Hainan	42	14	1702	40524	127	42	9114	70651
重 庆	Chongqing	901	642	35236	39294	16	9	811	50688
四 川	Sichuan	1124	652	47146	42053	38	36	1298	43267
贵 州	Guizhou	413	277	18399	43600	2		40	20000
云 南	Yunnan	1018	566	45472	44080	270	128	31103	119627
西 藏	Tibet	259	198	17162	66778	36	16	7854	218167
陕 西	Shaanxi	588	354	23033	38406	30	12	2023	67433
甘 肃	Gansu	493	290	19966	39214	2	1	127	63500
青 海	Qinghai	72	44	2719	38296				
宁 夏	Ningxia								
新 疆	Xinjiang	6	5	130	21667	16	6	1724	156727

5-2 续表 5 continued

地 区	Region	金融业 Financial Intermediation				房地产业 Real Estate			
		年末人数（人） Year-end Figures (person)	#女 性 Female	工资总额（千元） Total Wages (1000 yuan)	平均工资（元） Average Wage (yuan)	年末人数（人） Year-end Figures (person)	#女 性 Female	工资总额（千元） Total Wages (1000 yuan)	平均工资（元） Average Wage (yuan)
全 国	**National**	**64973**	**28800**	**9058265**	**139096**	**87069**	**33457**	**5647685**	**64590**
北 京	Beijing					17813	6551	1465560	81512
天 津	Tianjin					1895	728	95227	49572
河 北	Hebei	1115	517	156922	139486	2586	1175	87949	34057
山 西	Shanxi	7477	3677	807811	106599	2700	1119	77760	28948
内蒙古	Inner Mongolia	7363	3562	988592	134511	103	39	4110	38411
辽 宁	Liaoning	3089	1205	231884	73661	1821	641	83143	46018
吉 林	Jilin	2526	1058	320949	126408	173	56	6021	34069
黑龙江	Heilongjiang	1678	608	160093	94311	170	55	6952	40185
上 海	Shanghai	4	3	3394	565667	6235	2365	557431	88708
江 苏	Jiangsu	236	175	25876	106926	9724	5230	554968	56603
浙 江	Zhejiang	53	26	2858	56039	1960	699	177879	80684
安 徽	Anhui	191	108	14436	75979	628	224	29943	47660
福 建	Fujian					2038	847	126085	62802
江 西	Jiangxi					350	148	19432	55531
山 东	Shandong	95	71	18263	175606	5085	1787	238960	47136
河 南	Henan	4563	1787	424054	92528	1929	830	99348	50705
湖 北	Hubei					1482	596	71648	48572
湖 南	Hunan	20		2382	122154	1420	694	99552	59683
广 东	Guangdong	491	269	56673	115896	20228	6364	1415314	71782
广 西	Guangxi	13	9	203	20300	1317	526	64660	48686
海 南	Hainan	259	145	52877	196569	868	349	41433	46244
重 庆	Chongqing					525	229	25381	47960
四 川	Sichuan	8	2	800	100000	1187	427	57215	48850
贵 州	Guizhou	2397	1036	523582	216142	734	307	44088	61057
云 南	Yunnan	12021	5345	2657466	220538	982	375	48680	48860
西 藏	Tibet								
陕 西	Shaanxi	8443	3636	1091735	128788	1329	485	69885	48810
甘 肃	Gansu	5349	2044	464794	88230	1103	349	45418	41031
青 海	Qinghai	1060	556	165768	155117	44	9	1372	31182
宁 夏	Ningxia	265	87	49109	184620	385	159	14759	41428
新 疆	Xinjiang	6259	2875	837745	135957	254	94	17514	68281

5-2 续表 6 continued

地 区	Region	租赁和商务服务业 Leasing and Business Services				科学研究和技术服务业 Scientific Research and Technical Services			
		年末人数(人) Year-end Figures (person)	#女 性 Female	工资总额(千元) Total Wages (1000 yuan)	平均工资(元) Average Wage (yuan)	年末人数(人) Year-end Figures (person)	#女 性 Female	工资总额(千元) Total Wages (1000 yuan)	平均工资(元) Average Wage (yuan)
全 国	**National**	**185808**	**59500**	**11306860**	**61404**	**42417**	**14806**	**3953504**	**93624**
北 京	Beijing	17979	7540	1103490	62277	2747	1190	302834	107063
天 津	Tianjin	2799	1072	160882	58149	390	167	28106	71987
河 北	Hebei	9557	3082	390300	41710	1151	508	61805	54794
山 西	Shanxi	3187	1151	137380	42019	407	156	15000	37881
内蒙古	Inner Mongolia	1068	551	47476	45676	395	168	20472	51544
辽 宁	Liaoning	9033	2350	411809	45147	1265	439	98388	76431
吉 林	Jilin	538	209	27115	49515	442	126	28969	66749
黑龙江	Heilongjiang	628	192	26614	41978	443	153	28498	64505
上 海	Shanghai	13653	4987	1208497	88575	1007	316	138120	137913
江 苏	Jiangsu	20067	5594	1268164	63333	8066	2639	1050968	130908
浙 江	Zhejiang	5696	1772	501811	88711	1777	560	179977	103742
安 徽	Anhui	2645	1044	180288	67833	1049	389	71884	68324
福 建	Fujian	1869	542	97578	52850	901	221	115135	128571
江 西	Jiangxi	2162	407	109244	50337	728	249	67401	92318
山 东	Shandong	4638	1346	285695	61607	2823	1017	201515	73963
河 南	Henan	3382	1482	169931	51095	3922	1395	232766	59790
湖 北	Hubei	3961	1914	332961	75638	1999	517	112330	56343
湖 南	Hunan	2124	902	102240	47384	1115	349	88883	78034
广 东	Guangdong	57364	16972	3629727	64541	2739	909	267297	98121
广 西	Guangxi	617	267	36159	54814	952	348	47142	50592
海 南	Hainan	181	80	7769	41784	526	224	48630	93474
重 庆	Chongqing	640	282	50791	79347	409	134	41097	99387
四 川	Sichuan	3930	1000	202630	52184	1786	674	202467	115016
贵 州	Guizhou	5412	665	270378	46299	336	96	26173	77549
云 南	Yunnan	1378	589	91125	65101	2539	874	276257	107392
西 藏	Tibet	33	1	1098	33273	48	22	7921	165021
陕 西	Shaanxi	5296	747	232982	42777	1396	615	96832	69670
甘 肃	Gansu	1598	787	88008	57278	575	160	49347	91417
青 海	Qinghai	282	103	14533	53234	77	44	4880	63664
宁 夏	Ningxia	151	51	5445	36060	38	14	2964	78000
新 疆	Xinjiang	3941	1818	114741	39924	370	136	39447	103993

5-2 续表 7 continued

地 区	Region	水利、环境和公共设施管理业 Management of Water Conservancy, Environment and Public Facilities				居民服务、修理和其他服务业 Service to Households, Repair and Other Services			
		年末人数（人） Year-end Figures (person)	#女 性 Female	工资总额（千元） Total Wages (1000 yuan)	平均工资（元） Average Wage (yuan)	年末人数（人） Year-end Figures (person)	#女 性 Female	工资总额（千元） Total Wages (1000 yuan)	平均工资（元） Average Wage (yuan)
全 国	**National**	**52349**	**22741**	**3185774**	**59924**	**35249**	**14916**	**2419930**	**68678**
北 京	Beijing	5818	1518	362587	61129	3881	1725	199701	52053
天 津	Tianjin	588	145	56211	96417	769	255	47737	60966
河 北	Hebei	2301	1210	70549	30835	847	386	37728	44221
山 西	Shanxi	415	179	9800	23877	494	232	15719	31031
内蒙古	Inner Mongolia	412	293	10530	25272	519	360	20244	43617
辽 宁	Liaoning	368	75	13665	37133	765	249	33938	44392
吉 林	Jilin	179	73	4278	24307	544	148	25724	44161
黑龙江	Heilongjiang	96	35	5821	61598	134	69	6057	41345
上 海	Shanghai	3861	1354	350024	89766	4491	1836	296725	65883
江 苏	Jiangsu	16089	7670	1092084	65732	8320	2841	932290	112034
浙 江	Zhejiang	1124	412	65194	57479	1942	686	126144	62637
安 徽	Anhui	359	93	33155	92956	721	379	34699	57234
福 建	Fujian	671	337	32699	49269	556	219	35056	63290
江 西	Jiangxi	431	202	23006	51583	129	38	5834	45574
山 东	Shandong	1808	839	95318	49881	1704	827	91536	54523
河 南	Henan	1791	642	98972	56535	2388	1574	128443	55717
湖 北	Hubei	2320	1270	118223	51574	681	374	39178	57891
湖 南	Hunan	1086	248	77326	71016	306	124	16849	55607
广 东	Guangdong	5202	1832	362630	69021	1815	589	97904	53680
广 西	Guangxi	64	21	4011	62664	578	346	37396	62327
海 南	Hainan	24	6	743	30958	46	20	2805	59681
重 庆	Chongqing	74	23	6977	94284	446	183	24308	55288
四 川	Sichuan	5489	3411	199839	36000	926	494	57023	61304
贵 州	Guizhou	187	106	11016	55636	415	170	25908	61321
云 南	Yunnan	693	232	47007	70116	805	406	31237	37394
西 藏	Tibet	7	2	477	68143				
陕 西	Shaanxi	544	264	25533	46176	759	313	35586	42446
甘 肃	Gansu	289	231	4319	15101	75	23	2737	36493
青 海	Qinghai	34	11	1863	54794	146	21	6503	44541
宁 夏	Ningxia	5		143	28600	5	3	240	48000
新 疆	Xinjiang	19	7	1773	93316	42	26	4683	104067

5-2 续表 8 continued

地 区	Region	教 育 Education 年末人数(人) Year-end Figures (person)	#女 性 Female	工资总额(千元) Total Wages (1000 yuan)	平均工资(元) Average Wage (yuan)	卫生和社会工作 Health and Social Service 年末人数(人) Year-end Figures (person)	#女 性 Female	工资总额(千元) Total Wages (1000 yuan)	平均工资(元) Average Wage (yuan)
全 国	**National**	**529985**	**368996**	**51182973**	**97791**	**362225**	**245324**	**35964017**	**100319**
北 京	Beijing	5801	4386	590283	101335	8424	5236	770562	91568
天 津	Tianjin	2026	1403	172332	86674	1697	1031	114201	67415
河 北	Hebei	22417	15330	1894168	85568	29203	19886	2093263	72336
山 西	Shanxi	2190	1632	88838	42112	1186	835	42426	37203
内蒙古	Inner Mongolia	2789	1973	171262	62684	2362	1521	157577	67272
辽 宁	Liaoning	8153	6215	504858	61794	8026	5478	420573	52647
吉 林	Jilin	1025	731	84362	81963	766	545	36304	47702
黑龙江	Heilongjiang	1061	700	83221	78142	2984	2041	175649	59291
上 海	Shanghai	9580	7266	1667973	175438	16058	11975	2895434	180740
江 苏	Jiangsu	108037	80223	13085871	122186	75971	50600	9335742	124080
浙 江	Zhejiang	14227	10529	1273111	91882	3514	2432	325838	93333
安 徽	Anhui	11214	7225	1084454	98585	21362	13745	2344011	111811
福 建	Fujian	26744	18682	2597836	98139	15152	10511	1320402	87623
江 西	Jiangxi	9074	5803	673049	75730	4873	3305	326160	67534
山 东	Shandong	43152	30132	3808455	89945	26293	17909	2037394	78537
河 南	Henan	63897	41730	4985935	79236	26185	16513	1622913	64037
湖 北	Hubei	19163	12488	1361010	71688	7093	4685	507570	72305
湖 南	Hunan	12279	8123	1044565	86209	20231	13736	1590312	79122
广 东	Guangdong	57878	44090	6946839	120877	31778	21646	4816824	152548
广 西	Guangxi	2717	2055	126479	47637	965	767	55448	56065
海 南	Hainan	1269	826	118411	95805	1776	1162	137398	76816
重 庆	Chongqing	5417	3383	543874	101697	6406	4326	650516	102755
四 川	Sichuan	19198	13136	1992587	104927	14490	10122	1268811	88160
贵 州	Guizhou	4605	3345	232915	51776	1874	1271	180971	97387
云 南	Yunnan	43704	27003	3555324	83321	17086	12608	1536574	90408
西 藏	Tibet	228	147	42238	185254	201	114	25663	128637
陕 西	Shaanxi	19672	12966	1336763	68110	9520	6581	673700	71490
甘 肃	Gansu	8359	4673	717388	86422	4751	3330	321237	68284
青 海	Qinghai	697	469	60090	87530	610	392	53524	90032
宁 夏	Ningxia	1206	817	129657	109461	607	472	51293	84502
新 疆	Xinjiang	2205	1517	208828	92689	781	551	75725	97673

5-2 续表 9 continued

地区	Region	文化、体育和娱乐业 Culture, Sports and Entertainment				公共管理、社会保障和社会组织 Public Management, Social Security and Social Organization			
		年末人数（人） Year-end Figures (person)	#女性 Female	工资总额（千元） Total Wages (1000 yuan)	平均工资（元） Average Wage (yuan)	年末人数（人） Year-end Figures (person)	#女性 Female	工资总额（千元） Total Wages (1000 yuan)	平均工资（元） Average Wage (yuan)
全国	**National**	**17151**	**8294**	**1423573**	**82997**	**53444**	**20276**	**5316991**	**100067**
北京	Beijing	1307	756	134244	102409	273	129	35833	126476
天津	Tianjin	271	142	24827	91613	1150	328	172887	149815
河北	Hebei	856	501	48946	55150	2369	1057	136212	58400
山西	Shanxi	577	225	19703	32893	52	41	2968	57832
内蒙古	Inner Mongolia	293	148	27411	93472	820	342	57889	75072
辽宁	Liaoning	416	168	21489	50326	1183	272	75506	63185
吉林	Jilin	71	25	4834	46932	47	27	3022	67156
黑龙江	Heilongjiang	16	7	1103	68938	274	58	15872	62735
上海	Shanghai	598	388	82090	135077	4918	2339	785973	160995
江苏	Jiangsu	3468	1798	344251	101263	13219	5030	1494717	113846
浙江	Zhejiang	541	296	62049	116296	111	30	14552	137283
安徽	Anhui	325	163	24188	74801	1003	326	103206	102389
福建	Fujian	269	134	27490	102766	782	195	75784	95715
江西	Jiangxi	234	98	19226	83348	1209	462	91273	75818
山东	Shandong	1050	509	85510	81812	3382	1334	336577	99493
河南	Henan	1250	481	53237	42724	6349	2187	391962	62747
湖北	Hubei	906	391	98153	107471	2109	652	164583	78907
湖南	Hunan	470	205	25390	53826	2294	854	184342	80192
广东	Guangdong	1020	467	93853	93178	4635	1532	495686	106422
广西	Guangxi	71	41	3683	51873	245	81	17927	73160
海南	Hainan	229	83	13199	57890	16	4	2714	159647
重庆	Chongqing	155	77	18037	117889	1665	837	166498	102312
四川	Sichuan	791	317	61300	77742	1508	598	147599	96097
贵州	Guizhou	54	19	2030	35000	153	79	13295	87861
云南	Yunnan	1080	518	86899	79433	2183	1030	218621	100336
西藏	Tibet	14	6	754	53857				
陕西	Shaanxi	303	145	13262	44503	960	285	68670	71295
甘肃	Gansu	388	142	22923	62975	339	78	22350	65953
青海	Qinghai	91	18	1964	21582	25	13	2958	109556
宁夏	Ningxia					66	29	8550	137903
新疆	Xinjiang	39	28	1529	39205	107	46	8966	81509

5-3 各地区分行业城镇集体单位在岗职工人数和平均工资(2021年)
ON-POST STAFF AND WORKERS AND AVERAGE WAGE IN URBAN COLLECTIVE-OWNED UNITS BY SECTOR AND REGION(2021)

地区	Region	总计 Total		农、林、牧、渔业 Agriculture, Forestry, Animal Husbandry and Fishery		采矿业 Mining		制造业 Manufacturing	
		年末人数(人) Year-end Figures (person)	平均工资(元) Average Wage (yuan)	年末人数(人) Year-end Figures (person)	平均工资(元) Average Wage (yuan)	年末人数(人) Year-end Figures (person)	平均工资(元) Average Wage (yuan)	年末人数(人) Year-end Figures (person)	平均工资(元) Average Wage (yuan)
全 国	**National**	**2424216**	**76440**	**23795**	**45535**	**21973**	**76841**	**182347**	**58740**
北 京	Beijing	88078	75023	5047	47346			6571	73269
天 津	Tianjin	18455	70912	19	47526			2694	47481
河 北	Hebei	98558	64079	490	58143	196	55091	12748	45546
山 西	Shanxi	48620	57916	315	24839	4896	118657	8897	44098
内蒙古	Inner Mongolia	17909	90860	50	48440			873	61277
辽 宁	Liaoning	71760	50088	3838	18606	407	44268	15814	46465
吉 林	Jilin	9048	82078	52	20652	45	37778	1057	62511
黑龙江	Heilongjiang	19619	68927	107	42757	4117	58265	2812	93856
上 海	Shanghai	74849	123099	493	61405			5485	84372
江 苏	Jiangsu	287227	108053	893	62366	108	52257	13778	56567
浙 江	Zhejiang	68223	76437	188	49801	160	51943	4704	69020
安 徽	Anhui	68539	86810	469	58702	37	42351	4851	82650
福 建	Fujian	77546	77428	149	36913	1694	62578	8228	65484
江 西	Jiangxi	69637	58317	628	42956	200	42629	3053	54644
山 东	Shandong	172137	68432	675	59742	207	60512	12252	66347
河 南	Henan	183047	65036	560	47842			15708	58399
湖 北	Hubei	71467	60429	6350	51194	672	44333	2831	52103
湖 南	Hunan	116229	61259	598	40617	2015	69161	10435	64754
广 东	Guangdong	341409	78446	421	52718	37	43081	26568	58997
广 西	Guangxi	44346	49488	188	51153	48	53708	4169	53784
海 南	Hainan	9155	70430	255	14375			195	36877
重 庆	Chongqing	40699	72529	211	38156	365	74904	3494	56536
四 川	Sichuan	135548	64919	114	78684	193	38713	4116	55521
贵 州	Guizhou	24757	71308	196	35498	254	49910	1085	57023
云 南	Yunnan	104988	94537	437	30081	1467	71516	3283	59423
西 藏	Tibet	2508	82915	51	105900	411	93591	400	38152
陕 西	Shaanxi	84667	67085	162	53031	2442	71604	4613	45880
甘 肃	Gansu	48937	60837	254	70634	1975	81070	1034	47403
青 海	Qinghai	5264	95557	386	76788			220	57509
宁 夏	Ningxia	3716	85265					239	48556
新 疆	Xinjiang	17273	94436	199	109163	28	113156	141	62936

5-3 续表 1 continued

地 区	Region	电力、热力、燃气及水生产和供应业 Production and Supply of Electricity, Heat, Gas and Water		建筑业 Construction		批发和零售业 Wholesale and Retail Trades		交通运输、仓储和邮政业 Transport, Storage and Post	
		年末人数（人）Year-end Figures (person)	平均工资（元）Average Wage (yuan)	年末人数（人）Year-end Figures (person)	平均工资（元）Average Wage (yuan)	年末人数（人）Year-end Figures (person)	平均工资（元）Average Wage (yuan)	年末人数（人）Year-end Figures (person)	平均工资（元）Average Wage (yuan)
全 国	**National**	**31049**	**55824**	**658961**	**52739**	**78797**	**50881**	**53515**	**54456**
北 京	Beijing	401	79172	4433	87761	3649	81405	2666	42867
天 津	Tianjin	70	33892	2195	87582	1116	61501	886	50182
河 北	Hebei	492	51897	8904	56703	4150	36333	1438	37101
山 西	Shanxi	541	33979	7058	44850	6956	33237	1629	44674
内蒙古	Inner Mongolia	15	59533	267	31872	200	76226	603	46994
辽 宁	Liaoning	439	29659	15478	50593	2439	44629	1921	46210
吉 林	Jilin	71	34321	1319	86052	214	51152	327	57081
黑龙江	Heilongjiang	98	64800	3732	66932	895	37393	558	55884
上 海	Shanghai	141	119799	6815	68717	1665	91104	1574	61223
江 苏	Jiangsu	2245	64924	15552	64890	4691	64848	6561	69102
浙 江	Zhejiang	3194	69103	25215	60209	2499	76522	1942	80098
安 徽	Anhui	315	66869	21251	66556	907	42803	1974	44884
福 建	Fujian	1499	43987	16508	48360	3153	45192	925	52542
江 西	Jiangxi	224	40699	44760	53637	1028	46380	1422	44507
山 东	Shandong	758	55649	62476	50615	5737	53746	2274	56410
河 南	Henan	1257	80201	39046	50084	6995	43186	6505	48477
湖 北	Hubei	2600	50208	12483	43475	6679	44082	2312	45891
湖 南	Hunan	3283	48766	52848	49695	3115	39302	3724	37661
广 东	Guangdong	8541	57384	119893	49914	6750	59302	3741	54874
广 西	Guangxi	727	37540	28746	48622	1807	38298	1177	60083
海 南	Hainan	181	23205	2583	48537	322	32848	388	153329
重 庆	Chongqing	971	45959	18116	57809	1030	48450	995	49893
四 川	Sichuan	1330	58336	76909	52054	2108	64751	2906	58270
贵 州	Guizhou	319	44699	4870	53691	802	46985	886	65551
云 南	Yunnan	705	41901	17508	53411	2015	43951	1543	48905
西 藏	Tibet	9	67000	752	54596	56	93339	18	53333
陕 西	Shaanxi	159	48868	25134	52842	3520	45117	2051	70589
甘 肃	Gansu	273	51537	22458	44936	847	43518	249	44012
青 海	Qinghai	62	42500	1168	104527	216	42410	119	64825
宁 夏	Ningxia	56	46733	176	51982	688	51356	9	75000
新 疆	Xinjiang	77	69607	309	92645	2547	56822	192	71880

5-3 续表 2 continued

地 区	Region	住宿和餐饮业 Hotels and Catering Services		信息传输、软件和信息技术服务业 Information Transmission, Software and Information Technology		金融业 Financial Intermediation		房地产业 Real Estate	
		年末人数(人) Year-end Figures (person)	平均工资(元) Average Wage (yuan)	年末人数(人) Year-end Figures (person)	平均工资(元) Average Wage (yuan)	年末人数(人) Year-end Figures (person)	平均工资(元) Average Wage (yuan)	年末人数(人) Year-end Figures (person)	平均工资(元) Average Wage (yuan)
全 国	**National**	**22721**	**54492**	**4340**	**92345**	**63239**	**141623**	**81249**	**66007**
北 京	Beijing	4300	80780	722	72886			16878	82183
天 津	Tianjin	218	47448	51	83979			1874	49852
河 北	Hebei	752	31893	200	46460	1115	139486	2437	34672
山 西	Shanxi	572	30946	99	27060	7298	108410	2616	29148
内蒙古	Inner Mongolia	162	47569	51	58333	7184	136681	103	38411
辽 宁	Liaoning	351	38307	55	43957	2989	75092	1755	46914
吉 林	Jilin	92	31598	2	35000	2406	130761	166	34668
黑龙江	Heilongjiang	186	43840	107	125306	1635	95482	150	42862
上 海	Shanghai	1611	75514	2	120500	4	565667	5472	90389
江 苏	Jiangsu	1261	55144	582	119408	236	106926	9654	56633
浙 江	Zhejiang	757	59410	599	119735	50	58146	1898	84434
安 徽	Anhui	431	52994	67	61429	191	75979	591	48908
福 建	Fujian	523	54434	67	69881			1843	67200
江 西	Jiangxi	174	37333	337	91470			346	56026
山 东	Shandong	1217	42189	38	92500	95	175606	4536	49664
河 南	Henan	1361	40339	192	52898	4454	94023	1807	50700
湖 北	Hubei	1205	43632	84	57337			1390	50451
湖 南	Hunan	700	52107	135	58593	20	122154	1394	60005
广 东	Guangdong	1974	55819	372	126482	491	115896	18226	75421
广 西	Guangxi	311	42941	45	62857	13	20300	1265	48955
海 南	Hainan	23	28783	127	70651	259	196569	839	46547
重 庆	Chongqing	763	37883	16	50688			504	48091
四 川	Sichuan	1036	42389	38	43267	8	100000	1041	51238
贵 州	Guizhou	412	43644	2	20000	2384	216896	654	64107
云 南	Yunnan	991	44602	266	119246	11620	226701	905	50452
西 藏	Tibet	259	66778	36	218167				
陕 西	Shaanxi	508	38198	30	67433	8242	130248	1222	50082
甘 肃	Gansu	493	39669	2	63500	5112	89693	1015	43220
青 海	Qinghai	72	38296			1043	159265	44	31182
宁 夏	Ningxia					265	184620	381	41540
新 疆	Xinjiang	6	21667	16	156727	6126	137525	243	70073

5-3 续表 3 continued

地 区	Region	租赁和商务服务业 Leasing and Business Services		科学研究和技术服务业 Scientific Research and Technical Services		水利、环境和公共设施管理业 Management of Water Conservancy,Environment and Public Facilities		居民服务、修理和其他服务业 Service to Households, Repair and Other Services	
		年末人数(人) Year-end Figures (person)	平均工资(元) Average Wage (yuan)	年末人数(人) Year-end Figures (person)	平均工资(元) Average Wage (yuan)	年末人数(人) Year-end Figures (person)	平均工资(元) Average Wage (yuan)	年末人数(人) Year-end Figures (person)	平均工资(元) Average Wage (yuan)
全 国	**National**	**174731**	**61962**	**40799**	**95375**	**42577**	**64955**	**33345**	**70122**
北 京	Beijing	17467	62097	2574	106411	5386	61440	3650	52203
天 津	Tianjin	2770	58425	375	73630	581	97168	753	61470
河 北	Hebei	9465	41496	1131	55383	1559	36222	810	44920
山 西	Shanxi	2788	41226	377	38424	410	23735	366	38013
内蒙古	Inner Mongolia	1030	45536	392	51417	392	25563	498	44831
辽 宁	Liaoning	7630	44598	1230	77999	368	37133	711	45172
吉 林	Jilin	534	49666	430	67918	51	53500	443	47111
黑龙江	Heilongjiang	624	42131	429	65611	95	61850	129	41675
上 海	Shanghai	13372	89223	951	142325	3579	93468	4154	67267
江 苏	Jiangsu	19173	63892	7922	132056	11144	75367	8040	113396
浙 江	Zhejiang	5414	90858	1507	114649	928	63273	1823	63714
安 徽	Anhui	2621	67985	1043	68510	330	99083	702	56272
福 建	Fujian	1753	53514	863	132914	519	51405	545	64240
江 西	Jiangxi	2023	49500	699	94345	411	52991	127	45742
山 东	Shandong	4553	62343	2729	75303	1491	59685	1644	55421
河 南	Henan	3254	52102	3876	60058	1543	61400	2137	57440
湖 北	Hubei	3411	79150	1813	60032	1866	56652	674	58243
湖 南	Hunan	2043	47690	1028	78849	935	76341	306	55607
广 东	Guangdong	52013	65420	2620	100362	4569	71931	1756	54386
广 西	Guangxi	547	57317	929	50963	60	65408	562	63568
海 南	Hainan	172	42045	522	94053	24	32043	46	59681
重 庆	Chongqing	555	74405	406	99796	72	96625	437	56170
四 川	Sichuan	3789	52001	1721	117327	4793	36810	902	62239
贵 州	Guizhou	5337	46488	323	80232	184	56349	394	63776
云 南	Yunnan	1249	68529	2442	110921	597	76024	718	35842
西 藏	Tibet	33	33273	48	165021	7	68143		
陕 西	Shaanxi	5175	43271	1367	70299	338	60690	750	42651
甘 肃	Gansu	1579	57671	571	91644	285	14954	75	36493
青 海	Qinghai	282	53234	77	63664	34	54794	145	44297
宁 夏	Ningxia	145	36572	38	78000	5	28600	5	48000
新 疆	Xinjiang	3932	39903	367	104469	19	93316	42	104067

5-3 续表 4 continued

地 区	Region	教 育 Education		卫生和社会工作 Health and Social Service		文化、体育和娱乐业 Culture, Sports and Entertainment		公共管理、社会保障和社会组织 Public Management, Social Security and Social Organization	
		年末人数(人) Year-end Figures (person)	平均工资(元) Average Wage (yuan)	年末人数(人) Year-end Figures (person)	平均工资(元) Average Wage (yuan)	年末人数(人) Year-end Figures (person)	平均工资(元) Average Wage (yuan)	年末人数(人) Year-end Figures (person)	平均工资(元) Average Wage (yuan)
全 国	**National**	**504528**	**100452**	**338720**	**103239**	**16031**	**85687**	**51502**	**102317**
北 京	Beijing	5320	93093	7596	94487	1159	102716	259	131655
天 津	Tianjin	1939	88710	1564	67238	252	96020	1097	155995
河 北	Hebei	21539	87766	27957	74091	844	56490	2331	58888
山 西	Shanxi	2082	43211	1106	36804	564	33044	51	58624
内蒙古	Inner Mongolia	2752	63239	2245	68701	289	94803	804	75812
辽 宁	Liaoning	7776	63679	6969	54404	416	50326	1173	64466
吉 林	Jilin	1002	82929	721	49070	71	48380	47	67156
黑龙江	Heilongjiang	1050	78523	2612	63701	16	68938	269	63730
上 海	Shanghai	9181	180105	15045	187510	537	147222	4768	163771
江 苏	Jiangsu	101357	127219	67827	130393	3323	104023	12881	115677
浙 江	Zhejiang	13669	93674	3080	96690	486	124998	111	137283
安 徽	Anhui	10733	101098	20785	113538	320	75046	923	104868
福 建	Fujian	24411	102396	13976	91307	231	114733	660	106015
江 西	Jiangxi	8509	78953	4512	69769	220	86417	964	84269
山 东	Shandong	42049	91624	25192	80022	958	85088	3257	100972
河 南	Henan	61714	81205	25188	64428	1134	43505	6315	62987
湖 北	Hubei	17538	74953	6656	74007	843	114268	2059	79854
湖 南	Hunan	11903	88139	19018	80351	442	54358	2288	80310
广 东	Guangdong	56679	122107	31339	153591	905	98734	4513	108659
广 西	Guangxi	2577	48235	906	56901	31	86226	240	74163
海 南	Hainan	1226	97679	1754	77353	223	56716	16	159647
重 庆	Chongqing	5000	107594	5996	106269	138	126029	1630	103900
四 川	Sichuan	18536	107242	13805	89808	740	77527	1462	97982
贵 州	Guizhou	4596	51754	1857	97883	54	35000	149	89662
云 南	Yunnan	40104	86274	16087	92991	1034	81698	2018	106595
西 藏	Tibet	219	191237	195	131765	14	53857		
陕 西	Shaanxi	18867	69788	9059	73242	278	47626	749	82720
甘 肃	Gansu	8224	87231	3825	73250	388	62975	278	72570
青 海	Qinghai	697	87530	586	91707	88	21011	25	109556
宁 夏	Ningxia	1164	112176	482	95727			64	142100
新 疆	Xinjiang	2113	95272	781	97673	34	35794	100	85971

5－4　各地区分行业城镇集体单位其他就业人员和平均工资(2021年)
OTHER EMPLOYMENT AND AVERAGE WAGE IN URBAN COLLECTIVE-OWNED UNITS BY SECTOR AND REGION(2021)

地　区	Region	总　计 Total		农、林、牧、渔业 Agriculture, Forestry, Animal Husbandry and Fishery		采矿业 Mining		制造业 Manufacturing	
		年末人数(人) Year-end Figures (person)	平均工资(元) Average Wage (yuan)	年末人数(人) Year-end Figures (person)	平均工资(元) Average Wage (yuan)	年末人数(人) Year-end Figures (person)	平均工资(元) Average Wage (yuan)	年末人数(人) Year-end Figures (person)	平均工资(元) Average Wage (yuan)
全　国	**National**	**192525**	**49926**	**4319**	**34983**	**226**	**50583**	**6030**	**48977**
北　京	Beijing	6167	82885	817	48516			610	111059
天　津	Tianjin	1138	53414	6	26000			239	67363
河　北	Hebei	5280	34596	15	28265			604	33566
山　西	Shanxi	2592	35478	24	14592			618	33620
内蒙古	Inner Mongolia	489	38520	3	58333			24	48875
辽　宁	Liaoning	4899	39229	25	36447			545	29372
吉　林	Jilin	733	30122	53	18400			98	24307
黑龙江	Heilongjiang	787	48981					223	86142
上　海	Shanghai	4709	63533	26	40377			415	48694
江　苏	Jiangsu	26676	54714	87	40696			280	44103
浙　江	Zhejiang	3543	53614	25	18500	1	150000	123	44635
安　徽	Anhui	2580	39279	121	36612			152	71408
福　建	Fujian	5719	49676			12	59667	157	32406
江　西	Jiangxi	13237	48894	39	30527	3	46667	107	19689
山　东	Shandong	6780	44549	9	39750	1	20000	223	45417
河　南	Henan	7692	40347					115	53841
湖　北	Hubei	7438	37019	2728	32596	5	43333	38	35751
湖　南	Hunan	15768	44436	4	50000	45	62535	178	36568
广　东	Guangdong	21794	51049	4	7500			154	56349
广　西	Guangxi	15913	52402	4	12250			251	32999
海　南	Hainan	508	40865	5	25600				
重　庆	Chongqing	1781	46085	18	24769			176	43314
四　川	Sichuan	15547	64834	29	89808			114	39844
贵　州	Guizhou	2205	41607	156	34219			43	41578
云　南	Yunnan	7360	44197	48	24840	116	44354	290	35051
西　藏	Tibet	326	29732			21	61750		
陕　西	Shaanxi	6112	39564			20	43938	150	42398
甘　肃	Gansu	3352	45155	14	70200	2	31000	84	33467
青　海	Qinghai	763	46133	4	26667				
宁　夏	Ningxia	220	56920					8	44125
新　疆	Xinjiang	416	47473	54	25741			13	71000

5-4 续表 1 continued

地区	Region	电力、热力、燃气及水生产和供应业 Production and Supply of Electricity, Heat, Gas and Water		建筑业 Construction		批发和零售业 Wholesale and Retail Trades		交通运输、仓储和邮政业 Transport, Storage and Post	
		年末人数（人） Year-end Figures (person)	平均工资（元） Average Wage (yuan)	年末人数（人） Year-end Figures (person)	平均工资（元） Average Wage (yuan)	年末人数（人） Year-end Figures (person)	平均工资（元） Average Wage (yuan)	年末人数（人） Year-end Figures (person)	平均工资（元） Average Wage (yuan)
全　国	**National**	**1334**	**31930**	**86525**	**52903**	**3897**	**41311**	**4805**	**41118**
北　京	Beijing	17	58333	131	59685	430	88779	205	91838
天　津	Tianjin	11	33455	463	55702	16	14724	19	23075
河　北	Hebei	27	20556	1210	49191	152	23632	51	28157
山　西	Shanxi	28	25024	381	41456	317	19812	165	54282
内蒙古	Inner Mongolia					23	36098	3	19000
辽　宁	Liaoning	47	18460	911	40915	72	14277	62	60256
吉　林	Jilin			71	59206	1	35000	46	24239
黑龙江	Heilongjiang	3	4000	7	17143	4	18500	63	41408
上　海	Shanghai			37	48237	430	54539	191	54780
江　苏	Jiangsu	65	42960	3323	42392	308	50802	898	55686
浙　江	Zhejiang	151	43721	731	80877	196	50207	317	35548
安　徽	Anhui	9	42067	943	23469	40	36220	41	23526
福　建	Fujian	59	22466	625	91775	458	24971	198	29789
江　西	Jiangxi	11	18536	11586	51061	39	30009	51	12881
山　东	Shandong	12	50000	2552	58161	217	35151	207	28329
河　南	Henan	17	28576	2934	49451	128	35465	216	24689
湖　北	Hubei	39	38520	904	56388	134	30308	71	26123
湖　南	Hunan	98	45506	13212	43678	67	47514	165	37812
广　东	Guangdong	445	26012	9622	54302	180	46809	1301	33160
广　西	Guangxi	9	28000	15112	53414	84	34850	32	55348
海　南	Hainan			204	54394	2	6500	165	23254
重　庆	Chongqing	106	26654	232	52909	41	48963	72	49639
四　川	Sichuan	45	25811	12513	70639	38	23490	204	34116
贵　州	Guizhou	6	14431	1708	47155	32	34708	22	35864
云　南	Yunnan	7	22706	1112	36701	49	36054	9	34222
西　藏	Tibet			290	27138				
陕　西	Shaanxi			3388	43765	287	32948	13	32676
甘　肃	Gansu	121	23984	1592	47834	66	29204		
青　海	Qinghai			707	47110	8	6875		
宁　夏	Ningxia		77133	10	78091	22	3341		38000
新　疆	Xinjiang	1	18000	15	106909	55	31837	19	61474

5-4 续表 2 continued

地区 Region		住宿和餐饮业 Hotels and Catering Services		信息传输、软件和信息技术服务业 Information Transmission, Software and Information Technology		金融业 Financial Intermediation		房地产业 Real Estate	
		年末人数（人） Year-end Figures (person)	平均工资（元） Average Wage (yuan)	年末人数（人） Year-end Figures (person)	平均工资（元） Average Wage (yuan)	年末人数（人） Year-end Figures (person)	平均工资（元） Average Wage (yuan)	年末人数（人） Year-end Figures (person)	平均工资（元） Average Wage (yuan)
全 国	**National**	**1373**	**45240**	**64**	**46641**	**1734**	**48890**	**5820**	**44424**
北 京	Beijing	182	47006	22	60727			934	69057
天 津	Tianjin	3	42571					21	27375
河 北	Hebei	8	30857					148	24104
山 西	Shanxi	22	34833	11	15182	179	34232	84	22882
内蒙古	Inner Mongolia					179	43291		
辽 宁	Liaoning	136	37602			100	29596	66	20902
吉 林	Jilin	19	21529	4	10000	120	35466	7	18800
黑龙江	Heilongjiang	12	27154			43	53632	21	20268
上 海	Shanghai	267	62583					763	76465
江 苏	Jiangsu	67	64377	8	30000			71	52621
浙 江	Zhejiang	16	59125	4	74750	3	22333	62	52120
安 徽	Anhui	12	21200	3	41667			37	28871
福 建	Fujian	24	53423	6	22667			196	20904
江 西	Jiangxi	21	50143					4	16078
山 东	Shandong	32	20131					549	26971
河 南	Henan	50	34516			109	30583	122	50781
湖 北	Hubei	58	32861					92	20202
湖 南	Hunan	30	39390	2	33000			25	38713
广 东	Guangdong	51	39784					2002	34693
广 西	Guangxi	11	27915					52	42136
海 南	Hainan	19	54737					29	37204
重 庆	Chongqing	138	46921					21	44638
四 川	Sichuan	88	38057					146	31647
贵 州	Guizhou	1	25000			13	76385	80	28590
云 南	Yunnan	27	24860	4	144000	401	50791	77	31050
西 藏	Tibet								
陕 西	Shaanxi	79	39731			201	69440	106	32814
甘 肃	Gansu		10750			237	57303	88	15217
青 海	Qinghai					17	31593		
宁 夏	Ningxia							5	33000
新 疆	Xinjiang					133	65461	11	28273

5-4 续表 3 continued

地 区	Region	租赁和商务服务业 Leasing and Business Services		科学研究和技术服务业 Scientific Research and Technical Services		水利、环境和公共设施管理业 Management of Water Conservancy,Environment and Public Facilities		居民服务、修理和其他服务业 Service to Households, Repair and Other Services	
		年末人数（人） Year-end Figures (person)	平均工资（元） Average Wage (yuan)	年末人数（人） Year-end Figures (person)	平均工资（元） Average Wage (yuan)	年末人数（人） Year-end Figures (person)	平均工资（元） Average Wage (yuan)	年末人数（人） Year-end Figures (person)	平均工资（元） Average Wage (yuan)
全 国	**National**	**11078**	**51974**	**1618**	**49543**	**9772**	**38415**	**1905**	**44291**
北 京	Beijing	512	67728	173	115855	432	57088	231	49811
天 津	Tianjin	29	32489	15	30867	7	34571	16	45680
河 北	Hebei	92	63125	20	22194	742	20490	37	26546
山 西	Shanxi	399	47859	30	31252	5	36667	128	10965
内蒙古	Inner Mongolia	39	49281	3	67544	20	19500	21	18165
辽 宁	Liaoning	1404	48140	34	33359			53	34013
吉 林	Jilin	4	33200	12	25625	128	13359	101	34922
黑龙江	Heilongjiang	4	18000	14	30714	1	38000	5	32000
上 海	Shanghai	282	54814	56	61239	283	42857	337	49157
江 苏	Jiangsu	894	51496	144	69476	4944	44717	280	71501
浙 江	Zhejiang	282	37219	270	28532	196	30081	119	46932
安 徽	Anhui	25	50929	6	37452	29	23724	19	86947
福 建	Fujian	117	43097	38	30553	152	41829	11	18262
江 西	Jiangxi	140	62796	29	43864	20	21600	2	35000
山 东	Shandong	85	17355	94	39882	317	15000	60	29847
河 南	Henan	127	26217	46	35148	248	25309	251	40361
湖 北	Hubei	549	50597	186	20043	454	29323	7	21615
湖 南	Hunan	81	39465	88	68459	151	37816		
广 东	Guangdong	5351	54708	119	45678	632	45688	59	37207
广 西	Guangxi	69	34123	23	20054	4	21500	16	17000
海 南	Hainan	9	36667	4	18750		6000		
重 庆	Chongqing	85	111624	3	51429	2	10000	10	20848
四 川	Sichuan	141	57246	65	60917	696	30248	24	26140
贵 州	Guizhou	75	24656	14	18847	3	9333	21	14381
云 南	Yunnan	128	26871	97	29019	96	33194	87	50284
西 藏	Tibet								
陕 西	Shaanxi	121	21011	29	40623	206	21057	9	23556
甘 肃	Gansu	19	32542	4	61000	4	25500		
青 海	Qinghai							1	80000
宁 夏	Ningxia	6	23667						
新 疆	Xinjiang	9	46814	2	50299				

5-4 续表 4 continued

地 区	Region	教 育 Education		卫生和社会工作 Health and Social Service		文化、体育和娱乐业 Culture, Sports and Entertainment		公共管理、社会保障和社会组织 Public Management, Social Security and Social Organization	
		年末人数（人）Year-end Figures (person)	平均工资（元）Average Wage (yuan)	年末人数（人）Year-end Figures (person)	平均工资（元）Average Wage (yuan)	年末人数（人）Year-end Figures (person)	平均工资（元）Average Wage (yuan)	年末人数（人）Year-end Figures (person)	平均工资（元）Average Wage (yuan)
全 国	**National**	**25457**	**45089**	**23505**	**58454**	**1120**	**45725**	**1942**	**44203**
北 京	Beijing	481	190187	828	65708	148	99899	14	57033
天 津	Tianjin	87	42163	133	69459	19	33158	53	30895
河 北	Hebei	878	31761	1246	33392	12	16833	39	29332
山 西	Shanxi	108	20072	80	43216	13	26077	1	18000
内蒙古	Inner Mongolia	37	22291	117	38550	5	26957	16	36641
辽 宁	Liaoning	377	24500	1057	40931			10	26181
吉 林	Jilin	23	34857	45	26525		43719		
黑龙江	Heilongjiang	11	33444	372	27976			5	13400
上 海	Shanghai	398	67217	1013	79161	61	30063	149	74755
江 苏	Jiangsu	6681	46378	8145	72677	144	40406	338	57339
浙 江	Zhejiang	558	48196	434	69844	55	43774		
安 徽	Anhui	481	41477	577	51476	5	59200	80	73510
福 建	Fujian	2333	54316	1176	43034	38	29373	121	38221
江 西	Jiangxi	565	22626	361	39528	14	35857	245	39854
山 东	Shandong	1102	28550	1102	43802	92	46280	125	55138
河 南	Henan	2183	28073	997	54159	116	35112	33	21789
湖 北	Hubei	1625	35564	437	46155	63	19238	50	38375
湖 南	Hunan	376	25559	1213	59541	28	45280	6	36473
广 东	Guangdong	1199	63321	439	73799	115	43321	122	28094
广 西	Guangxi	140	35226	60	42134	40	25250	5	25000
海 南	Hainan	43	40706	22	33926	6	101333		
重 庆	Chongqing	417	31316	410	51825	17	37071	35	30837
四 川	Sichuan	662	37787	685	54760	51	81021	46	32416
贵 州	Guizhou	9	59785	17	49421			4	21500
云 南	Yunnan	3601	48261	1000	48187	46	29543	165	35261
西 藏	Tibet	9	39667	6	27750				
陕 西	Shaanxi	805	28793	461	37560	25	10400	211	30205
甘 肃	Gansu	135	34238	925	47334			61	35636
青 海	Qinghai			24	47444	3	38333		
宁 夏	Ningxia	42	26413	125	42500			2	12000
新 疆	Xinjiang	92	37644			5	62400	7	24625

六、其他单位就业人员和工资总额

EMPLOYMENT AND TOTAL WAGES IN OTHER OWNERSHIP UNITS

6-1 分行业其他单位就业人员和工资总额(2021年)
EMPLOYMENT AND TOTAL WAGES IN OTHER OWNERSHIP UNITS BY SECTOR (2021)

项　目	Item	年末人数(千人) Year-end Figures (1000 persons)	#女性 Female	工资总额(亿元) Total Wages (100 million yuan)	平均工资(元) Average Wage (yuan)
全国总计	**National Total**	**111198**	**40285**	**114349.7**	**103182**
按登记注册类型分组	**Grouped by Registration Status**				
内资	Domestic Funded	87247	29623	85523.5	98502
股份合作	Cooperative Units	618	259	555.1	90241
联营	Joint-owned Units	223	103	213.7	92825
有限责任公司	Limited Liability Corporations	65258	20020	60201.7	93209
股份有限公司	Share-holding Corporations Ltd	17892	7018	22095.1	121594
其他	Others	3256	2221	2457.8	76342
港、澳、台商投资	Funded by Entrepreneurs from Hong Kong, Macao and Taiwan	11752	5372	13488.4	114034
外商投资	Foreign Funded	12198	5291	15337.9	126019
按国民经济行业分组	**Grouped by Sector**				
农、林、牧、渔业	**Agriculture, Forestry, Animal Husbandry and Fishery**	**291**	**94**	**178.1**	**59246**
农业	**Farming**	76	33	36.4	43929
林业	Forestry	64	14	42.0	64152
畜牧业	Animal Husbandry	74	24	54.3	72514
渔业	Fishery	15	3	10.8	72319
农、林、牧、渔专业及辅助性活动	Professional and Support Activities for Agriculture, Forestry, Animal Husbandry and Fishery	62	20	34.7	55448
采矿业	**Mining**	**3260**	**537**	**3543.7**	**108666**
煤炭开采和洗选业	Mining and Washing of Coal	2166	281	2175.0	101216
石油和天然气开采业	Extraction of Petroleum and Natural Gas	508	146	767.6	148068
黑色金属矿采选业	Mining and Processing of Ferrous Metal Ores	133	19	131.2	97562
有色金属矿采选业	Mining and Processing of Non-Ferrous Metal Ores	136	26	119.3	87208
非金属矿采选业	Mining and Processing of Non-metal Ores	101	22	74.9	75473
开采专业及辅助性活动	Professional and Support Activities for Mining	213	44	273.7	123717
其他采矿业	Mining of Other Ores	2	0	1.9	97816
制造业	**Manufacturing**	**37575**	**14002**	**34542.7**	**92357**
农副食品加工业	Processing of Food from Agricultural Products	1120	488	749.3	68278
食品制造业	Manufacture of Foods	973	493	749.1	78215
酒、饮料和精制茶制造业	Manufacture of Liquor, Beverages and Refined Tea	747	267	672.3	91132
烟草制品业	Manufacture of Tobacco	111	34	232.7	217491
纺织业	Manufacture of Textile	1059	601	717.0	67573
纺织服装、服饰业	Manufacture of Textile, Wearing Apparel and Accessories	1175	843	758.6	64361
皮革、毛皮、羽毛及其制品和制鞋业	Manufacture of Leather, Fur, Feather and Related Products and Footwear	742	454	438.4	59831

6-1 续表 1 continued

项　目	Item	年末人数（千人）Year-end Figures (1000 persons)	#女性 Female	工资总额（亿元）Total Wages (100 million yuan)	平均工资（元）Average Wage (yuan)
木材加工和木、竹、藤、棕、草制品业	Processing of Timber, Manufacture of Wood, Bamboo, Rattan, Palm and Straw Products	172	66	108.2	63270
家具制造业	Manufacture of Furniture	419	152	328.4	78236
造纸及纸制品业	Manufacture of Paper and Paper Products	442	157	355.4	80545
印刷和记录媒介复制业	Printing and Reproduction of Recording Media	408	174	333.5	81226
文教、工美、体育和娱乐用品制造业	Manufacture of Articles for Culture, Education, Arts and Crafts, Sport and Entertainment Activities	868	489	575.1	65728
石油、煤炭及其他燃料加工业	Processing of Petroleum, Coal and Other Fuels	538	119	664.4	124882
化学原料和化学制品制造业	Manufacture of Raw Chemical Materials and Chemical Products	1865	528	1910.7	103019
医药制造业	Manufacture of Medicines	1468	703	1535.8	105749
化学纤维制造业	Manufacture of Chemical Fibres	240	83	199.5	83874
橡胶和塑料制品业	Manufacture of Rubber and Plastics Products	1421	574	1131.9	79242
非金属矿物制品业	Manufacture of Non-metallic Mineral Products	1694	475	1321.6	78273
黑色金属冶炼和压延加工业	Smelting and Pressing of Ferrous Metals	1132	185	1187.7	102851
有色金属冶炼和压延加工业	Smelting and Pressing of Non-ferrous Metals	857	178	734.0	85516
金属制品业	Manufacture of Metal Products	1524	470	1236.5	81106
通用设备制造业	Manufacture of General Purpose Machinery	2211	611	2205.0	100209
专用设备制造业	Manufacture of Special Purpose Machinery	1832	538	1891.0	104255
汽车制造业	Manufacture of Automobiles	2886	761	3101.8	109340
铁路、船舶、航空航天和其他运输设备制造业	Manufacture of Railway, Ship, Aerospace and Other Transport Equipments	673	173	725.4	107844
电气机械和器材制造业	Manufacture of Electrical Machinery and Apparatus	3108	1239	2805.5	89846
计算机、通信和其他电子设备制造业	Manufacture of Computers, Communication and Other Electronic Equipment	6931	2811	6903.3	100242
仪器仪表制造业	Manufacture of Measuring Instruments and Machinery	561	214	613.4	110961
其他制造业	Other Manufacture	145	73	99.1	69343
废弃资源综合利用业	Utilization of Waste Resources	95	23	72.4	78025
金属制品、机械和设备修理业	Repair Service of Metal Products, Machinery and Equipment	158	26	185.9	117113
电力、热力、燃气及水生产和供应业	**Production and Supply of Electricity, Heat, Gas and Water**	**2802**	**732**	**3586.0**	**128207**
电力、热力生产和供应业	Production and Supply of Electric Power and Heat Power	1995	464	2809.2	140857
燃气生产和供应业	Production and Supply of Gas	316	101	319.8	102281
水的生产和供应业	Production and Supply of Water	491	166	457.0	93261

6-1 续表 2 continued

项　　目	Item	年末人数（千人） Year-end Figures (1000 persons)	#女 性 Female	工资总额（亿元） Total Wages (100 million yuan)	平均工资（元） Average Wage (yuan)
建筑业	**Construction**	**18079**	**2387**	**13482.3**	**76733**
房屋建筑业	Construction of Buildings	11930	1425	8249.6	71451
土木工程建筑业	Civil Engineering	4094	652	3642.3	90243
建筑安装业	Building Installation	1074	149	882.5	85508
建筑装饰、装修和其他建筑业	Building Decoration and Other Constructions	981	160	707.9	74029
批发和零售业	**Wholesale and Retail Trades**	**7413**	**3956**	**7862.2**	**106435**
批发业	Wholesale Trade	3616	1641	5097.7	141237
零售业	Retail Trade	3797	2315	2764.6	73184
交通运输、仓储和邮政业	**Transport, Storage and Post**	**6878**	**1728**	**7782.8**	**112647**
铁路运输业	Railway Transport	1884	273	2570.4	136913
道路运输业	Road Transport	2837	743	2388.4	83100
水上运输业	Water Transport	235	41	362.2	152634
航空运输业	Air Transport	556	208	941.5	168696
管道运输业	Transport Via Pipelines	28	6	51.0	188757
多式联运和运输代理业	Intermodality and Forwarding Agency	329	149	450.2	137580
装卸搬运和仓储业	Loading, Unloading and Storage	398	99	375.8	94794
邮政业	Post	611	209	643.2	105211
住宿和餐饮业	**Hotels and Catering Services**	**2441**	**1414**	**1289.0**	**53158**
住宿业	Hotels	880	493	536.2	60265
餐饮业	Catering Services	1561	921	752.7	49039
信息传输、软件和信息技术服务业	**Information Transmission, Software and Information Technology**	**4911**	**1877**	**9922.3**	**205536**
电信、广播电视和卫星传输服务	Telecommunication, Radio and Television and Satellite Transmission Service	1290	532	1912.5	147591
互联网和相关服务	Internet and Related Service	739	308	1963.8	272309
软件和信息技术服务业	Software and Information Technology	2882	1037	6046.0	215119
金融业	**Financial Intermediation**	**7463**	**4371**	**11810.8**	**148816**
货币金融服务	Monetary and Financial Service	3128	1599	6559.0	210224
资本市场服务	Capital Market Service	337	154	1455.7	445423
保险业	Insurance	3878	2566	3327.8	76126
其他金融业	Other Financial Activities	120	52	468.3	395675
房地产业	**Real Estate**	**4991**	**2065**	**4598.1**	**91528**
租赁和商务服务业	**Leasing and Business Services**	**5670**	**2108**	**6020.7**	**107094**
租赁业	Leasing	125	31	124.1	97506
商务服务业	Business Services	5545	2078	5896.7	107316

6-1 续表 3 continued

项 目	Item	年末人数(千人) Year-end Figures (1000 persons)	#女 性 Female	工资总额(亿元) Total Wages (100 million yuan)	平均工资(元) Average Wage (yuan)
科学研究和技术服务业	**Scientific Research and Technical Services**	**2950**	**981**	**4639.7**	**158956**
研究和试验发展	Research and Experimental Development	384	167	746.5	202144
专业技术服务业	Professional Technical Services	2175	661	3297.2	152322
科技推广和应用服务业	Science and Technology Popularization and Application Services	391	154	596.1	154828
水利、环境和公共设施管理业	**Management of Water Conservancy, Environment and Public Facilities**	**1262**	**558**	**739.4**	**58921**
水利管理业	Management of Water Conservancy	34	10	36.0	105708
生态保护和环境治理业	Ecological Protection and Environmental Treatment	89	26	92.4	105683
公共设施管理业	Management of Public Facilities	1096	506	559.0	51234
土地管理业	Management of Land	42	17	52.0	122827
居民服务、修理和其他服务业	**Service to Households, Repair and Other Services**	**690**	**370**	**420.9**	**61431**
居民服务业	Service to Households	256	149	178.5	70407
机动车、电子产品和日用产品修理业	Repair of Motor Vehicle, Electronics and Household Products	97	27	81.1	81263
其他服务业	Other Services	336	194	161.3	48606
教育	**Education**	**2561**	**1863**	**2027.5**	**79034**
卫生和社会工作	**Health and Social Service**	**1241**	**882**	**1099.4**	**90123**
卫生	Health	1009	712	967.6	97655
社会工作	Social Service	232	170	131.8	57538
文化、体育和娱乐业	**Culture, Sports and Entertainment**	**644**	**326**	**725.3**	**112720**
新闻和出版业	Journalism and Publishing Activities	121	67	204.9	169724
广播、电视、电影和录音制作业	Radio, Television, Motion Picture and Audio-visual Programme Production Services	144	74	165.3	114824
文化艺术业	Cultural and Art Activities	118	60	88.8	74871
体育	Sports Activities	92	42	119.5	133874
娱乐业	Entertainment	169	83	146.9	85916
公共管理、社会保障和社会组织	**Public Management, Social Security and Social Organization**	**75**	**34**	**78.7**	**104725**
#中国共产党机关	Organs of Communist Party of China				
国家机构	Government Agencies	44	17	43.6	99230
人民政协、民主党派	People's Political Consultative Conference and				
社会保障	Democratic Parties Social Security	3	2	2.5	86188
群众团体、社会团体和其他成员组织	Non-Governmental Organizations, Social Organizations and Membership Organizations	28	15	31.4	113185

6-2 各地区其他单位分登记注册类型就业人员和工资总额(2021年)
EMPLOYMENT AND TOTAL WAGES IN OTHER OWNERSHIP UNITS BY REGISTRATION STATUS AND REGION (2021)

地区	Region	总计 Total				股份合作 Cooperative Units			
		年末人数(人) Year-end Figures (person)	#女性 Female	工资总额(千元) Total Wages (1000 yuan)	平均工资(元) Average wage (yuan)	年末人数(人) Year-end Figures (person)	#女性 Female	工资总额(千元) Total Wages (1000 yuan)	平均工资(元) Average wage (yuan)
全国	**National**	**111197536**	**40284817**	**11434966132**	**103182**	**617620**	**259212**	**55514868**	**90241**
北京	Beijing	5945109	2387771	1158203466	193990	47857	20281	3471569	74108
天津	Tianjin	1876179	712578	217878709	115161	7602	3106	573041	74359
河北	Hebei	2998532	1036239	255468385	84273	28738	14623	2503849	86927
山西	Shanxi	2674229	784992	230554390	85171	1836	795	231184	122181
内蒙古	Inner Mongolia	1343140	438786	127280334	93524	11023	4884	1514217	127931
辽宁	Liaoning	2720753	950979	233069384	84478	21508	8774	1593058	74034
吉林	Jilin	1344945	473233	110372587	80475	10610	5115	915903	92919
黑龙江	Heilongjiang	1512104	507233	129855065	83476	18816	8491	1392566	72787
上海	Shanghai	5799023	2485152	1073635349	187323	12658	5327	1021534	80538
江苏	Jiangsu	9904150	3299206	1010969399	103371	25761	9473	1920886	76417
浙江	Zhejiang	7972368	2746545	848251436	108374	85729	35676	6235255	71901
安徽	Anhui	3767507	1253207	308802710	83022	20183	7543	1202037	56664
福建	Fujian	4201965	1563823	372008900	89169	18106	6868	2155955	121293
江西	Jiangxi	2668560	982487	193938100	73913	16735	7129	1157383	70198
山东	Shandong	7089300	2513010	604762755	85375	18636	7446	1522532	83025
河南	Henan	5427526	1832607	378541101	70250	35236	15903	3139468	89706
湖北	Hubei	4029492	1415861	347390757	88265	10067	4661	577027	59101
湖南	Hunan	3452988	1215282	263809416	78043	11868	6673	893286	76472
广东	Guangdong	16430196	6711023	1785001940	108095	92738	35681	10959797	118258
广西	Guangxi	2166602	765680	178340998	82448	24846	10366	3365742	135966
海南	Hainan	694533	296927	65256240	93933	5341	2813	848382	157792
重庆	Chongqing	2397344	816526	214187195	89254	8414	2329	422723	52497
四川	Sichuan	5496216	1982324	484072275	88483	29790	12154	2600993	87946
贵州	Guizhou	1595760	518629	142543745	91066	8497	3733	1321544	155410
云南	Yunnan	1545119	540153	128911457	84311	10474	4373	910173	89433
西藏	Tibet	174814	62428	19067755	109459	11	5	1205	86071
陕西	Shaanxi	2795318	954905	258309079	93683	17071	7120	1246832	73538
甘肃	Gansu	1175089	380009	90104466	76515	9343	4098	903640	100254
青海	Qinghai	305896	101017	30605008	102163	2284	1062	115946	58766
宁夏	Ningxia	346238	112865	34849356	99105	1477	624	162230	108370
新疆	Xinjiang	1346544	443338	138924372	96652	4366	2090	634913	150098

6-2 续表 1 continued

地 区	Region	联 营 Joint-owned Units				有限责任公司 Limited Liability Corporations			
		年末人数 (人) Year-end Figures (person)	#女 性 Female	工资总额 (千元) Total Wages (1000 yuan)	平均工资 (元) Average wage (yuan)	年末人数 (人) Year-end Figures (person)	#女 性 Female	工资总额 (千元) Total Wages (1000 yuan)	平均工资 (元) Average wage (yuan)
全 国	**National**	**223400**	**103227**	**21373801**	**92825**	**65257890**	**20020328**	**6020167400**	**93209**
北 京	Beijing	2616	1253	283780	108874	3358512	1199225	557016375	165330
天 津	Tianjin	2885	1006	288552	102458	963304	297543	105255666	108585
河 北	Hebei	8936	6598	454136	52438	1979786	607768	160929230	80991
山 西	Shanxi	148	63	5286	34103	2032362	494470	171728035	84849
内蒙古	Inner Mongolia	2729	1790	170452	65822	1013030	289632	93773522	92530
辽 宁	Liaoning	3319	1044	211999	63337	1553016	452931	122625112	78251
吉 林	Jilin	5613	2078	296628	53060	819919	252612	63026784	76055
黑龙江	Heilongjiang	2646	574	124657	47344	1082017	311723	93384172	84926
上 海	Shanghai	4286	1653	521155	121034	2174563	775461	343706148	158445
江 苏	Jiangsu	37695	11715	3863483	82960	4592349	1232336	431511431	95780
浙 江	Zhejiang	3693	2053	381541	103217	4232225	1160521	403812942	98541
安 徽	Anhui	8131	4336	497698	62362	2637867	809349	200707563	77797
福 建	Fujian	3021	1440	193542	65504	2298274	668667	191973082	84952
江 西	Jiangxi	4421	2051	364948	82813	1882222	599969	131399472	71801
山 东	Shandong	8914	5155	653136	74043	4259785	1320394	339460543	80043
河 南	Henan	12919	8172	798998	63850	3964734	1217133	260086693	66706
湖 北	Hubei	41268	19288	5243280	126299	2701740	815660	222678813	85153
湖 南	Hunan	8063	3764	559576	69936	2188089	606035	161562540	76007
广 东	Guangdong	29576	11396	3654137	124029	7191866	2513766	761552744	106201
广 西	Guangxi	1070	807	43717	42960	1540747	452161	125068410	81707
海 南	Hainan	3019	1592	281806	96559	454803	179036	41123589	90991
重 庆	Chongqing	1503	791	179726	120974	1577895	440633	125828954	81124
四 川	Sichuan	11243	6162	1029043	95899	3949124	1257343	323578395	83026
贵 州	Guizhou	2526	1595	127075	52688	1244337	380012	101546887	83392
云 南	Yunnan	3592	1570	281443	77847	1180323	389323	93784436	80440
西 藏	Tibet	818	377	73920	90477	125687	42224	11398408	91070
陕 西	Shaanxi	6044	3736	494150	83318	2019364	590553	184869115	93571
甘 肃	Gansu	1120	626	57513	51784	797174	236810	56924151	71523
青 海	Qinghai	180	73	7495	41181	219766	65322	20188974	95322
宁 夏	Ningxia	21	13	888	42286	238437	68718	24280728	101815
新 疆	Xinjiang	1386	457	230043	165261	984573	292997	95384487	88781

6-2 续表 2 continued

地 区	Region	股份有限公司 Share-holding Corporations Ltd 年末人数(人) Year-end Figures (person)	#女 性 Female	工资总额(千元) Total Wages (1000 yuan)	平均工资(元) Average wage (yuan)	其他内资 Other Domestic Invested 年末人数(人) Year-end Figures (person)	#女 性 Female	工资总额(千元) Total Wages (1000 yuan)	平均工资(元) Average wage (yuan)
全 国	**National**	**17892169**	**7018431**	**2209508208**	**121594**	**3256164**	**2221452**	**245781274**	**76342**
北 京	Beijing	937148	406869	226060615	238441	111590	77933	13578671	117906
天 津	Tianjin	246859	109820	36402074	143314	37283	25829	2350007	65062
河 北	Hebei	612320	271817	61111649	95944	15063	10507	830348	58827
山 西	Shanxi	391775	160478	39888698	96724	87991	67602	3740647	43959
内蒙古	Inner Mongolia	239486	109261	25217677	98779	10662	7218	598259	55199
辽 宁	Liaoning	518904	200717	53479242	98559	88835	63820	5173545	58644
吉 林	Jilin	296701	128783	25979881	82833	53606	36910	3208583	60195
黑龙江	Heilongjiang	250841	108151	22872447	84174	58505	35032	3670155	63470
上 海	Shanghai	523450	212452	120525864	229098	227506	138862	22173789	96348
江 苏	Jiangsu	1675009	493953	193248175	117974	165909	107705	13198584	79904
浙 江	Zhejiang	1678010	641560	206407501	123086	195319	141803	17143671	88400
安 徽	Anhui	654163	211820	69378144	105100	101189	66260	6688919	66043
福 建	Fujian	513276	203068	61033919	116405	76653	57106	5382414	71451
江 西	Jiangxi	338417	138523	32703329	94747	77847	50199	5092728	67103
山 东	Shandong	1498792	575351	151487107	99752	235090	160492	15862750	69262
河 南	Henan	779803	274303	69186757	88444	114178	76228	6872419	61768
湖 北	Hubei	629591	266598	63787840	101143	136043	90859	8691292	63766
湖 南	Hunan	622737	253650	58980785	94062	210099	143781	11639864	56482
广 东	Guangdong	2134919	863932	313570229	144168	699560	475434	65888710	95746
广 西	Guangxi	258704	117644	26501144	100881	81062	64074	3406131	43010
海 南	Hainan	129677	59193	12764676	94256	44532	31067	2857600	66674
重 庆	Chongqing	434882	203848	53844990	115107	19885	12230	2159733	110427
四 川	Sichuan	827915	356405	93489818	110631	151206	106375	10438029	69113
贵 州	Guizhou	273587	102717	33344329	123780	14345	8791	1321772	93856
云 南	Yunnan	245504	92320	26043446	106701	8759	4866	480503	54717
西 藏	Tibet	36536	15346	6234415	170006	6840	2798	696131	103134
陕 西	Shaanxi	419211	168055	45034336	103760	135554	98129	7705636	57087
甘 肃	Gansu	297120	100328	27020292	89799	42029	27141	2363436	56353
青 海	Qinghai	73255	29941	9281471	124508	686	292	31283	43050
宁 夏	Ningxia	74076	34177	7436513	95000	6698	4557	413094	64675
新 疆	Xinjiang	279503	107348	37190846	131300	41641	27551	2122573	53167

6-2 续表 3 continued

地 区	Region	港、澳、台商投资 Funded from Hong Kong, Macao and Taiwan 年末人数（人）Year-end Figures (person)	#女 性 Female	工资总额（千元）Total Wages (1000 yuan)	平均工资（元）Average wage (yuan)	外商投资 Foreign Funded 年末人数（人）Year-end Figures (person)	#女 性 Female	工资总额（千元）Total Wages (1000 yuan)	平均工资（元）Average wage (yuan)
全 国	**National**	**11751960**	**5371603**	**1348835078**	**114034**	**12198333**	**5290563**	**1533785502**	**126019**
北 京	Beijing	734680	346176	181027379	245364	752707	336033	176765078	235427
天 津	Tianjin	256490	126825	28417416	109688	361756	148449	44591954	122882
河 北	Hebei	122130	42197	11170293	90750	231559	82728	18468881	79329
山 西	Shanxi	68921	26560	7508615	83916	91197	35024	7451925	79281
内蒙古	Inner Mongolia	21562	7788	2039404	94863	44648	18213	3966803	87287
辽 宁	Liaoning	133409	54778	10694556	78429	401762	168915	39291873	98281
吉 林	Jilin	23965	8578	1803753	75840	134532	39156	15141056	110807
黑龙江	Heilongjiang	41493	18182	3767864	89680	57786	25081	4643204	74099
上 海	Shanghai	1182862	579946	231746219	201109	1673697	771452	353940641	216256
江 苏	Jiangsu	1367126	587127	136313967	100125	2040300	856896	230912874	113284
浙 江	Zhejiang	831133	356202	104385838	126716	946257	408732	109884689	116386
安 徽	Anhui	149740	69379	12536465	83940	196234	84520	17791886	89094
福 建	Fujian	749263	358637	62276661	82805	543373	268037	48993326	90778
江 西	Jiangxi	210673	110900	13381561	62671	138245	73716	9838679	71125
山 东	Shandong	396531	149109	37081906	94588	671552	295063	58694782	86853
河 南	Henan	303235	143275	21898779	65837	217421	97592	16557988	76716
湖 北	Hubei	199635	98516	15197877	77020	311148	120280	31214629	102296
湖 南	Hunan	275386	137433	19216472	72981	136746	63947	10956893	79079
广 东	Guangdong	4000129	1831616	388787526	95483	2281407	979198	240588797	105280
广 西	Guangxi	85579	45334	5524263	63932	174594	75294	14431591	80939
海 南	Hainan	27367	10604	3621260	139728	29793	12623	3758927	124236
重 庆	Chongqing	153684	71807	13303435	87782	201082	84888	18447633	92123
四 川	Sichuan	240700	113789	22574547	92247	286238	130096	30361451	103841
贵 州	Guizhou	28948	11254	2510970	86579	23520	10527	2371169	98004
云 南	Yunnan	48837	22865	3276516	67093	47629	24835	4134940	86849
西 藏	Tibet	2073	814	248643	125387	2849	863	415033	148067
陕 西	Shaanxi	55318	30998	4553245	82142	142757	56315	14405765	107321
甘 肃	Gansu	8466	3145	713967	83135	19838	7861	2121468	105173
青 海	Qinghai	1225	445	129990	101041	8500	3884	849850	93813
宁 夏	Ningxia	17152	2453	1773090	99769	8377	2323	782814	85028
新 疆	Xinjiang	14245	4872	1352602	95746	20830	8023	2008908	100142

6-3 各地区分行业其他单位就业人员和工资总额(2021年)
EMPLOYMENT AND TOTAL WAGES IN OTHER OWNERSHIP UNITS BY SECTOR AND REGION (2021)

地 区	Region	总 计 Total				农、林、牧、渔业 Agriculture, Forestry, Animal Husbandry and Fishery			
		年末人数(人) Year-end Figures (person)	#女 性 Female	工资总额(千元) Total Wages (1000 yuan)	平均工资(元) Average wage (yuan)	年末人数(人) Year-end Figures (person)	#女 性 Female	工资总额(千元) Total Wages (1000 yuan)	平均工资(元) Average wage (yuan)
全 国	**National**	**111197536**	**40284817**	**11434966132**	**103182**	**290837**	**93651**	**17811890**	**59246**
北 京	Beijing	5945109	2387771	1158203466	193990	8306	3129	731612	83099
天 津	Tianjin	1876179	712578	217878709	115161	1576	573	102773	64426
河 北	Hebei	2998532	1036239	255468385	84273	12379	4403	756618	60142
山 西	Shanxi	2674229	784992	230554390	85171	7453	2120	359352	49703
内蒙古	Inner Mongolia	1343140	438786	127280334	93524	38902	7557	2888721	73819
辽 宁	Liaoning	2720753	950979	233069384	84478	8490	2579	419850	49153
吉 林	Jilin	1344945	473233	110372587	80475	19207	4120	1196307	60379
黑龙江	Heilongjiang	1512104	507233	129855065	83476	18180	4605	1115761	43562
上 海	Shanghai	5799023	2485152	1073635349	187323	7690	2225	668577	87063
江 苏	Jiangsu	9904150	3299206	1010969399	103371	9185	3173	558973	58254
浙 江	Zhejiang	7972368	2746545	848251436	108374	5741	1790	376270	65503
安 徽	Anhui	3767507	1253207	308802710	83022	3772	1397	197099	50952
福 建	Fujian	4201965	1563823	372008900	89169	3943	1136	273449	67879
江 西	Jiangxi	2668560	982487	193938100	73913	4215	1236	285210	65603
山 东	Shandong	7089300	2513010	604762755	85375	5289	1543	304332	56968
河 南	Henan	5427526	1832607	378541101	70250	5328	1911	245875	47892
湖 北	Hubei	4029492	1415861	347390757	88265	4787	1400	268721	58451
湖 南	Hunan	3452988	1215282	263809416	78043	6937	2618	367768	51897
广 东	Guangdong	16430196	6711023	1785001940	108095	8537	3119	807393	92430
广 西	Guangxi	2166602	765680	178340998	82448	13277	5033	871692	64628
海 南	Hainan	694533	296927	65256240	93933	31372	10853	1767276	56083
重 庆	Chongqing	2397344	816526	214187195	89254	2397	985	136030	57835
四 川	Sichuan	5496216	1982324	484072275	88483	7372	3173	399136	56176
贵 州	Guizhou	1595760	518629	142543745	91066	9165	3724	476930	53645
云 南	Yunnan	1545119	540153	128911457	84311	12263	6585	601631	48069
西 藏	Tibet	174814	62428	19067755	109459	1581	605	90589	56878
陕 西	Shaanxi	2795318	954905	258309079	93683	6493	2069	280559	44093
甘 肃	Gansu	1175089	380009	90104466	76515	8563	3053	440304	50499
青 海	Qinghai	305896	101017	30605008	102163	2576	895	80828	28750
宁 夏	Ningxia	346238	112865	34849356	99105	2109	584	115240	53977
新 疆	Xinjiang	1346544	443338	138924372	96652	13754	5458	627013	45810

6-3 续表 1 continued

地 区	Region	采矿业 Mining 年末人数(人) Year-end Figures (person)	#女 性 Female	工资总额(千元) Total Wages (1000 yuan)	平均工资(元) Average wage (yuan)	制造业 Manufacturing 年末人数(人) Year-end Figures (person)	#女 性 Female	工资总额(千元) Total Wages (1000 yuan)	平均工资(元) Average wage (yuan)
全 国	**National**	**3259621**	**536907**	**354373967**	**108666**	**37575288**	**14002353**	**3454270888**	**92357**
北 京	Beijing	27668	4539	4323634	152773	586231	207125	100580752	170370
天 津	Tianjin	54443	11836	8765654	158580	629268	207091	69637624	109942
河 北	Hebei	152168	23502	14686231	96315	978774	291065	78943629	80646
山 西	Shanxi	820236	113139	81299792	100661	542814	153661	42966632	75737
内蒙古	Inner Mongolia	96721	13037	13508712	139779	334038	81713	29900907	91182
辽 宁	Liaoning	184702	37399	17758845	92569	915935	263537	77566614	83964
吉 林	Jilin	58680	13266	4826201	80653	420564	118399	38302053	90165
黑龙江	Heilongjiang	210785	43734	21305570	99750	253812	75053	21049372	82031
上 海	Shanghai	1684	401	495152	326402	1321087	455187	198042156	152521
江 苏	Jiangsu	53125	8387	6354994	119117	4561514	1773887	466973210	103472
浙 江	Zhejiang	3788	656	371835	101659	3206353	1231194	310026905	97744
安 徽	Anhui	122193	11349	15423320	123306	1280483	468580	104443016	83198
福 建	Fujian	12796	1971	902834	70620	1590133	711905	137546936	86655
江 西	Jiangxi	22020	4094	1607950	71018	985764	444901	68692448	70907
山 东	Shandong	251681	51632	28947286	115956	2710046	951942	224914476	83094
河 南	Henan	252492	43051	22359357	86779	1890171	747666	123194251	64562
湖 北	Hubei	31719	7043	3686921	114422	1286410	466474	105639141	83788
湖 南	Hunan	40888	5313	2785675	69000	967105	347852	74878584	80393
广 东	Guangdong	12893	2212	2570817	192848	8243705	3351415	766449947	92403
广 西	Guangxi	8712	1942	670404	76662	525064	200664	39761636	77416
海 南	Hainan	5254	971	684972	142732	80405	29697	6900877	86149
重 庆	Chongqing	6250	1379	622548	95439	654029	235207	58050552	90037
四 川	Sichuan	109867	20489	13433228	118943	1427322	513718	125538805	88636
贵 州	Guizhou	140089	15201	11492474	87100	304330	105640	27663326	93654
云 南	Yunnan	45631	8774	4162293	90400	352522	113822	26520725	75478
西 藏	Tibet	6800	1418	898182	129977	15287	5173	1384910	89607
陕 西	Shaanxi	270558	39098	32505552	121572	727461	222056	61861564	87115
甘 肃	Gansu	55421	8953	5649797	101025	266578	72634	22036168	82875
青 海	Qinghai	26127	7174	4111357	153209	91505	25584	7564820	89104
宁 夏	Ningxia	45584	7122	7481686	161557	96803	23801	8250644	84582
新 疆	Xinjiang	128642	27826	20680694	160467	329776	105710	28988208	88858

6-3 续表 2 continued

地 区	Region	电力、热力、燃气及水生产和供应业 Production and Supply of Electricity, Heat, Gas and Water 年末人数(人) Year-end Figures (person)	#女 性 Female	工资总额(千元) Total Wages (1000 yuan)	平均工资(元) Average wage (yuan)	建筑业 Construction 年末人数(人) Year-end Figures (person)	#女 性 Female	工资总额(千元) Total Wages (1000 yuan)	平均工资(元) Average wage (yuan)
全 国	**National**	**2802219**	**731507**	**358595212**	**128207**	**18079327**	**2386543**	**1348226699**	**76733**
北 京	Beijing	84761	24592	16228191	192772	451077	88664	65307074	145520
天 津	Tianjin	37603	10514	6586087	177058	198744	31947	20599018	104152
河 北	Hebei	126856	33599	16324807	129751	348521	56204	24366581	70531
山 西	Shanxi	110602	30848	10027144	91437	242917	48765	19329229	77415
内蒙古	Inner Mongolia	147132	38806	17847543	120891	89471	15683	6175227	61046
辽 宁	Liaoning	131392	32095	12356823	94047	232129	42330	16872827	71364
吉 林	Jilin	78142	15504	7803864	99866	121786	21417	8201895	64048
黑龙江	Heilongjiang	134347	28405	13339547	98290	111880	24325	7233929	62722
上 海	Shanghai	32681	8592	8187134	250321	270642	44210	36275176	137938
江 苏	Jiangsu	138023	34162	22647079	164475	2180951	121170	163380401	78785
浙 江	Zhejiang	124816	28268	21403310	171930	1756714	177391	125723299	75940
安 徽	Anhui	89910	20672	12112619	134406	931456	121774	64738247	72518
福 建	Fujian	103508	26927	14060363	136628	1083771	178173	75770819	73076
江 西	Jiangxi	82639	23454	7824919	94593	691255	96334	44698471	67679
山 东	Shandong	159118	42195	17098177	108870	1236198	143246	93006646	76711
河 南	Henan	95494	32057	8242248	87051	1249706	163980	74744999	62210
湖 北	Hubei	57214	18142	7127572	124165	948500	128466	70331202	79694
湖 南	Hunan	57858	16661	5873779	101531	883138	103649	53834112	63837
广 东	Guangdong	226865	49600	39693165	174845	978990	150196	83480105	86978
广 西	Guangxi	104551	27703	12546541	119716	510717	61561	38439527	73802
海 南	Hainan	13848	3299	1825512	135886	45324	7273	3119613	70412
重 庆	Chongqing	58035	18398	6382488	110378	635790	91807	41768577	68201
四 川	Sichuan	205535	58505	25739409	124752	1270860	206981	83779933	68142
贵 州	Guizhou	47990	12705	5828564	121462	376467	62535	28996624	80371
云 南	Yunnan	106414	29222	12947535	120813	267434	47803	17979850	70489
西 藏	Tibet	13871	4319	1670924	123186	31773	5918	2299155	71010
陕 西	Shaanxi	80694	24198	9179595	114589	438267	66515	33512543	80800
甘 肃	Gansu	39385	10205	3965981	98582	253669	34884	16171811	63826
青 海	Qinghai	12591	3185	1816636	151015	31340	6553	2905528	92804
宁 夏	Ningxia	29787	7594	3793625	127633	25143	5010	2093946	76763
新 疆	Xinjiang	70556	17079	8114031	116893	184695	31780	23090336	81392

6-3 续表 3 continued

地 区	Region	批发和零售业 Wholesale and Retail Trades				交通运输、仓储和邮政业 Transport, Storage and Post			
		年末人数（人） Year-end Figures (person)	#女 性 Female	工资总额（千元） Total Wages (1000 yuan)	平均工资（元） Average wage (yuan)	年末人数（人） Year-end Figures (person)	#女 性 Female	工资总额（千元） Total Wages (1000 yuan)	平均工资（元） Average wage (yuan)
全 国	**National**	**7413483**	**3956091**	**786222327**	**106435**	**6877894**	**1727772**	**778280330**	**112647**
北 京	Beijing	505471	236938	91635579	180302	542759	146047	74625401	134546
天 津	Tianjin	173836	103657	18574898	104554	120474	29987	14388527	118478
河 北	Hebei	188149	110747	11144192	58691	216828	50941	22897456	105801
山 西	Shanxi	115346	51586	8426853	73344	204648	50331	22029354	107632
内蒙古	Inner Mongolia	71471	38045	5191311	72430	179941	42815	19123338	107039
辽 宁	Liaoning	149681	87548	10181189	67279	264390	56602	25608162	95583
吉 林	Jilin	75096	40169	4889498	64569	137045	27928	12135187	88196
黑龙江	Heilongjiang	88065	44976	6415846	72259	184705	27192	18574361	99307
上 海	Shanghai	920079	507031	186924154	204405	444558	140128	69434273	156984
江 苏	Jiangsu	509494	274541	54780944	106587	371724	87119	42714805	111171
浙 江	Zhejiang	434579	221164	50364328	116585	348493	89487	42131759	121890
安 徽	Anhui	221212	123047	15778876	72515	173250	40828	16629036	96326
福 建	Fujian	225573	120603	21014795	94656	204270	51399	22852035	110597
江 西	Jiangxi	157360	81405	10252000	65812	146008	34277	14501190	98620
山 东	Shandong	413712	228979	30657593	74460	378150	93756	40536274	106083
河 南	Henan	291745	156933	16857253	59114	301688	78560	27812876	92977
湖 北	Hubei	278748	159541	19173742	69573	230790	54163	24578097	107804
湖 南	Hunan	202789	117298	12673334	63431	217033	59423	21506081	99378
广 东	Guangdong	1056731	535594	110476975	104040	709894	184050	87663404	122118
广 西	Guangxi	123118	70006	8791417	70721	173433	40807	17718514	102596
海 南	Hainan	65981	32635	6212958	93296	60699	14402	7429773	120771
重 庆	Chongqing	166834	96153	13406176	83191	178427	45029	16628597	93027
四 川	Sichuan	327228	180910	25668318	79323	298593	84837	30962632	104215
贵 州	Guizhou	98801	50639	7521192	76401	119979	33766	12422521	103778
云 南	Yunnan	127058	68045	9074972	72785	130183	37204	14401248	110369
西 藏	Tibet	22909	10119	2119665	93489	11239	3140	1310627	124054
陕 西	Shaanxi	187831	101841	12834586	68384	197119	48668	21281897	107717
甘 肃	Gansu	82750	44325	5066376	61560	110170	22965	10887060	100230
青 海	Qinghai	18518	9559	1419718	76240	42848	11087	4851606	114359
宁 夏	Ningxia	22054	13994	1305988	58300	30307	7698	3054625	100495
新 疆	Xinjiang	91263	38061	7387598	85644	148252	33134	17589611	118197

6-3 续表 4 continued

地 区	Region	住宿和餐饮业 Hotels and Catering Services				信息传输、软件和信息技术服务业 Information Transmission, Software and Information Technology			
		年末人数 (人) Year-end Figures (person)	#女 性 Female	工资总额 (千元) Total Wages (1000 yuan)	平均工资 (元) Average wage (yuan)	年末人数 (人) Year-end Figures (person)	#女 性 Female	工资总额 (千元) Total Wages (1000 yuan)	平均工资 (元) Average wage (yuan)
全 国	**National**	**2441326**	**1414130**	**128895062**	**53158**	**4911402**	**1876656**	**992230190**	**205536**
北 京	Beijing	262411	147867	16156705	61939	998057	372093	287873432	290861
天 津	Tianjin	54054	32363	2116427	40232	80929	31832	12044251	158622
河 北	Hebei	32601	19568	1483779	46054	109563	45419	14869115	135785
山 西	Shanxi	30905	17901	1150511	37778	43380	19007	4353486	100655
内蒙古	Inner Mongolia	22637	12909	1117525	48472	37530	17847	4396546	116907
辽 宁	Liaoning	40865	24908	1563816	38029	127523	63081	15373752	120656
吉 林	Jilin	13642	7723	589174	44275	36292	13941	3426164	94417
黑龙江	Heilongjiang	11362	6798	449388	39095	49947	20904	4673548	93485
上 海	Shanghai	273581	150326	16680362	62441	498730	179609	145996322	304682
江 苏	Jiangsu	191067	111782	10301737	55600	330536	124583	59325788	183048
浙 江	Zhejiang	135239	78136	8268648	60481	317989	117720	80707628	260504
安 徽	Anhui	50927	31763	2641304	52972	94119	36975	10255117	111385
福 建	Fujian	90053	51663	4488448	50159	103091	38008	14686787	144119
江 西	Jiangxi	35097	22904	1518338	43661	52794	20907	5431998	103883
山 东	Shandong	97421	56763	5051809	52710	189493	84961	21638646	114897
河 南	Henan	64230	38903	2944483	46272	162654	57641	14341610	90436
湖 北	Hubei	86250	53683	3718106	44824	158009	58091	20742566	134018
湖 南	Hunan	58458	36229	2467134	42984	80519	30582	9630318	120862
广 东	Guangdong	399636	215712	21338941	53762	782245	293536	165604824	214981
广 西	Guangxi	42500	26759	1808519	42939	55133	21230	6126708	112861
海 南	Hainan	47567	23141	3059042	64793	26086	7546	6242766	257108
重 庆	Chongqing	37648	23979	1850249	48648	43670	16221	6544743	141275
四 川	Sichuan	156948	96697	8490510	50859	238801	91305	34628904	149206
贵 州	Guizhou	26195	16499	1288627	49325	41565	16566	4895106	117471
云 南	Yunnan	42531	25702	1928172	45301	46133	17510	5087220	109971
西 藏	Tibet	5920	3408	401141	67439	6078	2177	965970	158259
陕 西	Shaanxi	81257	50031	3726456	46205	121825	43913	23384827	198817
甘 肃	Gansu	25163	15442	1081197	42667	27765	12098	2674490	97531
青 海	Qinghai	3094	1922	150227	48096	7892	3579	1093369	138677
宁 夏	Ningxia	2420	1447	119089	49141	8076	3686	1050998	132102
新 疆	Xinjiang	19644	11203	945198	49331	34978	14089	4163191	119456

6-3 续表 5 continued

地 区	Region	金融业 Financial Infermediation 年末人数(人) Year-end Figures (person)	#女 性 Female	工资总额(千元) Total Wages (1000 yuan)	平均工资(元) Average wage (yuan)	房地产业 Real Estate 年末人数(人) Year-end Figures (person)	#女 性 Female	工资总额(千元) Total Wages (1000 yuan)	平均工资(元) Average wage (yuan)
全 国	**National**	**7462769**	**4370676**	**1181079697**	**148816**	**4991455**	**2065007**	**459809142**	**91528**
北 京	Beijing	598908	339022	182597276	297135	432776	163944	56606491	134011
天 津	Tianjin	130528	82570	21519131	151494	89569	38353	8843417	99114
河 北	Hebei	358031	213083	36465456	94514	112910	48152	8357274	72491
山 西	Shanxi	230906	141201	21007540	84588	51993	22626	3844128	72566
内蒙古	Inner Mongolia	159879	99798	16069332	93293	50856	24544	3085251	59543
辽 宁	Liaoning	230931	140593	25039149	101828	101612	45605	7449433	72421
吉 林	Jilin	182179	113212	16101031	82279	46868	20042	2806994	59738
黑龙江	Heilongjiang	189136	114145	15063971	69696	48201	19573	2642723	54480
上 海	Shanghai	265757	138416	109456943	407126	268195	111454	34320789	126738
江 苏	Jiangsu	385479	222909	65729664	160731	284489	121283	27551213	96310
浙 江	Zhejiang	462275	277453	84994388	175332	289314	124022	30848265	106550
安 徽	Anhui	196508	112418	22520693	105985	143435	61523	12052495	83309
福 建	Fujian	233999	135695	33815060	131005	153484	60885	14207737	92213
江 西	Jiangxi	144770	83936	15562103	102341	90415	37925	6882894	75596
山 东	Shandong	601676	369789	60196363	94089	266243	111819	21968337	81830
河 南	Henan	252409	133833	32646656	125492	265095	108681	18273868	69368
湖 北	Hubei	258948	149679	32970362	124003	187583	83001	14110601	74778
湖 南	Hunan	274066	160646	30038674	103612	149055	63366	11690221	77520
广 东	Guangdong	762416	430486	161903218	199416	840933	320677	86274105	100169
广 西	Guangxi	185142	105513	21729290	111932	88796	38927	8093360	87772
海 南	Hainan	69647	40831	8160315	107906	89044	37885	7579057	84175
重 庆	Chongqing	218303	130679	33962674	129324	151251	61826	12826903	87057
四 川	Sichuan	391157	242131	46678082	110588	312556	133336	24827053	78942
贵 州	Guizhou	136452	68494	19288485	141112	100402	39422	8060309	78012
云 南	Yunnan	97178	56840	13219577	133954	90510	38057	7442032	81422
西 藏	Tibet	17312	8022	4242854	245329	6835	2990	644616	98716
陕 西	Shaanxi	180064	109289	21665654	112595	123012	53065	9142060	74593
甘 肃	Gansu	103532	60431	8954318	83436	61746	27801	3352948	53861
青 海	Qinghai	24066	14022	3522998	143490	15249	6807	914855	60833
宁 夏	Ningxia	33450	20302	4008193	109015	15430	7457	1098919	70968
新 疆	Xinjiang	87663	55239	11950246	126087	63597	29960	4010794	62594

6-3 续表 6 continued

地 区	Region	租赁和商务服务业 Leasing and Business Services				科学研究和技术服务业 Scientific Research and Technical Services			
		年末人数(人) Year-end Figures (person)	#女 性 Female	工资总额(千元) Total Wages (1000 yuan)	平均工资(元) Average wage (yuan)	年末人数(人) Year-end Figures (person)	#女 性 Female	工资总额(千元) Total Wages (1000 yuan)	平均工资(元) Average wage (yuan)
全 国	**National**	**5669771**	**2108208**	**602074905**	**107094**	**2949549**	**981024**	**463972531**	**158956**
北 京	Beijing	537430	224356	101865417	189219	471451	174602	97667782	207951
天 津	Tianjin	106031	34132	10844459	100774	84405	24737	15379160	182986
河 北	Hebei	106672	29115	6559687	61920	109413	30432	11229069	94529
山 西	Shanxi	96509	27489	5667225	58419	37012	11655	3520093	94059
内蒙古	Inner Mongolia	37670	9934	2704547	72581	29175	9838	2749539	95414
辽 宁	Liaoning	108144	30592	6527408	60668	57680	19965	6292043	111708
吉 林	Jilin	34568	10176	1927521	55581	29250	10072	3225056	109667
黑龙江	Heilongjiang	105989	38170	10526684	102891	19429	6467	2262759	117757
上 海	Shanghai	746820	376746	147138160	199235	315076	123423	72949197	237726
江 苏	Jiangsu	357972	143084	31297139	87071	188947	63515	28390519	153016
浙 江	Zhejiang	357123	111306	34217681	98281	157769	51788	26027274	171156
安 徽	Anhui	188779	79831	11844932	59873	60049	17524	7153014	120847
福 建	Fujian	163582	51786	12150379	74364	49094	14013	6797573	140036
江 西	Jiangxi	61025	23345	3781838	63263	30612	8772	3211469	104994
山 东	Shandong	198985	65274	15847641	80418	152406	47648	17267009	116972
河 南	Henan	189314	51539	10618775	55224	101535	33956	9466907	93756
湖 北	Hubei	161447	56999	12694092	79111	107429	29804	16299018	148952
湖 南	Hunan	133811	50920	9470557	71641	76607	22257	8294385	110964
广 东	Guangdong	999552	365851	101231140	102145	394539	138307	63790011	163854
广 西	Guangxi	161192	56982	10215284	67463	41189	14013	4890125	122290
海 南	Hainan	31040	11840	3512220	117185	18382	7121	1861977	103722
重 庆	Chongqing	119807	38636	7853732	66941	47112	13594	7243287	155779
四 川	Sichuan	273042	91950	19082365	70294	151445	46335	21525163	146350
贵 州	Guizhou	63470	24821	4459843	72526	27303	7407	3085498	112617
云 南	Yunnan	97445	27759	5459197	57488	36641	10940	4418206	121230
西 藏	Tibet	15664	5751	1311730	83331	3952	1117	402995	101208
陕 西	Shaanxi	78508	24116	5011717	64535	77182	21513	10409522	134946
甘 肃	Gansu	29781	10022	1882925	62863	29570	8325	3356449	114806
青 海	Qinghai	11134	3208	633307	58212	9137	2298	902266	98762
宁 夏	Ningxia	10371	3062	541799	59951	8701	1872	891736	108346
新 疆	Xinjiang	86896	29416	5195505	64083	27057	7713	3013430	110641

6-3 续表 7 continued

地 区	Region	水利、环境和公共设施管理业 Management of Water Conservancy, Environment and Public Facilities				居民服务、修理和其他服务业 Service to Households, Repair and Other Services			
		年末人数（人）Year-end Figures (person)	#女 性 Female	工资总额（千元）Total Wages (1000 yuan)	平均工资（元）Average wage (yuan)	年末人数（人）Year-end Figures (person)	#女 性 Female	工资总额（千元）Total Wages (1000 yuan)	平均工资（元）Average wage (yuan)
全 国	**National**	**1261572**	**558496**	**73936196**	**58921**	**689900**	**369753**	**42088069**	**61431**
北 京	Beijing	57657	17575	6362500	109219	44832	24249	3542165	78452
天 津	Tianjin	8509	3086	852290	94045	53280	32601	2606085	49003
河 北	Hebei	50456	23094	1615725	32290	21260	6451	868110	41272
山 西	Shanxi	21534	9179	857383	40868	5903	2722	314995	57415
内蒙古	Inner Mongolia	23147	10308	953576	42568	3150	1543	169670	52929
辽 宁	Liaoning	37663	14575	1732220	47479	10721	4647	552371	51695
吉 林	Jilin	15815	5205	572937	37050	10851	7162	426896	37818
黑龙江	Heilongjiang	9564	3006	399300	42186	8641	4715	278149	32959
上 海	Shanghai	118638	47086	9256597	76844	91011	46898	7315219	79289
江 苏	Jiangsu	57577	25677	4233225	74094	36869	19093	2632728	70663
浙 江	Zhejiang	70635	29418	4822984	71093	40991	21441	2746836	67572
安 徽	Anhui	42635	18524	1388869	33150	19256	7290	1065198	57142
福 建	Fujian	44974	20211	2900247	63733	33505	23537	2431302	75158
江 西	Jiangxi	45309	22525	1540257	34236	9040	5542	437750	48970
山 东	Shandong	101611	44329	3920834	38756	24105	11891	1246736	52939
河 南	Henan	88332	41221	3103903	36657	20833	11336	891767	45457
湖 北	Hubei	31976	13074	2485845	78407	17126	10125	822841	47307
湖 南	Hunan	28051	11794	1744818	64848	22418	8978	1762579	79856
广 东	Guangdong	123743	57025	8595265	68749	109483	61485	6857067	62793
广 西	Guangxi	22325	11028	1193273	55147	8291	5080	363687	45900
海 南	Hainan	38658	23073	2106488	54260	5302	2740	334233	64869
重 庆	Chongqing	24673	10386	2142720	87122	5683	3136	312159	57553
四 川	Sichuan	48699	23847	3258019	65831	32744	18580	1597383	50115
贵 州	Guizhou	35761	19770	1910219	50995	13973	7802	619352	44805
云 南	Yunnan	32248	15693	1757667	55211	13359	7901	535724	41796
西 藏	Tibet	5940	3398	355624	60993	2001	677	153415	73438
陕 西	Shaanxi	34189	14780	1843766	53752	11100	5663	478490	43321
甘 肃	Gansu	17596	9370	781864	44459	7645	3375	348227	45575
青 海	Qinghai	2881	1302	187023	65122	1725	758	92733	54064
宁 夏	Ningxia	3220	1390	218881	65488	345	133	23291	67608
新 疆	Xinjiang	17556	7547	841875	47789	4455	2204	260909	53485

6-3 续表 8 continued

地 区	Region	教 育 Education 年末人数(人) Year-end Figures (person)	#女 性 Female	工资总额(千元) Total Wages (1000 yuan)	平均工资(元) Average wage (yuan)	卫生和社会工作 Health and Social Service 年末人数(人) Year-end Figures (person)	#女 性 Female	工资总额(千元) Total Wages (1000 yuan)	平均工资(元) Average wage (yuan)
全 国	**National**	**2561233**	**1863255**	**202753273**	**79034**	**1240854**	**882253**	**109943877**	**90123**
北 京	Beijing	152667	101351	22472655	131795	74379	52833	9538806	131007
天 津	Tianjin	28729	22235	2361308	79657	15736	10794	1227112	80262
河 北	Hebei	27351	20034	1423866	54843	31977	23395	2308501	74577
山 西	Shanxi	77653	60352	3504878	46235	22011	16179	1136057	52446
内蒙古	Inner Mongolia	9247	6903	538891	57924	7818	5606	550724	70803
辽 宁	Liaoning	60871	46244	3531469	58314	40619	30220	2591670	63751
吉 林	Jilin	31071	23435	1740904	55950	24443	17561	1518487	62948
黑龙江	Heilongjiang	32861	23050	2089781	64838	27193	18703	1887992	69608
上 海	Shanghai	88407	62556	13358341	143900	90007	66752	9365486	104276
江 苏	Jiangsu	109481	77674	10254047	89970	93175	64813	9069907	99223
浙 江	Zhejiang	151815	115786	13963391	92377	74528	51382	7365612	100001
安 徽	Anhui	78816	53996	4910315	65058	54891	38194	4408786	81703
福 建	Fujian	66689	50916	4637765	69477	25131	17670	2408217	97208
江 西	Jiangxi	64929	43129	4296937	68289	30729	20713	2332614	77270
山 东	Shandong	178861	128662	11797533	67448	87642	61881	7074363	82836
河 南	Henan	109156	75877	6335998	58673	62941	43543	4592638	74326
湖 北	Hubei	114381	82534	7242813	62495	41285	29871	3226696	79333
湖 南	Hunan	163632	122095	8592272	53489	50457	35549	3783829	76238
广 东	Guangdong	533574	398797	49988826	94036	148341	105508	16719383	115269
广 西	Guangxi	69922	56820	2776860	40743	20484	15206	1378969	69325
海 南	Hainan	41655	29675	2587949	63968	12693	8751	1007494	83487
重 庆	Chongqing	18345	11222	1761483	97008	15819	11393	1646398	103379
四 川	Sichuan	139729	100581	9993421	71915	73544	52996	6115796	84218
贵 州	Guizhou	22617	13872	1714652	77002	19844	14137	1912256	97499
云 南	Yunnan	15256	7441	938519	63271	19410	14401	1459698	77959
西 藏	Tibet	3430	1850	420152	124379	2350	1352	236236	101974
陕 西	Shaanxi	112059	84771	6363193	56368	43761	31388	3228799	75407
甘 肃	Gansu	28980	20025	1679796	58397	14100	10020	894031	64068
青 海	Qinghai	713	378	33872	46280	1970	1511	157492	79783
宁 夏	Ningxia	5096	3378	330834	66933	3602	2678	196096	56857
新 疆	Xinjiang	23242	17617	1110554	49176	9975	7255	603733	61332

6–3 续表 9 continued

地区	Region	文化、体育和娱乐业 Culture, Sports and Entertainment				公共管理、社会保障和社会组织 Public Management, Social Security and Social Organization			
		年末人数（人）Year-end Figures (person)	#女性 Female	工资总额（千元）Total Wages (1000 yuan)	平均工资（元）Average wage (yuan)	年末人数（人）Year-end Figures (person)	#女性 Female	工资总额（千元）Total Wages (1000 yuan)	平均工资（元）Average wage (yuan)
全国	**National**	**643799**	**326338**	**72531960**	**112720**	**75239**	**34197**	**7869918**	**104725**
北京	Beijing	103692	55780	19481892	194136	4574	3063	606102	134186
天津	Tianjin	8326	4189	1411575	160375	139	82	18913	131468
河北	Hebei	14568	7018	1164672	81390	56	19	3617	64589
山西	Shanxi	12223	6121	752691	61356	183	108	7048	43789
内蒙古	Inner Mongolia	3105	1561	251716	74716	1252	337	57259	45465
辽宁	Liaoning	12052	6056	1173890	92295	5352	2402	477854	89180
吉林	Jilin	8297	3706	609348	75774	1148	194	73070	63405
黑龙江	Heilongjiang	5533	2469	361176	65322	2473	946	185209	75185
上海	Shanghai	41953	22614	7494516	177428	2427	1498	276797	115270
江苏	Jiangsu	42591	21554	4546384	104973	1950	799	226641	116722
浙江	Zhejiang	33720	17909	3850803	115451	484	234	40221	80712
安徽	Anhui	14511	7070	1112535	75451	1305	451	127239	97310
福建	Fujian	13940	7119	1032321	73208	430	208	31831	74954
江西	Jiangxi	11964	6025	872132	73650	2614	1063	207582	77236
山东	Shandong	30910	14310	2686290	87491	5751	2391	602406	105518
河南	Henan	23673	11694	1820568	78377	730	224	47069	66219
湖北	Hubei	25309	13087	2123676	84221	1583	684	148744	94131
湖南	Hunan	29092	14938	3134019	108095	11075	5114	1281277	115244
广东	Guangdong	76885	37967	8921079	115569	21234	9488	2636273	124301
广西	Guangxi	12615	6331	956370	75628	139	77	8822	60206
海南	Hainan	10959	4950	811237	79076	618	245	52481	87506
重庆	Chongqing	13250	6488	1046511	76303	21	9	1368	65143
四川	Sichuan	28328	14736	2197874	77484	2448	1218	156244	64241
贵州	Guizhou	11329	5611	905192	73823	28	17	2573	91893
云南	Yunnan	12747	6391	963489	74314	156	64	13701	83795
西藏	Tibet	1499	792	108146	73207	374	203	50823	137347
陕西	Shaanxi	21430	10929	1434896	66219	2509	1004	163403	65116
甘肃	Gansu	9264	4461	577486	59657	3410	1620	303240	89259
青海	Qinghai	2526	1196	166255	60857	3	1	117	39000
宁夏	Ningxia	3531	1521	256027	69788	209	137	17740	86326
新疆	Xinjiang	3980	1748	307195	82649	563	300	44252	77213

6-4 各地区分行业其他单位在岗职工人数和平均工资(2021年)
ON-POST STAFF AND WORKERS AND AVERAGE WAGE IN OTHER OWNERSHIP UNITS BY SECTOR AND REGION (2021)

地区	Region	总计 Total		农、林、牧、渔业 Agriculture, Forestry, Animal Husbandry and Fishery		采矿业 Mining		制造业 Manufacturing	
		年末人数(人) Year-end Figures (person)	平均工资(元) Average Wage (yuan)	年末人数(人) Year-end Figures (person)	平均工资(元) Average Wage (yuan)	年末人数(人) Year-end Figures (person)	平均工资(元) Average Wage (yuan)	年末人数(人) Year-end Figures (person)	平均工资(元) Average Wage (yuan)
全国	**National**	**103683514**	**106401**	**268133**	**61193**	**3195428**	**109971**	**37046424**	**92382**
北京	Beijing	5509451	201278	8015	84178	27569	153226	573594	170006
天津	Tianjin	1741329	119191	1453	67053	53768	160052	619706	108786
河北	Hebei	2745011	88574	11676	62081	150677	96592	964552	80991
山西	Shanxi	2509451	88210	7330	50151	806557	101541	536267	75504
内蒙古	Inner Mongolia	1261993	97643	38298	74541	95890	140368	332456	91376
辽宁	Liaoning	2565178	86840	7625	49256	183739	92941	902494	84015
吉林	Jilin	1216964	84898	17356	63610	57276	82121	406027	90419
黑龙江	Heilongjiang	1364887	89715	15620	45689	209678	100022	248152	82583
上海	Shanghai	5414456	191323	6155	95937	1681	326954	1292094	151337
江苏	Jiangsu	9345586	105385	7609	59859	49169	126953	4484157	103182
浙江	Zhejiang	7563266	110764	5145	69738	3731	102561	3164606	97908
安徽	Anhui	3403603	86070	3373	53451	120538	124394	1263974	83492
福建	Fujian	3879692	91756	3743	69829	12169	72044	1565506	86552
江西	Jiangxi	2410515	74878	4027	66877	21734	71130	975222	71100
山东	Shandong	6545702	88741	5136	57314	243136	118351	2684486	83185
河南	Henan	5142915	71578	4989	48371	249742	87402	1869524	64760
湖北	Hubei	3733760	91076	4537	59357	28212	124091	1266398	84276
湖南	Hunan	3114506	81503	6650	52314	39342	69936	951792	80785
广东	Guangdong	15765642	109884	8142	94556	12466	197554	8180234	92385
广西	Guangxi	2004890	85664	11491	67734	8690	76812	512897	78084
海南	Hainan	643810	97684	30780	56434	5241	142928	78805	86730
重庆	Chongqing	2161820	94489	2161	59238	5001	102874	635889	90643
四川	Sichuan	5056843	92009	6556	58760	107511	119810	1411712	88601
贵州	Guizhou	1482253	94275	7813	58434	138143	87265	297914	94548
云南	Yunnan	1414197	87954	9867	53267	44695	91486	333786	77389
西藏	Tibet	166931	111984	1315	59923	6712	131056	15047	90247
陕西	Shaanxi	2580646	97583	6167	44905	261290	124715	713717	87743
甘肃	Gansu	1031099	79937	7923	51851	53557	103777	252834	84225
青海	Qinghai	297539	104086	2507	28985	23749	164976	91088	89279
宁夏	Ningxia	329671	102162	1974	54937	45584	161658	96240	85728
新疆	Xinjiang	1279909	98443	12703	46183	128179	161119	325254	89528

6-4 续表 1 continued

地 区	Region	电力、热力、燃气及水生产和供应业 Production and Supply of Electricity, Heat, Gas and Water		建筑业 Construction		批发和零售业 Wholesale and Retail Trades		交通运输、仓储和邮政业 Transport, Storage and Post	
		年末人数（人） Year-end Figures (person)	平均工资（元） Average Wage (yuan)	年末人数（人） Year-end Figures (person)	平均工资（元） Average Wage (yuan)	年末人数（人） Year-end Figures (person)	平均工资（元） Average Wage (yuan)	年末人数（人） Year-end Figures (person)	平均工资（元） Average Wage (yuan)
全 国	**National**	**2731254**	**130081**	**15914250**	**78475**	**7176934**	**106677**	**6751195**	**113558**
北 京	Beijing	83708	194297	443164	146181	489165	180060	534409	135632
天 津	Tianjin	37489	177402	183595	107768	169761	104507	119210	118859
河 北	Hebei	119588	133824	309212	73099	186191	58967	213970	106479
山 西	Shanxi	107807	92664	221427	80092	112472	73860	201244	108608
内蒙古	Inner Mongolia	146426	121360	84164	61944	70092	73139	177160	108084
辽 宁	Liaoning	129540	94578	208296	73123	145109	67804	261990	96101
吉 林	Jilin	77256	100572	109517	66286	73280	65059	136520	88400
黑龙江	Heilongjiang	121885	102881	101152	65411	86504	72716	183555	99666
上 海	Shanghai	32481	250787	250084	141609	866831	203488	431864	157828
江 苏	Jiangsu	137145	165412	1999199	79637	496883	107193	363801	112246
浙 江	Zhejiang	123228	173232	1639881	76845	416359	119661	341290	123522
安 徽	Anhui	89453	135029	717445	74661	216033	73204	169879	97314
福 建	Fujian	95179	143718	934081	73911	214529	96354	201338	111320
江 西	Jiangxi	70181	99845	537931	63871	152230	66762	143422	99583
山 东	Shandong	156639	109892	1116938	77873	406728	74620	371855	107176
河 南	Henan	93482	87615	1116396	63118	288009	59407	295598	93853
湖 北	Hubei	56227	125414	823623	82276	270048	70813	223276	109200
湖 南	Hunan	56709	102418	730738	65018	196670	64139	212825	100190
广 东	Guangdong	226150	175157	880565	88901	1029675	105149	698225	123007
广 西	Guangxi	102956	120969	466791	75222	119561	71693	163007	104222
海 南	Hainan	13456	139180	34004	62855	65103	93850	60099	121245
重 庆	Chongqing	57299	110446	527741	69288	163772	83919	173619	94643
四 川	Sichuan	202162	126015	1110497	70610	314696	80173	295859	104642
贵 州	Guizhou	47029	123059	334285	81856	96761	77090	116630	104835
云 南	Yunnan	105400	121607	219901	74999	118783	75820	128624	111308
西 藏	Tibet	13750	123616	29777	72702	22422	94157	11215	124093
陕 西	Shaanxi	79637	115425	371271	83538	181724	68987	193742	108816
甘 肃	Gansu	37726	100673	186661	64043	79260	62654	108276	100608
青 海	Qinghai	12421	152577	29785	95919	18225	76784	42418	114749
宁 夏	Ningxia	29347	128831	22148	78483	21537	58919	30101	100923
新 疆	Xinjiang	69496	117796	173980	80923	88521	86564	146174	119753

6-4 续表 2 continued

地 区	Region	住宿和餐饮业 Hotels and Catering Services		信息传输、软件和信息技术服务业 Information Transmission, Software and Information Technology		金融业 Financial Intermediation		房地产业 Real Estate	
		年末人数(人) Year-end Figures (person)	平均工资(元) Average Wage (yuan)	年末人数(人) Year-end Figures (person)	平均工资(元) Average Wage (yuan)	年末人数(人) Year-end Figures (person)	平均工资(元) Average Wage (yuan)	年末人数(人) Year-end Figures (person)	平均工资(元) Average Wage (yuan)
全 国	**National**	**2073965**	**58788**	**4774073**	**208923**	**4724389**	**214598**	**4782023**	**93177**
北 京	Beijing	177675	79535	984075	292672	415131	396523	393586	138294
天 津	Tianjin	32312	58691	80415	158406	70622	234471	82925	103878
河 北	Hebei	31834	46150	103336	137498	210979	138964	104559	75489
山 西	Shanxi	26128	42534	41838	102397	136526	121082	49983	74247
内蒙古	Inner Mongolia	21456	49681	37177	117499	97728	136172	49263	60247
辽 宁	Liaoning	28574	50601	123984	122136	160618	130203	97141	73983
吉 林	Jilin	12759	44470	35432	95309	98186	128360	45273	61117
黑龙江	Heilongjiang	9938	41963	49286	94158	97833	115334	39497	60931
上 海	Shanghai	192172	76397	491853	305840	239154	436631	244099	131284
江 苏	Jiangsu	162546	61563	315658	187503	260024	220210	272244	98443
浙 江	Zhejiang	118258	65355	314410	262425	320813	228045	274228	109648
安 徽	Anhui	49807	53374	86312	116104	118276	159342	136095	85445
福 建	Fujian	80990	54425	102374	144517	142078	195695	148187	93603
江 西	Jiangxi	32888	45607	48802	105913	95169	140790	88492	76285
山 东	Shandong	92561	54420	188533	115253	285190	159735	255380	83881
河 南	Henan	62904	46379	120548	107490	214300	144008	257279	70599
湖 北	Hubei	67443	54884	156065	135038	179476	161462	184533	75237
湖 南	Hunan	55094	44806	77877	122425	156389	164039	144064	78272
广 东	Guangdong	354089	58855	770098	217065	474384	291208	826461	100827
广 西	Guangxi	41925	43123	52229	116660	131720	151499	87397	88571
海 南	Hainan	46402	65398	25806	259398	43296	160274	86837	85237
重 庆	Chongqing	36185	50025	43252	141664	137398	215906	148025	87615
四 川	Sichuan	145221	53428	236311	150138	201643	178637	305989	79697
贵 州	Guizhou	25273	49695	40481	118374	92899	191577	97814	79099
云 南	Yunnan	41417	45674	44454	111305	65599	177183	87295	82498
西 藏	Tibet	5810	67660	6012	158804	16550	253223	6769	98936
陕 西	Shaanxi	75766	48352	120311	199825	99341	180823	119464	75693
甘 肃	Gansu	23025	45062	26486	99542	64092	111265	58558	55016
青 海	Qinghai	3059	48023	7861	139009	22519	153933	14744	61656
宁 夏	Ningxia	2407	49116	8055	130831	22954	140776	14978	71940
新 疆	Xinjiang	18050	51260	34742	120107	53503	173110	60865	63803

6-4 续表 3 continued

地 区	Region	租赁和商务服务业 Leasing and Business Services		科学研究和技术服务业 Scientific Research and Technical Services		水利、环境和公共设施管理业 Management of Water Conservancy,Environment and Public Facilities		居民服务、修理和其他服务业 Service to Households, Repair and Other Services	
		年末人数（人） Year-end Figures (person)	平均工资（元） Average Wage (yuan)	年末人数（人） Year-end Figures (person)	平均工资（元） Average Wage (yuan)	年末人数（人） Year-end Figures (person)	平均工资（元） Average Wage (yuan)	年末人数（人） Year-end Figures (person)	平均工资（元） Average Wage (yuan)
全 国	**National**	**5334943**	**108228**	**2833961**	**161352**	**1126898**	**62754**	**651742**	**62245**
北 京	Beijing	522220	185448	452801	209696	56592	110099	42563	79209
天 津	Tianjin	101815	101742	79142	190506	7414	101852	53061	48977
河 北	Hebei	105515	61864	99339	104809	41135	33897	21066	41443
山 西	Shanxi	91560	59623	36004	94820	21419	40867	4871	61817
内蒙古	Inner Mongolia	36995	73226	28397	96371	22811	42781	3105	52901
辽 宁	Liaoning	104696	60998	55192	114411	32044	50536	9748	53106
吉 林	Jilin	33835	55338	27368	111740	13995	38812	10327	35618
黑龙江	Heilongjiang	102382	105454	18431	120886	7742	44495	8590	32953
上 海	Shanghai	719661	195065	300106	238431	81363	102460	78293	83268
江 苏	Jiangsu	293225	91041	182615	154793	54466	75801	33940	73105
浙 江	Zhejiang	339753	99923	152607	173659	61345	75924	38326	69116
安 徽	Anhui	177979	60100	58152	122203	33369	37698	18776	57559
福 建	Fujian	155115	77141	47839	141852	42723	65022	32522	75320
江 西	Jiangxi	54979	63985	29258	107101	41052	35221	8790	49237
山 东	Shandong	189685	82888	147581	117497	86898	42248	22337	54116
河 南	Henan	182939	55629	99605	94164	77070	38256	19584	45774
湖 北	Hubei	148098	79082	101950	151909	31204	79342	15672	48821
湖 南	Hunan	118079	71467	72556	114463	26611	66042	22137	80314
广 东	Guangdong	946724	105159	386500	165039	120579	69455	105478	63537
广 西	Guangxi	141095	70352	39437	125546	18701	61279	7611	47487
海 南	Hainan	30733	117682	17963	104364	37326	54848	5204	65475
重 庆	Chongqing	112070	68631	44784	159575	23988	88156	5292	58616
四 川	Sichuan	255981	71528	146979	148607	47716	66158	31435	50422
贵 州	Guizhou	60864	74424	26200	115540	34328	51749	13633	44944
云 南	Yunnan	93708	58747	34314	125948	27541	58002	13170	41843
西 藏	Tibet	13062	87197	3682	102797	5932	61046	1975	74245
陕 西	Shaanxi	67545	67180	73957	138113	32570	54899	10527	44202
甘 肃	Gansu	28254	63785	28061	117538	15670	46258	7450	45881
青 海	Qinghai	10998	58570	8604	101328	2761	65743	1654	54207
宁 夏	Ningxia	10217	60193	8621	108927	3189	65904	307	67694
新 疆	Xinjiang	85162	64606	25918	113101	17342	47866	4298	54058

6-4 续表 4 continued

地 区	Region	教 育 Education 年末人数（人）Year-end Figures (person)	教 育 Education 平均工资（元）Average Wage (yuan)	卫生和社会工作 Health and Social Service 年末人数（人）Year-end Figures (person)	卫生和社会工作 Health and Social Service 平均工资（元）Average Wage (yuan)	文化、体育和娱乐业 Culture, Sports and Entertainment 年末人数（人）Year-end Figures (person)	文化、体育和娱乐业 Culture, Sports and Entertainment 平均工资（元）Average Wage (yuan)	公共管理、社会保障和社会组织 Public Management, Social Security and Social Organization 年末人数（人）Year-end Figures (person)	公共管理、社会保障和社会组织 Public Management, Social Security and Social Organization 平均工资（元）Average Wage (yuan)
全 国	**National**	**2444484**	**78763**	**1174718**	**91182**	**607552**	**113149**	**71148**	**107993**
北 京	Beijing	137652	130678	65683	132542	98074	194617	3774	149561
天 津	Tianjin	27012	79583	13968	82498	7534	166120	127	140763
河 北	Hebei	26226	55524	30923	75628	14177	83382	56	64589
山 西	Shanxi	74896	46633	21208	52625	11742	63130	169	45650
内蒙古	Inner Mongolia	8953	58420	7477	70175	2898	68144	1249	45461
辽 宁	Liaoning	58283	58401	39187	64360	11662	93665	5258	90301
吉 林	Jilin	29830	55721	23556	63267	8024	77212	1146	63461
黑龙江	Heilongjiang	30956	66384	26353	70350	5068	67261	2263	80490
上 海	Shanghai	73511	142393	72974	110200	37904	172835	2175	123200
江 苏	Jiangsu	102223	91344	88364	101138	40445	108193	1872	120012
浙 江	Zhejiang	146738	93068	69724	101648	32364	117617	461	82794
安 徽	Anhui	75551	66131	53508	82394	13823	77303	1261	98853
福 建	Fujian	64583	70114	24039	97688	12345	78829	353	85229
江 西	Jiangxi	62603	69180	30128	78039	11261	75889	2347	77670
山 东	Shandong	173048	67891	84655	83611	29463	89298	5456	109399
河 南	Henan	105570	59197	62142	74514	22503	80506	730	66219
湖 北	Hubei	110454	63289	40507	79511	24521	85656	1516	96629
湖 南	Hunan	159208	53958	49263	76738	27715	111998	10789	117740
广 东	Guangdong	513374	93948	140213	119765	71946	110656	20339	126709
广 西	Guangxi	67906	40697	19787	70099	11555	80445	134	61368
海 南	Hainan	39751	63951	11974	82744	10449	81030	581	90256
重 庆	Chongqing	17229	99417	15460	103849	12636	78239	21	65143
四 川	Sichuan	135852	72763	71394	85051	26981	79677	2348	65500
贵 州	Guizhou	22112	77470	19520	98016	10527	77440	27	94926
云 南	Yunnan	14610	63738	18682	78121	12203	75782	149	87568
西 藏	Tibet	3168	131551	2348	101931	1063	90221	320	156557
陕 西	Shaanxi	107434	57235	43272	75546	20562	67396	2347	67238
甘 肃	Gansu	27934	59212	13523	64741	8600	61422	3209	93249
青 海	Qinghai	682	46602	1959	79887	2502	61256	3	39000
宁 夏	Ningxia	4960	68214	3390	57671	3469	70921	194	88198
新 疆	Xinjiang	22175	49427	9539	61224	3536	63414	471	86632

6-5 各地区分行业其他单位其他就业人员和平均工资(2021年)
OTHER EMPLOYMENT AND AVERAGE WAGE IN OTHER OWNERSHIP UNITS BY SECTOR AND REGION (2021)

地区	Region	总计 Total		农、林、牧、渔业 Agriculture, Forestry, Animal Husbandry and Fishery		采矿业 Mining		制造业 Manufacturing	
		年末人数(人) Year-end Figures (person)	平均工资(元) Average Wage (yuan)	年末人数(人) Year-end Figures (person)	平均工资(元) Average Wage (yuan)	年末人数(人) Year-end Figures (person)	平均工资(元) Average Wage (yuan)	年末人数(人) Year-end Figures (person)	平均工资(元) Average Wage (yuan)
全国	**National**	**7514022**	**61323**	**22704**	**35395**	**64193**	**46608**	**528865**	**90671**
北京	Beijing	435658	104124	291	56852	99	30000	12637	187015
天津	Tianjin	134850	66947	123	34271	675	41411	9562	189528
河北	Hebei	253522	41984	703	31430	1491	69266	14223	55506
山西	Shanxi	164779	42942	123	28751	13679	50273	6547	90317
内蒙古	Inner Mongolia	81147	38127	604	30953	831	75785	1583	56276
辽宁	Liaoning	155575	47530	866	48255	963	23916	13440	80450
吉林	Jilin	127980	41773	1851	27155	1404	21277	14536	82555
黑龙江	Heilongjiang	147217	34649	2560	24815	1107	47064	5660	60054
上海	Shanghai	384567	131607	1535	46945	3	47667	28992	204094
江苏	Jiangsu	558564	70636	1576	50470	3956	34352	77356	120373
浙江	Zhejiang	409102	67139	596	32163	57	41939	41747	85469
安徽	Anhui	363904	54912	398	32758	1655	41786	16509	60774
福建	Fujian	322273	60566	201	29696	627	42056	24628	93139
江西	Jiangxi	258045	65177	187	33534	287	62735	10542	53964
山东	Shandong	543597	48099	154	42909	8546	47911	25560	73558
河南	Henan	284612	46458	339	40643	2750	25092	20646	45801
湖北	Hubei	295732	51811	250	40429	3507	35122	20012	52538
湖南	Hunan	338482	47497	287	44600	1546	45458	15313	56138
广东	Guangdong	664554	69884	395	45567	427	49020	63471	94590
广西	Guangxi	161712	44567	1787	42281	22	41324	12168	50004
海南	Hainan	50723	50105	592	35959	13	70538	1600	58947
重庆	Chongqing	235524	49804	236	44241	1249	61278	18141	70976
四川	Sichuan	439373	50396	816	31209	2355	77238	15610	91690
贵州	Guizhou	113508	51621	1352	27941	1946	77895	6416	52146
云南	Yunnan	130921	45589	2396	27716	936	44990	18736	38723
西藏	Tibet	7883	57066	266	36135	88	45345	240	48449
陕西	Shaanxi	214672	47650	325	28256	9268	40900	13744	52362
甘肃	Gansu	143990	52570	641	37627	1865	28823	13745	56809
青海	Qinghai	8357	48212	69	24612	2378	56551	416	60017
宁夏	Ningxia	16566	52132	134	43384		10516	563	26046
新疆	Xinjiang	66635	63849	1051	39278	463	56263	4522	40566

6-5 续表 1 continued

地 区	Region	电力、热力、燃气及水生产和供应业 Production and Supply of Electricity, Heat, Gas and Water		建筑业 Construction		批发和零售业 Wholesale and Retail Trades		交通运输、仓储和邮政业 Transport, Storage and Post	
		年末人数（人）Year-end Figures (person)	平均工资（元）Average Wage (yuan)	年末人数（人）Year-end Figures (person)	平均工资（元）Average Wage (yuan)	年末人数（人）Year-end Figures (person)	平均工资（元）Average Wage (yuan)	年末人数（人）Year-end Figures (person)	平均工资（元）Average Wage (yuan)
全 国	**National**	**70965**	**57382**	**2165076**	**63779**	**236549**	**99045**	**126699**	**65942**
北 京	Beijing	1053	64338	7913	111871	16306	187047	8350	81699
天 津	Tianjin	114	80627	15149	66519	4075	106454	1263	75339
河 北	Hebei	7268	62303	39309	49777	1958	33284	2857	55744
山 西	Shanxi	2795	44585	21490	49584	2874	54067	3404	52665
内蒙古	Inner Mongolia	706	38431	5307	47430	1379	39008	2781	45406
辽 宁	Liaoning	1853	53227	23833	54261	4573	49750	2400	38946
吉 林	Jilin	887	38553	12269	43813	1816	43960	524	33376
黑龙江	Heilongjiang	12462	53072	10728	42685	1561	46112	1149	41869
上 海	Shanghai	200	175035	20559	87686	53248	220253	12694	125970
江 苏	Jiangsu	878	55004	181752	68870	12611	82561	7923	65366
浙 江	Zhejiang	1588	76053	116833	63029	18221	48925	7203	54322
安 徽	Anhui	457	42008	214012	65123	5179	35314	3370	54134
福 建	Fujian	8328	59627	149690	68095	11044	62372	2932	58024
江 西	Jiangxi	12458	65519	153324	80825	5130	38522	2586	49412
山 东	Shandong	2478	41302	119260	66499	6984	65212	6295	45944
河 南	Henan	2012	58967	133309	54543	3736	37052	6090	50722
湖 北	Hubei	986	52570	124877	60678	8701	34285	7514	56030
湖 南	Hunan	1149	58840	152400	58197	6118	40975	4208	58263
广 东	Guangdong	715	74258	98426	70821	27056	59416	11668	78561
广 西	Guangxi	1595	40099	43925	57294	3558	39883	10427	74083
海 南	Hainan	392	33093	11320	94143	878	54464	600	56118
重 庆	Chongqing	737	106177	108049	63054	3062	43709	4808	36307
四 川	Sichuan	3372	54639	160363	50949	12532	57564	2734	60174
贵 州	Guizhou	961	54886	42182	70111	2040	41955	3349	59394
云 南	Yunnan	1014	46287	47532	51143	8275	30693	1559	32708
西 藏	Tibet	121	74085	1996	48932	487	65651	24	106792
陕 西	Shaanxi	1057	45666	66996	63078	6107	51879	3377	51217
甘 肃	Gansu	1659	41819	67008	63229	3490	35299	1894	75366
青 海	Qinghai	170	36903	1554	52077	293	53593	430	73869
宁 夏	Ningxia	440	38826	2995	65413	517	32631	206	42032
新 疆	Xinjiang	1060	62407	10715	92856	2742	55586	2078	34944

6-5 续表 2 continued

地 区 Region	住宿和餐饮业 Hotels and Catering Services		信息传输、软件和信息技术服务业 Information Transmission, Software and Information Technology		金融业 Financial Intermediation		房地产业 Real Estate	
	年末人数（人） Year-end Figures (person)	平均工资（元） Average Wage (yuan)	年末人数（人） Year-end Figures (person)	平均工资（元） Average Wage (yuan)	年末人数（人） Year-end Figures (person)	平均工资（元） Average Wage (yuan)	年末人数（人） Year-end Figures (person)	平均工资（元） Average Wage (yuan)
全 国 National	**367361**	**20891**	**137329**	**87037**	**2738380**	**51926**	**209432**	**52068**
北 京 Beijing	84736	22523	13982	182223	183778	96467	39190	71869
天 津 Tianjin	21742	9935	513	182409	59906	64412	6644	41188
河 北 Hebei	767	42444	6226	61313	147052	40062	8352	35862
山 西 Shanxi	4777	11566	1542	54579	94380	38139	2010	27574
内蒙古 Inner Mongolia	1181	26461	353	58327	62151	35422	1593	38173
辽 宁 Liaoning	12291	8790	3539	70357	70313	47009	4471	37772
吉 林 Jilin	883	40531	860	57718	83993	35229	1595	31302
黑龙江 Heilongjiang	1424	19233	661	43941	91303	31082	8704	26030
上 海 Shanghai	81409	28796	6878	226868	26603	198762	24096	81678
江 苏 Jiangsu	28521	20978	14878	83936	125455	58383	12245	49130
浙 江 Zhejiang	16981	25577	3579	106425	141462	72580	15086	49031
安 徽 Anhui	1120	36476	7808	60180	78232	37720	7339	43816
福 建 Fujian	9063	14435	717	92899	91921	51243	5298	52661
江 西 Jiangxi	2210	19907	3992	79989	49601	37118	1923	45959
山 东 Shandong	4860	20878	960	46989	316486	41142	10863	32187
河 南 Henan	1326	40577	42106	39809	38109	38130	7816	32742
湖 北 Hubei	18807	11061	1944	53529	79473	46183	3050	52220
湖 南 Hunan	3364	13727	2642	74592	117677	32855	4991	56228
广 东 Guangdong	45547	15519	12147	91469	288033	71554	14472	60241
广 西 Guangxi	575	29613	2904	43263	53422	32007	1399	40708
海 南 Hainan	1165	38833	280	57044	26351	33980	2208	45008
重 庆 Chongqing	1463	25190	419	103904	80905	35016	3226	63188
四 川 Sichuan	11727	19983	2490	67736	189514	47732	6567	43917
贵 州 Guizhou	923	39153	1084	78255	43554	33972	2588	41650
云 南 Yunnan	1114	32097	1679	71206	31579	46809	3215	52678
西 藏 Tibet	110	54373	65	110226	762	76310	66	79000
陕 西 Shaanxi	5491	17101	1514	127046	80723	39559	3548	35584
甘 肃 Gansu	2138	18042	1278	54070	39440	41760	3188	33321
青 海 Qinghai	35	54571	31	42037	1548	27606	505	37700
宁 夏 Ningxia	13	54932	21	519769	10497	54059	452	33530
新 疆 Xinjiang	1594	21206	236	42048	34159	65220	2732	37173

6-5 续表 3 continued

地 区	Region	租赁和商务服务业 Leasing and Business Services		科学研究和技术服务业 Scientific Research and Technical Services		水利、环境和公共设施管理业 Management of Water Conservancy,Environment and Public Facilities		居民服务、修理和其他服务业 Service to Households, Repair and Other Services	
		年末人数(人) Year-end Figures (person)	平均工资(元) Average Wage (yuan)	年末人数(人) Year-end Figures (person)	平均工资(元) Average Wage (yuan)	年末人数(人) Year-end Figures (person)	平均工资(元) Average Wage (yuan)	年末人数(人) Year-end Figures (person)	平均工资(元) Average Wage (yuan)
全 国	**National**	**334828**	**89505**	**115588**	**103989**	**134673**	**26872**	**38157**	**47405**
北 京	Beijing	15210	317052	18650	165819	1064	65688	2270	64024
天 津	Tianjin	4216	80103	5263	75820	1095	46390	220	54986
河 北	Hebei	1157	67407	10073	29682	9321	24675	194	29496
山 西	Shanxi	4949	31974	1008	69079	115	40987	1032	21462
内蒙古	Inner Mongolia	675	39212	778	59592	335	29421	44	54942
辽 宁	Liaoning	3448	50798	2488	46973	5618	25632	974	36481
吉 林	Jilin	733	64991	1882	79453	1819	21693	524	82684
黑龙江	Heilongjiang	3607	26649	998	48840	1822	31973	51	33936
上 海	Shanghai	27158	306069	14970	223792	37275	21276	12719	53660
江 苏	Jiangsu	64747	68586	6332	102227	3111	45943	2929	41619
浙 江	Zhejiang	17371	73125	5162	97537	9291	39560	2665	44584
安 徽	Anhui	10800	55338	1897	81538	9266	17530	480	40565
福 建	Fujian	8467	23668	1255	74763	2251	37692	982	71172
江 西	Jiangxi	6045	56126	1354	60667	4257	25967	251	41363
山 东	Shandong	9300	32235	4825	102274	14713	18390	1768	35955
河 南	Henan	6375	44861	1930	72654	11261	26929	1249	40658
湖 北	Hubei	13349	79446	5479	95268	772	40931	1454	31607
湖 南	Hunan	15732	73325	4051	49248	1440	40527	281	42493
广 东	Guangdong	52829	57377	8040	104841	3163	41426	4005	43986
广 西	Guangxi	20097	48926	1752	47800	3624	25494	679	28611
海 南	Hainan	307	81199	420	73638	1332	36571	98	36006
重 庆	Chongqing	7737	40939	2328	82596	685	51522	391	43867
四 川	Sichuan	17061	50642	4466	72384	983	50367	1310	42891
贵 州	Guizhou	2606	31412	1102	57114	1433	33305	340	39768
云 南	Yunnan	3737	25923	2327	61956	4708	35791	189	38763
西 藏	Tibet	2601	62114	270	78217	8	22125	25	52733
陕 西	Shaanxi	10962	46134	3225	63963	1619	30699	573	26963
甘 肃	Gansu	1526	46277	1509	63551	1926	28932	195	33335
青 海	Qinghai	136	33020	533	56322	120	42047	71	50761
宁 夏	Ningxia	154	44897	81	51788	31	34183	38	66976
新 疆	Xinjiang	1733	41728	1139	53626	214	41807	157	36896

6-5 续表 4 continued

地 区	Region	教 育 Education		卫生和社会工作 Health and Social Service		文化、体育和娱乐业 Culture, Sports and Entertainment		公共管理、社会保障和社会组织 Public Management, Social Security and Social Organization	
		年末人数(人) Year-end Figures (person)	平均工资(元) Average Wage (yuan)	年末人数(人) Year-end Figures (person)	平均工资(元) Average Wage (yuan)	年末人数(人) Year-end Figures (person)	平均工资(元) Average Wage (yuan)	年末人数(人) Year-end Figures (person)	平均工资(元) Average Wage (yuan)
全 国	**National**	**116749**	**84516**	**66136**	**71432**	**36247**	**105848**	**4091**	**46454**
北 京	Beijing	15015	142086	8695	119218	5618	185797	800	59646
天 津	Tianjin	1717	80627	1768	62496	792	112486	12	29059
河 北	Hebei	1125	34304	1054	42862	391	32837		
山 西	Shanxi	2757	35356	803	47434	481	27209	14	23503
内蒙古	Inner Mongolia	294	43812	341	85005	208	153196	3	50000
辽 宁	Liaoning	2588	56425	1433	46703	390	47043	95	26796
吉 林	Jilin	1241	61446	887	54524	273	35767	2	31000
黑龙江	Heilongjiang	1904	40265	840	45601	465	36328	210	18298
上 海	Shanghai	14896	151646	17033	79521	4049	217534	251	46700
江 苏	Jiangsu	7258	76874	4811	62303	2147	52624	78	34999
浙 江	Zhejiang	5077	73447	4804	77284	1356	68304	23	38534
安 徽	Anhui	3266	40669	1383	55459	689	44129	43	49980
福 建	Fujian	2106	49363	1092	86641	1595	29802	77	23439
江 西	Jiangxi	2326	37330	602	41670	703	34363	267	73520
山 东	Shandong	5813	54438	2987	60314	1447	55483	295	33213
河 南	Henan	3586	43366	799	60038	1170	45627		
湖 北	Hubei	3927	37112	778	70012	788	40526	66	37107
湖 南	Hunan	4424	36466	1194	56135	1377	30643	286	25002
广 东	Guangdong	20200	96313	8128	38238	4938	187162	895	64180
广 西	Guangxi	2015	42335	697	46552	1059	24106	5	28146
海 南	Hainan	1903	64340	718	96114	510	24975	37	42601
重 庆	Chongqing	1116	56483	359	85619	614	39978		
四 川	Sichuan	3877	42250	2150	56658	1346	34470	100	36083
贵 州	Guizhou	504	57881	324	67022	802	27856	1	10000
云 南	Yunnan	646	53050	728	73696	544	44199	8	22632
西 藏	Tibet	262	34078	2	152000	436	30023	54	24931
陕 西	Shaanxi	4625	38514	489	64556	868	38422	161	34238
甘 肃	Gansu	1046	37032	577	47894	663	36936	201	23978
青 海	Qinghai	31	38179	11	61227	24	35262		
宁 夏	Ningxia	136	25065	212	44158	62	29217	15	60714
新 疆	Xinjiang	1068	43728	436	63790	444	358050	92	27957

七、职业培训与技能鉴定

VOCATIONAL TRAINING AND SKILL APPRAISAL

7-1　技工院校综合情况
GENERAL CONDITION OF VOCATIONAL SCHOOLS

单位：亿元，万人

年　份 Year	技工院校个数(个) Number of Vocational Schools (unit)	招生人数 Students Newly Enrolled	在校学生人数 Number of Students in School	毕业生人数 Number of Graduates	在职教职工人数 Total Teachers and Staff	文化技术理论课教师 Teachers of Cultural and Technical Theory	生产实习指导教师 Production Guide Teachers
绝对数 Absolute figure							
1995	4521	74.6	189.0	68.5	33.7	11.5	3.9
2000	3792	50.4	140.1	64.6	24.0	10.5	3.5
2001	3470	55.1	134.7	47.7	22.0	10.0	3.4
2002	3075	73.3	153.0	45.4	20.3	9.5	3.2
2003	2970	91.6	193.1	45.3	20.2	9.6	3.4
2004	2884	109.7	234.4	53.5	20.4	9.6	3.8
2005	2855	118.4	275.3	69.0	20.4	9.7	3.8
2006	2880	134.8	320.8	86.4	21.5	10.4	4.2
2007	2995	158.5	367.1	99.7	24.0	11.2	5.0
2008	3075	161.4	397.5	109	24.7	12.2	5.4
2009	3064	156.4	414.3	115.2	25.8	12.5	6.0
2010	2998	158.6	421.0	121.3	26.5	12.7	6.3
2011	2914	163.5	429.4	118.9	26.5	12.9	6.3
2012	2892	156.8	422.8	120.2	26.7	13.0	6.6
2013	2882	133.5	386.6	116.9	26.9	13.4	6.5
2014	2818	124.4	339.0	106.8	26.5	13.2	6.2
2015	2545	121.4	321.5	94.6	26.0	13.2	6.0
2016	2526	127.2	323.2	93.1	26.5	13.7	6.0
2017	2490	130.9	338.2	90.5	26.9	14.0	5.9
2018	2379	128.5	341.6	90.3	26.7	14.2	5.6
2019	2392	143.0	360.3	98.4	27.2	14.4	5.7
2020	2423	160.1	395.5	101.4	27.9	15.3	5.6
2021	2492	167.2	426.7	108.7	29.8	16.6	5.7
比上年增长(%) Increase over Preceding year(%)							
1995	2.1	4.5	1.0	23.0	-1.0	0.9	1.6
2000	-7.5	-2.3	-10.2	-2.5	-11.0	-6.9	-6.7
2001	-8.5	9.4	-3.8	-26.1	-8.3	-4.9	-3.7
2002	-11.4	33.0	13.6	-4.9	-7.4	-5.0	-6.8
2003	-3.4	24.9	26.2	-0.2	-0.7	1.5	7.3
2004	-2.9	19.8	21.4	18.1	1.0		11.8
2005	-1.0	7.9	17.4	29.0		1.0	
2006	0.9	13.9	16.5	25.2	5.4	7.2	10.5
2007	4.0	17.6	14.4	15.4	11.6	7.7	19.0
2008	2.7	1.8	8.3	9.3	2.9	8.9	8.0
2009	-0.4	-3.1	4.2	5.7	4.6	2.8	11.6
2010	-2.2	1.4	1.6	5.4	2.6	1.2	4.3
2011	-2.8	3.1	2.0	-2.0	0.0	1.8	-0.4
2012	-0.8	-4.1	-1.5	1.1	0.8	0.3	6.1
2013	-0.3	-14.8	-8.6	-2.8	0.9	3.4	-2.1
2014	-2.2	-6.8	-12.3	-8.6	-1.6	-1.3	-4.3
2015	-9.7	-2.4	-5.2	-11.4	-1.8	-0.3	-4.2
2016	-0.7	4.7	0.5	-1.6	1.8	3.5	0.3
2017	-1.4	2.9	4.7	-2.8	1.3	2.6	-1.9
2018	-4.5	-1.8	1.0	-0.2	-0.7	1.2	-4.1
2019	0.5	11.2	5.5	9.0	1.9	1.3	1.5
2020	1.3	12.0	9.8	3.0	2.8	6.6	-2.6
2021	2.8	4.5	7.9	7.2	6.8	8.7	3.2

7-1 续表 continued

单位：亿元，万人

年 份 Year	兼职教师人数 Part-time Teachers	经费来源合计 Resourses of Funds	#事业经费 Operating Funds	#公司经费 Company Funds	经费支出合计 Expenditure	培训社会人员人次 Person-time of Trainees from the Society	培训社会人员结业人数 Graduates of Trainees Recruited from the Society
绝对数 Absolute figure							
1995	1.9	53.7	13.2	4.4	43.3	89.9	71.3
2000	2.7	56.9	21.9	3.2	59.4	158.5	156.7
2001	2.6	68.1	23.6	3.2	64.6	151.7	163.9
2002	2.6	67.4	28.2	2.8	67.1	208.6	196.9
2003	3.0	81.4	30.5	2.8	80.5	226.9	223.7
2004	2.9	112.5	37.4	5.2	102.8	265.6	257.5
2005	3.2	123.4	37.8	3.8	124.0	273.3	270.1
2006	3.6	143.1	43.9	3.0	148.7	337.7	330.2
2007	3.8	198.2				380.7	369.8
2008	4.1	204.4				400.0	389.8
2009	4.3	237.3				484.1	382.9
2010	4.4	260.4				468.4	371.3
2011	4.3	271.5				527.5	416.1
2012	4.3	306.1				551.3	441.6
2013	4.1	289.7				525.3	397.1
2014	4.2	303.5				508.5	372.3
2015	4.1	332.4				476.6	378.9
2016	4.3	425.0				451.6	349.9
2017	4.4	423.5				456.4	326.1
2018	4.4	511.4				420.6	301.6
2019	4.4	526.3				432.3	308.8
2020	4.5	567.4				485.8	345.8
2021	5.1	644.6				600.7	467.9
比上年增长(%) Increase over Preceding year(%)							
2000	-6.3	-4.6	0.8	-30.1	-0.9	6.3	8.4
2001	-4.1	19.7	7.7	0.6	8.7	-4.3	4.6
2002	-2.4	-1.1	19.4	-13.6	3.8	37.6	20.2
2003	17.4	20.8	8.2	0.1	20.0	37.6	20.2
2004	-3.3	38.2	22.6	85.7	27.7	17.1	15.1
2005	10.3	9.7	1.0	-26.9	20.6	2.9	4.9
2006	12.5	16.0	16.1	-21.1	19.9	23.6	22.3
2007	5.6	38.5				12.7	12.0
2008	7.9	3.1				5.1	5.4
2009	5.2	16.1				21.0	-1.8
2010	1.0	9.7				-3.2	-3.0
2011	-1.7	4.3				12.6	12.1
2012	0.6	12.7				4.5	6.1
2013	-5.7	-5.3				-4.7	-10.1
2014	2.8	4.8				-3.2	-6.2
2015	-2.5	9.5				-6.3	1.8
2016	5.7	27.9				-5.2	-7.6
2017	2.6	-0.4				1.1	-6.8
2018	-0.6	20.7				-7.9	-7.5
2019	-0.02	2.9				2.8	2.4
2020	2.9	7.8				12.4	12.0
2021	12.1	13.6				23.7	35.3

7-2 各地区技工院校综合情况(2021年)
GENERAL CONDITION OF VOCATIONAL SCHOOLS BY REGION (2021)

单位：个，人

地区	Region	技工院校个数(个) Number of Vocational Schools (unit)	在职教职工人数(人) Total Teachers and Staff (person)	#女性 Female	文化技术理论课教师 Teachers of Cultural and Technical Theory	#高级讲师 Senior Lecturers	#讲师 Lecturers	#助理讲师 Assistant Lecturers
全 国	**National**	**2492**	**298255**	**147557**	**166398**	**39714**	**54508**	**39354**
北 京	Beijing	26	3085	1569	1336	399	408	294
天 津	Tianjin	21	2428	1244	1236	415	502	228
河 北	Hebei	205	14975	8200	8750	2501	3330	1628
山 西	Shanxi	74	8879	4837	4675	1117	1537	979
内蒙古	Inner Mongolia	69	7265	4079	4444	1320	1269	811
辽 宁	Liaoning	109	8288	4098	4313	1058	1330	536
吉 林	Jilin	64	3834	2227	2029	499	613	507
黑龙江	Heilongjiang	106	7898	3986	4610	1549	1566	995
上 海	Shanghai							
江 苏	Jiangsu	107	19569	9866	11327	3253	3861	2283
浙 江	Zhejiang	99	14680	7325	9441	2833	3102	2140
安 徽	Anhui	83	11114	5136	6706	1952	2022	1644
福 建	Fujian	65	5663	2895	2780	694	591	645
江 西	Jiangxi	113	14033	6814	8075	1543	2417	2027
山 东	Shandong	194	32647	15642	20972	5122	7678	4838
河 南	Henan	95	12767	6120	6985	1454	2275	2648
湖 北	Hubei	101	9492	4559	5699	1539	1996	1494
湖 南	Hunan	146	11343	5430	5937	1130	1633	1445
广 东	Guangdong	148	32677	15956	17011	3222	6009	4450
广 西	Guangxi	42	6900	3345	3619	598	1316	971
海 南	Hainan	11	1610	718	1038	271	355	195
重 庆	Chongqing	50	5237	2486	2590	542	745	731
四 川	Sichuan	99	13249	6675	7759	1649	2364	1774
贵 州	Guizhou	56	7151	3454	4025	728	1040	1041
云 南	Yunnan	33	5844	2692	3566	1194	1236	894
西 藏	Xizang	6	217	77	75	25	30	14
陕 西	Shanxi	143	12582	5902	5067	1015	1591	1363
甘 肃	Gansu	40	3216	1410	1826	405	716	479
青 海	Qinghai	14	956	464	505	158	185	106
宁 夏	Ningxia	24	2369	1261	1436	429	440	331
新 疆	Xinjiang	149	18287	9090	8566	1100	2351	1863

7-2 续表 1 continued

地区 Region	生产实习指导教师 Production Guide Teachers	高级实习指导教师 Senior	一级实习指导教师 Class One	二级实习指导教师 Class Two	三级实习指导教师 Class Three	技师和高级技师 Technician and Senior Technician	一体化教师 Allround Teachers	兼职教师人数 Part-time Teachers
全国 National	**57360**	**7136**	**10274**	**7586**	**4752**	**17348**	**89946**	**50625**
北京 Beijing	536	83	95	82	8	138	866	261
天津 Tianjin	399	111	155	78	11	22	718	215
河北 Hebei	2935	407	535	407	172	917	4379	2118
山西 Shanxi	1793	197	302	212	169	596	2436	1431
内蒙古 Inner Mongolia	1075	153	144	110	136	341	2451	1013
辽宁 Liaoning	1318	203	193	154	99	341	1550	1448
吉林 Jilin	695	79	58	42	48	217	1341	988
黑龙江 Heilongjiang	1113	121	129	119	126	415	2074	1682
上海 Shanghai								
江苏 Jiangsu	4112	561	747	493	116	1601	7079	2958
浙江 Zhejiang	2506	315	476	419	171	813	5365	1784
安徽 Anhui	2155	234	319	276	259	725	3794	2139
福建 Fujian	1290	176	249	210	109	153	1592	1097
江西 Jiangxi	2566	299	406	374	331	776	3904	2152
山东 Shandong	5312	881	1014	627	396	1490	11621	3645
河南 Henan	2982	484	688	558	203	880	4362	2359
湖北 Hubei	2124	386	416	293	191	592	2461	1325
湖南 Hunan	2068	290	396	229	98	703	3459	1809
广东 Guangdong	7855	625	1523	1107	550	2344	12068	3293
广西 Guangxi	1850	185	423	248	58	555	1180	511
海南 Hainan	311	39	59	52	10	117	534	174
重庆 Chongqing	885	116	152	108	143	242	1654	1191
四川 Sichuan	2383	258	379	276	332	735	2934	2287
贵州 Guizhou	1665	149	210	170	299	591	2053	1392
云南 Yunnan	939	166	245	227	46	126	1747	1623
西藏 Xizang	9	1	4		3		10	31
陕西 Shaanxi	2900	269	554	481	377	808	2056	2427
甘肃 Gansu	744	78	48	81	87	183	856	800
青海 Qinghai	209	33	61	23	3	56	293	233
宁夏 Ningxia	424	64	29	31	38	162	942	472
新疆 Xinjiang	2207	173	265	99	163	709	4167	7767

7−2 续表 2 continued

地区	Region	经费来源(亿元) Resouses of Funds (100 million yuan)	招生学校数(个) Number of School (unit)	招生人数(人) Students Newly Enrolled (person)	#高级班学生 Senior Class	#农业户口学生 New Students from Rural	在校学生人数(人) Number of Students in School (person)	#女生 Female	#高级班学生 Senior Class
全国	**National**	**644.6**	**1945**	**1672485**	**432519**	**1314529**	**4267239**	**1410832**	**1214624**
北京	Beijing	16.2	16	10132	1791	6160	26145	7907	4150
天津	Tianjin	6.6	18	8342	2621	6273	21472	5043	3887
河北	Hebei	22.4	108	74149	5344	65586	169332	50851	11725
山西	Shanxi	10.0	59	34059	3405	25692	96142	30444	21478
内蒙古	Inner Mongolia	3.8	42	10208	355	7365	20036	5501	3631
辽宁	Liaoning	8.1	66	26668	1380	18050	70379	22728	6446
吉林	Jilin	4.8	55	30693	11077	21565	62645	19203	16586
黑龙江	Heilongjiang	11.3	88	33338	6182	18327	109662	40642	22616
上海	Shanghai								
江苏	Jiangsu	46.0	96	105811	34359	58622	268421	94311	72276
浙江	Zhejiang	64.4	80	61582	21622	40752	179407	53435	75760
安徽	Anhui	33.5	81	101229	27216	87996	214135	84365	66482
福建	Fujian	14.2	39	51050	5499	35528	119364	44540	14479
江西	Jiangxi	23.0	101	93809	14839	80466	208351	82876	31689
山东	Shandong	59.1	173	169851	30628	144043	442034	156769	86964
河南	Henan	29.4	88	118435	49454	100087	307749	94515	114679
湖北	Hubei	21.5	90	45371	2373	35615	105355	37860	10041
湖南	Hunan	21.8	77	57701	14286	52182	150052	41765	48423
广东	Guangdong	110.4	138	219396	93744	173799	628794	204526	290977
广西	Guangxi	18.2	39	55036	15165	49944	139758	41141	32376
海南	Hainan	6.0	10	13541	2886	9646	31837	8445	8928
重庆	Chongqing	11.1	50	45349	12057	28716	120560	36097	35522
四川	Sichuan	22.1	74	70109	9343	55507	165389	61473	26455
贵州	Guizhou	12.9	48	40487	1106	36657	91941	31456	2227
云南	Yunnan	15.4	33	66531	32510	49744	170405	48890	97294
西藏	Xizang	2.4	6	3843	1746	3511	6188	2815	2480
陕西	Shaanxi	19.1	125	63971	22631	52317	186250	56375	81400
甘肃	Gansu	2.6	38	15939	849	13097	38579	11056	3293
青海	Qinghai	1.9	8	1130	49	435	1903	378	148
宁夏	Ningxia	1.1	13	5547	554	3156	14064	5627	1697
新疆	Xinjiang	25.1	86	39178	7448	33691	100890	29798	20515

7-2 续表 3 continued

地 区	Region	#农业户口学生 New Students from Rural	毕业生人数(人) Number of Graduates (person)	#获得中级工/四级 Medium level four	#获得高级工/三级 Senior level three	就业人数 Employment	#高级班学生 Students in Senior Class	培训社会人员(人次) Person-time of Trainees from the Society (person-time)	培训社会人员结业人数 Graduates of Trainees Recruited from the Society
全 国	**National**	**3401670**	**1087036**	**205757**	**7719**	**1057082**	**329989**	**6006845**	**4678573**
北 京	Beijing	14438	8217	1826	436	8166	1821	168425	123318
天 津	Tianjin	16225	6528	1544		6461	1563	15620	15278
河 北	Hebei	151941	42009	4119	176	41683	5775	153657	79770
山 西	Shanxi	76357	27868	5442	72	27474	6586	193743	193323
内蒙古	Inner Mongolia	14800	4891	864	41	4742	269	72932	57156
辽 宁	Liaoning	53248	19709	1868	35	19462	2731	75448	40506
吉 林	Jilin	44911	28174	830	23	23823	7430	88574	71733
黑龙江	Heilongjiang	64420	22801	1128		22481	4749	175602	91256
上 海	Shanghai								
江 苏	Jiangsu	169168	70712	22495	36	70082	23760	432941	277396
浙 江	Zhejiang	132508	34325	13098	365	34085	13123	484473	456268
安 徽	Anhui	187102	44864	3186	54	44024	4886	275409	260104
福 建	Fujian	81310	24554	5315	142	24201	5861	125005	56889
江 西	Jiangxi	176912	45301	1235		44419	6771	220287	154774
山 东	Shandong	370861	104221	24597	1865	100500	35851	539354	249117
河 南	Henan	264240	115304	28170	576	111652	36803	273718	199017
湖 北	Hubei	80997	27154	1612		24043	4641	134919	98785
湖 南	Hunan	134464	46685	1736		45762	11644	137895	135096
广 东	Guangdong	493555	154507	16849	117	152141	67508	265063	188384
广 西	Guangxi	129950	32248	5203		31503	7585	108701	86052
海 南	Hainan	22295	6580	1569	196	6503	1976	22958	19891
重 庆	Chongqing	76342	25860	9475	1797	25614	9475	210001	191901
四 川	Sichuan	131252	42077	5079	295	41289	9456	131554	109306
贵 州	Guizhou	78165	20053	447	141	18515	1078	106086	63746
云 南	Yunnan	139204	37816	21724	1246	36788	23889	314555	277383
西 藏	Xizang	6002						4454	4292
陕 西	Shaanxi	159382	55723	21050	35	53669	28021	235891	221759
甘 肃	Gansu	31469	12494	9		12062	989	52370	36443
青 海	Qinghai	936	540			540		35795	35125
宁 夏	Ningxia	9733	2682	1477		2648	703	13129	12969
新 疆	Xinjiang	89483	23139	3810	71	22750	5045	938286	871536

7-2 续表 4 continued

地 区	Region	按培训对象分组 Grouped by Trainee				按获取证书分组 Grouped by Certification Level			
		失 业 人 员 Unemployment Workers	劳动预备制 人 员 Pupils of Labour Preparatory System	在职职工 Workers	农 村 劳动者 Rural Workers	初级工 五级 Primary level five	中级工 四级 Medium level four	高级工 三级 Senior level three	技师/二级 和高级技师 /一级 Technicians/II and Senior Technicians/I
全 国	**National**	**240472**	**213905**	**3176720**	**1323587**	**969917**	**638726**	**259668**	**76042**
北 京	Beijing	1225	605	155076	3181	10476	11727	8513	1596
天 津	Tianjin			9662		4217	5297	4073	487
河 北	Hebei	13448	1959	80189	42903	29413	12473	1974	1940
山 西	Shanxi	1919	841	149876	25265	11448	15613	17807	2245
内蒙古	Inner Mongolia	3363	332	36758	11764	13421	3137	2993	716
辽 宁	Liaoning	1180	1676	41508	2197	5447	3736	1547	
吉 林	Jilin	6540	404	56563	11168	6280	22138	5295	1541
黑龙江	Heilongjiang	14138	1921	41388	54150		230	215	
上 海	Shanghai								
江 苏	Jiangsu	20979	31086	336176	20770	55651	69504	36168	5358
浙 江	Zhejiang	24646	14546	324948	35177	80553	72687	34500	7497
安 徽	Anhui	16451	10637	184262	45081	47569	53063	10393	1699
福 建	Fujian	7604	2583	70968	25136	13354	10966	2084	328
江 西	Jiangxi	3759	5441	55234	4252	8646	19956	11698	3127
山 东	Shandong	8240	23087	322984	51523	34759	14354	14971	11415
河 南	Henan	3854	8505	146699	68737	35744	21333	12921	2474
湖 北	Hubei	9523	4116	73619	27125	11093	34464	5496	498
湖 南	Hunan	4496	7200	85806	21208	34719	13092	4614	908
广 东	Guangdong	12174	11254	171838	32034	12660	14703	5082	222
广 西	Guangxi	1940	9324	56686	21554	17224	25804	5192	2880
海 南	Hainan	1168	1093	15265	1330	5139	662	181	92
重 庆	Chongqing	5919	3828	136066	21759	68807	70513	11278	3565
四 川	Sichuan	7049	5331	72037	20794	15537	30088	8042	1591
贵 州	Guizhou	1968	4492	32976	35718	10320	9513	501	422
云 南	Yunnan	20459	38496	88319	73825	108404	48580	40734	21743
西 藏	Xizang	159	50	798	3119	3085	165	113	
陕 西	Shaanxi	1805	3026	157480	48458	66641	28314	7116	987
甘 肃	Gansu	1040	477	34065	12912	6764	5869	403	172
青 海	Qinghai	922	3464	4599	7050	1756	1356	330	188
宁 夏	Ningxia	223		6334	2006	2898	7846	686	924
新 疆	Xinjiang	44281	18131	228541	593391	247892	11543	4748	1427

7-3 各地区就业训练中心综合情况(2021年)
EMPLOYMENT TRAINNING CENTERS BY REGION (2021)

地 区	Region	机构个数(个) Number of Employment Trainning Centers (unit)	在职教职工总人数(人) Total Teachers and Staff (person)	#教师 Teachers	兼职教师人数(人) Part-time Teachers (person)	经费来源总计(亿元) Resouses of Funds (100 million yuan)	财政补助费 Financial Allowance	职业培训补贴 Occupational Training Allowance	培训人次数(人次) Trainees (person)
全 国	**National**	**940**	**16514**	**6840**	**7569**	**146673**	**36634**	**98977**	**1437838**
北 京	Beijing	5	104	33	46	57		35	3561
天 津	Tianjin								
河 北	Hebei	63	1592	966	486	8287	2800	1908	60603
山 西	Shanxi	38	826	99	429	3225	1219	2006	69403
内蒙古	Inner Mongolia	9	71	18	46	521	241	280	1949
辽 宁	Liaoning	15	521	269	188	1184	156	528	39485
吉 林	Jilin	6	124	47	62	1591	236	34	937
黑龙江	Heilongjiang	20	353	193	41	691	16	675	14045
上 海	Shanghai								
江 苏	Jiangsu	65	844	272	406	14052	6806	7130	115884
浙 江	Zhejiang	10	938	184	635	3541	1874	1667	59715
安 徽	Anhui	23	378	200	129	3563	1231	2332	37014
福 建	Fujian	2	4			217	217		
江 西	Jiangxi	76	857	228	497	3155		3155	59869
山 东	Shandong	15	430	276	148	3039		2909	34116
河 南	Henan	160	2384	1000	1199	11638	2676	7572	228101
湖 北	Hubei	97	1695	624	1071	20674	1444	19229	351685
湖 南	Hunan	59	742	228	389	7852	2260	5593	61408
广 东	Guangdong	42	740	254	354	38776	9058	26753	138079
广 西	Guangxi	12	599	339	140	3307	1296	1910	15505
海 南	Hainan								
重 庆	Chongqing	9	101	30	61	816	311	505	4253
四 川	Sichuan	58	311	74	369	1386	166	1205	15774
贵 州	Guizhou								
云 南	Yunnan								
西 藏	xizang								
陕 西	Shaanxi	115	1672	837	455	15491	3425	11145	95055
甘 肃	Gansu	27	335	158	177	1429	296	1133	10159
青 海	Qinghai								
宁 夏	Ningxia	2	74	43	2	1022	855	167	1700
新 疆	Xinjiang	12	819	468	239	1158	52	1107	19538

注：天津、上海、海南、贵州、云南、西藏、青海无就业训练中心。

7-3 续表 1 continued

单位：人 (person)

地区	Region	#女性 Female	取得证书人次数 Number of the Candidates Got the Certificates	按培训对象分组 Grouped by Personnel: 城乡未继续升学的应届初高中毕业生 Urban and rural students who have not continued to study in high school	失业人员 Unemployment Workers	农村转移就业劳动者 Rural migrant workers	企业职工培训 Enterprise staff training	其他重点群体 Other key Groups
全　国	**National**	**750653**	**1047449**	**14167**	**131673**	**526754**	**369120**	**122523**
北　京	Beijing	1771	2305		610	2524	259	
天　津	Tianjin							
河　北	Hebei	34960	17179	79	3569	41417	2289	3589
山　西	Shanxi	39724	65278	490	2496	38095	12698	7238
内蒙古	Inner Mongolia	1227	1863		780	1004		165
辽　宁	Liaoning	4971	12601		2627	2301	31417	1234
吉　林	Jilin	428	817	53	314	192	281	87
黑龙江	Heilongjiang	8075	13030	71	3468	580	1873	6563
上　海	Shanghai							
江　苏	Jiangsu	56469	60495	512	17839	20235	63022	8256
浙　江	Zhejiang	18430	54601		706	10210	26980	1343
安　徽	Anhui	26385	30952	152	1668	15699	17186	203
福　建	Fujian							
江　西	Jiangxi	33354	54543	145	7423	24891	6431	3612
山　东	Shandong	21043	15288		6312	9070	8739	2219
河　南	Henan	122751	190997	5746	24728	112771	10005	24900
湖　北	Hubei	212072	276260	2287	41300	142295	42678	40261
湖　南	Hunan	32229	59438	1788	5014	40038	5784	2667
广　东	Guangdong	58981	87174	229	4832	9967	81560	2640
广　西	Guangxi	5605	13258	510	239	6595	6454	81
海　南	Hainan							
重　庆	Chongqing	2755	4119		1054	2256	219	609
四　川	Sichuan	9795	14627	22	884	10500	864	2027
贵　州	Guizhou							
云　南	Yunnan							
西　藏	Xizang							
陕　西	Shaanxi	47476	44304	192	1796	30097	40238	10626
甘　肃	Gansu	4363	9980	200	367	2305	3626	2259
青　海	Qinghai							
宁　夏	Ningxia	667	1130				1065	555
新　疆	Xinjiang	7122	17210	1691	3647	3712	5452	1389

7-3 续表 2 continued

单位：人 (person)

地 区	Region	按获取证书分组 Grouped by Certification Level					就业人数 Employment
		职业资格证书 professional certificate	职业技能等级证书 Vocational Skill level certificate	专项能力证书 Special ability Certificate	特种作业操作证书 Special operation certificate	培训合格证书等 Training certificate, etc	
全 国	**National**	**41641**	**92402**	**88530**	**34743**	**792301**	**685731**
北 京	Beijing				63	2060	491
天 津	Tianjin						
河 北	Hebei	1990	6029	627	225	6510	11745
山 西	Shanxi	3540	6609	21966	546	52449	20349
内蒙古	Inner Mongolia		103			1760	889
辽 宁	Liaoning	813	6002	1125	252	4354	8549
吉 林	Jilin					551	266
黑龙江	Heilongjiang					13030	10307
上 海	Shanghai						
江 苏	Jiangsu	2688	8378	958	2943	45424	42268
浙 江	Zhejiang	7401	6218	3615	13742	22921	18839
安 徽	Anhui	1077	7351	1673		20850	19359
福 建	Fujian						
江 西	Jiangxi	186	674	333		53348	29797
山 东	Shandong	1103	631	4953	679	7922	19378
河 南	Henan	5538	8642	8399	2341	162119	122222
湖 北	Hubei	5843	11965	11528	1309	244960	197883
湖 南	Hunan	857	1076	1686	460	54931	37147
广 东	Guangdong	5440	13634	23455	8737	22225	85952
广 西	Guangxi	4346	5223	3804	2706	2795	1977
海 南	Hainan						
重 庆	Chongqing		455	651		3013	1751
四 川	Sichuan	490	647	244		13246	6403
贵 州	Guizhou						
云 南	Yunnan						
西 藏	Xizang						
陕 西	Shaanxi	75	513	7	3	42488	29825
甘 肃	Gansu				66	9914	8267
青 海	Qinghai						
宁 夏	Ningxia		70		414	620	1620
新 疆	Xinjiang	254	8182	3506	257	4811	10447

7-4 各地区民办职业培训机构综合情况(2021年)
VOCATIONAL TRAINING AGENCIES BY REGION (2021)

地区	Region	机构个数(个) Number of Employment Trainning Centers (unit)	在职教职工总人数(人) Total Teachers and Staff (person)	#教师 Teachers	兼职教师人数(人) Part-time Teachers (person)	经费来源(亿元) Resouses of Funds (100 million yuan)	财政补助费 Financial Allowance	职业培训补贴 Occupational Training Allowance	培训人次数(人次) Trainees (person)
全国	**National**	**29832**	**473260**	**222515**	**192385**	**325.1**	**8.7**	**136.7**	**20595421**
北京	Beijing	396	5322	2199	2025	48.1	0.4	0.4	260327
天津	Tianjin	671	8763	3066	4971	3.3		2.5	208035
河北	Hebei	1432	18887	9860	7684	8.0	0.1	6.1	655106
山西	Shanxi	778	13324	6003	4984	5.1	0.0	3.7	704911
内蒙古	Inner Mongolia	682	10772	4886	5218	5.1	0.1	4.0	346495
辽宁	Liaoning	1053	10598	4805	5048	3.1	0.1	0.9	315507
吉林	Jilin	870	12318	5272	6443	4.1	0.4	2.5	491193
黑龙江	Heilongjiang	811	8975	4457	3561	6.2	0.1	5.8	364760
上海	Shanghai	531	47113	20324	2820	9.7	0.1	1.0	1220664
江苏	Jiangsu	1657	21184	8586	10796	8.9	0.3	2.8	1070526
浙江	Zhejiang	1346	17351	7094	8514	6.8	0.3	3.2	1267810
安徽	Anhui	1357	18767	7881	8692	5.6	0.2	4.0	605727
福建	Fujian	569	7045	2875	3527	2.8	0.2	0.9	345169
江西	Jiangxi	1350	15223	7747	6461	36.9	0.3	33.5	687368
山东	Shandong	2490	26930	13303	11153	8.3	0.4	3.8	1116113
河南	Henan	1951	33930	18082	12904	7.0	0.4	4.8	1559059
湖北	Hubei	1110	17398	8724	6201	6.8	0.2	1.4	746481
湖南	Hunan	1127	16542	7056	7876	11.4	0.3	6.6	756195
广东	Guangdong	1535	21071	9544	8165	69.1	0.2	3.4	1415803
广西	Guangxi	771	10974	5662	4951	4.7	0.1	4.1	476195
海南	Hainan	261	1450	306	1144	2.9		2.9	274380
重庆	Chongqing	725	16597	9412	7185	10.7	0.3	5.3	1178619
四川	Sichuan	1507	21348	10648	9919	10.0	0.3	5.2	993286
贵州	Guizhou	509	9753	4693	4175	4.7	0.1	2.9	360648
云南	Yunnan	991	28405	14070	13263	14.6	2.7	9.5	1304207
西藏	Tibet	182	3214	1882	1054	2.0		1.8	138045
陕西	Shaanxi	898	10747	4897	4730	3.6	0.2	2.1	414106
甘肃	Gansu	983	16335	8815	7520	9.2	0.5	7.5	590343
青海	Qinghai	241	3674	1894	1578	1.7	0.1	1.3	119260
宁夏	Ningxia	414	7324	4198	2752	2.1	0.2	1.1	251265
新疆	Xinjiang	634	11926	4274	7071	2.5	0.2	1.6	357818

7-4 续表 1 continued

单位：人 (person)

地区	Region	#女性 Female	取得证书人次数 Number of the Candidates Got the Certificates	按培训对象分组 Grouped by trainee: 企业职工培训 Enterprise staff training	农村转移就业劳动者 Rural migrant workers	城乡未继续升学的应届初高中毕业生 Urban and rural students who have not continued to study in high school	失业人员 Unemployment Workers	其他重点群体 Other key Groups
全国	**National**	**9970520**	**15836713**	**7975320**	**6618689**	**258568**	**1251830**	**2154958**
北京	Beijing	91326	176317	154902	30244	2667	19233	26478
天津	Tianjin	89303	179123	62344	54577	761	29219	21807
河北	Hebei	399164	369911	188119	348375	2872	24996	27678
山西	Shanxi	419179	948698	120885	432989	7817	38589	67757
内蒙古	Inner Mongolia	169102	264823	127052	99781	3456	52233	21306
辽宁	Liaoning	129283	222820	173868	47834	6193	34982	21217
吉林	Jilin	265720	379829	89181	258679	1585	43647	36508
黑龙江	Heilongjiang	191813	251133	117339	196138	483	30090	9666
上海	Shanghai	444345	622774	1138130	502		2126	78830
江苏	Jiangsu	490163	815486	634867	136574	14441	126672	50151
浙江	Zhejiang	573621	924598	876422	208101	21455	69418	52246
安徽	Anhui	336862	546819	278083	172372	2657	56461	52869
福建	Fujian	179517	262704	116163	119813	7472	35625	24799
江西	Jiangxi	344332	610269	194337	190849	17863	65868	45035
山东	Shandong	630425	841048	280755	451425	12121	83669	71434
河南	Henan	784318	1328847	314432	775748	34113	51365	135739
湖北	Hubei	347677	556685	285143	195288	19351	53333	69910
湖南	Hunan	439763	666384	173685	372238	13235	37041	64064
广东	Guangdong	603744	700937	695379	211517	15280	63845	156497
广西	Guangxi	275541	346605	141966	237336	2497	17695	25580
海南	Hainan	120652	146897	66188	94354		4385	85312
重庆	Chongqing	558257	1065861	414924	187138	17563	65935	402339
四川	Sichuan	482177	716994	360482	326738	9331	78733	103800
贵州	Guizhou	182387	301661	52862	218793	6055	9909	21356
云南	Yunnan	593407	1088748	398747	508067	6283	62602	242013
西藏	Tibet	49167	102636	17139	86062	5427	2707	7018
陕西	Shaanxi	208347	303388	110152	140291	8743	17250	73348
甘肃	Gansu	284307	545900	134283	276217	7909	25243	111723
青海	Qinghai	53319	94747	16402	69484	1214	10466	2072
宁夏	Ningxia	97041	185591	142840	55026	2312	12166	25709
新疆	Xinjiang	136261	268480	98249	116139	7412	26327	20697

7-4 续表 2 continued

单位：人 (person)

地　区 Region	按获取证书分组 Grouped by Certification Level					就业人数 Employment
	职业资格证书 professional certificate	职业技能等级证书 Vocational Skill level certificate	专项能力证书 Special ability Certificate	特种作业操作证 Special operation certificate	培训合格证书等 Training certificate, etc	
全　国 National	**749504**	**2556720**	**1795517**	**1036407**	**8865003**	**9526185**
北　京 Beijing	24479	16272	2414	29255	98836	92872
天　津 Tianjin	1020	6200		19420	143576	15778
河　北 Hebei	46867	201668	7887	22655	79239	167847
山　西 Shanxi	39591	171252	156110	20177	510074	177258
内蒙古 Inner Mongolia	10094	44863	18988	33820	148506	219228
辽　宁 Liaoning	31189	12462	32943	12140	128780	90801
吉　林 Jilin	3335	9636	2395	21173	330626	75992
黑龙江 Heilongjiang	647				250486	194993
上　海 Shanghai	31112	27331	36411	71988	455932	1206918
江　苏 Jiangsu	29375	277809	50105	104749	315540	427785
浙　江 Zhejiang	58434	269724	150892	78381	332595	413201
安　徽 Anhui	23499	148502	11304	35199	315180	397881
福　建 Fujian	21361	25571	23103	12661	168887	144503
江　西 Jiangxi	14215	48039	14939	30781	486346	390874
山　东 Shandong	30000	34006	210343	101690	422266	486808
河　南 Henan	73130	136902	115760	48606	921857	713757
湖　北 Hubei	21664	58181	36210	52124	367439	297112
湖　南 Hunan	29721	42934	2656	35507	533064	362049
广　东 Guangdong	22341	38161	322377	57524	235541	681801
广　西 Guangxi	21357	158723	74108	16349	72914	271200
海　南 Hainan	1804	8008	111456	7860	17769	26343
重　庆 Chongqing	17991	134960	130357	36406	348454	718152
四　川 Sichuan	41205	88881	92571	72737	417046	458962
贵　州 Guizhou	10060	51081	12823	8650	208502	206362
云　南 Yunnan	65495	375111	122900	46538	464839	401441
西　藏 Tibet	1949	872	1318	1042	95069	51696
陕　西 Shaanxi	16495	25043	3071	10644	222436	139755
甘　肃 Gansu	20607	19670	4201	13568	484921	280029
青　海 Qinghai	2818	1836	2104	2573	85380	61898
宁　夏 Ningxia	18238	49806	17836	20241	71460	159191
新　疆 Xinjiang	19411	73216	27935	11949	131443	193698

7-5 历年全国职业资格评价情况

单位：人次

年 份	Year	考核鉴定机构数（个）Numbe of Testing Agencies (unit)	考评人员人 数 Number of the Assessors	本年考核鉴定人次数 Number of the Candidates	初 级 Primary	中 级 Medium
1996		5682	37859	2685695	932642	1318141
1997		5752	50779	3141832	1044325	1625749
1998		6878	70466	3194218	1185862	1670410
1999		7820	97209	3678723	1548193	1711318
#行业合计	Subtotal of Industrial Administrations	904	24141	300733	87304	147011
地方合计	Subtotal of Local Governments	6916	73068	3377990	1460889	1564307
2000		8179	128033	4421880	1818534	2050863
#行业合计	Subtotal of Industrial Administrations	1445	48383	762909	241359	343589
地方合计	Subtotal of Local Governments	6734	79650	3658971	1577175	1707274
2001		8336	143068	5348001	2057575	2571508
#行业合计	Subtotal of Industrial Administrations	1501	48455	892499	285684	367182
地方合计	Subtotal of Local Governments	6835	94613	4455502	1771891	2204326
2002		8517	175247	6619012	2373190	3204580
#行业合计	Subtotal of Industrial Administrations	1776	69230	1318097	347894	577791
地方合计	Subtotal of Local Governments	6741	106017	5300915	2025296	2626789
2003		7252	155971	6875444	2461777	3338421
#行业合计	Subtotal of Industrial Administrations	1131	56821	1105420	249368	486792
地方合计	Subtotal of Local Governments	6121	99150	5770024	2212409	2851629
2004		9438	197821	8796272	3144495	4161612
#行业合计	Subtotal of Industrial Administrations	3559	81539	1700147	482348	731856
地方合计	Subtotal of Local Governments	5879	116282	7096125	2662147	3429756

STATISTICS OF OCCUPATIONAL QUALIFICATION EVALUATION

高级 Senior	技师 Technicians	高级技师 Senior Technicians	本年获取证书人次数 Number of the Candidates Got the Certificates	初级 Primary	中级 Medium	高级 Senior	技师 Technicians	高级技师 Senior Technicians
360490	69132	5290	2146895	727215	1094809	271346	51262	2263
427603	39478	4677	2786360	949828	1439046	364024	30506	2956
278862	51799	7285	2858782	1071270	1491968	244529	44995	6020
369049	45329	4780	3141392	1341236	1466663	293584	36699	3210
63460	2645	259	217186	60914	110560	44104	1534	74
305589	42684	4521	2924206	1280322	1356103	249480	35165	3136
505685	43794	3004	3726619	1553035	1743885	393201	34175	2323
167271	10125	565	521288	157155	239573	118036	6132	392
338414	33669	2439	3205331	1395880	1504312	275165	28043	1931
645644	67688	5586	4570081	1756881	2236967	523010	49689	3534
223536	14192	1905	645636	195946	280851	161054	7082	703
422108	53496	3681	3924445	1560935	1956116	361956	42607	2831
965404	69379	6459	5562607	2036748	2712382	761195	48852	3430
369192	20071	3149	1019654	269218	453267	286133	9718	1318
596212	49308	3310	4542953	1767530	2259115	475062	39134	2112
969477	96653	9116	5839222	2124504	2870097	768890	69501	6230
345449	20515	3296	892494	208524	401194	267989	12867	1920
624028	76138	5820	4946728	1915980	2468903	500901	56634	4310
1229130	212037	48998	7360975	2691946	3516786	975155	140816	36272
440143	35862	9938	1346661	390280	583697	345424	20988	6272
788987	176175	39060	6014314	2301666	2933089	629731	119828	30000

7-5 续表 1

单位：人次

年份	Year	考核鉴定机构数（个）Numbe of Testing Agencies (unit)	考评人员人数 Number of the Assessors	本年考核鉴定人次数 Number of the Candidates	初级 Primary	中级 Medium
中央企业试点	The Central Enterprises Pilot	3	739	16509	829	3246
2005		7654	164442	9577395	3222564	4552986
#行业合计	Subtotal of Industrial Administrations	1848	59974	1595369	362360	686936
地方合计	Subtotal of Local Governments	5719	101484	7922895	2842964	3852384
中央企业试点	The Central Enterprises Pilot	87	2984	59131	17240	13666
2006		7998	161596	11821552	4140894	5269104
#行业合计	Subtotal of Industrial Administrations	2020	65571	2473429	916021	826698
地方合计	Subtotal of Local Governments	5823	91729	9279660	3212161	4422694
中央企业试点	The Central Enterprises Pilot	155	4296	68463	12712	19712
2007		7794	158186	12231413	4389064	5422375
#行业合计	Subtotal of Industrial Administrations	1938	56673	1622348	465248	619235
地方合计	Subtotal of Local Governments	5845	98395	10515051	3873553	4788802
中央企业试点	The Central Enterprises Pilot	11	3118	94014	50263	14338
2008		9933	203883	13374707	5104213	5758542
#行业合计	Subtotal of Industrial Administrations	1477	72503	1736592	468497	633514
地方合计	Subtotal of Local Governments	8441	124902	11560949	4598473	5108105
中央企业试点	The Central Enterprises Pilot	15	6478	77166	37243	16923
2009		9538	232060	14920761	6029998	6110523
#行业合计	Subtotal of Industrial Administrations	2241	80116	2049033	663297	806706

continued

高　级 Senior	技　师 Technicians	高级技师 Senior Technicians	本年获取证书人次数 Number of the Candidates Got the Certificates	初　级 Primary	中　级 Medium	高　级 Senior	技　师 Technicians	高级技师 Senior Technicians
7958	3822	654	14615	777	3025	7373	3002	438
1456750	290637	54458	7857292	2732405	3756905	1133278	195577	39127
489903	48197	7973	1233171	278809	551073	372000	27357	3932
948018	234071	45458	6575037	2438276	3194681	745632	162062	34386
18829	8369	1027	49084	15320	11151	15646	6158	809
1909269	432423	65401	9252416	3124130	4390924	1440591	260830	35384
629978	86015	14717	1576857	377737	660904	488129	43178	6909
1257031	338287	49487	7619774	2734026	3712773	933739	211694	27542
22260	8121	1197	55785	12367	17247	18723	5958	933
1907654	442715	69605	9956079	3687419	4518674	1429235	274176	46575
461074	65822	10969	1284859	384585	499805	361828	32760	5881
1424504	370444	57748	8593861	3259275	4007337	1050805	236480	39964
22076	6449	888	77359	43559	11532	16602	4936	730
2029246	403738	78968	11372105	4492273	4891989	1606473	318047	63323
535833	86649	12099	1448203	393277	514497	440977	86369	13083
1477855	311085	65431	9863382	4069230	4363967	1152734	227947	49504
15558	6004	1438	60520	29766	13525	12762	3731	736
2126028	544210	110002	12320051	5251357	5134383	1516357	336623	81331
460363	98550	20117	1636149	562781	673659	335144	55143	9422

7–5 续表 2

单位：人次

年 份	Year	考核鉴定机构数（个）Numbe of Testing Agencies (unit)	考评人员人数 Number of the Assessors	本年考核鉴定人次数 Number of the Candidates	初 级 Primary	中 级 Medium
地方合计	Subtotal of Local Governments	7281	143719	12674516	5279691	5234031
中央企业试点	The Central Enterprises Pilot	16	8225	197212	87010	69786
2010		9803	210497	16575457	6768836	6531792
#行业合计	Subtotal of Industrial Administrations	2137	70109	2831683	949906	951227
地方合计	Subtotal of Local Governments	7647	130977	13495340	5704143	5495732
中央企业试点	The Central Enterprises Pilot	19	9411	248434	114787	84833
2011		10677	194795	17459327	7254275	6579593
#行业合计	Subtotal of Industrial Administrations	2574	75206	3129020	1059714	1094106
地方合计	Subtotal of Local Governments	8084	110545	14101095	6087176	5408072
中央企业试点	The Central Enterprises Pilot	19	9044	229212	107385	77415
2012		10963	213403	18305470	7538797	6611139
#行业合计	Subtotal of Industrial Administrations	3246	91000	3355097	1241887	1056340
地方合计	Subtotal of Local Governments	7698	111150	14651252	6162855	5443861
中央企业试点	The Central Enterprises Pilot	19	11253	299121	134055	110938
2013		9865	252662	18385729	7752500	6355360
#行业合计	Subtotal of Industrial Administrations	2418	108333	3375909	1341750	1086891
地方合计	Subtotal of Local Governments	7428	132737	14735101	6274214	5184217
中央企业试点	The Central Enterprises Pilot	19	11592	274719	136536	84252
2014		9521	215761	18539992	6934618	6745021
#行业合计	Subtotal of Industrial Administrations	2670	105232	3244808	1055738	1092479
地方合计	Subtotal of Local Governments	6835	102132	15039407	5786871	5568441
中央企业试点	The Central Enterprises Pilot	16	8397	255777	92009	84101

continued

高　级 Senior	技　师 Technicians	高级技师 Senior Technicians	本年获取证书人次数 Number of the Candidates Got the Certificates	初　级 Primary	中　级 Medium	高　级 Senior	技　师 Technicians	高级技师 Senior Technicians
1634315	438111	88368	10556864	4636816	4414218	1158564	276470	70796
31350	7549	1517	127038	51760	46506	22649	5010	1113
2722092	453762	98975	13929377	5899097	5544598	2097432	316663	71587
766652	129482	34416	2285392	801645	770516	626959	72822	13450
1918827	314609	62029	11489343	5028937	4718723	1446776	238171	56736
36613	9671	2530	154642	68515	55359	23697	5670	1401
3098462	428247	98750	14820504	6533022	5464700	2464290	286769	71723
816296	132899	26005	2578410	1067480	724459	686101	84163	16207
2246836	288493	70518	12091861	5396177	4689411	1753472	198785	54016
35330	6855	2227	150233	69365	50830	24717	3821	1500
3476563	503134	175837	15487834	6655352	5604790	2760639	336187	130866
880430	147893	28547	2702465	1020025	857542	708589	97529	18780
2551931	347493	145112	12584198	5546362	4672359	2021009	233932	110536
44202	7748	2178	201171	88965	74889	31041	4726	1550
3514734	577770	185365	15366664	6766044	5372332	2728517	376144	123627
763465	151090	32713	2750425	1119433	893839	614511	99406	23236
2705976	418804	151890	12439250	5560531	4422960	2083789	272164	99806
45293	7876	762	176989	86080	55533	30217	4574	585
3930805	654415	275133	15542766	6094580	5707155	3117737	429024	194270
839367	185803	71421	2556541	842679	867772	684070	120486	41534
3027880	455979	200236	12827206	5196077	4788009	2390955	301746	150419
63558	12633	3476	159019	55824	51374	42712	6792	2317

7–5 续表 3

单位：人次

年 份	Year	考核鉴定机构数（个）Numbe of Testing Agencies (unit)	考评人员人数 Number of the Assessors	本年考核鉴定人次数 Number of the Candidates	初级 Primary	中级 Medium
2015		12156	264237	18941156	7079392	6986241
#行业合计	Subtotal of Industrial Administrations	2478	102862	4159249	1696306	1311412
地方合计	Subtotal of Local Governments	9662	154296	14530268	5301111	5581461
中央企业试点	The Central Enterprises Pilot	16	7079	251639	81975	93368
2016		8224	282782	17554798	6410623	6540058
#行业合计	Subtotal of Industrial Administrations	2473	88341	2307553	746356	771495
地方合计	Subtotal of Local Governments	5733	182393	15028489	5597358	5683938
中央企业试点	The Central Enterprises Pilot	18	12048	218756	66909	84625
2017		8071	308612	14729033	4959459	5465266
#行业合计	Subtotal of Industrial Administrations	2345	89560	2546084	810597	817338
地方合计	Subtotal of Local Governments	5708	204847	11937378	4077961	4549640
中央企业试点	The Central Enterprises Pilot	18	14205	245571	70901	98288
2018		8912	251135	11349052	3939496	4034728
#行业合计	Subtotal of Industrial Administrations	2443	94669	2111498	821018	561243
地方合计	Subtotal of Local Governments	6451	140224	9007709	3035725	3387425
中央企业试点	The Central Enterprises Pilot	18	16242	229845	82753	86060
2019		9152	216680	10759349	3865973	4081232
#行业合计	Subtotal of Industrial Administrations	1824	41841	2091145	781278	595058
地方合计	Subtotal of Local Governments	7328	174839	8668204	3084695	3486174
2020		8205	155935	10704734	3733911	4543395
#行业合计	Subtotal of Industrial Administrations	2190	37158	1843272	315020	515194
地方合计	Subtotal of Local Governments	6015	118777	8861462	3418891	4028201
2021		6894	79474	3321617	1097590	1629431
#行业合计	Subtotal of Industrial Administrations	1565	37186	1250060	364888	609148
地方合计	Subtotal of Local Governments	5329	42288	2071557	732702	1020283

continued

高 级 Senior	技 师 Technicians	高级技师 Senior Technicians	本年获取证书人次数 Number of the Candidates Got the Certificates	初 级 Primary	中 级 Medium	高 级 Senior	技 师 Technicians	高级技师 Senior Technicians
4006089	659634	209800	15392295	5915465	5831396	3092249	416439	136746
914647	190191	46693	3132628	1175807	1063277	742734	121679	29131
3031572	457553	158571	12106988	4690481	4712472	2310892	288376	104767
59870	11890	4536	152679	49177	55647	38623	6384	2848
3855614	577112	171391	14461529	5549708	5481352	2963711	350596	116162
615401	127726	46575	1713407	528629	585940	487299	78846	32693
3184348	440709	122136	12617203	4981949	4846266	2440744	266587	81657
55865	8677	2680	130919	39130	49146	35668	5163	1812
3610460	540693	153155	11987218	4207073	4541983	2804674	330333	103155
726816	136056	55277	1857892	533604	616728	580087	85833	41640
2820102	394098	95577	9999945	3634534	3879908	2185245	239922	60336
63542	10539	2301	129381	38935	45347	39342	4578	1179
2765047	487978	121803	9031831	3245567	3333132	2099864	277673	75595
597602	101953	29682	1523099	535170	430306	467782	64713	25128
2112385	380880	91294	7385556	2663222	2861384	1600846	210192	49912
55060	5145	827	123176	47175	41442	31236	2768	555
2322529	361527	128088	8618572	3184815	3419359	1730493	205600	78305
645117	53942	15750	1398424	490644	468832	398761	28361	11826
1677412	307585	112338	7220148	2694171	2950527	1331732	177239	66479
2130435	208112	88881	8659731	3278478	3862870	1323861	134474	60048
988655	17261	7142	972562	205346	375404	377040	9289	5483
1141780	190851	81739	7687169	3073132	3487466	946821	125185	54565
499317	67734	27545	2734463	897180	1383819	383470	49860	20134
249141	17321	9562	947595	258629	500073	169994	11867	7032
250176	50413	17983	1786868	638551	883746	213476	37993	13102

7–6 各地区职业资格评价情况(2021年)

单位：人次

地区	Region	考核鉴定机构数(个) Numbe of Testing Agencies (unit)	考评人员人数 Number of the Assessors	本年认定(考核鉴定)人次数 Number of the Candidates	初级 Primary	中级 Medium
全　国	**National**	**6894**	**79474**	**3321617**	**1097590**	**1629431**
行业合计	Subtotal of Industrial Administrations	1565	37186	1250060	364888	609148
地方合计	Subtotal of Local Governments	5329	42288	2071557	732702	1020283
北　京	Beijing	24	250	7215	1262	3103
天　津	Tianjin	130	1114	11473	2323	7502
河　北	Hebei	96	72	80616	35205	29483
山　西	Shanxi	11	378	54071	27863	22489
内蒙古	Inner Mongolia	598	789	45054	8822	33390
辽　宁	Liaoning	239	3171	60749	28749	22010
吉　林	Jilin	42	215	16708	3760	9827
黑龙江	Heilongjiang	36	521	11839	3368	7780
上　海	Shanghai	53	308	48411	20264	12043
江　苏	Jiangsu	37	304	155721	47455	80251
浙　江	Zhejiang	125	551	139497	28086	44273
安　徽	Anhui	114	1618	91143	26802	49600
福　建	Fujian	107	2900	78346	18233	46693
江　西	Jiangxi	423	411	27087	506	21228
山　东	Shandong	75	719	277468	57852	172170
河　南	Henan	304	5150	108480	39839	46766
湖　北	Hubei	220	1336	2171	553	1173
湖　南	Hunan	331	2151	78360	37057	38684
广　东	Guangdong	112	344	195943	68468	109224
广　西	Guangxi	108	1325	62552	42394	15751
海　南	Hainan	131	1366	16269	9588	5695
重　庆	Chongqing	118	108	63834	26306	34212
四　川	Sichuan	547	6848	235952	65781	153066
贵　州	Guizhou	52	248	20004	10074	6428
云　南	Yunnan	636	1428	75147	55311	13464
西　藏	Tibet	8	286	6772	6063	673
陕　西	Shaanxi	194	1277	7108	2116	2086
甘　肃	Gansu	218	2314	41316	27881	12539
青　海	Qinghai	83	126	4599	4226	368
宁　夏	Ningxia	48	241	35639	16597	16659
新　疆	Xinjiang	98	4342	8896	7289	1154
新疆兵团	Xinjiang Production and Construction Crops	11	77	3117	2609	499

STATISTICS OF OCCUPATIONAL QUALIFICATION EVALUATION BY REGION (2021)

高　级 Senior	技　师 Technicians	高级技师 Senior Technicians	本年获取证书人次数 Number of the Candidates Got the Certificates	初　级 Primary	中　级 Medium	高　级 Senior	技　师 Technicians	高级技师 Senior Technicians
499317	**67734**	**27545**	**2734463**	**897180**	**1383819**	**383470**	**49860**	**20134**
249141	17321	9562	947595	258629	500073	169994	11867	7032
250176	50413	17983	1786868	638551	883746	213476	37993	13102
446	2081	323	5734	942	2539	357	1668	228
760	618	270	10102	1955	6647	724	564	212
15687	229	12	74667	32253	27644	14574	185	11
2423	1089	207	47972	25030	19676	2085	1000	181
2555	194	93	41600	8000	31179	2166	172	83
6239	2248	1503	51906	24690	18790	5279	1897	1250
2109	805	207	14667	2909	8775	2030	759	194
447	196	48	10900	3084	7267	353	153	43
11722	2930	1452	31112	13684	8372	6761	1501	794
25006	2737	272	138821	42436	71867	22096	2191	231
58335	7237	1566	111288	20254	34916	49564	5679	875
12482	1700	559	79696	23245	43178	11246	1555	472
9768	2952	700	66847	15629	41716	7149	1865	488
4597	633	123	25189	475	19590	4431	601	92
31811	10095	5540	257226	52887	162738	28950	8082	4569
18423	2835	617	100815	37440	42461	17530	2772	612
438	6	1	2034	510	1105	412	6	1
1198	1035	386	69757	33629	33947	909	900	372
13759	3296	1196	130488	48388	70237	9520	1700	643
2807	1297	303	51974	35812	12485	2364	1058	255
758	142	86	14550	9198	4528	666	104	54
2723	420	173	59320	24638	31735	2450	343	154
11747	3714	1644	207543	60389	135229	9507	1745	673
2905	349	248	18424	9513	5580	2815	302	214
5841	434	97	70910	52610	12546	5250	412	92
36			5596	5016	554	26		
2149	635	122	5100	1535	1351	1719	405	90
896			37235	24817	11565	853		
4	1		4014	3685	327	1	1	
1914	375	94	30784	15260	13669	1525	248	82
182	130	141	7810	6289	1104	155	125	137
9			2787	2349	429	9		

八、劳动关系

LABOUR RELATION

8-1 历年劳动人事争议仲裁情况

单位：件

项　　目	Item	1996	1997	1998	1999
上期未结案件数	Number of Cases Left from Last Year-end	2634	2864	3475	3840
案件受理情况	Cases Accepted				
当期案件受理数	Cases	48121	71524	93649	120191
#集体劳动争议案件数	Number of Collective Labour Disputes	3150	4109	6767	9043
劳动者申诉案件数	Number of Cases Left from Last Year-end	41697	68773	84829	114152
劳动者当事人数(人)	Number of Laborers Involved(person)	189120	221115	358531	473957
#集体劳动争议劳动者当事人数	Number of Laborers Involved in Collective Labour Disputes	92203	132647	251268	319445
争议原因	Disputes Reasons				
劳动报酬	Labour Remuneration				
社会保险	Social Insurances				
变更劳动合同	Change the Labour Contract		2992	2840	3469
解除、终止劳动合同	Relieve or End the Labour Contract		10337	13069	18108
其　他	Others		8917	9515	8626
案件处理情况	Cases Settled				
结案数	Number of Cases Settled	46543	70792	92288	121289
处理方式	by Manners of Settlement				
仲裁调解	by Mediation	24223	32793	31483	39550
仲裁裁决	by Arbitrition Lawsuit	12789	15060	25389	34712
其他方式	Others	9531	22939	35155	47027
处理结果	by Result of Settlement				
用人单位胜诉	Lawsuit Won by Units	9452	11488	11937	15674
劳动者胜诉	Lawsuit Won by Laborers	23696	40063	48650	63030
双方部分胜诉及其他	Lawsuit Partly Won by Both Parties and Others	13395	19241	27365	37459
案外调解案件数	Cases Mediated				

注：2011年起，解除、终止劳动合同的类型进行合并统计。

LABOUR DISPUTES ACCEPTED AND SETTLED

(piece)

2000	2001	2002	2003	2004	2005	2006	2007	2008
6374	8739	12472	16276	17117	17829	22165	25424	33084
135206	154621	184116	226391	260471	313773	317162	350182	693465
8247	9847	11024	10823	19241	16217	13977	12784	21880
120043	146781	172253	215512	249335	293710	301233	325590	650077
422617	467150	608396	801042	764981	744195	679312	653472	1214328
259445	286680	374956	514573	477992	409819	348714	271777	502713
	45172	59144	76774	85132	103183	103887	108953	225061
	31158	56558	76181	88119	97519	100342	97731	
3829	4254	3765	5494	4465	7567	3456	4695	
21149	29038	30940	40017	57021	68873	67868	80261	139702
12549								
130688	150279	178744	223503	258678	306027	310780	340030	622719
41877	42933	50925	67765	83400	104308	104435	119436	221284
54142	77250	77340	95774	110708	131745	141465	149013	274543
34669	35096	50479	59954	64550	69974	64880	71581	126892
13699	31544	27017	34272	35679	39401	39251	49211	80462
70544	71739	84432	109556	123268	145352	146028	156955	276793
37247	46996	67295	79475	94041	121274	125501	133864	265464
	63939	77342	58451	70840	93561	130321	151902	237283

a) Since 2011, items of Relieve or End the Labour Contract have been merged during statistics.

8-1 续表

单位：件

项　　目	Item	2009	2010	2011	2012
上期未结案件数	Number of Cases Left from Last Year-end	83709	77926	42308	36151
案件受理情况	Cases Accepted				
当期案件受理数	Cases	684379	600865	589244	641202
#集体劳动争议案件数	Number of Collective Labour Disputes	13779	9314	6592	7252
劳动者申诉案件数	Number of Cases Left from Last Year-end	627530	558853	568768	620849
劳动者当事人数(人)	Number of Laborers Involved(person)	1016922	815121	779490	882487
#集体劳动争议劳动者当事人数	Number of Laborers Involved in Collective Labour Disputes	299601	211755	174785	231894
争议原因	Disputes Reasons				
劳动报酬	Labour Remuneration	247330	209968	200550	225981
社会保险	Social Insurances			149944	159649
变更劳动合同	Change the Labour Contract				
解除、终止劳动合同	Relieve or End the Labour Contract	43876	31915	118684	129108
其　他	Others				
案件处理情况	Cases Settled				
结案数	Number of Cases Settled	689714	634041	592823	643292
处理方式	by Manners of Settlement				
仲裁调解	by Mediation	251463	250131	278873	302552
仲裁裁决	by Arbitrition Lawsuit	290971	266506	244942	268530
其他方式	Others	147280	117404	69008	72210
处理结果	by Result of Settlement				
用人单位胜诉	Lawsuit Won by Units	95470	85028	74189	79187
劳动者胜诉	Lawsuit Won by Laborers	255119	229448	195680	213453
双方部分胜诉及其他	Lawsuit Partly Won by Both Parties and Others	339125	319565	322954	350652
案外调解案件数	Cases Mediated	185598	163997	194338	212937

continued

(piece)

2013	2014	2015	2016	2017	2018	2019	2020	2021
34478	31796	39580	37977	38545	35506	48661	49723	43525
665760	715163	813859	828410	785323	894053	1069638	1094788	1252045
6783	8041	10466	9745	7513	8699	9235	8321	7446
641932	690418	784229	801190	762572	869421	1021334	1041567	1199847
888430	997807	1159687	1112408	979016	1110175	1274124	1283491	1404754
218521	267165	341588	289924	203963	234943	220174	200824	159898
223351	258716	321179	345685	331463	380751	446572	462729	524473
165665	160961	158002	145671	135211	144533	149966	136496	164102
147977	155870	182396	188642	169456	195063	259550	280058	293924
669062	711044	812461	827717	790448	884223	1068413	1100681	1256162
311806	321598	362814	389109	390278	458353	552584	599797	703373
283341	313175	368409	366742	336073	357666	430309	430863	471819
73915	76271	81238	71866	64097	68204	85520	70021	80970
82519	82541	90785	92405	89928	93823	112747	112053	127910
217551	250284	287544	285824	259898	276642	314097	310819	341245
368992	378219	434132	369429	440622	513758	641569	677809	787007
215595	227447	258114	240101	208491	214288	242479	255328	320621

8-2 各地区劳动争议仲裁情况(2021年)

单位：件

地区	Region	上期未结案件数 Number of Cases Left from Last Year-end	案件受理情况 Cases Accepted					
			当期案件受理数 Cases	#集体劳动争议案件 Number of Collective Labour Disputes	#劳动者申诉案件 Number of Cases Left from Last Year-end	劳动者当事人数(人) Number of Laborers Involved (person)	#集体劳动争议劳动者当事人数 Number of Laborers Involvedin Collective Labour Disputes	劳动报酬 Labour Remuneration
全　国	**National**	**43525**	**1252045**	**7446**	**1199847**	**1404754**	**159898**	**524473**
北　京	Beijing	3364	121084	653	119322	121084	13004	64653
天　津	Tianjin	2819	30110	87	29804	31696	1752	16096
河　北	Hebei	2464	26740	73	24081	29280	1328	8010
山　西	Shanxi	123	11693	35	10638	13995	1354	4380
内蒙古	Inner Mongolia	366	20650	50	19545	21689	1149	9795
辽　宁	Liaoning	1125	32571	204	29989	37559	4560	17282
吉　林	Jilin	304	8418	17	7047	11189	402	3489
黑龙江	Heilongjiang	563	28116	30	28029	29050	771	15757
上　海	Shanghai	4065	58570	197	57743	64539	3730	21938
江　苏	Jiangsu	2163	97194	752	95159	108120	17748	42819
浙　江	Zhejiang	2612	76440	364	75957	86701	7353	29396
安　徽	Anhui	425	36194	99	32212	39524	1995	14523
福　建	Fujian	2180	33370	437	32157	44449	9517	14222
江　西	Jiangxi	592	18769	35	14377	19889	627	5496
山　东	Shandong	1557	102958	112	102496	110824	2910	45584
河　南	Henan	677	31141	168	27282	33846	2423	13067
湖　北	Hubei	3086	38881	129	37654	41057	3680	12764
湖　南	Hunan	607	30855	84	30069	34959	2093	8315
广　东	Guangdong	6209	195810	3025	191595	257471	63763	76190
广　西	Guangxi	664	27806	103	26267	28759	1824	14056
海　南	Hainan	563	8525	44	8104	8535	619	2708
重　庆	Chongqing	2229	33890	44	33774	35142	779	13446
四　川	Sichuan	2554	66152	258	62623	69271	5469	26305
贵　州	Guizhou	339	27030	35	26090	28151	964	10611
云　南	Yunnan	197	19181	113	18433	19604	2913	6613
西　藏	Tibet	4	734	17	727	1094	309	331
陕　西	Shaanxi	464	35447	53	28088	36461	1618	13016
甘　肃	Gansu	67	7769	14	7122	8934	995	3160
青　海	Qinghai	19	1912	13	1893	2531	216	745
宁　夏	Ningxia	749	7886	55	6775	9359	815	2679
新　疆	Xinjiang	315	13761	132	12578	17292	2977	5832
新疆兵团	Xinjiang Production and Construction Crops	60	2388	14	2217	2700	241	1195

LABOUR DISPUTES ACCEPTED AND SETTLED BY REGION (2021)

(piece)

争议原因 Causes of the Disputes			案件处理情况 Cases Settled							案外调解案件数 Cases Mediated
社会保险 Social Insurance	#工伤保险 Work Injury Insurance	解除、终止劳动合同 Relieve or End the Labour Contract	结案数 Number of Cases Settled	处理方式 by Manners of Settlement: 仲裁调解 by Mediation	仲裁裁决 by Arbitrition Lawsuit	其他方式 Others	处理结果 by Result of Settlement: 用人单位胜诉 Lawsuit Won by Units	劳动者胜诉 Lawsuit Won by Laborers	双方部分胜诉及其他 Lawsuit Partly Won by Both Parties and Others	
164102	**132559**	**293924**	**1256162**	**703373**	**471819**	**80970**	**127910**	**341245**	**787007**	**320621**
2847	1380	26759	119998	66456	46197	7345	19103	16387	84508	18552
1126	1054	4546	32002	19315	12687	0	3444	4975	23583	1340
4857	2825	5356	28909	17722	10191	996	3483	13961	11465	6974
2593	2304	2081	11705	7258	4222	225	1019	7074	3612	4761
2983	1590	4378	20391	10920	8430	1041	1817	7607	10967	3874
3170	2574	5232	32647	17381	14491	775	3899	14871	13877	9880
783	627	1540	8396	3365	4159	872	665	3769	3962	5338
4226	2903	360	28480	16419	11484	577	2973	6753	18754	3691
3172	2903	22236	58797	31938	24288	2571	12690	5654	40453	12202
16538	15859	24390	96842	54795	25696	16351	8028	26016	62798	41682
18360	15723	13428	74649	43137	13958	17554	3815	17504	53330	652
8711	7313	7106	36093	25033	10268	792	2653	15035	18405	6215
5857	5533	6021	33832	20413	11515	1904	2692	7795	23345	6784
3926	3560	5041	19132	12241	5913	978	2228	7248	9656	7050
8585	7804	26615	102836	64149	36439	2248	8830	26654	67352	19961
4545	2346	5737	31168	18073	11446	1649	2218	13055	15895	10669
4630	3519	12949	40726	22960	17171	595	2747	10874	27105	10608
7778	6124	7958	30597	18829	10823	945	1238	19687	9672	16615
18688	17764	64655	195615	97010	89350	9255	18368	35625	141622	59911
1708	1286	4712	28023	12181	15303	539	3085	8400	16538	13237
193	114	1361	8359	2444	5065	850	1116	2953	4290	2010
6637	6118	5410	35617	22077	9362	4178	2864	3886	28867	4438
8237	7117	15006	65376	36588	24782	4006	6864	23268	35244	22291
7262	5984	3639	27016	15576	10895	545	3039	8195	15782	6582
3758	2491	2776	18977	10586	7394	997	1758	6325	10894	8082
75	69	196	729	347	322	60	56	265	408	515
8075	2114	9025	35425	19430	14816	1179	3713	11833	19879	9596
1069	733	1039	7755	4588	3001	166	896	3610	3249	1762
380	344	620	1878	1166	606	106	150	678	1050	99
1636	999	1899	8118	3585	3493	1040	801	3410	3907	1830
1449	1245	1709	13680	6389	6804	487	1490	6738	5452	2159
248	240	144	2394	1002	1248	144	168	1140	1086	1261

8-3 劳动保障监察案件结案情况(2021年)
CASES SETTLED BY LABOUR AND SOCIAL SECURITY INSPECTION ORGANIZATION(2021)

单位：件 (piece)

项 目	Item	2021
结案数	**Cases Settled**	**105871**
案件分类	**Cases by Caused Reasons**	
内部劳动保障规章制度	Inner Institutions on Labour and Social Security	831
订立和解除劳动合同	Signing or Relieve Labour Contract	5643
女职工特殊劳动保护	Special Protection for Female Workers and employees	39
未成年工特殊劳动保护	Special Protection for minor Workers and employees	166
工作时间和休息休假	Working Hours and Vocation	3812
支付工资和最低工资标准	Wage Payment and Minimum Wage Standard	62584
参加社会保险和缴纳社会保险费	Social Insurances	16859
职业介绍	Job Referral	113
职业技能培训和职业技能考核	Vocational Training and Vocational Qualification	37
其 他	Others	18011
案件处理情况	**Settlement of Cases**	
责令限期改正	Orders to Make Corrections	46868
行政处理决定	Decisions of Administrative Settlement	4390
行政处罚决定	Decisions of Administrative Penalty	5587
警 告	Disciplinary Warning	798
罚 款	Fine	5383
其他行政处罚	Others	88

8-4 劳动保障监察工作情况(2021年)
LABOUR AND SOCIAL SECURITY INSPECTION (2021)

项 目	Item	2021
主动监察	Inspection on Initiative	
检查单位数(万户)	Employing Units Inspected (10 000 households)	116.3
涉及劳动者人数(万人)	Labourers Involved (10 000 persons)	4298.9
投诉结案数(万件)	Complaint Cases Settled (10 000 pieces)	9.8
举报结案数(万件)	Cases Settled through Inspection upon Reporting (10 000 pieces)	1.8
审查用人单位报送的书面材料涉及用人单位数(万户)	Employing Units inspected through Examining Documents reported (10 000 households)	107.1
补签劳动合同(万人)	Number of Labour Contracts Signed for Inspection (10 000 persons)	45.4
追发劳动者工资等待遇	Repay Wages and other Benefits	
涉及劳动者人数(万人)	Labourers Involved (10 000 persons)	85.3
金额(亿元)	Amount of Money (100 million yuan)	79.9
督促缴纳社会保险费	Levy of Social Insurance Fees for Inspection	
单位数(万户)	Employing Units Involved (10 000 households)	1.4
金额(亿元)	Amount of Money (100 million yuan)	4.6
督促社会保险登记单位数(万户)	Registeration of Social Insurance for Inspection Employing Units Involved (10 000 households)	0.4
取缔非法职业中介机构(户)	Number of Illegal Occupational Intermediary Agencies(household)	1298
清退风险抵押金金额(万元)	Amount of Money in Pledge Repaid to Employees (10 000 Yuan)	270.5
审查用人单位规章数(万件)	Number of Regulations of Employing Units Inspected (10 000 pieces)	25.4
纠正用人单位违法规章数(万件)	Number of Regulations of Employing Units Corrected (10 000 pieces)	1.5
向社会公布重大违法行为数(件)	Discolsed Serious Violations of Laws or Rules (piece)	2633

九、社会保障

SOCIAL SECURITY

9-1 历年全国社会保险基金收入
REVENUE OF SOCIAL INSURANCE FUNDS

年 份 Year	合 计 Total	基本养老保险 Basic Pension Insurance	失业保险 Unemployment Insurance	基本 医疗保险 Basic Medical Insurance	工伤保险 Work Injury Insurance	生育保险 Maternity Insurance
绝对数(亿元) Revenue (100 million yuan)						
1990	186.8	178.8	7.2			
1991	225.0	215.7	9.3			
1992	377.4	365.8	11.7			
1993	526.1	503.5	17.9	1.4	2.4	0.8
1994	742.0	707.4	25.4	3.2	4.6	1.5
1995	1006.0	950.1	35.3	9.7	8.1	2.9
1996	1252.4	1171.8	45.2	19.0	10.9	5.5
1997	1458.2	1337.9	46.9	52.3	13.6	7.4
1998	1623.1	1459.0	68.4	60.6	21.2	9.8
1999	2211.8	1965.1	125.2	89.9	20.9	10.7
2000	2644.9	2278.5	160.4	170.0	24.8	11.2
2001	3101.9	2489.0	187.3	383.6	28.3	13.7
2002	4048.7	3171.5	215.6	607.8	32.0	21.8
2003	4882.9	3680.0	249.5	890.0	37.6	25.8
2004	5780.3	4258.4	290.8	1140.5	58.3	32.1
2005	6975.2	5093.3	340.3	1405.3	92.5	43.8
2006	8643.2	6309.8	402.4	1747.1	121.8	62.1
2007	10812.3	7834.2	471.7	2257.2	165.6	83.6
2008	13696.1	9740.2	585.1	3040.4	216.7	113.7
2009	16115.6	11490.8	580.4	3671.9	240.1	132.4
2010	19276.1	13872.9	649.8	4308.9	284.9	159.6
2011	25153.3	18004.8	923.1	5539.2	466.4	219.8
2012	30738.8	21830.2	1138.9	6938.7	526.7	304.2
2013	35252.9	24732.6	1288.9	8248.3	614.8	368.4
2014	39827.7	27619.9	1379.8	9687.2	694.8	446.1
2015	46012.1	32195.5	1367.8	11192.9	754.2	501.7
2016	53562.7	37990.8	1228.9	13084.3	736.9	521.9
2017	67154.2	46613.8	1112.6	17931.6	853.8	642.5
2018	79254.8	55005.3	1171.1	21384.4	913.0	781.0
2019	83550.4	57025.9	1284.2	24420.9	819.4	
2020	75512.5	49228.6	951.5	24846.1	486.3	
2021	96936.8	65793.3	1459.6	28732.0	951.9	
比上年增长(%) Increase rate						
1991	20.5	20.6	29.2			
1992	67.7	69.6	25.8			
1993	39.4	37.7	53.0			
1994	41.0	40.5	41.9	119.9	90.4	73.8
1995	35.6	34.3	38.9	206.3	77.5	99.4
1996	24.5	23.3	28.2	96.6	34.7	87.8
1997	16.4	14.2	3.7	175.1	24.6	34.9
1998	11.3	9.0	45.7	15.9	55.9	31.1
1999	36.3	34.7	83.1	48.3	-1.3	10.1
2000	19.6	15.9	28.1	89.2	18.7	3.8
2001	17.3	9.2	16.8	125.7	14.2	23.1
2002	30.5	27.4	15.1	58.4	13.2	58.9
2003	20.6	16.0	15.7	46.4	17.4	18.3
2004	18.4	15.7	16.6	28.1	55.1	24.4
2005	20.7	19.6	17.0	23.2	58.7	36.4
2006	23.9	23.9	18.2	24.3	31.7	41.8
2007	25.1	24.2	17.2	29.2	36.0	34.6
2008	26.7	24.3	24.0	34.7	30.9	36.0
2009	17.7	18.0	-0.8	20.8	10.8	16.4
2010	19.6	20.7	12.0	17.3	18.7	20.5
2011	30.5	29.8	42.1	28.6	63.7	37.8
2012	22.2	21.2	23.4	25.3	12.9	38.4
2013	14.7	13.3	13.2	18.9	16.7	21.1
2014	13.0	11.7	7.1	17.4	13.0	21.1
2015	15.5	16.6	-0.9	15.5	8.6	12.5
2016	16.4	18.0	-10.2	16.9	-2.3	4.0
2017	25.4	22.7	-9.5	37.0	15.9	23.1
2018	18.0	18.0	5.3	19.3	6.9	21.6
2019	5.4	3.7	9.7	14.2	-10.2	
2020	-9.6	-13.7	-25.9	1.7	-40.7	
2021	28.4	33.6	53.4	15.6	95.8	

注：2010年及以后基本养老保险基金中包括城镇职工基本养老保险和城乡居民基本养老保险。

a) Data of the basic pension insurance for 2010 and following years include the basic pension insurances for urban workers and for urban and rural residents.

9-2 历年全国社会保险基金支出
EXPENSES OF SOCIAL INSURANCE FUNDS

年份 Year	合计 Total	基本养老保险 Basic Pension Insurance	失业保险 Unemployment Insurance	基本医疗保险 Basic Medical Insurance	工伤保险 Work Injury Insurance	生育保险 Maternity Insurance
绝对数(亿元) Expenses (100 million yuan)						
1990	151.9	149.3	2.5			
1991	176.1	173.1	3.0			
1992	327.1	321.9	5.1			
1993	482.2	470.6	9.3	1.3	0.4	0.5
1994	680.0	661.1	14.2	2.9	0.9	0.8
1995	877.1	847.6	18.9	7.3	1.8	1.6
1996	1082.4	1031.9	27.3	16.2	3.7	3.3
1997	1339.2	1251.3	36.3	40.5	6.1	4.9
1998	1636.9	1511.6	51.9	53.3	9.0	6.8
1999	2108.1	1924.9	91.6	69.1	15.4	7.1
2000	2385.6	2115.5	123.4	124.5	13.8	8.3
2001	2748.0	2321.3	156.6	244.1	16.5	9.6
2002	3471.5	2842.9	186.6	409.4	19.9	12.8
2003	4016.4	3122.1	199.8	653.9	27.1	13.5
2004	4627.4	3502.1	211.3	862.2	33.3	18.8
2005	5400.8	4040.3	206.9	1078.7	47.5	27.4
2006	6477.4	4896.7	198.0	1276.7	68.5	37.5
2007	7887.9	5964.9	217.7	1561.8	87.9	55.6
2008	9925.1	7389.6	253.5	2083.6	126.9	71.5
2009	12302.6	8894.4	366.8	2797.4	155.7	88.3
2010	15018.9	10755.3	423.3	3538.1	192.4	109.9
2011	18652.9	13363.2	432.8	4431.4	286.4	139.2
2012	23331.3	16711.5	450.6	5543.6	406.3	219.3
2013	27916.3	19818.7	531.6	6801.0	482.1	282.8
2014	33002.7	23325.8	614.7	8133.6	560.5	368.1
2015	38988.1	27929.4	736.4	9312.1	598.7	411.5
2016	46888.4	34004.3	976.1	10767.1	610.3	530.6
2017	57145.0	40423.8	893.8	14421.7	662.3	743.5
2018	67792.7	47550.4	915.3	17823.0	742.0	762.0
2019	75346.6	52342.3	1333.2	20854.2	816.9	
2020	78611.8	54656.5	2103.0	21032.1	820.3	
2021	86734.9	60196.5	1500.0	24048.2	990.2	
比上年增长(%) Increase rate						
1991	15.9	15.9	18.1			
1992	85.7	86.0	70.0			
1993	47.4	46.2	82.4			
1994	41.0	40.5	52.7	118.3	127.4	60.5
1995	29.0	28.2	32.9	150.2	92.4	95.3
1996	23.4	21.7	44.7	122.9	104.1	108.2
1997	23.7	21.3	33.1	149.5	64.5	49.4
1998	22.2	20.8	42.9	31.6	48.6	39.5
1999	28.8	27.3	76.6	29.6	70.5	4.1
2000	13.2	9.9	34.7	80.3	-10.5	17.1
2001	15.2	9.7	26.8	96.0	19.5	14.9
2002	26.3	22.5	19.2	67.7	20.6	33.3
2003	15.7	9.8	7.1	59.7	36.2	5.6
2004	15.2	12.2	5.8	31.9	22.9	39.3
2005	16.7	15.4	-2.1	25.1	42.6	45.7
2006	19.9	21.2	-4.3	18.4	44.2	36.9
2007	21.8	21.8	9.9	22.3	28.3	48.3
2008	25.8	23.9	16.4	33.4	44.4	28.6
2009	24.0	20.4	44.7	34.3	22.7	23.5
2010	22.1	20.9	15.4	26.5	23.6	24.4
2011	24.2	24.2	2.2	25.2	48.8	26.7
2012	25.1	25.1	4.1	25.1	41.9	57.6
2013	19.7	18.6	18.0	22.7	18.7	28.9
2014	18.2	17.7	15.6	19.6	16.3	30.2
2015	18.1	19.7	19.8	14.5	6.8	11.8
2016	20.3	21.8	32.6	15.6	1.9	29.0
2017	21.9	18.9	-8.4	33.9	8.5	40.1
2018	18.6	17.6	2.4	23.6	12.0	2.5
2019	11.1	10.1	45.7	17.0	10.1	
2020	4.3	4.4	57.7	0.9	0.4	
2021	10.3	10.1	-28.7	14.3	20.7	

9-3 历年全国社会保险基金累计结余
BALANCE OF SOCIAL INSURANCE FUNDS

年 份 Year	合 计 Total	基本养老保险 Basic Pension Insurance	失业保险 Unemployment Insurance	基本医疗保险 Basic Medical Insurance	工伤保险 Work Injury Insurance	生育保险 Maternity Insurance
绝对数(亿元) Balance at the Year-end (100 million yuan)						
1990	117.3	97.9	19.5			
1991	169.7	144.1	25.7			
1992	252.8	220.6	32.1			
1993	303.7	258.6	40.8	0.4	3.1	0.8
1994	365.7	304.8	52.0	0.7	6.8	1.4
1995	516.8	429.8	68.4	3.1	12.7	2.7
1996	696.1	578.6	86.4	6.4	19.7	5.0
1997	831.6	682.8	97.0	16.6	27.7	7.5
1998	791.1	587.8	133.4	20.0	39.5	10.3
1999	1009.8	733.5	159.9	57.6	44.9	13.9
2000	1327.5	947.1	195.9	109.8	57.9	16.8
2001	1622.8	1054.1	226.2	253.0	68.9	20.6
2002	2423.4	1608.0	253.8	450.7	81.1	29.7
2003	3313.8	2206.5	303.5	670.6	91.2	42.0
2004	4493.4	2975.0	385.8	957.9	118.6	55.9
2005	6073.7	4041.0	519.0	1278.1	163.5	72.1
2006	8255.9	5488.9	724.8	1752.4	192.9	96.9
2007	11236.6	7391.4	979.1	2476.9	262.6	126.6
2008	15225.6	9931.0	1310.1	3431.7	384.6	168.2
2009	19006.5	12526.1	1523.6	4275.9	468.8	212.1
2010	23407.5	15787.8	1749.8	5047.1	561.4	261.4
2011	30233.1	20727.8	2240.2	6180.0	742.6	342.5
2012	38106.6	26243.5	2929.0	7644.5	861.9	427.6
2013	45588.1	31274.8	3685.9	9116.5	996.2	514.7
2014	52462.3	35644.5	4451.5	10644.8	1128.8	592.7
2015	59532.5	39937.1	5083.0	12542.8	1285.3	684.4
2016	66349.7	43965.2	5333.3	14964.3	1410.9	675.9
2017	77311.6	50202.2	5552.4	19385.6	1606.9	564.5
2018	89775.5	58151.6	5817.0	23440.0	1784.9	582.0
2019	96977.8	62872.6	4625.4	27696.7	1783.2	
2020	94378.7	58075.2	3354.1	31500.0	1449.3	
2021	104872.1	63970.0	3312.5	36178.3	1411.2	
比上年增长(%) Increase rate						
1991	44.6	47.2	32.0			
1992	49.0	53.1	24.9			
1993	20.1	17.2	27.1			
1994	20.4	17.9	27.5	63.8	118.1	87.6
1995	41.3	41.0	31.6	335.4	87.3	91.7
1996	34.7	34.6	26.2	107.9	55.8	81.6
1997	19.5	18.0	12.3	157.8	40.1	51.2
1998	-4.9	-13.9	37.6	20.5	42.9	37.1
1999	27.6	24.8	19.8	187.8	13.6	34.9
2000	31.5	29.1	22.6	90.8	28.8	20.6
2001	22.2	11.3	15.5	130.4	19.1	22.7
2002	49.3	52.6	12.2	78.1	17.7	44.5
2003	36.7	37.2	19.6	48.8	12.5	41.3
2004	35.6	34.8	27.1	42.8	30.0	33.1
2005	35.2	35.8	34.5	33.4	37.9	29.0
2006	35.9	35.8	39.7	37.1	18.0	34.4
2007	36.1	34.7	35.1	41.3	36.1	30.7
2008	35.5	34.4	33.8	38.5	46.5	32.9
2009	24.8	26.1	16.3	24.6	21.9	26.1
2010	23.2	26.0	14.8	18.0	19.8	23.2
2011	29.2	31.3	28.0	22.4	32.3	31.0
2012	26.0	26.6	30.7	23.7	16.1	24.8
2013	19.6	19.2	25.8	19.3	15.6	20.4
2014	15.1	14.0	20.8	16.8	13.3	15.1
2015	13.5	12.0	14.2	17.8	13.9	15.5
2016	11.5	10.1	4.9	19.3	9.8	-1.2
2017	16.5	14.2	4.1	29.5	13.9	-16.5
2018	16.1	15.8	4.8	20.9	11.1	3.1
2019	8.0	8.1	-20.5	18.2	-0.1	
2020	-2.7	-7.6	-27.5	13.7	-18.7	
2021	11.1	10.2	-1.2	14.9	-2.6	

注：工伤保险累计结余中含储备金。

a) The grand total of work injury insurance at year-end include reserve fund.

9–4 历年全国基本养老保险参保人数情况
PERSONS COVERED BY THE BASIC PENSION INSURANCE AT THE YEAR-END

年份 Year	合计 Total	城镇职工基本养老保险参保人数 Persons Covered by the Urban Employees Basic Pension Insurance	职工人数 Workers	离退休人员人数 Retirees	城乡居民基本养老保险参保人数 Persons Covered by the Basic Pension Insurance for Urban and Rural Residents
绝对数(万人) Absolute figure (10 000 persons)					
1990	6166.0	6166.0	5200.7	965.3	
1991	6740.3	6740.3	5653.7	1086.6	
1992	9456.2	9456.2	7774.7	1681.5	
1993	9847.6	9847.6	8008.2	1839.4	
1994	10573.5	10573.5	8494.1	2079.4	
1995	10979.0	10979.0	8737.8	2241.2	
1996	11116.7	11116.7	8758.4	2358.3	
1997	11203.9	11203.9	8670.9	2533.0	
1998	11203.1	11203.1	8475.8	2727.3	
1999	12485.4	12485.4	9501.8	2983.6	
2000	13617.4	13617.4	10447.5	3169.9	
2001	14182.5	14182.5	10801.9	3380.6	
2002	14736.6	14736.6	11128.8	3607.8	
2003	15506.7	15506.7	11646.5	3860.2	
2004	16352.9	16352.9	12250.3	4102.6	
2005	17487.9	17487.9	13120.4	4367.5	
2006	18766.3	18766.3	14130.9	4635.4	
2007	20136.9	20136.9	15183.2	4953.7	
2008	21891.1	21891.1	16587.5	5303.6	
2009	23549.9	23549.9	17743.0	5806.9	
2010	35984.1	25707.3	19402.3	6305.0	10276.8
2011	61573.3	28391.3	21565.0	6826.2	33182.0
2012	78796.3	30426.8	22981.1	7445.7	48369.5
2013	81968.4	32218.4	24177.3	8041.0	49750.1
2014	84231.9	34124.4	25531.0	8593.4	50107.5
2015	85833.4	35361.2	26219.2	9141.9	50472.2
2016	88776.8	37929.7	27826.3	10103.4	50847.1
2017	91548.3	40293.3	29267.6	11025.7	51255.0
2018	94293.3	41901.6	30104.0	11797.7	52391.7
2019	96753.9	43487.9	31177.5	12310.4	53266.0
2020	99864.9	45621.1	32858.7	12762.3	54243.8
2021	102871.4	48074.0	34917.1	13157.0	54797.4
比上年增长(%) Increase over Preceding Year %					
1991	9.3	9.3	8.7	12.6	
1992	40.3	40.3	37.5	54.8	
1993	4.1	4.1	3.0	9.4	
1994	7.4	7.4	6.1	13.0	
1995	3.8	3.8	2.9	7.8	
1996	1.3	1.3	0.2	5.2	
1997	0.8	0.8	-1.0	7.4	
1998	0.0	0.0	-2.3	7.7	
1999	11.4	11.4	12.1	9.4	
2000	9.1	9.1	10.0	6.2	
2001	4.2	4.2	3.4	6.6	
2002	3.9	3.9	3.0	6.7	
2003	5.2	5.2	4.7	7.0	
2004	5.5	5.5	5.2	6.3	
2005	6.9	6.9	7.1	6.5	
2006	7.3	7.3	7.7	6.1	
2007	7.3	7.3	7.4	6.9	
2008	8.7	8.7	9.2	7.1	
2009	7.6	7.6	7.0	9.5	
2010	52.8	9.2	9.4	8.6	
2011	71.1	10.4	11.1	8.3	222.9
2012	28.0	7.2	6.6	9.1	45.8
2013	4.0	5.9	5.2	8.0	2.9
2014	2.8	5.9	5.6	6.9	0.7
2015	1.9	3.6	2.7	6.4	0.7
2016	3.4	7.3	6.1	10.5	0.7
2017	3.1	6.2	5.2	9.1	0.8
2018	3.0	4.0	2.9	7.0	2.2
2019	2.6	3.8	3.6	4.3	1.7
2020	3.2	4.9	5.4	3.7	1.8
2021	3.0	5.4	6.3	3.1	1.0

9–5 历年全国基本养老保险基金情况
URBAN BASIC PENSION INSURANCE

年 份 Year	基本养老保险(亿元) Basic Pension Insurance (100 million yuan)			城镇职工基本养老保险(亿元) Urban Employees Basic Pension Insurance (100 million yuan)			城乡居民基本养老保险(亿元) Basic Pension Insurance for Urban and Rural Residents(100 million yuan)		
	基金收入 Revenue	基金支出 Expenses	累计结余 Balance at the Year-end	基金收入 Revenue	基金支出 Expenses	累计结余 Balance at the Year-end	基金收入 Revenue	基金支出 Expenses	累计结余 Balance at the Year-end
1990	178.8	149.3	97.9	178.8	149.3	97.9			
1991	215.7	173.1	144.1	215.7	173.1	144.1			
1992	365.8	321.9	220.6	365.8	321.9	220.6			
1993	503.5	470.6	258.6	503.5	470.6	258.6			
1994	707.4	661.1	304.8	707.4	661.1	304.8			
1995	950.1	847.6	429.8	950.1	847.6	429.8			
1996	1171.8	1031.9	578.6	1171.8	1031.9	578.6			
1997	1337.9	1251.3	682.8	1337.9	1251.3	682.8			
1998	1459.0	1511.6	587.8	1459.0	1511.6	587.8			
1999	1965.1	1924.9	733.5	1965.1	1924.9	733.5			
2000	2278.5	2115.5	947.1	2278.5	2115.5	947.1			
2001	2489.0	2321.3	1054.1	2489.0	2321.3	1054.1			
2002	3171.5	2842.9	1608.0	3171.5	2842.9	1608.0			
2003	3680.0	3122.1	2206.5	3680.0	3122.1	2206.5			
2004	4258.4	3502.1	2975.0	4258.4	3502.1	2975.0			
2005	5093.3	4040.3	4041.0	5093.3	4040.3	4041.0			
2006	6309.8	4896.7	5488.9	6309.8	4896.7	5488.9			
2007	7834.2	5964.9	7391.4	7834.2	5964.9	7391.4			
2008	9740.2	7389.6	9931.0	9740.2	7389.6	9931.0			
2009	11490.8	8894.4	12526.1	11490.8	8894.4	12526.1			
2010	13872.9	10755.3	15787.8	13419.5	10554.9	15365.3	453.4	200.4	422.5
2011	18004.8	13363.2	20727.8	16894.7	12764.9	19496.6	1110.1	598.3	1231.2
2012	21830.2	16711.5	26243.5	20001.0	15561.8	23941.3	1829.2	1149.7	2302.2
2013	24732.6	19818.7	31274.8	22680.4	18470.4	28269.2	2052.3	1348.3	3005.7
2014	27619.9	23325.8	35644.5	25309.7	21754.7	31800.0	2310.2	1571.2	3844.6
2015	32195.5	27929.4	39937.1	29340.9	25812.7	35344.8	2854.6	2116.7	4592.3
2016	37990.8	34004.3	43965.2	35057.5	31853.8	38580.0	2933.3	2150.5	5385.2
2017	46613.8	40423.8	50202.2	43309.6	38051.5	43884.6	3304.2	2372.2	6317.6
2018	55005.3	47550.4	58151.6	51167.6	44644.9	50901.3	3837.7	2905.5	7250.3
2019	57025.9	52342.3	62872.6	52918.8	49228.0	54623.3	4107.0	3114.3	8249.2
2020	49228.6	54656.5	58075.2	44375.7	51301.4	48316.6	4852.9	3355.1	9758.6
2021	65793.3	60196.5	63970.0	60454.7	56481.5	52573.6	5338.6	3715.0	11396.4

9-6 历年全国机关事业单位城镇职工基本养老保险情况
URBAN BASIC PENSION INSURANCE (INSTITUTION AGENCIES AND ORGANIZATIONS)

年 份 Year	年末参保人数(万人) Persons Covered at the Year-end (10 000 persons)			基金收支情况(亿元) Revenue and Expenses(100 million yuan)		
	合 计 Total	职工 Workers	离退休人员 Retirees	基金收入 Revenue	基金支出 Expenses	累计结余 Balance at the Year-end
1999	762.5	642.6	119.9	93.2	61.8	89.3
2000	1131.0	977.6	153.4	189.8	145.4	186.1
2001	1278.2	1068.9	209.3	253.0	204.4	233.2
2002	1458.0	1199.4	258.6	387.8	340.1	364.5
2003	1625.3	1322.0	303.3	470.6	405.9	441.7
2004	1674.0	1346.4	327.6	529.9	470.9	475.7
2005	1772.1	1409.8	362.3	601.6	545.0	534.3
2006	1909.7	1512.9	396.8	677.2	609.4	619.8
2007	1902.3	1492.6	409.7	823.6	811.3	633.2
2008	1939.7	1504.1	435.6	940.1	882.0	690.0
2009	1983.0	1524.0	459.0	1070.3	1007.8	751.8
2010	2072.9	1579.6	493.3	1201.1	1145.0	818.1
2011	2108.0	1595.0	513.0	1409.9	1339.3	888.5
2012	2154.9	1620.2	534.7	1638.0	1553.3	973.3
2013	2168.9	1612.6	556.2	1831.7	1729.0	1076.9
2014	2178.5	1598.7	579.8	2004.2	1907.4	1173.7
2015	2237.9	1632.5	605.5	2727.7	2671.8	1229.6
2016	3666.2	2586.7	1079.5	6364.9	5988.7	1609.8
2017	4976.6	3411.3	1565.3	10379.7	9510.4	2499.3
2018	5418.6	3601.4	1817.2	13775.5	13144.3	3140.0
2019	5582.9	3668.8	1914.2	14816.9	14572.8	3402.2
2020	5713.2	3735.1	1978.1	14195.3	13689.1	3914.9
2021	5846.0	3815.6	2030.5	15967.4	15798.2	4098.3

9-7 历年全国企业及其他城镇职工基本养老保险情况
URBAN BASIC PENSION INSURANCE(ENTERPRISES AND OTHERS)

年 份 Year	年末参保人数(万人) Persons Covered at the Year-end (10 000 persons)			基金收支情况(亿元) Revenue and Expenses(100 million yuan)		
	合 计 Total	职工 Workers	离退休人员 Retirees	基金收入 Revenue	基金支出 Expenses	累计结余 Balance at the Year-end
1989	5710.3	4816.9	893.4	146.7	118.8	68.0
1990	6166.0	5200.7	965.3	178.8	149.3	97.9
1991	6740.3	5653.7	1086.6	215.7	173.1	144.1
1992	9456.2	7774.7	1681.5	365.8	321.9	220.6
1993	9847.6	8008.2	1839.4	503.5	470.6	258.6
1994	10573.5	8494.1	2079.4	707.4	661.1	304.8
1995	10979.0	8737.8	2241.2	950.1	847.6	429.8
1996	11116.7	8758.4	2358.3	1171.8	1031.9	578.6
1997	11203.9	8670.9	2533.0	1337.9	1251.3	682.8
1998	11203.1	8475.8	2727.3	1459.0	1511.6	587.8
1999	11722.9	8859.2	2863.7	1871.9	1863.1	644.2
2000	12486.4	9469.9	3016.5	2088.3	1970.0	761.0
2001	12904.3	9733.0	3171.3	2235.1	2116.5	818.6
2002	13278.6	9929.4	3349.2	2783.6	2502.8	1243.5
2003	13881.4	10324.5	3556.9	3209.4	2716.2	1764.8
2004	14678.9	10903.9	3775.0	3728.5	3031.2	2499.3
2005	15715.8	11710.6	4005.2	4491.7	3495.3	3506.7
2006	16856.6	12618.0	4238.6	5632.5	4287.3	4869.1
2007	18234.6	13690.6	4544.0	7010.6	5153.6	6758.2
2008	19951.4	15083.4	4868.0	8800.1	6507.6	9241.0
2009	21567.0	16219.0	5348.0	10420.6	7886.6	11774.3
2010	23634.4	17822.7	5811.6	12218.4	9409.9	14547.2
2011	26284.0	19970.0	6314.0	15484.8	11425.7	18608.1
2012	28271.9	21360.9	6910.9	18363.0	14008.5	22968.0
2013	30049.5	22564.7	7484.8	20848.7	16741.5	27192.3
2014	31945.9	23932.3	8013.6	23305.4	19847.2	30626.3
2015	33123.2	24586.8	8536.5	26613.2	23140.9	34115.2
2016	34263.5	25239.6	9023.9	28692.6	25865.1	36970.3
2017	35316.7	25856.3	9460.4	32929.8	28541.1	41385.2
2018	36483.0	26502.6	9980.5	37392.1	31500.6	47761.2
2019	37905.0	27508.7	10396.3	38101.9	34655.3	51221.2
2020	39907.9	29123.6	10784.2	30180.4	37612.3	44401.7
2021	42228.0	31101.5	11126.5	44487.3	40683.3	48475.2

9–8 历年各地区基本养老保险参保人数
CONTRIBUTORS OF BASIC PENSION INSURANCE BY REGION

单位：万人 (10 000 persons)

地区	Region	2001 城镇职工基本养老保险 Staff	2001 #离退休人员 Retirees	2002 城镇职工基本养老保险 Staff	2002 #离退休人员 Retirees	2003 城镇职工基本养老保险 Staff	2003 #离退休人员 Retirees	2004 城镇职工基本养老保险 Staff	2004 #离退休人员 Retirees	2005 城镇职工基本养老保险 Staff	2005 #离退休人员 Retirees
全国	**National**	**14182.5**	**3380.6**	**14736.6**	**3607.8**	**15506.7**	**3860.2**	**16352.9**	**4102.6**	**17487.9**	**4367.5**
北京	Beijing	425.9	124.3	436.2	133.2	448.5	141.5	459.7	148.6	520.0	155.2
天津	Tianjin	281.4	85.2	296.0	91.4	283.3	97.6	298.1	102.9	308.3	107.7
河北	Hebei	641.4	145.3	643.5	154.0	665.5	163.6	683.4	172.0	707.9	184.2
山西	Shanxi	365.6	81.8	361.8	85.4	364.4	88.1	376.7	93.3	383.4	98.2
内蒙古	Inner Mongolia	290.6	65.3	292.9	70.8	300.9	72.6	318.8	82.0	338.9	86.1
辽宁	Liaoning	1022.7	288.9	1039.2	302.2	1070.4	315.5	1101.0	333.8	1193.6	360.8
吉林	Jilin	389.1	99.6	397.7	104.9	427.0	115.5	439.0	123.1	455.9	131.0
黑龙江	Heilongjiang	692.5	178.5	689.8	187.4	714.3	196.0	738.1	207.3	768.9	223.2
上海	Shanghai	683.5	239.9	699.8	246.9	715.6	254.6	770.9	265.3	830.0	290.7
江苏	Jiangsu	888.1	212.7	1063.5	252.9	1135.2	271.4	1214.1	288.8	1345.6	307.9
浙江	Zhejiang	610.4	125.1	701.1	132.6	801.2	144.2	888.0	152.4	962.3	160.9
安徽	Anhui	432.7	98.5	432.3	102.8	456.6	113.6	463.9	118.8	471.7	124.8
福建	Fujian	242.0	58.4	285.1	61.6	364.2	79.4	377.5	83.7	409.6	88.9
江西	Jiangxi	328.8	78.2	339.8	82.6	355.9	93.4	371.8	99.9	387.4	105.5
山东	Shandong	1022.6	191.3	1043.0	205.3	1135.9	219.3	1218.7	232.2	1302.4	248.6
河南	Henan	736.6	141.9	757.8	161.5	751.1	171.0	781.1	181.1	814.0	194.2
湖北	Hubei	612.1	137.7	628.8	147.2	732.4	177.9	780.5	195.4	804.0	206.4
湖南	Hunan	603.4	148.0	616.5	157.7	636.2	167.5	691.7	185.4	718.6	195.2
广东	Guangdong	1370.3	187.0	1405.4	193.5	1482.2	203.8	1588.8	220.4	1796.1	231.2
广西	Guangxi	248.9	58.7	257.2	63.5	264.8	66.3	279.3	70.2	288.6	73.3
海南	Hainan	108.2	30.5	111.2	31.9	116.7	33.6	120.0	35.2	120.9	36.5
重庆	Chongqing	270.3	82.3	280.3	87.8	280.0	92.4	283.9	96.8	290.2	100.5
四川	Sichuan	578.9	169.4	589.2	178.1	605.5	187.5	668.0	202.7	793.4	230.7
贵州	Guizhou	159.0	42.4	168.9	44.9	168.0	48.0	174.9	50.0	183.7	51.7
云南	Yunnan	243.1	69.6	252.1	74.1	257.3	77.8	255.3	79.4	258.7	81.9
西藏	Tibet	7.1	2.6	7.0	2.6	7.3	2.8	7.6	3.0	7.7	3.1
陕西	Shaanxi	345.4	83.4	352.0	90.8	362.4	97.4	369.3	102.5	376.1	107.8
甘肃	Gansu	188.4	45.3	188.0	48.1	192.0	51.2	194.5	53.5	197.3	55.1
青海	Qinghai	51.9	14.9	54.2	15.0	56.4	15.9	58.5	16.5	60.0	16.9
宁夏	Ningxia	57.9	13.2	59.0	13.7	60.7	14.3	62.5	15.2	67.5	16.1
新疆	Xinjiang	258.4	77.6	262.1	79.6	269.3	83.0	294.8	87.3	302.1	89.0
中国人民银行	The People's Bank of China	19.8	3.1	19.8	3.3	19.8	3.4	17.1	3.5	17.1	3.7
中国农业发展银行	Agricutural Development Bank of China	5.4	0.2	5.5	0.3	5.6	0.4	5.8	0.4	5.7	0.5

9-8 续表 1 continued

单位：万人 (10 000 persons)

地 区	Region	2006		2007		2008		2009	
		城镇职工基本养老保险 Staff	#离退休人员 Retirees	城镇职工基本养老保险 Staff	#离退休人员 Retirees	城镇职工基本养老保险 Staff	#离退休人员 Retirees	城镇职工基本养老保险 Staff	#离退休人员 Retirees
全 国	**National**	**18766.3**	**4635.4**	**20136.9**	**4953.7**	**21891.1**	**5303.6**	**23549.9**	**5806.9**
北 京	Beijing	603.6	160.9	671.0	171.2	757.2	180.1	826.7	188.2
天 津	Tianjin	328.2	112.7	344.8	119.2	376.5	129.3	401.5	136.5
河 北	Hebei	747.5	196.0	795.6	210.2	862.5	222.7	919.5	238.0
山 西	Shanxi	486.9	112.7	506.7	120.2	539.4	128.0	563.8	136.6
内蒙古	Inner Mongolia	356.6	91.1	370.9	96.6	389.5	102.9	410.8	112.8
辽 宁	Liaoning	1248.8	383.0	1299.7	408.1	1406.2	429.9	1457.4	449.4
吉 林	Jilin	480.2	138.9	501.7	147.8	525.3	155.4	554.3	171.1
黑龙江	Heilongjiang	801.0	236.5	826.8	253.0	857.8	276.0	920.3	333.7
上 海	Shanghai	891.7	314.4	932.4	340.5	967.7	357.8	1001.1	376.0
江 苏	Jiangsu	1469.8	328.1	1602.3	353.3	1751.6	378.6	1883.1	415.4
浙 江	Zhejiang	1052.6	170.9	1167.1	182.3	1386.9	194.8	1527.4	209.6
安 徽	Anhui	495.2	133.8	530.3	144.8	578.4	158.1	628.2	169.5
福 建	Fujian	456.1	93.6	512.8	98.1	557.2	102.6	585.9	108.1
江 西	Jiangxi	415.0	111.6	475.0	118.5	550.3	128.5	581.9	135.9
山 东	Shandong	1368.0	261.7	1457.1	282.2	1565.9	305.0	1661.0	326.0
河 南	Henan	863.8	208.2	912.9	224.7	972.0	239.1	1019.1	254.5
湖 北	Hubei	850.8	220.5	886.8	235.3	932.3	252.0	982.0	273.6
湖 南	Hunan	751.6	209.9	784.0	227.3	829.1	235.3	879.1	246.1
广 东	Guangdong	1972.3	243.5	2226.8	257.2	2444.3	273.0	2716.4	294.2
广 西	Guangxi	302.7	77.1	325.5	82.2	368.1	95.0	411.3	118.0
海 南	Hainan	132.0	38.0	141.7	39.7	156.2	42.0	168.1	43.2
重 庆	Chongqing	317.3	107.9	344.8	112.7	406.1	130.7	492.8	176.5
四 川	Sichuan	842.7	244.9	917.4	269.4	1017.9	306.7	1176.2	393.5
贵 州	Guizhou	193.2	54.1	205.9	56.5	215.9	59.3	235.6	63.5
云 南	Yunnan	267.4	83.8	279.4	87.6	293.7	89.3	306.5	90.2
西 藏	Tibet	7.6	3.1	8.1	3.0	8.5	3.1	9.2	3.1
陕 西	Shaanxi	391.5	111.4	408.1	117.4	433.4	124.4	458.8	131.0
甘 肃	Gansu	201.2	57.7	208.4	60.6	221.0	64.0	230.9	67.5
青 海	Qinghai	62.5	17.4	65.2	18.0	68.3	18.6	71.3	19.3
宁 夏	Ningxia	72.3	16.7	77.0	17.7	82.6	18.8	89.4	20.0
新 疆	Xinjiang	313.3	90.9	327.7	93.7	346.3	97.6	356.9	100.6
中国人民银行	The People's Bank of China	17.2	3.9	17.3	4.1	17.5	4.2	17.5	4.4
中国农业发展银行	Agricutural Development Bank of China	5.6	0.5	5.6	0.6	5.6	0.7	5.6	0.7

9-8 续表 2 continued

单位：万人 (10 000 persons)

地区	Region	2010 合计 Total	2010 #城镇职工基本养老保险 Staff	2010 #离退休人员 Retirees	2010 #城乡居民基本养老保险 Urban and Rural Staff	2011 合计 Total	2011 #城镇职工基本养老保险 Staff	2011 #离退休人员 Retirees	2011 #城乡居民基本养老保险 Urban and Rural Staff
全国	**National**	**35984.1**	**25707.3**	**6305.0**	**10276.8**	**61573.3**	**28391.3**	**6826.2**	**33182.0**
北京	Beijing	1149.8	981.3	195.5	168.5	1262.8	1089.4	201.2	173.4
天津	Tianjin	510.8	431.5	143.6	79.4	543.7	458.7	148.8	85.0
河北	Hebei	1828.7	988.4	259.5	840.3	3417.5	1059.8	285.3	2357.7
山西	Shanxi	840.8	591.0	147.3	249.8	1611.7	623.8	158.9	987.9
内蒙古	Inner Mongolia	599.4	430.7	119.2	168.8	756.0	452.4	136.6	303.6
辽宁	Liaoning	1643.7	1496.9	472.7	146.8	2329.1	1556.6	486.5	772.5
吉林	Jilin	686.2	599.5	206.6	86.7	1027.6	617.5	221.1	410.1
黑龙江	Heilongjiang	1083.5	952.2	363.0	131.2	1261.2	981.0	380.0	280.2
上海	Shanghai	1078.4	1049.5	392.2	28.9	1463.7	1382.7	406.5	81.0
江苏	Jiangsu	2366.5	2033.0	449.1	333.5	4284.6	2223.9	483.1	2060.6
浙江	Zhejiang	1993.0	1702.2	223.6	290.8	2732.3	1919.2	253.4	813.1
安徽	Anhui	1018.9	669.5	177.5	349.3	2907.2	729.3	191.5	2178.0
福建	Fujian	909.4	635.5	113.5	273.9	1484.6	695.1	118.2	789.5
江西	Jiangxi	879.9	607.6	145.5	272.3	2025.9	653.0	168.7	1372.8
山东	Shandong	2692.2	1773.0	345.1	919.2	5514.7	1907.1	373.1	3607.6
河南	Henan	2291.1	1079.3	270.3	1211.8	4474.3	1168.4	287.9	3305.9
湖北	Hubei	1419.8	1039.8	301.6	380.0	2851.1	1113.4	341.7	1737.7
湖南	Hunan	1520.7	938.9	265.4	581.8	3174.7	988.2	277.9	2186.5
广东	Guangdong	3372.8	3215.2	339.6	157.6	4608.1	3800.7	372.6	807.4
广西	Guangxi	669.7	449.3	138.1	220.4	1279.9	483.8	151.5	796.1
海南	Hainan	243.2	180.8	45.4	62.4	409.0	199.9	47.8	209.1
重庆	Chongqing	1391.7	584.4	192.5	807.4	1772.7	647.6	220.1	1125.1
四川	Sichuan	1970.5	1300.9	439.0	669.6	3055.0	1494.2	495.4	1560.7
贵州	Guizhou	481.2	257.3	67.0	223.9	1131.8	282.1	71.3	849.7
云南	Yunnan	786.9	317.4	92.3	469.4	1619.3	342.8	104.2	1276.5
西藏	Tibet	90.4	9.9	3.2	80.5	131.3	11.2	3.2	120.1
陕西	Shaanxi	990.0	550.4	150.3	439.7	1866.1	588.6	155.5	1277.5
甘肃	Gansu	428.0	242.5	71.3	185.5	1044.6	263.0	85.1	781.6
青海	Qinghai	139.5	74.4	20.0	65.1	261.9	81.5	25.2	180.4
宁夏	Ningxia	132.5	107.8	30.5	24.7	296.5	121.4	36.4	175.1
新疆	Xinjiang	751.7	393.8	119.2	357.9	951.1	431.5	131.9	519.6
中国人民银行	The People's Bank of China	17.7	17.7	4.6		17.8	17.8	4.8	
中国农业发展银行	Agricutural Development Bank of China	5.7	5.7	0.8		5.8	5.8	1.0	

9-8 续表 3 continued

单位：万人

地 区	Region	2012 合 计 Total	2012 #城镇职工基本养老保险 Staff	2012 #离退休人员 Retirees	2012 #城乡居民基本养老保险 Urban and Rural Staff	2013 合 计 Total	2013 #城镇职工基本养老保险 Staff	2013 #离退休人员 Retirees	2013 #城乡居民基本养老保险 Urban and Rural Staff
全 国	**National**	**78796.3**	**30426.8**	**7445.7**	**48369.5**	**81968.4**	**32218.4**	**8041.0**	**49750.1**
中央机关									
北 京	Beijing	1383.2	1206.4	210.7	176.8	1491.4	1311.3	220.0	180.1
天 津	Tianjin	579.6	490.3	156.9	89.3	616.2	520.7	168.4	95.5
河 北	Hebei	4460.2	1125.6	312.3	3334.6	4548.8	1194.7	335.1	3354.2
山 西	Shanxi	2130.8	648.7	168.9	1482.1	2206.2	672.4	180.5	1533.7
内 蒙 古	Inner Mongolia	1228.1	471.9	153.0	756.1	1276.8	496.5	172.7	780.3
辽 宁	Liaoning	2655.4	1609.2	510.4	1046.1	2776.3	1729.5	557.8	1046.9
吉 林	Jilin	1193.5	632.2	234.6	561.3	1298.3	655.2	248.4	643.1
黑 龙 江	Heilongjiang	1770.9	1013.0	401.6	758.0	1877.9	1062.1	422.2	815.8
上 海	Shanghai	1497.7	1416.9	423.8	80.8	1509.9	1429.9	437.5	80.0
江 苏	Jiangsu	4774.7	2427.5	547.0	2347.2	4966.1	2582.1	594.3	2384.0
浙 江	Zhejiang	3515.6	2183.3	347.8	1332.3	3731.2	2375.4	398.9	1355.8
安 徽	Anhui	4134.3	783.8	205.4	3350.6	4120.0	811.3	219.1	3308.7
福 建	Fujian	2202.5	756.5	125.5	1446.1	2280.0	812.8	133.2	1467.2
江 西	Jiangxi	2444.9	707.4	189.1	1737.5	2526.6	754.2	207.0	1772.5
山 东	Shandong	6464.4	2063.2	416.3	4401.2	6772.4	2259.6	459.2	4512.8
河 南	Henan	5990.3	1270.6	306.0	4719.7	6147.0	1350.0	325.6	4797.0
湖 北	Hubei	3437.6	1171.4	367.3	2266.2	3455.6	1219.4	395.9	2236.3
湖 南	Hunan	4168.3	1048.0	300.4	3120.3	4407.8	1091.7	329.5	3316.0
广 东	Guangdong	6289.3	4034.1	390.2	2255.2	6529.9	4183.0	421.3	2346.8
广 西	Guangxi	2085.0	512.7	163.6	1572.3	2202.4	538.4	172.6	1664.0
海 南	Hainan	483.7	214.2	52.5	269.5	503.6	231.5	57.1	272.1
重 庆	Chongqing	1847.8	716.9	247.0	1130.9	1896.0	773.1	275.4	1122.9
四 川	Sichuan	4443.8	1615.4	541.7	2828.4	4721.8	1720.3	596.2	3001.6
贵 州	Guizhou	1570.1	309.4	77.7	1260.7	1824.5	337.3	82.6	1487.2
云 南	Yunnan	2467.6	364.5	110.7	2103.2	2537.0	384.3	115.7	2152.7
西 藏	Tibet	147.4	13.3	3.5	134.0	154.5	14.0	3.5	140.4
陕 西	Shaanxi	2349.0	643.5	177.1	1705.5	2389.9	685.0	191.9	1704.9
甘 肃	Gansu	1454.0	277.4	93.7	1176.6	1526.9	288.4	99.9	1238.5
青 海	Qinghai	292.1	86.0	26.2	206.1	306.4	90.3	27.6	216.1
宁 夏	Ningxia	311.5	131.2	39.9	180.3	323.3	143.8	41.9	179.5
新 疆	Xinjiang	999.4	458.8	139.0	540.6	1019.9	476.3	143.8	543.6
中国人民银行	The People's Bank of China	17.9	17.9	5.0		18.0	18.0	5.2	
中国农业发展银行	Agricutural Development Bank of China	5.9	5.9	1.0		6.0	6.0	1.1	

9-8 续表 4 continued

单位：万人

地 区	Region	2014 合 计 Total	2014 #城镇职工基本养老保险 Staff	2014 #离退休人员 Retirees	2014 #城乡居民基本养老保险 Urban and Rural Staff	2015 合 计 Total	2015 #城镇职工基本养老保险 Staff	2015 #离退休人员 Retirees	2015 #城乡居民基本养老保险 Urban and Rural Staff
全 国	**National**	**84231.9**	**34124.4**	**8593.4**	**50107.5**	**85833.4**	**35361.2**	**9141.9**	**50472.2**
中央机关									
北 京	Beijing	1578.9	1392.6	228.9	186.3	1611.9	1424.2	236.7	187.6
天 津	Tianjin	651.5	545.4	175.3	106.1	686.3	565.2	180.9	121.1
河 北	Hebei	4666.3	1262.0	353.6	3404.4	4760.8	1320.5	368.5	3440.3
山 西	Shanxi	2229.4	692.0	190.9	1537.4	2254.5	714.3	201.4	1540.3
内 蒙 古	Inner Mongolia	1286.9	524.9	192.7	761.9	1313.0	579.0	208.1	734.1
辽 宁	Liaoning	2801.2	1769.2	601.9	1032.0	2814.8	1780.2	640.5	1034.7
吉 林	Jilin	1331.5	676.7	261.1	654.8	1356.3	693.6	273.7	662.7
黑 龙 江	Heilongjiang	1911.9	1090.1	443.4	821.8	1945.8	1118.0	471.1	827.8
上 海	Shanghai	1535.7	1457.4	452.4	78.3	1573.3	1493.8	465.4	79.5
江 苏	Jiangsu	5039.8	2691.9	637.6	2347.9	5118.9	2779.9	681.1	2339.0
浙 江	Zhejiang	3890.1	2548.0	468.8	1342.1	3790.2	2504.3	570.3	1285.9
安 徽	Anhui	4166.4	829.2	232.3	3337.2	4254.1	857.5	246.7	3396.6
福 建	Fujian	2321.3	848.3	140.2	1473.0	2364.1	883.7	147.1	1480.4
江 西	Jiangxi	2582.0	783.9	221.1	1798.1	2653.0	823.1	235.2	1829.9
山 东	Shandong	6910.1	2370.2	511.5	4539.9	7011.8	2477.5	554.4	4534.3
河 南	Henan	6275.4	1431.6	342.3	4843.8	6363.9	1508.7	359.8	4855.2
湖 北	Hubei	3496.8	1266.2	419.2	2230.5	3530.5	1315.5	440.6	2215.0
湖 南	Hunan	4417.2	1118.9	349.0	3298.3	4440.2	1160.1	369.0	3280.1
广 东	Guangdong	7217.1	4809.5	445.9	2407.7	7586.2	5086.5	473.3	2499.7
广 西	Guangxi	2271.5	557.6	180.3	1713.9	2318.1	576.6	186.9	1741.5
海 南	Hainan	517.1	242.3	59.9	274.8	530.9	249.8	62.0	281.1
重 庆	Chongqing	1938.0	825.5	293.3	1112.5	1960.4	849.3	304.9	1111.1
四 川	Sichuan	4853.6	1839.7	648.1	3013.9	4959.4	1939.0	688.9	3020.4
贵 州	Guizhou	1948.1	361.5	87.1	1586.6	2041.1	392.1	94.8	1649.0
云 南	Yunnan	2558.4	397.9	118.7	2160.5	2666.2	412.9	121.8	2253.3
西 藏	Tibet	156.1	15.2	3.7	140.9	173.9	16.2	3.8	157.7
陕 西	Shaanxi	2427.3	716.5	200.3	1710.8	2466.2	751.7	207.5	1714.5
甘 肃	Gansu	1539.0	298.8	105.0	1240.1	1542.9	306.2	109.2	1236.7
青 海	Qinghai	319.2	94.6	28.8	224.6	333.5	100.1	30.1	233.5
宁 夏	Ningxia	333.6	151.4	44.2	182.1	340.6	157.5	46.4	183.1
新 疆	Xinjiang	1036.0	490.8	149.1	545.2	1045.6	499.4	154.8	546.1
中国人民银行	The People's Bank of China	18.0	18.0	5.5		18.1	18.1	5.8	
中国农业发展银行	Agricutural Development Bank of China	6.5	6.5	1.3		6.7	6.7	1.4	

9-8 续表 5 continued

单位：万人

地区	Region	2016 合计 Total	2016 #城镇职工基本养老保险 Staff	2016 #离退休人员 Retirees	2016 #城乡居民基本养老保险 Urban and Rural Staff	2017 合计 Total	2017 #城镇职工基本养老保险 Staff	2017 #离退休人员 Retirees	2017 #城乡居民基本养老保险 Urban and Rural Staff
全国	**National**	**88776.8**	**37929.7**	**10103.4**	**50847.1**	**91548.3**	**40293.3**	**11025.7**	**51255.0**
中央机关									
北京	Beijing	1762.4	1546.6	275.4	215.7	1817.6	1604.5	283.1	213.1
天津	Tianjin	773.5	639.0	208.6	134.5	811.5	655.0	213.8	156.5
河北	Hebei	4849.1	1403.1	391.3	3446.0	5009.9	1535.8	433.8	3474.1
山西	Shanxi	2309.8	760.2	216.6	1549.6	2352.9	798.7	243.0	1554.2
内蒙古	Inner Mongolia	1391.2	655.0	236.5	736.1	1437.7	694.3	257.1	743.4
辽宁	Liaoning	2839.9	1800.3	679.7	1039.6	2986.0	1949.8	754.4	1036.2
吉林	Jilin	1374.0	706.8	286.7	667.2	1482.9	814.5	332.2	668.4
黑龙江	Heilongjiang	1981.7	1144.1	488.5	837.6	2045.4	1206.1	523.9	839.3
上海	Shanghai	1606.7	1527.1	476.3	79.5	1627.1	1548.2	489.2	78.8
江苏	Jiangsu	5196.9	2861.5	724.2	2335.3	5372.7	3034.5	796.1	2338.2
浙江	Zhejiang	3740.1	2506.9	663.9	1233.1	3913.1	2712.4	747.5	1200.7
安徽	Anhui	4324.1	892.2	257.9	3431.9	4506.4	1077.0	322.9	3429.5
福建	Fujian	2468.9	979.8	174.0	1489.1	2515.8	1022.1	182.0	1493.7
江西	Jiangxi	2801.4	957.3	284.6	1844.1	2875.3	1005.2	307.7	1870.0
山东	Shandong	7115.0	2576.4	607.4	4538.6	7191.6	2660.9	638.8	4530.6
河南	Henan	6742.2	1848.4	450.3	4893.7	6907.8	1897.6	460.0	5010.2
湖北	Hubei	3574.8	1355.0	458.0	2219.7	3761.3	1546.6	526.1	2214.6
湖南	Hunan	4507.1	1186.7	362.9	3320.5	4601.3	1279.3	422.7	3322.0
广东	Guangdong	7935.7	5392.4	524.6	2543.2	7873.8	5287.1	569.0	2586.8
广西	Guangxi	2522.8	751.9	240.7	1770.9	2583.7	777.8	251.9	1805.9
海南	Hainan	508.9	224.9	66.5	284.0	526.8	240.9	68.9	285.9
重庆	Chongqing	2068.1	952.2	346.3	1115.8	2098.2	989.2	360.8	1109.0
四川	Sichuan	5210.0	2157.6	777.8	3052.4	5409.9	2335.1	816.0	3074.9
贵州	Guizhou	2125.8	423.6	99.6	1702.2	2336.7	588.2	141.3	1748.5
云南	Yunnan	2839.3	581.8	168.0	2257.5	2850.4	591.5	171.3	2258.9
西藏	Tibet	179.5	21.1	6.0	158.5	226.0	42.9	9.2	183.1
陕西	Shaanxi	2511.3	790.8	213.6	1720.5	2687.1	953.3	246.4	1733.8
甘肃	Gansu	1568.7	315.0	114.1	1253.7	1692.2	429.8	141.6	1262.4
青海	Qinghai	367.5	132.3	41.4	235.2	377.4	138.3	42.8	239.1
宁夏	Ningxia	375.5	189.3	57.8	186.2	390.7	205.2	60.2	185.5
新疆	Xinjiang	1179.9	625.0	196.5	554.9	1253.8	646.4	204.3	607.4
中国人民银行	The People's Bank of China	18.2	18.2	6.1		18.2	18.2	6.1	
中国农业发展银行	Agricutural Development Bank of China	6.9	6.9	1.6		6.9	6.9	1.6	

9-8 续表 6 continued

单位：万人

地区	Region	2018 合计 Total	2018 #城镇职工基本养老保险 Staff	2018 #离退休人员 Retirees	2018 #城乡居民基本养老保险 Urban and Rural Staff	2019 合计 Total	2019 #城镇职工基本养老保险 Staff	2019 #离退休人员 Retirees	2019 #城乡居民基本养老保险 Urban and Rural Staff
全　国	**National**	**94293.3**	**41901.6**	**11797.7**	**52391.7**	**96753.9**	**43487.9**	**12310.4**	**53266.0**
中央机关		55.6	55.6	24.4		59.2	59.2	26.1	
北　京	Beijing	1894.8	1685.8	293.5	209.0	1953.0	1748.2	302.6	204.7
天　津	Tianjin	844.3	683.2	221.0	161.2	860.1	695.6	226.3	164.5
河　北	Hebei	5097.7	1586.1	455.4	3511.6	5178.6	1654.5	466.7	3524.1
山　西	Shanxi	2416.9	837.6	262.2	1579.3	2499.3	871.5	273.6	1627.8
内蒙古	Inner Mongolia	1483.4	733.5	284.6	749.9	1531.6	763.4	298.8	768.2
辽　宁	Liaoning	3035.6	1994.8	789.6	1040.8	3083.9	2026.2	816.0	1057.7
吉　林	Jilin	1546.7	862.4	356.6	684.3	1584.2	882.1	375.9	702.1
黑龙江	Heilongjiang	2205.3	1308.5	576.7	896.8	2281.6	1364.9	599.8	916.7
上　海	Shanghai	1652.1	1573.4	502.0	78.7	1666.7	1589.6	511.9	77.1
江　苏	Jiangsu	5551.0	3225.6	871.2	2325.4	5754.3	3417.4	918.1	2336.9
浙　江	Zhejiang	4081.2	2883.4	806.8	1197.8	4231.2	3031.7	856.9	1199.4
安　徽	Anhui	4629.5	1141.7	342.9	3487.8	4718.7	1217.0	356.7	3501.7
福　建	Fujian	2599.9	1074.3	190.6	1525.6	2691.5	1137.3	199.1	1554.1
江　西	Jiangxi	2936.9	1052.8	333.1	1884.1	2985.8	1096.9	348.4	1888.9
山　东	Shandong	7314.6	2762.7	677.1	4551.9	7428.3	2868.0	711.2	4560.3
河　南	Henan	7089.0	2006.5	486.4	5082.5	7330.4	2133.8	505.6	5196.6
湖　北	Hubei	3884.4	1601.6	554.1	2282.8	4030.2	1684.8	584.3	2345.4
湖　南	Hunan	4807.4	1402.4	454.5	3405.0	4971.4	1557.8	486.0	3413.6
广　东	Guangdong	7580.7	4919.7	636.6	2661.1	7279.6	4633.4	671.2	2646.2
广　西	Guangxi	2715.5	825.9	260.3	1889.6	2853.2	869.5	268.4	1983.7
海　南	Hainan	556.2	258.0	70.5	298.2	585.9	281.0	72.7	305.0
重　庆	Chongqing	2170.8	1051.2	388.7	1119.6	2290.4	1127.7	406.6	1162.7
四　川	Sichuan	5766.1	2543.7	881.6	3222.4	6069.1	2700.3	915.7	3368.7
贵　州	Guizhou	2442.5	639.8	149.7	1802.7	2533.3	677.5	155.8	1855.8
云　南	Yunnan	2977.2	616.2	176.0	2361.0	3059.9	649.9	181.5	2410.0
西　藏	Tibet	212.1	46.2	9.6	165.9	214.2	48.2	10.0	166.0
陕　西	Shaanxi	2733.7	992.0	258.2	1741.7	2846.4	1080.7	264.1	1765.6
甘　肃	Gansu	1771.7	454.7	155.4	1317.0	1841.9	469.4	159.6	1372.6
青　海	Qinghai	390.7	145.1	44.7	245.6	413.9	152.8	46.7	261.1
宁　夏	Ningxia	397.5	216.1	63.6	181.4	421.3	226.6	66.0	194.7
新　疆	Xinjiang	1426.4	695.3	211.0	731.1	1478.4	744.2	219.0	734.1
中国人民银行	The People's Bank of China	18.6	18.6	6.8		19.0	19.0	7.1	
中国农业发展银行	Agricutural Development Bank of China	7.4	7.4	2.1		7.6	7.6	2.3	

9-8 续表 7 continued

单位：万人 (10 000 persons)

地区	Region	2020 合计 Total	2020 #城镇职工基本养老保险 Staff	2020 #离退休人员 Retirees	2020 #城乡居民基本养老保险 Urban and Rural Staff	2021 合计 Total	2021 #城镇职工基本养老保险 Staff	2021 #离退休人员 Retirees	2021 #城乡居民基本养老保险 Urban and Rural Staff
全　国	**National**	**99864.9**	**45621.1**	**12762.3**	**54243.8**	**102871.4**	**48074.0**	**13157.0**	**54797.4**
中央机关		61.7	61.7	25.5		64.0	64.3	25.9	
北　京	Beijing	1978.6	1777.8	311.4	200.8	2019.2	1826.8	319.0	192.4
天　津	Tianjin	900.6	730.8	234.4	169.7	937.1	765.1	237.9	172.0
河　北	Hebei	5284.0	1737.9	480.1	3546.1	5358.3	1805.5	491.7	3552.8
山　西	Shanxi	2570.9	932.9	278.2	1638.0	2640.3	1002.3	291.8	1637.9
内蒙古	Inner Mongolia	1570.6	785.9	311.3	784.7	1614.8	823.1	320.0	791.7
辽　宁	Liaoning	3107.3	2049.0	839.7	1058.4	3125.5	2084.6	857.0	1040.9
吉　林	Jilin	1622.0	898.2	385.8	723.8	1855.7	922.0	395.4	933.7
黑龙江	Heilongjiang	2320.1	1411.4	621.0	908.7	2336.5	1446.6	634.8	889.9
上　海	Shanghai	1692.9	1616.7	521.8	76.2	1728.8	1654.4	528.4	74.4
江　苏	Jiangsu	5958.3	3557.9	964.5	2400.4	5964.9	3609.3	1001.8	2355.6
浙　江	Zhejiang	4355.1	3211.1	897.2	1143.9	4423.0	3367.5	911.9	1055.5
安　徽	Anhui	4773.6	1283.5	369.1	3490.1	4841.8	1384.2	381.0	3457.6
福　建	Fujian	2788.7	1200.6	209.0	1588.2	2927.4	1330.0	219.6	1597.4
江　西	Jiangxi	3245.4	1167.4	360.7	2078.0	3321.2	1246.9	371.4	2074.3
山　东	Shandong	7636.7	3046.3	754.1	4590.4	7840.8	3226.7	789.0	4614.1
河　南	Henan	7504.4	2248.5	524.4	5255.9	7683.5	2377.2	536.0	5306.3
湖　北	Hubei	4113.3	1744.7	596.8	2368.6	4447.6	1834.7	617.1	2612.9
湖　南	Hunan	5195.9	1724.8	502.7	3471.1	5284.6	1849.5	521.8	3435.1
广　东	Guangdong	7528.3	4873.1	711.1	2655.3	7760.9	5079.5	752.4	2681.4
广　西	Guangxi	3357.3	919.5	274.6	2437.7	3657.1	985.3	281.1	2671.8
海　南	Hainan	630.2	305.3	74.3	324.8	658.2	329.0	76.1	329.2
重　庆	Chongqing	2370.2	1203.4	421.9	1166.8	2494.2	1354.2	442.7	1139.9
四　川	Sichuan	6054.2	2830.1	947.5	3224.2	6359.6	3178.5	977.1	3181.1
贵　州	Guizhou	2618.5	714.0	160.5	1904.5	2684.4	755.8	164.9	1928.6
云　南	Yunnan	3151.5	701.3	185.6	2450.2	3199.7	739.3	188.8	2460.3
西　藏	Tibet	221.0	52.6	10.4	168.4	234.4	59.5	10.9	174.9
陕　西	Shaanxi	2942.8	1157.6	272.9	1785.2	3028.9	1229.4	282.6	1799.5
甘　肃	Gansu	1872.7	484.5	164.7	1388.2	1890.4	502.5	168.5	1387.9
青　海	Qinghai	420.5	158.2	48.5	262.3	431.6	169.0	50.0	262.6
宁　夏	Ningxia	478.8	240.1	68.6	238.6	482.9	252.1	70.4	230.7
新　疆	Xinjiang	1511.8	767.1	224.3	744.7	1546.2	791.5	229.9	754.8
中国人民银行	The People's Bank of China	19.2	19.2	7.4		19.4	19.4	7.6	
中国农业发展银行	Agricutural Development Bank of China	8.1	8.1	2.4		8.3	8.3	2.6	

9-9 各地区城镇职工基本养老保险情况(2021年)
URBAN BASIC PENSION INSURANCE BY REGION(2021)

单位：万人，亿元 (10 000 persons，100 million yuan)

地区	Region	参保职工年末人数 Active Contributors at the Year-end	#执行企业制度 Enterprises (others)	参保离退休人员年末人数 Retirees at the Year-end	基金收支情况 Revenue and Expenses 基金收入 Revenue	基金支出 Expenses	累计结余 Balance at the Year-end
全国	**National**	**34917.1**	**31101.5**	**13157.0**	**60454.7**	**56481.5**	**52573.6**
中央机关		38.5		25.9	822.2	814.4	103.2
北京	Beijing	1507.7	1444.0	319.0	3265.9	2074.8	6517.4
天津	Tianjin	527.2	481.0	237.9	1159.9	1196.0	326.6
河北	Hebei	1313.8	1097.3	491.7	2076.3	2142.2	623.6
山西	Shanxi	710.5	596.0	291.8	1429.2	1400.5	1595.5
内蒙古	Inner Mongolia	503.1	410.1	320.0	1195.2	1379.8	336.3
辽宁	Liaoning	1227.6	1103.2	857.0	2593.9	3329.5	143.5
吉林	Jilin	526.6	444.3	395.4	1316.8	1510.3	369.6
黑龙江	Heilongjiang	811.8	705.5	634.8	1824.5	2456.8	-372.3
上海	Shanghai	1126.0	1058.6	528.4	3379.5	3222.0	1225.0
江苏	Jiangsu	2607.5	2419.9	1001.8	4391.1	4006.6	4414.4
浙江	Zhejiang	2455.6	2298.2	911.9	3488.7	3737.2	2128.3
安徽	Anhui	1003.2	879.6	381.0	1731.6	1469.6	2129.5
福建	Fujian	1110.3	1011.1	219.6	1065.1	927.2	707.2
江西	Jiangxi	875.5	760.9	371.4	1334.2	1276.4	842.5
山东	Shandong	2437.7	2168.8	789.0	3454.3	3483.2	1385.6
河南	Henan	1841.2	1571.8	536.0	2136.7	2114.9	1131.3
湖北	Hubei	1217.5	1081.0	617.1	2441.9	2441.8	1104.3
湖南	Hunan	1327.7	1141.4	521.8	1859.6	1874.2	1864.4
广东	Guangdong	4327.1	4093.3	752.4	6112.5	3483.9	14110.1
广西	Guangxi	704.2	579.3	281.1	1278.0	1195.5	718.3
海南	Hainan	252.9	228.3	76.1	387.9	317.7	318.6
重庆	Chongqing	911.5	836.9	442.7	1737.8	1440.1	1335.2
四川	Sichuan	2201.5	2000.8	977.1	3596.7	3346.2	3717.2
贵州	Guizhou	591.0	481.6	164.9	864.4	711.6	1031.2
云南	Yunnan	550.5	421.7	188.8	1076.5	891.9	1555.7
西藏	Tibet	48.6	26.7	10.9	159.7	127.6	217.2
陕西	Shaanxi	946.8	812.2	282.6	1604.6	1509.1	851.2
甘肃	Gansu	334.0	242.0	168.5	694.1	733.4	378.1
青海	Qinghai	119.0	98.1	50.0	272.4	291.1	26.4
宁夏	Ningxia	181.7	160.8	70.4	302.3	314.2	230.8
新疆	Xinjiang	561.6	447.2	229.9	1336.5	1185.4	1493.7
中国人民银行	The People's Bank of China	11.8		7.6	42.1	57.3	-17.8
中国农业发展银行	Agricutural Development Bank of China	5.7		2.6	21.7	18.8	30.8
中央调剂金账户					0.9	0	0.9

9-10 各地区城乡居民基本养老保险情况（2021年）
STATISTICS ON BASIC PENSION INSURANCE FOR URBAN AND RURAL RESIDENTS BY REGION (2021)

地 区	Region	参保人数（万人） Contributors at Year-end (10 000 persons)	#实际领取待遇人数 Number of Participants Who Have Reached the Prescribed Age of Benifit Entilement	基金收支情况(亿元) Revenue and Expenses(100 million yuan) 基金收入 Revenue	基金支出 Expenses	累计结余 Balance at Year-end
全 国	**National Total**	**54797.4**	**16213.3**	**5338.6**	**3715.0**	**11396.4**
北 京	Beijing	192.4	90.8	113.6	103.7	179.9
天 津	Tianjin	172.0	82.8	76.7	50.0	323.1
河 北	Hebei	3552.8	1086.9	263.8	172.7	576.2
山 西	Shanxi	1637.9	420.9	121.7	72.7	318.8
内蒙古	Inner Mongolia	791.7	249.3	88.9	64.1	148.9
辽 宁	Liaoning	1040.9	426.6	82.9	78.2	92.9
吉 林	Jilin	933.7	281.7	57.6	43.8	99.4
黑龙江	Heilongjiang	889.9	244.1	68.6	48.2	136.7
上 海	Shanghai	74.4	52.0	92.4	90.2	91.5
江 苏	Jiangsu	2355.6	1093.4	503.6	398.4	893.4
浙 江	Zhejiang	1055.5	535.6	342.6	242.7	354.4
安 徽	Anhui	3457.6	913.8	294.8	157.2	726.2
福 建	Fujian	1597.4	486.5	132.9	102.3	261.6
江 西	Jiangxi	2074.3	508.4	146.4	100.7	351.1
山 东	Shandong	4614.1	1567.2	598.1	383.0	1506.1
河 南	Henan	5306.3	1431.7	320.7	222.0	739.8
湖 北	Hubei	2612.9	803.4	229.9	149.3	525.8
湖 南	Hunan	3435.1	850.3	235.2	152.8	493.4
广 东	Guangdong	2681.4	894.9	304.9	273.6	506.4
广 西	Guangxi	2671.8	588.8	146.2	103.7	276.5
海 南	Hainan	329.2	77.9	39.1	21.9	130.7
重 庆	Chongqing	1139.9	334.8	89.6	69.5	191.9
四 川	Sichuan	3181.1	1099.5	384.1	231.0	785.5
贵 州	Guizhou	1928.6	462.0	97.7	64.4	187.3
云 南	Yunnan	2460.3	542.7	155.9	99.7	553.9
西 藏	Tibet	174.9	26.3	12.8	7.5	39.2
陕 西	Shaanxi	1799.5	540.5	143.5	102.8	340.8
甘 肃	Gansu	1387.9	315.7	103.7	55.2	297.9
青 海	Qinghai	262.6	42.0	19.0	12.7	66.0
宁 夏	Ningxia	230.7	42.5	20.3	12.1	51.2
新 疆	Xinjiang	754.8	120.5	51.4	28.7	149.8

注：2009年启动新型农村社会养老保险试点，2011年启动城镇居民社会养老保险试点，2012年底实现两项制度的全覆盖，2014年两项制度合并实施，建立统一的城乡居民基本养老保险制度。

a) Since August 2012, basic pension insurance for unban and rural residents consist of new rural old-age insurance and urban residents basic pension insurance.

9–11 历年各地区养老金社会化发放人数
NUMBER OF PENSIONERS PAID BY THE SOCIALIZED AGENCIES BY REGION

单位：万人 (10 000 persons)

地　区	Region	2012	2013	2014	2015	2016	2017	2018	2019	2020	2021
全　国	**National**	**6865.5**	**7201.0**	**8093.2**	**8383.9**	**8620.5**	**9142.9**	**9693.2**	**10759.4**	**11325.9**	**11964.6**
北　京	Beijing	210.7	212.6	228.9	236.7	242.8	249.5	258.8	267.0	274.9	319.0
天　津	Tianjin	152.6	15.8	171.2	176.2	180.7	185.2	191.1	195.4	202.3	237.9
河　北	Hebei	268.8	286.8	313.7	317.3	312.5	266.8	289.5	352.1	359.5	366.3
山　西	Shanxi	167.5	159.5	174.2	171.8	180.0	193.3	198.2	198.6	212.6	224.7
内蒙古	Inner Mongolia	148.9	168.7	188.9	200.0	213.7	226.5	242.6	293.1	309.6	320.0
辽　宁	Liaoning	478.4	524.6	572.1	604.6	642.4	665.8	699.0	723.6	839.7	857.0
吉　林	Jilin	234.6	242.9	260.5	273.7	286.7	301.9	315.5	325.8	333.2	342.1
黑龙江	Heilongjiang	378.1	397.7	423.5	445.5	459.2	481.6	501.4	521.4	538.1	632.0
上　海	Shanghai	376.6	388.1	407.7	415.4	421.9	433.1	445.1	455.3	468.3	474.5
江　苏	Jiangsu	512.0	557.0	607.0	610.0	648.7	718.3	739.0	782.1	824.0	908.8
浙　江	Zhejiang	321.5	328.9	444.1	541.0	612.5	684.2	740.3	788.2	828.3	841.6
安　徽	Anhui	201.2	204.8	228.8	238.0	248.0	260.1	276.2	325.6	361.1	363.4
福　建	Fujian	97.1	102.7	119.9	105.0	103.4	111.7	128.9	151.1	159.3	167.5
江　西	Jiangxi	184.6	202.4	216.9	228.5	241.5	261.8	285.3	348.4	360.5	371.4
山　东	Shandong	332.7	363.9	435.7	457.0	501.9	528.1	560.7	589.0	624.3	654.3
河　南	Henan	277.3	295.8	316.3	294.9	243.0	282.5	297.8	351.7	400.8	390.5
湖　北	Hubei	351.4	373.7	404.2	420.5	439.5	471.1	477.3	495.1	513.0	528.0
湖　南	Hunan	243.6	259.9	296.0	304.9	182.1	293.0	363.1	368.4	391.2	427.3
广　东	Guangdong	333.5	383.4	430.4	457.5	504.1	537.3	542.6	611.9	618.2	668.3
广　西	Guangxi	162.4	170.2	180.2	186.5	192.2	196.3	201.1	268.4	274.6	281.1
海　南	Hainan	44.2	47.7	52.8	50.7	60.3	58.1	59.0	72.7	74.3	76.1
重　庆	Chongqing	244.1	270.3	290.0	302.3	316.3	325.3	351.3	366.0	380.0	442.7
四　川	Sichuan	500.3	561.8	614.9	614.6	649.0	623.6	710.2	909.6	943.0	966.4
贵　州	Guizhou	77.0	81.3	86.4	94.1	98.8	103.2	109.8	155.8	160.5	164.9
云　南	Yunnan	106.7	112.6	114.1	113.8	95.1	123.1	126.3	169.6	182.0	188.8
西　藏	Tibet	3.4	3.4	3.6	3.8	3.9	3.7	3.8	10.2	10.4	14.3
陕　西	Shaanxi	160.6	174.7	185.3	189.0	193.4	198.3	203.9	208.6	212.6	217.0
甘　肃	Gansu	92.5	100.0	104.9	109.2	113.5	119.1	125.0	128.5	131.5	168.5
青　海	Qinghai	26.2	27.6	28.8	30.1	31.1	32.1	33.7	46.7	48.5	50.0
宁　夏	Ningxia	40.3	40.7	43.8	46.4	48.7	50.5	53.4	66.0	68.6	70.4
新　疆	Xinjiang	81.3	84.9	88.9	85.3	95.9	98.5	101.9	147.3	151.6	155.6
新疆兵团	Xinjiang Production and Construction Crops	55.7	56.4	58.5	59.6	57.7	59.4	61.3	66.3	69.5	74.3

注：2019年以前是指社会化发放人数是指企业、企业化管理的事业单位及其他参保人员中的离退休人员。2019年指由社会保险经办机构委托社会服务机构发放、直接发放基本养老金的离退休(职)人数。

9−12 历年全国基本医疗保险基本情况
PERSONS COVERED BY THE BASIC MEDICAL INSURANCE AT THE YEAR-END

年 份 Year	合计 Total	职工基本医疗保险参保人数 Persons Covered by the Basic Medical Insurance Care	职工人数 Workers	退休人员人数 Retirees	城乡居民基本医疗保险参保人数 Persons Covered by the Basic Medical Care Insurance for Urban and Rural Residents
绝对数(万人) Absolute figure (10 000 persons)					
1993	290.1	290.1	267.6	22.5	
1994	400.3	400.3	374.6	25.7	
1995	745.9	745.9	702.6	43.3	
1996	855.7	855.7	791.2	64.5	
1997	1762.0	1762.0	1588.9	173.1	
1998	1878.7	1878.7	1509.7	369.0	
1999	2065.3	2065.3	1509.4	555.9	
2000	3786.9	3786.9	2862.8	924.2	
2001	7285.9	7285.9	5470.7	1815.2	
2002	9401.2	9401.2	6925.8	2475.4	
2003	10901.7	10901.7	7974.9	2926.8	
2004	12403.6	12403.6	9044.4	3359.2	
2005	13782.9	13782.9	10021.7	3761.2	
2006	15731.8	15731.8	11580.3	4151.5	
2007	22311.4	18020.3	13420.3	4600.0	4291.1
2008	31821.6	19995.6	14987.7	5007.9	11826.0
2009	40147.0	21937.4	16410.5	5526.9	18209.6
2010	43262.9	23734.7	17791.2	5943.5	19528.3
2011	47343.2	25227.1	18948.5	6278.6	22116.1
2012	53641.3	26485.6	19861.3	6624.2	27155.7
2013	57072.6	27443.1	20501.3	6941.8	29629.4
2014	59746.9	28296.0	21041.3	7254.8	31450.9
2015	66581.6	28893.1	21362.0	7531.2	37688.5
2016	74391.6	29531.5	21720.0	7811.6	44860.0
2017	117681.4	30322.7	22288.4	8034.3	87358.7
2018	134458.6	31680.8	23307.5	8373.3	102777.8
2019	135407.4	32924.7	24224.4	8700.4	102482.7
2020	136131.1	34455.1	25428.8	9026.3	101676.0
2021	136296.7	35430.9	26106.5	9324.4	100865.9
比上年增长(%) Increase over Preceding Year %					
1994	38.0	38.0	40.0	14.3	
1995	86.3	86.3	87.6	68.0	
1996	14.7	14.7	12.6	49.0	
1997	105.9	105.9	100.8	168.5	
1998	6.6	6.6	-5.0	113.2	
1999	9.9	9.9	0.0	50.7	
2000	83.4	83.4	89.7	66.2	
2001	92.4	92.4	91.1	96.4	
2002	29.0	29.0	26.6	36.4	
2003	16.0	16.0	15.1	18.2	
2004	13.8	13.8	13.4	14.8	
2005	11.1	11.1	10.8	12.0	
2006	14.1	14.1	15.6	10.4	
2007	41.8	14.5	15.9	10.8	
2008	42.6	11.0	11.7	8.9	175.6
2009	26.2	9.7	9.5	10.4	54.0
2010	7.8	8.2	8.4	7.5	7.2
2011	9.4	6.3	6.5	5.6	13.3
2012	13.3	5.0	4.8	5.5	22.8
2013	6.4	3.6	3.2	4.8	9.1
2014	4.7	3.1	2.6	4.5	6.1
2015	11.4	2.1	1.5	3.8	19.8
2016	11.7	2.2	1.7	3.7	19.0
2017	58.2	2.7	2.6	2.9	94.7
2018	14.3	4.5	4.6	4.2	17.7
2019	0.7	3.9	3.9	3.9	-0.3
2020	0.5	4.6	5.0	3.7	-0.8
2021	0.1	2.8	2.7	3.3	-0.8

9–13　历年各地区城镇基本医疗保险参保人数
BASIC MEDICAL INSURANCE BY REGION

单位：万人　　(10 000 persons)

地 区	Region	2001		2002		2003		2004	
		职工基本医疗保险 Staff	#退休人员 Retirees	职工基本医疗保险 Staff	#退休人员 Retirees	职工基本医疗保险 Staff	#退休人员 Retirees	职工基本医疗保险 Staff	#退休人员 Retirees
全 国	**National**	**7285.9**	**1815.2**	**9401.2**	**2475.4**	**10901.7**	**2926.8**	**12403.6**	**3359.2**
北 京	Beijing	240.7	89.4	321.1	113.2	436.1	134.7	483.9	141.7
天 津	Tianjin	139.6	46.8	250.2	103.8	254.7	108.5	263.0	104.8
河 北	Hebei	282.5	61.5	330.4	73.0	383.2	84.7	472.5	108.9
山 西	Shanxi	157.3	34.4	216.7	49.5	245.5	51.3	295.5	63.9
内蒙古	Inner Mongolia	196.9	45.5	221.7	54.2	252.3	66.1	274.2	78.1
辽 宁	Liaoning	313.6	90.4	619.0	188.7	697.7	217.2	783.7	247.3
吉 林	Jilin	124.2	27.8	176.9	39.8	230.8	55.3	270.0	67.5
黑龙江	Heilongjiang	308.3	89.2	392.8	108.2	435.2	122.1	544.1	151.7
上 海	Shanghai	680.5	238.9	694.8	245.9	709.6	250.6	714.1	260.9
江 苏	Jiangsu	456.0	113.5	690.9	183.2	815.0	227.6	976.7	261.6
浙 江	Zhejiang	352.7	100.0	423.4	117.0	510.3	139.5	569.2	150.3
安 徽	Anhui	232.8	53.6	273.4	65.6	318.2	79.8	362.2	97.7
福 建	Fujian	171.0	38.3	230.0	54.7	247.8	61.8	285.9	69.5
江 西	Jiangxi	71.6	12.2	106.6	22.7	188.2	45.7	250.4	65.8
山 东	Shandong	490.2	86.0	625.6	119.5	691.1	138.0	771.9	153.5
河 南	Henan	460.3	94.8	537.4	115.2	567.9	126.9	590.0	136.8
湖 北	Hubei	255.4	54.5	338.1	80.6	416.6	110.1	466.8	132.5
湖 南	Hunan	351.6	83.7	398.1	108.3	423.5	116.1	477.0	133.9
广 东	Guangdong	544.8	84.4	717.7	118.8	877.0	146.4	1034.2	168.9
广 西	Guangxi	150.1	33.4	201.8	54.1	235.0	66.1	272.2	77.8
海 南	Hainan	40.9	8.5	52.6	11.5	63.1	15.4	78.6	22.3
重 庆	Chongqing	36.8	9.7	58.7	18.0	121.8	41.7	206.3	76.2
四 川	Sichuan	437.6	128.3	480.6	150.1	531.2	173.8	587.6	196.5
贵 州	Guizhou	31.1	6.9	94.6	26.6	134.1	38.2	152.6	44.0
云 南	Yunnan	185.7	45.6	238.4	65.0	281.5	81.4	302.3	89.6
西 藏	Tibet					6.0	1.8	7.1	2.8
陕 西	Shaanxi	231.4	49.4	261.8	65.1	301.0	77.4	325.6	86.8
甘 肃	Gansu	109.9	23.6	124.1	26.0	146.0	32.8	165.8	40.6
青 海	Qinghai	38.3	12.6	51.1	16.3	56.4	17.8	60.2	19.5
宁 夏	Ningxia	17.2	4.0	36.8	10.1	48.1	12.7	55.6	14.6
新 疆	Xinjiang	177.0	48.1	235.7	70.6	276.7	85.3	304.4	93.2

9-13 续表 1 continued

单位：万人 (10 000 persons)

地 区	Region	2005 职工基本医疗保险 Staff	2005 #退休人员 Retirees	2006 职工基本医疗保险 Staff	2006 #退休人员 Retirees	2007 合计 Total	2007 #职工基本医疗保险 Staff	2007 #退休人员 Retirees	2007 #城镇居民基本医疗保险 Urban Staff
全 国	**National**	**13782.9**	**3761.2**	**15731.9**	**4151.5**	**22311.4**	**18020.3**	**4600.0**	**4291.1**
北 京	Beijing	574.8	155.1	679.5	163.9	929.4	783.0	172.9	146.4
天 津	Tianjin	299.1	118.3	344.2	126.0	403.8	382.5	133.2	21.3
河 北	Hebei	562.1	139.6	615.9	158.6	746.3	686.3	183.9	60.0
山 西	Shanxi	324.9	73.0	353.8	82.2	460.6	405.7	98.3	54.9
内蒙古	Inner Mongolia	292.0	86.0	316.2	93.1	451.6	352.7	103.8	98.9
辽 宁	Liaoning	864.2	280.0	959.3	307.4	1200.2	1087.8	346.5	112.4
吉 林	Jilin	283.0	73.9	376.3	101.2	767.2	427.8	118.2	339.4
黑龙江	Heilongjiang	602.9	170.4	708.2	192.9	826.7	752.2	202.3	74.5
上 海	Shanghai	728.6	275.9	1023.3	291.0	1096.8	1096.8	306.4	
江 苏	Jiangsu	1124.1	303.0	1274.3	338.5	2136.6	1435.8	365.4	700.8
浙 江	Zhejiang	639.6	163.1	730.6	172.9	946.2	855.0	185.5	91.2
安 徽	Anhui	387.1	112.7	441.2	124.7	953.3	486.2	137.1	467.1
福 建	Fujian	333.0	77.2	370.1	85.2	477.4	406.1	91.0	71.3
江 西	Jiangxi	276.7	75.0	313.3	86.5	784.7	403.4	121.6	381.3
山 东	Shandong	861.5	176.7	996.1	199.9	1292.3	1115.9	227.8	176.4
河 南	Henan	641.5	154.1	704.1	173.3	897.7	781.0	197.4	116.8
湖 北	Hubei	502.0	147.2	565.3	166.6	870.5	644.5	196.3	226.0
湖 南	Hunan	503.4	146.6	560.5	162.4	724.5	620.6	181.9	103.9
广 东	Guangdong	1235.3	180.3	1421.1	197.9	2281.6	2022.2	218.0	259.4
广 西	Guangxi	285.9	82.3	302.0	88.7	361.4	339.3	99.2	22.1
海 南	Hainan	87.2	24.5	91.0	25.6	155.3	107.5	29.9	47.9
重 庆	Chongqing	237.7	91.9	257.5	97.4	327.5	284.7	104.7	42.8
四 川	Sichuan	647.0	220.2	734.5	247.8	1020.0	815.0	270.6	205.0
贵 州	Guizhou	180.5	51.5	199.2	57.8	293.8	228.2	66.1	65.6
云 南	Yunnan	320.7	95.5	331.5	98.8	400.3	345.8	101.8	54.5
西 藏	Tibet	15.2	4.8	16.5	5.0	19.2	19.2	5.8	
陕 西	Shaanxi	348.8	101.3	377.1	111.4	459.3	410.1	123.2	49.3
甘 肃	Gansu	176.6	46.2	195.8	51.7	449.5	221.5	61.6	228.0
青 海	Qinghai	62.0	20.4	64.5	22.0	95.8	70.1	23.0	25.7
宁 夏	Ningxia	64.5	17.2	73.1	19.9	114.0	78.3	21.4	35.7
新 疆	Xinjiang	321.1	97.5	335.8	101.2	367.9	355.1	105.1	12.7

9-13 续表 2 continued

单位：万人 (10 000 persons)

地区	Region	2008 合计 Total	2008 #职工基本医疗保险 Staff	2008 #退休人员 Retirees	2008 #城镇居民基本医疗保险 Urban Staff	2009 合计 Total	2009 #职工基本医疗保险 Staff	2009 #退休人员 Retirees	2009 #城镇居民基本医疗保险 Urban Staff
全国	**National**	**31821.7**	**19995.6**	**5007.9**	**11826.1**	**40147.0**	**21937.4**	**5526.9**	**18209.6**
北京	Beijing	1017.1	871.0	182.4	146.1	1083.9	938.4	191.8	145.5
天津	Tianjin	484.5	399.1	141.8	85.4	605.3	444.1	150.6	161.2
河北	Hebei	1083.1	738.5	199.5	344.5	1421.1	802.1	219.7	619.0
山西	Shanxi	593.9	441.8	108.8	152.1	879.0	534.6	128.5	344.5
内蒙古	Inner Mongolia	612.5	373.7	108.6	238.8	805.3	410.4	117.8	394.9
辽宁	Liaoning	1507.5	1209.3	386.5	298.1	1895.6	1347.0	444.5	548.6
吉林	Jilin	937.4	450.9	131.8	486.5	1242.8	486.4	147.4	756.4
黑龙江	Heilongjiang	1056.3	788.3	216.0	268.1	1544.3	851.3	256.5	693.0
上海	Shanghai	1355.2	1171.7	320.9	183.5	1583.8	1329.6	372.5	254.2
江苏	Jiangsu	2837.6	1604.3	390.3	1233.3	3031.0	1701.1	418.6	1329.9
浙江	Zhejiang	1322.6	1053.9	198.3	268.7	1784.4	1173.7	211.8	610.7
安徽	Anhui	1323.8	528.8	148.1	795.0	1435.8	570.2	160.4	865.6
福建	Fujian	796.5	435.7	101.4	360.7	1137.2	503.7	114.7	633.5
江西	Jiangxi	1207.1	503.2	149.4	704.0	1300.4	515.1	151.6	785.3
山东	Shandong	1847.0	1266.2	256.2	580.8	2540.2	1428.6	287.8	1111.6
河南	Henan	1549.4	840.9	220.8	708.6	1970.1	920.1	243.7	1050.0
湖北	Hubei	1435.7	714.9	210.9	720.8	1811.7	820.4	236.2	991.3
湖南	Hunan	1321.6	682.0	206.5	639.6	1831.9	746.4	225.6	1085.5
广东	Guangdong	3551.8	2370.7	240.3	1181.1	4568.5	2556.4	259.4	2012.1
广西	Guangxi	568.2	361.4	103.8	206.8	850.0	388.8	110.6	461.2
海南	Hainan	249.7	121.8	34.0	127.9	283.8	152.7	41.5	131.0
重庆	Chongqing	550.6	326.2	115.1	224.4	769.5	362.5	120.8	407.0
四川	Sichuan	1413.8	893.5	296.7	520.4	1912.7	958.5	317.3	954.2
贵州	Guizhou	404.3	257.4	73.0	146.9	567.0	279.5	85.1	287.5
云南	Yunnan	618.2	356.8	103.6	261.4	762.5	397.4	118.3	365.0
西藏	Tibet	32.4	20.1	5.3	12.3	36.0	22.6	6.4	13.5
陕西	Shaanxi	717.3	432.7	132.8	284.6	890.0	463.3	145.2	426.8
甘肃	Gansu	522.2	248.9	68.8	273.2	557.4	272.2	77.7	285.2
青海	Qinghai	93.6	72.1	24.5	21.5	104.8	75.7	24.6	29.1
宁夏	Ningxia	158.7	83.2	22.7	75.4	186.0	87.0	23.8	99.0
新疆	Xinjiang	652.1	376.6	109.0	275.5	755.0	397.5	114.7	357.4

9-13 续表 3 continued

单位：万人 (10 000 persons)

地 区	Region	2010 合 计 Total	2010 #职工基本医疗保险 Staff	2010 #退休人员 Retirees	2010 #城镇居民基本医疗保险 Urban Staff	2011 合 计 Total	2011 #职工基本医疗保险 Staff	2011 #退休人员 Retirees	2011 #城镇居民基本医疗保险 Urban Staff
全 国	**National**	**43262.9**	**23734.7**	**5943.5**	**19528.3**	**47343.2**	**25227.1**	**6278.6**	**22116.1**
北 京	Beijing	1207.3	1063.7	215.1	143.7	1347.8	1188.0	232.8	159.8
天 津	Tianjin	960.9	470.0	157.5	490.9	972.8	474.5	162.5	498.3
河 北	Hebei	1518.1	848.0	238.0	670.0	1562.2	875.5	248.2	686.6
山 西	Shanxi	923.5	562.0	140.0	361.5	1005.1	595.8	150.8	409.3
内蒙古	Inner Mongolia	886.4	433.5	124.7	452.8	907.3	438.0	124.3	469.3
辽 宁	Liaoning	2056.2	1408.7	464.1	647.5	2120.1	1499.4	494.1	620.7
吉 林	Jilin	1333.8	550.1	179.9	783.7	1350.6	557.2	188.2	793.4
黑龙江	Heilongjiang	1560.8	873.7	278.4	687.1	1578.0	881.0	293.6	697.0
上 海	Shanghai	1665.2	1405.9	388.8	259.2	1591.8	1342.1	404.1	249.7
江 苏	Jiangsu	3249.4	1848.3	443.2	1401.2	3500.5	2012.4	470.9	1488.1
浙 江	Zhejiang	1963.8	1344.4	226.8	619.4	2244.1	1514.4	243.3	729.7
安 徽	Anhui	1529.3	598.5	169.3	930.9	1612.9	659.3	181.9	953.6
福 建	Fujian	1200.6	546.6	120.7	654.0	1217.2	579.3	126.2	637.8
江 西	Jiangxi	1326.4	532.1	166.5	794.3	1329.7	535.9	170.9	793.8
山 东	Shandong	2770.6	1541.3	316.7	1229.3	2947.8	1637.1	337.5	1310.7
河 南	Henan	2043.7	957.4	258.7	1086.4	2122.3	1016.4	272.2	1105.8
湖 北	Hubei	1860.0	847.8	239.8	1012.3	1932.5	902.8	254.6	1029.7
湖 南	Hunan	1894.5	777.4	236.9	1117.2	1941.2	789.5	242.9	1151.7
广 东	Guangdong	5043.2	3000.0	314.5	2043.2	6767.1	3234.3	340.5	3532.8
广 西	Guangxi	935.2	413.5	123.0	521.7	981.3	437.2	128.8	544.1
海 南	Hainan	323.3	166.9	43.2	156.4	352.4	186.2	45.3	166.1
重 庆	Chongqing	830.8	406.2	125.6	424.6	1324.8	458.5	133.1	866.3
四 川	Sichuan	2063.1	1051.9	348.3	1011.2	2248.4	1169.1	366.0	1079.3
贵 州	Guizhou	602.5	293.5	88.2	309.0	629.0	314.1	93.3	314.9
云 南	Yunnan	820.5	414.8	121.4	405.7	865.8	443.4	126.6	422.4
西 藏	Tibet	38.6	23.5	6.6	15.1	43.7	24.9	6.6	18.7
陕 西	Shaanxi	947.2	474.2	151.2	473.1	1090.4	540.3	172.8	550.2
甘 肃	Gansu	588.8	290.2	85.9	298.6	590.8	291.1	88.2	299.8
青 海	Qinghai	140.3	78.7	25.2	61.6	151.6	82.4	25.9	69.2
宁 夏	Ningxia	188.3	94.1	26.4	94.2	188.8	100.2	27.1	88.5
新 疆	Xinjiang	790.5	417.7	119.0	372.7	825.2	446.6	125.2	378.5

9−13 续表 4 continued

单位：万人 (10 000 persons)

地 区 Region	2012 合 计 Total	2012 #职工基本医疗保险 Staff	2012 #退休人员 Retirees	2012 #城镇居民基本医疗保险 Urban Staff	2013 合 计 Total	2013 #职工基本医疗保险 Staff	2013 #退休人员 Retirees	2013 #城镇居民基本医疗保险 Urban Staff
全 国 National	**53641.3**	**26485.6**	**6624.2**	**27155.7**	**57072.6**	**27443.1**	**6941.8**	**29629.4**
北 京 Beijing	1431.6	1279.7	239.1	151.9	1514.9	1354.8	249.8	160.1
天 津 Tianjin	981.3	479.1	168.9	502.2	1001.5	493.1	177.3	508.4
河 北 Hebei	1644.4	906.8	261.5	737.6	1674.5	926.3	275.6	748.2
山 西 Shanxi	1055.9	621.1	157.2	434.9	1086.3	646.5	166.9	439.7
内蒙古 Inner Mongolia	967.7	455.1	132.4	512.6	986.2	464.5	134.5	521.7
辽 宁 Liaoning	2251.9	1587.0	524.8	664.9	2333.3	1624.8	546.9	708.5
吉 林 Jilin	1370.0	569.5	194.0	800.5	1378.6	574.9	197.5	803.7
黑龙江 Heilongjiang	1580.3	867.8	309.6	712.5	1580.4	868.1	311.6	712.3
上 海 Shanghai	1638.6	1376.0	421.5	262.6	1650.5	1394.1	438.4	256.4
江 苏 Jiangsu	3608.8	2155.5	508.9	1453.4	3427.6	2274.7	543.6	1152.9
浙 江 Zhejiang	2806.8	1671.0	277.1	1135.8	4121.1	1791.1	299.5	2330.0
安 徽 Anhui	1660.0	685.2	191.5	974.8	1660.8	716.0	203.3	944.9
福 建 Fujian	1262.9	666.3	130.2	596.6	1283.8	703.0	136.4	580.8
江 西 Jiangxi	1438.6	546.8	180.4	891.8	1476.6	569.9	189.8	906.7
山 东 Shandong	3101.2	1734.1	365.6	1367.1	3647.9	1809.7	391.7	1838.2
河 南 Henan	2222.2	1082.2	293.2	1140.0	2297.2	1140.2	313.4	1157.0
湖 北 Hubei	1960.3	921.2	264.7	1039.1	1960.6	922.8	280.7	1037.8
湖 南 Hunan	2341.9	797.6	248.8	1544.3	2316.2	799.3	257.5	1516.9
广 东 Guangdong	8421.8	3373.4	362.8	5048.4	9179.8	3473.0	383.8	5706.8
广 西 Guangxi	1011.5	456.3	133.6	555.3	1031.0	466.6	137.8	564.4
海 南 Hainan	378.5	205.2	47.5	173.2	406.5	220.0	50.6	186.6
重 庆 Chongqing	3219.1	496.5	147.9	2722.6	3234.8	539.5	158.9	2695.3
四 川 Sichuan	2383.8	1240.9	381.8	1142.9	2486.0	1282.0	394.5	1204.0
贵 州 Guizhou	648.3	329.3	96.3	319.0	672.1	344.7	98.1	327.4
云 南 Yunnan	882.4	452.2	129.5	430.2	1118.8	458.0	133.3	660.8
西 藏 Tibet	50.1	27.6	7.1	22.6	54.8	30.6	7.2	24.3
陕 西 Shaanxi	1118.8	547.5	175.8	571.3	1244.3	571.7	181.7	672.5
甘 肃 Gansu	616.5	293.0	87.7	323.6	622.8	297.1	90.2	325.7
青 海 Qinghai	172.3	86.1	26.7	86.2	181.3	89.7	27.6	91.6
宁 夏 Ningxia	561.8	106.6	28.5	455.2	565.5	108.6	29.5	456.9
新 疆 Xinjiang	851.9	469.1	129.6	382.9	877.1	488.0	134.3	389.1

9-13 续表 5 continued

单位：万人 (10 000 persons)

地 区	Region	2014 合 计 Total	2014 #职工基本医疗保险 Staff	2014 #退休人员 Retirees	2014 #城镇居民基本医疗保险 Urban Staff	2015 合 计 Total	2015 #职工基本医疗保险 Staff	2015 #退休人员 Retirees	2015 #城镇居民基本医疗保险 Urban Staff
全 国	**National**	**59746.9**	**28296.0**	**7254.8**	**31450.9**	**66581.6**	**28893.1**	**7531.2**	**37688.5**
北 京	Beijing	1604.3	1431.3	260.1	173.0	1656.6	1475.7	269.5	181.0
天 津	Tianjin	1023.6	509.6	183.6	514.0	1054.1	522.0	190.4	532.1
河 北	Hebei	1697.5	944.5	286.3	753.1	1663.7	957.0	300.3	706.7
山 西	Shanxi	1101.2	657.3	175.5	443.9	1113.8	650.5	179.4	463.3
内蒙古	Inner Mongolia	998.1	470.7	138.6	527.4	1008.1	477.4	141.4	530.6
辽 宁	Liaoning	2387.2	1649.2	576.7	738.0	2396.2	1651.4	597.7	744.8
吉 林	Jilin	1380.0	575.6	197.5	804.4	1380.6	575.9	199.7	804.7
黑龙江	Heilongjiang	1586.4	873.9	324.3	712.5	1594.8	873.7	330.1	721.1
上 海	Shanghai	1678.5	1420.8	453.2	257.7	1719.2	1446.4	465.8	272.9
江 苏	Jiangsu	3797.5	2361.8	577.0	1435.7	4014.3	2429.0	610.8	1585.3
浙 江	Zhejiang	4847.6	1900.0	324.1	2947.5	4964.1	1992.7	353.7	2971.4
安 徽	Anhui	1756.4	739.9	211.9	1016.5	1737.6	763.3	221.1	974.3
福 建	Fujian	1293.0	737.3	143.0	555.7	1301.2	759.4	146.8	541.9
江 西	Jiangxi	1494.2	579.2	197.7	915.0	1530.4	585.0	201.3	945.5
山 东	Shandong	3988.0	1860.2	411.4	2127.8	9235.8	1904.4	439.9	7331.4
河 南	Henan	2340.0	1182.4	327.2	1157.6	2344.9	1200.7	336.6	1144.2
湖 北	Hubei	1968.0	933.3	286.9	1034.7	1972.1	949.4	296.3	1022.7
湖 南	Hunan	2300.7	807.9	261.8	1492.8	2662.3	818.8	267.1	1843.6
广 东	Guangdong	9804.2	3647.1	420.9	6157.1	10136.0	3711.8	439.7	6424.2
广 西	Guangxi	1067.3	482.6	143.8	584.7	1077.6	505.5	148.8	572.1
海 南	Hainan	386.8	191.7	53.7	195.2	389.8	196.3	55.6	193.4
重 庆	Chongqing	3256.8	575.8	167.0	2681.1	3266.3	588.5	174.0	2677.8
四 川	Sichuan	2576.5	1329.4	407.5	1247.1	2650.7	1378.6	418.8	1272.1
贵 州	Guizhou	687.1	354.8	99.9	332.4	955.5	372.7	105.2	582.7
云 南	Yunnan	1135.9	462.6	138.6	673.3	1140.8	468.3	140.7	672.5
西 藏	Tibet	58.9	33.0	7.8	25.9	61.8	34.3	8.1	27.5
陕 西	Shaanxi	1246.2	574.2	184.4	671.9	1247.3	580.3	187.4	667.0
甘 肃	Gansu	630.6	302.6	96.2	328.1	635.0	307.9	99.8	327.0
青 海	Qinghai	190.4	93.3	29.1	97.1	195.2	95.6	30.4	99.6
宁 夏	Ningxia	578.6	116.1	31.0	462.5	584.8	114.8	32.2	470.0
新 疆	Xinjiang	885.1	498.0	138.2	387.1	891.0	505.9	142.6	385.2

9-13 续表 6 continued

单位：万人 (10 000 persons)

地 区 Region	2016 合 计 Total	2016 #职工基本医疗保险 Staff	2016 #退休人员 Retirees	2016 #城镇居民基本医疗保险 Urban Staff	2017 合 计 Total	2017 #职工基本医疗保险 Staff	2017 #退休人员 Retirees	2017 #城乡居民基本医疗保险 Urban Staff
全 国 National	**74391.6**	**29531.5**	**7811.6**	**44860.0**	**117681.4**	**30322.7**	**8034.3**	**87358.7**
北 京 Beijing	1708.8	1517.6	277.8	191.2	1771.4	1569.2	286.2	202.2
天 津 Tianjin	1066.8	535.7	195.4	531.1	1088.5	554.1	201.0	534.3
河 北 Hebei	6672.1	973.7	306.2	5698.4	6883.1	986.9	312.4	5896.2
山 西 Shanxi	1121.2	660.2	185.4	461.0	3215.3	664.1	189.2	2551.3
内蒙古 Inner Mongolia	1019.8	488.8	146.1	531.0	2161.5	495.1	148.4	1666.4
辽 宁 Liaoning	2376.0	1635.6	612.9	740.4	2277.5	1575.9	608.4	701.6
吉 林 Jilin	1380.9	576.0	204.8	804.9	1380.9	576.0	207.6	804.9
黑龙江 Heilongjiang	1599.9	879.5	354.0	720.3	2892.6	843.8	350.6	2048.9
上 海 Shanghai	1806.7	1468.6	477.0	338.0	1839.8	1495.1	489.7	344.6
江 苏 Jiangsu	3984.4	2490.5	641.2	1493.9	7619.1	2601.1	679.8	5018.0
浙 江 Zhejiang	4993.3	2017.5	383.2	2975.8	5251.6	2117.4	414.5	3134.2
安 徽 Anhui	1621.5	782.0	231.1	839.6	2108.1	809.2	237.7	1298.9
福 建 Fujian	1297.9	792.1	150.2	505.8	3768.6	819.3	155.1	2949.3
江 西 Jiangxi	1807.0	591.6	202.8	1215.4	4762.4	558.7	191.8	4203.7
山 东 Shandong	9188.8	1960.0	465.6	7228.8	9295.7	2013.1	486.3	7282.6
河 南 Henan	2360.7	1227.3	344.6	1133.4	10410.7	1228.2	344.4	9182.5
湖 北 Hubei	1981.8	961.0	300.5	1020.8	5622.2	1018.9	316.2	4603.3
湖 南 Hunan	2646.1	829.6	272.5	1816.6	6906.3	867.1	285.4	6039.1
广 东 Guangdong	10150.2	3814.1	460.6	6336.1	10365.1	3962.6	479.1	6402.4
广 西 Guangxi	1096.4	530.7	155.0	565.7	5173.3	556.7	160.2	4616.5
海 南 Hainan	387.2	201.0	57.1	186.2	419.5	209.6	60.4	209.9
重 庆 Chongqing	3259.3	604.8	179.5	2654.5	3248.5	640.3	184.9	2608.2
四 川 Sichuan	5056.8	1440.6	439.4	3616.2	7714.8	1526.4	458.4	6188.4
贵 州 Guizhou	973.6	389.8	108.3	583.8	1001.3	410.4	111.5	590.9
云 南 Yunnan	1163.6	479.1	144.5	684.5	4463.8	491.3	147.3	3972.5
西 藏 Tibet	65.4	36.8	8.6	28.5	69.9	40.0	9.1	29.9
陕 西 Shaanxi	1248.0	599.6	188.5	648.4	1251.0	619.8	190.5	631.2
甘 肃 Gansu	643.3	314.4	106.0	328.9	2512.2	320.2	108.0	2192.0
青 海 Qinghai	196.7	97.9	31.8	98.8	549.0	94.0	32.8	455.0
宁 夏 Ningxia	594.0	117.5	33.0	476.6	618.2	123.5	34.6	494.8
新 疆 Xinjiang	923.2	517.7	148.0	405.5	1039.6	534.6	152.7	505.0

9−13 续表 7 continued

单位：万人 (10 000 persons)

地区 Region	2018 合计 Total	2018 #职工基本医疗保险 Staff	2018 #退休人员 Retirees	2018 #城乡居民基本医疗保险 Urban Staff	2019 合计 Total	2019 #职工基本医疗保险 Staff	2019 #退休人员 Retirees	2019 #城乡居民基本医疗保险 Urban Staff
全　国 National	**134458.6**	**31680.8**	**8373.3**	**102777.8**	**135407.4**	**32924.7**	**8700.4**	**102482.7**
北　京 Beijing	2018.1	1628.9	296.9	389.2	2082.7	1682.5	306.1	400.1
天　津 Tianjin	1116.7	575.3	207.5	541.5	1137.0	595.0	212.1	541.9
河　北 Hebei	6914.3	1030.2	324.7	5884.1	6937.7	1079.2	337.3	5858.5
山　西 Shanxi	3266.9	686.6	207.2	2580.3	3266.4	702.0	219.7	2564.3
内蒙古 Inner Mongolia	2164.4	505.3	153.6	1659.0	2178.4	530.7	170.5	1647.7
辽　宁 Liaoning	3968.8	1567.9	622.8	2400.9	3894.7	1552.1	641.0	2342.6
吉　林 Jilin	2607.3	576.0	209.9	2031.4	2548.1	525.9	192.3	2022.2
黑龙江 Heilongjiang	2908.6	856.2	358.2	2052.3	2837.1	873.6	377.1	1963.5
上　海 Shanghai	1866.1	1523.3	502.7	342.8	1889.2	1539.3	512.4	349.8
江　苏 Jiangsu	7721.7	2752.6	723.1	4969.1	7848.8	2954.1	764.5	4894.8
浙　江 Zhejiang	5368.7	2277.0	446.4	3091.7	5461.5	2426.6	476.5	3034.9
安　徽 Anhui	6105.1	854.6	247.3	5250.5	6731.5	888.1	255.3	5843.3
福　建 Fujian	3804.7	853.1	161.0	2951.7	3788.1	841.4	162.6	2946.7
江　西 Jiangxi	4797.5	573.7	197.3	4223.7	4782.4	579.0	207.0	4203.4
山　东 Shandong	9437.1	2072.1	512.0	7364.9	9569.6	2173.8	549.5	7395.8
河　南 Henan	10435.7	1265.1	361.3	9170.6	10289.8	1281.7	375.1	9008.1
湖　北 Hubei	5586.2	1054.0	321.9	4532.2	5562.6	1093.2	331.4	4469.4
湖　南 Hunan	6838.0	898.5	292.6	5939.5	6716.1	930.6	299.0	5785.4
广　东 Guangdong	10615.8	4170.7	505.3	6445.1	10783.5	4375.7	525.6	6407.7
广　西 Guangxi	5136.7	588.5	167.5	4548.2	5207.2	620.5	176.0	4586.6
海　南 Hainan	915.4	225.7	62.9	689.7	920.7	236.1	64.7	684.5
重　庆 Chongqing	3265.3	678.3	192.4	2587.0	3272.1	720.6	200.3	2551.4
四　川 Sichuan	8637.1	1667.7	481.4	6969.5	8616.9	1778.1	498.7	6838.8
贵　州 Guizhou	4233.6	432.0	115.7	3801.6	4186.8	462.0	119.7	3724.7
云　南 Yunnan	4520.9	506.9	150.3	4014.0	4533.4	528.0	154.6	4005.5
西　藏 Tibet	342.7	43.9	9.8	298.8	347.1	47.7	11.2	299.4
陕　西 Shaanxi	3885.9	674.4	197.6	3211.5	3960.9	712.9	204.4	3248.0
甘　肃 Gansu	2546.7	331.6	110.8	2215.1	2572.9	344.3	114.1	2228.6
青　海 Qinghai	555.3	99.4	34.2	455.9	557.9	103.8	35.7	454.2
宁　夏 Ningxia	626.2	131.9	36.3	494.3	633.7	141.1	38.0	492.6
新　疆 Xinjiang	2251.0	579.5	162.8	1671.5	2293.1	605.1	168.1	1688.1

9-13 续表 8 continued

单位：万人 (10 000 persons)

地 区	Region	2020 合 计 Total	2020 #职工基本医疗保险 Staff	2020 #退休人员 Retirees	2020 #城乡居民基本医疗保险 Urban Staff	2021 合 计 Total	2021 #职工基本医疗保险 Staff	2021 #退休人员 Retirees	2021 #城乡居民基本医疗保险 Urban Staff
全 国	**National**	**136131.1**	**34455.1**	**9026.3**	**101676.0**	**136296.7**	**35430.9**	**9324.4**	**100865.9**
北 京	Beijing	2139.9	1741.6	315.0	398.3	1886.9	1486.0	320.5	400.8
天 津	Tianjin	1164.1	618.4	217.9	545.7	1175.0	637.6	222.1	537.4
河 北	Hebei	6938.8	1135.5	348.3	5803.3	7091.0	1212.0	366.0	5879.0
山 西	Shanxi	3245.1	716.4	228.1	2528.7	3246.0	731.1	234.1	2515.0
内蒙古	Inner Mongolia	2183.9	553.0	184.3	1630.9	2192.2	564.7	184.2	1627.5
辽 宁	Liaoning	3867.5	1588.4	651.1	2279.1	3808.3	1571.0	668.6	2237.3
吉 林	Jilin	2461.9	529.8	200.3	1932.1	2290.3	537.5	204.2	1752.8
黑龙江	Heilongjiang	2827.0	876.4	391.8	1950.6	2821.1	884.9	400.6	1936.2
上 海	Shanghai	1943.2	1587.2	522.3	356.0	1978.5	1613.4	528.7	365.0
江 苏	Jiangsu	7967.7	3102.3	805.6	4865.5	8063.8	3246.0	842.0	4817.8
浙 江	Zhejiang	5556.5	2579.5	507.3	2977.0	5654.5	2736.0	547.8	2918.5
安 徽	Anhui	6704.6	951.6	267.3	5753.0	6661.9	1010.8	279.2	5651.0
福 建	Fujian	3840.5	893.1	171.1	2947.3	3872.1	933.0	175.6	2939.0
江 西	Jiangxi	4780.0	599.0	213.1	4180.9	4689.1	610.1	215.2	4079.0
山 东	Shandong	9697.8	2323.3	588.0	7374.5	9732.4	2435.6	624.5	7296.7
河 南	Henan	10349.5	1336.5	389.2	9013.0	10339.2	1351.8	402.1	8987.4
湖 北	Hubei	5583.0	1136.9	339.2	4446.0	5619.7	1196.1	358.0	4423.6
湖 南	Hunan	6731.8	989.8	308.2	5742.0	6748.7	1025.2	312.3	5723.5
广 东	Guangdong	10991.4	4578.1	547.7	6413.3	11271.9	4757.1	581.3	6514.8
广 西	Guangxi	5217.2	656.2	177.6	4561.0	5249.3	714.8	183.4	4534.5
海 南	Hainan	934.0	250.1	66.5	683.9	938.8	245.8	66.2	693.0
重 庆	Chongqing	3266.7	767.0	205.8	2499.8	3261.7	795.9	209.5	2465.9
四 川	Sichuan	8591.7	1875.9	511.7	6715.7	8586.2	1945.8	510.4	6640.4
贵 州	Guizhou	4194.4	475.5	123.2	3718.9	4214.5	479.4	122.1	3735.0
云 南	Yunnan	4581.3	548.4	157.7	4032.8	4521.9	569.2	161.8	3952.6
西 藏	Tibet	342.8	50.4	11.1	292.3	346.0	55.1	11.3	291.0
陕 西	Shaanxi	3899.7	742.2	209.6	3157.5	3891.6	783.8	217.0	3107.8
甘 肃	Gansu	2590.4	361.9	119.9	2228.5	2587.2	372.3	119.2	2214.8
青 海	Qinghai	563.3	108.5	37.2	454.7	567.0	114.8	38.1	452.1
宁 夏	Ningxia	658.8	153.0	39.5	505.8	663.4	159.6	40.5	503.8
新 疆	Xinjiang	2316.8	629.1	170.7	1687.6	2326.4	654.1	177.7	1672.3

9-14 分地区基本医疗保险基金收支情况（2021年）
RENVENUE AND EXPENSES OF BASIC MEDICAL INSURANCE BY REGION(2021)

单位：亿元 (100 million yuan)

地区	Region	基金收入 Revenue			基金支出 Expenses			累计结余 Balance at the Year-end		
		合计 Total	职工 Workers	居民 Residents	合计 Total	职工 Workers	居民 Residents	合计 Total	职工 Workers	居民 Residents
全 国	**National**	**28732.0**	**19007.5**	**9724.5**	**24048.2**	**14751.8**	**9296.4**	**36178.3**	**29461.8**	**6716.6**
北 京	Beijing	1786.1	1672.4	113.6	1465.6	1358.8	106.8	1674.2	1613.1	61.1
天 津	Tianjin	440.0	386.6	53.3	385.4	324.1	61.3	467.7	374.3	93.5
河 北	Hebei	1130.6	608.0	522.5	931.4	462.1	469.3	1385.0	1068.1	316.9
山 西	Shanxi	566.0	322.5	243.5	460.3	244.2	216.0	671.8	508.7	163.1
内蒙古	Inner Mongolia	432.5	279.9	152.6	342.6	209.2	133.3	596.5	479.4	117.1
辽 宁	Liaoning	810.4	608.8	201.6	698.8	499.1	199.7	881.3	679.5	201.8
吉 林	Jilin	367.4	226.2	141.2	306.8	175.9	130.9	542.5	413.7	128.8
黑龙江	Heilongjiang	551.3	379.9	171.5	477.4	308.0	169.4	782.1	589.8	192.3
上 海	Shanghai	1829.1	1730.5	98.6	1133.3	1038.0	95.2	3903.4	3876.0	27.3
江 苏	Jiangsu	2176.2	1614.6	561.6	1854.0	1315.1	538.9	2625.7	2348.9	276.9
浙 江	Zhejiang	2032.6	1549.5	483.1	1632.5	1174.6	457.8	2860.2	2599.3	260.9
安 徽	Anhui	906.7	417.8	488.9	817.8	328.1	489.7	867.5	632.3	235.2
福 建	Fujian	715.4	447.9	267.5	618.7	357.8	260.9	963.6	854.0	109.6
江 西	Jiangxi	672.1	268.9	403.3	616.8	225.6	391.2	730.9	432.5	298.5
山 东	Shandong	1921.5	1223.6	697.9	1827.6	1118.0	709.6	1759.2	1335.4	423.9
河 南	Henan	1399.0	614.7	784.2	1275.1	493.4	781.7	1200.3	880.2	320.1
湖 北	Hubei	1001.9	598.0	403.9	861.6	469.0	392.6	1042.8	754.3	288.4
湖 南	Hunan	956.0	453.2	502.8	806.2	347.9	458.3	1060.5	767.4	293.1
广 东	Guangdong	2573.2	1890.5	682.6	2199.3	1572.9	626.4	4042.1	3313.3	728.9
广 西	Guangxi	731.0	321.4	409.6	677.3	257.9	419.4	913.9	513.4	400.5
海 南	Hainan	197.2	123.6	73.6	141.4	86.0	55.4	277.8	215.3	62.5
重 庆	Chongqing	605.5	401.6	203.9	504.7	290.7	214.0	615.7	445.3	170.4
四 川	Sichuan	1554.6	962.0	592.6	1247.3	674.3	573.1	2250.4	1749.4	501.1
贵 州	Guizhou	588.0	261.4	326.6	489.0	187.4	301.6	647.2	379.6	267.6
云 南	Yunnan	760.4	388.4	372.0	640.3	298.9	341.3	853.8	613.8	240.0
西 藏	Tibet	87.5	63.6	23.9	40.9	25.7	15.2	194.2	174.8	19.4
陕 西	Shaanxi	695.6	415.0	280.6	629.8	351.0	278.7	770.7	605.5	165.1
甘 肃	Gansu	402.7	201.6	201.1	318.8	145.9	172.9	376.4	258.5	117.9
青 海	Qinghai	139.1	94.9	44.2	110.1	66.9	43.2	215.2	168.7	46.5
宁 夏	Ningxia	127.8	78.2	49.7	101.5	54.8	46.7	178.3	140.7	37.5
新 疆	Xinjiang	574.5	402.3	172.2	435.8	290.3	145.5	827.2	676.5	150.7

9-15 历年全国失业保险基本情况
UNEMPLOYMENT INSURANCE

年　份 Year	年末参保人数 (万人) Contributors at the Year-end (10 000 persons)	年末领取失业保险金人数 (万人) Beneficiaries of Unemplo-ment Insurance Funds(10 000 persons)	全年发放失业保险金 (万元) Unemployed Relief (10 000 yuan)
绝对数 Absolute figure			
1992	7443		8959
1993	7924		27847
1994	7968		50755
1995	8238		79199
1996	8333		133394
1997	7961		179319
1998	7928		203907
1999	9852	109	318722
2000	10408	190	561984
2001	10355	312	832563
2002	10182	440	1167736
2003	10373	415	1334448
2004	10584	419	1374983
2005	10648	362	1366801
2006	11187	327	1253873
2007	11645	286	1294405
2008	12400	261	1395349
2009	12715	235	1457592
2010	13376	209	1404485
2011	14317	197	1598544
2012	15225	204	1812934
2013	16417	197	2032389
2014	17043	207	2332794
2015	17326	227	2698012
2016	18089	230	3093670
2017	18784	220	3182181
2018	19643	223	3576225
2019	20543	228	3967704
2020	21689	270	4138932
2021	22958	259	5306527
比上年增长(%) Increase over Preceding Year %			
1993	6.5		210.8
1994	0.6		82.3
1995	3.4		56.0
1996	1.2		68.4
1997	-4.5		34.4
1998	-0.4		13.7
1999	24.3		56.3
2000	5.6	74.3	76.3
2001	-0.6	64.2	48.1
2002	-1.7	41.0	40.3
2003	1.9	-5.7	14.3
2004	2.0	1.0	3.0
2005	0.6	-13.5	-0.6
2006	5.0	-9.9	-8.3
2007	4.1	-12.4	3.2
2008	6.5	-8.7	7.8
2009	2.5	-10.0	4.5
2010	5.2	-11.0	-3.6
2011	7.0	-5.8	13.8
2012	6.3	3.6	13.4
2013	7.8	-3.4	12.1
2014	3.8	5.1	14.8
2015	1.7	9.5	15.7
2016	4.4	1.6	14.7
2017	3.8	-4.4	2.9
2018	4.6	1.3	12.4
2019	4.6	2.3	10.9
2020	5.6	18.3	4.3
2021	5.8	-4.2	28.2

注：年末领取失业保险金人数为12月数据。

9-16 历年各地区失业保险参保人数
UNEMPLOYMENT INSURANCE BY REGION

单位：万人 (10 000 persons)

地区	Region	2001		2002		2003		2004	
		年末参保人数 Contributors at the Year-end	年末领取失业保险金人数 Beneficiaries at the Year-end	年末参保人数 Contributors at the Year-end	年末领取失业保险金人数 Beneficiaries at the Year-end	年末参保人数 Contributors at the Year-end	年末领取失业保险金人数 Beneficiaries at the Year-end	年末参保人数 Contributors at the Year-end	年末领取失业保险金人数 Beneficiaries at the Year-end
全国	**National**	**10355**	**312**	**10182**	**440**	**10373**	**415**	**10584**	**419**
北京	Beijing	287.2	5.5	299.6	4.8	306.6	5.2	308.2	3.8
天津	Tianjin	214.3	10.8	196.3	12.4	193.5	9.4	195.1	5.1
河北	Hebei	513.2	7.3	488.6	7.2	484.2	8.3	479.0	11.0
山西	Shanxi	286.0	5.9	278.9	4.5	284.1	5.7	286.5	5.4
内蒙古	Inner Mongolia	217.7	5.4	219.7	7.1	221.6	5.7	222.3	5.8
辽宁	Liaoning	656.7	20.3	591.2	82.2	622.2	67.0	616.2	81.7
吉林	Jilin	283.8	13.2	284.0	15.6	292.9	16.2	282.2	12.2
黑龙江	Heilongjiang	532.6	12.5	466.0	19.6	479.0	12.6	475.8	9.7
上海	Shanghai	430.7	13.1	436.0	14.4	441.1	14.0	487.8	15.9
江苏	Jiangsu	766.5	39.5	735.6	49.7	761.6	48.9	797.1	43.6
浙江	Zhejiang	391.1	33.0	390.0	27.5	396.8	17.4	428.4	11.3
安徽	Anhui	375.2	11.5	378.8	17.5	380.8	23.4	371.1	26.4
福建	Fujian	239.6	9.6	249.5	11.1	266.4	10.0	266.4	9.5
江西	Jiangxi	235.9	2.1	226.7	3.9	215.5	5.9	226.6	7.2
山东	Shandong	700.2	20.5	701.2	30.1	719.1	30.1	747.5	30.6
河南	Henan	676.1	10.0	670.4	16.8	680.0	18.7	681.6	22.3
湖北	Hubei	420.8	26.1	416.1	25.1	390.1	18.7	391.3	17.0
湖南	Hunan	352.0	4.4	326.6	7.9	347.5	10.5	380.5	9.8
广东	Guangdong	819.5	21.2	890.2	26.2	954.1	25.9	1005.8	23.4
广西	Guangxi	217.7	5.0	215.5	7.6	219.1	8.9	226.4	9.8
海南	Hainan	56.1	0.7	60.2	1.7	57.7	1.8	57.9	2.1
重庆	Chongqing	210.0	7.7	205.3	9.1	199.5	8.1	193.4	9.2
四川	Sichuan	412.2	11.9	402.9	14.0	400.0	12.6	398.6	12.6
贵州	Guizhou	136.4	1.2	132.2	1.6	128.0	1.3	129.9	1.2
云南	Yunnan	190.7	3.6	183.2	4.6	183.0	6.6	173.2	10.5
西藏	Tibet	6.3		7.1		7.1		6.7	
陕西	Shaanxi	304.9	3.5	315.7	7.3	323.3	8.2	325.5	7.2
甘肃	Gansu	162.7	1.1	161.0	2.7	162.1	3.8	161.0	4.3
青海	Qinghai	35.7	1.4	32.2	1.0	33.2	1.3	33.1	1.2
宁夏	Ningxia	34.7	0.7	35.7	0.8	36.3	1.0	36.4	1.2
新疆	Xinjiang	188.2	3.9	185.2	5.7	186.5	7.4	192.4	7.7

注：年末领取失业保险金人数为12月数据。

9-16 续表 1 continued

单位：万人 (10 000 persons)

地 区	Region	2005		2006		2007	
		年末参保人数 Contributors at the Year-end	年末领取失业保险金人数 Beneficiaries at the Year-end	年末参保人数 Contributors at the Year-end	年末领取失业保险金人数 Beneficiaries at the Year-end	年末参保人数 Contributors at the Year-end	年末领取失业保险金人数 Beneficiaries at the Year-end
全 国	**National**	**10648**	**362**	**11187**	**327**	**11645**	**286**
北 京	Beijing	357.5	3.5	482.2	3.1	535.3	3.0
天 津	Tianjin	197.5	3.8	216.7	3.6	221.5	3.3
河 北	Hebei	461.2	13.3	470.8	13.4	473.3	11.6
山 西	Shanxi	288.5	4.8	296.0	5.2	299.0	6.0
内蒙古	Inner Mongolia	222.2	4.9	223.5	5.0	223.7	4.7
辽 宁	Liaoning	607.7	46.5	614.1	25.9	622.1	19.6
吉 林	Jilin	199.4	7.5	224.4	10.2	228.7	13.9
黑龙江	Heilongjiang	459.6	10.3	457.5	17.8	464.1	15.3
上 海	Shanghai	466.1	17.8	476.4	18.5	491.5	14.9
江 苏	Jiangsu	838.3	30.2	901.1	22.7	968.5	21.2
浙 江	Zhejiang	444.7	7.2	504.4	6.5	584.7	6.3
安 徽	Anhui	360.3	24.3	362.6	17.9	364.5	14.1
福 建	Fujian	266.6	8.6	293.1	6.8	318.2	5.7
江 西	Jiangxi	230.7	6.0	241.0	4.9	251.5	5.3
山 东	Shandong	771.1	32.2	789.7	30.3	814.9	27.8
河 南	Henan	681.9	29.2	682.8	28.0	682.9	21.6
湖 北	Hubei	391.5	14.8	395.5	12.0	405.7	8.9
湖 南	Hunan	382.7	11.3	386.3	10.2	389.0	8.6
广 东	Guangdong	1099.1	20.4	1208.2	16.7	1295.5	14.3
广 西	Guangxi	219.9	9.4	222.3	8.1	223.8	7.2
海 南	Hainan	56.7	2.0	59.1	2.3	66.2	2.5
重 庆	Chongqing	188.2	6.4	193.0	4.8	196.7	4.1
四 川	Sichuan	380.5	15.6	400.0	16.3	418.2	11.3
贵 州	Guizhou	129.3	1.3	131.1	1.5	134.5	1.4
云 南	Yunnan	180.3	9.1	183.0	6.4	185.8	4.3
西 藏	Tibet	6.7		7.5		7.2	0.0
陕 西	Shaanxi	326.7	8.6	326.5	14.1	327.2	13.6
甘 肃	Gansu	160.0	5.4	160.5	7.5	161.8	7.1
青 海	Qinghai	33.2	1.1	34.0	1.0	34.7	2.1
宁 夏	Ningxia	37.2	1.2	38.3	1.2	40.1	1.5
新 疆	Xinjiang	202.4	5.6	205.4	4.8	213.6	4.7

9–16 续表 2 continued

单位：万人 (10 000 persons)

地 区	Region	2008 年末参保人数 Contributors at the Year-end	2008 年末领取失业保险金人数 Beneficiaries at the Year-end	2009 年末参保人数 Contributors at the Year-end	2009 年末领取失业保险金人数 Beneficiaries at the Year-end	2010 年末参保人数 Contributors at the Year-end	2010 年末领取失业保险金人数 Beneficiaries at the Year-end
全 国	**National**	**12400**	**261**	**12715**	**235**	**13376**	**209**
北 京	Beijing	614.3	2.6	675.7	1.8	774.2	1.6
天 津	Tianjin	232.5	3.2	239.2	3.1	246.1	3.5
河 北	Hebei	481.7	9.8	484.4	10.4	493.4	9.0
山 西	Shanxi	312.2	7.3	293.3	6.1	305.7	4.6
内蒙古	Inncr Mongolia	225.5	3.1	229.7	2.5	230.9	2.1
辽 宁	Liaoning	622.7	15.7	625.3	13.4	626.9	11.4
吉 林	Jilin	233.7	16.5	241.4	14.3	245.1	7.8
黑龙江	Heilongjiang	467.6	10.3	471.3	9.3	472.9	8.8
上 海	Shanghai	511.8	14.0	523.5	14.6	556.2	11.6
江 苏	Jiangsu	1052.2	21.5	1079.1	19.7	1153.8	19.7
浙 江	Zhejiang	731.1	6.3	784.5	5.5	875.0	5.8
安 徽	Anhui	373.1	12.8	377.8	10.5	384.0	7.8
福 建	Fujian	338.7	4.6	348.1	3.6	374.2	3.2
江 西	Jiangxi	266.3	3.4	275.5	3.4	265.3	8.2
山 东	Shandong	864.1	24.9	899.5	23.0	931.2	20.7
河 南	Henan	683.4	18.4	690.2	16.7	696.7	14.7
湖 北	Hubei	422.9	7.4	440.3	7.0	469.7	6.4
湖 南	Hunan	390.1	8.3	392.0	8.3	399.5	6.9
广 东	Guangdong	1471.9	13.7	1470.7	12.8	1627.3	10.6
广 西	Guangxi	234.6	8.0	237.0	7.6	238.4	6.2
海 南	Hainan	84.7	3.3	97.5	2.8	112.5	1.6
重 庆	Chongqing	210.1	4.4	215.9	4.7	237.4	3.7
四 川	Sichuan	436.9	12.2	463.5	10.0	464.7	9.1
贵 州	Guizhou	141.4	1.3	144.6	1.1	152.5	1.2
云 南	Yunnan	191.9	3.7	198.7	3.5	209.6	3.2
西 藏	Tibet	7.8	0.0	8.8	0.0	9.3	0.0
陕 西	Shaanxi	329.3	9.1	331.0	9.3	331.6	7.5
甘 肃	Gansu	162.6	5.6	164.1	3.7	164.2	2.4
青 海	Qinghai	35.4	2.3	36.0	1.0	36.6	0.4
宁 夏	Ningxia	44.4	1.4	44.9	1.1	47.6	1.0
新 疆	Xinjiang	224.8	6.1	231.8	4.9	242.9	8.3

9-18 续表 3 continued

单位：万人 (10 000 persons)

地 区	Region	2011 年末参保人数 Contributors at the Year-end	2011 年末领取失业保险金人数 Beneficiaries at the Year-end	2012 年末参保人数 Contributors at the Year-end	2012 年末领取失业保险金人数 Beneficiaries at the Year-end	2013 年末参保人数 Contributors at the Year-end	2013 年末领取失业保险金人数 Beneficiaries at the Year-end
全 国	**National**	**14317**	**197**	**15225**	**204**	**16417**	**197**
北 京	Beijing	881.0	2.0	1006.7	2.3	1025.1	2.4
天 津	Tianjin	258.8	2.8	268.7	2.0	278.7	2.0
河 北	Hebei	498.7	8.4	501.7	7.9	505.0	7.1
山 西	Shanxi	309.4	4.3	391.0	3.8	400.7	3.1
内蒙古	Inner Mongolia	232.5	2.5	232.8	2.5	233.4	2.3
辽 宁	Liaoning	632.3	9.7	660.7	7.4	663.2	7.6
吉 林	Jilin	247.2	5.1	251.5	4.6	258.8	6.0
黑龙江	Heilongjiang	474.5	7.1	476.2	7.7	477.4	7.1
上 海	Shanghai	604.2	11.2	617.4	10.9	625.7	9.9
江 苏	Jiangsu	1238.2	29.9	1332.2	32.7	1389.3	29.9
浙 江	Zhejiang	980.6	7.4	1065.6	7.0	1144.3	7.8
安 徽	Anhui	397.7	6.7	402.2	6.1	409.0	6.1
福 建	Fujian	430.9	3.6	459.1	4.6	496.7	4.2
江 西	Jiangxi	263.5	5.4	272.2	3.3	271.1	1.5
山 东	Shandong	964.9	19.8	1009.8	19.1	1089.6	17.8
河 南	Henan	701.2	13.3	724.2	11.4	741.3	10.5
湖 北	Hubei	498.2	5.1	508.6	4.8	511.3	5.2
湖 南	Hunan	415.6	7.0	449.9	6.0	461.7	6.1
广 东	Guangdong	1875.4	10.5	2008.7	9.8	2702.2	8.8
广 西	Guangxi	240.8	5.2	243.4	5.5	253.4	5.6
海 南	Hainan	126.0	1.8	139.5	1.8	150.8	2.1
重 庆	Chongqing	268.6	2.9	323.5	2.8	389.7	3.4
四 川	Sichuan	536.8	8.1	585.5	24.5	613.5	24.1
贵 州	Guizhou	160.5	1.1	173.5	1.0	185.2	1.3
云 南	Yunnan	216.8	3.3	224.7	3.8	232.5	4.5
西 藏	Tibet	9.6	0.0001	10.6		11.0	0.002
陕 西	Shaanxi	332.2	4.5	339.1	3.5	339.7	3.2
甘 肃	Gansu	163.8	1.5	163.6	1.2	163.1	1.0
青 海	Qinghai	37.3	0.6	37.9	0.7	38.5	0.5
宁 夏	Ningxia	60.0	1.2	70.5	1.1	71.3	1.1
新 疆	Xinjiang	260.2	5.0	273.7	4.2	283.9	4.8

9-16 续表 4 continued

单位：万人 (10 000 persons)

地 区	Region	2014		2015		2016	
		年末参保人数 Contributors at the Year-end	年末领取失业保险金人数 Beneficiaries at the Year-end	年末参保人数 Contributors at the Year-end	年末领取失业保险金人数 Beneficiaries at the Year-end	年末参保人数 Contributors at the Year-end	年末领取失业保险金人数 Beneficiaries at the Year-end
全 国	**National**	**17043**	**207**	**17326**	**227**	**18089**	**230**
北 京	Beijing	1057.1	3.0	1082.3	3.4	1115.0	3.7
天 津	Tianjin	287.6	2.6	295.3	7.1	302.5	7.4
河 北	Hebei	508.7	7.1	511.0	8.0	515.9	7.9
山 西	Shanxi	407.7	3.0	411.3	3.1	415.2	3.0
内蒙古	Inner Mongolia	236.3	2.4	242.1	2.9	241.1	3.0
辽 宁	Liaoning	664.3	8.5	665.3	9.7	665.4	10.7
吉 林	Jilin	258.7	2.2	261.2	2.2	262.0	2.7
黑龙江	Heilongjiang	478.4	4.8	312.8	3.7	313.2	3.9
上 海	Shanghai	634.1	9.8	641.8	9.5	947.3	10.5
江 苏	Jiangsu	1442.7	32.1	1490.9	34.2	1538.1	34.0
浙 江	Zhejiang	1210.3	8.2	1260.2	9.0	1317.0	9.0
安 徽	Anhui	422.0	6.5	436.6	7.7	448.5	8.8
福 建	Fujian	524.1	4.5	546.3	5.0	575.5	5.2
江 西	Jiangxi	271.8	1.3	281.5	1.4	282.6	1.6
山 东	Shandong	1154.3	19.9	1203.8	21.6	1222.9	22.0
河 南	Henan	773.3	10.2	783.3	8.3	788.1	7.6
湖 北	Hubei	519.0	5.6	528.4	6.0	541.9	6.9
湖 南	Hunan	509.5	6.9	521.2	6.7	537.5	7.0
广 东	Guangdong	2840.2	10.9	2930.1	13.9	3020.1	15.4
广 西	Guangxi	259.0	6.1	273.2	6.2	283.7	5.9
海 南	Hainan	157.5	2.0	164.8	2.0	170.2	2.2
重 庆	Chongqing	439.1	2.8	439.5	3.5	447.1	4.2
四 川	Sichuan	635.8	29.8	661.0	33.2	702.0	29.8
贵 州	Guizhou	191.9	1.5	205.3	1.7	218.1	2.4
云 南	Yunnan	236.9	5.3	243.3	5.9	251.2	5.6
西 藏	Tibet	12.5	0.004	11.4	0.009	15.2	0.003
陕 西	Shaanxi	344.3	2.9	347.7	3.0	352.2	2.8
甘 肃	Gansu	162.4	1.0	162.8	1.0	164.3	1.1
青 海	Qinghai	39.3	0.4	40.1	0.4	40.8	0.4
宁 夏	Ningxia	73.5	1.3	76.6	1.3	95.6	1.3
新 疆	Xinjiang	290.2	4.7	294.9	4.9	298.7	4.5

9–16 续表 5 continued

单位：万人 (10 000 persons)

地 区	Region	2017 年末参保人数 Contributors at the Year-end	2017 年末领取失业保险金人数 Beneficiaries at the Year-end	2018 年末参保人数 Contributors at the Year-end	2018 年末领取失业保险金人数 Beneficiaries at the Year-end	2019 年末参保人数 Contributors at the Year-end	2019 年末领取失业保险金人数 Beneficiaries at the Year-end
全 国	**National**	**18784**	**220**	**19643**	**223**	**20543**	**228**
北 京	Beijing	1170.9	3.9	1240.7	3.8	1294.8	4.0
天 津	Tianjin	311.3	8.4	323.4	6.9	335.5	6.6
河 北	Hebei	529.7	7.2	546.0	6.8	554.1	6.7
山 西	Shanxi	420.6	3.0	431.1	2.9	443.9	3.1
内蒙古	Inner Mongolia	247.1	2.5	255.5	2.5	267.4	2.3
辽 宁	Liaoning	679.9	10.5	679.6	11.2	668.2	12.6
吉 林	Jilin	263.7	2.8	269.5	2.4	273.6	2.5
黑龙江	Heilongjiang	315.1	4.1	318.0	3.5	324.0	3.3
上 海	Shanghai	961.8	11.1	977.2	10.8	984.9	10.6
江 苏	Jiangsu	1583.0	32.1	1671.3	30.4	1794.2	30.6
浙 江	Zhejiang	1380.9	8.9	1478.4	13.0	1561.7	13.6
安 徽	Anhui	472.4	8.1	505.5	7.5	518.8	7.2
福 建	Fujian	612.3	4.9	570.3	5.0	610.6	5.9
江 西	Jiangxi	286.3	1.7	288.0	1.7	289.7	1.6
山 东	Shandong	1268.3	20.1	1318.5	18.7	1366.0	17.7
河 南	Henan	805.6	7.5	819.9	7.2	837.3	6.8
湖 北	Hubei	561.3	6.4	590.8	6.1	619.5	6.2
湖 南	Hunan	563.7	6.8	584.2	5.9	606.6	6.3
广 东	Guangdong	3163.7	14.6	3361.7	16.2	3498.8	17.5
广 西	Guangxi	302.1	5.4	323.5	5.5	363.0	5.5
海 南	Hainan	168.1	2.2	173.4	2.3	178.6	2.6
重 庆	Chongqing	466.3	3.9	489.8	3.4	515.0	5.6
四 川	Sichuan	776.7	27.4	875.1	33.2	953.5	32.7
贵 州	Guizhou	235.7	2.2	257.3	2.3	276.1	2.7
云 南	Yunnan	259.8	5.1	273.1	4.9	289.2	5.1
西 藏	Tibet	15.2	0.002	17.7	0.004	25.3	0.006
陕 西	Shaanxi	356.5	2.9	372.4	2.9	426.4	3.2
甘 肃	Gansu	165.4	0.9	168.3	1.0	173.0	0.8
青 海	Qinghai	41.5	0.3	42.3	0.3	43.8	0.3
宁 夏	Ningxia	88.5	1.2	92.0	1.2	97.4	1.6
新 疆	Xinjiang	310.8	4.0	328.8	3.4	352.1	3.1

9-16 续表 6 continued

单位：万人　　(10 000 persons)

地区	Region	2020 年末参保人数 Contributors at the Year-end	2020 年末领取失业保险金人数 Beneficiaries at the Year-end	2021 年末参保人数 Contributors at the Year-end	2021 年末领取失业保险金人数 Beneficiaries at the Year-end
全　国	**National**	**21689**	**270**	**22958**	**259**
北　京	Beijing	1318.4	9.6	1359.0	8.4
天　津	Tianjin	349.1	6.6	372.3	7.7
河　北	Hebei	691.5	6.8	747.4	7.0
山　西	Shanxi	469.4	3.2	504.5	3.7
内蒙古	Inner Mongolia	276.5	2.7	290.9	2.9
辽　宁	Liaoning	677.0	18.4	690.9	19.2
吉　林	Jilin	270.7	2.4	278.0	2.6
黑龙江	Heilongjiang	326.1	3.5	329.5	3.7
上　海	Shanghai	987.6	31.5	1021.3	16.6
江　苏	Jiangsu	1887.0	33.2	1967.0	29.2
浙　江	Zhejiang	1687.8	16.9	1793.5	20.0
安　徽	Anhui	564.2	7.5	616.6	7.4
福　建	Fujian	664.4	6.3	716.7	6.0
江　西	Jiangxi	291.9	1.8	308.0	2.4
山　东	Shandong	1466.1	19.3	1542.7	23.2
河　南	Henan	885.9	9.4	1004.9	9.4
湖　北	Hubei	651.3	7.5	698.7	7.1
湖　南	Hunan	640.9	7.8	687.4	6.3
广　东	Guangdong	3603.4	26.4	3725.1	25.8
广　西	Guangxi	410.6	6.7	475.0	6.8
海　南	Hainan	194.6	3.1	205.6	2.9
重　庆	Chongqing	548.5	6.4	598.3	7.6
四　川	Sichuan	1045.7	11.8	1128.9	12.6
贵　州	Guizhou	297.9	4.2	320.9	3.7
云　南	Yunnan	307.4	6.6	329.8	6.4
西　藏	Tibet	26.7	0.06	29.6	0.06
陕　西	Shaanxi	439.9	3.9	468.7	3.9
甘　肃	Gansu	187.4	0.8	196.1	0.8
青　海	Qinghai	46.5	0.4	55.0	0.4
宁　夏	Ningxia	102.7	1.5	108.5	1.6
新　疆	Xinjiang	372.4	3.9	387.2	3.5

9-17 各地区失业保险基金基本情况(2021年)
UNEMPLOYMENT INSURANCE BY REGION(2021)

地 区	Region	参保人数 (万人) Employees Insured (10 000 persons)	基金收入 (亿元) Revenue (100 million yuan)	基金支出 (亿元) Expenses (100 million yuan)	累计结余 (亿元) Balance at the Year-end (100 million yuan)
全 国	**National**	**22957.9**	**1459.6**	**1500.0**	**3312.5**
北 京	Beijing	1359.0	122.8	150.6	113.9
天 津	Tianjin	372.3	28.8	33.8	43.6
河 北	Hebei	747.4	44.4	35.1	141.3
山 西	Shanxi	504.5	35.7	25.6	162.4
内蒙古	Inner Mongolia	290.9	23.5	19.9	117.5
辽 宁	Liaoning	690.9	42.0	84.0	118.1
吉 林	Jilin	278.0	24.5	29.8	77.8
黑龙江	Heilongjiang	329.5	23.6	22.7	109.2
上 海	Shanghai	1021.3	144.4	121.4	51.3
江 苏	Jiangsu	1967.0	136.0	137.2	248.3
浙 江	Zhejiang	1793.5	108.8	76.0	199.7
安 徽	Anhui	616.6	40.4	26.5	87.6
福 建	Fujian	716.7	30.8	45.1	84.5
江 西	Jiangxi	308.0	18.1	20.5	66.2
山 东	Shandong	1542.7	104.3	102.4	178.4
河 南	Henan	1004.9	46.7	64.6	81.2
湖 北	Hubei	698.7	46.4	70.5	107.5
湖 南	Hunan	687.4	33.8	28.4	113.5
广 东	Guangdong	3725.1	116.1	150.3	438.8
广 西	Guangxi	475.0	31.9	28.0	92.9
海 南	Hainan	205.6	10.0	11.6	21.0
重 庆	Chongqing	598.3	28.1	18.9	42.0
四 川	Sichuan	1128.9	76.7	71.8	179.0
贵 州	Guizhou	320.9	22.5	24.5	61.9
云 南	Yunnan	329.8	25.5	28.0	94.5
西 藏	Tibet	29.6	4.2	0.9	25.3
陕 西	Shaanxi	468.7	30.9	30.1	51.9
甘 肃	Gansu	196.1	15.2	11.3	73.4
青 海	Qinghai	55.0	9.7	2.4	24.8
宁 夏	Ningxia	108.5	7.0	11.4	23.1
新 疆	Xinjiang	387.2	26.9	17.0	82.1

9-18 历年全国工伤保险基本情况
WORK INJURY INSURANCE

年 份 Year	年末参保人数(万人) Contributors at the Year-end (10 000 persons)	全年享受工伤保险待遇人数(万人) Beneficiaries at the Year-end (10 000 persons)	基金收支情况(亿元) Revenue and Expenses(100 million yuan) 基金收入 Revenue	基金支出 Expenses	累计结余 Balance at the Year-end
绝对数 Absolute figure					
1994	1822.1		4.6	0.9	6.8
1995	2614.8		8.1	1.8	12.7
1996	3102.6		10.9	3.7	19.7
1997	3507.8		13.6	6.1	27.7
1998	3781.3		21.2	9.0	39.5
1999	3912.3		20.9	15.4	44.9
2000	4350.3		24.8	13.8	57.9
2001	4345.3	18.7	28.3	16.5	68.9
2002	4405.6	26.5	32.0	19.9	81.1
2003	4574.8	32.9	37.6	27.1	91.2
2004	6845.2	51.9	58.3	33.3	118.6
2005	8477.8	65.1	92.5	47.5	163.5
2006	10268.5	77.8	121.8	68.5	192.9
2007	12173.4	96.0	165.6	87.9	262.6
2008	13787.2	117.8	216.7	126.9	384.6
2009	14895.5	129.6	240.1	155.7	468.8
2010	16160.7	147.5	284.9	192.4	561.4
2011	17695.9	163.0	466.4	286.4	742.6
2012	19010.1	190.5	526.7	406.3	861.9
2013	19917.2	195.2	614.8	482.1	996.2
2014	20639.2	198.2	694.8	560.5	1128.8
2015	21432.5	201.9	754.2	598.7	1285.3
2016	21889.3	196.0	736.9	610.3	1410.9
2017	22723.7	192.8	853.8	662.3	1606.9
2018	23874.4	198.5	913.0	742.0	1784.9
2019	25478.1	194.2	819.4	816.9	1783.2
2020	26763.4	187.6	486.3	820.3	1449.3
2021	28286.5	206.2	951.9	990.2	1411.2
比上年增长(%) Increase over Preceding Year %					
1995	43.5		77.5	92.4	87.3
1996	18.7		34.7	104.1	55.8
1997	13.1		24.6	64.5	40.1
1998	7.8		55.9	48.6	42.9
1999	3.5		-1.3	70.5	13.6
2000	11.2		18.7	-10.5	28.8
2001	-0.1	-0.6	14.2	19.5	19.1
2002	1.4	41.7	13.2	20.6	17.7
2003	3.8	24.2	17.4	36.2	12.5
2004	49.6	57.8	55.1	22.9	30.0
2005	23.9	25.4	58.7	42.6	37.9
2006	21.1	19.5	31.7	44.2	18.0
2007	18.6	23.4	36.0	28.3	36.1
2008	13.3	22.7	30.9	44.4	27.6
2009	8.0	10.0	10.8	22.7	21.9
2010	8.5	13.8	18.7	23.6	19.8
2011	9.5	10.6	63.7	48.8	32.3
2012	7.4	16.9	12.9	41.9	16.1
2013	4.8	2.4	16.7	18.7	15.6
2014	3.6	1.5	13.0	16.3	13.3
2015	3.8	1.9	8.6	6.8	13.9
2016	2.1	-2.9	-2.3	1.9	9.8
2017	3.8	-1.6	15.9	8.5	13.9
2018	5.1	2.9	6.9	12.0	11.1
2019	6.7	-2.2	-10.2	10.1	-0.1
2020	5.0	-3.4	-40.7	0.4	-18.7
2021	5.7	9.9	95.8	20.7	-2.6

9-19 历年各地区工伤保险基本情况
WORK INJURY INSURANCE BY REGION

单位：万人 (10 000 persons)

地 区	Region	2001		2002		2003		2004	
		年末参保人数 Contributors at the Year-end	享受工伤保险待遇人数 Beneficiaries of Work Injury Insurance	年末参保人数 Contributors at the Year-end	享受工伤保险待遇人数 Beneficiaries of Work Injury Insurance	年末参保人数 Contributors at the Year-end	享受工伤保险待遇人数 Beneficiaries of Work Injury Insurance	年末参保人数 Contributors at the Year-end	享受工伤保险待遇人数 Beneficiaries of Work Injury Insurance
全 国	**National**	**4345**	**19**	**4406**	**27**	**4575**	**33**	**6845**	**52**
北 京	Beijing	204.7	0.1	221.1	**0.7**	242.9	1.2	258.9	2.5
天 津	Tianjin							147.2	0.1
河 北	Hebei	163.1	0.8	146.7	0.4	145.7	0.4	273.9	0.9
山 西	Shanxi	71.8		46.3	0.1	48.4		104.0	0.1
内蒙古	Inner Mongolia	26.7	0.5	23.8	0.2	31.8	0.3	85.0	0.5
辽 宁	Liaoning	390.6	5.0	390.5	6.0	345.8	7.3	404.2	8.2
吉 林	Jilin	30.7	1.1	36.6	1.5	37.1	1.2	114.3	3.1
黑龙江	Heilongjiang	104.4	0.1	119.0	0.9	130.9	1.1	202.7	4.3
上 海	Shanghai							488.3	0.1
江 苏	Jiangsu	473.9	0.7	480.0	1.3	503.0	1.7	577.2	2.7
浙 江	Zhejiang	219.7	0.6	226.0	1.0	287.7	1.4	360.4	2.7
安 徽	Anhui	73.4	0.2	69.8	0.3	68.0	0.4	102.0	0.5
福 建	Fujian	159.0	0.2	170.7	0.3	172.3	0.6	205.4	0.8
江 西	Jiangxi	137.8	0.2	129.3	0.2	129.7	0.3	134.7	0.4
山 东	Shandong	285.5	0.6	277.7	1.1	281.8	1.5	476.7	4.7
河 南	Henan	196.0	0.5	218.8	0.7	210.6	0.5	324.7	1.1
湖 北	Hubei	182.3	1.3	183.2	1.7	189.2	1.4	187.2	1.8
湖 南	Hunan					8.6		203.3	0.3
广 东	Guangdong	990.1	5.2	1049.9	8.0	1120.0	9.7	1215.1	11.3
广 西	Guangxi	124.1	0.1	117.3	0.2	120.3	0.3	133.5	0.7
海 南	Hainan	69.5		68.9	0.1	68.2	0.1	64.5	0.1
重 庆	Chongqing	25.0	0.1	29.7	0.1	26.5	0.2	122.6	0.4
四 川	Sichuan	179.3	0.5	167.4	0.6	161.4	1.2	195.6	1.6
贵 州	Guizhou	1.7		1.3		1.3		1.2	
云 南	Yunnan	97.3	0.6	89.0	0.9	84.1	1.2	150.9	1.1
西 藏	Tibet								
陕 西	Shaanxi	24.5	0.1	25.6		35.1	0.1	115.1	0.7
甘 肃	Gansu	9.5		8.7		8.0		42.0	0.1
青 海	Qinghai	7.1		6.6		6.6		15.7	0.1
宁 夏	Ningxia	11.4		16.0		15.2	0.1	19.1	0.3
新 疆	Xinjiang	86.3	0.1	86.0	0.1	94.6	0.5	119.5	0.7

9-19 续表 continued 1

单位：万人 (10 000 persons)

地 区	Region	2005 年末参保人数 Contributors at the Year-end	2005 享受工伤保险待遇人数 Beneficiaries of Work Injury Insurance	2006 年末参保人数 Contributors at the Year-end	2006 享受工伤保险待遇人数 Beneficiaries of Work Injury Insurance	2007 年末参保人数 Contributors at the Year-end	2007 享受工伤保险待遇人数 Beneficiaries of Work Injury Insurance
全 国	**National**	**8478**	**65**	**10268**	**78**	**12173**	**96**
北 京	Beijing	303.9	3.0	465.3	1.5	609.2	1.6
天 津	Tianjin	162.9	0.9	209.7	1.7	257.2	2.3
河 北	Hebei	361.4	1.3	402.4	2.4	481.3	6.0
山 西	Shanxi	151.4	0.5	201.4	3.3	229.1	3.9
内蒙古	Inner Mongolia	110.2	0.7	131.6	0.8	163.6	1.3
辽 宁	Liaoning	474.6	9.1	510.0	8.5	572.3	9.1
吉 林	Jilin	136.7	2.2	174.7	3.0	206.8	2.6
黑龙江	Heilongjiang	257.5	3.8	303.0	3.9	351.7	4.9
上 海	Shanghai	523.7	0.5	817.7	0.7	884.4	0.9
江 苏	Jiangsu	680.2	3.7	812.7	5.6	921.0	6.6
浙 江	Zhejiang	453.1	4.8	603.9	7.4	1002.9	11.2
安 徽	Anhui	148.2	1.7	200.2	2.0	248.7	2.2
福 建	Fujian	239.1	1.3	261.0	1.5	294.8	1.9
江 西	Jiangxi	153.6	0.8	207.9	1.5	251.3	1.7
山 东	Shandong	578.7	5.7	647.3	5.8	745.0	7.0
河 南	Henan	404.0	1.5	421.0	1.7	448.3	2.6
湖 北	Hubei	230.3	1.1	275.5	1.5	327.5	2.0
湖 南	Hunan	228.2	0.7	280.1	2.0	342.4	2.6
广 东	Guangdong	1605.1	12.9	1868.2	13.5	2113.9	13.8
广 西	Guangxi	144.4	0.8	161.1	0.8	182.4	0.9
海 南	Hainan	68.9	0.1	71.5	0.2	78.4	0.2
重 庆	Chongqing	154.1	1.2	165.4	1.8	181.1	1.6
四 川	Sichuan	270.5	2.0	304.9	2.3	397.3	3.2
贵 州	Guizhou	65.8	0.1	90.5	0.6	110.5	0.9
云 南	Yunnan	166.9	1.2	173.8	1.1	188.5	1.6
西 藏	Tibet	1.9		2.3		3.7	
陕 西	Shaanxi	149.2	1.8	210.3	0.7	232.0	1.0
甘 肃	Gansu	70.1	0.4	86.3	0.3	98.2	0.4
青 海	Qinghai	20.5	0.3	23.1	0.4	25.3	0.4
宁 夏	Ningxia	23.5	0.3	24.2	0.3	30.5	0.1
新 疆	Xinjiang	139.1	0.9	161.3	1.2	194.1	1.4

9-19 续表 continued 2

单位：万人 (10 000 persons)

地 区 Region	2008		2009		2010	
	年末参保人数 Contributors at the Year-end	享受工伤保险待遇人数 Beneficiaries of Work Injury Insurance	年末参保人数 Contributors at the Year-end	享受工伤保险待遇人数 Beneficiaries of Work Injury Insurance	年末参保人数 Contributors at the Year-end	享受工伤保险待遇人数 Beneficiaries of Work Injury Insurance
全 国 National	**13787**	**118**	**14896**	**130**	**16161**	**147**
北 京 Beijing	666.5	1.8	747.1	4.1	823.8	4.4
天 津 Tianjin	274.9	2.7	292.2	3.1	304.5	4.1
河 北 Hebei	520.8	5.3	559.3	6.0	594.4	7.5
山 西 Shanxi	261.0	4.6	280.7	4.3	292.4	4.9
内蒙古 Inner Mongolia	185.4	1.4	199.1	1.6	207.5	1.8
辽 宁 Liaoning	659.6	8.5	695.8	9.0	730.0	10.0
吉 林 Jilin	234.9	4.1	272.2	3.0	300.5	3.7
黑龙江 Heilongjiang	390.9	4.5	401.8	5.6	415.1	6.2
上 海 Shanghai	950.4	1.2	934.0	1.3	961.0	1.7
江 苏 Jiangsu	1056.6	8.4	1118.1	9.3	1205.5	9.8
浙 江 Zhejiang	1261.8	16.9	1331.1	18.0	1475.1	20.2
安 徽 Anhui	292.9	2.9	320.6	3.9	351.1	4.4
福 建 Fujian	346.1	2.2	379.3	2.3	417.7	2.4
江 西 Jiangxi	313.6	2.0	340.2	1.9	371.7	2.7
山 东 Shandong	865.0	8.8	1064.6	9.2	1211.2	10.2
河 南 Henan	500.2	3.1	521.0	3.2	551.7	3.0
湖 北 Hubei	360.9	2.4	410.7	2.7	444.0	3.1
湖 南 Hunan	403.5	3.9	472.1	5.3	516.0	7.4
广 东 Guangdong	2302.3	15.2	2435.5	15.0	2657.8	14.7
广 西 Guangxi	204.9	1.1	221.7	1.2	235.7	1.4
海 南 Hainan	86.1	0.2	90.1	0.3	95.8	0.3
重 庆 Chongqing	208.2	4.2	226.5	4.7	266.0	5.6
四 川 Sichuan	464.6	4.6	515.8	6.1	583.8	6.0
贵 州 Guizhou	129.0	1.1	143.3	1.4	162.2	1.9
云 南 Yunnan	202.5	2.3	215.1	2.4	227.4	4.6
西 藏 Tibet	5.9		8.3		8.8	
陕 西 Shaanxi	247.6	1.4	264.9	1.4	278.6	1.6
甘 肃 Gansu	108.9	0.8	119.7	0.8	130.1	1.1
青 海 Qinghai	29.9	0.5	40.1	0.5	43.2	0.5
宁 夏 Ningxia	37.5	0.2	42.4	0.2	48.9	0.3
新 疆 Xinjiang	214.5	1.6	232.3	1.9	249.3	2.0

9–19 续表 3 continued

单位：万人 (10 000 persons)

地 区	Region	2011		2012		2013	
		年末参保人数 Contributors at the Year-end	享受工伤保险待遇人数 Beneficiaries of Work Injury Insurance	年末参保人数 Contributors at the Year-end	享受工伤保险待遇人数 Beneficiaries of Work Injury Insurance	年末参保人数 Contributors at the Year-end	享受工伤保险待遇人数 Beneficiaries of Work Injury Insurance
全 国	**National**	**17696**	**163**	**19010**	**191**	**19917**	**195**
北 京	Beijing	862.4	4.7	897.2	4.8	920.3	4.8
天 津	Tianjin	320.4	3.8	330.1	3.4	335.1	3.3
河 北	Hebei	640.4	8.6	694.8	9.1	737.0	10.5
山 西	Shanxi	337.6	5.5	529.6	8.4	550.0	9.7
内蒙古	Inner Mongolia	225.3	3.2	248.9	2.5	277.4	2.2
辽 宁	Liaoning	779.1	11.3	819.1	14.0	856.7	13.2
吉 林	Jilin	331.6	3.3	359.4	4.2	392.1	5.3
黑龙江	Heilongjiang	450.0	8.2	470.6	6.8	493.1	7.2
上 海	Shanghai	939.5	2.5	898.9	6.1	904.1	6.6
江 苏	Jiangsu	1327.0	10.7	1420.7	12.3	1487.3	13.6
浙 江	Zhejiang	1610.8	22.2	1731.7	23.8	1826.1	22.6
安 徽	Anhui	422.0	5.6	457.9	8.8	473.2	8.1
福 建	Fujian	496.9	2.8	540.9	3.4	607.5	3.5
江 西	Jiangxi	387.9	3.0	410.9	5.5	431.5	4.5
山 东	Shandong	1276.1	10.8	1339.6	11.9	1371.9	11.2
河 南	Henan	655.5	3.5	720.6	4.8	773.1	4.6
湖 北	Hubei	481.0	4.5	522.6	4.0	556.9	5.7
湖 南	Hunan	635.5	7.0	693.8	7.8	731.2	8.3
广 东	Guangdong	2847.8	15.4	2962.8	16.7	3057.3	16.7
广 西	Guangxi	272.5	1.5	312.4	1.8	325.6	1.9
海 南	Hainan	104.0	0.3	119.5	0.4	123.4	0.3
重 庆	Chongqing	337.1	6.2	374.9	8.0	406.8	8.0
四 川	Sichuan	650.8	6.5	689.4	8.0	690.1	8.3
贵 州	Guizhou	194.0	2.2	238.2	2.7	260.4	2.3
云 南	Yunnan	243.4	3.6	295.3	4.0	334.3	4.4
西 藏	Tibet	11.8		14.2	0.1	14.8	
陕 西	Shaanxi	326.8	1.9	350.4	2.2	378.1	3.0
甘 肃	Gansu	150.2	1.4	158.5	1.8	167.7	1.8
青 海	Qinghai	45.6	0.5	49.2	0.6	52.3	0.6
宁 夏	Ningxia	58.3	0.3	63.9	0.4	72.7	0.5
新 疆	Xinjiang	274.6	2.0	294.1	2.4	309.5	2.5

9-19 续表 4 continued

单位：万人 (10 000 persons)

地 区	Region	2014		2015		2016	
		年末参保人数 Contributors at the Year-end	享受工伤保险待遇人数 Beneficiaries of Work Injury Insurance	年末参保人数 Contributors at the Year-end	享受工伤保险待遇人数 Beneficiaries of Work Injury Insurance	年末参保人数 Contributors at the Year-end	享受工伤保险待遇人数 Beneficiaries of Work Injury Insurance
全 国	**National**	**20639**	**198**	**21432**	**202**	**21889**	**196**
北 京	Beijing	961.0	5.0	1020.1	4.7	1060.2	4.6
天 津	Tianjin	345.2	3.3	385.6	3.4	388.1	3.4
河 北	Hebei	778.7	10.4	809.7	9.6	840.0	9.8
山 西	Shanxi	563.1	11.1	573.1	10.1	576.0	11.4
内蒙古	Inner Mongolia	289.9	2.3	297.1	2.4	303.2	2.7
辽 宁	Liaoning	903.1	13.2	918.6	13.8	886.6	13.8
吉 林	Jilin	415.6	4.6	435.6	11.3	440.7	4.9
黑龙江	Heilongjiang	505.5	6.3	512.0	6.5	522.2	6.5
上 海	Shanghai	920.5	6.9	932.9	7.0	943.5	6.5
江 苏	Jiangsu	1540.1	14.3	1594.1	14.7	1633.9	15.1
浙 江	Zhejiang	1899.4	22.6	1930.1	20.4	1880.7	18.7
安 徽	Anhui	508.3	8.3	528.9	8.3	544.6	8.7
福 建	Fujian	627.3	3.9	691.0	3.9	733.8	4.2
江 西	Jiangxi	461.2	4.7	500.6	4.6	502.1	4.5
山 东	Shandong	1421.5	11.8	1473.5	11.1	1510.9	11.1
河 南	Henan	805.7	4.6	856.7	5.0	877.0	4.8
湖 北	Hubei	576.7	4.9	640.1	4.9	651.1	7.9
湖 南	Hunan	747.9	8.7	778.0	9.3	773.3	11.1
广 东	Guangdong	3092.6	17.1	3122.7	16.8	3246.2	14.5
广 西	Guangxi	338.2	1.8	360.5	1.9	374.1	1.8
海 南	Hainan	126.1	0.3	131.5	0.3	137.4	0.3
重 庆	Chongqing	426.1	8.1	428.5	7.5	454.9	7.0
四 川	Sichuan	709.7	8.6	753.2	7.9	799.1	7.6
贵 州	Guizhou	275.4	2.3	290.2	2.8	305.0	2.5
云 南	Yunnan	341.7	4.0	368.1	4.3	372.8	3.7
西 藏	Tibet	24.3	0.1	26.9	0.1	26.9	0.1
陕 西	Shaanxi	404.0	2.9	427.3	3.0	441.6	3.0
甘 肃	Gansu	175.1	2.2	182.6	2.3	188.4	2.5
青 海	Qinghai	54.7	0.6	58.0	0.5	59.8	0.5
宁 夏	Ningxia	82.2	0.5	80.8	0.6	83.5	0.5
新 疆	Xinjiang	318.2	2.8	324.4	2.9	331.9	2.4

9-19 续表 5 continued

单位：万人 (10 000 persons)

地 区	Region	2017 年末参保人数 Contributors at the Year-end	2017 享受工伤保险待遇人数 Beneficiaries of Work Injury Insurance	2018 年末参保人数 Contributors at the Year-end	2018 享受工伤保险待遇人数 Beneficiaries of Work Injury Insurance	2019 年末参保人数 Contributors at the Year-end	2019 享受工伤保险待遇人数 Beneficiaries of Work Injury Insurance
全 国	**National**	**22724**	**193**	**23874**	**199**	**25478**	**194**
北 京	Beijing	1117.9	4.4	1187.0	4.4	1242.2	4.4
天 津	Tianjin	395.3	3.6	398.5	3.7	400.2	4.0
河 北	Hebei	860.7	10.0	880.3	10.3	951.4	10.0
山 西	Shanxi	582.6	6.3	596.6	6.8	624.2	7.4
内蒙古	Inner Mongolia	307.8	2.4	325.5	2.4	338.2	2.4
辽 宁	Liaoning	862.1	13.8	841.1	13.7	816.8	13.1
吉 林	Jilin	441.4	5.1	441.4	3.9	445.9	3.9
黑龙江	Heilongjiang	519.1	6.2	520.1	6.9	464.1	5.9
上 海	Shanghai	958.1	6.4	972.9	6.5	1084.1	6.4
江 苏	Jiangsu	1690.2	14.3	1777.5	14.8	2016.3	15.1
浙 江	Zhejiang	1977.2	19.4	2087.8	21.6	2257.4	22.2
安 徽	Anhui	565.5	10.5	603.5	11.3	639.1	7.0
福 建	Fujian	798.7	4.3	853.9	4.7	891.1	4.8
江 西	Jiangxi	517.1	5.1	534.6	5.2	539.4	4.2
山 东	Shandong	1569.1	11.1	1633.0	11.4	1710.7	11.9
河 南	Henan	900.9	5.4	926.3	5.6	966.2	4.6
湖 北	Hubei	656.6	6.5	675.6	5.3	717.3	5.0
湖 南	Hunan	782.8	11.9	793.8	13.2	807.6	13.4
广 东	Guangdong	3402.0	14.5	3592.5	14.5	3815.8	15.6
广 西	Guangxi	388.8	1.6	412.6	1.7	442.2	1.8
海 南	Hainan	141.4	0.4	152.9	0.4	159.6	0.4
重 庆	Chongqing	504.6	6.7	577.1	6.4	661.7	6.2
四 川	Sichuan	876.0	7.6	1012.6	8.2	1177.1	8.6
贵 州	Guizhou	332.5	2.4	355.8	2.4	408.5	2.6
云 南	Yunnan	383.7	4.4	403.3	4.3	438.5	4.9
西 藏	Tibet	33.4	0.1	35.7	0.1	36.8	0.1
陕 西	Shaanxi	459.3	2.8	528.0	3.1	577.4	3.0
甘 肃	Gansu	198.6	1.9	219.4	2.0	244.1	1.5
青 海	Qinghai	64.9	0.5	69.2	0.5	74.0	0.5
宁 夏	Ningxia	90.3	0.5	93.3	0.6	119.6	0.6
新 疆	Xinjiang	345.1	2.5	372.4	2.4	410.2	2.6

9-19 续表 6 continued

单位：万人 (10 000 persons)

地 区	Region	2020		2021	
		年末参保人数 Contributors at the Year-end	享受工伤保险待遇人数 Beneficiaries of Work Injury Insurance	年末参保人数 Contributors at the Year-end	享受工伤保险待遇人数 Beneficiaries of Work Injury Insurance
全 国	**National**	**26763**	**188**	**28287**	**206**
北 京	Beijing	1267.2	3.9	1307.2	4.6
天 津	Tianjin	405.6	3.8	408.4	4.1
河 北	Hebei	1069.4	9.7	1084.7	9.9
山 西	Shanxi	629.5	7.6	640.1	8.2
内蒙古	Inner Mongolia	336.0	3.3	338.2	2.5
辽 宁	Liaoning	807.1	12.9	807.9	12.1
吉 林	Jilin	384.5	6.4	392.4	5.9
黑龙江	Heilongjiang	442.6	4.6	444.4	4.4
上 海	Shanghai	1082.2	5.7	1097.3	6.2
江 苏	Jiangsu	2130.8	14.7	2340.6	16.4
浙 江	Zhejiang	2546.1	17.2	2741.6	19.3
安 徽	Anhui	683.9	6.8	718.0	7.4
福 建	Fujian	936.8	4.8	984.4	5.1
江 西	Jiangxi	558.0	4.7	563.5	5.1
山 东	Shandong	1822.1	12.4	1921.9	13.8
河 南	Henan	1000.0	4.7	1045.4	6.9
湖 北	Hubei	745.8	4.5	828.3	5.4
湖 南	Hunan	820.5	12.3	853.8	15.3
广 东	Guangdong	3866.7	14.7	4068.6	17.1
广 西	Guangxi	485.6	2.0	551.3	2.2
海 南	Hainan	170.1	0.4	184.9	0.4
重 庆	Chongqing	729.9	6.0	765.7	7.3
四 川	Sichuan	1320.1	7.9	1472.1	8.9
贵 州	Guizhou	463.8	3.4	529.9	4.2
云 南	Yunnan	498.8	4.9	541.9	4.1
西 藏	Tibet	40.2	0.1	49.6	0.1
陕 西	Shaanxi	604.2	3.2	629.6	3.9
甘 肃	Gansu	264.6	1.5	278.7	1.6
青 海	Qinghai	85.9	0.7	95.9	0.6
宁 夏	Ningxia	132.6	0.6	143.8	0.6
新 疆	Xinjiang	432.8	2.1	456.1	2.3

9-20 各地区工伤保险基本情况(2021年)

单位：人、亿元

地区	Region	参保人数(万人) Contributors at the Year-end (10 000 persons)	享受伤残待遇人数 Beneficiaries of Work Injury Insurance	#享受职业病待遇人数 Beneficiaries of Occupational Diseases	一至四级 Level 1 to Level 4 Disability	#职业病 Occupational Diseases
全　国	**National**	**28287**	**1711535**	**102254**	**214514**	**55777**
北　京	Beijing	1307	38354	6939	7960	4378
天　津	Tianjin	408	38111	8013	6937	3315
河　北	Hebei	1085	74533	3859	10336	2458
山　西	Shanxi	640	56600	5074	20204	3726
内蒙古	Inner Mongolia	338	21804	260	4154	162
辽　宁	Liaoning	808	107147	5758	16753	3471
吉　林	Jilin	392	55735	658	5921	372
黑龙江	Heilongjiang	444	38033	3555	10823	2192
上　海	Shanghai	1097	54696	902	4332	626
江　苏	Jiangsu	2341	141940	2797	12591	689
浙　江	Zhejiang	2742	177834	168	4794	66
安　徽	Anhui	718	60181	1882	4784	854
福　建	Fujian	984	42599	5744	4536	2467
江　西	Jiangxi	564	41159	5613	6325	2659
山　东	Shandong	1922	107377	9588	15847	5146
河　南	Henan	1045	49504	3776	12923	1817
湖　北	Hubei	828	47011	472	4835	330
湖　南	Hunan	854	135813	8842	6618	2096
广　东	Guangdong	4069	140271	1808	4670	494
广　西	Guangxi	551	17320	510	1795	196
海　南	Hainan	185	3216	46	319	33
重　庆	Chongqing	766	61693	10426	10361	7421
四　川	Sichuan	1472	72775	9756	14335	6699
贵　州	Guizhou	530	35300	2046	4416	1407
云　南	Yunnan	542	28717	1353	5652	1264
西　藏	Tibet	50	947	1	52	1
陕　西	Shaanxi	630	26354	251	3548	202
甘　肃	Gansu	279	9926	359	3105	333
青　海	Qinghai	96	4438	662	794	65
宁　夏	Ningxia	144	5179	524	968	312
新　疆	Xinjiang	456	16968	612	3826	526

注：工伤保险累计结余中含储备金。

WORK INJURY INSURANCE BY REGION (2021)

(person, 100 million yuan)

五至六级 Level 5 to Level 6 Disability	#职业病 Occupational Diseases	七至十级 Level 7 to Level 10 Disability	#职业病 Occupational Diseases	其他 Others	#职业病 Occupational Diseases	基金收入 Revenue	基金支出 Expenses	累计结余 Balance at the Year-end
61702	**10795**	**832176**	**20455**	**603143**	**15227**	**951.9**	**990.2**	**1411.2**
1648	1171	19368	1361	9378	29	46.8	51.3	36.9
3629	2316	15483	2357	12062	25	15.3	14.1	12.7
3032	431	35766	687	25399	283	62.1	51.1	46.7
2551	385	23116	866	10729	97	45.2	50.1	36.3
2297	46	8406	43	6947	9	11.6	15.1	37.6
10533	1182	51595	927	28266	178	44.3	34.4	52.7
4833	166	32994	118	11987	2	12.9	12.2	35.9
5384	550	15730	687	6096	126	32.2	28.9	32.0
537	92	43484	182	6343	2	42.8	44.2	42.4
1899	265	82039	1436	45411	407	88.2	88.4	121.0
1073	16	115219	50	56748	36	75.3	81.4	71.0
780	75	28667	499	25950	454	24.7	29.4	32.7
825	472	19178	1284	18060	1521	27.8	28.9	48.0
1840	122	11443	773	21551	2059	19.1	19.3	52.9
4719	1208	47676	2217	39135	1017	61.1	65.1	89.9
1915	265	20190	788	14476	906	33.5	32.2	61.9
1576	28	14431	111	26169	3	19.8	22.4	36.8
3912	517	41967	933	83316	5296	47.6	48.1	86.8
872	84	77609	449	57120	781	51.1	92.4	190.8
297	60	6445	89	8783	165	12.1	12.4	47.7
49	3	726	7	2122	3	3.7	2.6	19.3
957	423	35220	2354	15155	228	28.0	25.2	7.4
3873	748	35621	1512	18946	797	45.3	45.3	72.9
503	49	17314	340	13067	250	22.1	20.2	14.2
458	38	5866	39	16741	12	18.2	18.5	20.8
15		651		229		2.2	1.8	7.3
646	37	9102	10	13058	2	22.5	19.0	38.9
452	9	3124	14	3245	3	12.1	9.9	17.8
36	11	1338	278	2270	308	2.8	3.5	9.7
100	16	3900	28	211	168	4.8	5.0	9.0
461	10	8508	16	4173	60	16.6	17.7	21.3

a) Balance of work injury insurance includes reserves.

9–21 各地区工伤认定情况(2021年)

单位：人

地区 Region	当期认定(视同)工伤人数					
	合计 Total	认定工伤件数				
		小计 Sub-total	在工作时间和工作场所内因工作原因受到事故伤害 Injured by the Work Accident at the Workplace During the Work Time	工作时间前后在工作场所内从事与工作有关的预备性或者收尾性工作受到事故伤害 Injured by the Accident Related to the Preparation or Ending of Work at the Workplace During the Work Time	在工作时间和工作场所内因履行工作职责受到暴力等意外伤害 Injured by Non-work Accident such as Violence in Fulfilling Work-related Responsibilities at the Workplace During the Work Time	患职业病 Suffering from the Occupational Disease
全　国 National	**1298871**	**1285604**	**1068954**	**14309**	**7177**	**12065**
北　京 Beijing	25001	24455	16890	462	240	392
天　津 Tianjin	23792	23578	19422	385	354	109
河　北 Hebei	51524	50829	42197	614	276	585
山　西 Shanxi	28286	27831	23878	330	118	1374
内蒙古 Inner Mongolia	12014	11717	8741	184	124	391
辽　宁 Liaoning	31815	31257	26542	397	288	180
吉　林 Jilin	10154	9884	8463	77	75	102
黑龙江 Heilongjiang	12154	11773	10070	161	100	431
上　海 Shanghai	47602	47253	34515	984	254	111
江　苏 Jiangsu	149229	148409	117938	1137	439	526
浙　江 Zhejiang	189060	188503	170134	1276	283	248
安　徽 Anhui	48654	48341	38896	587	205	327
福　建 Fujian	44200	43894	37393	498	131	460
江　西 Jiangxi	31350	31144	25561	383	167	145
山　东 Shandong	83309	82205	65330	1133	428	990
河　南 Henan	31457	30634	23293	471	185	376
湖　北 Hubei	34926	34509	28700	438	366	294
湖　南 Hunan	61333	60862	54060	385	311	481
广　东 Guangdong	156322	154857	131445	1983	819	730
广　西 Guangxi	18532	18266	15163	145	212	80
海　南 Hainan	3410	3299	2743	23	42	99
重　庆 Chongqing	43179	42978	37463	302	365	1280
四　川 Sichuan	51524	51095	40839	557	487	1021
贵　州 Guizhou	27516	27305	24007	388	170	237
云　南 Yunnan	20793	20417	16082	187	249	342
西　藏 Tibet	1052	993	818	1	9	1
陕　西 Shaanxi	25051	24651	19626	435	234	337
甘　肃 Gansu	9218	9028	7421	86	54	144
青　海 Qinghai	2961	2886	2574	21	9	59
宁　夏 Ningxia	8096	8012	6425	124	53	78
新　疆 Xinjiang	12798	12276	10266	134	124	107

WORK INJURY CERTIFICATION BY REGION (2021)

(person)

Cases Certified(Cases Considered) as Suffering Work Injury							不予认定工伤人数	当期不予受理申请人数
Cases Certified as Suffering Work Injury			视同工伤件数 Cases Considered as Suffering Work Injury					
因工外出期间由于工作原因受到伤害或者发生事故下落不明 Injured by Work-related Accident or Missing Due to Accident When Outside the Workplace Due to Work-related Reasons	在上下班途中受到机动车事故伤害 Injured by Automobile Accident on the Road to Work from Home and Back Home from Work	其他应当认定为工伤的情形 Other Circumstances That Shall be Certified as Suffering Work Injury as Stipulated by Laws and Regulations	小计 Sub-total	在工作时间和工作岗位突发疾病死亡或者在48小时之内经抢救无效死亡 Died Immediately or Within 48 Hours after Unsuccessful Salvage Due to Illness Outburst at the Workplace During the	在抢险救灾等维护国家利益、公共利益活动中受到伤害 Injured in Rescue Activities for Protecting the Common Good of the State and the Public in Case of Emergencies or Natural	因战、因公负伤致残到用人单位后旧伤复发 Recrudescing of Previous Injury as a Result of War or Public Activities on the Employee Who Hold an Honorable Disabled Veteran Certificate	Cases Not be Certified or Considered as Suffering Work Injury	Work Injury Certification Applications Not Accepted
70255	**111746**	**1098**	**13267**	**12923**	**152**	**192**	**25770**	**8245**
2331	4137	3	546	537	3	6	404	77
1430	1878		214	204	2	8	285	32
2730	4420	7	695	682	3	10	1206	149
769	1362		455	443	10	2	418	140
1172	1096	9	297	288	6	3	409	107
1780	1964	106	558	548	2	8	621	140
360	614	193	270	264	5	1	99	35
564	446	1	381	377		4	132	113
3859	7528	2	349	346	1	2	873	183
6415	21930	24	820	756	2	62	2299	717
5936	10555	71	557	551	4	2	672	437
2136	6176	14	313	302	5	6	681	108
2168	3242	2	306	303	3		566	201
1561	3325	2	206	200	2	4	778	317
5807	8457	60	1104	1066	8	30	1223	287
2677	3623	9	823	779	39	5	778	252
1808	2896	7	417	409	6	2	1118	154
2107	3401	117	471	465	5	1	1281	110
10661	9219		1465	1448	10	7	5131	1187
1170	1496		266	264	2		690	124
175	217		111	111			181	31
1324	2243	1	201	191	5	5	902	2269
3250	4834	107	429	414	4	11	1667	264
1390	1027	86	211	200	9	2	606	263
2115	1220	222	376	369	2	5	721	120
138	26		59	59			40	8
2028	1940	51	400	390	8	2	460	158
731	591	1	190	190			224	41
115	108		75	73	2		127	9
426	905	1	84	79	3	2	419	32
953	690	2	522	520		2	602	137

9-22 分地区因工死亡人员工伤认定情况(2021年)

单位：人

地 区	Region	当期认定(视同)工伤人数					
		合 计	认定工伤件数				
		Total	小 计 Sub-total	在工作时间和工作场所内因工作原因受到事故伤害 Injured by the Work Accident at the Workplace During the Work Time;	工作时间前后在工作场所内从事与工作有关的预备性或者收尾性工作受到事故伤害 Injured by the Accident Related to the Preparation or Ending of Work at the Workplace During the Work Time	在工作时间和工作场所内因履行工作职责受到暴力等意外伤害 Injured by Non-work Accident such as Violence in Fulfilling Work-related Responsibilities at the Workplace During the Work Time	患职业病 Suffering from the Occupational Disease
全 国	**National**	**28983**	**16012**	**8930**	**397**	**217**	**52**
北 京	Beijing	812	273	118		2	1
天 津	Tianjin	386	181	87	1	4	
河 北	Hebei	1761	1079	604	1	7	2
山 西	Shanxi	1009	565	361	6	7	3
内 蒙 古	Inner Mongolia	532	242	115	2	3	
辽 宁	Liaoning	986	437	228	5	13	1
吉 林	Jilin	405	141	101		5	
黑 龙 江	Heilongjiang	562	185	112	5	7	4
上 海	Shanghai	734	388	204	5	4	2
江 苏	Jiangsu	2445	1676	858	10	5	6
浙 江	Zhejiang	1513	961	626	13	6	4
安 徽	Anhui	874	572	263	2	3	2
福 建	Fujian	914	610	404	5	1	1
江 西	Jiangxi	742	542	299	1	6	1
山 东	Shandong	2423	1355	619	8	7	4
河 南	Henan	1426	645	330	6	6	2
湖 北	Hubei	843	434	254	3	16	5
湖 南	Hunan	1170	702	510	4	3	5
广 东	Guangdong	2747	1299	708	10	26	4
广 西	Guangxi	548	283	169	2	5	1
海 南	Hainan	144	33	21	1	1	
重 庆	Chongqing	1049	856	427	288	42	1
四 川	Sichuan	1108	691	380	5	8	1
贵 州	Guizhou	537	330	189	6	8	1
云 南	Yunnan	725	355	235	2	5	
西 藏	Tibet	129	70	52		2	
陕 西	Shaanxi	804	410	261		7	1
甘 肃	Gansu	377	187	109	3	3	
青 海	Qinghai	178	105	77	1		
宁 夏	Ningxia	199	119	68			
新 疆	Xinjiang	765	245	122	2	5	
新疆兵团	Xinjiang Pyoduction and Construction Crops	136	41	19			

WORK INJURY CERTIFICATION INVOLVING DEATHS BY REGION(2021)

(person)

Cases Certified(Cases Considered) as Suffering Work Injury							不予认定工伤人数	当期不予受理申请人数
Cases Certified as Suffering Work Injury			视同工伤件数 Cases Considered as Suffering Work Injury					
因工外出期间由于工作原因受到伤害或者发生事故下落不明 Injured by Work-related Accident or Missing Due to Accident When Outside the Workplace Due to Work-related Reasons	在上下班途中受到机动车事故伤害 Injured by Automobile Accident on the Road to Work from Home and Back Home from Work	其他应当认定为工伤的情形 Other Circumstances That Shall be Certified as Suffering Work Injury as Stipulated by Laws and Regulations	小计 Sub-total	在工作时间和工作岗位突发疾病死亡或者在48小时之内经抢救无效死亡 Died Immediately or Within 48 Hours after Unsuccessful Salvage Due to Illness Outburst at the Workplace During the	在抢险救灾等维护国家利益、公共利益活动中受到伤害 Injured in Rescue Activities for Protecting the Common Good of the State and the Public in Case of Emergencies or Natural	因战、因公负伤致残到用人单位后旧伤复发 Recrudescing of Previous Injury as a Result of War or Public Activities on the Employee Who Hold an Honorable Disabled Veteran Certificate	Cases Not be Certified or Considered as Suffering Work Injury	Work Injury Certification Applications Not Accepted
1810	**4570**	**36**	**12971**	**12923**	**34**	**14**	**4624**	**365**
57	95		539	537	2		142	12
19	70		205	204	1		48	3
140	320	5	682	682			252	16
40	148		444	443	1		85	5
44	77	1	290	288	2		128	5
66	124		549	548	1		182	10
7	28		264	264			27	5
20	37		377	377			43	4
67	106		346	346			114	16
152	626	19	769	756	1	12	299	12
95	215	2	552	551	1		90	13
59	243		302	302			92	9
57	141	1	304	303	1		165	6
43	192		200	200			137	4
176	538	3	1068	1066	2		224	19
90	208	3	781	779	2		274	44
43	112	1	409	409			191	2
45	134	1	468	465	3		291	12
168	383		1448	1448			684	46
42	64		265	264	1		150	15
2	8		111	111			34	1
27	71		193	191	1	1	124	58
56	241		417	414	2	1	190	13
54	72		207	200	7		95	9
54	59		370	369	1		121	3
16			59	59			8	
59	82		394	390	4		112	2
28	44		190	190			81	5
12	15		73	73			10	
9	42		80	79	1		61	1
54	62		520	520			137	12
9	13		95	95			33	3

9–23 各地区劳动能力鉴定情况(2021年)
WORK CAPACITY ASSESSMENT BY REGION(2021)

单位：人 (person)

地区	Region	作出劳动能力鉴定结论人数 Work Capacity Assessment Applicants						评定伤残等级人数 Persons Assessed as Certain Level of Work-related Disable				存在生活自理障碍人数
		小计 Sub-total	初次鉴定 First Applications	再次鉴定 Second Applications	#改变结论 Concusions Changed	复查鉴定 Reassessment Applications	#改变结论 Concusions Changed	小计 Sub-total	一至四级 Level 1 to Level 4	五至六级 Level 5 to Level 6	七至十级 Level 7 to Level 10	Persons Assessed as Living-related Disable
全国	**National**	**783894**	**764248**	**15572**	**3040**	**4074**	**1477**	**711581**	**10574**	**10181**	**690826**	**4955**
北京	Beijing	16128	15661	143	6	324	285	14120	437	261	13422	119
天津	Tianjin	12066	11730	255	70	81	23	11075	108	153	10814	92
河北	Hebei	28142	27695	327	78	120	49	26842	471	434	25937	194
山西	Shanxi	21073	20596	322	173	155	83	19581	813	605	18163	257
内蒙古	Inner Mongolia	8310	7928	217	52	165	39	7639	290	239	7110	125
辽宁	Liaoning	18070	17391	293	35	386	77	16088	316	309	15463	180
吉林	Jilin	5604	5412	122	72	70	24	5006	101	137	4768	81
黑龙江	Heilongjiang	8231	7282	338	46	611	80	7535	196	221	7118	108
上海	Shanghai	38159	37429	627	103	103	48	34630	138	185	34307	87
江苏	Jiangsu	95725	94948	554	16	223	51	89201	584	848	87769	396
浙江	Zhejiang	118956	117225	1681	448	50	13	108386	461	945	106980	283
安徽	Anhui	31129	29867	1097	210	165	50	28819	970	424	27425	201
福建	Fujian	25041	24062	934	222	45	27	20289	517	378	19394	129
江西	Jiangxi	16658	15987	565	158	106	49	15347	269	242	14836	167
山东	Shandong	41134	39469	1425	187	240	93	36836	835	768	35233	398
河南	Henan	13873	13368	423	130	82	58	12925	272	327	12326	157
湖北	Hubei	17163	16234	851	308	78	29	15358	231	256	14871	135
湖南	Hunan	33388	32656	570	146	162	51	31061	464	337	30260	369
广东	Guangdong	94824	93428	1218	104	178	78	82836	590	892	81354	343
广西	Guangxi	7597	7401	182	51	14	7	6952	117	152	6683	84
海南	Hainan	928	901	25	11	2		887	46	25	816	33
重庆	Chongqing	30095	28727	1018	155	350	146	27678	400	342	26936	215
四川	Sichuan	39023	37745	1142		138		34930	981	585	33364	325
贵州	Guizhou	19544	19290	238	60	16	7	18689	179	230	18280	98
云南	Yunnan	8595	8501	51	1	43	36	7663	187	208	7268	92
西藏	Tibet	740	725	14	6	1	1	682	10	14	658	7
陕西	Shaanxi	11464	11048	392	42	24	5	10633	208	217	10208	95
甘肃	Gansu	4294	4186	60	21	48	27	4076	124	175	3777	52
青海	Qinghai	1758	1730	17	11	11	10	1674	57	32	1585	21
宁夏	Ningxia	5363	5165	140	23	58	15	4783	74	79	4630	35
新疆	Xinjiang	9257	8924	323	93	10	4	7967	102	126	7739	60
新疆兵团	Xinjiang Production and Construction Crops	1560	1537	8	2	15	12	1393	26	35	1332	17

十、工会工作

TRADE UNION WORKS

10-1 各地区基层工会组织数(2021年)

单位：个

地 区	Region	总 计 Total	国有企业 State-owned	集体企业 Urban Collective-owned	股份合作企业 Coopera-tive	联营企业 Joint-owned	有限责任公司 Limited Liability Corporations
全 国	**National**	**2213946**	**64990**	**41612**	**23045**	**4561**	**215313**
北 京	Beijing	35432	1100	1312	335	32	13234
天 津	Tianjin	16212	754	197	64	9	1264
河 北	Hebei	124805	3425	2958	886	365	5375
山 西	Shanxi	52532	2531	1674	303	39	3723
内蒙古	Inner Mongolia	51643	1899	590	330	72	6519
辽 宁	Liaoning	56528	1931	665	346	82	6009
吉 林	Jilin	27692	1416	175	264	24	2462
黑龙江	Heilongjiang	41423	2777	909	289	61	2958
上 海	Shanghai	48067	1572	1581	345	28	4540
江 苏	Jiangsu	145554	2904	2638	2068	256	12546
浙 江	Zhejiang	136492	2404	1683	3792	289	19020
安 徽	Anhui	109571	2518	3248	1310	198	11244
福 建	Fujian	94020	2683	1038	822	333	5125
江 西	Jiangxi	79213	2945	1734	1630	279	4025
山 东	Shandong	105398	3914	1965	906	74	13777
河 南	Henan	138459	3559	3253	1255	326	8185
湖 北	Hubei	100182	2336	2050	783	322	7735
湖 南	Hunan	116235	3038	4222	2012	391	7306
广 东	Guangdong	136791	3973	2076	975	144	17369
广 西	Guangxi	62928	2391	1000	281	310	4197
海 南	Hainan	15194	651	364	97	17	4862
重 庆	Chongqing	43926	930	416	467	107	4408
四 川	Sichuan	141018	2728	1175	973	172	13917
贵 州	Guizhou	54604	2099	709	353	197	5212
云 南	Yunnan	66992	1371	520	359	55	6137
西 藏	Tibet	8821	297	67	15	3	245
陕 西	Shaanxi	106708	3079	2772	1233	275	15356
甘 肃	Gansu	36043	1127	271	249	30	3014
青 海	Qinghai	13804	435	73	66	15	479
宁 夏	Ningxia	11740	315	42	37	3	1073
新 疆	Xinjiang	35919	1888	235	200	53	3997

NUMBER OF GRASSROOTS TRADE UNION BY REGION (2021)

(unit)

股份有限公司 Share-holding Corporations Ltd.	私营企业 Private	其他内资企业 Other Enterprises of	个体经营户 Individuals	港澳台商投资企业 Funded by Entrepreneurs from HongKong, Macao & Taiwan	外商投资企业 Foreign Funded	事业单位 Institutions	机关 Agencies and Organizations	其他 Others
61029	**971545**	**7727**	**62768**	**18089**	**27881**	**317131**	**192333**	**204614**
1384	5057	63	526	424	887	4941	1700	3129
509	7385	12	12	222	787	2482	1210	1305
2265	58785	2323	3826	214	573	14109	10342	19359
1390	16759	22	1442	28	56	10425	6614	7526
1048	25466	33	530	23	59	7938	5996	1140
1503	19343	139	926	294	1239	8840	5606	9605
800	8783	25	700	35	153	7269	3454	2132
1639	13203	24	1761	74	162	8357	5045	4164
1547	22517	450	290	1258	3301	5724	1407	3507
4103	80101	597	1844	3483	6565	14145	5951	8353
5478	72751	460	1439	1691	2394	13933	6956	4202
2753	50302	177	3832	171	317	13915	7425	12161
3200	55857	740	1138	1661	1732	8937	5563	5191
1442	40843	158	2191	260	780	12568	7369	2989
3810	38510	192	2525	395	1773	17601	10322	9634
3045	65038	228	8072	117	166	22723	10572	11920
2247	47938	148	3059	302	662	15443	6791	10366
2866	54396	484	7060	140	249	15561	10552	7958
3488	62167	679	2032	6423	3972	17161	10052	6280
2497	25906	109	2049	167	279	11288	7008	5446
671	2154	18	167	89	66	2741	1473	1824
1375	19768	79	3169	72	191	6397	3174	3373
3642	54021	230	5607	251	510	21771	15551	20470
2196	17034	88	765	40	55	8683	6389	10784
1609	32920	47	1183	88	174	9018	8933	4578
85	853	16	259		1	597	3582	2801
2423	42228	126	3795	83	649	14928	7716	12045
586	12030	24	640	35	41	8048	5642	4306
169	4428	3	1369	11	8	2098	2241	2409
345	4453	1	135	16	23	1961	1383	1953
914	10549	32	425	22	57	7529	6314	3704

10–2 各地区工会会员人数(2021年)

单位：人

地 区	Region	总 计 Total	内资企业 Enterprises of Domestic Funded					
			国有企业 State-owned	集体企业 Urban Collective-owned	股份合作企业 Coopera-tive	联营企业 Joint-owned	国有独资公司 State Funded Corporations	其他有限责任公司 Other Limited Liability Corporations
全 国	**National**	**254918191**	**18755579**	**4768213**	**3555840**	**699813**	**5535854**	**18884011**
北 京	Beijing	5583754	446490	124043	29563	2391	319729	1119319
天 津	Tianjin	2498876	262374	44018	10394	642	107204	189105
河 北	Hebei	14094658	945593	302534	142871	55898	185365	635909
山 西	Shanxi	6890202	987488	177527	71175	5289	282886	453521
内蒙古	Inner Mongolia	4691046	712755	73818	61404	19314	196830	376734
辽 宁	Liaoning	9296488	917267	109337	49122	9932	228315	469393
吉 林	Jilin	3583868	463790	29752	83448	2707	70772	204012
黑龙江	Heilongjiang	4897201	923219	66226	34242	9847	239970	205653
上 海	Shanghai	6992085	402117	264037	48898	3405	510783	490030
江 苏	Jiangsu	20335099	863921	483271	433069	53324	263805	1481295
浙 江	Zhejiang	18460826	437237	243228	564573	38155	270784	2283811
安 徽	Anhui	9612930	645146	367538	156823	19893	123716	870125
福 建	Fujian	7719876	425968	60475	92509	28557	124180	377952
江 西	Jiangxi	8225188	813621	165759	249766	58168	65708	319642
山 东	Shandong	14081979	1136001	257955	231043	8502	350525	1477904
河 南	Henan	14138196	1139766	429763	258486	55632	128954	726568
湖 北	Hubei	10662126	572833	335764	139540	79830	250778	802348
湖 南	Hunan	10533252	803446	391891	205380	51921	119921	646902
广 东	Guangdong	20019570	1041611	204645	165097	37372	274750	1754412
广 西	Guangxi	5590620	483645	73228	54966	27965	176763	288538
海 南	Hainan	1538249	93218	13293	14576	7790	33951	235981
重 庆	Chongqing	5223170	276884	23879	48985	10187	143449	444602
四 川	Sichuan	18909110	790357	124804	137292	21108	286923	1076732
贵 州	Guizhou	7001074	489389	90417	38933	29225	95179	307851
云 南	Yunnan	4592736	407401	33114	29287	4695	165513	269254
西 藏	Tibet	606972	46869	3768	5184	123	7958	10694
陕 西	Shaanxi	8770103	1012508	202565	113019	38512	268965	793257
甘 肃	Gansu	3752381	414859	28589	49816	13666	98634	198903
青 海	Qinghai	1156846	141569	7930	5047	552	22475	27831
宁 夏	Ningxia	1205124	142487	2354	12041	688	30639	65916
新 疆	Xinjiang	4254586	515750	32691	19291	4523	90430	279817

TRADE UNION MEMBERS IN GRASSROOTS TRADE UNION BY REGION (2021)

(person)

内资企业 Enterprises of Domestic Funded				个体经营户 Individuals	港澳台商投资企业 Funded by Entrepreneurs from HongKong Macao&Taiwan	外商投资企业 Foreign Funded	事业单位 Institutions	机关 Agencies and Organization	其他 Others
国有控股公司 State-holding	其他股份有限公司 Other Share-holding Corporations Ltd.	私营企业 Private	其他企业 Others						
7573950	**7350904**	**75908071**	**1016023**	**6973369**	**4928145**	**6415839**	**36143287**	**19439227**	**36135859**
190531	188597	370013	17091	52881	79754	248821	917381	380436	262507
197547	48946	794550	1410	639	57038	158706	347824	196542	81937
283425	238813	5103208	211439	350159	83594	145121	1728704	957459	2724566
589967	144617	1574813	7892	245702	94369	12134	1021977	548930	671915
129157	88621	1456111	1401	23862	7024	11213	814743	538426	179633
254328	177513	1597742	8668	81365	51035	272666	1396197	858384	2815224
125991	96459	754133	2435	87864	7981	34831	762098	370657	486938
293418	76884	984668	3524	187048	14053	34774	958410	420016	445249
605319	179153	1927018	208869	30718	322941	723853	674263	212507	388174
386969	702123	8063928	104074	213378	814054	1475368	1994537	834441	2167542
360064	949687	8565344	63713	184322	401496	554152	1889509	589843	1064908
240767	312378	2969401	28400	253420	45674	95141	1363028	577395	1544085
215189	240525	3499074	48362	80857	414075	301902	778480	399962	631809
89032	266435	3846763	16298	139570	97930	167515	1045686	653848	229447
613871	757632	3238616	24418	244159	152799	404671	2265631	1119596	1798656
225062	342861	4150466	36817	725837	137645	38552	2619131	1341415	1781241
429512	252879	3676047	17475	301331	119087	157898	1404907	604460	1517437
263345	258910	3689729	43537	490963	39345	60487	1449435	1058062	959978
506801	786966	5998760	86127	704326	1740997	1152318	2344660	1150446	2070282
141521	134495	1361875	7624	192873	24334	39315	1242837	568725	771916
53031	35765	161870	2320	10548	10560	13926	260203	309213	282004
123772	115198	1641289	19735	823945	31506	49813	609888	339874	520164
334566	390150	4147626	22692	962986	116661	116208	2854548	1533823	5992634
165617	87266	1139673	3108	85111	15107	12530	959392	860883	2621393
209760	95752	1031521	4065	39033	18300	24953	997071	754328	508689
14201	3914	29473	300	8028		4	108467	213943	154046
234654	201353	2101779	11625	322551	15011	85337	1193782	515968	1659217
131291	37096	802626	3143	57097	4964	8869	813490	515837	573501
28652	7895	177296	26	27965	1770	1659	155607	129303	421269
25232	52257	271997	48	4126	1541	4589	194606	116691	279912
111358	79764	780662	9387	40705	7500	8513	976795	767814	529586

10−3 分地区基层单位建立职工代表大会制度情况(2021年)
EMPLOYEE CONGRESS SYSTEM IN GRASSROOTS TRADE UNION BY REGION (2021)

地 区	Region	建立职工(代表)大会制度的企事业单位(个) Number of Establishments with Employee Congress (unit)	本年度召开过职工(代表)大会的企事业单位(个) Number of Establishments with Congress Held (unit)	职工代表大会的职工代表(人) Congress Members (person)	#女职工代表 Female	实行厂务公开的企事业单位(个) Number of Establishments with Publishing Management Affairs (unit)
全 国	**National**	**3207193**	**2098956**	**14490132**	**4763644**	**3118096**
北 京	Beijing	66257	53855	280341	122348	61708
天 津	Tianjin	70253	63618	241144	103003	70969
河 北	Hebei	147506	76881	527304	133605	138927
山 西	Shanxi	92487	43251	383836	87730	90994
内蒙古	Inner Mongolia	53586	26828	267424	70269	53911
辽 宁	Liaoning	71645	43600	368332	127258	66363
吉 林	Jilin	42316	23692	171595	56382	35873
黑龙江	Heilongjiang	53038	32546	261481	73399	52340
上 海	Shanghai	112480	85670	515972	199199	118624
江 苏	Jiangsu	270817	188907	1702967	549937	230431
浙 江	Zhejiang	371188	229832	1728417	701605	368097
安 徽	Anhui	95391	57591	471138	136017	95566
福 建	Fujian	147945	92078	459830	181761	148341
江 西	Jiangxi	92457	51797	347149	89690	95882
山 东	Shandong	110157	69367	882151	280513	106451
河 南	Henan	132172	77757	781630	194580	128322
湖 北	Hubei	149308	130037	756612	237620	141626
湖 南	Hunan	98206	48945	516357	112913	95636
广 东	Guangdong	170152	117904	900256	348215	185895
广 西	Guangxi	74989	50132	295592	102218	73392
海 南	Hainan	14168	7588	72962	26131	14295
重 庆	Chongqing	119869	93823	278096	90153	116236
四 川	Sichuan	252045	218156	888202	294720	241396
贵 州	Guizhou	58245	21931	255765	70951	56989
云 南	Yunnan	61258	33570	249191	93534	60630
西 藏	Tibet	1079	653	9740	2454	1994
陕 西	Shaanxi	138318	73585	333739	92754	135941
甘 肃	Gansu	53005	35533	222589	65165	52253
青 海	Qinghai	13332	5604	42962	12884	12507
宁 夏	Ningxia	10391	8748	70334	25619	9916
新 疆	Xinjiang	62204	34902	185457	71876	55698
中央和国家机关	CCCPC and Government Agencies	929	575	21567	9141	893

10-4 各地区基层以上工会职业培训机构情况(2021年)
VOCATIONAL TRAINING ORGANIZATIONS ABOVE GRASSROOTS TRADE UNION BY REGION (2021)

地 区	Region	工会开办的职业培训机构(个) Number of Vocational Training (Organizations)	本年度工会职业培训机构培训人次(人次) Trained Persons (person-time)	#农民工人次数 Migrant Workers	#下岗和失业人员人次数 Laid-off and Unemployment Persons	#经培训实现再就业人次数 Reemployees
全 国	**National**	**993**	**524978**	**244967**	**128842**	**75640**
北 京	Beijing					
天 津	Tianjin	1	2566	1350	268	170
河 北	Hebei	90	25531	15794	5980	2992
山 西	Shanxi	34	11252	5125	2327	1580
内蒙古	Inner Mongolia	18	3092	1677	862	632
辽 宁	Liaoning	20	8278	2251	3155	1679
吉 林	Jilin	30	7917	2866	2323	1237
黑龙江	Heilongjiang	42	6048	2450	2662	1227
上 海	Shanghai	1				
江 苏	Jiangsu	53	74575	14559	10996	7235
浙 江	Zhejiang	40	72257	32257	9511	6041
安 徽	Anhui	26	8115	2577	4271	2782
福 建	Fujian	19	28099	6697	1089	522
江 西	Jiangxi	35	5383	3129	1784	804
山 东	Shandong	67	38890	20442	8452	5969
河 南	Henan	93	57861	33210	21969	15186
湖 北	Hubei	42	16173	7245	6918	5107
湖 南	Hunan	80	21964	8058	8667	6271
广 东	Guangdong	16	19909	8558	8937	4064
广 西	Guangxi	39	7414	4297	2067	1373
海 南	Hainan	5	1190	559	659	524
重 庆	Chongqing	26	25397	15577	6637	2458
四 川	Sichuan	80	28012	19203	8410	3823
贵 州	Guizhou	32	8510	5087	1870	878
云 南	Yunnan	24	7312	5348	1478	778
西 藏	Tibet					
陕 西	Shaanxi	32	18744	11489	6138	1367
甘 肃	Gansu	28	2807	1591	1006	654
青 海	Qinghai	2	115	25	15	15
宁 夏	Ningxia	3	153	55	50	34
新 疆	Xinjiang	15	17414	13491	341	238

10-5 各地区基层工会开展合理化建议和劳动竞赛活动情况(2021年)
CONDITION OF CARRYING OUT RATIONALIZED PROPOSALS AND LABOR EMULATION IN GRASSROOTS TRADE UNION BY REGION (2021)

地 区	Region	本年度职工提出合理化建议件数(件) Rationalized Proposals Put Forward by the Staff and Workers This Year (case)	本年度已实施的合理化建议件数(件) Rationalized Proposals Practiced This Year (case)	本年度开展了劳动和技能竞赛的基层工会(个) Grassroots Trade union Participating in Labor Emulation This Year (unit)	本年度参加劳动和技能竞赛的职工(人次) Person/Time of Staff and Workers Participating in Labor Emulation (person-time)
全 国	**National**	**7579836**	**5621541**	**458419**	**48398953**
北 京	Beijing	350270	281789	3903	1160920
天 津	Tianjin	245238	157784	10033	1626117
河 北	Hebei	313208	182947	33501	2315733
山 西	Shanxi	161081	111859	5563	957618
内蒙古	Inner Mongolia	198006	146568	27951	2727748
辽 宁	Liaoning	202270	153501	5315	1003388
吉 林	Jilin	339415	285833	3748	328875
黑龙江	Heilongjiang	55844	34302	9621	1395903
上 海	Shanghai	1358288	1179074	8991	1935874
江 苏	Jiangsu	621666	373609	34656	3245260
浙 江	Zhejiang	233184	157507	47224	3956677
安 徽	Anhui	225455	153371	26785	3087866
福 建	Fujian	99884	77138	12436	749013
江 西	Jiangxi	55458	27291	15373	1374369
山 东	Shandong	694576	521324	22332	2575957
河 南	Henan	149705	106904	10356	1281082
湖 北	Hubei	321930	213180	16532	1783556
湖 南	Hunan	227877	162788	32394	2705879
广 东	Guangdong	604053	516152	14209	2545294
广 西	Guangxi	121962	111113	4754	731860
海 南	Hainan	11138	9128	996	107209
重 庆	Chongqing	268898	171905	11511	1189868
四 川	Sichuan	208462	129637	54305	4894599
贵 州	Guizhou	56205	47454	5917	710398
云 南	Yunnan	64114	46053	10399	1019339
西 藏	Tibet	738	595	171	15487
陕 西	Shaanxi	102543	77269	14631	1282127
甘 肃	Gansu	81925	57014	6604	606259
青 海	Qinghai	7765	4766	1044	122559
宁 夏	Ningxia	28671	20039	3584	324742
新 疆	Xinjiang	167221	101703	3387	596217
中央和国家机关	CCCPC and Government Agencies	2786	1944	193	41160

10−6 各地区基层工会参与调解劳动争议工作情况(2021年)
CONDITION OF GRASSROOTS TRADE UNION PATICIPATING IN MEDIATION LABOR DISPUTE BY REGION (2021)

地区	Region	建立劳动争议调解委员会的基层工会(个) Units with Labor Dispute Mediation Committee (unit)	劳动争议调解委员会中工会成员(人) Union Member of Labor Dispute Mediation Committee (person)	本年度劳动争议调解委员会受理劳动争议件数(件) Cases Accepted by Labor Dispute Mediation Committee This Year (case)	本年度劳动争议调解委员会调解成功劳动争议件数(件) Cases Successfully Madiated by Labor Dispute Mediation Committee This Year (case)
全　国	**National**	**639567**	**1365018**	**74740**	**52329**
北　京	Beijing	7052	19587	952	679
天　津	Tianjin	7909	19270	3123	3003
河　北	Hebei	59708	106525	2386	1758
山　西	Shanxi	10054	22255	501	422
内蒙古	Inner Mongolia	8174	16402	292	143
辽　宁	Liaoning	10552	22774	700	583
吉　林	Jilin	5761	12318	273	127
黑龙江	Heilongjiang	9103	18635	566	331
上　海	Shanghai	11777	32773	1291	758
江　苏	Jiangsu	70219	146653	6991	5165
浙　江	Zhejiang	80051	158274	9024	7989
安　徽	Anhui	8557	20674	619	563
福　建	Fujian	20786	41406	2365	1162
江　西	Jiangxi	46422	75103	6313	2335
山　东	Shandong	35637	93364	3956	3286
河　南	Henan	9410	23896	1088	950
湖　北	Hubei	14550	36417	4185	2420
湖　南	Hunan	11252	25078	3238	1402
广　东	Guangdong	26566	73919	12484	7740
广　西	Guangxi	10497	26088	801	605
海　南	Hainan	810	2573	156	144
重　庆	Chongqing	8810	23660	1798	1549
四　川	Sichuan	91039	187956	7904	6498
贵　州	Guizhou	5973	18837	827	461
云　南	Yunnan	19524	36916	454	343
西　藏	Tibet	96	386	20	20
陕　西	Shaanxi	31785	63976	1020	774
甘　肃	Gansu	7018	14276	516	374
青　海	Qinghai	694	1995	43	37
宁　夏	Ningxia	5179	10033	347	317
新　疆	Xinjiang	4509	12532	505	390
中央和国家机关	CCCPC and Government Agencies	93	467	2	1

10–7 各地区基层以上工会职业介绍机构情况(2021年)
JOB EXCHANGES ABOVE GRASSROOTS TRADE UNION BY REGION (2021)

地 区	Region	工会开办职业介绍机构(个) Number of job Exchanges (unit)	本年度工会职业介绍机构成功介绍人次数(人次) Placed Jobseekers (person-time)	#农民工人次数 Migrant Workers	#下岗和失业人员人次数 Laid-off and Unemployed Persons
全 国	**National**	**997**	**384921**	**222077**	**118563**
北 京	Beijing	5	275	80	192
天 津	Tianjin	19	1565	582	936
河 北	Hebei	95	20368	14874	4356
山 西	Shanxi	29	3092	1480	411
内蒙古	Inner Mongolia	28	3266	1515	1129
辽 宁	Liaoning	27	3679	730	1690
吉 林	Jilin	36	1768	761	740
黑龙江	Heilongjiang	48	16531	2848	7892
上 海	Shanghai	4	8899	1096	8077
江 苏	Jiangsu	67	27813	15742	9616
浙 江	Zhejiang	25	22518	11522	8119
安 徽	Anhui	17	28131	18263	9413
福 建	Fujian	17	16943	9827	1435
江 西	Jiangxi	23	1747	1013	545
山 东	Shandong	67	73262	57221	24675
河 南	Henan	96	59093	29759	13571
湖 北	Hubei	52	16211	8022	4122
湖 南	Hunan	70	14459	8737	2537
广 东	Guangdong	22	10048	4790	3790
广 西	Guangxi	37	2235	1287	695
海 南	Hainan				
重 庆	Chongqing	15	13412	10227	3378
四 川	Sichuan	68	12973	6965	4633
贵 州	Guizhou	39	10090	4381	1297
云 南	Yunnan	24	6478	4024	924
西 藏	Tibet	5	52	50	2
陕 西	Shaanxi	20	3091	1908	1240
甘 肃	Gansu	17	5661	3698	2776
青 海	Qinghai	6	332	141	159
宁 夏	Ningxia	6	419	275	80
新 疆	Xinjiang	13	510	259	133

十一、香港资料

MAIN INDICATORS OF HONG KONG

11-1 劳动人口及失业状况
LABOUR FORCE AND UNEMPLOYMENT

项目	Item	2017	2018	2019	2020	2021
劳动人口数目(万人)	Labour Force(10 000 persons)	395.6	399.7	398.8	391.8	387.0
男	Male	199.8	201.5	199.0	195.5	192.3
女	Female	195.8	198.2	199.8	196.4	194.7
劳动人口参与率(%)	Labour Force Participation Rate(%)	61.1	61.3	60.7	59.7	59.4
就业人口(万人)	Employed Persons(10 000 persons)	383.2	388.5	387.1	369.1	367.0
失业人口(万人)	Unemployed Persons(10 000 persons)	12.4	11.2	11.6	22.8	20.0
失业率(%)	Unemployment Rate(%)	3.1	2.8	2.9	5.8	5.2

注：数字是根据该年1月至12月进行的“综合住户统计调查”结果，以及年中人口估计数字而编制。

载于上表内的统计数字在编制过程中涉及应用人口数字。根据2021年人口普查的结果得出的最新人口基准，2016年年中以后的人口数字已作修订。统计表内的统计数字亦相应作出了修订。

Notes: Figures are compiled based on data collected in the General Household Survey from January to December of the year concerned as well as mid-year population estimates.

Figures presented in the above table involve the use of population figures in the compilation process. The population figures for periods after mid-2016 have been revised based on the latest population benchmark from the results of the 2021 Population Census. Figures presented in the above table have been revised accordingly.

11-2 按行业划分的就业人数
EMPLOYED PERSONS BY INDUSTRY

单位：万人 (10 000 persons)

行业	Industry	2017	2018	2019	2020	2021
制造	Manufacturing	11.2	10.4	10.5	10.4	9.4
建筑	Construction	34.3	35.2	33.9	31.1	32.6
进出口贸易及批发	Import/Export Trade and Wholesale	45.1	44.7	39.1	33.1	31.6
零售、住宿①及膳食服务②	Retail, Accommodation① and Food Services②	63.9	63.3	61.2	52.0	51.6
运输、仓库、邮政及速递服务、资讯及通讯	Transportation, Storage, Postal and Courier Services, Information and Communications	45.5	45.3	45.2	43.8	43.0
金融、保险、地产、专业及商用服务	Financing, Insurance, Real Estate, Professional and Business Services	78.1	79.7	84.0	85.3	86.2
公共行政、社会及个人服务	Public Administration, Social and Personal Services	103.2	107.4	110.8	111.1	110.2
其它	Others	2.1	2.4	2.6	2.3	2.3
总计	**Total**	**383.2**	**388.5**	**387.1**	**369.1**	**367.0**

注：数字是根据该年1月至12月进行的“综合住户统计调查”结果，以及年中人口估计数字而编制。

载于上表内的统计数字在编制过程中涉及应用人口数字。根据2021年人口普查的结果得出的最新人口基准，2016年年中以后的人口数字已作修订。统计表内的统计数字亦相应作出了修订。

① 住宿服务包括酒店、宾馆、旅舍及其他提供短期住宿服务的机构单位。

② 零售、住宿及膳食服务业合计通常被称为「与消费及旅游相关行业」。

Notes: Figures are compiled based on data collected in the General Household Survey from January to December of the year concerned as well as population estimates.

Figures presented in the above table involve the use of population figures in the compilation process. The population figures for periods after mid-2016 have been revised based on the latest population benchmark from the results of the 2021 Population Census. Figures presented in the above table have been revised accordingly.

① Accommodation services cover hotels, guesthouses, boarding houses and other establishments providing short term accommodation.

② The retail, accommodation and food services industries as a whole is generally referred to as the consumption- and tourism-related segment.

11-3 按每月就业收入划分的就业人数
EMPLOYED PERSONS BY MONTHLY EMPLOYMENT EARNINGS

单位：万人，另有注明除外 (10 000 persons, unless otherwise specified)

每月就业收入（港元）	Monthly Employment Earnings (HKD)	2017	2018	2019	2020	2021
< 3000	< 3000	9.7	9.4	9.3	9.7	8.6
3000 － 3999	3000 - 3999	4.3	4.2	3.8	3.3	3.4
4000 － 4999	4000 - 4999	32.8	33.5	33.1	31.6	28.0
5000 － 5999	5000 - 5999	6.6	6.8	7.4	8.8	10.4
6000 － 6999	6000 - 6999	5.5	5.4	5.2	5.6	5.9
7000 － 7999	7000 - 7999	5.9	5.5	4.9	5.7	5.1
8000 － 8999	8000 - 8999	9.9	8.6	7.6	6.7	6.2
9000 － 9999	9000 - 9999	12.5	11.0	9.6	8.2	6.6
10000 － 11999	10000 - 11999	29.2	25.9	24.0	22.2	20.8
12000 － 13999	12000 - 13999	39.2	36.8	33.8	29.0	28.6
14000 － 15999	14000 - 15999	37.5	34.8	34.9	33.4	33.0
16000 － 17999	16000 - 17999	21.1	23.8	24.2	21.2	22.1
18000 － 19999	18000 - 19999	17.5	19.6	19.9	18.8	19.3
20000 － 24999	20000 - 24999	41.0	45.5	47.1	44.5	47.1
25000 － 29999	25000 - 29999	23.1	23.9	24.0	22.1	23.7
30000 － 34999	30000 - 34999	21.4	22.6	23.4	22.9	23.3
35000 － 39999	35000 - 39999	12.0	12.6	12.3	12.2	12.2
40000 － 44999	40000 - 44999	10.1	11.0	12.1	12.2	12.2
45000 － 49999	45000 - 49999	7.1	8.1	7.2	6.7	6.8
50000 － 59999	50000 - 59999	12.2	12.7	13.5	13.6	13.0
60000 － 79999	60000 - 79999	11.5	11.8	12.9	13.6	14.1
80000 － 99999	80000 - 99999	4.7	5.3	5.9	6.1	6.0
≧ 100000	≧ 100000	8.4	9.5	10.6	10.9	10.5
总　计	Total	383.2	388.5	387.1	369.1	367.0
每月就业收入中位数	**Monthly Employment Earning**	**15500**	**16600**	**17100**	**17800**	**18000**

注：数字是根据该年1月至12月进行的“综合住户统计调查”结果，以及年中人口估计数字而编制。
载于上表内的统计数字在编制过程中涉及应用人口数字。根据2021年人口普查的结果得出的最新人口基准，2016年年中以后的人口数字已作修订。统计表内的统计数字亦相应作出了修订。

Notes: Figures are compiled based on data collected in the General Household Survey from January to December of the year concerned as well as mid-year population estimates.
Figures presented in the above table involve the use of population figures in the compilation process. The population figures for periods after mid-2016 have been revised based on the latest population benchmark from the results of the 2021 Population Census. Figures presented in the above table have been revised accordingly.

11-4 按行业划分督导级(不包括经理级与专业雇员)及以下雇员的工资指数
WAGE INDICES FOR EMPLOYEES UP TO SUPERVISORY LEVEL (MANAGERIAL AND PROFESSIONAL EMPLOYEES ARE NOT INCLUDED) BY INDUSTRY

(1992年9月=100) (September 1992=100)

行业主类	Industry Section	2017	2018	2019	2020	2021
名义工资指数	**Nominal Wage Index**					
制造	Manufacturing	214.8	223.4	229.7	233.5	237.8
进出口贸易、批发及零售	Import/Export, Wholesale and Retail Trades	222.8	229.5	233.1	234.7	238.6
运输	Transportation	200.8	212.7	220.0	216.8	216.3
住宿及餐饮服务活动①	Accommodation and Food Service Activities①	204.2	214.0	221.0	223.1	227.8
金融及保险活动	Financial and Insurance Activities	238.2	247.3	254.7	260.6	267.9
地产租赁及保养管理	Real Estate Leasing and Maintenance Management	250.8	261.4	270.6	278.0	286.7
专业及商业服务	Professional and Business Services	258.8	269.8	277.9	282.2	288.2
个人服务	Personal Services	313.9	326.1	335.5	336.7	339.8
所有选定行业②	All Selected Industries②	227.9	237.3	243.9	246.5	251.0
实际工资指数③	**Real Wage Index③**					
制造	Manufacturing	116.1	117.2	116.4	119.8	118.4
进出口贸易、批发及零售	Import/Export, Wholesale and Retail Trades	120.4	120.4	118.1	120.4	118.8
运输	Transportation	108.5	111.6	111.4	111.2	107.7
住宿及餐饮服务活动①	Accommodation and Food Service Activities①	110.4	112.3	111.9	114.4	113.4
金融及保险活动	Financial and Insurance Activities	128.7	129.7	129.0	133.7	133.4
地产租赁及保养管理	Real Estate Leasing and Maintenance Management	135.6	137.1	137.1	142.6	142.8
专业及商业服务	Professional and Business Services	139.9	141.5	140.8	144.7	143.5
个人服务	Personal Services	169.6	171.1	169.9	172.7	169.2
所有选定行业②	All Selected Industries②	123.2	124.5	123.6	126.4	125.0

注：指有关年度12月份的数字。
①住宿服务包括酒店、宾馆、旅舍及其他提供短期住宿服务的机构单位。
②指“劳工收入统计调查”内工资统计调查所涵盖的所有行业，包括并没有列出其统计数字的电力及燃气供应业、污水处理及废弃物管理业与出版活动业。
③实际工资指数是以名义工资指数扣除以2014/15年为基期的甲类消费价格指数而计算出来。

Note: Figures refer to December of the year.
①Accommodation services cover hotels, guesthouses, boarding houses and other establishments providing short term accommodation.
②Figures refer to all industries covered by the wage enquiry of the Labour Earnings Survey, including the electricity and gas supply industry, sewerage and waste management activities industry and publishing activities industry, the statistics of which are not separately shown.
③The Real Wage Indices are derived by deflating the Nominal Wage Indices by the 2014/15-based Consumer Price Index (A).

11-5 消费价格指数(2019年10月-2020年9月=100)
CONSUMER PRICE INDICES (Oct. 2019 - Sep. 2020=100)

项　目	Item	权数 Weight	2017	2018	2019	2020	2021
综合消费价格指数	**Composite Consumer Price Index**						
总指数	**All Items**	**100.00**	**94.6**	**96.8**	**99.6**	**99.9**	**101.4**
食品	Food	27.41	89.6	92.7	97.1	100.4	102.0
外出用膳	Meals Bought away from Home	17.05	94.5	97.2	99.4	100.1	101.9
食品(不包括外出用膳)	Food(Excluding Meals Bought away from Home)	10.36	81.7	85.2	93.5	100.8	102.2
住屋①	Housing①	40.25	94.5	96.9	100.2	100.1	100.4
私人房屋租金	Private Housing Rent	35.46	93.8	95.9	98.9	99.9	98.7
公营房屋租金	Public Housing Rent	1.87	116.6	121.4	130.1	102.7	132.8
电力、燃气及水	Electricity, Gas and Water	2.82	116.5	122.2	116.4	91.6	116.4
烟酒	Alcoholic Drinks and Tobacco	0.49	97.2	98.5	99.7	100.2	100.3
衣履	Clothing and Footwear	2.42	104.2	105.9	103.9	98.6	101.9
耐用物品	Durable Goods	4.00	106.5	104.3	102.1	99.6	100.6
杂项物品	Miscellaneous Goods	3.32	94.2	95.5	96.9	100.8	97.7
交通	Transport	6.17	96.8	98.4	100.4	99.3	101.9
杂项服务②	Miscellaneous Services②	13.12	95.4	97.3	99.3	100.1	100.8
教育服务	Educational Services	4.21	97.1	95.5	97.9	100.4	102.0
资讯及通讯服务	Information and Communications Services	2.14	113.1	108.8	101.0	99.7	98.0
医疗服务	Medical Services	2.38	91.4	94.9	98.4	100.5	101.9

注：2019年10月起的消费价格指数是根据2019/20年住户开支统计调查所得的开支权数编制。较早的指数则是根据旧的开支权数而经过按比例换算与新基期的指数拼接。

①除“私人房屋租金”及“公营房屋租金”外，“住屋”类别还包括“管理费及其他住屋杂费”和“保养住所材料”。

②“杂项服务”类别包括“教育服务”、“资讯及通讯服务”、“医疗服务”及其他杂项服务。

Note: The CPIs from October 2019 onwards are compiled based on expenditure weights obtained from the 2019/20 Household Expenditure Survey. The CPIs for earlier periods are compiled based on old weights and have been re-scaled to the new base period for linking with the new index series.

①Apart from "Private Housing Rent" and "Public Housing Rent", the "Housing" section also includes "Management Fees and Other Housing Charges" and "Materials for House Maintenance".

②"Miscellaneous Services" section includes "Educational Services", "Information and Communications Services", "Medical Services" and other miscellaneous services.

十二、澳门资料

MAIN INDICATORS OF MACAO

12-1 经济活动人口及失业状况
LABOUR FORCE AND UNEMPLOYMENT

项目	Item	2017	2018	2019	2020	2021
劳动人口（万人）	Labour Force (10 000 persons)	38.7	39.2	39.5	40.5	39.0
男	Male	19.3	19.2	19.3	19.9	18.9
女	Female	19.4	20.1	20.2	20.7	20.1
就业人口（万人）	Employed Population (10 000 persons)	38.0	38.5	38.8	39.5	37.8
失业人口（万人）	Unemployed Population (10 000 persons)	0.8	0.7	0.7	1.0	1.1
失业率（%）	Unemployment Rate (%)	2.0	1.8	1.7	2.5	2.9

12-2 按行业划分的就业人口
EMPLOYED POPULATION BY INDUSTRY

单位：万人 (10 000 persons)

行业	Industry	2017	2018	2019	2020	2021
总数	**Total**	**37.98**	**38.54**	**38.78**	**39.51**	**37.84**
制造业	Manufacturing	0.65	0.64	0.63	0.64	0.66
水电及气体生产供应业	Electricity, Gas & Water Supply	0.11	0.11	0.09	0.12	0.09
建筑业	Construction	3.27	3.11	3.05	3.76	3.26
批发及零售业	Wholesale & Retail Trades	4.58	4.37	4.16	4.62	4.34
酒店及饮食业	Hotels, Restaurants & Similar Activities	5.46	5.61	5.61	5.44	5.03
运输、仓储及通信业	Transport, Storage & Communications	1.91	1.92	1.98	1.80	1.76
金融业	Financial Intermediation	1.13	1.08	1.21	1.28	1.36
不动产及工商服务业	Real Estate & Business Activities	3.02	3.19	3.48	3.56	3.28
公共行政及社保事务	Public Administration & Social Security	2.87	2.98	2.79	2.74	2.86
教育	Education	1.70	1.75	1.73	1.82	1.92
医疗卫生及社会福利	Health & Social Welfare	1.29	1.24	1.26	1.35	1.43
文娱博彩及其他服务业	Recreational, Cultural, Gaming & Other Services	9.23	9.64	9.70	9.13	8.91
家务工作	Domestic Work	2.68	2.85	3.03	3.15	2.85
其他及不详	Others and Unknown	0.06	0.06	0.08	0.10	0.08

12-3 按行业划分的月工作收入中位数
MEDIAN MONTHLY EMPLOYMENT EARNINGS BY INDUSTRY

单位：澳门元 (MOP)

行 业	Occupation	2017	2018	2019	2020	2021
总数	**Total**	**15000**	**16000**	**17000**	**15000**	**15800**
制造业	Manufacturing	12000	11500	10800	11000	12000
水电及气体生产供应业	Electricity, Gas & Water Supply	29000	30000	20500	22000	29500
建筑业	Construction	15000	15000	17000	15000	15000
批发及零售业	Wholesale & Retail Trade	13000	13000	14000	12000	13000
酒店及饮食业	Hotels, Restaurants & Similar Activities	10000	11000	12000	11000	11800
运输、仓储及通信业	Transport, Storage & Communications	15300	16000	16000	15000	15000
金融业	Financial Intermediation	20000	20000	21000	22000	21000
不动产及工商服务业	Real Estate & Business Activities	10000	10000	11000	10000	10000
公共行政及社保事务	Public Administration & Social Security	37400	39500	40300	43000	44600
教育	Education	25000	25000	28000	25500	25300
医疗卫生及社会福利	Health & Social Welfare	21000	24000	22100	23300	23000
文娱博彩及其他服务业	Recreational, Cultural, Gaming & Other Services	19000	20000	20000	19300	19000
家务工作	Domestic Work	4000	4000	4200	4400	4500

12-4 消费物价指数
CONSUMER PRICE INDEX

2018年4月至2019年3月=100 (04/2018-03/2019=100)

项 目	Items	权数 Weight	2017	2018	2019	2020	2021
综合消费价格指数	**Composite Consumer Price Index**						
总指数	**Global Index**	**100.00**	**96.16**	**99.05**	**101.78**	**102.60**	**102.63**
食品及非酒精饮料	Food and Non-alcoholic Beverages	27.94	96.28	98.94	102.71	106.17	106.41
烟酒	Alcoholic Beverages and Tobacco	0.60	100.06	99.97	99.53	99.23	98.80
服装、鞋	Clothing and Footwear	2.95	94.51	100.72	100.66	94.01	90.18
住房及燃料	Housing and Fuels	33.75	97.82	99.92	101.68	102.40	102.30
家居设备及用品	Household Goods and Furnishings	4.16	96.35	99.03	101.27	102.55	106.16
医疗	Health	2.82	94.53	99.08	102.55	106.67	108.31
交通	Transport	7.84	92.23	97.14	101.86	100.73	104.34
通讯	Communications	3.10	108.32	99.14	97.50	87.15	82.48
康乐及文化	Recreation and Culture	5.18	98.88	101.40	102.35	97.36	91.29
教育	Education	2.24	90.83	95.15	100.53	104.09	104.97
杂项商品及服务	Miscellaneous Goods and Services	9.42	95.85	99.11	101.72	103.63	104.39

十三、台湾资料

MAIN INDICATORS OF TAIWAN

13-1 劳动力和就业状况
LABOUR FORCE AND EMPLOYMENT

项　　目	Item	2017	2018	2019	2020	2021
劳动力人口（万人）	Labour Force (10 000 persons)	1179.5	1187.4	1194.6	1196.4	1191.9
男	Male	656.8	660.2	663.1	663.8	659.5
女	Female	522.7	527.2	531.5	532.6	532.4
就业人数（万人）	Employment (10 000 persons)	1135.2	1143.4	1150.0	1150.4	1144.7
男	Male	630.5	634.6	637.6	637.8	633.2
女	Female	504.7	508.9	512.4	512.6	511.5
就业者行业构成（%）	Distribution of Employment by Industry (%)	100.0	100.0	100.0	100.0	100.0
农、林、渔、牧业	Agriculture, Forestry, Fishery and Animal Husbandry	4.9	4.9	4.9	4.8	4.7
工业	Industry	35.8	35.7	35.6	35.4	35.5
矿业及土石采取业	Mining and Quarrying	0.04	0.03	0.03	0.03	0.03
制造业	Manufacturing	26.8	26.8	26.7	26.4	26.4
电力及燃气供应业	Electricity, Gas	0.3	0.3	0.3	0.3	0.3
用水供应及污染整治业	Water Supply and Pollution Management	0.7	0.7	0.7	0.7	0.7
建筑业	Construction	7.9	7.9	7.9	8.0	8.0
服务业	Services	59.3	59.4	59.6	59.8	59.8
批发及零售业	Wholesale and Retail Trades	16.5	16.6	16.7	16.5	16.4
运输及仓储业	Transport, Storage, Communications	3.9	3.9	3.9	4.0	4.0
金融及保险业	Finance, Insurance	3.8	3.8	3.8	3.8	3.8
咨讯及通讯传播	Information and Communication	2.2	2.3	2.3	2.3	2.3
住宿及餐饮业	Hotels and Restaurants	7.3	7.3	7.4	7.4	7.3
教育服务业	Education	5.7	5.7	5.7	5.7	5.6
公共行政	Public Administration	3.3	3.2	3.2	3.3	3.3
失业人数（万人）	Unemployment (10 000 persons)	44.3	44.0	44.6	46.0	47.1
失业率（%）	Unemployment Rate (%)	3.8	3.7	3.7	3.9	4.0

13-2 居民消费价格分类指数
CONSUMER PRICE INDICES

2016年=100 (2016=100)

年 份 Year	总指数 General Index	食品 Food	服装 Clothing	居住 Housing	交通&通讯 Transportation & Communications	医药保健 Medicines and Medical Care	教育娱乐 Education and Entertainment	杂项 Miscellaneous
2011	95.2	84.2	96.8	98.5	107.7	96.5	99.0	94.5
2012	97.0	87.7	99.3	99.6	108.2	97.2	99.7	96.6
2013	97.8	88.8	99.1	100.5	108.7	98.2	100.0	97.1
2014	98.9	92.2	100.4	101.4	107.4	98.9	99.9	98.4
2015	98.6	95.0	99.8	100.2	101.1	99.1	99.9	98.6
2016	100.0	100.0	100.0	100.0	100.0	100.0	100.0	100.0
2017	100.6	99.6	99.8	100.9	101.8	101.7	100.3	101.9
2018	102.0	100.6	100.1	101.8	104.1	102.8	100.5	106.7
2019	102.6	102.5	99.3	102.4	102.6	103.7	101.3	107.4
2020	102.3	103.2	100.5	102.7	98.6	104.5	100.3	108.4
2021	104.3	105.8	102.3	103.7	104.6	104.7	101.5	108.8

附录一、国外有关资料

MAIN INDICATORS OF OTHER COUNTRIES

附录1-1　全部就业人数
A1-1 Employment

单位：千人　　(1000 persons)

国　家	Country	2010	2011	2012	2013	2014	2015	2016	2017	2018	2019	2020	2021
阿根廷	Argentina	10532	10766	10844	10943	11047			11568	11745	12041	10937	12242
澳大利亚	Australia	11022	11214	11351	11457	11540	11766	11973	12252	12584	12875	12675	13058
巴西	Brazil			89317	90771	91978	91787	89495	89808	91414	93492	85692	90478
加拿大	Canada	16964	17221	17438	17691	17802	17947	18080	18416	18658	19056	18060	18865
埃及	Egypt	23829	23346	23564	23975	24331	24779	25331	26006	26021	26123	26199	
法国	France	25731	25759	25804	25785	26376	26442	26580	26803	27021	27132	26995	27728
德国	Germany	37992	38786	39126	39530	39870	40209	41265	41661	41913	42399	41474	41500
匈牙利	Hungary	3732	3759	3827	3893	4101	4211	4352	4421	4470	4512	4461	4642
印度尼西亚	Indonesia	107807	109724	113537	114345	116399	117833	119530	122781	126675	131896	131187	130518
意大利	Italy	22526	22598	22565	22190	22278	22464	22757	23022	23214	23360	22903	22554
日本	Japan	61935	60587	62177	62561	62999	63201	63958	64815	66130	66769	66760	66670
韩国	Korea, Rep.	24218	24704	25105	25465	26092	26348	26551	26868	26925	27231	27024	27401
马来西亚	Malaysia	11291	12352	12545	13352	13853	14068	14164	14477	14776	15073	14957	
墨西哥	Mexico	46122	47139	48707	49227	49415	50611	51595	52341	53162	54615	50915	55166
荷兰	Netherlands	8290	8291	8345	8285	8236	8318	8427	8605	8797	8982	8981	9282
新西兰	New Zealand	2154	2185	2180	2224	2308	2369	2483	2586	2652	2696	2730	2796
挪威	Norway	2501	2536	2585	2602	2627	2641	2638	2644	2686	2716	2702	2796
菲律宾	Philippines	36035	37192	37600	38118	38093	39143	40998	40334	41157	42428	77869	
葡萄牙	Portugal	4898	4738	4546	4428	4498	4547	4604	4755	4866	4912	4813	4812
罗马尼亚	Romania	8713	8528	8605	8549	8614	8535	8449	8671	8689	8680	8521	7756
俄罗斯	Russian Federation	69934	70857	71545	71392	71539	72324	72393	72316	72532	71933	70601	
南非	South Africa	14739	15939	16113	16448	16605	17346	17495	18098	18148	18205	17645	17219
西班牙	Spain	18724	18421	17632	17139	17344	17866	18341	18825	19328	19779	19202	19774
瑞典	Sweden	4524	4626	4657	4705	4772	4837	4910	5022	5097	5132	5064	5120
泰国	Thailand	38037	39317	39578	38570	38077	38016	37693	37458	37865	37613	37680	
英国	United Kingdom	29124	29282	29596	29952	30670	31195	31645	31965	32353	32693		
美国	United States	139064	139869	142469	143929	146305	148834	151436	153337	155761	157538	147795	152581

资料来源：联合国ILO数据库。
Source: ILO Database.

附录1—2 按三次产业分就业人员构成
A1-2 EMPLOYMENT BY TYPE OF INDUSTRY

单位：% (%)

国 家	Country	第一产业		第二产业		第三产业	
		2018	2019	2018	2019	2018	2019
孟加拉国	Bangladesh	39.4	38.3	20.8	21.3	39.8	40.4
文 莱	Brunei Darussalam	1.1	2.0	19.4	20.8	79.5	77.3
柬埔寨	Combodia	36.4	34.5	27.0	27.9	36.6	37.6
印 度	India	43.3	42.6	25.0	25.1	31.7	32.3
印度尼西亚	Indonesia	29.6	28.5	22.3	22.4	48.1	49.1
伊 朗	Iran	17.7	17.4	32.0	31.4	50.3	51.2
以色列	Israel	1.0	0.9	17.3	17.2	81.8	81.9
日 本	Japan	3.5	3.4	24.4	24.2	72.1	72.4
哈萨克斯坦	Kazakhstan	15.8	14.9	20.8	21.0	63.4	64.2
韩 国	Korea, Rep.	5.0	5.1	25.2	24.6	69.8	70.3
老 挝	Laos	62.4	61.4	12.7	12.9	25.0	25.6
马来西亚	Malaysia	10.6	10.3	27.1	27.0	62.3	62.7
蒙 古	Mongolia	26.7	25.3	20.6	21.6	52.7	53.1
缅 甸	Burma	48.2	48.9	17.3	16.9	34.6	34.2
巴基斯坦	Pakistan	37.4	36.9	25.0	25.0	37.6	38.1
菲律宾	Philippines	24.3	22.9	19.1	19.1	56.6	58.0
新加坡	Singapore	0.1	0.0	16.0	15.6	84.0	84.4
斯里兰卡	Sri Lanka	25.5	25.0	27.9	27.9	46.6	47.2
泰 国	Thailand	32.1	31.4	22.8	22.8	45.1	45.7
越 南	Viet Nam	38.7	37.2	26.6	27.4	34.7	35.3
埃 及	Egypt	21.7	20.6	26.9	26.9	51.5	52.4
尼日利亚	Nigeria	35.5	35.0	12.0	12.0	52.5	53.0
南 非	South Africa	5.2	5.3	23.1	22.3	71.7	72.4
加拿大	Canada	1.5	1.5	19.6	19.3	78.9	79.2
墨西哥	Mexico	12.8	12.5	26.1	25.6	61.1	62.0
美 国	United States	1.4	1.4	19.9	19.9	78.8	78.7
阿根廷	Argentina	0.1	0.1	21.9	21.8	78.0	78.1
巴 西	Brazil	9.3	9.1	20.1	20.0	70.6	70.9
委内瑞拉	Venezuela	7.5	7.9	16.7	15.3	75.8	76.8
捷 克	Czech Rep.	2.8	2.7	37.5	37.3	59.7	60.1
法 国	France	2.5	2.3	20.2	20.4	77.3	77.0
德 国	Germany	1.3	1.2	27.3	27.2	71.4	71.6
意大利	Italy	3.8	3.9	26.1	25.9	70.1	70.2
荷 兰	Netherlands	2.1	2.1	16.2	16.1	81.7	81.8
波 兰	Poland	9.6	9.2	31.8	32.1	58.6	58.7
俄罗斯	Russia	5.9	5.8	26.8	26.8	67.3	67.4
西班牙	Spain	4.2	4.0	20.3	20.4	75.5	75.5
土耳其	Turkey	18.4	18.1	26.7	25.3	54.9	56.6
乌克兰	Ukraine	14.4	13.8	24.6	25.0	61.0	61.2
英 国	United Kingdom	1.1	1.1	18.1	18.1	80.8	80.8
澳大利亚	Australia	2.6	2.6	19.9	19.1	77.5	78.4
新西兰	New Zealand	5.9	5.8	19.8	19.3	74.3	74.9

资料来源：世界银行数据库。

附录1－3　失业人数
A1-3 Unemployment

单位：千人　　　　(1000 persons)

国　家	Country	2010	2011	2012	2013	2014	2015	2016	2017	2018	2019	2020	2021
阿根廷	Argentina	880.3	832.7	843.4	836.3	865.8			1053.6	1192.9	1314.6	1415.7	1171.9
澳大利亚	Australia	606.0	600.3	625.6	687.6	746.6	758.3	725.1	725.6	704.0	700.2	874.7	703.9
巴西	Brazil			6982.5	6906.6	6663.5	8594.5	11904.7	13336.6	13010.1	12813.7	13869.2	13927.3
加拿大	Canada	1486.3	1398.5	1371.6	1346.7	1322.3	1331.4	1360.6	1246.6	1155.2	1143.8	1887.8	1519.9
埃及	Egypt	2286.8	3138.2	3396.3	3631.3	3669.5	3719.7	3602.3	3468.2	2844.8	2225.6	2259.3	
法国	France	2504.9	2489.0	2677.4	2839.8	3026.2	3054.1	2969.5	2784.0	2678.4	2492.9	2350.5	2365.3
德国	Germany	2845.0	2398.8	2224.4	2181.8	2089.9	1949.6	1774.1	1621.2	1467.8	1372.8	1663.4	1535.9
匈牙利	Hungary	469.4	466.0	473.2	441.0	343.3	307.8	234.6	191.7	172.1	159.7	198.0	195.7
印度尼西亚	Indonesia	6411.6	5961.5	5310.3	5182.5	4911.3	5570.4	5371.7	4828.0	5812.4	4911.8	5829.6	5193.4
意大利	Italy	2055.7	2061.3	2691.0	3068.7	3236.0	3033.3	3012.0	2906.9	2755.5	2581.5	2310.5	2366.8
日本	Japan	3330.1	2888.2	2833.1	2632.6	2344.9	2214.4	2067.6	1882.4	1672.7	1607.3	1910.0	1930.0
韩国	Korea, Rep.	832.7	762.0	726.3	719.4	829.8	968.6	1005.8	1018.6	1070.5	1059.7	1105.8	1034.8
马来西亚	Malaysia	395.8	389.1	401.3	435.2	411.2	450.3	504.0		504.1	508.2	710.9	
墨西哥	Mexico	2583.0	2569.8	2502.6	2544.0	2496.7	2281.1	2070.9	1853.2	1799.7	1967.5	2369.1	2352.6
荷兰	Netherlands	435.3	434.3	515.8	647.0	659.7	613.8	538.5	437.5	350.4	314.2	356.6	407.9
新西兰	New Zealand	151.3	151.9	162.6	137.9	132.5	135.4	134.7	128.6	120.0	115.4	131.5	109.8
挪威	Norway	91.3	84.2	83.3	92.2	94.8	118.5	129.5	114.8	106.1	104.0	125.0	127.7
菲律宾	Philippines	1347.7	1385.8	1365.4	1381.4	1422.5	1238.9	1135.6	1056.2	985.4	971.0	2033.4	
葡萄牙	Portugal	591.2	688.2	835.7	855.2	726.0	646.5	573.0	462.8	365.9	339.5	350.9	338.8
罗马尼亚	Romania	651.7	659.4	627.2	653.0	628.7	623.9	529.9	449.3	379.7	353.4	451.8	459.2
俄罗斯	Russian Federation	5563.2	4954.6	4113.0	4121.3	3892.4	4266.8	4261.1	3976.6	3693.8	3386.1	4179.4	
南非	South Africa	4447.7	4343.8	4488.2	4649.4	4850.4	5143.0	5531.8	5712.6	5799.5	6243.6	5675.9	6954.4
西班牙	Spain	4640.1	5012.7	5811.0	6051.1	5610.3	5056.1	4481.3	3917.0	3479.2	3247.8	3530.9	3429.7
瑞典	Sweden	426.1	391.5	403.6	412.0	412.4	388.3	369.0	361.7	346.5	376.3	457.8	489.2
泰国	Thailand	237.9	262.4	230.8	96.2	220.4	228.2	261.1	313.5	292.1	271.4	418.7	
英国	United Kingdom	2459.4	2559.3	2533.2	2437.1	1995.8	1746.1	1599.1	1446.7	1346.7	1269.3		
美国	United States	14824.8	13747.5	12505.6	11459.8	9616.5	8296.4	7751.1	6982.3	6313.9	6000.5	12947.5	8623.2

资料来源：联合国ILO数据库。
Source: ILO Database.

附录1–4　失业率
A1-4 UNEMPLOYMENT RATE

单位：%

国　家	Country	2000	2010	2017	2018	2019	2020	2021
文　莱	Brunei Darussalam	5.7	6.5	9.3	8.7	6.9	7.4	
以色列	Israel	11.1	8.5	4.2	4.0	3.8	4.3	
日　本	Japan	4.7	5.1	2.8	2.5	2.4	2.8	2.8
哈萨克斯坦	Kazakhstan	12.8	5.8	4.9	4.8	4.8	4.9	
韩　国	Korea, Rep.	4.4	3.3	3.6	3.8	3.8	3.9	3.6
马来西亚	Malaysia	3.0	3.4	3.4	3.3	3.3	4.5	
巴基斯坦	Pakistan	0.6	0.7	3.9	4.1	4.8	4.7	6.3
菲律宾	Philippines	3.7	3.6	2.5	2.3	2.2	2.5	
新加坡	Singapore	3.7	4.1	4.2	3.7	3.1	4.1	3.5
斯里兰卡	Sri Lanka	7.7	4.8	4.0	4.3	4.7	5.2	
泰　国	Thailand	2.4	0.6	0.8	0.8	0.7	1.1	
埃　及	Egypt	9.0	8.8	9.3	3.0	5.8	5.9	
南　非	South Africa	29.9	23.2	24.0	24.2	25.5	24.3	28.8
加拿大	Canada	6.8	8.1	6.3	5.8	5.7	9.5	7.5
墨西哥	Mexico	2.6	5.3	3.4	3.3	3.5	4.5	4.1
美　国	United States	4.0	9.6	4.4	3.9	3.7	8.1	5.3
阿根廷	Argentina	15.0	7.7	8.3	9.2	9.8	11.5	8.7
巴　西	Brazil	9.9	7.7	12.9	12.5	12.1	13.9	13.3
委内瑞拉	Venezuela	14.0	7.1	5.0	7.2	7.2	7.5	
捷　克	Czech Rep.	8.8	7.3	2.9	2.2	2.0	2.5	2.8
法　国	France	10.2	8.9	9.4	9.0	8.4	8.0	7.9
德　国	Germany	7.9	7.0	3.8	3.4	3.1	3.9	3.6
意大利	Italy	10.8	8.4	11.2	10.6	9.9	9.2	9.5
荷　兰	Netherlands	2.7	5.0	4.8	3.8	3.4	3.8	4.2
波　兰	Poland	16.3	9.6	4.9	3.9	3.3	3.2	3.4
俄罗斯	Russia	10.6	7.4	5.2	4.8	4.5	5.6	
西班牙	Spain	13.8	19.9	17.2	15.2	14.1	15.5	14.8
土耳其	Turkey	6.5	10.7	10.8	10.9	13.7	13.1	
乌克兰	Ukraine	11.7	8.1	9.5	8.8	8.2	9.5	
英　国	United Kingdom	5.6	7.8	4.3	4.0	3.7	4.3	
澳大利亚	Australia	6.3	5.2	5.6	5.3	5.2	6.5	5.1
新西兰	New Zealand	6.1	6.6	4.7	4.3	4.1	4.6	3.8

资料来源：联合国ILO数据库。
Sources: ILO Database.

附录1-5　消费价格指数
A1-5 CONSUMER PRICE INDICES

(2010年=100)　　(2010=100)

国家或地区	Country or Area	2005	2017	2018	2019	2020	2021
中　　国	China	86.5	119.1	121.6	125.1	128.1	129.4
孟加拉国	Bangladesh	69.2	161.2	170.2	179.7	189.9	200.4
文　　莱	Brunei Darussalam	95.5	98.4	99.4	99.0	101.0	102.7
柬 埔 寨	Cambodia	67.8	124.6	127.6	130.1	133.9	137.9
印　　度	India	66.0	159.2	165.5	171.6	183.0	192.4
印度尼西亚	Indonesia	68.7	142.2	146.7	151.2	154.1	156.5
伊　　朗	Iran	49.4	333.7	393.8	550.9	719.5	1031.7
以 色 列	Israel	87.8	106.4	107.3	108.2	107.5	109.1
日　　本	Japan	100.4	104.0	105.0	105.5	105.5	105.2
韩　　国	Korea, Rep.	86.2	113.1	114.7	115.2	115.8	118.7
老　　挝	Laos	78.5	128.9	131.5	135.9	142.8	148.2
马来西亚	Malaysia	87.8	119.6	120.7	121.5	120.1	123.1
蒙　　古	Mongolia	57.3	170.8	182.4	195.8	203.0	217.4
缅　　甸	Burma	44.5	144.6	154.5	168.2		
巴基斯坦	Pakistan	55.8	156.9	164.9	182.3	200.1	219.1
菲 律 宾	Philippines	78.7	120.2	126.6	129.6	132.7	137.9
新 加 坡	Singapore	88.0	113.3	113.8	114.4	114.2	116.8
斯里兰卡	Sri Lanka	58.3	147.1	150.2	155.5	165.1	176.7
泰　　国	Thailand	86.6	111.3	112.5	113.3	112.3	113.7
越　　南	Viet Nam	59.9	153.6	159.1	163.5	168.8	171.9
埃　　及	Egypt	57.8	231.1	264.4	288.6	303.1	318.9
尼日利亚	Nigeria	61.4	214.2	240.1	267.5	303.0	354.3
南　　非	South Africa	74.3	146.1	152.7	158.9	164.0	171.6
加 拿 大	Canada	91.9	112.0	114.5	116.8	117.6	121.6
墨 西 哥	Mexico	80.5	130.2	136.6	141.5	146.4	154.7
美　　国	United States	89.6	112.4	115.2	117.2	118.7	124.3
巴　　西	Brazil	79.5	155.7	161.4	167.4	172.8	187.1
捷　　克	Czech Rep.	87.0	110.9	113.3	116.5	120.2	124.8
法　　国	France	92.8	106.9	108.8	110.1	110.6	112.4
德　　国	Germany	92.5	109.4	111.3	112.9	113.4	117.0
意 大 利	Italy	91.0	108.7	110.0	110.6	110.5	112.5
荷　　兰	Netherlands	92.7	111.0	112.9	115.9	117.4	120.5
波　　兰	Poland	86.9	109.6	111.6	114.1	118.0	123.9
俄 罗 斯	Russia	61.5	168.2	173.0	180.8	186.9	199.4
西 班 牙	Spain	89.0	108.4	110.2	111.0	110.6	114.0
土 耳 其	Turkey	65.9	175.0	203.6	234.4	263.2	314.8
乌 克 兰	Ukraine	51.2	235.3	261.1	281.7	289.4	316.5
英　　国	United Kingdom	88.1	114.9	117.6	119.6	120.8	123.9
澳大利亚	Australia	86.3	115.7	117.9	119.8	120.8	124.3
新 西 兰	New Zealand	87.0	110.7	112.4	114.2	116.2	120.8

资料来源：国际货币基金组织IFS数据库。
Source:IMF IFS Database.
注：中国数据未包括香港特别行政区、澳门特别行政区和中国台湾省。
Note:All data of China do not cover Hong Kong SAR，Macao SAR and Taiwan province.

附录二、主要统计指标解释

EXPLANATORY NOTES ON MAIN STATISTICAL INDICATORS

主要统计指标解释

劳动力　指年满 16 周岁，有劳动能力，参加或要求参加社会经济活动的人员。包括就业人员和失业人员。

非劳动力　指年满 16 周岁，既不属于就业人员也不属于失业人员的人员。

就业人员　指年满 16 周岁，为取得报酬或经营利润，在调查周内从事了 1 小时（含 1 小时）以上劳动的人员；或由于在职学习、休假等原因在调查周内暂时未工作的人员；或由于停工、单位不景气等原因临时未工作的人员。

失业人员　指年满 16 周岁，具有劳动能力并同时符合以下各项条件的人员：

（1）在调查周内未从事为取得劳动报酬或经营利润的劳动，也没有处于就业定义中的暂时未工作状态；

（2）在某一特定期间内采取了某种方式寻找工作；

（3）当前如有工作机会可以在一个特定期间内应聘就业或从事自营职业。

城镇调查失业率　指城镇失业人口占城镇就业人口与失业人口之和的百分比，根据劳动力调查数据计算。

单位就业人员　指报告期末最后一日在本单位工作，并取得工资或其他形式劳动报酬的人员数。该指标为时点指标，不包括最后一日当天及以前已经与单位解除劳动合同关系的人员，是在岗职工、劳务派遣人员及其他就业人员之和。就业人员不包括：

(1)离开本单位仍保留劳动关系，并定期领取生活费的人员；

(2)在本单位实习的各类在校学生；

(3)本单位因劳务外包而使用的人员，如：建筑业整建制使用的人员。

在岗职工　指在本单位工作且与本单位签订劳动合同，并由单位支付各项工资和社会保险、住房公积金的人员，以及上述人员中由于学习、病伤、产假等原因暂未工作仍由单位支付工资的人员。在岗职工还包括：

(1)应订立劳动合同而未订立劳动合同人员；

(2)处于试用期人员；

(3)编制外招用的人员，如临时人员；

(4)派往外单位工作，但工资仍由本单位发放的人员(如挂职锻炼、外派工作等情况)。

本书中“在岗职工”相关数据包含“劳务派遣人员”数据。

劳务派遣人员　根据《中华人民共和国劳动合同法》规定，指与劳务派遣单位签订劳动合同，并被劳务派遣单位派遣到实际用工单位工作，且劳务派遣单位与实际用工单位签订《劳务派遣协议》的人员。

年末人数　指年末最后一天的实有人数。

国有单位　指资产归国家所有的经济组织。包括按《中华人民共和国企业法人登记管理条例》规定登记注册的非公司制的经济组织，以及中央、地方各级国家机关、事业单位和社会团体。

集体单位　指生产资料归集体所有，并按《中华人民共和国企业法人登记管理条例》规定登记注册的经济组织。

其他单位　包括股份合作单位、联营单位、有限责任公司、股份有限公司、港澳台商投资单位以及外商投资单位等其他登记注册类型单位。

第一产业　指农业（包括林、牧、渔业等）。

第二产业　指采矿业、制造业、电力、热力、燃气及水生产和供应业、建筑业。

第三产业　指上述第一、第二产业以外的其他行业。

工资总额 指本单位在报告期内（季度或年度）直接支付给本单位全部从业人员的劳动报酬总额。包括计时工资、计件工资、奖金、津贴和补贴、加班加点工资、特殊情况下支付的工资，是在岗职工工资总额、劳务派遣人员工资总额和其他从业人员工资总额之和。不论是计入成本的还是不计入成本的，不论是以货币形式支付的还是以实物形式支付的，均应列入工资总额的计算范围。

工资总额是税前工资，包括单位从个人工资中直接为其代扣或代缴的个人所得税、社会保险基金和住房公积金等个人缴纳部分，以及房费、水电费等。

平均工资 指单位就业人员在一定时期内平均每人所得的工资额。

计算公式为：

$$平均工资=\frac{报告期实际支付的全部就业人员工资总额}{报告期全部就业人员平均人数}$$

平均实际工资 指扣除物价变动因素后的就业人员平均工资。计算公式为：

$$平均实际工资=\frac{报告期就业人员平均工资}{报告期城市居民消费价格指数}$$

城镇登记失业人员 劳动年龄（年满 16 周岁（含）至依法享受基本养老保险待遇）内，有劳动能力，有就业要求，处于无业状态，并在公共就业和人才服务机构进行失业登记的城镇常住人员。

城镇登记失业率 指报告期末，登记失业人员期末实有人数占期末从业人员总数与登记失业人员期末实有人数之和的比重。

城镇职工基本养老保险

1. 参保职工人数 指报告期末按照国家法律、法规和有关政策规定参加城镇职工基本养老保险并在社保经办机构已建立缴费记录档案的职工人数，包括中断缴费但未终止养老保险关系的职工人数，不包括只登记未建立缴费记录档案的人数。

2. 离退休人员人数 指报告期末参加城镇职工基本养老保险的离休、退休和退职人员的人数。

3. 基金收入 指根据国家有关规定，由纳入职工基本养老保险范围的缴费单位和个人按国家规定的缴费基数和缴费比例缴纳的养老保险费，以及通过其他方式取得的形成基金来源的收入。包括单位和职工个人缴纳的基本养老保险费、基本养老保险基金利息收入、委托投资收益、上级补助收入、下级上解收入、转移收入、财政补贴和其他收入。

4. 基金支出 指按照国家政策规定的开支范围和开支标准从职工基本养老保险基金中支付给参加职工基本养老保险的个人养老保险待遇支出，以及由于保险关系转移、上下级之间补助、上解等原因而发生的支出。其他支出包括基本养老金、医疗补助金、丧葬补助金和抚恤金、病残津贴、补助下级支出、上解上级支出、转移支出和其他支出等。

5. 基金累计结余 指职工基本养老保险基金收支相抵后的期末累计余额。

城乡居民基本养老保险

1. 参保人数 指报告期末，参加城乡居民养老保险（在经办机构参保登记并已建立缴费记录以及制度实施当年已经年满 60 周岁并在经办机构参保登记）的人数（不包括已经办理注销登记手续的人数）。

2. 基金收入 指根据国家有关规定，由参加城乡居民基本养老保险的个人按规定缴费的城乡居民基本养老保险费，以及通过集体补助、财政补助等其他方式取得的形成基金来源的收入。包括个人缴费收入、集体补助收入、财政补贴收入、利息收入、委托投资收益、转移收入、上级补助收入、下级上解收入和其他收入。

3. 基金支出 指按照国家政策规定的开支范围和开支标准从城乡居民基本养老保险基金中支付给参加城乡居民基本养老保险的个人养老保险待遇支出，以及由于参保人员跨统筹地区或跨制度流动而发生的支出等。包括养老保险待遇支出、转移支出、补助下级支出、上解上级支出和其他支出。

4. 基金累计结余 指城乡居民基本养老保险基金收支相抵后的期末累计余额。

基本医疗保险

1. **参保人数** 指报告期末按国家有关规定参加职工基本医疗保险和城乡居民基本医疗保险人员的合计。

2. **基金收入（含生育保险）** 指由用人单位和个人按照国家规定的缴费基数、缴费比例或缴费标准缴纳的基本医疗保险费（含生育保险），财政补贴资金以及通过其他方式取得的形成基金来源的款项，包括：单位缴纳收入、个人缴纳收入、财政补贴收入、利息收入、上级补助收入、下级上解收入和其他收入。

3. **基金支出（含生育保险）** 指按照国家政策规定的开支范围和开支标准，从基本医疗保险基金（含生育保险）中支付给参保人员的医疗保险待遇支出，生育保险待遇支出以及其他支出。包括住院费用支出、门诊费用支出、大病保险支出、生育待遇支出、补助下级支出、上解上级支出和其他支出。

4. **基金累计结余（含生育保险）** 指基本医疗保险基金（含生育保险）收支相抵后的期末累计结余金额。

失业保险

1. **参保人数** 指报告期末按照国家法律、法规和有关政策规定参加了失业保险的城镇企业、事业单位的职工及地方政府规定参加失业保险的其他人员的人数。

2. **基金收入** 指报告期内筹集的失业保险基金的总额，包括失业保险费收入、利息收入、财政补贴收入、其他收入、转移收入。

3. **基金支出** 指报告期内为保障失业人员基本生活、预防失业、促进再就业等支出的基金总额，包括失业保险金支出、医疗补助金支出、丧葬补助金和抚恤金支出、职业培训和职业介绍补贴支出、其他费用支出、技能提升补贴支出、稳定岗位补贴支出、其他支出、转移支出。

4. **基金累计结余** 指截止报告期末失业保险基金收支相抵后的累计余额。

工伤保险

1. **参保人数** 指报告期末依据国家有关规定参加工伤保险的职工人数和有雇工的个体工商户的雇工数。

2. **享受工伤保险待遇人数** 指年报告期内因工伤或职业病而享受工伤保险待遇的职工人数。为享受工伤医疗待遇中未评定等级的人数、享受伤残待遇人数以及享受因工死亡待遇人数之和。

3. **基金收入** 指根据国家有关规定，由参加工伤保险的单位按国家规定的缴费基数和缴费比例缴纳及难以直接按照工资总额计算缴纳工伤保险费的部分行业企业按规定方式缴纳的工伤保险费，以及依法通过其他形式取得的形成基金来源的款项。包括：工伤保险费收入、利息收入、上级补助收入、下级上解收入、其他收入。

4. **基金支出** 指按照国家政策规定的开支范围和开支标准从工伤保险基金中支付给参加工伤保险的人员及供养直系亲属工伤保险待遇支出及其他支出。包括工伤医疗待遇支出、伤残待遇支出、工亡待遇支出、劳动能力鉴定支出、工伤预防费用支出、补助下级支出、上解上级支出和其他支出。

5. **基金累计结余** 指工伤保险基金收支相抵后的期末累计结余金额。

Explanatory Notes on Main Statistical Indicators

Labour Force refers to the population aged 16 and over who are capable of working, are participating in or willing to participate in economic activities, including employed persons and unemployed persons.

Outside the Labour Force refers to the population aged 16 and over who are neither employed persons nor unemployed persons.

Employed Persons refer to persons, aged 16 and over, who performed some work for compensation or business gains for one hour or more during the reference period; or persons who do not work for the reasons of study or on holiday; or persons who are temporarily absent from a job for disorganization or suspension of work, recession, etc.

Unemployed Persons refer to persons, aged 16 and over, be able to work who

(1) neither perform some work for compensation or business gains during the reference period, nor are temporarily absent from a job in the employment definition.

(2) have looked for a job within a specific period of time.

(3) are available for work within a specific period of time.

Surveyed Urban Unemployment Rate refers to the ratio of the number of the unemployed persons in urban areas to the sum of the number of the employed persons and the unemployed persons in urban areas, calculated on the basis of the Labour Force Survey.

Persons Employed in Various Units refer to the total number of employees who work at his unit on the last day and obtain wages or other forms of payment at the end of the reporting period. This indicator is a kind of time point index and it equals to the sum of the number of employed staff and workers, labor dispatch personnel and other employed persons, excluding those who have terminated labor contracts with working unit on or before the last day of the reporting period. Employed persons do not include:

1)persons who have left their working units while keeping their labour contract (employment relation) unchanged and receiving regular alimony;

2)all kinds of enrolled students who do internship in various units;

3)persons employed due to labor outsourcing, for example, persons employed in the organizational system of construction industry.

Employed Staff and Workers refer to persons who signed labor contracts with working units and working units would pay wages, social insurance and housing funds for them. Persons who have their work posts but are temporarily absent from work for reasons of study or on sick, injury or maternal leave and still receive wages from their working units are also included. Employed staff and workers also include:

1)Persons who should have signed the labor contracts but not;

2)Employees on probation;

3)Employees beyond the staffing quota, for example, temporary employees;

4)Employees who are sent to other working units but still obtain wages from their original units (situations like on-the-job placement, expatriated assignment, etc.)

Year-end Number refers to those who are employed on the last day of the year.

State-owned Units refers to various enterprises, institutions, and government administrative organizations at various levels, social organizations, etc., with state ownership of production means.

Collective-owned Units refers to various enterprises and institution with collective ownership of production means, including various rural economic organizations engaging in agriculture, forestry, animal husbandry and fishery, enterprises and institutions run by townships and villages; collective enterprises and institutions run by cities, counties, towns, and neighborhood committees.

Other Ownership Units involve joint ownership, share holding stock ownership, limited liability corporations, foreign and Hong Kong, Macao, and Taiwan Chinese fund or other ownership.

Primary Industry refers to farming, forestry, animal husbandry and fishery.

Secondary Industry refers to mining manufacturing, electricity, production and supply of electriciy, heat, gas and water and construction.

Tertiary Industry refers to the sectors except primary industry and secondary industry.

Total Wage Bill refers to total remuneration payment to all employees in various units in urban area (excluded urban private sectors and individuals) during a certain period of time. The calculation of total wage bill is based on the total remuneration payment. Therefore, wages and salaries and other payments to employees should be included at all and regardless of its resource, category, both in kind or cash.

Average Wage of employees refers to the average wage level in money terms per employee during a certain period of time, it is calculated as follows:

$$\text{Average Wage of Employees} = \frac{\text{Total Wage Bill of employees Average Wage of in Reference Period}}{\text{Average Number employees in Reference Period}}$$

Average Real Wage of employees refers to the average wage of employees after deducting consumer price index, which is calculated as follows:

$$\text{Average Real Wage of Employees} = \frac{\text{Average Wage of Employees in Reference Period}}{\text{Urban Consumer Price Index in Reference Period}}$$

Registered Unemployed Persons in Urban Areas refers to the persons residing in urban areas at certain working ages (16 years old to the age of enjoying primary endowment insurance benefits according to the law), who are capable of working, unemployed and willing to work, and have been registered at the Public employment and talent service agencies to apply for a job.

Registered Unemployment Rate in Urban Areas refers to the ratio of the actual number of registered unemployed persons at the end of the period to the sum of the total number of employees at the end of the period and the actual number of registered unemployed persons at the end of the period.

Basic Endowment Insurance for Urban Workers

1. Number of workers covered refers to staff and workers participating in the basic endowment insurance for urban workers according to national laws, regulations and related policies at the end of the reference period, who have already had payment records in social security management agencies, including those who have interrupt payment without terminating the insurance programme. Those who have registered in the programme but with no payment records are not included.

2. Number of retirees covered refers to the number of retirees participating in the basic endowment insurance for urban workers by the end of the reference period.

3. Revenue refers to payments made by employers and employees participating in the basic endowment insurance for urban workers in accordance with the basis and proportion stipulated in state regulations, and income from other sources that become the source of endowment insurance fund, including the premium paid by employers and staff and workers, interest income, entrusted investment income, subsidies from higher level agencies, income as transfer from subordinate agencies, transferred income, government financial subsidies and other income.

4. Expenses refer to personal endowment insurance payment made to those covered in the basic endowment insurance for urban workers according to related national policies on scope and standard of expenditure, as well as expenditure which arises due to shift of the insurance relationship or adjustment of funds among agencies, transfer to agencies at higher level. Other expenditure includes: basic endowment insurance, medical fees, funeral subsidies, compensation payments, disability allowance, expenses on subsidies to lower subordinates, expenses as transfer to agencies at higher level, transferred expenditure and other expenditure.

5. Balance refers to the balance of the basic endowment insurance funds for urban workers at the end of the reference period after deducting expenses from revenue.

Basic Endowment Insurance for Urban and Rural Residents

1. Participants refers to people participating in the basic endowment insurance for urban and rural residents who registered with the participation and established payment records, and who were 60 years old or above when the system was established and registered with the participation. Those who cancelled their registration are not included.

2. Revenue refers to the revenue from the payments made, in accordance with related regulations of the government, by individuals participating in the basic endowment insurance for urban and rural residents and from the subsidies contributed by collectives, public finance and other sources. It includes the payment by individual participants, collective subsidies, financial subsidies, interest income, entrusted investment income, transferred income, subsidies from higher levels, contributions from lower levels, and income from other sources.

3. Expenses refers to payment made to those covered in the basic endowment insurance for urban and rural residents according to related national policies on scope and standard of expenditure. Also included are expenditures which arise due to movement of participants among different locations or system. It includes the payment to the individual participants, transferred expenditures, expenses on subsidies to lower subordinates, expenses as transfer to agencies at higher level, and other expenditures.

4. Balance refers to the balance of basic endowment insurance funds for urban and rural residents at the end of the reference period after deducting expenses from revenue.

Basic Medical Insurance

1. Participants refers to the total number of people who participate in the basic medical insurance for workers and basic medical insurance for urban and rural residents according to national relevant regulations at the end of the reference period.

2. Revenue (birth insurance included) refers to the basic medical insurance premium (birth insurance included) paid by employing units and individuals according to the payment base, payment proportion or payment standard stipulated by the state, financial subsidy funds and funds obtained by other means, including: revenue from employer payment and individual payment, from financial subsidy, from interest, from subsidies from higher level and payment from lower level and other revenue.

3. Expenses (birth insurance included) refers to the medical insurance benefits, birth insurance benefits and other expenditures paid to contributors from the basic medical insurance fund (birth insurance included) according to the scope and standard of expenditure stipulated by national policies. It includes hospitalization expenses, outpatient expenses, serious illness insurance expenses, childbearing treatment expenses, expenses for subsidizing subordinates, expenses for transfer to superiors and other expenditures.

4. Balance (birth insurance included) refers to the balance of revenue after deducting expenses at the end of the reference period.

Unemployment Insurance

1. Participants refers to staff and workers in urban enterprises or institutions who have participated in the unemployment insurance according to relevant policies and regulations, and other people who have participated according to local government regulations at the end of the reference period.

2. Revenue refers to the total unemployment insurance funds raised in the reference period, including unemployment insurance premium, interest income, financial subsidies, other revenue, and transferred revenue.

3. Expenses refers to total expenses during the reference period to guarantee the basic livelihood of unemployed people, prevention of unemployment, and to encourage their re-employment. Included are unemployment relief, medical fees, funeral subsidies, compensation payments, training expenses, job placement expenses, other expenses, skills upgrading subsidy, job stabilization subsidy, other expenditures, transferred expenditure.

4. Balance refers to the balance of revenue after deducting expenses at the end of the reference period.

Work-related Injury Insurance

1.Participants refers to staff and workers who have participated in the work-related injury insurance and employees who work as self-employed and have participated in the work-related injury insurance according to relevant national regulations at the end of the reference period.

2. Number of beneficiaries refers to number of employee benefited from work-related injury insurance, as a result of work injury or occupational disease. It is the sum of beneficiaries of medical treatment of unrated work injuries, disability benefits for work injuries and compensation for deaths at work places.

3. Revenue refers to payments made by employers participating in the work-related injury insurance programme in accordance with the basis and proportion stipulated in state regulations, and payment by enterprises of some industries where it is difficult to estimate the injury insurance premium directly according to the total wage bill in accordance with stipulated way, and revenue from other sources according to law that become source of work-related injury insurance fund, including revenue of injury insurance, interest income, subsidies from higher level agencies, revenue as transfer from subordinate agencies, and other revenues.

4. Expenses refers to payments made from work-related injury insurance funds to those who participated in the work-related injury insurance and their direct dependents within the scope and standards of expenditure according to related national policies, and other expenditure, including medical fees for work injury, injury and disability subsidies, death subsidies, labour capacity appraisal, injury prevention fees, expenses on subsidies to lower subordinates, expenses as transfer to agencies at higher level, and other expenditure.

5. Balance refers to the balance of the work-related injury funds at the end of the reference period.